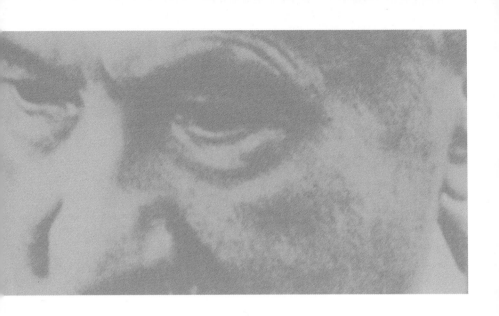

하이데거의 『존재와 시간』 강독

하이데거의 『존재와 시간』 강독

초판1쇄 펴냄 2014년 10월 10일
초판8쇄 펴냄 2024년 05월 14일

지은이 박찬국
펴낸이 유재건
펴낸곳 (주)그린비출판사
주소 서울시 마포구 와우산로 180, 4층
대표전화 02-702-2717 | **팩스** 02-703-0272
홈페이지 www.greenbee.co.kr
원고투고 및 문의 editor@greenbee.co.kr

편집 이진희, 구세주, 정미리 | **디자인** 이은솔, 박예은
마케팅 육소연 | **물류유통** 류경희 | **경영관리** 이선희

ISBN 978-89-7682-421-9 93160

독자의 학문사변행學問思辨行을 돕는 든든한 가이드 _(주)그린비출판사

이 저서는 2007년 정부(교육과학기술부)의 재원으로 한국연구재단의 지원을 받아 수행된 연구입니다.(NRF-2007-361-AL0016)

하이데거의 『존재와 시간』 강독

박찬국 지음

그린비

서문

하이데거의 『존재와 시간』은 현대의 지성계를 뒤흔든 기념비적인 책들 중 하나다. 이 책은 미완성으로 끝났으면서도 1927년에 출간되자마자 하이데거를 일약 세계적인 철학자의 반열에 올려놓았다.

이 책에서 하이데거는 존재의 의미를 해명하는 것을 궁극적인 목표로 하고 있지만 일단 출간된 부분에서는 인간의 구체적인 생을 분석하는 데 집중하고 있다. 이 경우의 인간은 독자성을 갖는 각자적인 나로서의 인간을 가리키며, 하이데거는 이러한 각자적인 나의 존재방식을 고찰하고 있다. 달리 말해서 하이데거는 '나는 존재한다'(Ich bin)고 말할 경우의 '존재한다'(bin)는 사태의 의미를 분석하고 있는 것이다.

나중에 보겠지만 하이데거는 '나는 존재한다'는 사태의 의미를 일차적으로 세계-내-존재라는 데서 찾고 있다. 이 경우 인간이 세계 안에 존재한다는 것은 컵이 일정한 공간 안에 존재하는 것처럼 세계 안에 존재한다는 것이 아니라, 세계에 대한 전체적인 이해 안에서 존재자들과 구체적으로 관계하면서 살고 있다는 것을 의미한다.

세계에 대한 이러한 전체적인 이해를 하이데거는 개시성이라고 부르고 있거니와 이러한 개시성은 기분과 이해, 그리고 언어에 의해서 구성되어 있다고 본다. 다시 말해서 세계에 대해서 우리가 갖는 이해는 일정한 기분에 의해서 규정된 이해이며 언어에 의해서 분절된 이해라는 것이다. 그리고 하이데거는 이러한 개시성의 근거를 인간이 시간적인 존재라는 데서 찾고 있다. 즉 인간은 존재자 전체의 한가운데에 던져져서(과거) 자신이 구현할 삶의 가능성을 기투하면서(장래) 그러한 가능성의 빛 아래에서 존재자들과 관계하는(현재) 존재라는 것이다.

인간에 대한 하이데거의 이러한 분석은 언뜻 보기에는 특별한 것이 없는 것처럼 보이지만, 전통적인 철학에서 인간은 하이데거가 말하는 의미에서 시간적인 존재로 파악되기보다는 사유하는 존재로 파악되었다. 그리고 이 경우 사유는 객관적인 인식을 가리키는바, '나는 생각한다, 고로 존재한다'는 데카르트의 명제가 근대철학을 규정한 이래로 인간의 본질은 인간이 객관적으로 인식할 수 있다는 데서 구해져 왔다. 하이데거는 인간에게 이러한 객관적인 인식의 가능성이 존재한다는 것을 부정하지 않지만, 이러한 객관적인 인식 역시 세계-내-존재로서의 인간의 시간적인 존재에 근거하고 있다고 본다.

그러나 근대철학뿐 아니라 파르메니데스 이래의 서양의 전통철학은 인식이나 지각과 같은 것을 주요한 실마리로 하여 인간을 분석해 왔다. 전통철학이 이렇게 세계-내-존재로서의 인간의 시간적인 존재성격을 망각한 가운데 외부세계의 실재 문제를 비롯한 온갖 사이비 문제가 제기되어 왔다는 것이 하이데거의 견해다. 이런 의미에서 하이데거는 전통철학을 파괴해야 한다고 말하면서 세계-내-존재로서의 인간의 시간적 존재에 주목하고, 세계, 언어, 기분, 죽음, 양심, 시간, 인식 등과 같은 철학의 중심문제들에 대해서 사태 자체에 입각한 해석을 제시하려고 하고 있다.

하이데거의 『존재와 시간』은 분석의 치밀함과 전체적인 수미일관성 면에서 유례를 찾아보기 힘든 책이다. 아울러 그것은 서양철학의 전통

전체와 대결하면서 철학에 새로운 기초를 놓으려는 하이데거의 야심과 박력을 느끼게 하는 책이다. 하이데거의 제자들이었지만 나중에 세계적인 철학자가 되었던 가다머나 마르쿠제, 한나 아렌트, 칼 뢰비트, 막스 뮐러와 같은 사람들이 『존재와 시간』에 매료되어 그 책을 거듭해서 읽었던 것도 우리는 충분히 이해할 수 있다.

한국에서도 하이데거의 『존재와 시간』은 1920년대 말부터 읽히기 시작했다. 그 후 철학하는 사람들뿐 아니라 수많은 지식인들이 이 책에 매료되었다. 한국에서 발표된 하이데거의 사상에 대한 최초의 논문은 1932년에 쓰인 박종홍의 경성제대 졸업논문 「하이데거에 있어서의 Sorge에 관하여」였다. 『존재와 시간』이 1927년에 출간되었다는 사실을 생각해 보면, 1932년이라는 해는 결코 늦은 것이 아니라고 할 수 있다.

그 후 하이데거 철학에 대한 연구가 지속적으로 수행되었으며 하이데거는 칸트에 이어서 가장 많이 연구되어 온 철학자라 할 수 있다. 최근에도 하이데거에 대한 논문이 거의 매년 30여 편 이상 발표되고 있으며, 대한민국 국회도서관에 등록된 석사학위논문과 박사학위논문만 계산하더라도 2007년에는 석사학위논문 10편, 박사학위논문 2편, 2008년과 2009년 각각에는 석사학위논문 7편, 박사학위논문은 2편이 발표되었다.

하이데거에 대한 철학계의 연구가 이 정도면 하이데거에 대한 일반인의 관심도 보통은 아니라 해야 할 것이다. 그러나 하이데거의 책은 하이데거 철학을 전공하는 사람들에게도 어렵다. 따라서 하이데거의 책을 일반인들이 이해하기는 지극히 어렵다고 할 수 있다. 이런 사정은 하이데거의 주저에 해당하는 『존재와 시간』도 예외가 아니다. 하이데거는 이 책에서 독일인들에게도 생경한 많은 조어(造語)들을 사용하고 있기 때문에, 이 책은 독일인들마저도 이해하기 어려운 책으로 정평이 나 있다.

원저의 성격이 이렇다 보니 『존재와 시간』의 번역본을 읽는 것은 극히 어려울 것이라는 것은 말할 나위가 없다. 우리나라에서는 『존재와 시간』에 대한 두 개의 권위 있는 번역본이 있지만 이 번역본들을 읽어 나가는 것은 하이데거를 오랫동안 연구한 나 자신에게도 쉽지 않다. 두 개의 권위 있는 번역본이란 소광희 교수가 10년에 걸친 각고 어린 번역 끝에 1995년에 출간한 『존재와 시간』(경문사)과 이기상 교수가 1998년에 출간한 『존재와 시간』(까치)을 말한다.

　본인은 이 번역본들을 우리가 읽어 나가기가 어려운 것은 오역이나 불성실한 번역에 의한 것이라기보다는 두 번역자들이 원전에 충실하게 직역을 하고 있기 때문이라고 생각한다. 두 번역본은 모두 훌륭한 번역이지만, 하이데거의 언어가 독일인들에게도 생경한 조어가 많다 보니 원전을 가능한 한 충실하게 전달하려고 하는 한국어 번역은 불가피하게 매우 어색하고 난해하게 될 수밖에 없게 된다.

　따라서 본인은 일찍부터 『존재와 시간』과 관련해서는 직역보다는 자연스러운 우리말로 대담하게 풀어 주는 의역이 필요한 것은 아닌가라는 생각을 해왔다. 물론 이런 식의 번역은 상당한 가독성을 갖게 되겠지만 독자들에게 원전의 맛을 실감 있게 전달하지는 못하게 되는 약점을 갖게 될 것이다. 이러한 상황에서 본인은 『존재와 시간』을 대폭적으로 의역하는 새로운 번역서를 내는 것보다는, 오히려 『존재와 시간』에 대한 상세한 해설을 통해서 기존의 번역서들을 보완하는 것이 더 나을 것이라는 생각을 하게 되었다. 이에 따라 본인은 오랫동안 서울대 철학과 대학원에서 『존재와 시간』을 강의하면서 틈틈이 상세한 해설을 써왔다.

　해설이라고 하지만 본인의 이 해설은 기존의 해설서처럼 『존재와 시간』의 전체나 각 장의 핵심을 간략하게 요약한 것이 아니라, 『존재와 시간』의 각 장을 하이데거의 말을 가능한 한 충실하게 따라가면서 상세하게 풀어 쓴 것이다. 즉 본인은 독자들이 이 해설서의 각 장을 읽고서 『존재와 시간』의 번역본에서 해당 부분을 읽으면 번역본의 어떤 부분이든 쉽게 이해할 수 있도록 해설하려고 노력했다. 이런 식으로 서술하다 보니 분량이 거의 원저의 분량에 맞먹을 정도로 방대한 해설서가 되었다.

본인은 이 해설서에서 하이데거가 말하려고 하는 것을 최대한 명료하게 표현하려 했다. 그러는 가운데 하이데거의 말을 오해한 부분도 상당히 있을 것이라 생각한다. 그러나 설령 오해가 있더라도 이렇게 명료하게 쓸 경우에만 다른 연구자가 본인을 비판할 수 있고, 그러한 비판을 통해서 서로가 보다 올바른 이해에 도달할 수 있을 것이라고 생각한다.

『존재와 시간』에 대해 그동안 많은 비판이 제기되었지만 그러한 비판의 대부분은 오해에 의한 것이거나 피상적 독해에 의한 것이라 생각된다. 그 비판들 중에서 『존재와 시간』은 인간의 역사성과 사회성을 무시하고 인간을 단독자로 파악하는 독아론적인 입장에 서 있다는 하버마스식의 비판이나 타인의 타자성을 고려하지 않고 있다는 레비나스식의 비판은 줄기차게 제기되어 온 전형적인 비판이다. 그러나 이러한 비판들은 『존재와 시간』을 꼼꼼하게 읽으면 쉽게 반박될 수 있는 비판들이다.

본인은 『존재와 시간』은 다른 어떠한 철학책들과 마찬가지로 무비판적으로 수용되어서는 안 되겠지만 그럼에도 『존재와 시간』에 대한 비판은 최소한 『존재와 시간』이 이룩한 사상의 수준을 따라잡은 가운데 행해져야 할 것이라고 생각한다. 세계적인 철학자였던 가다머(H. G. Gadamer)는 한때 "하이데거에 대해서는 그동안 많은 비판이 행해졌지만 그렇게 비판을 하는 사람들은 하이데거와 직접 토론을 하면 자신들의 사유수준이 얼마나 보잘것없는지를 곧 깨닫게 될 것이다"라고 말한 적이 있다. 우리는 아마도 『존재와 시간』과 관련해서도 그렇게 말할 수 있을 것이다. 『존재와 시간』에 대해서 가해지는 많은 비판들은 『존재와 시간』이 이룩한 사상적인 수준 이하에서 제기되고 있는 것이다.

현재의 철학계에서는 패션의 유행이 수시로 바뀌듯이 그 유행이 바뀌고 있다. 그러한 유행들은 첨단의 용어로 자신을 현란하게 장식하지만 많은 경우 전통철학이 이룩한 사유수준 이하에서 맴돌고 있다는 인상을 받곤 한다. 하이데거가 『존재와 시간』에서 말하고 있듯이 진정한 창조는 전통의 유산을 시대에 뒤떨어진 것으로 배격하는 것에 의해서가 아니라 오히려 그것을 철저하게 이해하고 소화하는 가운데 이루어질 수 있을 것이다. 본인의 이 해설서가 철학에 문외한인 사람들에게 『존재와 시간』을 쉽게 소개하는 데 그치지 않고 『존재와 시간』에 대한 제대로 된 독해를 도움으로써 우리 철학계의 수준이 격상되는 데 일조했으면 한다.

본인은 일찍이 『하이데거의 『존재와 시간』 읽기』(세창출판사, 2013년)라는 제목으로 『존재와 시간』의 핵심을 간략하게 해설하는 책을 쓴 적이 있다. 이 책은 이번에 출간되는 책과 서로를 보완할 수 있다고 생각한다. 이번에 출간되는 해설서가 지나치게 방대하여 다 읽고서도 줄기를 잡기 힘들다고 생각하는 사람들은 『하이데거의 『존재와 시간』 읽기』를 통해서 핵심을 정리해 볼 수 있을 것이다. 혹은 『하이데거의 『존재와 시간』 읽기』를 읽음으로써 핵심을 먼저 파악하고 이 책을 읽는 것도 좋은 방법이 될 수 있을 것이다. 두 책은 내용상 일부 겹치는 부분들이 있을 수 있겠지만 일일이 다 표시하지 않았음을 양해해 주기 바란다.

본인은 이 해설에서 소광희 교수의 번역본을 주요한 토대로 삼았다. 소광희 교수의 번역이 없었더라면 이 해설서를 쓰기 위해서 본인은 훨씬 더 큰 노고와 시간을 쏟아야 했을 것이다. 끝으로 이 글을 세심하게 교정하느라 애쓴 서울대 철학과 대학원생 최윤실 양에게 고마움을 표한다.

2014년 7월 18일

박찬국

차례

모두어(冒頭語)에 대한 해설

하이데거는 『존재와 시간』을 플라톤의 『소피스테스』에서 한 구절을 인용하면서 시작하고 있다.

> 왜냐하면 존재한다는 표현으로 여러분이 본래 의미하려는 바를 여러분은 이미 오래전부터 알고 있었음이 분명하기 때문이다. 우리도 전에는 그것을 이해한다고 믿고 있었다. 그러나 지금 우리는 당혹해하고 있다.

하이데거는 『존재와 시간』이 탐구하는 궁극적 물음을 존재 일반의 의미에 대한 물음이라고 본다. 이 경우 존재 일반의 의미에 대한 물음이란 '존재한다'는 말은 도대체 무엇을 의미하는가에 대한 물음이다. 우리는 '존재한다'는 말을 끊임없이 사용하고 있고 그것의 의미를 자명한 것으로 이해하고 있지만, 정작 '존재한다'는 말로 무엇을 의미하는가라는 물음에 직면하게 되면 당황하게 된다.

하이데거는 플라톤 시대와 마찬가지로 오늘날에도 존재한다는 말의 본래의 의미는 여전히 불명확하다고 말하고 있다. 따라서 그는 존재의 의미에 대한 물음을 새롭게 제기할 필요가 있다고 본다. 더 나아가 하이

데거는 오늘날 존재의 의미에 대한 물음은 사람들이 존재라는 말을 이해
하지 못한다는 사실에 대해 당혹감조차도 가지고 있지 않을 정도로 망각
되고 있다고 말한다. 이와 함께 하이데거는 먼저 존재의 의미에 대한 물
음이 어떠한 의미를 갖는지에 대한 이해를 다시 일깨우는 것이 필요하다
고 본다.

하이데거는 존재의 의미에 대한 물음을 구체적으로 수행하는 것이
『존재와 시간』의 의도이고, 존재라는 것을 일반적으로 이해하기 위한 지
평 내지 시야가 〈시간〉이라는 것을 보여 주는 것이 『존재와 시간』의 잠정
적인 목표라고 말한다. 『존재와 시간』이라는 책의 제목은 바로 그러한 잠
정적인 목표에서 비롯된다. 그는 곧바로 이어지는 서론에서 이러한 목표
와 이러한 목표를 구현하기 위해서 요구되는 탐구, 그리고 이러한 목표
에 이르는 길에 대해서 설명하고 있다.

서론

존재의 의미에 대한 물음의 설명

1장 존재물음의 필요성, 구조 및 우위

§1. 존재에 대한 물음을 분명하게 다시 제기해야 할 필요성

하이데거는 존재의 의미에 대한 물음은 플라톤과 아리스토텔레스의 연구의 중심적인 주제였지만 그 이후의 철학사에서는 더 이상 탐구의 주제가 되지 못했다고 말하고 있다. 이들이 해명한 존재의 의미는 여러 가지 변형을 거치면서 헤겔(G. W. F. Hegel)의 『논리학』(*Wissenschaft der Logik*)에까지 이르는 철학사를 규정하고 있다. 플라톤과 아리스토텔레스는 존재의 의미를 현상 자체에 입각하여 획득하였으나, 그 후 그 현상 자체는 망각된 채 플라톤과 아리스토텔레스가 남긴 명제들만이 계승되었다. 이에 따라 플라톤과 아리스토텔레스가 최고도의 긴장된 사유 속에서 비록 단편적이고 초보적일망정 현상 자체로부터 쟁취했던 것이 진부한 것이 되고 현상 자체에 기반을 두지 않은 빈말이 되고 말았다.[1]

그뿐 아니라 존재 해석을 위한 그리스적 단초들의 지반 위에서 하나의 선입견, 즉 존재의 의미에 대한 물음은 불필요할 뿐 아니라 그것을 제

---

1) '빈말'에 대해서는 이 책의 '§35. 빈말' 부분을 볼 것.

기할 필요가 없다고 보는 선입견이 형성되었다. 하이데거는 우선 이러한 선입견이 가지고 있는 문제점을 검토하면서 존재의 의미를 물어야 할 필요성을 환기시키려고 한다.

이러한 선입견이란 '**존재는 가장 보편적이고 가장 공허한 개념이므로 정의될 수 없다**'는 선입견이며 '**존재는 또한 정의를 필요로 하지 않을 만큼 자명한 개념**'이라는 선입견이다. 존재한다는 말을 사용하면서 사람들은 그 말의 의미가 무엇인지를 자신들이 가장 잘 알고 있다고 생각해 왔다. 이에 따라서 고대의 철학적 사유를 동요시켰던 개념이 그 의미가 가장 자명한 개념이 되어 버렸고, 그것의 의미에 대해 묻는 자가 있다면 그는 오류를 저지르는 것으로 치부되었다.

하이데거는 아래에서 그러한 선입견에 대해서 비판적으로 검토하고 있지만, 존재의 의미에 대한 물음을 우리가 다시 제기해야만 한다는 사실을 분명히 하기 위해서 필요한 정도로만 검토하고 있다.

1. '존재는 가장 보편적 개념이다'

존재하는 모든 것은 '존재한다'는 점에서는 동일하다. 이 점에서 우리는 '존재'는 가장 보편적인 것이라고 할 수 있다. 그러나 존재의 이러한 보편성은 어떤 유(類)가 갖는 보편성과는 전적으로 구별된다. 존재자들은 유와 종(種)에 따라 개념적으로 분류될 수 있다. 예를 들어 인간과 원숭이는 모두 동물이라는 유에 속하는 서로 다른 종으로 분류된다. 이러한 분류에 따라서 사람들은 존재를 모든 존재자들을 포괄하는 최고의 유라고 생각하기 쉽다. 그러나 존재는 모든 존재자들을 포괄하는 최고의 유, 즉 가장 보편적인 유가 아니다. **오히려 존재의 보편성은 모든 종류의 유적 보편성을 넘어선다.**

우리는 '동물'이라는 개념을 인간, 원숭이, 개, 새 등의 것들이 갖는 종적인 차이를 사상하고 그것들 사이의 공통점만을 추상함으로써 형성한다. 인간, 원숭이, 개, 새 등에게는 분명히 종적인 차이가 존재하지만 그것들 모두는 스스로 움직일 수 있고 감각할 수 있는 능력을 갖는다는 점에서 동일하다. 그리고 우리는 그것들 사이의 종적인 차이를 무시하고 이러한 공통점에만 주목하면서 '동물'이라는 유 개념을 형성한다.

그런데 존재라는 개념은 우리가 모든 존재자들의 종적인 차이를 사상함으로써 갖게 되는 유 개념이 아니다. '동물'이라는 유 개념에는 동물에 속하는 다양한 종들이 갖는 차이는 제거되어 있으며 따라서 이러한 종들이 갖는 차이는 '동물'이라는 개념으로 표현될 수 없다. 이에 반해 **'존재'라는 개념은 유 개념처럼 그것에 속하는 모든 존재자들의 차이를 사상함으로써 획득되는 것은 아니다. 이는 '존재'에 속하는 모든 존재자들이 갖는 차이도 '존재하는' 것이기 때문이다. 따라서 '동물'과 같은 유 개념에 속하는 다양한 종들의 차이는 '동물'이라는 개념으로 표현될 수 없는 반면에, 존재라는 개념에 속하는 모든 것의 차이는 그것들도 존재하는 것인 한 존재라는 개념에 의해서 표현될 수 있다.**

아리스토텔레스는 최고의 유 개념에 해당하는 것은 존재가 아니라 범주들이라고 보았다. 아리스토텔레스에 따르면 우리는 특정한 종이나 유를 규정하는 모든 차별적 징표들을 사상해 감으로써 보다 더 일반적인 개념에 이르게 되고 마침내는 더 이상 나아갈 수 없는 가장 보편적인 유 개념인 범주에 이르게 된다. 아리스토텔레스는 이렇게 가장 보편적인 유 개념으로 실체, 양, 성질, 관계, 장소, 시간, 소유, 능동, 수동이라는 10개의 범주들을 들고 있다. 이러한 범주들은 존재자들의 차이를 사상함으로써 획득된 것이지만, '존재'라는 개념은 존재자들 사이의 차이를 사상함으로써 획득된 것이 아니라는 점에서 하나의 범주로 간주될 수 없다.

범주가 그것에 속하는 다양한 존재자들의 차이를 사상한 개념인 반면에, 존재라는 개념은 그것에 속하는 다양한 존재자들의 차이까지도——이러한 차이들도 모두 존재하는 것인 한——포괄하는 개념이다. 우리는 어떤 것이 갖는 성질을 실체라고 부를 수는 없는 반면에, 존재라는 개념은 그러한 성질과 실체가 존재하는 것인 한 성질과 실체까지도 다 포괄한다. 어떠한 범주도 다른 범주들을 포괄하지는 못하고 그것들은 서로를 배제하지만 존재는 그것들 모두를 포괄하며 그것들 사이의 차이마저도 모두 포괄한다. 이런 의미에서 **존재는 가장 포괄적인 것이지만 이러한 존재의 포괄성은 범주의 포괄성처럼 그것에 속하는 것들의 차이를 다 사상해 버린 추상적인 포괄성이 아니라 그것에 속하는 차이들까지도 모두 포함하고 있는 구체적인 포괄성이다.**

존재가 이렇게 초범주적인 성격을 갖는 것이라는 사실에 주목하면서 중세 존재론은 존재를 초월자(transcendens)라고 불렀다. 그리고 최고의 유 개념들인 범주가 갖는 다양성에 대해서 존재라는 초월적인 보편자가 갖는 통일성을 아리스토텔레스는 유비의 통일(Einheit der Analogie)로서 파악하려고 시도했다. 즉 존재라는 개념은 일의적이지도 않고 다의적이지도 않은 유비적인 개념이라는 것이다. 동물이라는 개념은 일의적이지만, '배'라는 개념은 우리가 먹는 배일 수도 있고 타고 다니는 배일 수 있는 점에서 다의적이다. 이에 대해서 우리가 인간의 '존재', 신의 '존재', 기하학적인 도형과 숫자의 '존재'에 대해서 말할 경우 '존재'라는 개념은 일의적이지도 다의적이지도 않고 유비적이다.

하이데거는 아리스토텔레스가 플라톤의 존재론적 문제제기에 전적으로 의존했음에도 불구하고 유비의 통일을 발견함으로써 존재 문제를 원칙적으로 새로운 지반 위에 세웠다고 보고 있다. 그러나 하이데거는 아리스토텔레스도 존재 문제에 속해 있는 어둠을 밝히지는 못했다고 본다. 중세의 존재론에서는 무엇보다도 토마스학파와 스코투스학파가 존재 문제를 다양하게 논의했지만 그것을 명확하게 해명하지는 못했다. 그 후의 철학사에서는 존재 개념은 가장 보편적인 개념이고 공허한 개념이기 때문에 가장 자명한 개념으로 간주되었다.

그러나 사람들이 존재는 가장 보편적인 개념이라고 말할 때, 이는 존재 개념이 가장 공허한 것이고 자명한 것이어서 더 이상 논의할 필요가 없다는 것을 의미해서는 안 된다. 실로 어떤 개념이 갖는 보편성이 증대될수록 그 개념은 보다 적은 내용을 갖게 된다. 예를 들어 동물에는 인간도 포함되기 때문에 동물이라는 개념은 인간이라는 개념보다도 보편적이지만, 그 개념이 갖는 내용은 인간이란 개념이 갖는 내용보다도 훨씬 더 적고 따라서 훨씬 더 이해하기 쉽다. 동물은 '스스로 움직이는 존재자'라고 규정될 수 있지만 인간을 규정하기 위해서는 동물에 대한 규정 이상의 것이 요구된다. 이러한 논리에 따라서 사람들은 존재는 가장 보편적인 개념이기 때문에 가장 공허한 개념이고 그것에 대해서 더 이상 물을 필요가 없을 정도로 자명한 개념이라고 생각한다. 이에 반해서 하이데거는 존재 개념의 보편성은 그것에 속하는 다양한 차이들을 포함하는 것이라는 점에서 가장 큰 수수께끼를 담고 있으며 따라서 존재 개념은 가장 불명료한 개념이라고 말하고 있다.

2. '존재라는 개념은 정의할 수 없다'

'존재라는 개념은 정의할 수 없다'는 사실을 사람들은 그것이 가장 보편적인 개념이라는 사실에서 이끌어 냈다. 이와 관련하여 하이데거는 파스칼(Blaise Pascal)의 다음과 같은 말을 인용하고 있다.

존재를 정의하려는 시도는 항상 부조리에 빠지게 된다. 왜냐하면 우리가 명시적으로든 암묵적으로든 이다(est)라는 단어로 출발하지 않고서는 어떤 낱말도 정의할 수 없기 때문이다. 따라서 존재를 정의하기 위해서는 '이다'라고 말하지 않을 수 없지만, 그렇게 되면 정의 속에 정의되어야 할 낱말을 사용하는 것이 된다.(파스칼,『팡세와 소품집』)

하이데거는 '어떤 한 개념에 대한 정의가 최근류(最近類)와 종차(種差)로 구성되는 것이라면 존재라는 개념은 정의될 수 없다'는 말은 옳다고 말한다. 우리가 인간은 '이성적 동물'이라고 말할 경우 동물이 최근류이며 '이성을 갖는다는 것'이 종차에 해당된다. 즉 동물은 인간이 속하는 가장 가까운 유에 속하고 '이성을 갖는다는 것'은 인간이라는 종만이 갖는 특수한 종차를 표현하는 것이다. 그러나 **존재는 다른 개념들과는 달리 최근류와 종차를 갖지 않는다. 왜냐하면 존재를 포괄하는 최근류가 될 수 있는 상위의 개념은 있을 수 없으며 종차로 기능할 수 있는 어떠한 개념도 존재라는 개념을 이미 내포하고 있기 때문이다. 존재라는 개념을 내포하지 않는 개념은 무밖에 없으나 무는 문자 그대로 없는 것이기 때문에 존재의 종차가 될 수 없다.** 또한 파스칼이 지적하듯이 어떤 것을 정의하려고 할 때 우리는 항상 그것은 '……이다'라고 말할 수밖에 없지만 이런 식으로 존재라는 개념을 정의할 경우에 우리는 정의되어야 할 말을 정의하는 말 안에서 사용하는 것이 되며, 이는 논리적으로 인정될 수 없는 것이다.

존재는 어떠한 존재자가 '……이다'라든가 '있다'는 식으로 존재자를 존재자로서 규정하는 것이다 즉 존재는 존재자가 무엇이고 그것이 존재하는지 아닌지가 이해될 수 있는 기반이다. 따라서 존재는 존재자와 동일한 방식으로 규정되고 정의될 수는 없으며, 고대 존재론에 기초를 두고 있는 전통 논리학의 정의는 어떤 한계 내에서는 일정한 정당성을 갖지만 존재에는 적용될 수 없다.

그러나 그렇다고 해서 이는 존재가 아무런 문제도 되지 않는다는 것을 의미하지는 않는다. '존재는 정의될 수 없다'는 사실로부터 따라 나올 수 있는 것은 '존재는 존재자가 아니다'는 사실뿐이다. 존재를 정의할 수 없기 때문에 존재의 의미에 대한 물음이 불필요하게 되는 것이 아니고 오히려 더 절실하게 요구된다.

3. '존재는 자명한 개념이다'

우리는 자기 자신을 포함한 모든 존재자들과 관계하면서 존재라는 개념을 사용하고 있으며 동시에 그것의 의미를 자명하게 이해하고 있다. '하늘은 푸른빛이다', '나는 기뻐하고 있다'고 말할 때의 '이다'와 '있다'의 의미는 누구나 이해하고 있다. 이 경우 우리는 존재의 의미를 자명하게 존재자가 '우리 눈앞에 그렇게 있다'(Vorhandensein)는 의미로 이해한다. 하이데거는 이렇게 존재의 의미를 '눈앞에 있음'으로 보는 이해를 존재에 대한 평균적 이해라고 부르고 있다. 그러나 하이데거는 이러한 평균적 이해는 우리가 사실은 존재를 진정으로 이해하고 있지 못함을 보여 줄 뿐이라고 말하고 있다.

그러한 평균적인 이해는 모든 존재자들의 존재방식의 차이를 사상한 채 인간 자신을 포함한 모든 것의 존재를 '눈앞에 있음'으로 해석한다. 그러나 나중에 보겠지만 하이데거는 인간은 '눈앞에 있음'이라는 존재방식이 아니라 '실존'이라고 독특한 존재방식을 가지고 있다고 보며, 동물이나 식물 역시 독특한 존재방식을 갖는다고 본다. 그리고 우리는 인간과 동물 그리고 식물 등과 관계하면서 그것들에 적합한 태도를 취한다. 이는 우리가 그것들의 독특한 존재방식을 아직 개념적으로 파악하고 있는 것은 아니지만 이미 온몸으로 이해하고 있음을 보여 준다. 그러나 그것들의 존재방식을 개념적으로 파악하려고 할 때 우리는 그것들의 다양한 존재방식을 사상하면서 그것들의 존재의미를 '눈앞에 있음'으로 환원해 버린다.

이런 의미에서 하이데거는 그러한 평균적인 이해는 존재의 의미가 '눈앞에 있음'이라는 단순한 의미를 갖는 것이 아니라 오히려 존재자에 대한 우리의 모든 관계에 하나의 수수께끼가 놓여 있음을 보여 준다고 말하고 있다. 즉 존재자에 대한 우리의 모든 관계의 근저에는 존재자들의 고유한 존재방식에 대한 이해가 놓여 있다. 하이데거가 말하는 존재이해는 따라서 존재자들의 고유한 존재방식들을 제거하는 이해가 아니라 오히려 그것들에 대한 이해를 포괄하는 이해이다. 우리는 존재의 의미를 자명하게 '눈앞의 존재'라는 의미로 이해하고 있지만 이는 존재의 참된 의미가 어둠 속에 묻혀 있다는 사실을 보여 줄 뿐이다.

하이데거는 철학의 과제는 불명료한 것을 구명하는 것이 아니라 오히려 가장 자명한 것을 분석하는 것이라고 본다. 따라서 존재를 가장 자명한 개념으로 보면서 존재물음을 불필요한 것으로 보는 것은 철학이 자신의 임무를 태만히 하는 것이다.

이상의 여러 선입견들로부터 드러나는 것은 존재에 대한 물음에 아직 분명한 답이 존재하지 않을 뿐 아니라 존재에 대한 물음을 어떠한 방식으로 제기할 수 있는지조차도 불분명하다는 것이다. 따라서 하이데거는 존재물음을 올바르게 제기하는 것이 필요하다고 본다.

그런데 하이데거가 지금까지 행한 분석을 잘 살펴보면, 존재에 대한 전통적인 선입견에서 하이데거가 직접적으로 비판하고 있는 것은 '존재는 자명한 개념이다'라는 선입견뿐인 것 같다. '존재는 가장 보편적 개념이다'와 '존재라는 개념은 정의할 수 없다'는 선입견들에 대해서 하이데거는 그것들을 그 자체로 틀린 것으로 보지 않으며 그것을 나름대로 존재에 대한 통찰을 담고 있는 것으로 보고 있다.

다시 말해 하이데거는 아리스토텔레스와 중세 존재론이 '존재는 가장 보편적 개념이다'고 말할 때 그들 나름대로 존재라는 개념의 보편성이 갖는 독특한 성격을 통찰했다고 보고 있다. 그들은 존재라는 개념의 보편성은 다른 유 개념들이 갖는 보편성과는 전적으로 다른 성격을 가지고 있다는 것을 알고 있었다. 다만 하이데거는 그들이 존재를 '눈앞의 존재'로 보는 선입견에 빠져서 이러한 통찰을 제대로 살리지 못했다고 본다. 따라서 하이데거가 직접적으로 비판하고 있는 것은, 아리스토텔레스와 중세 존재론 이후의 철학이 아리스토텔레스와 중세 존재론의 통찰을 발전시키기는커녕 오히려 망각하면서 '존재는 가장 보편적인 개념이다'라는 나름대로 올바른 통찰에서 '존재라는 개념은 가장 공허하고 자명한 개념이다'라는 귀결을 끌어 낸 것이다. 이와 마찬가지로 하이데거는 '존재라는 개념은 정의할 수 없다'는 선입견도 나름대로 존재라는 개념이 갖는 독특한 성격에 대한 통찰을 담고 있다고 본다. 하이데거가 직접적으로 비판하는 것은 '존재라는 개념은 정의할 수 없기 때문에 더 이상 탐구할 것이 없다'라는 견해일 뿐이다.

이렇게 볼 때 우리는 하이데거의 존재물음은 아리스토텔레스와 중세 존재론이 개척한 통찰을 사태에 보다 적합한 기반 위에서 완성하려고 하는 것이라고도 볼 수 있다.

§2. 존재에 대한 물음의 형식적 구조

존재물음이 다시 제기되어야 할 필요성을 위와 같이 설파한 후에 하이데거는 우선 존재물음이 갖는 구조계기들을 분석하고 있다. 이러한 분석을 통해서 하이데거는 존재물음은 현존재의 존재에 대한 분석에서 출발해야 한다는 사실을 분명히 하고 있다.

1. 존재물음의 형식적 구조

하이데거는 존재물음도 모든 물음과 마찬가지로 세 가지 구조계기를 갖는다고 본다.

　모든 물음은 '물음의 대상이 되는 것'(das Gefragte)과 '궁극적으로 밝혀져야 할 것'(das Erfragte) 그리고 '물음이 걸리는 것'(das Befragte)을 갖는다. 예를 들어 내가 석굴암의 부처가 얼마나 아름다운지를 확인하기 위해서 석굴암으로 가는 길을 어떤 사람에게 물을 경우, '물음의 대상이 되는 것'(das Gefragte)은 석굴암으로 가는 길이며, '궁극적으로 밝혀져야 할 것'(das Erfragte)은 석굴암이 아름다운지 여부이고, '물음이 걸리는 것'(das Befragte)은 내가 석굴암으로 가는 길을 묻는 사람이다. 물음이 갖는 이러한 일반적인 구조에 따라서 **하이데거는 존재물음에서 '물음의 대상이 되는 것'(das Gefragte)은 존재이며 '궁극적으로 밝혀져야 할 것'(das Erfragte)은 존재의 의미이고, '물음이 걸리는 것'(das Befragte)은 우리 인간인 현존재라고 말하고 있다.**

　첫째로 존재물음에서 '물음의 대상이 되는 것'(das Gefragte)은 존재다. 존재는 존재자를 존재자로서 규정하는 것이고 존재자는 존재로부터 이해되지만, 존재는 존재자가 아니다. 이런 의미에서 하이데거는 존재를 그것의 궁극적 기원으로서의 신과 같은 하나의 존재자로 소급함으로써 규정해서는 안 된다고 말하고 있다.

　둘째로 존재물음에서 '궁극적으로 밝혀져야 할 것'(das Erfragte)은 '존재의 의미'다. 존재는 존재자와 다른 것이기 때문에 존재물음에서 존재는 존재자의 발견과는 본질적으로 다른 방식으로 밝혀져야만 한다. 이와 함께 물어서 밝혀지는 것인 '존재의 의미'도 존재자를 규정하는 개념과는 본질적으로 구별되는 고유한 개념에 의해서 규정되어야만 한다.

셋째로 존재물음에는 물어지는 존재 이외에 '물음이 걸리는 존재자' (das Befragte)가 속해 있다. 존재가 '물음의 대상이 되는 것'이고 존재가 항상 존재자의 존재를 의미하는 한, 존재물음에서 물음이 걸리는 것은 존재자 자신이다. 존재자에 조회해서 그것의 존재가 물음의 대상이 되는 것이다. 그런데 존재물음은 다양한 존재자들 중에서 어떤 존재자로부터 출발해야 하는가? 이러한 출발점은 임의적인 것인가 아니면 어떤 특정한 존재자가 우위를 갖는가? 하이데거는 우리 인간이 이러한 출발점이 되어야 한다고 본다. 이는 존재물음을 제기하고 그것을 이해하고 파악하는 존재자는 우리 자신이기 때문이다. 하이데거는 이렇게 물을 수 있는 존재가능성을 가지고 있는 존재자인 인간을 현존재(現存在, Dasein)라고 부르고 있다.

현존재의 현(現)은 '거기에'라는 장소적인 의미도 갖지만 '존재가 드러나 있다'는 의미도 갖는다. 따라서 인간이 현존재라는 것은 '인간은 존재가 드러나 있는 장소라는 것', 다시 말해서 '인간은 존재이해를 갖는 존재자라는 것'을 의미한다.

2. 현존재와 존재이해

하이데거는 인간 이외의 동물들은 본능에 따라서 존재자들과 관계할 뿐이고 존재이해를 갖고 있지는 않다고 말하고 있다. 동물들에게 물은 자신의 갈증을 해소해 주는 것으로서 그리고 태양은 온기를 주는 것으로서 나타날 뿐이며, 물과 태양이 그러한 욕구 충족의 수단으로 존재하는 것을 넘어서는 독자적인 존재를 갖고 있다는 사실을 알지 못한다. 이에 반해서 인간은 물과 태양이 우리의 욕망을 충족시키기 위해서 존재하는 것이 아니라 독자적인 존재를 갖는다는 것을 알고 있다.

이런 의미에서 하이데거는 오직 인간만이 '존재자들이 존재하고 그렇게 있다'라고 말할 수 있는 유일한 존재자라고 말하고 있다. 이 경우 '존재자들이 존재하고 그렇게 있다'는 것은 그것들이 단순히 우리의 본능적인 욕구나 이해관심의 대상으로서만 존재하는 것이 아니라 독자적인 존재방식을 가지고 있다는 것을 의미한다. 인간은 모든 존재자들 중에서 이러한 사실을 파악하는 유일한 존재자이다. 그리고 하이데거는 인간이 이러한 사실을 파악할 수 있는 것은 존재이해를 갖고 있기 때문이라고 말하고 있다.

우리는 앞에서 존재는 다양한 존재방식으로 나타나면서도 이러한 다양한 존재방식은 어떤 다의적인 것이 아니라 유비적인 것이라는 사실을 보았다. 그러한 것으로서 존재는 자체 내에 다양성을 포함하는 전체적인 통일성이다. 우리는 전체적인 통일성으로서의 존재에 대한 이해를 갖기에 식물과 동물 그리고 인간과 신과 같은 다양한 존재자들과 그것들의 존재방식에 맞게 관계할 수 있다. 우리는 식물에는 식물에 적합한 방식으로 그리고 동물에게는 동물에 적합한 방식으로 태도를 취한다. 하이데거는 이는 우리가 존재이해를 갖고 있기 때문에 가능하다고 본다.

3. 선(先)존재론적인 존재이해의 투명화로서의 존재물음

존재물음을 포함해 모든 물음은 하나의 탐구다. 그리고 모든 탐구는 탐구되는 것에 대한 일정한 선이해(先理解)에 의거하여 행해진다. 예를 들어 인간을 탐구할 경우에도 우리는 완전한 백지 상태에서 탐구를 시작하지 않는다. 우리는 인간에 대한 일정한 선이해에 입각하여 탐구를 시작하며 탐구의 과정 속에서 이러한 선이해를 구체화하고 개선해 나간다.

하이데거는 자신의 존재물음 역시 하나의 탐구로서 우리가 이미 갖고 있는 존재이해에 입각하여 행해진다고 말하고 있다. 우리는 언제나 이미 존재이해(存在理解) 속에서 살고 있으며, 존재의 의미에 대한 분명한 물음과 개념파악도 이러한 존재이해로부터 자라나온다. 물론 우리는 존재가 무엇을 의미하는지 분명히는 알지 못하며, 그것의 의미를 파악하고 확정해야만 하는 지평을 알지 못하고 있다. 그러나 '존재'란 무엇인가라고 물을 때, 우리는 '이다(또는 있다)'가 무엇을 의미하는지를 개념적으로 분명히 파악하고 있지는 못하더라도 이미 그것을 이해하고 있다.

이러한 평균적이고 막연한 존재이해는 애매모호하고 전통적인 존재이론에 의해서 오염되어 있지만 우리가 그러한 존재이해 안에서 존재자들과 관계하면서 살고 있다는 것은 부인할 수 없는 사실이다. 따라서 하이데거는 그러한 존재이해를 실마리로 하여 자신의 존재물음을 전개하려고 한다. 물론 이는 평균적이고 막연한 존재이해에서 존재의 의미를 연역해 낸다는 것이 아니다. 오히려 존재물음은 평균적이고 막연한 존재이해를 투명하게 하려고 한다. 곧 보겠지만 예를 들어 하이데거는 인간의 본질을 '자신의 존재를 문제 삼을 수 있는 존재'라는 의미의 실존에서 찾고 있으며 이러한 실존에 대한 형식적 이념을 단서로 하여 현존재의 존재를 규명하고 있다. 『존재와 시간』에서 하이데거가 행하는 구체적인 현존재 분석은 '현존재의 존재는 실존'이라는 막연한 이해를 구체화하고 투명화하는 과정인 것이다.

하이데거는 존재의 의미에 대한 물음을 분명하고 투명하게 제기하기 위해서는 우선 존재이해를 갖는 존재자인 현존재의 존재구조를 구명해야만 한다고 본다. 그리고 **현존재의 존재가 근본적으로 존재이해에 의해서 규정되어 있다면, 현존재의 존재구조에 대한 분석은 현존재에게 존재이해가 어떻게 주어지고 어떠한 구조를 갖고 있는지에 대한 분석으로 전개될**

수밖에 없다. 나중에 보겠지만 하이데거는 현존재에게 주어지는 존재이해를 개시성(Erschlossenheit)이라고 부르고 있다. 이러한 개시성 내에서만 우리는 개별적인 존재자들과 관계하고 그것들을 인식할 수 있다. 따라서 현존재의 존재구조에 대한 분석은 이러한 개시성이 어떻게 주어지고 어떠한 구조를 갖는지에 대한 분석이라고 할 수 있다.

4. 존재물음이 갖는 해석학적 순환의 성격

그런데 이렇게 현존재의 존재에 대한 분석을 실마리로 하여 존재의 의미를 묻는 것에 대해서는 일종의 순환논법이 아니냐라는 반론이 있을 수 있다. 왜냐하면 존재의 의미를 묻기 위해서 현존재의 존재를 먼저 규정해야만 할 경우, 답해져야 할 존재의 의미가 미리 전제되어 있다고도 볼 수 있기 때문이다. 다시 말해서 현존재의 존재도 하나의 '존재'인 이상, 현존재의 존재를 분석하기 위해서는 이미 존재 일반의 의미에 대한 이해가 전제되어야 하는 것은 아닌가라는 반론이 제기될 수 있는 것이다.

　이러한 반론에 대해서 하이데거는 현존재의 존재에 대한 분석을 실마리로 하여 존재의 의미를 묻는 것에는 아무런 순환이 존재하지 않는다고 보고 있다. 우리는 존재의 의미에 대한 명확한 개념 없이도 현존재의 존재를 규정할 수 있으며 이 경우 실마리가 되는 것은 존재의 의미에 대한 막연한 이해일 뿐이다. 이러한 막연한 이해가 없이는 아무것도 시작할 수 없다. 즉 존재물음은 막연한 이해를 투명하게 하고 구체화하는 방식으로 선새널 뿐 어떤 명확하게 확정된 원칙에서 연역적으로 논증하는 식으로 진행되는 것은 아니기 때문에, 그것은 논리학적 순환논증의 오류를 범하는 것은 아니다.

　하이데거는 따라서 여기서 문제가 되는 것은 논리적인 순환이 아니라 해석학적인 순환이라고 보고 있다. 이러한 해석학적 순환은 우리의 모든 탐구가 어떤 선이해에 입각하는 한 불가피하다. 따라서 문제는 이러한 순환을 회피하는 것이 아니라 그러한 순환에 올바르게 진입하는 것이다.

§3. 존재물음의 존재론적 우위

1. 개별 과학에 대한 영역존재론의 우위

존재는 언제나 어떤 존재자의 존재로서 존재한다. 그것이 존재자들을 떠나서 따로 존재한다면 그것은 또 하나의 존재자에 불과하게 될 것이다. 그런데 존재자들은 역사, 자연, 공간, 생명, 현존재, 언어와 같은 여러 사태영역으로 나뉠 수 있다. 여러 개별 학문들은 이러한 사태영역들을 탐구하지만 그것들은 자신이 다루는 사태영역들의 본질에 대해서는 반성하지 않는다. 예를 들어 역사학이 역사를 연구할 때 역사학은 역사의 본질을 탐구하지 않은 채 역사의 구체적인 사건들만을 탐구한다. 그럼에도 역사학은 역사가 무엇인지에 대한 선이해에 입각하여 특정한 사건들을 자신이 탐구해야 할 역사적 사건으로 택하게 된다. 이러한 선이해는 보통 학문 이전의 경험과 해석을 통해 주어지는 소박한 것이며, 이러한 선이해로부터 생겨난 기본개념들이 어떤 사태영역을 최초로 구체적으로 개시하기 위한 실마리가 된다.

하이데거는 각 사태영역을 탐구하는 개별 학문은 실증성, 즉 경험적인 자료에 입각하여 입증하는 것을 중시하지만 연구의 참된 진보는 단순히 더 많은 실증적인 자료들에 의거함으로써 성취되는 것은 아니라고 본다. 오히려 그러한 진보는 개별 학문이 다루는 사태영역의 근본구조에 대한 새로운 물음에 의해서 이루어진다. 즉 **개별 학문의 본래적인 진보는 그 사태영역의 본질적 구조를 규정하는 기본개념의 근본적인 수정을 통해서 이루어진다는 것이다.** 그리고 개별 학문의 수준은 개별 학문이 기본개념의 위기를 얼마만큼 견디고 극복할 수 있느냐에 의해서 정해진다.

하이데거는 『존재와 시간』을 쓸 당시 여러 개별 학문들이 해당 연구들을 새로운 기초 위에 옮겨 놓으려는 경향을 보이고 있었다고 말한다. 가장 엄밀하고 가장 확고한 것처럼 보이는 과학인 수학도 정초위기에 빠져 있었다. 당시 수학에서는 형식주의와 직관주의의 싸움이 진행되고 있었다. 형식주의는 독일의 수학자 힐베르트(David Hilbert)가 주창한 이론으로서 수식을 직관적인 내용이 결여되어 있는 논리적 관계로 보면서 수학은 논리학으로 환원될 수 있다고 본 반면에, 직관주의는 네덜란드의 수학자 브로우웨르(Luitzen Egbertus Jan Brouwer)가 주창했던 이론으로서 수학은 직관에 의해서 파악되는 내용을 포함하고 있기 때문에 수식은 단순히 논리적인 형식으로 환원될 수 없다고 보았다. 형식주의와 직관주의 사이의 이러한 싸움은 수학적 대상의 본질적 성격을 어떻게 파악할 것이냐를 둘러싼 싸움이었다.

물리학에서도 상대성 이론은 물리적인 자연 자체의 고유한 본질을 그 자체로서 드러내는 것을 겨냥하면서 물질이란 무엇인가에 대한 물음을 완전히 새롭게 제기했다. 생물학에서도 기계론과 생기론(Vitalismus)이 생명 자체의 존재방식을 새롭게 규정하기 위한 투쟁을 벌이고 있었다. 기계론은 생명현상을 물리화학적인 법칙에 의해서 설명할 수 있다고 본 반면에, 생기론은 생명은 물리화학적인 법칙에 의해서만 규정될 수 없는 독자적인 원리를 가지고 있다고 보았다. 드리쉬(Hans Adolf Eduard Driesch)와 같은 사람은 이러한 독자적인 원리를 생명체를 하나의 유기적인 전체로 통합하는 엔텔레키(Entelechie)로 보았다.

역사학적 정신과학도 전승과 그것을 담고 있는 문헌을 꿰뚫으면서 역사적 실재 자체에 육박하려고 했다. 이와 함께 문헌사(文獻史)는 문제사(問題史)로 바뀌어야 한다는 주장이 제기되고 있었다. 신학 역시 신앙 자체의 의미에 입각하여 신에 대한 인간 존재의 관계를 보다 근원적으로 해석하려고 시도하고 있었다. 신학은 루터의 통찰, 즉 신학의 교의체계가 의거하는 기초는 신앙에 입각한 물음에서 생겨난 것이 아니며 그것의 기본개념들도 신앙의 사태를 해명하기에 불충분할 뿐 아니라 오히려 그것을 은폐하고 왜곡하고 있다는 통찰을 다시 이해하기 시작했다.

기본개념들이란 개별 학문이 다루는 대상들의 근저에 놓여 있는 사태영역을 선행적으로 드러내면서 모든 실증적인 연구를 주도하는 규정들이다. 따라서 이러한 기본개념들이 진정하게 증시되고 정초되려면 사태영역 자체를 선행적으로 철저하게 연구해야만 한다. 이러한 사태영역은 어떤 존재자들이 속하는 존재영역이기 때문에, 어떤 사태영역에 대한 기본개념을 확보하려는 연구는 그러한 사태영역을 그것의 존재를 향해서 해석한다. 이러한 연구를 하이데거는 후설의 용어를 빌려서 영역존재론이라고 부르고 있다.

그러한 연구는 실증적인 개별 학문에 선행한다. 실증적인 개별 학문을 영역존재론에 입각하여 정초하는 것은 실증과학을 절뚝거리며 뒤따라가는 이른바 개별 학문의 논리학과는 근본적으로 구별된다. 이러한 개별 학문의 논리학으로 하이데거는 무엇보다도 자신이 『존재와 시간』 쓰던 당시에 철학계를 지배하고 있던 신칸트학파의 철학적 작업을 가리키고 있다. 신칸트학파는 크게 헤르만 코헨(Hermann Cohen)과 에른스트 카시러(Ernst Cassirer)를 중심으로 한 마르부르크 학파와 빈델반트(Wilhelm Windelband)와 리케르트(Heinrich Rickert)를 중심으로 한 바덴 학파로 나뉘고 있었는데, 그 중 마르부르크 학파는 칸트(Immanuel Kant)

의 『순수이성비판』에 의거하여 수학적인 자연과학의 이론을 발전시켰으며 바덴 학파는 역사학을 중심으로 한 정신과학의 이론을 발전시켰다. 이러한 작업은 개별 학문을 단서로 하여 개별 학문의 방법론을 드러낼 뿐이지, 그러한 개별 학문이 다루는 사태영역 자체를 드러내는 것은 아니었다.

그러나 개별 학문의 진정한 정초는 그것이 다루는 특정한 존재영역 자체 안으로 진입하여 이것의 존재구조를 개시함으로써만 이루어질 수 있다. 이런 식으로 개시된 존재구조만이 개별 학문을 수행할 때 진정한 지침이 될 수 있기 때문에 하이데거는 개별 학문에 대한 그러한 정초를 생산적인 논리학이라고 부르고 있다. 달리 말해서 그것은 신칸트학파가 추구하는 개별 학문의 논리학처럼 개별 학문의 뒤를 절뚝거리며 쫓아갈 뿐이기 때문에 개별 학문의 발전에 아무런 기여도 하지 않는 비생산적인 논리학이 아니라는 것이다.

따라서 하이데거는 역사학의 정초와 관련해서도 중요한 것은, 신칸트학파의 대표자 중의 하나인 리케르트와 같은 사람이 주장하는 것처럼 역사학의 개념형성에 관한 이론이나 역사학의 대상으로서의 역사에 대한 이론이 아니고 본래적으로 역사적인 존재자인 현존재의 역사적 성격을 드러내면서 이러한 역사성에 역사학이라는 학문이 어떤 식으로 근거하고 있는지를 드러내는 것이라고 보고 있다. 아울러 하이데거는 칸트의 『순수이성비판』의 적극적인 성과도 자연 일반의 존재구조를 드러내기 위한 단초를 마련하는 데 있지, 마르부르크 학파가 주장하는 것처럼 자연인식에 대한 이론을 제시했다는 데 있는 것은 아니라고 말하고 있다. 칸트가 『순수이성비판』에서 제시하고 있는 초월론적 논리학은 자연이라는 존재영역이 갖는 구조에 대한 선(先)경험적인, 즉 아프리오리한 사태논리학이라는 것이다.

2. 존재물음이 영역존재론에 대해서 갖는 우위

각 존재영역의 존재구조에 대한 물음은 실증과학의 물음에 비하면 훨씬 근원적인 것이다. 그러나 그러한 영역존재론적 물음은 존재 일반의 의미가 제대로 규명되어 있지 않은 상태에서는 소박하고 불투명한 것으로 끝나고 만다. 하이데거는 여러 가지 가능한 존재방식을 연역적으로 구성하지 않고 존재영역들 간의 관계를 밝히는 일종의 계보학이 필요하다고 본다. 이러한 계보학은 유물론이나 유심론처럼 물질이나 정신과 같은 특정한 존재영역만을 유일한 실재로 간주하고 다른 존재영역들은 그것들로부터 파생된 것으로 보면서 그것들로부터 연역해 내려고 하는 것이 아니라, 각각의 존재영역이 갖는 고유성을 사태 자체에 입각하여 드러내려고 하면서 그것들 간의 관계를 드러내려고 한다. 그러나 이러한 존재론적 과제야말로 '존재'라는 말로 우리는 도대체 무엇을 의미하는가에 대한 예비적인 이해를 필요로 한다.

따라서 존재물음이 목표하는 것은, 항상 어떤 존재이해 속에서 행해지고 있는 학문들을 가능하게 하는 아프리오리한 조건만이 아니라 개별 학문들에 선행하면서 그것들을 기초 짓는 영역존재론들 자체를 가능하게 하는 조건을 드러내는 것이기도 하다. 모든 영역존재론은 비록 그것이 아무리 풍부하고 견고하게 완결된 범주체계를 사용할지라도 존재의 의미를 미리 충분히 해명하고 이러한 해명을 자신의 기초적인 과제로서 파악하지 않는다면, 근본적으로 맹목적이며 자신의 고유한 목표를 실현할 수 없다.

이런 의미에서 존재의 의미에 대한 물음은 실증적인 학문들이나 영역존재론에 대해서 우위를 갖는다.

§4. 존재물음의 존재적(ontisch) 우위[2]

1. 존재론적 존재로서의 현존재

현존재는 다른 존재자들과 동일한 방식으로 존재하지 않는다. 하이데거는 현존재가 갖는 독특한 존재방식을 실존(Existenz)이라고 부르고 있다. **실존이란 '자신의 존재에 있어서 자신의 존재 자체를 문제 삼는' 현존재의 존재방식을 가리킨다.** 현존재는 탄생에서 죽음에 이르는 자신의 존재 자체를 문제 삼으면서 자신이 어떻게 살 것인지 그리고 자신의 삶에는 어떠한 의미가 있는지에 대해서 고뇌하는 존재인 것이다. 그런데 이것은 현존재가 자신의 존재를 불명확하게든 명확하게든 이해하고 있음을 의미한다. **이렇게 현존재가 자신의 존재를 이미 이해하고 있다는 점에서 현존재는 '존재론적으로 존재한다'고 말할 수 있다.**

물론 이 경우 '존재론적으로 존재한다'는 말은 현존재가 자신의 존재에 대해서 분명한 이론적인 개념을 가지고 있다는 것을 의미하는 것

---

2) 하이데거는 '존재적'(ontisch)과 '존재론적'(ontologisch)을 서로 구별하고 있다. 이는 나중에 살펴볼(40쪽) '실존적'과 '실존론적'의 구별과 유사하다. '존재적'이란 존재자와 관련된 것이며 '존재론적'이란 이러한 존재자가 갖는 존재구조나 이것에 관한 이론적 파악에 관련된 것이다. 하이데거가 존재물음의 '존재적' 우위라고 할 때는 현존재라는 존재자가 존재물음에서 갖는 우위를 가리킨다. 아울러 하이데거가 아래에서 현존재는 '존재적으로는' 우리 자신에게 가장 가까우면서도 '존재론적으로는' 가장 멀다고 할 때, 이는 현존재는 우리 자신이기 때문에 우리에게 가장 가까운 존재자라는 의미에서 '존재적으로는' 우리 자신에게 가장 가깝지만 그것의 존재구조는 가장 파악하기 어렵다는 의미에서 '존재론적으로는' 가장 멀다는 사실을 의미한다.

또한 하이데거는 '존재론적'과 '선존재론적'(vorontologisch)을 서로 구별하고 있다. 현존재의 존재구조에 대한 파악을 예로 들자면, '존재론적'이란 현존재의 존재구조를 개념적·이론적으로 파악하는 것을 가리키며, '선존재론적'은 이러한 개념적·이론적 파악 이전에도 우리가 이미 현존재의 존재구조를 이해하고 있음을 가리킨다.

은 아니다. 우리가 존재론이란 말로 존재자의 존재를 이론적으로 규명하는 것을 의미한다면, 현존재는 '존재론적으로 존재한다'고 말하기보다는 '선(先)-존재론적으로(vor-ontologisch) 존재한다'고 말하는 것이 올바를 것이다. 이때 현존재가 '존재론적으로 존재한다'는 것은 현존재가 자신의 존재에 대한 이해를 갖고 있다는 것을 의미할 뿐이다.

2. 실존으로서의 현존재의 존재

현존재가 '자신의 존재에 있어서 자신의 존재를 문제 삼는다'고 할 때 '자신의 존재에 있어서'라는 말은 현존재는 자신이 원하든 원하지 않든 간에 자신의 존재를 문제삼도록 처해져 있다는 근본적인 사실을 가리키는 용어다. 이에 대해서 '자신의 존재를 문제삼는다'는 것은, 현존재의 삶은 물질처럼 인과법칙에 의해서 규정되지도 다른 동물들처럼 본능에 의해서 규정되지도 않으며, 현존재는 자신이 어떻게 살 것인지를 기투하고 (entwerfen) 그러한 기투에 따라서 살아간다는 것을 의미한다. 그런데 이 경우 문제가 되고 있는 현존재는 보편적인 인간 일반이 아니라 각자적인 존재로서의 우리 자신이다. 현존재가 자신이 어떻게 살 것인지를 기투한다는 것은 자신이 구현해야할 가능성을 '기획하면서 내던진다'는 의미를 가지고 있다. 그러한 가능성은 단순히 머리로 구상되는 것이 아니라 우리가 온몸을 던져서 구현하려고 하는 가능성이라는 것이다.

우리 인간은 자신만의 고유한 과거와 꿈을 가진 각자적인 개인으로 존재한다. 인간 개개인은 우주적인 관점에서 고찰하면 무한한 공간과 시간 속에서 사멸하는 덧없는 존재이고, 사회역사적인 관점에서 고찰하면 사회 전체의 한 구성인자에 지나지 않는다. 그러나 각 개인의 관점에서 볼 때 우리 각자는 우주의 중심이고 우주는 소멸할지언정 자기 자신은 소멸되어서는 안 되는 가장 중요한 존재다. 우리는 이렇게 소중한 우리 자신의 존재가 죽음에 처해 있다는 사실을 의식하며 이러한 상황에서 우리는 어떻게 살 것인지를 고뇌하게 된다. 철학적인 물음을 포함하는 인간의 모든 물음은 결국은 자기 자신의 존재에 대한 이러한 고뇌에서 비롯된다고 볼 수 있다.

이런 맥락에서 하이데거는 존재물음도 우리에게 존재하는 보편적인 이성이 제기하는 물음이 아니라 각자적인 개인으로서의 우리가 어떻게 살 것인가를 고뇌하는 것으로부터 제기되는 물음이라고 본다. 우리는 구체적인 삶을 살아가면서 자신의 존재를 문제 삼는 동시에 다른 모든 존재자들의 존재를 문제 삼는다. 이러한 물음은 단순한 이론적인 물음이 아니라 자신이 어떻게 삶을 기투하고 형성해 나갈 것인가라는 실존적인 물음과 밀접하게 연관되어 있는 것이다.

따라서 하이데거는 인간에 대한 분석을, 예를 들면 데카르트나 칸트처럼 의식 일반이나 이성 일반에 대한 분석을 통해서 시도하는 것도 아니며 맑스처럼 사회나 역사에 대한 분석을 통해서 시도하는 것도 아니다. 하이데거는 육체와 함께 어떤 특정한 세계 속에 내던져져서 다른 사람들 및 사물들과 관계하는 동시에 죽음을 의식하면서 자신의 이상을 구현해 나가는 각자적인 개인을 분석한다.

이러한 각자적인 개인은 이성과 감성으로 나누어질 수 없는 하나의 통일적인 개인이다. 데카르트식의 합리주의 철학에서는 이성을 모든 인식의 원천으로 간주하면서 감성은 이성이 자신 안에 존재하는 본유적인 인식을 자각하게 되는 계기에 불과한 것으로 보았다. 이에 반해서 경험주의철학에서는 감성을 모든 인식의 원천으로 간주하면서 이성은 감성에 의해서 주어진 감각자료들을 반성하고 정리하는 것에 불과한 것으로 보았다. 그러나 하이데거에게 구체적으로 존재하는 것은 이성과 감성으로 나누어지기 이전의 각자적인 현존재뿐이다. 그리고 이러한 각자적인 현존재가 관심을 갖는 것도 이성과 감성으로 나누어지기 이전의 전체로서의 자신의 존재다.

현존재가 실존으로서 이렇게 자신의 존재를 문제 삼으면서 자신의 존재 자체에 대해서 여러 태도들을 취할 수 있는 한, 현존재의 존재에 대한 본질규정은 그것의 일반적인 무엇임(본질)을 규정하는 방식으로 행해질 수는 없다. 오히려 현존재의 본질은 현존재가 각자적인 존재로서 존재해야만 한다는 데에 있다. 따라서 **현존재의 본질에 대한 규정은 현존재가 각자적인 존재로 존재하는 방식에 대한 규정이어야만 한다.**

현존재는 고유한 자기 자신으로 존재하든가 아니면 세상 사람들의 가치관에 구속되어 자기 자신으로 존재하지 않는다. 다시 말해서 현존재는 자기 자신을 자신의 가장 고유한 가능성으로부터 이해하든가 아니면 세상 사람들이 추구하는 세간(世間)적인 가능성으로부터 자신을 이해한다. 이렇게 세상 사람들이 추구하는 세간적인 가능성으로부터 자신을 이해한다는 것은 예를 들자면 부유한 사람이 되는 것을 자신이 추구해야할 가능성으로 이해하는 것을 의미한다.

자신이 현실적인 삶에서 어떠한 가능성을 추구할 것이냐에 대한 이해를 하이데거는 실존적(existentiell) 이해라고 부르고 있다. 그런데 내가 어떤 가능성을 추구할 것인지 혹은 어떻게 살 것인지를 결정하기 위해서는 실존의 존재론적인 구조에 대한 이론적 통찰이 직접적으로는 필요하지 않다. 즉 우리는 인간 존재가 갖는 존재론적인 구조를 철학적으로 해명하지 않고서도 자신이 어떠한 가능성을 추구하고 어떻게 살 것인지에 대해서 이미 결정을 내리고 있다. 따라서 하이데거는 실존의 존재론적 구조에 대한 탐구를 실존적인 이해와 구별하여 실존론적(existential) 분석이라고 부른다. **실존론적 분석은 각자적인 실존을 구성하는 근본구조**

들에 대한 해명을 목표로 한다. 이러한 구조들의 연관을 하이데거는 실존성(Existentialität)이라고 부르고 있다. 따라서 현존재에 대한 존재론적 분석은 현존재의 존재인 실존성을 분석하는 것이다.

나중에 보겠지만 현존재는 또한 본질적으로 '세계-내-존재'이다. 즉 현존재에 속하는 존재이해는 세계와 세계 내부의 존재자들의 존재에 대한 이해를 포함하고 있다. 따라서 현존재가 아닌 존재자들을 주제로 하는 모든 영역존재론은 존재이해를 갖는 존재자인 현존재 자신의 존재적 구조에 기초하고 있다. 이와 함께 우리는 모든 영역존재론을 기초짓는 기초존재론(Fundamentalontologie)은 현존재에 대한 실존론적 분석이라고 할 수 있다.

3. 존재물음에서 현존재가 갖는 우위

현존재는 다른 모든 존재자들에 대해 다음과 같은 우위를 갖는다.

첫번째 우위는 현존재가 자신의 존재에 있어서 실존을 통해 규정되어 있다는 존재적 우위다.

두번째 우위는 존재론적 우위이다. 현존재는 자신의 실존에 의해 규정되어 있기 때문에 자기 자신의 존재에 대한 선존재론적인 이해를 갖고 있다. 즉 존재론적으로 존재한다.

세번째 우위는 현존재는 세계-내-존재인바 현존재가 아닌 모든 존재자의 존재에 대한 이해를 갖고 있다는 존재적·존재론적 우위이다. 현존재가 갖는 이러한 우위로 인해서 현존재는 모든 영역존재론을 가능하게 하는 조건이 될 수 있다.

위와 같이 현존재는 다른 모든 존재자에 앞서서 존재론적으로 일차적으로 물어져야 할 것으로서 입증되었다. 그러나 실존론적 분석이라는 철학적 연구 자체가 현존재가 갖는 하나의 존재가능성이다. 따라서 그것은 궁극적으로는 현존재의 존재인 실존에 뿌리박고 있다. 이와 함께 존재물음의 존재적 우위가 다시 한번 분명하게 되었다.

4. 전통적인 존재론에서 나타나는 현존재의 존재적 우위

현존재가 갖는 이러한 존재적인 우위는 전통적인 존재론에서 특히 아리스토텔레스나 토마스 아퀴나스와 같은 철학자들에 의해서 주목되었다.

아리스토텔레스는 '인간의 영혼은 어떤 의미에서 모든 존재자이다'이라고 말한다. 이 말은, 인간의 존재를 형성하는 영혼은 감각과 사고에 의해서 모든 존재자가 어떻게 존재하고 무엇으로 존재하는지를 드러낸다는 것을 의미한다. 아리스토텔레스의 이러한 명제는 궁극적으로는 '사유는 존재다'라는 파르메니데스의 존재론적 테제로까지 소급될 수 있다.

아리스토텔레스의 명제를 토마스 아퀴나스는 초월적인 범주들(die Transzendentien)에 관한 독특한 논의 속에 받아들였다. 토마스 아퀴나스는 존재자에 대한 모든 가능한 유(類)적 규정성과 존재자들의 모든 특수 양상을 넘어 있으면서 모든 존재자들에 필연적으로 귀속되는 초월적인 규정들이 있다고 보았다. 우리는 앞에서 존재와 같은 개념이 바로 그와 같은 개념이라는 것을 보았지만, 토마스 아퀴나스는 진리도 역시 그러한 초월적인 범주들 중의 하나라고 보았다. 그런데 이러한 진리는 '어떤 방식으로든 모든 존재자와 합치하는 본성을 갖는 하나의 존재자', 즉 모든 존재자를 인식하는 존재자를 상정한다. 이러한 특별한 존재자는 영혼(anima)이다.

이러한 전통적인 존재론에서도 현존재는 다른 존재자들에 대해서 우위를 갖고 있음이 분명히 시사되고 있다. 다만 전통적인 존재론에서는 현존재 자체의 진정한 존재론적 구조가 파악되지 않았으며 더 나아가 그것이 문제조차 되지 않고 있다.

5. 기초존재론으로서의 현존재 분석

우리는 존재물음 자체의 구조에 대한 분석(§2)에서 존재물음에서 이 존재자가 갖는 특별한 역할에 대해서 이미 언급했다. 따라서 존재물음이 명료하게 수행되기 위해서는 무엇보다 먼저 현존재가 존재론적으로 충분히 연구되어야만 한다. 지금까지의 논의에서 분명하게 된 것은 현존재 일반에 대한 존재론적 분석이 기초존재론을 형성한다는 사실이다. **현존재는 존재의미를 해석하는 것이 과제가 될 때 일차적으로 분석되어야 할 존재자일 뿐 아니라 또한 이렇게 분석되는 자신의 존재 자체에 대해 그때마다 이미 자신의 존재에 있어서 태도를 취하면서 그것을 선존재론적으로 이해하고 있다. 따라서 존재물음이란 현존재 자신에 속하는 본질적 존재경향, 즉 선존재론적 존재이해의 철저화 이외의 다른 것이 아니다.**

2장 존재물음을 수행할 때의 두 과제
: 탐구의 방법과 그 구도

§5. 현존재의 존재론적 분석
: 존재 일반의 의미를 해석하기 위한 지평의 전개

1. 현존재에 대한 선존재론적 존재이해가 갖는 문제점

우리 자신이 현존재로 존재하기 때문에 현존재는 존재적으로는 우리에게 가장 가깝게 있지만 존재론적으로는 가장 멀리 있다. 즉 일상적으로 우리는 존재의 의미를 눈앞의 존재로 보는 선입견에 사로잡혀 있기 때문에, 현존재를 존재론적으로 파악하려고 할 경우에는 그것을 잘못 파악하게 된다. 자기의 존재에 대한 이해를 갖고 있고 또 자신의 존재를 항상 이미 해석하고 있다는 것은 현존재의 가장 고유한 존재에 속하는 사실이다. 그러나 이러한 존재해석은 현존재의 가장 고유한 존재구조에 대한 존재론적 성찰에서 비롯되는 것이 아니기 때문에, 현존재의 존재구조에 대한 존재론적인 탐구는 현존재가 자기 자신에 대해서 갖는 일상적인 선존재론적 존재이해를 적합한 실마리로 받아들일 수는 없다.

현존재는 자신이 관계하는 눈앞의 존재자들에 입각해서, 즉 〈세계〉로부터 자기의 존재를 이해하려는 경향을 가지고 있다. 하이데거는 『존재와 시간』에서 '〈 〉' 친 세계, 즉 〈세계〉라는 말로 우리가 거주하는 장소로서의 생활세계가 아니라 눈앞의 존재자들을 가리키고 있다. **현존재는 선존 재론적으로 자신의 존재를 이해하고 있지만 자신의 존재를 그 자체에 입각하여 이해하지 않고 눈앞의 존재자를 실마리로 하여 이해하는 경향이 있는 것이다.** 이런 맥락에서 하이데거는 현존재 분석이 어려운 이유는 우리의 인식능력의 결함 때문이 아니라 현존재에게 고유한 하나의 존재경향, 즉 자신의 존재를 자신이 몰입해 있는 눈앞의 사물들을 실마리로 하여 이해하려고 하는 경향 때문이라고 보고 있다.

2. 현존재 분석의 출발점으로서의 현존재의 일상적 평균적 존재방식

따라서 현존재에 대한 참된 해석방식은 이 존재자가 그 자신으로부터 자신을 드러내도록 하는 것이어야만 한다. 더 나아가 그러한 해석방식은 현존재를 그것이 우선 대부분의 경우 존재하는 그대로, 즉 그것의 평균적 일상성에 있어서 드러내야 하며, 이러한 일상성에 입각해서 현존재의 존재를 규정하는 본질적 구조를 드러내야 한다.

이러한 일상적인 존재방식은 우리 현존재가 우선 대부분의 경우 취하고 있는 존재방식이기 때문에 우리가 보통 의식하지 못하는 것이다. 따라서 현존재에 대해 그동안 행해진 철학적 해명은 이러한 일상적인 존재방식을 출발점으로 삼지 않고 항상 간과해 왔다. 이런 의미에서 우리는 현존재의 일상적인 존재방식이야말로 존재적으로는 우리에게 가장 가깝고 가장 잘 알려져 있지만 존재론적으로는 가장 멀고 파악되지 않은 채로 있다고 말할 수 있다.

하이데거는 현존재가 존재하는 방식을 크게 본래적인 실존과 비본래적인 실존으로 나누고 있지만, 우선은 본래적인 실존과 비본래적인 실존의 차이를 도외시하면서 평균적인 일상적인 존재방식을 분석한다. 물론 이러한 평균적이고 일상적인 존재방식은 우리가 우선 대부분의 경우 취하는 존재방식이기 때문에 비본래적인 실존에 속한다. 그러나 하이데거는 우선은 본래적인 실존과 비본래적인 실존의 차이를 염두에 두지 않고 본래적인 실존과 비본래적인 실존 양자 모두에 타당한 실존성의 구조를 파악하려고 하는 것이다.

그러한 일상성 속에서도 현존재는 실존적인 존재로서 자기 자신의 존재를 문제 삼고 있으며 자신의 존재에 대해서 태도를 취하고 있다. 다만 일상성 속에서 현존재는 자신의 고유한 존재로부터 도피하는 방식으로 그것에 태도를 취하고 있다. 따라서 우리는 비본래적인 방식에 대한 분석을 통해서도 현존재의 본래적인 존재방식에도 타당할 수 있는 일반적인 형식적인 구조를 파악할 수 있다.

현존재의 일상성의 본질적인 구조가 이렇게 드러나게 된 후에 이 존재자의 존재가 예비적으로 부각된다. 나중에 보겠지만 하이데거는 일상성의 본질적인 구조에 대한 분석에 의해서 드러난 현존재의 존재는 마음씀(Sorge)이라고 밝히고 있다.

3. 현존재의 존재의미로서의 시간성과 존재물음의 지평으로서의 시간

『존재와 시간』에서 수행되는 현존재 분석은 존재물음의 수행이라는 주도적 과제를 염두에 두고서 행해지고 있다. 따라서 『존재와 시간』에서 수행되는 현존재 분석은 현존재에 대한 완벽한 존재론을 제공하는 것을 목표하지는 않는다. 『존재와 시간』에서 전개될 현존재 분석은 인간학과 인간학의 존재론적 정초를 위해서는 단지 몇 개의 본질적 단초들만을 제공할 뿐이다. 다시 말해, 『존재와 시간』에서 행해지고 있는 현존재 분석은 인간에 대한 상세한 탐구나 그러한 탐구의 정초를 목표하는 것이 아니라 존재물음을 수행하기 위해서 필요한 정도로 인간을 분석하는 것을 목표하고 있다.

나중에 보겠지만 하이데거는 현존재의 존재의 의미로서 시간성을 제시하고 있다. 현존재를 시간성으로서 해석한다고 해서, 존재 일반의 의미에 대한 물음에 답이 이미 주어지는 것은 아니지만, 그러한 답을 얻기 위한 지반은 마련되는 셈이다. **현존재 분석은 시간을 가장 근원적인 존재해석을 위한 지평으로서 드러낸다.** 위에서 언급되었던 것처럼 현존재의 존재에는 선존재론적 존재이해가 속해 있지만, 이 경우 **현존재가 일반적으로 존재를 비명시적으로 이해하고 해석하는 지평은 시간이다. 이러한 시간이 모든 존재이해와 존재해석의 지평으로서 밝혀져야만 한다.** 그리고 이러한 지평이 획득되고 난 후에 현존재 분석은 다시 더 높고 본래적인 존재론적 토대 위에서 반복되어야만 한다.

4. 시간에 대한 근원적인 해석의 필요성

그런데 시간을 존재이해의 지평으로서 파악하기 위해서는 그전에 시간이 현존재의 존재의미로서의 시간성에 입각해서 근원적으로 해석되어야만 한다. 무엇보다도 현존재의 존재의미인 시간성은 통속적 시간 이해와 구별되어야 한다. 시간을 '지금이라는 시점(時點)들의 연속'으로 보는 통속적 시간이해는 아리스토텔레스에게서부터 베르그송을 거쳐서 오늘날까지 이어져오는 전통적 시간 개념을 규정하고 있다. 나중에 하이데거는 통속적 시간이해와 전통적 시간 개념도 결국은 시간성에서 비롯된다는 사실을 드러내고 있다.

시간은 예로부터 존재자의 상이한 영역들을 구별하는 기준으로 기능해 왔다. 사람들은 시간적 존재자(자연과 역사의 사건들)를 비시간적 존재자(공간적 및 수적 관계)와 구별한다. 아울러 사람들은 흔히 명제의 무시간적 의미와 명제적 진술의 시간적 성격을 구별한다. 예를 들어 '이순신은 조선시대의 장군이다'라는 명제의 의미는 무시간적이지만 그러한 명제의 진술은 특정한 시점에서 이루어진 것이라는 점에서 시간적인 것이다. 더 나아가 사람들은 시간적 존재자와 초시간적 영원자인 신을 구별한다.

이 경우 '시간적'이라 함은 '시간 안에 있음'을 의미하지만 이것은 물론 모호한 규정이다. 아울러 어떻게 해서 시간이 이러한 특별한 존재론적 기능을 수행하게 되었는가, 또 어떤 권리를 가지고 시간이라고 하는 것이 바로 그런 기준으로서 기능하는가 하는 것은 지금까지 물어지지도 않았고 탐구되지도 않았다. 이에 반해서 존재의 의미에 관한 물음에 의해서 드러나야 하는 것은 모든 존재론의 중심적 문제는 올바르게 통찰되고 설명된 시간현상에 뿌리박고 있다는 것이며 어떻게 해서 그런가 하는 것이다.

존재가 시간을 기반으로 파악되고 존재의 상이한 양상들과 파생태들이 시간의 여러 변양과 파생과 관련해서 이해될 경우에야, 존재 자체가 그 시간적 성격에서 분명해진다. 그러나 이 경우 '시간적'이라 함은 단지 '지금이라는 시점들의 연속으로서의 시간 내에 있음'을 의미하지는 않는다. 비시간적인 것과 초시간적인 것도 '시간 내에 있다'는 의미에서 '시간적으로' 존재하는 것은 아니지만 앞으로 해명되어야 할 적극적 의미에서는 '시간적으로' 존재한다.

하이데거는 자신이 염두에 두고 있는 '시간적'이라는 표현이 '시간 내적인'으로 오해되지 않도록, 존재와 그것의 성격들 및 양상들이 갖는 근원적인

시간규정성을 존재시간적(temporal) 규정성이라고 부르고 있다. 존재시간성(Temporalität)이란 문제를 개진할 경우에야 비로소 존재의 의미에 대한 물음에 구체적인 답이 주어진다.

§6. 존재론 역사의 해체라는 과제

1. 역사학적 탐구를 가능케 하는 조건으로서의 현존재의 역사성

현존재의 존재는 그 의미를 시간성 속에서 발견한다. 이러한 시간성은 현존재 자신의 시간적 존재양식인 역사성을 가능케 하는 조건이기도 하다. 역사성이라는 규정은 사람들이 세계사적 사건들의 연관이라는 의미의 역사라고 부르는 것에 선행한다. 역사성은 현존재 자신이 생기하는 존재구조를 의미하며 이러한 생기(Geschehen)를 근거로 해서 세계사와 같은 것이 비로소 가능하게 된다.

현존재의 존재에는 근원적으로 그의 과거가 속한다. 이것은 현존재의 과거가 말하자면 현존재의 배후로 밀려났지만 때때로 영향을 미친다는 것을 의미하지는 않는다. 현존재는 자신의 존재방식에 있어서 그의 과거로 '있다'. 이것은 구체적으로 말하면 현존재는 과거로부터 전승되어 온 현존재 해석 속에서 성장한다는 것을 의미한다. **우선 대부분의 경우 현존재는 이렇게 전승된 현존재 해석에 의거해서 자신을 이해하며, 이러한 이해는 현존재의 존재가능성을 개시하고 규제한다. 따라서 현존재의 과거는 현존재의 뒤에 존새하는 것이 아니라 현존재를 앞서서 인도하는 것이다.**

그런데 현존재는 자각적으로 전통을 발견하면서 그것과 대결하려고 할 수 있다. 그렇게 해서 현존재는 역사학적으로 묻고 연구하는 존재양식 속으로 진입하게 된다. 그러나 역사학이 현존재의 존재양식으로서 가능한 이유는 현존재가 자신의 존재의 근거에 있어서 역사성에 의해 규정되어 있기 때문이다. 물론 현존재의 역사성은 현존재 자신에게 은폐되어 있을 수 있지만, 만약 현존재가 근본적으로 역사적으로 존재하지 않는다면 역사를 역사학적으로 묻고 발견하는 가능성도 현존재에게 존재하지 않게 될 것이다. 역사학이 없다는 것은 현존재의 역사성을 반대하는 증거가 아니라 역사성의 결여적 양상일 뿐이며, 그 점에서 도리어 역사성을 긍정하는 증거가 된다. 어떤 시대가 역사를 기술하지 않고 비역사학적으로 있을 수 있는 것도 그 시대가 역사적으로 존재하기 때문이다.

2. 존재물음의 역사성과 전통존재론의 해체

현존재가 역사성에 의해서 규정된다면 존재물음 그 자체도 역사성에 의해 규정되어 있을 수밖에 없으며, 그것은 하나의 역사적 물음이 된다. 존재물음 자체가 이렇게 하나의 역사적 물음이기에 존재물음의 수행은 물음 자체의 역사를 물어야만 한다. 다시 말해서 존재물음은 과거와 대결하는 방식으로 수행되어야 한다.

그런데 현존재는 그가 몰입해 있는 〈세계〉에 퇴락해서 그 〈세계〉에 비추어 자신을 해석하는 경향이 있을 뿐 아니라 이와 함께 다소간 명시적으로 전승되어 온 전통으로도 퇴락해 있다. 이러한 전통은 현존재가 진정으로 자신을 이해하고 물음을 제기하는 것을 방해한다. 이러한 사실은 존재물음에도 해당된다. 전승되어 온 범주들과 개념들은 부분적으로는 진정한 것들도 있지만, 전통은 전래되어 온 것을 자명한 것으로 받아들이기 때문에 그러한 범주들과 개념들이 비롯된 근원적 원천에 다가가는 통로를 막아버린다. 더 나아가 전통은 그러한 유래를 망각하게 하며 원천으로 되돌아가야 하는 필요성을 이해하는 것조차도 불필요하게 만든다.

이와 같이 전통은 현존재의 역사성을 광범위하게 근절하기 때문에 현존재는 가장 멀고 낯선 문화에 존재하는 철학적 사색의 여러 유형과 방향 및 관점들에 대해서만 관심을 가지면서 이러한 관심을 통해서 자신의 무지반성(無地盤性)을 은폐하려고 한다.[3] 그 결과 현존재는 역사학적 관심과 문헌학적인 해석에 대한 모든 열정에도 불구하고, 과거를 생산적으로 자기 것으로 하지 못하게 된다.

§1에서 지적된 것은, 존재의 의미에 대한 물음이, 해결되지 않았을 뿐 아니라 충분하게 제기되지도 않았으며 『존재와 시간』을 쓸 당시의 철학계에서 부활하고 있었던 형이상학에 대한 모든 관심에도 불구하고 망각 속에 빠져 있다는 것이었다.[4]

하이데거는 오늘날까지도 여전히 철학의 개념들을 규정하고 있는 그리스의 존재론과 그것의 역사를 현존재가 자기 자신과 존재 일반을〈세계〉에 의거해서 이해하고 있다는 증거로 보고 있다. 그러한 방식으로 형성된 존재론은 전통이 되고 자명한 것으로 전락하면서 헤겔에게서 볼 수 있듯이 단순히 새롭게 가공(加工)되어야 할 소재로 격하되었다. 뿌리가 뽑힌 그리스의 이러한 존재론은 중세에서는 확고부동한 교의가 된다. 그리스의 존재론은 스콜라적 각인을 받아 수아레즈(Francisco Suárez)의 『형이상학 토론집』(Disputationes metaphysicae)을 거쳐 근세의 초월론적인 철학으로 이행하면서, 헤겔의 『논리학』의 기초와 목표를 규정한다.

이러한 존재론의 역사가 진행되는 과정에서 인간이라는 특정한 탁

---

3) 여기서 하이데거가 염두에 두고 있는 것은 아마도 에른스트 카시러(Ernst Cassirer)와 같은 사상가가 시도하고 있는 문화철학과 같은 것이라고 생각된다. 하이데거는 다양한 문화들을 탐구한다고 해서 인간과 역사에 대한 우리의 이해가 더 깊어진다고 보지 않는 것이다.

4) 하이데거가 『존재와 시간』을 쓸 당시에 철학계에서 형이상학이 부활하고 있었다는 사실은 부스트(Peter Wust)와 같은 사람이 1925년에 『형이상학의 부활』(Auferstehung der Metaphysik)이란 책을 출간했다는 것에서도 확인할 수 있다.

월한 존재구역이 주목되고 그러한 구역(데카르트의 ego cogito, 주관, 자아, 이성, 정신, 인격)이 계속해서 일차적으로 철학적인 물음을 주도하게 되지만, 그것들의 존재구조에 관해서는 아무런 물음도 제기되지 않은 채로 있다.

존재물음 자체를 위해 그러한 물음 자체의 역사가 통찰되어야 한다면, 필요한 것은 경직된 전통을 풀고 그 전통이 조장하는 은폐를 해체하는 일이다. 이러한 과제를 하이데거는 고대 존재론의 전승을 그것의 주도적인 존재규정들이 획득된 근원적 경험으로 소급하여 해체하는 것으로 이해하고 있다. 이러한 과제는 전통적인 존재론적 기초 개념들의 유래를 증명하는 것이기도 하다.[5]

3. 존재론의 역사의 해체에 관한 구체적인 기투

하이데거는 『존재와 시간』은 존재물음의 수행을 목표로 하기 때문에 『존재와 시간』에서 행해지는 '존재론의 역사의 해체'도 이 역사를 근본적으로 규정하고 있는 정거장들, 예를 들어 데카르트의 세계론, 칸트의 도식론, 아리스토텔레스, 헤겔, 베르그송의 시간론에 대해서만 수행될 수밖에 없다고 말하고 있다. 이러한 해체와 관련하여 우선 제기되어야 할 물음으로 하이데거는 다음과 같은 것을 들고 있다. 존재론의 역사에서 존재의 해석이 시간현상과 주제적으로 결부되었는가 결부되지 않았는가, 그리고 만약 결부되었다면 어느 정도까지 결부되었는가? 이를 위해 필요

---

5) 예를 들어 하이데거는 전통적인 철학이 존재의 의미로 보는 '눈앞의 존재'(Vorhandensein)가 '도구적인 존재'(Zuhandensein)에서 유래하고 있다는 것을 증명하고 있으며, 〈시간〉을 '지금 이라는 시점들의 연속'으로 보는 전통적이고 통속적인 시간 개념이 현존재의 존재의미인 시간성에서 유래한다는 사실을 입증하고 있다.

한 존재시간성의 문제는 원칙적으로 제시되었으며 제시될 수 있었는가?

하이데거는 존재론의 역사의 이러한 해체를 칸트에게서부터 그리스 존재론으로 거슬러 올라가는 식으로 수행할 예정이었다. 이렇게 소급하면서 올라감으로써 고대 존재론의 선입견이 얼마나 깊이 근대존재론에까지 스며들어 있는지를 밝힐 생각이었다.

존재론의 역사를 해체하면서 소급해 올라가는 길의 첫번째 정거장은 칸트인바, 하이데거는 칸트는 존재시간성의 차원의 방향으로 나아가고 더욱이 현상 자체에 의해서 강요되어 그 방향으로 떠밀려 간 최초이자 유일한 사람으로 보고 있다. 그럼에도 하이데거는 칸트는 존재시간성의 문제를 궁극적으로 통찰하지 못했다고 보면서, 이러한 통찰을 방해한 요인으로 다음 두 가지를 들고 있다.

첫째로 칸트는 존재물음 일반을 제기하지 않았으며 이와 관련된 것이지만 현존재를 주제로 하는 존재론도 수행하지 못했다. 칸트식으로 말하자면 주관의 주관성에 대한 존재론적 분석이 결여되어 있었다. 그 대신 칸트는 자신이 이룬 모든 본질적 전진에도 불구하고 데카르트의 입장을 독단적으로 계승하고 있다. 즉 칸트는 데카르트의 '사유하는 자아'를 인간 존재의 본질로 보고 있다. 이에 반해서 하이데거가 생각하는 인간 존재는 세계 안에서 다른 존재자들과 온몸으로 관계하고 죽음 앞에서 불안해하면서 자신이 어떻게 살아야 할지를 고뇌하는 자다.

둘째로 칸트는 시간이라는 현상을 주관으로 귀속시켰음에도 불구하고 그의 시간분석은 전승되어 온 통속적 시간이해에 구속되어 있었기 때문에 초월론석 시간규정, 즉 시간도식이라는 현상이 갖는 고유한 구조와 기능에 천착할 수 없었다. 칸트는 시간을 '지금이라는 시점들의 연속'으로 보는 통속적 시간 개념에 사로잡혀서 현존재의 시간적인 성격을 그 자체로서 분석하지 못했던 것이다. 이 경우 현존재의 시간적 성격이란 장래를 향해서 자신이 구현할 가능성을 기투하고 이러한 가능성의 빛 아래에서 과거를 재해석하고 자신이 처한 현재의 상황을 개시하는 현존재의 존재성격을 가리킨다.

전통이 미친 이 두 가지 영향으로 인해서 **칸트에게서는 시간과 '나는 생각한다' 사이의 결정적 연관이 완전히 어둠에 싸이게 되고 문제로 제기되지도 못했다.**

존재론의 역사를 해체하면서 소급해 올라가는 길의 두번째 정거장은 데카르트다. 코기토 숨(cogito sum, '나는 생각한다, 나는 존재한다')과 함께 데카르트는 철학에 하나의 새롭고 확고한 지반을 제공하려고 했다. 그러나 이와 함께 그는 '사유하는 사물'(res cogitans)의 존재양식, 더 정확하게는 '나는 존재한다'(sum)의 존재의미를 분석하지 않고 있다. 다시 말해서 데카르트는 실존이라는 인간의 독특한 존재방식을 분석하지 않고 있는 것이다.

그러나 데카르트는 사유하는 사물의 존재에 대해서 완전히 존재론적으로 무규정적인 입장에 머물러 있는 것은 아니다. **데카르트는 사유하는 사물의 존재를 중세의 존재론의 입장을 계승하면서 해석하고 있다. '사유하는 사물'은 존재론적으로 엔스(ens, 존재자)로서 규정되고, 이 엔스의 존재의미는 중세 존재론에서는 피조물(ens creatum)로서의 엔스로 이해되었다. 무한한 존재자(ens infinitum)로서의 신(神)은 창조되지 않은 존재자(ens increatum)이다.**

그런데 '산출된 존재'라는 가장 넓은 의미에서의 피조성(被造性)은 고대의 존재 개념에 의거하고 있다. 데카르트는 전적으로 새로운 철학을 정초하고 있는 것 같지만 사실은 고대 존재론 이래 서양철학을 규정해온 숙명적 편견을 계속해서 이어받고 있다. 이러한 편견으로 인해서 데카르트 이후의 철학은 현존재를 존재론적으로 분석하는 것을 소홀히 하였으며 전승되어 온 고대 존재론과 비판적으로 대결하지 않았다.

이러한 방식으로 하이데거는 '코기토 숨'이 입각하고 있는 불분명한 존재론적 토대를 드러내면서, 데카르트가 존재물음을 제기할 수 없었다는 사실을 드러낼 뿐 아니라 그가 왜 코기토(cogito, 나는 사유한다)의 절대적 확실성을 내세우면서 '사유하는 사물'의 존재의미를 물을 필요가 없다고 생각하게 되었는지를 구명한다.

서양철학의 전체 역사를 은밀하게 규정하고 있는 고대 존재론의 의미와 한계는 존재시간성에 대한 해명을 통해서 비로소 밝혀질 수 있다. 존재자의 존재에 대한 고대적 해석은 〈세계〉 또는 가장 넓은 의미의 자연을 실마리로 하고 있으며 이러한 해석은 존재에 대한 이해를 시간을 지평으로 하여 얻고 있다. 이것에 대한 외적 증거는 파루시아(παρουσσία, 임재臨在) 또는 우시아(οὐσία, 현전성現前性)로서의 존재의 의미 규정이다. 이것은 존재론적·존재시간적으로 현전성(Anwesenheit)을 의미한다. 존재자는 그 존재에 있어서 현전성으로서 파악되고 있다. 다시 말하면 존재자는 현재(Gegenwart)라는 시간양상으로부터 이해되고 있는 것이다.

그리스 존재론의 문제제기는 다른 모든 존재론과 마찬가지로 그 실마리를 현존재 자신으로부터 취하고 있다. 고대 존재론에서 현존재, 즉 인간의 존재는 초온 로곤 에콘(ζῷον λόγον ἔχον, 로고스를 가진 동물), 즉 그 존재가 본질적으로 '말할 수 있음'에 의해 규정되는 생물로 파악되고 있다. 이렇게 인간의 본질적인 특성이 '말할 수 있음'에 있는 것으로 파악되기 때문에 레게인(λέγειν, 말하다)(§7, B 참조)은 '말을 통해서 밝혀지는 존재자들의 존재구조'를 획득히는 실마리가 된다. 레게인 자체 또는 노에인(νοεῖν, 인지하다Vernehmen)은 어떤 눈앞의 사물을 그 순수한 눈앞의 존재라는 성격에 있어서 단적으로 인식하는 것이며, 이것은 이미 파르메니데스가 존재해석의 실마리로 삼았던 것이다.

그리스 존재론 이래로 서양철학은 현존재가 존재자들과 관계하는 일차적인 방식을 눈앞의 사물을 인식하는 것으로 보았다. 이와 함께 전통적인 서양철학은 현존재의 가장 근본적인 특성도 이렇게 인식할 수 있는 존재라는 데서 찾았으며, 존재 일반의 의미도 존재자들이 인식의 대상으로서 '눈앞에 존재함'이라는 데서 찾았다. 이에 반해서 나중에 보겠지만 하이데거는 인식은 현존재가 존재자들을 사용하고 이용하는 실천적인 관계에 의거하고 있다고 보고 있다. 따라서 전통적인 서양철학이 존재 일반의 의미라고 보았던 '눈앞에 존재함'은 우리가 존재자들을 사용하는 방식으로 그것들에 관계할 때 그것들이 존재하는 방식인 '도구적 존재'(Zuhandensein)에 의거한다.

더 나아가 하이데거는 존재자들에 대한 실천적인 관계는 자신의 삶을 어떻게 살 것인가에 대한 현존재의 기투에 의해서 이끌려지고 있다고 보면서, 현존재의 근본적인 특성도 현존재가 인식할 수 있는 존재라는 데서 찾아서는 안 되고 자신의 존재를 문제 삼는 실존적 존재라는 데서 찾아야 한다고 본다.

이러한 실존적 존재로서 현존재는 시간적인 성격을 갖고 있다. 현존재는 항상 장래를 향해서 자신의 가능성을 기투하고 이러한 가능성의 빛 아래에서 과거를 재해석하면서 현재의 상황을 개시하는 존재인 것이다. 그리고 우리가 경험하는 존재자들은 이러한 시간적인 존재자로서의 현존재에게 개시되는 존재자이기 때문에 그것들의 존재도 모두 시간적인 성격을 띨 수밖에 없다.

그런데 전통 서양철학은 존재자들을 인식을 통해서 우리 눈앞에 현재화하는 현존재의 시간양상을 가장 근본적인 것으로 보면서 존재 일반의 의미도 현-재(現-在)로부터 해석된 현전성으로 이해한다. 다시 말해서 그리스 존재론 이래 존재자의 존재구조를 파악하는 실마리가 된 레게인은 어떤 것을 순수하게 현전화(現前化)한다는 존재시간의 구조를 가지고 있는 것이다. 따라서 사유에 의한 현전화 안에서 자기 자신을 드러내 보이면서 본래적 존재자로서 이해되고 있는 존재자는 '현-재'로부터 해석된다. 다시 말하면 그 존재자는 '현전하는 것'(οὐσία)으로서 이해되는 것이다.

그러나 이러한 그리스적 존재 해석은 자신의 존재해석을 이끄는 이러한 실마리를 분명하게 통찰하지 않았으며 시간의 기초존재론적 역할에 대한 이해를 결여하고 있었다. 이와 반대로 시간 자체는 눈앞의 존재자들 가운데 있는 하나의 존재자로 간주되면서 '지금이라는 시점들의 연속'으로 파악된다. 따라서 고대 존재론은 불분명하고 소박하게 시간에 방향지어진 존재이해를 지평으로 하면서 시간 자체를 파악하려고 한다. 고대 존재론에서 존재이해의 실마리가 된 가장 중요한 시간양상이 현재라면 하이데거는 실존적인 존재로서의 현존재의 삶에서 가장 중요한 것은 자신의 가능성을 기투하는 장래라고 본다.

하이데거는 『존재와 시간』에서의 자신의 연구는 존재물음을 궁극적인 목표로 하기 때문에, 고대 존재론의 기초들에 대한 상세한 존재시간적 해석——특히, 아리스토텔레스에서 도달된 학문적으로 가장 높고 가장 순수한 단계에 대한 해석——을 제시할 수는 없다고 말하고 있다. 그 대신 하이데거는 존재에 대한 고대 학문의 기초와 한계를 가장 잘 보여주는 아리스토텔레스의 시간론을 해석할 것이라고 말하고 있다.

시간에 대한 아리스토텔레스의 논구는 시간 현상에 관해 우리에게 전승된 최초의 자세한 해석이다. 그것은 베르그송의 시간해석을 비롯한 그 후의 시간해석을 본질적으로 규정하고 있다. 아리스토텔레스의 시간 개념에 대한 분석을 통해 분명해지는 것은 칸트의 시간이해도 아리스토텔레스가 제시한 구조 속에서 움직이고 있다는 것, 즉 칸트의 존재론의 기본방향은——새로운 물음에 수반되는 모든 차이에도 불구하고—여전히 그리스적이라는 것이다.

존재론적 전승의 해체를 일관되게 실행하는 가운데 비로소 존재물음은 구체화된다. 이러한 구체화를 통해 존재물음은 존재의 의미에 대한 물음이 불가피함을 충분히 증명해 보이게 된다.

§7. 현상학적 탐구 방법

A. 현상의 개념

하이데거는 자신이 존재물음을 수행하는 방법을 현상학이라고 말하고 있다. 하이데거는 현상학의 격률을 '사태 자체로!'라는 말로 정식화하고 있다. 이러한 격률에 따라서 현상학은 공허한 모든 구성이나 우연적인 착상을 거부하면서 사태가 자신을 드러내는 그대로 드러내는 것을 목표한다. 그런데 이러한 격률은 너무나 자명한 격률이 아닌가? 따라서 사람들은 이러한 격률은 모든 학문적 인식이 따라야 하는 자명한 원리를 표현하고 있을 뿐이라고 이의를 제기할 것이다.

현상학이라는 표현은 '현상'과 '학'이라는 두 개의 구성요소로 이루어져 있다. 따라서 현상학이라는 명칭의 의미는 그것의 구성요소인 현상과 학의 의미를 분명히 함으로써 비로소 밝혀질 수 있다.

(I) 현상이라는 용어의 의미

현상이라는 용어는 그리스어 파이노메논(φαινόμενον)에까지 소급된다. 이 말은 '스스로를 드러낸다'는 뜻을 가진 동사 파이네스타이(φαίνεσθαι)에서 유래한다. 따라서 파이노메논은 '스스로를 드러내는 것'을 의미한다. 파이네스타이 자체는 '백일하에 드러내다', '밝게 하다'를 의미하는 파이노(φαίνω)에서 비롯된 것이다. 파이노는 포스(φς)와 마찬가지로 어간 파-(φῶα-)에 속하는데, 포스는 빛, 밝음, 즉 어떤 것을 드러나게 하는 것을 의미한다. 따라서 파이노메논, 즉 현상이란 '스스로를 그 자신에 입각해서 드러내는 것', 파이노메나, 즉 현상들은 '백일하에 드러나 있는 것' 혹은 '밝혀져 있는 것'의 총체이다.

현상을 그리스인들은 종종 타 온타(τὰ ὄντα, 존재자들)와 동일시하였다. 존재자는 그것에 접근하는 그때그때의 방식에 따라 상이한 방식으로 자신을 드러낸다. 그뿐 아니라 **존재자가 자신을 자기 자신이 아닌 것으로서 드러낼 가능성도 있다. 이 경우 존재자는 '……처럼' 보인다. 존재자가 이렇게 드러낼 경우 우리는 그것을 가상(假像)이라고 부른다.** 그래서 그리스인들에게 현상, 즉 파이노메논은 '……처럼 보이는 것', 가상적인 것, 가상이라는 의미도 갖고 있다.

현상이라는 개념을 보다 잘 이해하기 위해서는 위에서 언급한 파이노메논의 두 가지 의미(그 자체를 드러내는 것으로서의 현상과 가상으로서의 현상)가 서로 어떻게 연관되어 있는지를 아는 것이 중요하다. **어떤 것이 스스로를 드러낼 수 있을 경우에만, 즉 현상으로 존재할 수 있을 경우에만 그것은 그 자신이 아닌 어떤 것으로서, 즉 가상으로서 자신을 드러낼 수도 있다.** 따라서 가상이라는 의미의 파이노메논에는 현상이라는 적극적이고 근원적 의미가 그것을 기초 짓는 것으로서 포함되어 있다. 하이데거는 현상이라는 말을 파이노메논의 적극적이고 근원적인 의미로 사용하고 있으며, 그것을 현상의 결여적 변양으로서의 '가상'과 구별하고 있다.

(2) 현상, 나타남, 가상

그러나 현상과 가상은, 사람들이 흔히 나타남(Erscheinen) 또는 단순한 나타남이라고 부르는 것과는 전혀 상관이 없다. 병의 증세, 즉 병의 나타남과 같은 것이 바로 그것이다. 증세란 신체에 존재하는 어떤 병이 나타나는 것이다. 병의 증세는, 증세라는 형태로 스스로를 나타내기는 하지만 자신을 그 자체로서는 드러내지 않는 어떤 것, 즉 병 자체를 지시한다. 이 경우 나타난다는 것은 병을 그 자체로서 드러내지는 않고 있다. 이러한 나타남은 가상과 혼동되어서는 안 된다. 가상은 사태 자체를 왜곡시켜서 드러내는 것이지만 나타남은 그렇지 않다. 나타나는 방식으로 스스로를 제시하지 않는 것은 가상일 수조차 없다. 모든 지시, 표시, 증상, 상징 등은 이상과 같은 '나타남'의 형식적 근본구조를 가지고 있다.

나타남은 현상이라는 의미로 자신을 드러내는 것은 아니지만, 그것은 어떤 것이 자신을 현상으로서 드러내는 것을 근거로 해서만 가능하다. 나타남과 가상은 각기 상이한 방식으로 현상에 기초를 두고 있다.

그런데 위의 같은 의미의 현상 개념은 어떤 존재자가 현상으로서 고찰되고 있는지 또한 자신을 드러내는 현상이 존재자인지 혹은 존재자의 존재인지를 문제 삼지 않으며, 따라서 그러한 개념에서 현상은 한갓 형식적 의미로 사용되고 있다. 이러한 형식적 의미의 현상은 칸트가 말하는 의미에서 '경험적 직관을 통해 접근할 수 있는 존재자'다. 다시 말해서 그것은 우리가 감각적으로 경험할 수 있는 것이다. 그러나 이러한 현상 개념은 통속적 현상 개념에 불과하며 현상학적인 현상 개념이 아니다.

칸트적 문제제기의 지평에서 현상학적인 현상으로서 파악될 수 있는 것은 여러 나타남, 즉 통속적으로 이해된 현상들에 선행하면서도 그것들에서 비주제적으로 자신을 드러내고 있는 것, 예를 들어서 공간과 시간과 같은 직관의 형식들과 같은 것이다. 왜냐하면 칸트가 '공간과 시간은 질서의 아프리오리한 장(場)'이라고 말할 때 공간과 시간은 현상으로서 자신을 드러내고 있기 때문이다.

그런데 현상학이라는 개념을 확정하기 전에 로고스(λόγος)의 의미가 먼저 규정되어야 한다. 이는 이러한 규정에 의해서 비로소 현상학이 어떤 의미에서 일반적으로 현상에 관한 학일 수 있는지가 명백하게 되기 때문이다.

B. 로고스의 개념

(1) 로고스라는 개념의 의미

로고스라는 개념은 플라톤과 아리스토텔레스에게서 다의적으로 사용되고 있다. 더구나 그러한 여러 의미들이 하나의 근본의미에 의해 적극적으로 주도되지 않고 서로 상충하는 방식으로 사용되고 있는 것처럼 보인다. 그러나 이것은 실제로는 그렇게 보이는 것에 불과하며, 플라톤과 아리스토텔레스에게서 로고스라는 개념이 갖는 여러 의미들의 근저에는 하이데거가 드러내고 있는 하나의 근본의미가 놓여 있다. 그러나 플라톤과 아리스토텔레스 이후 이러한 근본의미가 제대로 파악되지 못함으로써, 사람들은 플라톤과 아리스토텔레스에게서 로고스라는 개념이 서로 상충하는 다양한 의미로 사용되고 있다고 생각하게 되었다.

　로고스는 흔히 '말'이라고 번역되지만 문자 그대로의 이러한 번역은 말 자체가 의미하는 바가 무엇인가를 제대로 규정할 경우에만 유의미한 것이 될 것이다. 로고스라는 단어가 후세의 철학에 의해서 자의적으로 해석됨으로써 이 말의 분명하면서도 본래적 의미가 끊임없이 은폐되고 있다. 그동안 로고스는 이성, 판단, 개념, 정의, 근거, 관계 등으로서 번역되고 해석되어 왔다 그런데 로고스는 근본적으로 어떤 의미를 갖기에 위와 같은 것들을 동시에 의미할 수 있게 되었는가?

　이와 관련하여 우선 하이데거는 로고스의 근본의미를 명제적 진술로 파악했던 전통적인 해석은 사실상 로고스의 근본의미를 간과하고 있다고 보고 있다. 설령 이런 명제적 진술이 또한 판단으로 이해된다 하더라도, 외관상으로는 정당해 보이는 이러한 해석을 통해서도 로고스의 근본적 의미는 은폐되어 있다는 것이다. 하이데거는 특히 판단이 『존재와 시간』을 쓸 당시 철학계를 지배했던 판단론이라는 의미로 이해될 때는 더더욱 그렇다고 말하고 있다. 즉 판단이 당시의 신칸트학파나 로체[6]와 같은 사람들이 생각하는 것처럼 '표상들의 결합이나 어떤 명제적 의미에 대해 태도를 취함'(즉 그것을 승인하거나 거부하는 것)으로 이해된다면 로고스는 판단은 아니다. 아무튼 로고스의 근본의미는 판단은 아니다.

하이데거는 로고스라는 개념의 근본의미를 델룬(δηλοῦν), 즉 이야기 가운데서 언급되고 있는 것을 밝힌다는 의미에서의 '말'에서 찾고 있다. 아리스토텔레스는 말의 이러한 기능을 더욱 날카롭게 아포파이네스타이(ἀπόφανεσθαι)라고 설명했다. 로고스는 어떤 것, 즉 언급되고 있는 것을 말하는 자로 하여금 또는 서로 대화하는 자들로 하여금 보게 하는 것(φαίνεσθαι)이다. 말(ἀπόφανσις[아포판시스])이 진정한 말인 한, 말의 내용은 언급되고 있는 사태 자체로부터 비롯되어야만 한다. 그럼으로써 말로 하는 전달은 그러한 전달에서 언급되고 있는 사태를 분명히 하고 또한 다른 사람들도 볼 수 있게 한다. 이것이 아포판시스(ἀπόφανσις)로서의 로고스의 구조이다.

그러나 말이라고 해서 모두 '사태 자체를 드러낸다'는 의미에서 밝힌다는 이러한 양상을 가지고 있는 것은 아니다. 예컨대 기원(祈願)하는 것은 밝히기는 하지만 그것은 소망하는 사람의 마음을 밝힐 뿐이지 어떤 사태를 밝히는 것은 아니다.

---

6) 로체(Rudolf Hermann Lotze, 1817~1881)는 사물의 존재에 대해서 의미내용과 가치가 갖는 성격인 타당성을 엄격히 구별했던 사상가이다.

아포판시스로서의 로고스의 기능은 어떤 것을 지시하면서 보이게 하는 데 있기 때문에 로고스는 신테시스(σύνθεσις, 종합)라는 구조형식을 갖는다. 여기서 말하는 종합은 표상들의 결합이나 연결과 같은 것이 아니다. 그러한 종합을 표상들의 결합으로 볼 경우에는 그러한 결합에 관련해서는 주관에 내재하는 표상들이 외적 물리적인 것과 어떻게 일치할 수 있는가라는 문제가 생기지 않을 수 없다. 신(συν)은 여기에서는 순수하게 아포판시스라는 의미, 즉 사태를 그 자체로 보여 준다는 의미를 가지고 있으며, 어떤 것을 어떤 것과 함께 드러냄, 즉 어떤 것을 어떤 것으로서 드러냄을 뜻한다.

(2) 로고스와 진리

나아가서 로고스는 드러냄이기 때문에 참이거나 거짓일 수 있다. 이 경우 무엇보다도 중요한 것은, 진리를 '대상과 표상과의 일치'라는 의미로 해석하는 것에서 탈피하는 것이다. 이 '일치'라는 이념은 진리를 가리키는 그리스어 알레테이아(ἀλήθεια)에서 결코 일차적인 것이 아니다. 알레테우에인(ἀληθεύειν)으로서의 로고스는 아포파이네스타이로서의 레게인(말하다)에 의해서, 즉 존재자를 그것 자체에 입각하여 드러내는 말에 의해서 존재자를 은닉되어 있는 상태로부터 끌어내어 은닉되지 않은 것(ἀληθές[알레테스])으로서 드러내는 것, 즉 발견하는 것을 의미한다. 마찬가지로 거짓임(ψεύδεσθαι[프세위데스타이])은 덮어 감춘다(은폐한다)는 의미를 갖는바, 그것은 A라는 어떤 것을 B라는 어떤 것 앞에 놓으면서 B를 그것이 아닌 다른 것으로 드러내는 것이다.

그러나 진리가 이런 의미를 가지고 있고 또한 로고스는 드러냄의 일정한 양상에 지나지 않기 때문에, 로고스는 진리의 일차적 장소로서 간주되어서는 안 된다. 오늘날 사람들은 진리를 판단에 귀속되는 것으로 규정할 뿐 아니라 이러한 테제가 아리스토텔레스에게서 비롯되었다고 본다. 그러나 그러한 테제가 아리스토텔레스에게서 비롯되었다는 것은 사실이 아니며 아울러 진리의 장소를 판단에서 찾는 것은 그리스적인 진리 개념을 오해하는 것이다. 위에서 말한 로고스보다도 그리스적 의미로 더 근원적으로 참된 것은 아이스테시스(αἴσθησις), 즉 어떤 것을 단적으로 감각적으로 받아들이는 것이다.

예컨대 시각이 색깔을 지향하듯이 아이스테시스(αἴσθησις, 감각)가 그때마다 이디아(ἴδια, 각각의 감각에게 대응하는 것)를 지향하는 한, 즉 그때마다 순수하게 바로 그 아이스테시스에 의해서만 그리고 아이스테시스에게만 접근될 수 있는 존재자를 지향하는 한, 그 지각은 언제나 참이다. 이것은 시각은 항상 색깔을 발견하고, 청각은 항상 소리를 발견한다는 것을 의미한다. 그러나 가장 순수하고 가장 근원적인 의미에서의 참, 즉 드러낼 뿐 결코 은폐할 수 없다는 의미에서의 참은 순수한 노에인(인지)이다. 그것은 존재자로서의 존재자의 가장 단순한 존재규정들인 범주들을 단적으로 관조하면서 인지하는 것이다. 이러한 노에인은 결코 은폐할 수 없고 결코 거짓일 수 없다.

판단의 진리는 위와 같은 보다 근원적인 진리들에 기초 지어진 진리에 불과하다. 실재론도 관념론도 그리스적 진리 개념의 의미를 근본적으로 파악하고 있지 않지만, 사람들은 이러한 그리스적 진리 개념에 입각할 경우에만 이데아설과 같은 것이 철학적 인식으로서 가능하다는 사실을 이해할 수 있다.

(3) 로고스, 이성, 근거

로고스의 기능이 어떤 것을 단적으로 드러낸다는 데, 즉 존재자를 인지한다는 데 있기 때문에 로고스는 이성을 의미할 수도 있다. 또한 로고스는 레게인이라는 의미로 사용될 뿐 아니라 동시에 레고메논(λεγόμενον), 즉 제시된 것 자체라는 의미로도 사용되고 있다. 그리고 이 제시된 것 자체는 히포케이메논(ὑποκείμενον), 즉 어떤 것에 접근하면서 그것에 대해서 말하고 논의할 때마다 이미 전제되고 있고 근저에 놓여 있는 것[基體] 이외의 다른 것이 아니므로, 레고메논으로서의 로고스는 근거, 즉 라티오(ratio)를 의미하기도 한다. 마지막으로 레고메논으로서의 로고스는 어떤 것으로서 말해진 것, 즉 어떤 것과의 관계에 있어서 드러나는 것, 다시 말해서 이 어떤 것과의 관계맺음에 있어서 드러나는 것을 의미할 수도 있기 때문에 연관(Beziehung)과 관계(Verhältnis)라는 의미도 갖고 있다.

아포판시스로서의 말에 대한 이상의 해석은 로고스의 일차적 기능을 명확하게 하기에 충분할 것이다.

C. 현상학의 예비개념

(1) 현상학의 형식적 개념

현상과 로고스에 대한 이상의 해석에서 이 두 명칭으로 지칭되는 것들 사이의 내적 연관이 분명하게 된다. 현상학이란 표현을 그리스어로 정식화하면 레게인 타 파이노메나(λέγειν τά φαινόμενα, 현상들을 말한다)가 된다. 여기서 레게인은 아포파이네스타이(ἀποφαίνεσθαι, 어떤 것을 그 자신으로부터 드러내다)를 뜻한다. 그리하여 '현상학'은 아포파이네스타이 타 파이노메나(ἀποφαίνεσθαι τά φαινόμενα), 즉 '자신을 드러내고 있는 어떤 것을 그것이 자신을 드러나는 그대로 드러내는 것'을 말한다. 이것이 현상학이란 이름으로 일컬어지는 연구의 형식적 의미다. 그리고 이것이야말로 앞에서 정식화된 '사태 자체로!'라는 격률이 의미하는 것이다.

따라서 현상학이란 명칭은 연구의 어떤 특정한 대상을 지칭하는 것이

아니라 대상을 직접적으로 제시하고 직접적으로 증시하려고 하는 파악방식을 의미한다. 후설이 사용하는 용어인 기술(記述)적 현상학이라는 동어반복적 표현도 근본적으로는 동일한 의미를 가지고 있다. 여기서 기술이란 명칭은 존재자 자체를 드러내는 것이 아닌 모든 규정은 멀리 해야 한다는 일종의 금지적 의미를 가지고 있다. 따라서 우리는 존재자가 그 자신에게 있어서 자신을 드러나는 그대로 제시하는 것은 모두 현상학이라고 부를 수 있다. 현상학에 대한 이러한 정의는 현상이라는 말을 형식적이고 통속적인 의미로 사용하고 있는바, 현상학에 대한 하나의 형식적 개념이라고 할 수 있다.

(2) 현상학적 현상 개념과 현상학의 참된 의미

그러나 형식적 현상 개념은 어떤 경우에 그러한 일반적인 형식성을 넘어서 현상학적 현상 개념이 될 수 있는가? 또한 현상학적 현상 개념은 통속적 현상 개념과 어떻게 구분되는가? 현상학이 스스로를 드러내도록 해야 하는 것은 무엇인가? 탁월한 의미에서 현상이라고 일컬어져야 하는 것은 무엇인가? 그것의 본질상 필연적으로 명시적인 제시의 주제가 되는 것은 무엇인가? 그것은 우선 대부분의 경우 자신을 곧장 드러내지 않는 것, 즉 우선 대부분의 경우 자기를 드러내는 것에만 주목할 경우에는 숨겨져 있지만 동시에 그것에 본질적으로 속하면서 그것의 의미와 근거를 이루는 것이다.

이처럼 현저한 의미에서 은닉된 채로 있으면서 자신을 위장하는 방식으로 드러내는 것은, 이런저런 존재자의 존재이다. 존재자의 존재는 망각되어서 존재와 존재의 의미에 대한 물음조차 생기지 않을 정도로 광범하게 은닉되어 있을 수 있다. 따라서 탁월한 의미에서 자신의 가장 고유한 사태내용에 근거해서 현상이 되기를 요구하는 것을 현상학은 대상으로서 주제적으로 드러내야만 한다.

현상학은 존재론의 주제가 되어야 하는 것에 접근하는 양식이자 그것을 드러내면서 규정하는 양식이다. 존재론은 오직 현상학으로서만 가능하다. 따라서 현상의 현상학적 개념은 '자기를 드러내는 것'으로서의 존재자의 존재, 존재의 의미, 존재의 변양들과 파생태들을 가리킨다. 자기를 드러냄은 '나타남'과 같은 어떤 임의적인 것이 결코 아니다. 또한 존재자의 존재는 칸트의 물 자체처럼 나타나지 않는 것이 그 배후에 여전히 도사리고 있는 그런 것도 아니다.

현상학이 드러내려고 하는 현상들의 배후에는 본질적으로 아무것도 없지만, 현상은 은닉되어(verborgen) 있을 수는 있다. 그리고 현상들은 우선 대부분의 경우는 은폐되어(verdeckt) 있기 때문에 현상학이 요구되는 것이다. 현상들이 은폐될 수 있는 양식은 다양하다. 우선 현상은 아직 발견되지 않았다는 의미에서 은폐되어 있을 수 있다. 나아가서 현상은 파묻혀(verschüttet) 있을 수도 있다. 이 경우 현상은 일찍이 발견되었지만 다시 은폐되어 있다는 것을 의미한다. 이러한 은폐는 전면적인 은폐가 될 수도 있지만, 이전에 발견되었던 것이 통상적으로는 가상이라는 형태로 자신을 제시할 수는 있다. 그러나 가상이 있으면 그만큼 그것의 이면에 참된 존재도 있다. 위장(僞裝)으로서의 이러한 은폐는 가장 빈번히 일어나는 것이면서도 가장 위험한 것이다. 여기에서는 기만과 왜곡의 가능성이 특별히 끈질기게 따라붙기 때문이다.

은닉되어 있음의 의미로 파악되든 파묻혀 있음 또는 위장의 의미로 파악되든 은폐는 그 자체로 다시 이중의 가능성을 갖는다. 우연적 은폐와 필연적 은폐가 그것이다. 필연적 은폐는 발견된 것의 존립 양식에 근거한다. 아무리 근원적으로 길어 낸 현상학적 개념과 명제라 하더라도 그것이 전달되면서 변질될 가능성이 있다. 이런 개념과 명제는 공허한 이해 속에서 계속 전달되어 자신의 지반을 잃고 허공에 뜬 테제가 된다. 원래는 파악될 수 있던 것이 파악 불가능한 것이 될 가능성은 현상학 자체의 구체적 작업에도 존재한다. 따라서 이러한 연구의 어려움은 바로 자기 자신에 대해 적극적으로 비판적 자세를 취해야 한다는 데 있다.

현상으로서의 존재와 존재구조에 이르는 양식은 현상학의 대상들 자체로부터 쟁취되어야 한다. 그러므로 분석의 출발점, 현상에 접근하는 통로, 은폐를 뚫고 나가는 것은 다같이 독자적인 '방법적 확보'를 요구한다. 현상들을 원본적이고 직관적으로 포착하고 설명한다는 이념은, 우연적이고 직접적이며 경솔하고 순진한 직관과는 대립된다.

이상과 같은 현상학의 예비개념을 지반으로 해서 이제 '현상적'이라는 용어와 '현상학적'이라는 용어의 의미도 확정할 수 있다. '현상적'이란 현상에 이르는 파악양식에 주어져 있는 것을 일컫는다. '현상적 구조들'이라는 말에서 현상적이라는 말은 그러한 의미로 쓰이고 있다. '현상학적'이란 제시와 설명의 양식에 속하는 모든 것 및 이러한 제시와 설명에서 요구되는 개념성을 형성하는 모든 것을 가리킨다.

현상학적으로 이해된 현상은 언제나 '존재를 구성하고 있는 것'뿐이지만 존재는 항상 존재자의 존재이기 때문에 존재를 개현하려면 먼저 존재자 자체를 올바로 드러낼 필요가 있다. 이 존재자도 진정으로 자기에게 속하는 접근양식 속에서 올바로 드러나야 한다. 따라서 사태를 그 자체로 드러낸다는 의미의 형식적이고 통속적인 현상 개념도 현상학적으로 중요하게 된다.

(3) 존재론으로서의 현상학

사태내용이라는 측면에서 말한다면, 현상학은 존재자의 존재에 관한 학, 즉 존재론이다. 존재론의 과제에 대해 이렇게 설명하는 가운데 기초존재론의 필요성이 분명해졌다. 기초존재론은 현존재라는 존재론적·존재적으로 탁월한 존재자를 주제로 삼으면서 존재 일반의 의미에 대한 물음이라는 핵심문제에 육박한다.

현상학적 기술의 방법적 의미는 해석이다. 현존재의 현상학은 '해석하다'(ἑρμηνεύειν)라는 성격을 가지고 있다. 하이데거는 현존재의 해석학은 다음과 같은 세 가지 의미를 갖는다고 본다.

첫째로 그것은 존재의 본래 의미와 현존재에 고유한 존재의 근본구조들에 대한 해석이다.

둘째로 존재의 의미와 현존재 일반의 근본구조들이 드러남으로써 그리고 더 나아가 현존재가 아닌 존재자에 대한 모든 존재론적 연구를 위한 지평이 분명해짐으로써, 현존재의 해석학은 동시에 모든 영역존재론을 가능하게 하는 조건들을 검토한다는 의미의 해석학이 된다.

그리고 마지막으로, 현존재가 모든 존재자에 앞서 존재론적 우위를 갖고 있는 한, 현존재에 대한 해석으로서의 해석학은 실존의 실존성의 분석이라는 세 번째 특수한 의미, 그러나 철학적으로 이해한다면 일차적 의미를 가지고 있다. 이때 이 제3의 의미의 해석학이 역사학을 가능하게 하는 조건인 현존재의 역사성을 존재론적으로 드러내는 한, 그러한 의미의 해석학에 역사학적 정신과학들의 방법론이 뿌리박고 있다. 따라서 흔히 해석학이라고 불리는 역사학적 정신과학들의 방법론은 단지 파생적으로만 해석학이라 불릴 수 있을 뿐이다.

철학의 근본 주제로서 존재는 결코 모든 존재자들을 포괄하는 최고의 유는 아니지만 그럼에도 모든 존재자와 연관되어 있다. 존재의 보편성은 유보다 더 고차적으로 탐구돼야 한다. 존재 및 존재구조는 모든 존재자를 초월하고 존재자들에 대한 모든 가능한 규정성을 초월한다. 존재는 단적인 초월이다. 초월로서의 존재를 개시하는 인식은 모두 초월론적 인식이다. 따라서 존재를 드러내는 현상학적 진리는 초월론적 진리.

존재론과 현상학은 철학에 속하는 다른 전문분야들과 나란히 존재하는 두 개의 상이한 분야가 아니다. 존재론은 철학의 대상을 가리키는 용어이며 현상학은 철학의 방법을 가리키는 용어이다. 철학은 현존재의 해석학에서 출발하는 보편적 현상학적 존재론이다. 현존재의 해석학은 실존의 분석으로서 실존을 모든 철학적 물음의 실마리로 삼는다. 왜냐하면 현존재의 존재인 실존이야말로 모든 물음의 출발점이자 귀착점이기 때문이다.

마지막으로 하이데거는 『존재와 시간』에서 보이는 표현의 어색함과 매끄럽지 못함에 대해 다음과 같이 해명하고 있다. 존재자에 대해 이야기하면서 보고하는 것과 존재자를 그 존재에 있어서 파악하는 것은 전혀 다른 것이다. 후자의 과제를 위해서는 대부분의 경우 적합한 단어도 없으려니와 무엇보다도 문법이 없다. 이와 함께 하이데거는 플라톤의 『파르메니데스』의 존재론에 관한 절(節)이나 아리스토텔레스의 『형이상학』 7권 4장을 투키디데스의 이야기 조(調)의 어느 절과 비교해 보라고 말하고 있다. 그러면 그리스 철학자들이 그리스인들에게 강요한 표현법이 전대미문(前代未聞)의 것이었음을 알게 될 것이라는 것이다. 더 나아가 하이데거는 자신이 개시하려는 존재영역이 그리스인들에게 제시되었던 것보다 존재론적으로 훨씬 더 포착하기 어렵기 때문에 개념 형성의 번거로움과 표현의 생경함은 불가피했으며 더욱 커질 수밖에 없었다고 말하고 있다.

§8. 논문의 구도

존재의 의미에 대한 물음은 가장 보편적이고 가장 공허한 물음이다. 존재의 기본개념을 획득하고 그 기본개념에 의해 요구되는 존재론적 개념성 및 이 개념성의 필연적 변양들을 소묘하기 위해서는 어떤 구체적인 실마리가 필요하다. 따라서 현존재라는 특정한 존재자에 대한 해석을 발판으로 해서 존재 개념으로 전진해 나가는 탐구의 특수성은 존재 개념의 보편성과 모순되지 않는다. 도리어 존재의 이해와 해석을 위한 지평은 현존재에게서 획득되어야 한다. 그러나 현존재는 역사적으로 존재한다. 따라서 이 존재자를 존재론적으로 철저하게 조명하는 일도 필연적으로 역사적인 해석이 된다.

따라서 존재물음의 수행은 두 과제로 나뉘며 그에 따라 본 논문의 구성도 두 부분으로 나뉜다.

제I부: 현존재를 시간성을 겨냥해서 해석하고, 시간을 존재에 대한 물음의 초월론적 지평으로서 제시함.
제II부: 존재시간성의 문제틀을 실마리로 한 존재론의 역사의 현상학적 해체의 개요

제I부는 다시 세 편으로 나뉜다.
1. 현존재의 예비적 기초분석
2. 현존재와 시간성
3. 시간과 존재

제II부도 마찬가지로 세 편으로 나뉜다.
1. 존재시간성의 문제틀의 전 단계로서의 칸트의 도식론과 시간이론
2. 데카르트의 코기토 숨(cogito sum)의 존재론적 기초와 '사유하는 사물'(res cogitans)의 문제성으로의 중세 존재론의 인수

3. 고대 존재론의 현상적 토대와 한계를 판별하는 기준으로서의 아
   리스토텔레스의 시간에 관한 논문

　그러나『존재와 시간』은 미완성으로 끝났다. 그것은 제I부 2 '현존재
와 시간성'에서 중단되었고 존재의 의미를 본격적으로 탐구하는 본론이
라고 할 수 있는 제I부 3과 전통존재론의 해체를 겨냥하는 제II부는 쓰이
지 못했다. 폰 헤르만(F. von Hermann)은 제I부 3에 해당하는 '시간과 존
재'는『현상학의 근본문제』에서 다루어지고 있으며, 제II부도『칸트와 형
이상학의 문제』와 같은 저작들에서 수행되고 있다고 말하고 있다.

1부

현존재를 시간성으로 해석하고,
시간을 존재에 대한 물음의
초월론적 지평으로서 해명함

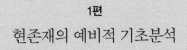

1편
현존재의 예비적 기초분석

.1편은 현존재의 존재를 분석하는 것을 목표한다. 하이데거는 이러한 분석에 착수하기 전에 우선 1편에서 다루어질 대략적인 내용을 소개하고 있다.

1장은 현존재의 예비적 실존론적 분석을 이러한 분석과 유사하게 보이는 탐구들과 구별한다.

2장은 실존론적 분석이 갖는 탐구의 특수성을 염두에 두면서 세계-내-존재라는 현존재의 기초적 구조를 해명한다. 세계-내-존재라는 규정은 서로 다른 성격을 갖는 부분들을 꿰어 맞춘 것이 아니라 근원적인 전체 구조를 형성하고 있다. 물론 이러한 구조를 구성하는 계기들을 우리는 개별적으로 분석할 수는 있지만 이러한 분석은 이러한 구조의 전체성을 항상 고려하면서 행해져야만 한다.

따라서 3장 이후부터 다루어지는 것은 세계성(世界性)에 있어서의 세계(3장), 공동존재(共同存在)와 자기존재(自己存在)로서의 세계-내-존재(4장), 내-존재(內存在)(5장)이다.

세계-내-존재라는 기초적 구조에 대한 이러한 분석을 기반으로 하여 현존재의 존재가 마음씀으로서 잠정적으로 드러난다(6장).

1장 현존재의 예비적 분석이라는 과제의 전개

§9. 현존재 분석의 주제

1. 현존재의 본질로서의 실존

하이데거가 존재물음의 실마리로 삼는 존재자는 우리 자신인 현존재다. 그리고 여기서 문제가 되고 있는 우리 자신이란 막연한 인간 일반을 말하는 것이 아니라 자신만의 고유한 과거와 꿈을 가진 각자적인 개인으로서의 우리 자신을 말한다. 하이데거는 이러한 각자적인 존재로서의 우리 인간존재의 근본성격을 실존에서 찾고 있다. 실존이란 '자신의 존재에 있어서 자신의 존재를 문제 삼는다'는 현존재에게만 고유한 존재방식을 가리킨다.

현존재가 '자신의 존재를 문제 삼는' 존재일 경우, 문제가 되고 있는 자신의 존재는 각각의 세계-내-존재이다. 인간은 자신이 원하든 원하지 않든 하나의 일정한 세계에 내던져져 있으면서 자신의 삶을 자신이 만족할 수 있는 삶으로 형성하려고 한다. 각각의 개인에게 가장 중요한 것은 이렇게 자신의 삶을 자신이 만족할 수 있는 삶으로 형성하는 것이다. 이 경우 각각의 개인이 만족하는 삶은 여러 가지가 있을 수 있을 것이다. 어떤 사람은 부자가 되면 자신의 삶에 만족할 수 있을 것이라고 생각하고, 어떤 사람은 위대한 학자가 되거나 시인 혹은 종교적인 성인이 되면 자신의 삶에 만족할 수 있을 것이라고 생각한다. 인간은 누구나 자신의 삶이 무엇을 지향하고 실현해야 할지에 대한 하나의 비전을 가지고 있다.

이러한 비전의 실현을 위해서 사람들은 육체와 이성을 혹사하기도 하며 경우에 따라서 목숨을 바치기도 한다. 이런 의미에서 육체와 이성은 부차적인 것이며 그것들이 어떠한 방식으로 사용되느냐 하는 것은 우리 각자가 어떠한 삶의 모습을 실현하려고 하느냐에 달려 있다. 물론 이렇게 자신의 삶이 구현해야 할 이상적인 모습을 기투하는 것도 넓은 의미에서는 이성의 기능일 것이다. 그러나 이러한 이성은 우리가 자신의 삶이 구현해야 할 이상적인 모습을 이미 결단한 상태에서 그것을 실현하기 위해서 동원되는 도구적인 이성과는 전적으로 다른 보다 근원적인 이성이라고 할 수 있다. 나중에 보겠지만 하이데거는 이러한 근원적인 이성이 자신의 삶이 구현해야 할 이상적인 모습을 기투하는 것을 이해(Verstehen)라고 부르고 있다.

이러한 이해가 인간 개개인의 삶을 규정하고 통상적인 의미의 이성이나 감성은 그러한 이해가 기투한 삶을 위해서 봉사하는 것이기 때문에, 하이데거는 감성이나 이성에 대한 분석을 통해서 현존재의 삶의 모습이 제대로 파악될 수 있다고 보지 않는다. 따라서 전통철학이 감성이나 이성에 대한 반성을 통해서 인간의 본질을 파악하려고 하는 반면에, 하이데거는 현존재가 살아가는 구체적인 삶의 모습을 분석함으로써 인간의 본질을 파악하려고 한다.

그런데 각각의 현존재에게 가장 소중한 것이 자기 자신이라는 말은 현존재가 이기적인 존재라는 말이 아니다. 이기적인 삶과 태도는 오히려 자기 자신을 망치는 것일 수 있다. 이타적인 사람에게도 가장 최대의 문제는 자신이 어떻게 살 것인가 하는 것이며 자신의 삶을 어떻게 형성해

갈 것이냐 하는 것이다. 인간은 자신의 삶을 자신이 긍정할 수 있는 삶으로 형성하고 싶다는 절박한 관심 때문에 온몸을 바쳐서 타인들에게 봉사할 수도 있으며 자신을 희생할 수도 있는 것이다.

하이데거는 현존재가 갖는 이러한 성격, 즉 자신이 어떻게 살 것이냐를 문제 삼으면서 자신의 삶을 어떻게든 자신이 긍정적으로 받아들일 수 있는 것으로 만들려는 근본적인 성격을 '실존'이라고 부르면서, '현존재의 본질은 실존에 있다'고 말하고 있다. '현존재의 본질은 실존에 있다'는 사실을 구성하는 계기들을 하이데거는 '현존재는 가능존재다'와 '현존재에게 문제되는 존재는 각자의 나의 존재다'로 보면서 각 계기에 대해서 다음과 같이 설명하고 있다.

(1) 현존재는 가능존재다

'현존재는 가능존재다'라고 할 경우의 가능존재는 전통형이상학에서 말하는 가능존재와는 전적으로 다른 것을 의미한다. 예를 들어 칸트에게서 어떤 존재자가 '존재한다'(existentia)는 것은 그것이 특정한 시간과 공간에 우리가 지각할 수 있는 대상으로서 눈앞에 존재한다(Vorhandensein)는 것을 의미했다. 그리고 칸트는 어떤 존재자가 이렇게 우리가 지각할 수 있는 방식으로 눈앞에 존재하고 있을 경우 그것을 '현실적으로' 존재한다고 보았다. 즉, 칸트에게서 가능존재란 어떤 것이 시간과 공간 안에 지각의 대상으로 나타날 가능성을 갖고 있다는 것을 의미한다. 예를 들어 우리가 '오늘 오후 2시에 서울에 비가 내리는 것은 가능하다'고 말할 때 비가 내리는 것은 가능존재의 양상을 갖고 있다.

이에 반해 **칸트 이전의 전통형이상학에서는 가능존재는 논리적으로 모순이 없는 상태를 말한다.** 전통형이상학은 논리적으로 모순이 없는 것은 존재할 가능성을 갖는 것으로 보았다. 예를 들어서 전능한 신이라는 개념은 논리적으로 모순이 없기에 존재할 가능성을 갖는 것이지만, 둥근 사각형은 논리적으로 모순되는 개념이기에 존재할 가능성이 없는 것이다. 그러나 칸트는 전지전능한 신이라는 개념은 논리적으로 모순적인 개념은 아니지만, 초감성적인 존재인 신은 공간과 시간 안에 우리의 지각 대상으로서 나타날 수 없기 때문에 신이 존재가능하다고 볼 수 없다고 말한다. 그렇다고 해서 우리는 신이 존재할 수 없다고도 단정할 수 없다. 이는 우리가 존재할 수 있다거나 존재할 수 없다고 분명하게 말할 수 있는 것은 시간과 공간상에 나타날 수 있는 것이기 때문이다. 예를 들어 책상과 같은 것은 공간과 시간 안에 지각의 대상으로 있을 수 있기 때문에 우리는 내 방에 책상이 있을 수 있다든가 있을 수 없다고 말할 수 있다. 그러나 신에 대해서는 도대체가 그러한 말이 불가능한 것이다.

칸트와 칸트 이전의 형이상학에서 사용된 가능존재라는 개념이 의미하는 것과는 달리, **현존재가 가능존재로서 존재한다는 것은 현존재가 자신의 현재의 삶의 방식을 문제 삼으면서 보다 나은 삶을 추구하는 존재라는 것을 의미한다.** 즉 현존재에게는 자신이 실현해야 할 삶의 가능성이 가장 크게 문제가 되는 것이며, 이런 의미에서 하이데거는 현존재는 가능존재라고 말하고 있다. **인간은 현재의 존재방식에 만족하지 못하고 미래의 보다 나은 존재방식을 모색하기에 인간에게는 가능성이라는 범주가 현실성이라는 범주보다도 더 중요한 의미를 갖게 된다.** 이런 의미에서 하이데거는 "**실존주(實存疇)로서의 가능성은 인간이 갖는 가장 근원적이고 궁극적이며 적극적인 존재론적인 규정성이다**"라고 말하고 있다.[1]

(2) 현존재에게 문제되는 존재는 '각자의 나'의 존재다

인간은 눈앞에 존재하는 사물들의 한 예로서 파악될 수 없다. 돌과 같은 사물들에게는 자신의 존재는 아무래도 상관이 없다. 그것은 자신의 존재

에 무관심하지만, 엄밀하게 말하자면 돌은 자신의 존재에 대해서 무관심할 수도 없다. 무관심은 어디까지나 관심의 변양된 형태인바, 돌은 자신의 존재에 관심을 가질 수도 없기 때문에 무관심할 수도 없는 것이다.

이에 반해 **인간에게는 그 어떤 다른 존재에 의해서도 대체될 수 없는 각자의 존재가 문제가 된다.** 현존재에게는 이렇게 각자적인 존재가 문제되기 때문에 현존재에 대해서는 일반적인 명사가 아니라 각각의 현존재를 독자적인 개인으로서 지칭하는 인칭대명사를 사용해야 한다. 우리는 현존재를 그것이라고 부를 수 없고 나라든가 너라든가로 부르지 않으면 안 되는 것이다.

현존재에게는 각자의 고유한 존재를 구현하는 것이 문제가 되지만 우선 대부분의 경우 사람들은 각자의 고유한 존재를 망각하고 사회가 주입하는 삶의 방식을 자기 자신의 삶으로 착각하면서 살아가곤 한다. 다시 말해서 우리는 우선 대부분의 경우에 각자의 고유한 존재를 구현하면서 살지 않고 사회가 주입하는 세간적인 가치들에 순응하면서 살고 있을 뿐이다.

이와 관련하여 하이데거는 '인간은 자신의 존재를 문제 삼는 존재'라는 말을 '**인간은 자신의 가장 고유한 가능성으로서의 자신의 고유한 존재에 태도를 취하고 있다**'는 식으로도 표현하고 있다. 인간은 자신의 가장 고유한 가능성을 실현하는 방식으로 존재할 수도 있지만 우선 대부분의 경우에는 그러한 가능성으로부터 도피한다. 그러나 이렇게 도피하는 것도 자신의 가장 고유한 가능성에 대해서 태도를 취하는 한 방식이다. 현존재는 본질상 이렇게 항상 자신의 고유한 가능성에 대해서 태도를 취하고 있기 때문에 자신을 획득할 수도 있으며 상실할 수도 있다. 그리고 현존재가 이

---

1) '실존주'에 대해서는 85쪽 첫번째 문단을 참조할 것.

렇게 자기를 상실할 수 있는 것은 현존재의 고유한 존재가 눈앞의 사물들의 속성처럼 그것에 부속되어 있는 것이 아니라 현존재가 선택해야 할 하나의 가능성으로서 존재하고 있기 때문이다.

하이데거는 현존재가 자신의 고유한 존재를 구현하면서 사는 존재방식을 본래적인 실존이라고 부르는 반면에, 현존재가 자신의 고유한 존재를 망각한 채로 사는 존재방식을 비본래적인 실존이라고 부르고 있다. 본래적 실존과 비본래적 실존이라는 두 가지 존재양상은 현존재가 자신의 고유한 존재를 문제 삼는 각자적인 존재라는 데서 비롯된다. 그런데 비본래적 실존은 본래적인 실존보다도 삶에 열중하지 못하고 게으르게 산다거나 통상적인 의미에서 부도덕하게 산다는 것을 의미하는 것은 아니다. 오히려 비본래적인 실존은 가장 바쁘게 살 수도 있으며 가정과 사회에서 요구하는 규범에 가장 충실하게 살 수 있다.

현존재는 우선 대부분의 경우에는 비본래적으로 살면서 자신의 고유한 존재에 등을 돌린 채로 살고 있지만 그의 고유한 존재는 완전히 사라질 수는 없다. 그것은 항상 우리의 심연에서 자신을 개시하고 있다. 바로 그 때문에 우리는 예상하지 않은 어떤 순간에 아무런 특별한 이유도 없이 자신이 현재 살고 있는 비본래적인 삶에 대해서 공허감이나 허무감을 느낄 수 있다. 그야말로 우리는 까뮈가 말하듯, 여느 때처럼 전철을 타고 직장에 출근을 하면서 아니면 여느 때처럼 생각 없이 점심을 먹으면서 그러한 공허감이나 허무감에 사로잡힐 수 있는 것이다.

이러한 공허감이나 허무감은 우리가 현재 살고 있는 삶의 방식이 공허하고 허망한 것이라고 느끼는 것이며 아무런 무게도 가치도 없다고 느끼는 것이다. 그러한 공허감과 허무감은 우리의 의식 아래 잠재되어 있던 우리 자신의 고유한 존재가 자신을 우리의 의식에 고지하는 일차적인 방식이다. 즉 우리의 고유한 존재는 처음에는 그 자체로서 자신을 드러내기보다는 우리가 현재 살고 있는 비본래적인 실존이 공허하고 무의미한 실존이라는 것을 드러내는 방식으로 자신을 고지하는 것이다.

나중에 보겠지만 하이데거는 이러한 공허감이나 허무감을 불안이라고 부르고 있다. 이러한 공허감과 허무감이 어떤 특별한 이유도 없이 우리가 예상치도 않는 순간에 우리를 엄습해 온다는 것은 불안이라는 기분이 우리의 심연에서 항상 잠복해 있다는 것을 의미한다. 그리고 이러한 사실은 우리의 고유한 존재가 하나의 실현되어야 가능성으로서 우리의 심연에서 항상 꿈틀거리고 있다는 것을 의미한다.

현존재에게는 자신의 고유한 존재가 고정된 속성으로서 미리 주어지는 것이 아니라 구현해야 할 하나의 가능성으로서, 즉 하나의 과제로서 주어져 있다. 따라서 현존재에게는 자신의 존재가 짊어져야 할 짐으로 나타날 수 있다. 현존재에게는 명시적으로는 아니어도 자신의 고유한 존재가 하나의 가능성으로서 개시되어 있기에, 현존재는 이러한 가능성의 빛 아래서 자신의 현재의 삶 전체에 대해서 회의와 불만을 가질 수도 있으며 자신의 가능성을 구현해야 한다는 부담을 느낄 수도 있는 것이다.

2. 현존재 분석의 출발점이자 귀착점으로서의 실존

현존재는 눈앞의 사물들처럼 주제적으로 우리 앞에 주어지는 것이 아니기 때문에 현존재의 존재를 올바르게 규정하기 위해서는 현존재가 우리에게 그 자체로서 일차적으로 드러나 있지 않으면 안 된다. **하이데거는 현존재는 눈앞의 사물이 아니라 '실존'이라는 사실이야말로 현존재와 관련하여 부정할 수 없는 단적인 사실이라고 본다.** 따라서 하이데거는 실존을 현존재의 존재를 제대로 규정하기 위한 단초로 삼는다. 현존재에 대한 분석은 현존재의 실존성에서 출발하고 그것으로 되돌아오지 않으면 안 된다는 것이다.

하이데거는 전통형이상학은 현존재의 실존성을 간과하면서 현존재를 눈앞의 사물처럼 고찰해 왔다고 본다. 전통형이상학이 이와 같이 현존재를 눈앞의 사물처럼 고찰함으로써 현존재에 속하는 몇 가지 특성들은 드러났을지 모르지만 각자적인 존재로서의 현존재의 본질적인 특성은 간과되어 버렸다. 따라서 하이데거는 현존재에 대한 분석은 시종일관 현존재의 실존성에 초점을 맞추어서 행해져야 한다고 생각하는 것이다. 이는 다시 말해서 현존재의 존재에 대한 분석은 현존재가 어떻게 자신을 상실하고 어떻게 자신을 획득하는지를 초점으로 행해져야 한다는 것을 의미한다.

현존재를 분석하되 현존재의 실존성에 이렇게 초점을 맞춘다는 점에서 하이데거의 현존재 분석은 후설이나 셸러의 인간 분석과 전적으로 구별된다. 그리고 이렇게 현존재 분석에서 실존성에 중점을 둔다는 점에서 우리는 하이데거가 키르케고르에게서 받은 영향을 감지할 수 있다. 그러나 현존재의 존재를 실존성을 실마리로 하여 파악한다는 것은 그것을 실존에 관한 어떤 구체적인 이념에 입각해서 구성하는 것은 아니다. 다시 말해서 실존은 키르케고르에게서 보는 것처럼 그리스도교적인 실존의 이념에 입각해서 파악되어서는 안 된다. 하이데거는 각자적인 실존을 현존재가 구체적으로 어떤 식으로 구현하는지는 현존재 각자에게 맡겨져 있다고 본다.

3. 실존주와 범주

하이데거는 자신이 말하는 실존(Existenz)이 전통형이상학에서 말하는 existentia로 혼동되는 사태를 피하기 위해서 전통형이상학의 existentia에 대해서는 '눈앞의 존재'(Vorhandensein)라는 명칭을 사용한다. 현존재의 본질이 실존에 있고 현존재가 자신의 가능성을 추구하는 존재인 한 현존재가 갖는 특성들은, 눈앞에 존재하는 사물들이 갖는 특성들이 아니라 각자의 현존재가 자신의 가능성을 추구하는 방식이 된다. 눈앞의 사물들의 존재를 구성하는 본질적인 특성들은 전통적으로 범주라고 불린 반면에, 하이데거는 현존재가 자신의 가능성을 추구하는 방식, 즉 현존재의 존재를 구성하는 구조계기들을 실존주(實存疇, Existentialien)라고 부르고 있다.

전통형이상학에서 범주는 존재자 일반에 속하는 공통된 특성들을 가리키며 그것은 눈앞의 사물들을 실마리로 하여 획득되었다. 그러나 현존재의 존재는 현존재가 갖는 눈앞에 존재하는 특성들을 단순히 기술하고 분류하면서 그것에서 공통된 특성들을 끌어내는 방식으로는 파악될 수 없다. 오히려 현존재는 그것이 자신의 가능성을 추구하는 방식들, 즉 그것이 실존하는 방식들과 관련하여 기술되어야만 한다.

고대의 존재론은 세계 내부에서 만나는 눈앞의 존재자들을 실마리로 하여 존재자 일반에 속하는 공통적인 규정을 획득하고 있다. 그리고 그것은 그 경우 인식과 진술을 이러한 존재자의 진리를 파악하는 가장 확실한 길로 간주하고 있다. 즉 고대의 존재론은 이러한 존재자들은 노에인(νοεῖν, 인지함) 또는 로고스(λόγος)를 통해서 드러난다고 본다. 그런데 존재자들의 존재인 범주는 눈앞의 존재자가 아니라 모든 존재자 안에 이미 원래부터 존재하는 것이다. 따라서 그것은 하나의 특별한 레게인(λέγειν, 보게 함)에 의해서 인식된다. 예를 들어 개라든가 고양이에 대해서 말할 때 우리는 이미 그것들을 실체로서 인식하고 있는 것이며, 이 경우 우리는 이미 실체라는 것이 무엇인지를 인식하고 있다. 실체는 모든 존재하는 것들에 공통된 것이라는 점에서 존재자의 존재이고 범주이다.

구체적인 존재자들에 대한 인식을 위해서는 존재자의 존재인 범주에 대한 인식이 항상 이미 전제된다. 따라서 우리는 존재자들에 대해서 말할 때 항상 이미 선행적으로 존재자들의 존재인 범주에 대해서 말하고 있는 셈이다. 이렇게 우리가 존재자들에 대해서 말할(λόγος) 때마다 이미 선행적으로 존재자들의 존재에 대해서 말하는 것이 바로 카테고레스타이(κατηγορεῖσθαι)다. 카테고레스타이가 우선적으로 의미하는 것은 공개적으로 고소한다는 것, 모든 사람 앞에서 누구를 힐책한다는 것이다. 즉 그것은 어떤 사람의 본색을 만인 앞에 드러내는 것을 의미한다. 이 용어를 존재론적으로 사용하면 그것은 존재자를 그것의 존재에 있어서 만인으로 하여금 보게 한다는 것을 의미한다. 그러한 '봄'에 있어서 '보인 것' 그리고 '보일 수 있는 것'이 카테고리아이(κατηγορίαι, 범주)이다.

여기서 하이데거가 말하려고 하고 있는 것은 눈앞의 존재자들을 우리는 인식과 말을 통해서 드러내는데, 그러한 인식과 말에서는 눈앞의 존재자들의 존재인 범주가 무엇인지가 이미 인식되고 있고 진술되고 있다는 것이며, 고대의 존재론은 범주를 파악할 때 이러한 인식과 진술을 실마리로 삼고 있다는 것이다.

그러나 나중에 보겠지만 하이데거는 인식과 진술이 존재자들을 드러내는 근원적인 방식이라고 보지 않는다. 오히려 하이데거는 존재자들은 근원적으로는 현존재가 그것들을 도구로 사용하면서 그것들과 온몸으로 관계하는 가운데서 일차적으로 개시되고 있다고 본다. 따라서 하이데거는 현존재의 존재를 파악할 경우에도 인식과 판단을 통해서 개시된 현존재가 아니라 현존재가 자신의 존재를 문제 삼는 삶의 현장에 입각해야 한다고 본다.

단적으로 말해서 하이데거는 눈앞의 사물들이 존재한다는 것과 각각의 현존재가 존재한다는 것은 근본적으로 다른 의미를 갖고 있기 때문에 눈앞의 사물들의 존재를 파악하는 범주와 현존재의 존재를 파악하는 실존주는 전적으로 다르다고 보는 것이다. **사물이 존재한다는 것은 독일**

어로는 Es ist(영어로는 it is)라고 말할 수 있을 것이다. 이에 대해서 각자의 현존재가 존재한다는 것은 독일어로는 Ich bin(영어로는 I am)이라고 할 수 있다. 하이데거의 실존분석이란 단적으로 말해서 이러한 bin의 의미에 대한 분석이다. 범주가 Es ist의 ist가 갖는 존재론적 구조라면, 실존주란 bin이 갖는 존재론적인 구조를 가리킨다.

§10. 현존재 분석을 인간학, 심리학 및 생물학과 구별함

하이데거는 현존재에 대한 실존론적 분석은 심리학, 인간학 그리고 생물학에 선행하며 그것을 진정으로 기초 지을 수 있다고 본다. 하이데거의 이러한 사고방식은 철학이 경험과학에 의존해야 한다는 통념에 정면으로 배치되는 것이라고 할 수 있다. 요사이 많은 철학자들은 심리학 혹은 생물학의 탐구결과에 입각하여 인간에 대한 철학적 분석도 수행해야 한다고 주장하면서 철학도 경험과학적인 기초를 가져야 한다고 주장하고 있다. 그러나 하이데거는 이러한 주장과는 정반대로, 심리학이나 인간학 혹은 생물학이 진정한 토대를 가지려면 오히려 그것은 인간에 대한 진정한 존재론적인 분석에 기초해야 한다고 본다.

하이데거는 개별적인 경험과학으로서의 심리학, 인간학, 생물학은 인간을 연구할 경우 이미 인간에 대한 선이해를 전제하고 있지만 그것들은 이러한 선이해를 문제 삼지 않는다고 보고 있다. 사실 생물학이 동물과 인간을 구별할 경우 그것은 이미 인간이 어떤 존재이고 동물이 어떤 존재인지에 대한 선이해를 전제하고 있다. 따라서 생물학이 진정으로 기초를 가지려면, 그것은 인간이 어떤 존재인지에 대한 제대로 된 철학적 분석에 입각해야 한다. 이러한 의미에서 하이데거는 현존재의 실존론적 분석은 심리학, 인간학 및 생물학보다도 앞서 있다고 보는 것이다.

1. 의식분석의 기초로서의 현존재 분석: 근대철학의 주관개념 비판

데카르트는 근대철학의 창시자로서 근대철학의 출발점을 코기토 숨 (cogito sum, '나는 생각한다, [고로] 나는 존재한다')에서 찾았다. 그러나 그 는 자아(ego)의 코기타레(cogitare, 사유작용)를 어떤 한계 내에서는 탐구 하고 있지만 그것의 바탕이 되는 이 숨(sum, 존재)을 충분히 논의하지 않 았다. 데카르트의 철학은 의식에 대한 직접적인 자기반성을 통해서 파악 되는 지각이나 감정, 기억, 상상력 등의 의식작용에만 집중할 뿐, 현존재 의 실존, 즉 현존재가 세계 안에 살면서 자기를 상실하거나 자신을 획득 하는 삶 자체를 간과하고 있는 것이다.

따라서 하이데거의 실존론적 분석은 이 숨(sum)을 존재론적으로 파 악하려고 하며, 그는 이러한 존재가 제대로 파악될 경우에만 비로소 사유 (cogitationes)의 다양한 존재양식도 제대로 파악될 수 있다고 본다. 현존재 의 지각이든 기억이든 상상이든 모든 것은 현존재가 세계 내에서 자신이 선택한 가능성을 구현하는 실존적인 삶에서 동원되는 것이다. 즉 그것들 은 아무런 전제도 기반도 없이 수행되는 것이 아니라 현존재가 세계 내 에서 자신의 존재를 문제 삼으면서 살고 있는 삶을 토대로 하여 수행되 고 있다. 따라서 지각이나 감정, 기분, 상상력과 같은 의식작용들의 진정 한 의미와 본질을 분석하기 위해서는 인간이 세계 내에서의 자신의 삶을 구현하는 방식을, 즉 숨(sum)을 먼저 파악해야만 한다.

의식작용은 현존재의 존재방식에 의해서 규정된다. 보다 구체적으로 말 해서 비본래적인 실존으로 사느냐 본래적인 실존으로 사느냐에 따라서 의식 작용의 방식도 달라지는 것이다. 그런데 본래적인 실존이나 비본래적인 실 존은 프로이트가 말하는 무의식과 같은 것은 아니다. 오히려 그러한 실존방 식, 즉 현존재의 삶의 방식이 무의식까지도 규정한다. 다시 말해서 본래적으로 사는 사람이 꾸는 꿈과 비본래적으로 사는 사람이 꾸는 꿈은 서로 다르다. 의식뿐 아니라 무의식도 현존재가 자신의 가능성을 구현하는 실존적 삶에 근거하고 있다. 이런 의미에서 하이데거가 실존론적인 분석에 의해서 드러내려고 하는 현존재의 존재는 무의식보다도 더 근원적인 것이다.

따라서 하이데거는 우리가 현존재를 분석할 때 근대의 의식철학에서 보듯이 의식에 대한 직접적인 반성에 의해서 주어지는 자아나 주관을 단초로 삼을 경우 현존재의 존재는 간과되어 버리고 만다고 본다. 하이데거는 이러한 비판은 데카르트를 비판하는 근대철학자들에 대해서도 타당하다고 보고 있다.

데카르트는 '자아'나 '주관'을 사유하는 사물(res cogitans)로 보면서 실체적인 것으로 보았지만, 이에 대해서 후설과 같은 철학자들은 데카르트가 자아나 주관을 심리적인 실체로 파악하면서 사물화하고 있다고 비판했다. 즉 이들은 데카르트가 자아나 주관을 다양한 의식작용들의 주체로서 보지 않고 본유관념들의 저장소 정도로 보았다는 것이다. 그러나 후설과 같은 철학자들이 데카르트를 이렇게 비판하고 있음에도 불구하고 하이데거는 그들이 말하는 주관은 존재론적으로는 여전히 수브엑툼(subjectum, ὑποκείμενον, 基體)을 실마리로 삼고 있다고 보고 있다. 그들은 데카르트와 마찬가지로 자아나 주관을 기체로 보기 때문에 의식의 존재도 단순히 의식작용들에 대한 내적인 반성을 통해서 파악될 수 있다고 보는 것이다. 이와 함께 그들도 눈앞의 사물들이 갖는 사물적인 존재방식을 주관에 대한 파악에서 주요한 실마리로 삼고 있는 것이다.

나중에 보겠지만 하이데거는 이러한 사물적인 존재방식을 눈앞의 존재(Vorhandensein)라고 부르면서, 그것은 도구적인 존재(Zuhandensein)에서 파생된 것으로 보고 있다. 사물들의 존재방식인 눈앞의 존재는 존재자들의 근원적인 존재방식이 아니라는 것이다. 따라서 하이데거는 눈앞의 존재를 실마리로 하여 주관을 파악하고 있는 전통적인 철학은 현존재의 존재방식을 그 자체로서 파악하지 않고 파생적인 존재방식에 지나지 않는 것을 근원적인 것 자체로 보는 오류를 범하고 있다고 본다. 이와 함께 하이데거는 우리가 주관을 존재론적으로 파악하려고 할 때 우선 사물성, 즉 사물들의 존재방식인 '눈앞의 존재'가 존재론적으로 어디에서 유래하는지를 밝혀야 한다고 말하고 있다. 그 경우에만 우리는 주관, 영혼, 의식, 정신, 인격 등을 사물화하지 않고 파악한다는 것이 무엇인지를 이해할 수 있다는 것이다.

2. 딜타이, 베르그송, 셸러, 후설에 대한 비판
: 생철학, 인격주의, 철학적 인간학 비판

현존재는 그때마다의 역사적인 세계 안에서 자신의 가능성을 실현하든지 아니면 실현하지 못하는 식으로 살고 있다. 현존재가 갖는 이러한 실존방식에 대한 분석은 의식작용에 대한 내적인 반성이 아니라 세계-내-존재로서의 현존재의 삶 전체에 대한 반성을 통해서 수행되어야 한다. 하이데거는 근대철학이 의식에 대한 반성을 통해서 드러낸 자아나 주관의 본질이란 실은 이러한 세계-내-존재의 구체적인 삶을 추상한 것으로 보고 있다. 이론적으로 파악된 사물들이 도구적인 사물들이 갖는 실존적인 의미를 사상한 결과 드러나는 것처럼, 데카르트 이후의 근대철학에 의해서 드러난 의식과 자아는 현존재의 구체적인 삶을 사상한 토대 위에서 드러나는 파생적인 것에 지나지 않는다는 것이다.

하이데거는 실로 딜타이(Wilhelm Dilthey)의 생철학과 같은 것은 생을 생 그 자체로부터 파악할 것을 목표하면서 현존재의 존재를 그 자체로서 파악하는 것을 암암리에 지향하고 있다고 보고 있다. 딜타이는 삶의 '체험들'을 그것들의 구조와 전개에 있어서 삶의 전체로부터 이해하려고 하고 있다는 것이다. 그러나 하이데거는 딜타이도 아직은 현존재를 존재론적으로 문제 삼지 않고 있다고 말하고 있다. 딜타이와 베르그송과 아울러 그들에 의해서 규정된 인격주의의 모든 방향들과 철학적 인간학의 모든 경향들이 이러한 한계에 부딪히고 있다. 예를 들어 **후설과 셸러는 현존재의 존재를 인격성으로 파악하면서 사물적인 존재와 구별을 하고 있기는 하지만 그들 역시 인격의 존재 자체를 문제 삼지는 않고 있다.**

셸러에 따르면, 인격은 결코 사물이나 실체가 아니라 그때마다의 체험과 함께 직접적으로 체험되고 있는 체험의 통일성이다. 그것은 사물적이고 실체적인 존재가 아니며, 직접 체험되고 있는 의식작용들의 배후에 있는 것이 아니다. 더 나아가 인격의 존재는 칸트에게서 보는 것처럼 일정한 법칙성을 갖춘 이성작용의 주체로 존재하는 것도 아니다. 후설에게서도 인격은 지향적 행동의 수행자로서 존재하며 결코 대상과 같은 것이 아니다. 따라서 인간의 행동을 자연적인 심리법칙에 따르는 것으로 객관화하는 것, 즉 행동을 심리적인 것으로서 파악하는 것은 그것을 비인격화하는 것이다. 인격은 지향적 행동의 수행자로서 존재하며 행동들은 자연적인 심리법칙이 아닌 하나의 통일적인 의미연관에 의해서 결합되어 있다. 그러나 후설은 행동을 수행한다는 것이 무엇이며 인격의 존재양식이 무엇인지에 대해서는 파악하고 있지 않다.

이와 동일한 선상에서 하이데거는 셸러처럼 인간을 육체와 영혼 그리고 정신의 통일체로 보는 것도 비판하고 있다. 하이데거는 육체와 영혼과 정신을 주제적으로 분리해서 탐구할 수 있다는 사실을 부인하지 않는다. 그러나 인간의 존재는 육체와 영혼 그리고 정신을 합한 것으로 파악될 수 있는 것은 아니다. 따라서 육체와 영혼 그리고 정신에 대한 파악 이전에 인간의 존재가 먼저 파악되어야만 육체와 영혼 그리고 정신 각각에 대해서도 제대로 파악할 수 있다.

하이데거는 근대철학이 현존재의 존재를 제대로 파악하지 못한 원인을 그것이 근본적으로 고대 그리스와 그리스도교의 인간학에 근거하고 있다는 데서 찾고 있다. 하이데거는 그나마 자신의 현존재 분석에 근접하고 있는 셸러의 인격주의나 딜타이의 생철학도 이러한 인간학의 존재론적 기초가 불충분하다는 사실을 보지 못한 채 그러한 인간학에 근거하고 있다고 본다.

3. 고대그리스와 그리스도교의 인간학이 갖는 근본성격

고대 그리스와 그리스도교의 인간학이 갖는 근본성격을 하이데거는 다음과 같이 파악하고 있다.

① 이러한 인간학에서 인간은 초온 로곤 에콘(ζον λγον ἔχον, 로고스를 가진 동물), animal rationale, 즉 이성적 동물로서 정의된다. 인간에 대한 이러한 정의는 고대 그리스 철학에 의해서 내려진 것이다. 그러나 여기서 초온(ζον, 동물)의 존재양식은 눈앞의 존재라는 의미로 이해되고 있다. 로고스는 이것보다는 고차원적인 것으로 파악되고 있지만 그것의 존재방식은 모호하게 파악되고 있으며 아울러 이렇게 동물성과 로고스가 함께 결합된 존재자의 존재성격도 모호하다.

② 전통적인 인간학에서 인간의 존재와 본질을 규정하기 위한 또 하나의 실마리는 신학적인 것이었다. 그리스도교적·신학적 인간학은 고대 그리스의 존재론에 입각하여 신과 인간을 파악하려고 한다. 근대철학은 신학에 의해서 지배되던 상태에서 벗어났지만, 인간을 자신을 넘어서려는 존재자로 보는 근대철학의 초월 이념은 그 뿌리를 그리스도교의 교의학(敎義學)에 두고 있다. 이성적 존재자 이상의 존재로서의 인간은 신의

지복에 참여할 수 있다는 초월의 이념은 여러 가지 변용을 겪으면서 근대철학에도 지속적으로 영향을 끼쳐 왔다.

전통적 인간학의 중요한 두 원천인 인간에 대한 그리스적 정의와 신학적 정의에서는 인간의 존재에 대한 물음이 망각되었을 뿐 아니라 인간의 존재는 오히려 인간 이외의 다른 모든 피조물들의 눈앞의 존재(Vorhandensein)와 같은 것으로 파악되고 있다.

4. 생물학의 기초로서의 현존재의 존재론

인간의 존재에 대한 연구를 생물의 행동방식에 대한 연구를 통해서 정초하려는 시도에 대해서도 하이데거는 비판하고 있다. 이러한 연구는 독일에서는 칼 로렌츠(Karl Lorenz)와 같은 사람들이 지속적으로 행해 왔고 오늘날에 와서는 에드워드 윌슨이나 리처드 도킨스 같은 진화론자들에 의해서 수행되고 있지만 하이데거는 이러한 연구는 진정한 의미에서 존재론적인 토대를 결여하고 있다고 보는 것이다.

하이데거는 현존재는 다른 생물들과는 전적으로 다른 존재방식을 가지고 있다고 본다. 그리고 이렇게 현존재와 여타의 생물들의 존재방식은 전적으로 다르기 때문에 인간과 동물의 신체도 서로 본질적으로 다른 성격을 갖게 된다고 본다. 예를 들어 인간의 손과 원숭이의 손은 전적으로 다르다는 것이다. 따라서 현존재의 존재는 생물의 행동방식에 입각해서 파악되어서는 안 되며, 또한 현존재는 다른 모든 생물들도 갖고 있는 동일한 생명에 인간에게만 특유한 이성과 같은 것이 부가된 것으로 파악되어서는 안 된다. 오히려 우리는 생물이 갖는 존재방식의 독특성을 이해하기 위해서는 현존재의 독특한 실존성에 주목하면서 현존재의 존재방식을 먼저 분명히 파악해야만 한다.

이런 의미에서 하이데거는 생물은 현존재의 존재론으로부터 결여적인 방식을 통해서만 파악될 수 있다고 말하고 있다. 이는 생물은 현존재가 갖고 있는 존재이해와 실존적 성격을 결여한 존재자로서 '단지 살아 있기만 하는 것'인바, 생물은 현존재와는 전적으로 다른 존재방식을 가지고 있기 때문이다. 따라서 우리는 존재이해와 실존적 성격을 갖는 현존재의 독특한 존재방식을 제대로 파악할 경우에만 생물의 존재방식도 그에 대조하면서 제대로 파악할 수 있다. 이에 반해 생물의 존재방식에 대한 파악에 입각하여 현존재의 존재방식을 파악하려고 하는 생물학주의적인 환원주의는 현존재의 존재방식에 대한 올바른 파악을 저해할 뿐 아니라 생물의 존재방식에 대한 올바른 파악도 저해한다.

더 나아가 하이데거는 현존재의 존재를 파악하는 것보다도 생물의 존재를 파악하는 것이 더 어렵다고 본다. 하이데거의 이러한 생각은 통념과는 정반대되는 것이라고 할 수 있다. 생물학이 인간에 대한 파악의 기초가 될 수 있다고 주장하는 사람들만 해도 생물에 대한 파악이 인간에 대한 파악보다도 더 용이하다고 보면서 생물학이 인간에 대한 파악의 기초가 되어야 한다고 주장하는 반면에, 하이데거는 생물의 존재방식이야말로 현존재의 존재보다도 더 큰 수수께끼를 담고 있는 것으로 보고 있는 것이다.

추정컨대 우리에게는 모든 존재자들 중에서 생물의 본질이 가장 사유하기 어렵다. 왜냐하면 그것은 한편으로 우리와 어떤 의미에서는 가장 유사하면서도 다른 한편으로는 우리의 탈-존적 본질로부터 심연(Abgrund)을 통하여 떨어져 있기 때문이다. 생물의 본질이 우리에게 이렇게 낯설음에 반해서, 신적인 것의 본질이 우리에게 보다 더 가까운 것 같다. 물론 신적인 것은 본질적으로 우리와 멀리 떨어져 있지만, 그렇게 멀리 떨어져 있는 것으로서 오히려 우리의 탈존적 본질(Ek-sistenz)에 더 친밀한 것이다.[2] 이에 대해서 동물과 우리가 갖는 육체적 친근성은 거의 사유될 수 없는 심연적인 성격을 갖는다.(『이정표』*Wegmarken*)

§11. 실존론적 분석과 원시적 현존재의 해석
: '자연적 세계 개념' 획득의 난점들

1. 원시성과 일상성의 구별

하이데거는 현존재 분석을 일상적이고 평균적인 존재방식에서부터 시작한다. 그런데 현존재의 일상적인 존재방식을 해석하는 것은 원시적 단계에서의 삶의 방식을 해석하는 것과 동일한 것은 아니다. **일상성과 원시성은 동일하지 않다. 일상성은 오히려 고도로 발달되고 분화된 문화 속에서 활동하고 있는 현존재의 존재방식이다. 반면에 원시적 현존재도 비일상적인 삶의 방식을 가지고 있으며 또한 자기 나름의 독특한 일상성을 가지고 있다. 이런 의미에서 현존재의 일상성이란 원시성과 동일한 것은 아니다.**

하이데거는 원시 종족의 생활을 실마리로 하여 현존재를 분석하는 것이 방법상 적극적 의의를 지닐 수는 있다고 말한다. 그러나 이것은 이미 널리 유포되어 있는 현존재 해석에 의해 원시적 현상들이 은폐되고 왜곡되는 일이 비교적 없는 경우에만 가능하다. 원시적 현존재는 현상들에 근원적으로 몰입하면서 그러한 현상들 자체를 언표하는 경우가 있다. 근내인늘은 원시인들의 언어는 황당하고 조잡한 개념들로 이루어져 있

---

2) 후기의 하이데거는 실존(Existenz)을 탈존(Ek-sistenz)이라고 부르고 있다. 탈존이란 현존재는 존재의 개방된 장(das Offene)에 나가 있는 존재라는 것을 의미한다.

다고 볼지 모르지만, 그것은 현상들의 존재론적 구조를 순수하게 파악하는 데 유용할 수 있는 것이다.

2. 민속학의 기초로서의 현존재 분석

원시인들에 대한 지식을 제공해 주는 것은 보통 민속학(民族學)이다. 그런데 원시인들에 대한 자료를 입수하여 그것들을 선별하고 정리할 때 민속학은 이미 현존재에 대한 일정한 해석에 입각하고 있다. 그것은 이러한 해석에 입각하여 원시문화와 고등문화를 구별한다. 따라서 민속학이 제대로 수행되기 위해서는 현존재에 대한 올바른 분석이 선행되지 않으면 안 된다.

민속학자는 원시적인 삶의 현상들을 해석하기 위해서 심리학이나 사회학을 원용하지만 이러한 학문들 역시 그러한 현상들을 해석하는 데 적합한 것이라고는 미리 단정할 수 없다. 이러한 학문들도 §10에서 언급한 생물학과 마찬가지로 그것들이 제대로 수행되기 위해서는 현존재에 대한 올바른 분석을 필요로 한다. 그러나 실증과학들은 철학의 존재론적 작업을 기다릴 수도 없고 또한 기다려서도 안 되므로, 실증과학적인 연구의 발전은 경험과학적으로 발견된 것을 존재론적으로 더 투명하게 순화(純化)하는 것에 의해서 이루어진다.

하이데거는 이와 관련하여 신화적인 현존재를 철학적으로 해석하려고 했던 카시러의 한계를 지적하고 있다. 하이데거는 카시러가 민속학에 철학적 토대를 부여하는 데 일정 부분 기여했다는 것을 인정하면서도 카시러가 그러한 작업의 기반으로 삼고 있는 칸트의 『순수이성비판』이 과연 그러한 기반이 될 수 있는지에 대해서 의문을 제기하고 있다. 하이데거는 칸트의 『순수이성비판』을 넘어선 보다 근본적인 단초가 필요하다고 보고 있는 것이다.

하이데거는 과학에 의해서 드러난 세계에 선행하면서 그것의 바탕이 되는 자연적 세계, 즉 후설의 용어를 빌려서 말하자면 일상적인 생활세계가 무엇인지를 드러내는 것을 현존재 분석의 출발점으로 보고 있다. 그러나 하이데거는 이러한 자연적 세계의 본질에 대한 이해가 오늘날에도 아직 분명하지 않다고 보고 있다. 다양한 문화적인 세계들에 대한 풍부한 경험과학적인 지식들은 우리가 그러한 세계의 본질을 이해하는 데 큰 도움을 주는 것처럼 보이지만 하이데거는 그렇게 지나치게 풍부한 지식으로 인해서 오히려 자연적 세계의 본래 모습이 오해될 수 있다고 본다. 다양한 문화적 세계들을 비교하거나 유형화하는 것은 인간이 우선 대부분 일상적으로 살고 있는 자연적인 세계에 대한 진정한 인식을 제공해 주지 못한다. 오히려 다양한 세계상(世界像)들을 유형화하고 정리하기 위해서는 세계 일반에 관한 명확한 이념이 필요하다. 그리고 세계 자체는 현존재의 존재를 구성하는 하나의 요소이기 때문에 세계현상을 개념적으로 파악하기 위해서는 현존재의 근본구조에 대한 통찰이 필요하다.

2장 현존재의 근본 틀로서의 세계-내-존재 일반

§12. 내-존재 자체를 실마리로 한 세계-내-존재의 소묘

하이데거는 앞에서 현존재의 존재를 실존으로 파악하면서 이것을 '자신의 존재를 문제 삼는 방식으로 존재하는 것'으로 규정했다. 하이데거는 이러한 실존규정을 '실존에 대한 형식적 규정'이라고 불렀다. 이제 하이데거는 현존재의 존재구조를 세계-내-존재로 파악함으로써 이러한 형식적 규정을 보다 구체화하려고 한다. 세계-내-존재라는 현상은 하나의 통일적인 현상이지만 하이데거는 세 가지 계기로 나누어 분석하고 있다.

① '세계 내': 이 계기와 관련해서 하이데거는 세계의 존재론적 구조와 세계성 자체의 이념을 분석하고 있다(1편 3장).
② 세계-내-존재의 방식으로 존재하는 존재자: 이 계기와 관련해서 하이데거는 평균적이고 일상적인 존재방식으로 존재하는 자는 누구인가를 분석하고 있다(1편 4장).
③ 내-존재 자체: 이 계기와 관련해서 하이데거는 세계 내에 존재한다는 것의 존재론적 구조를 분석하고 있다(1편 5장).

1. 세계-내-존재의 의미

하이데거는 이 세 가지 계기들 각각을 분석하기 전에 현존재가 세계 내에 존재한다는 것의 의미를 우선 분명히 하고 있다.

현존재가 세계 내에 존재한다는 것은, 물이 컵 안에 있거나 옷이 장롱 안에 있는 방식으로 현존재가 세계 안에 존재한다는 것을 의미하지 않는다. 물이 컵 안에 존재하는 것은 하나의 존재자가 다른 존재자 안에 존재하는 것이다. 그것들은 모두 세계 안에 존재하는 사물들이다.

하이데거는 현존재가 세계 안에 존재한다고 할 경우의 '안에'를 의미하는 독일어 in의 어원을 고찰함으로써 세계-내-존재가 무엇을 의미하는지를 분명히 하고 있다. 독일어 in(내)은 innan에서 유래하며 '어디에 산다', '거주한다', '머무른다'는 의미를 갖는다. innan의 an은 '익숙하다, 친숙하다', '어떤 것을 돌보다'를 의미한다. 아울러 '내가 있다'를 의미하는 독일어 'Ich bin'에서 bin은 bei(곁에)와 연관되어 있으며, 그것은 '……에 몰입해 있다'는 것을 의미한다. 따라서 **현존재가 세계 안에 존재한다(Ich bin in der Welt)는 것은 현존재가 '친숙한 세계 안에서 존재자들에 몰입해 있는 채로 거주한다'는 것을 의미한다.**

하이데거는 세계-내-존재에 대한 이러한 파악에 입각하여 〈세계〉-곁에-있음(Ich bin bei der Welt)을 보다 상세히 설명하고 있다. 〈세계〉-곁에-있음이란 현존재가 세계 내의 존재자들에 몰입하면서 그것들과 관계한다는 것을 의미한다. 따라서 여기서 〈세계〉는 현존재가 세계 내에서 관계하는 존재자들을 가리킨다고 볼 수 있다. 〈세계〉-곁에-있음은 세계-내-존재에 기초하고 있는 하나의 실존주다. 〈세계〉-곁에-있음은 실존주이므로, 그것은 현존재와 세계가 눈앞의 사물들이 '함께 나란히 있는 방식으로 있다'는 것을 의미하지 않는다.

물론 우리는 예를 들어서 책상이 문 '옆'에 있다든가 의자가 벽에 '접촉해' 있다고 말한다. 그러나 엄밀하게 말하면, '의자가 벽에 접촉해 있다'고 말할 수는 없다. 이는, 정확하게 볼 때 의자와 벽 사이에 틈이 있어서가 아니다. 설령 그 틈이 전혀 없더라도 의자는 본질적으로 벽에 '접촉'할 수 없다. 접촉이 가능하기 위해서는 벽이 의자와 만난다(begegnen)는 것이 전제되어야 한다. 그러나 내-존재의 양식을 갖는 존재자만이 세계 내부적인 사물과 만날 수 있다. 다시 말해 현존재와 함께 세계와 같은 것이 이미 개시되어 있고 이러한 세계로부터 다른 존재자가 발견되어 있기 때문에 현존재는 다른 존재자와 접촉할 수 있다. 이에 반해서 그 자체로 무세계적(無世界的)으로 존재하는 돌과 같은 무기물은 다른 존재자와 만날 수도 접촉할 수 없으며 따라서 다른 존재자 곁(bei)에 존재할 수 없다.

하이데거는 물론 현존재에게는 고유한 의미의 눈앞의 존재(Vorhandensein)가 속해 있다고 본다. 즉 현존재는 일정한 '사실적인 눈앞의 존재'라는 의미에서 자신의 가장 고유한 존재를 이해한다. **현존재는 예를 들어서 불안이라는 근본기분에서 자신이 아무런 이유도 근거도 없이 이 세계에 내던져져 존재하고 있다는 사실을 발견한다. 즉 그는 자신의 적나라한 존재에 직면하게 된다. 하이데거는 현존재의 존재가 갖는 이러한 단적인 사실성(Tatsächlichkeit)을 현사실성(Faktizität)이라고 부른다.**

내-존재는 이와 같이 눈앞의 사물이 어떤 공간에 있는 것과는 근본적으로 다른 성격을 갖고 있는 것이지만 이는 현존재가 어떠한 공간성도 갖지 않는다는 것은 아니다. 오히려 현존재는 독자적인 공간-내-존재를 가지고 있다. 다만 이러한 공간-내-존재는 오직 세계-내-존재를 근거로 해서만 가능하다. 세계-내-존재를 현존재의 본질 구조로서 이해할 경우에만 비로소 현존재에게 특유한 공간성에 대한 통찰이 가능하게 된다.

하이데거는 이와 함께 '인간은 우선 하나의 정신적 사물로 존재하고 차후에 자신의 육체를 통해서 공간 안에 존재하게 된다'는 견해를 비판하고 있다. 이러한 견해는 현존재를 정신이란 사물과 육체라는 사물로 구성되어 있는 것으로 전제하고 있다. 그러나 현존재는 정신과 육체로 분리될 수 없는 통일적인 존재이며 정신도 육체도 사물과 같은 방식으로 존재하지 않는다.

2. 존재자들에 대한 고려(Besorge)로서의 내-존재

세계-내-존재는 내-존재의 다양한 방식들로 나타난다. 즉 그것은 어떤 일에 관여하고, 어떤 것을 만들고, 어떤 것을 정리하고 돌보며, 어떤 것을 사용하고, 어떤 것을 포기하고 상실하며, 시도하고, 성취하며, 탐지하고, 물어 보며, 고찰하고, 논의하며, 규정하는 등의 다양한 행위로 나타난다. 내-존재의 이런 방식들은 고려한다(Besorgen)라는 존재양식을 갖는다. 이러한 고려함은 중지, 태만, 단념, 휴식 등과 같은 소극적 양상까지도 모두 포괄한다. 독일어에서 Besorgen이라는 말은 원래 '어떤 것을 수행하다', '처리하다' '깨끗이 정리한다', '어떤 것을 공급한다'라는 의미로 쓰이며 어떤 것이 실패할까 '마음쓰는' 경우처럼 '마음쓰다'는 의미로도 사용한다. 그러나 하이데거는 Besorgen이라는 말을 현존재가 현존재 이외의 존재자들과 실천적으로 관계하는 방식들 일반을 가리키는 존재론적인 용어로, 즉 실존주로 사용하고 있다.

　하이데거가 이러한 명칭을 선택한 것은 현존재의 존재는 앞으로 밝혀지겠지만 '마음씀'(Sorge)이기 때문이다. 독일어에서 Sorge라는 말은 일상적으로는 걱정의 의미로 사용되지만 하이데거는 이 말을 현존재의 존재를 가리키는 실존주로 사용하고 있다. 하이데거는 현존재의 존재가 이미 마음씀이기 때문에 걱정이나 근심 그리고 무사태평과 같은 것도 가능하다고 본다. 세계-내-존재는 현존재의 존재에 해당하는 것이기 때문에 현존재는 세계에서 벗어나 있다가 이따금 세계와 관계를 맺는 존재자가 아니다. 현존재가 세계와 다양한 관계를 맺는 일이 가능한 이유는 현존재가 그 자체로 이미 세계-내-존재이기 때문이다.

3. 현존재의 세계와 동물의 환경세계[3]

세계-내-존재에서 세계는 현존재가 거주하고 있는 친숙한 생활세계를 가리킨다. 따라서 세계가 존재한다고 할 경우 그것은 하나의 존재자나 존재자들의 총합으로서 우리 눈앞에 존재하는 것은 아니다. 이런 의미에서 하이데거는 세계가 존재한다는 것을 독일어로는 die Welt ist라고 쓰지 않고 es gibt die Welt라고 쓰고 있다. 하이데거는 '있다'를 의미하는 독일어 ist는 존재자에만 쓸 수 있다고 보는 것이다. 이렇게 세계는 존재자가 아니기 때문에, 현존재가 세계 내에 존재한다는 것은 현존재 이외에 다른 존재자들이 존재하고 현존재가 이것들과 관계함으로써 비로소 성립하는 것이 아니다. 오히려 다른 존재자들이 세계 내에서 자신을 개시하는 한에서만 현존재는 그것들과 관계할 수 있다.

하이데거는 현존재가 거주하는 세계를 동물이 거주하는 환경세계와 구별한다. 동물들이 사는 환경세계는 동물들의 본능에 의해서 구획되어 있다. 동물들은 그 자체로서의 존재자와 관계하는 것이 아니라 자신들의 본능에 의해서 철저하게 지배되는 방식으로 존재자들과 관계한다.

---

3) 이 부분은 『존재와 시간』이 아니라 하이데거 전집 29/30권에 해당하는 『형이상학의 근본개념들』에 주로 의거하고 있지만, 하이데거가 말하는 세계-내-존재라는 개념을 보다 분명히 하는 데 도움이 될 것 같아 포함시켰다.

예를 들어 꿀벌을 꿀로 가득 찬 접시에 갖다 놓으면, 꿀벌은 한동안 꿀을 빨고서는 꿀이 남아 있어도 그대로 두고서 날아가 버린다. 이 경우에 꿀벌은 남아 있는 꿀을 자신이 다 빨아먹을 수 없다는 사실을 확인하고서 떠나는 것이 아니다. 하이데거는 이러한 사실을 입증하는 예로 하나의 실험 결과를 소개하고 있다. 이 실험에 따르면, 꿀벌이 꿀을 빨고 있는 동안 꿀이 꿀벌의 뒷부분으로 흘러나오도록 뒷부분을 꿀벌이 알아채지 않게 잘라낼 경우에는 꿀벌은 한없이 계속해서 꿀을 빨아먹는다는 것이다. 이는 꿀벌이 자신이 꿀을 너무 많이 빨아먹었다는 것을 결코 확인하지 않는다는 사실을 보여 준다.

꿀벌은 자신이 꿀을 너무 많이 먹었다는 사실을 결코 알 수 없다. 즉 꿀벌은 꽃이나 꿀을 객관적으로 존재하는 하나의 사물로서 인지하는 것이 아니라 자신의 충동에 의해 내몰리면서 꽃이 풍기는 향기와 꿀에 '얼이 빠져'(benommen) 것이다. 이렇게 자신의 먹이에 빠져 있기에 동물은 먹이를 자신에 대해서 대상화할(gegenüberstellen) 수 없는 것이며 꿀을 꿀로서 그리고 꽃을 꽃으로서 인지하면서 그것에 향할 수 없다.

그러면 꿀벌의 뒷부분이 잘리지 않았을 경우에 꿀벌은 왜 빠는 것을 멈추는가? 이는 꿀벌이 꿀을 충분히 빨아먹은 후에 갖게 되는 포만감(Sättigung)이 꿀을 더 빨고 싶어 하는 충동이 발동하는 것을 막기 때문이다. 그러나 이러한 포만감도 자신이 너무 많이 먹었다는 사실에 대한 확인이 아니라 일종의 충동이다. 그것은 꿀을 빨아먹으려는 충동이 발동하는 것을 억제하는(hemmen) 또 하나의 충동인 것이다. 이러한 예를 통해서 볼 때, 동물의 행동이나 충동은 어떤 사실에 대한 확인을 통해서 규제되는 것이 아니라 어떤 특정한 질서를 갖는 충동들의 계열을 통해서 규제된다는 사실을 알 수 있다. 따라서 어떤 충동이 동물을 추동하는 것을 멈출 경우, 그것은 어떤 사실에 대한 확인이나 이를 통한 반성을 통해서 중단되는 것이 아니라 그것이 발동하는 것을 저지하는 다른 충동으로 전환될 뿐이다.

위와 같이 동물에게는 어떤 존재자를 그 자체로서 파악할 수 있는 가능성이 전적으로 주어져 있지 않으며 이 점에서 하이데거는 동물에게는 '세계가 결여되어 있다(weltarm)'고 말한다. **동물에게 존재자는 그 자체로서 개현되어(offenbar) 있지 않으며 동물로 하여금 어떤 행동을 하도록 충동을 유발하는(enthemmen) 자극으로 나타날 뿐이다.**

그리고 동물의 행동이 충동에 의해서 규제된다는 것은 동물이 충동을 유발하는 자극들의 권역(Enthemmungsring)에 사로잡혀 있다는 것을 의미한다. 어떤 것이 그것의 행동을 유발할 수 있는지가 그러한 권역에 의해서 미리 제시되어 있는 것이다. 따라서 동물은 특정한 자극이 아무리 강하더라도 자신의 권역에 들어오지 않은 것에 대해서는 무감각할 수 있다. 동물은 자신의 충동구조에 의해서 규정되어 있는 자신의 환경에 내밀하게 결합되어 있다. 따라서 동물의 각 종은 자신의 본질과 무관하게 존재하는 환경에 적응하는(anpassen) 것이 아니라 각자에게 특유한 환경을 갖는다. 그것은, 자신이 마주치는 것들이 충동을 유발하는 식으로 자신을 자극하는 특정한 활동 공간(Spielraum)을 갖는 것이다. 따라서 동물들의 각각의 종에게 하나의 동일한 세계가 펼쳐 있는 것이 아니라, 동물들 각각의 종은 자신에게 상응하는 각각의 세계를 갖는 것이다.

다시 말해서 동물과 동물이 관계하는 환경세계가 따로 존재하는 것이 아니라, 동물은 그것이 관계하는 환경세계와 내밀하게 얽혀 있다. 이런 의미에서 하이데거는 우리가 보통 하나의 단일한 세계라고 보고 있는 이 세계는 사실은 수많은 세계들로 이루어져 있다고 말하고 있다. 이렇게 동물들이 사는 세계가 종에 따라서 서로 다르기 때문에 동물들은 종에 따라서 존재자들에 대해서 각각 다르게 관계한다. 지렁이가 흙과 관계하는 방식과 도마뱀이 흙에 관계하는 방식은 다르며 이와 함께 흙은 지렁이와 도마뱀 각각에게 다르게 나타난다.

동물들이 종에 따라서 각각 다른 본능구조에 의해서 구획된 환경세계에서 사는 것과는 달리 현존재는 존재자들이 그 자체로서 개시되어 있는 세계에서 산다. 우리는 보통 동물이든 인간이든 동일한 하나의 세계에서 산다고 생각하지만, 동물들도 종에 따라서 각각 다른 환경세계에 살며 인간 역시 자신의 존재에 상응하는 독특한 세계 안에서 살고 있는 것이다. 따라서 세계-내-존재라는 용어에서 하이픈은 현존재가 하나의 존재자로서의 세계와 분리되어 존재하는 것이 아니라 하나의 통일적인 현상이 문제되고 있다는 사실을 보여 준다.

물이 컵 안에 존재할 경우 컵은 물이 존재하지 않을 경우에도 존재하지만, 세계는 존재자가 아니기 때문에 오직 현존재가 존재하기 때문에 존재한다. 이는 동물의 환경세계가 동물이 존재할 경우에만 개시되는 것과 마찬가지다. 다시 말해서 세계가 세계로서 개시되는 것은 현존재가 세계적으로(weltlich), 즉 '세계를 개시하는 존재자로서' 존재하기 때문이다. 세계가 현존재와 아무런 관련이 없이 먼저 있고 현존재가 그러한 세계 안에 하나의 존재자로 나타나는 것이 아니다. 세계는 현존재의 이해 안에서만 세계로서 드러나는 것이며 그 안의 존재자도 존재자 자체로서 나타나는 것이다. 이런 의미에서 세계라는 개념 역시 내-존재와 마찬가지로 현존재의 존재에 속하는 실존주이다.

따라서 세계-내-존재라는 말로 하이데거는 현존재가 세계의 열린 지평에서 존재자들과 관계하는 현상을 가리키고 있다. 하이데거는 세계-내-존재는 세계라는 열린 지평에서 존재자들을 존재자로서 발견하는(entdecken) 것이라고 보며 이러한 발견활동을 고려라고 부르고 있다. 이러한 고려는 세계라는 지평에서 나타나 있는 존재자 자체와 관계하는 현존재에게만 가능하다. 이에 반해서 자신의 본능에 의해서 구획되어 있는 동물들에게는 그러한 고려는 가능하지 않다. 이런 의미에서 하이데거는 현존재가 존재자와 맺는 관계를 '교섭'(Verhalten)이라고 부르는 반면에 동물이 존재자들과 맺는 관계를 하이데거는 '얼이 빠진 채로 반응함' (benehmen)이라고 부르고 있다.

3. 전통존재론에서 세계-내-존재라는 현상의 은폐

세계-내-존재라는 현상은 현존재의 근본구조를 이루고 있고 현존재의 존재와 함께 이미 개시되어 있기 때문에, 현존재는 그러한 현상을 이미 숙지하고 있다. 그러나 이 현상은 우선 대부분의 경우 존재론적으로는 항상 근본적으로 오해되거나 불충분하게 해석되고 있다. 하이데거는 이러한 오해와 불충분한 해석은 현존재 자신의 존재구조에 근거하고 있다고 본다. 즉 **현존재는 세계-내-존재라는 자신의 존재구조로 인해 일차적으로는 자신이 관계하는 사물들에 몰입해 있기 때문에 자기 자신의 존재도 자신이 관계하는 존재자와 그 존재로부터 이해하는 경향이 있다는 것이다.**

보다 구체적으로 말하자면, 세계-내-존재라는 존재구조를 인식하려고 할 경우 사람들은 인식을 '영혼' 내지 '마음'이 세계에 대해서 갖는 일차적인 관계로 간주하게 된다. 이렇게 인식이 현존재가 세계에 대해서 갖는 일차적인 관계로 간주됨으로써 세계-내-존재는 마음이라는 존재자가 세계라는 존재자에 대해서 갖는 관계로 파악된다. 그런데 이 경우 세계와 마음 그리고 세계와 마음 간의 관계도 이러한 존재자들의 존재, 즉 눈앞의 존재를 실마리로 하여 이해되고 있다.

이와 함께 사람들은 인식을, 자체 내에 고립된 채로 존재하는 주관이 자기 외부의 객관으로 나가서 그것과 관계를 맺는 식으로 해석하게 된다. 그리고 이러한 부적절한 해석을 인식이론이나 인식형이상학을 위한 명증적인 출발점으로 삼고 있다. 실로 주관이 객관에 관계한다는 것, 그리고 그 반대이기도 하다는 것보다 더 자명한 사실은 없다. 분명히 이러한 주관-객관의 관계는 전제되지 않을 수 없다. 그러나 주관-객관 관계의 존재론적인 필연성과 무엇보다도 그것의 존재론적 의미가 불분명한 채로 남아 있게 된다면, 그러한 주관-객관 관계는 많은 폐단을 낳는 전제가 된다.

하이데거는 전통철학에서 인식이 부적합하게 해석된 주관과 객관의 관계로 이해된 이유를, 전통철학이 인식이라는 것이 세계-내-존재의 한 양상일 뿐이라는 사실을 망각하고, 그것을 세계-내-존재라는 현상을 대표하는 것으로 간주하면서 인식의 가장 고유한 존재양식마저도 제대로 이해할 수 없었다는 데서 찾고 있다. 아래에서 하이데거는 세계인식 자체가 실은 세계-내-존재가 취하는 하나의 실존론적 양상일 뿐 세계-내-존재 자체이거나 세계-내-존재의 일차적인 양상에 해당하는 것이 아니라는 사실을 분명히 밝히려고 한다.

§13. 하나의 정초된 양상에 입각하여 내-존재를 예시함: 세계인식

1. 세계-내-존재로서의 현존재가 취하는 하나의 존재방식으로서의 인식

세계와 현존재의 관계를 전통철학은 주로 '주관'으로서의 인간이 '객관'으로서의 세계를 인식하는 관계로 파악해 왔다. 그 결과 모든 철학은 세계라는 현상 자체를 간과했다.

하이데거는 우리가 세계-내-존재로서 사는 세계는 후설이 말하는 바와 같은 생활세계라고 말한다. 이러한 생활세계에서 존재자들은 항상 우리의 삶과 밀접한 연관을 갖는 것으로 나타난다. 즉 그것들은 우리가 물을 마시는 컵이나 아니면 못을 박기 위한 망치로서 나타나며 우리는 그것들을 우리의 삶에 유용한 도구로 사용하면서 그것들과 관계한다.

그런데 자연과학은 그러한 컵이나 망치를 고찰할 때 그것들에서 우리의 삶과의 연관성을 사상해 버리고 그것들을 순수한 물체로서 고찰한다. 그러나 우리는 생활세계 속에서 우리의 삶과의 연관성을 결여한 객관들과 관계하는 것이 아니기 때문에, 그것들을 이른바 순수한 객관으로 인식하기 위해서는 존재자들을 사용하는 존재방식에서 인식이라는 특정한 존재방식으로 전환해야 한다. 다시 말해 **어떤 존재자를 인식하기 위해서는, 우리는 존재자들을 도구로서 사용하면서 그것들과 온몸으로 관계하는 것을 중지하고 존재자들을 눈앞에 놓고 관찰하는 태도로 전환해야 한다. 따라서 인식은 우리가 생활세계 안에서 존재자들을 도구로서 이용하면서 그것들과 관계하는 방식에 근거하고 있으며 그것의 결여태라고 할 수 있다.**

전통철학은 주관의 인식이 어떤 식으로 성립하는지에 대해서 논의하지만 이러한 인식의 전제가 되는 세계-내-존재로서의 현존재의 존재방식은 전혀 문제 삼지 않고 있다. 그러나 인식은 세계-내-존재로서의 현존재가 취하는 하나의 존재방식이기 때문에, 우리가 인식의 본질을 올바르게 파악하기 위해서도 우선적으로 세계-내-존재라는 존재구조에 대한 이해가 필요하다.

2. 인식에 대한 전통철학의 반성이 갖는 문제점

인식작용은 세계와 긴밀한 연관 속에 존재하는 현존재의 존재를 떠난 허공 속에서 이루어지는 것이 아니다. 인식작용 역시 세계-내-존재로서의 현존재가 존재자와 관계하는 특정한 방식이다. 이런 의미에서 하이데거는 인식작용도 하나의 존재관계라고 말하고 있다. 그러나 전통철학에서는 인식이라는 존재관계를 반성할 때 항상 눈앞의 존재자를 실마리로 삼음으로써 그러한 존재관계의 실상을 은폐하고 만다.

인식이라는 존재관계에 대한 반성이 이루어질 때, 인식되는 것으로서 우선 주어지는 것은 자연이라고 불리는 존재자이다. 그러나 이러한 존재자에게는 인식작용이 속하지 않는다. 인식작용은 오직 인식하는 존재자에게만 속한다. 그러나 인식하는 존재자인 인간이라는 존재자에게서도 인식작용은 눈앞의 사물처럼 존재하는 것이 아니다. 인식작용은 육체적 성질들처럼 외적으로 확인될 수 있는 것은 아니다. 그런데 사람들은 인식작용이 인간의 외적인 성질이 아니라면 내적인 성질임에 틀림없다고 생각하게 된다.

이제 인식작용은 인간의 내면에 존재하는 것이기 때문에 물리적인 존재자의 존재양식을 갖지 않는다고 고집하면 할수록, 사람들은 자신들이 인식의 본질에 대한 물음 및 주관과 객관 간의 관계에 대한 해명을 '무전제적'으로 행하고 있다고 믿는다. 사람들은 이와 함께 다음과 같은 물음을 제기한다. 인식작용을 수행하는 주관은 어떻게 자신의 내적 영역으로부터 나와서 외적인 영역 속으로 들어가는가, 주관이 외적인 영역 속으로 뛰어들 필요 없이 대상을 인식하기 위해서는 대상 자체가 어떠한 것으로 사유되어야만 하는가?

그러나 이렇게 주관의 인식작용이 논의될 때마다 이러한 주관의 존재방식은 물어지지 않고 있다. 물론 사람들은 주관의 내면이나 내적 영역은 결코 상자나 그릇처럼 생각되어서는 안 된다고 말한다. 그러나 인식작용을 그 안에 포함하고 있는 그러한 내면이 무엇을 의미하는가 그리고 인식작용의 이러한 내면적인 존재가 어떻게 해서 주관의 존재양식에 근거하는가라는 물음은 제기되고 있지 않다.

이러한 문제설정에서는 인식현상이 아무리 주제적으로 논해진다고 하더라도 다음과 같은 사실이 이미 암묵적으로 함께 언급되고 있다는 사실을 사람들은 알지 못하고 있다. 그러한 사실이란 인식작용은 세계-내-존재로서의 현존재가 취하는 하나의 존재양상이어서 이러한 존재구조에 근거하고 있다는 사실이다.

3. 사이비 문제로서의 인식론의 문제

'인식은 세계-내-존재의 한 존재방식이다'라는 말에 대해 사람들은 다음과 같이 이의를 제기할지도 모른다. 즉 인식을 그렇게 해석하면 전통철학에서, 특히 근대철학에서 가장 중요한 문제 중의 하나였던 인식론상의 문제가 해소되고 만다고 말이다. 인식론상의 문제란 세계로부터 분리되어 있는 주관이 어떻게 주관의 내적인 섬을 벗어나 세계로 초월하여 이것을 인식할 수 있는가라는 문제이다. 그런데 인식이 세계-내-존재의 한 방식으로서 이미 세계에 나가 있다면 그러한 인식론상의 문제는 제기될 필요가 없는 것이다.

이런 맥락에서 하이데거는 인식론상의 이러한 문제야말로 현존재가 세계-내-존재로서 인식하기 이전에 이미 생활세계 속에서 존재자들을 도구로서 사용하면서 그것들과 온몸으로 관계하고 있다는 사실을 망각한 데서 비롯되는 사이비 문제라고 본다. 전통적인 인식론은 인식과 존재자의 관계를 서로 무관하게 분리되어 있는 사물들 사이의 관계로 보면서 이 두 가지의 일치가 어떻게 가능한가를 묻고 있다는 것이며, 그러한 물음은 인식이 세계-내-존재로서의 현존재의 존재방식 중의 하나라는 것을 망각했기 때문에 제기된다는 것이다. 인식은 세계-내-존재로서의 현존재가 존재자 자체를 이러저러한 것으로서 드러내는 방식으로 존재자와 관계한다. 따라서 인식은 주관이 어떤 것에 관한 내면적인 표상들을 획득하는 과정으로 해석되어서는 안 된다.

인식은 어떤 것을 어떤 것으로서 규정한다. 그리고 이러한 규정은 명제라는 형식으로 언표되면서 그러한 명제가 형성되었던 인식 상황에서 분리되어 보유되고 보존될 수 있다. 이와 함께 사람들은 그렇게 보존된 명제가 존재자들과 무관하게 인간의 내면적인 표상으로 존재한다고 착각할 수 있다. 이러한 착각에 입각하여 사람들은 이러한 표상들이 어떻게 실재와 일치할 수 있느냐는 문제를 제기한다.

그러나 '……에 관한' 명제를 보존한다는 것 자체도 세계-내-존재의 한 방식이다. 따라서 그것은 주관이 어떤 것에 관한 표상들을 조달하면서 그렇게 조달된 표상들을 내면에 보존하는 것으로 해석되어서는 안 되며, 때때로 이러한 표상들에 대해서 그것들이 어떻게 현실과 일치하느냐 하는 물음이 제기될 수 있다고 생각해서도 안 된다.

존재자를 인식할 경우 현존재는 폐쇄되어 있는 자신의 내부로부터 빠져나가는 것이 아니다. 현존재는 그때마다 이미 개시되어 있는 세계에 나타나 있는 존재자에 몰입해 있다. 즉 현존재는 언제나 이미 외부에 존재하는 것이다. 그러나 현존재가 인식되어야 할 존재자를 규정하면서 그것에 머물러 있다고 해서 그것이 자신의 내면적 영역을 떠나는 것은 아니다. 현존재는 대상에게로 나와서 외부에 있을 때에도 올바로 이해된 의미에서 자신 안에 있는 것이다. 즉 현존재는 대상과 관계하면서, 즉 자신의 외부에 존재하면서 항상 그 자신으로서 존재하는 것이다.

현존재는 자신 안에 고립된 채로 존재하지 않고 이렇게 항상 존재자들과 관계하고 그것들을 드러내는 식으로만 존재하는 것이다. 즉 현존재는 세계-내-존재로 존재하면서 인식하는 것이다. 따라서 현존재의 인식이란 원래는 외부에 대해서 폐쇄되어 있는 의식의 상자 안에 머물러 있다가 밖으로 나가서 획득된 전리품을 가지고 의식 안으로 되돌아오는 것이 아니다. 인식하고 인식된 정보들을 보존할 때에도 인식하는 현존재는 세계-내-존재로서 외부에 머물러 있다. 이전에 인식된 것에 대한 관계를 상실하게 되는 것처럼 보이는 망각까지도 근원적인 내-존재의 한 변양으로서 파악되어야 한다. 이 점에서는 모든 착각이나 온갖 오류도 마찬가지다.

인식작용에 의해서 현존재는 그때마다 이미 개시되어 있는 세계에 대해 새로운 존재관계를 형성하게 된다. 인식이라는 새로운 존재가능성은 학문을 형성한다는 하나의 독자적인 과제로 발전되면서 세계-내-존재를 주도하는 역할을 떠맡을 수도 있다. 그러나 인식작용은 세계와 주관의 소통(commercium)을 비로소 가능하게 하는 것이 아니며, 그러한 소통은 주관에게 세계가 자극을 가함으로서 생겨나는 것도 아니다. 인식작용은 세계-내-존재에 기초를 둔 현존재의 한 양상이다. 따라서 세계-내-존재를 인식작용으로부터 해명하는 것이 아니라 오히려 인식작용에 앞서서 세계-내-존재를 해석할 필요가 있다.

3장 세계의 세계성

§14. 세계 일반의 세계성 이념

하이데거는 이제 세계-내-존재를 〈세계〉라는 세계 내부의 존재자를 실마리로 하여 드러내려고 한다. 하이데거는 세계를 현상으로서 기술하려고 하면서 세계 내부의 존재자를 실마리로 하여 그러한 존재자로부터 자신을 내보이는 세계를 드러내려고 하는 것이다. 앞에서 이미 여러 번 언급한 것처럼 하이데거는 세계라는 개념으로 무엇보다 인간이 일차적으로 그 안에서 태어나서 살고 일하며 죽는 생활세계를 염두에 두고 있다. 이러한 세계는 현존재가 아닌 존재자들의 합이 아니라 현존재 자신의 삶과 긴밀하게 연관되어 있다.

1. 현상학적 세계분석에 대한 오해

하이데거는 여기서 우선 세계라는 현상을 드러내는 것이 무엇인지를, 언뜻 보기에 세계라는 현상을 드러내는 것으로 간주될 수 있는 다른 작업들과 구별하여 분명히 하고 있다.

사람들은 세계라는 현상을 드러내는 것을, 세계 안에 있는 존재자들인 집, 나무, 인간, 산, 별 들을 열거하면서 이것들의 모습을 묘사하고, 그것들에게 일어나는 사건들에 대해서 이야기하는 것으로 생각할 수 있다. 그러나 하이데거는 이러한 것은 현상학 이전의 작업이며 현상학적으로는 중요하지 않다고 보고 있다. 그러한 기술(記述)은 존재자에 머물러 있다. 그러나 현상학이 탐구하는 것은 존재이다. 즉 현상학적 의미에서의 현상은 형식적으로는 '존재 및 존재구조로서 자신을 드러내는 것'이다.

그다음에 사람들은, 세계라는 현상을 드러내는 것을 세계 내부에 있는 눈앞의 존재자들의 존재를 제시하고 그것을 개념적·범주적으로 확정하는 것으로 이해할 수 있다. 즉 사람들은 세계 내부의 존재자인 자연사물들과 가치를 지닌 사물들의 존재인 사물성(Dinglichkeit)을 분석하는 것을 세계라는 현상을 드러내는 것으로 여길 수 있는 것이다.

이 경우 가치를 지닌 사물의 사물성이 자연적인 사물성 위에 근거하고 있다고 한다면, 자연적인 사물들의 존재, 즉 자연 그 자체가 일차적 주제가 된다. 모든 것의 기초가 되고 있는 자연사물들, 즉 실체들의 존재성격은 실체성(Substanzialität)이다. 이러한 실체성에 대한 분석은 전통적으로는 수학적 자연과학이 자연사물에 대해서 행하는 근본 진술을 실마리로 하여 행해진다. 그러나 이렇게 실체성에 대해서 분석하는 것은 분명히 존재론적인 분석이기는 하지만 세계라는 현상을 드러내는 것은 아니다. 이는 자연은 세계와 동일한 것이 아니라 세계 내부에 존재하는 하나의 존재자에 불과하기 때문이다.

그렇다고 해서 우리는, 현존재가 우선 대부분의 경우 관계하는 존재자, 즉 가치를 지닌 사물들의 존재를 분석함으로써 세계라는 현상을 드러내야 하는가? 그러나 이런 사물 역시 세계 내부에 있는 존재자에 지나지 않는다. 세계 내부적 존재자에 대한 서술도, 이러한 존재자의 존재에 대한 존재론적 해석도 그 자체로는 세계라는 현상을 해석하는 것은 아니다. '객관적 존재'에 대한 이러한 두 가지 접근방식에는, 즉 자연사물들의 존재와 가치를 지닌 사물들의 존재에 대한 분석에는 이미 세계가 전제되어 있다.

2. 세계의 다양한 의미와 『존재와 시간』에서의 세계 개념

앞에서 보는 것처럼 세계라는 말은 매우 다의적으로 사용된다. 하이데거는 그러한 다양한 의미가 지시하는 현상들과 그 현상들의 연관을 지적함으로써 이러한 다의성으로 인한 혼란을 피하려고 한다.

① 세계는 우선 대부분의 경우는 존재적(ontisch) 개념으로 사용되며, 이 경우 세계는 세계 내부에 있는 눈앞의 사물들의 총체를 의미한다.

② 세계가 존재론적 용어로 사용될 경우에는, ①에서 언급되고 있는 존재자들의 존재를 의미한다. 즉 그것은 눈앞의 사물들의 존재인 눈앞의 존재(Vorhandensein)를 의미한다. 더 나아가 세계는 여러 존재자들을 포괄하는 각 영역을 가리키는 용어로도 사용된다. 예를 들면, 수학의 세계라는 말이 의미하는 것처럼 수학이 다룰 수 있는 모든 대상들의 영역을 의미한다.

③ 세계는 현사실적인 현존재가 사는 장소로 이해된다. 이 경우 세계라는 개념은 ①에서와 마찬가지로 존재적인(ontisch) 개념으로 사용되고 있지만, 이때의 세계는 세계 내부적인 존재자들의 총체를 가리키는 것이 아니라 현존재가 현존재로서 살고 있는 삶의 장, 즉 생활세계를 의미한다. 그것은 공통의 '우리-세계'라든가 우리의 가장 친근한 주위세계를 가리킨다.

④ 마지막으로 세계는 세계성이라는 존재론적·실존론적 의미를 갖는다. 하이데거는 세계라는 현상을 현상학적으로 분석한다는 것은 이러한 세계 일반의 세계성을 분석하는 것으로 보고 있다.

하이데거는 『존재와 시간』 전체에 걸쳐서 세계라는 개념을 ③의 의미로 사용하고 있으며, 세계라는 개념을 ①의 의미로 사용할 때는 〈 〉 표시 안에 사용하고 있다. 따라서 『존재와 시간』에서 세계적(weltlich)이라는 말은 현존재의 존재양식을 가리키는 것으로 사용되고 있으며, 세계 내부에 있는 눈앞의 존재자들이나 도구적 존재자들이 갖는 존재양식을 가리키지 않는다. 이 후자의 존재양식을 가리킬 때는 하이데거는 세계 귀속적(世界歸屬的, weltzugehörig) 혹은 세계 내부적(世界內部的, inner-weltlich)이라는 표현을 사용하고 있다.

3. 근대존재론이 파악하는 자연의 토대로서의 생활세계

전통적인 존재론, 특히 근대의 존재론은 세계를 수학적인 자연과학에 의해서 발견되는 세계 내부적 존재자들의 존재인 자연과 동일시한다. 데카르트도 칸트도 세계를 수학적인 자연과학에 의해서 발견되는 자연으로 간주한다. 데카르트는 그러한 자연을 연장적 사물(res extensa)로 파악하고 있으며, 칸트는 그것을 시간과 공간이라는 인간의 직관형식과 사유범주들에 의해서 구성된 현상계로 본다. 그런데 이러한 자연은 현존재가 일차적으로 살고 있는 생활세계를 탈세계화하는(entweltlichen) 세계-내-존재의 특정한 양상에 의해서만 발견될 수 있다. 즉 자연과학에 의해서 발견되는 자연은 세계-내-존재와 그것이 일차적으로 살고 있는 생활세계를 전제한다. 현존재는 일차적으로 생활세계에서 살고 있으며 이러한 세계 내에서의 필요에 의해서 자연과학이라는 세계에 대한 특정한 관계방식을 만들어 낸 것이다.

따라서 자연과학에 의해서 드러나는 자연과 자연과학적인 인식방식의 본질적 성격을 파악하기 위해서는 세계-내-존재와 그것이 일차적으로 그 안에서 살고 있는 생활세계를 분석해야만 한다. 이와 함께 하이데거는 낭만주의가 이해하는 자연, 즉 수학적으로 분석될 수 없고 시적인 감응(感應)을 통해서만 제대로 드러나는 자연도 세계-내-존재와 생활세계를 분석하는 것에 의해서만 제대로 이해될 수 있다고 본다.

우리가 그 안에서 살고 있는 생활세계는 가장 자명한 것으로 주어지기 때문에, 전통적인 존재론이 세계를 분석할 때 그것은 항상 간과되고 무시되었다. 이에 대해서 하이데거는 세계에 대한 분석의 출발점은, 우리가 이렇게 자명한 것으로 여기면서 보통은 간과하고 있는 일상적인 평균적인 생활세계와 그러한 세계 안에서 살고 있는 일상적인 세계-내-존재가 되어야 한다고 본다. 이것이야말로 사실은 자연과학이 수행되는 토대가 되는 것이며, 자연과학에 의해서 발견되는 자연은 그러한 세계로부터 추상된 것이기 때문이다.

4. 세계성 분석의 구도

일상적인 평균적인 현존재가 살고 있는 가장 가까운 세계를 하이데거는 주위세계(Umwelt)라고 부르고 있다. 하이데거는 주위세계에 대한 분석을 통해서 세계성 일반의 이념을 획득하려고 한다.

주위세계는 현존재가 아닌 눈앞의 존재자들에 대한 규정이 아니라 세계-내-존재로서의 현존재 자신의 한 성격이지만, 이러한 사실은 세계라는 현상에 대한 탐구가 세계 내부적 존재자와 그것의 존재에 대한 분석을 경유할 필요가 있다는 것을 배제하지는 않는다. 오히려 하이데거는 주위세계의 세계성, 즉 주위세계성을 우리가 가장 가깝게 만나는 주위세계 내부의 존재자에 대한 존재론적 해석을 통해서 탐구한다.

주위세계라는 표현은 주위(Um)라는 말과 함께 어떤 공간성을 시사하고 있다. 그러나 주위세계에서 주위는 일차적으로는 공간적인 의미를 갖지 않는다. 그것은 오히려 우리가 살고 있는 세계가 '우리 주위의 친숙한' 세계라는 사실을 가리킨다. 물론 주위세계에 공간이 속해 있다는 것은 분명하지만, 이러한 공간이 갖는 성격은 주위세계가 갖는 세계로서의 성격, 즉 세계성에 입각할 때에야 비로소 해명될 수 있다. 그러나 종래의 존재론은 보통 공간성을 토대로 하여 세계의 존재를 '연장적 사물'(res extensa)로서 해석하려고 시도했다. 세계에 대한 그러한 존재론을 지향하면서 세계를 '사유하는 사물'과는 극단적으로 대립되는 것으로 본 사람이 데카르트다. 하이데거는 데카르트의 이러한 존재론이 근대 존재론의 그 후의 전개에 결정적인 영향을 끼쳤다고 본다. 그러나 하이데거는 이러한 '연장적 사물'은 존재적으로나 존재론적으로 세계-내-존재로서의 현존재와 일치하지 않는다고 본다.

하이데거는 근대 존재론의 이러한 경향을 자신의 세계성 분석과 대비하면서 자신의 세계성 개념을 분명히 하려고 한다. 이러한 의도에 따라서 하이데거는 자신의 세계성 분석을 다음과 같이 세 단계로 수행하고 있다. A. 주위세계성과 세계성 일반의 분석. B. 데카르트의 세계존재론과 세계성 분석의 대조. C. 주위세계의 주위성과 현존재의 공간성.

A. 주위세계성과 세계성 일반의 분석

§15. 주위세계에서 만나는 존재자의 존재

1. 도구의 존재성격으로서의 도구성(Zuhandenheit)

하이데거는 우리가 가장 가까이서 접하는 존재자들의 존재에 대한 현상
학적 분석을, 자신이 세계 내부적 존재자와의 교섭(Verhalten)이라고 부
르고 있는 일상적 세계-내-존재를 실마리로 하여 수행한다. 이러한 교섭
은 고려(Besorgen)의 다양한 방식들을 통해서 행해지는데, 우리가 수행
하는 교섭의 가장 일상적인 양식은 인식 자체를 목표로 하는 순수한 인
식이 아니라 어떤 것을 도구로서 사용하는 고려다.

　　하이데거는 우리가 일상적으로 관계하는 존재자를 사물(Ding)이라
고 부르는 것을 경계한다. 존재자를 사물이라고 부를 경우에 우리는 암
암리에 존재자의 존재론적 성격을 실체성, 물질성, 연장성, 서로 나란히
있음 등과 같은 것으로 보게 된다. 우리가 일차적으로 관계하는 존재자
를 사물이라고 부를 경우, 우리가 설령 존재적으로는 다른 것을 생각한
다 할지라도 존재론적으로는 이미 오류를 범하고 있는 것이다. 이는 사
람들이 사물을 가치를 지닌 사물이라고 보아도 마찬가지다. 그 경우 존
재론적으로 가치가 무엇을 의미하는지는 애매하게 남아 있으며, 또한 가
치를 지닌다거나 가치가 부착되어 있다고 할 경우의 '지닌다'든가 '부착
되어 있다'든가 하는 것의 존재론저인 성격도 애매한 채로 남아 있다. 그
러나 이러한 애매성은 차치하더라도, 고려하는 교섭에서 우리가 만나는
존재자의 존재성격이 과연 그렇게 순수한 물질적 사물에 가치가 부착되
어 있는 성격을 갖는지는 극히 의심스럽다. 우리가 고려하는 교섭에서

관계하는 존재자를 이른바 가치가 부착된 사물과 동일시할 경우에는 그 것의 존재는 오히려 은폐되고 만다.

하이데거는 그리스인들은 사물을 가리키는 적합한 용어를 가지고 있었다고 본다. 그리스인들은 사물을 프라그마타(πράγματα)라고 불렀는 데 이것은 우리가 고려적 교섭(πρᾶξις[프락시스])에서 관계 맺는 것을 가리킨다. 그러나 그리스인들은 그러한 프라그마타(πράγματα)의 특수한 실용적인 성격을 존재론적으로 애매한 채로 방치해 두었으며 그것을 단순한 사물로 규정해 버렸다. 그리고 하이데거는 이러한 규정이 전통형이 상학이 그 이후에 전개되는 방식을 결정했다고 본다.

이에 대해서 하이데거는 우리가 고려하면서 관계하는 존재자를 도구라고 부르고 있다. 우리가 일상적인 세계-내-존재에서 일차적으로 만나는 것은 필기도구, 재봉도구, 작업도구, 여행도구, 측량도구 등이다. 하이데거는 이제 이러한 도구의 존재양식을 분명하게 드러내려고 한다. 그리고 그것은 도구를 도구로서 존재하게 하는 존재성격을 먼저 규정한 후 이것을 실마리로 하여 이루어진다.

엄밀하게 말하면 하나만의 도구란 존재하지 않는다. 어떤 도구든지 도구의 존재에는 항상 도구 전체가 속해 있다. 도구는 본질적으로 '……을 하기 위한' 어떤 것이다. 망치는 못을 박기 위한 것이고 옷걸이는 옷을 걸기 위한 것이다. 유용성, 기여성, 사용 가능성, 편리성과 같은 '……을 하기 위한'의 상이한 방식들이 도구의 전체성을 구성한다. '……을 하기 위한'이란 구조 속에는 어떤 것이 다른 것을 지시한다는 것이 속한다. 도구는 필기도구, 펜, 잉크, 종이, 밑받침, 책상, 램프, 가구, 창, 문, 방 등과 같이 언제나 다른 도구들에 대한 귀속성에 의존해서 존재한다.

우리가 살고 있는 방(房)을 예로 들자면, 위에서 언급한 도구들은 우선 그 자체로 개별적으로 나타난 후 그러한 개별자들이 모두 모여서 그

방을 채우는 것이 아니다. 비록 주제적으로 포착되지는 않더라도 우리가 가장 친숙하게 관계하는 것은 방이다. 그런데 이러한 방은 기하학적 공간의 의미에서 네 벽으로 둘러싸인 공간이 아니라 주거도구로서의 방이다. 이 방으로부터 집기들의 배치상태가 드러나며 이러한 배치 안에서 개별적 도구들이 드러난다. 단적으로 말해서 이러한 **개별적인 도구에 앞서 그때마다 이미 도구 전체성이 발견되어 있는 것이다.**

위에서 서술한 것을 예를 들어 설명해 보자면, 우리가 일상적으로 사용하는 망치의 존재성격은 그것을 눈앞에 놓고 세밀하게 관찰하는 것에 의해서가 아니라 그것을 가지고 못을 박는 등 그것을 사용하는 것에 의해서 가장 잘 드러난다. 이렇게 망치를 사용하는 고려는 망치라는 존재자를 눈앞의 사물로서 주제적으로 포착하는 것도 아니며 그것에 관해 세밀하게 인식하는 것도 아니다. **그리고 망치를 사용하는 고려는 각각의 도구를 구성하는 '……을 하기 위한'이라는 지시에 따른다. 다시 말해서 망치는 '못을 박기 위한' 것인바, 그러한 지시야말로 망치를 망치로서 존재하게 하는 것이며 우리는 그러한 지시에 따르면서 망치를 사용한다.**

우리가 망치라는 사물을 단순히 관찰하지 않고 그것을 활발하게 사용할수록 그것에 대한 우리의 관계는 더욱 근원적인 것이 되며, 망치는 자신이 도구로서 존재하는 그대로 적나라하게 자신을 드러내게 된다. 도구가 이렇게 그것을 사용하는 고려에서 드러내 보이는 도구의 존재양식을 하이데거는 도구성(Zuhandenheit)이라고 부르고 있다.

2. 도구가 갖는 '그 자체에 즉해 있음'(An-sich-sein)의 성격

즉 도구는 우리가 인식대상으로 삼는 사물처럼 우리 눈앞에 주목을 끄는 대상으로서 존재하지 않는다. 오히려 우리는 도구를 사용할 때 정작 도구는 그다지 의식하지 않고 그 도구가 사용되는 존재자에 주목한다. 우리는 망치로 못을 박을 때 망치보다는 못에 주목하면서 못이 제대로 박히고 있는지에 관심을 쏟는 것이다. 우리가 망치에 관심을 가질 때는 오히려 그것이 제대로 기능하지 못할 때이다. 따라서 도구로서의 망치가 갖는 존재성격은 이렇게 주목의 대상이 되지 않으면서 원활하게 사용될 때 제대로 잘 드러난다. 다시 말해서 눈앞의 사물처럼 우리가 객관적으로 인식해야 할 대상으로서 주목을 끌지 않고 그 자신을 부각시키지 않기 때문에 우리는 도구를 편리하게 사용할 수 있다.

하이데거는 이렇게 망치를 비롯한 도구들이 도구로서 제대로 기능할 경우에는 우리의 주목을 끌지 않고 자신을 부각시키지 않는다는 도구의 존재성격을 그 자체에 즉해 있음(卽自存在, An-sich-sein)이라고 부르고 있다. 도구는 이렇게 그것이 도구로서 제대로 기능하면서 존재할 경우에는 주목의 대상으로서 자신을 부각시키지 않기 때문에, 다시 말해서 그 자체에 즉해 있기 때문에, 우리가 그것을 눈앞의 대상으로 놓고 날카롭게 관찰할 경우에 도구는 오히려 자신의 진정한 성격을 은폐한다.

3. 둘러봄(Umsicht)과 도구들 사이의 지시연관

그렇다고 해서 도구를 사용하고 조작하는 고려가 맹목적으로 이루어지는 것은 아니다. 그것은 도구들 사이의 지시연관에 대한 둘러봄(Umsicht)이라는 나름대로의 시각을 가지고 있다. 이렇게 도구를 사용할 때 맹목적으로 사용하지 않고 둘러봄에 의지하기 때문에 우리는 도구를 그때마다 적절하게 사용할 수 있다. 따라서 실천적 태도와 이론적 태도의 차이는, 전자는 맹목적으로 행위하고 후자는 관찰한다는 점에 있지 않으며 또한 행위가 맹목적인 것이 되지 않기 위해서 과학적 인식을 응용한다는 점에 있는 것도 아니다.

실천적인 행위가 자신의 독자적 '봄'을 지니고 있듯이 이론적 태도는 사물에 대한 독자적인 '봄'을 지니고 있다. 이론적 태도란 단지 관찰하고 규정하는 것을 목표한다. 그리고 이렇게 관찰하고 규정하는 것은, 생활세계에서 이미 개시되어 있는 '……을 하기 위한'이라는 지시연관에 따르기보다는 과학 자체가 설정한 방법에 따른다. 즉 그것은 둘러봄이라는 시각이 아닌 방법적인 시각을 가지고서 대상을 탐구한다.

앞에서 이미 언급했지만 도구적인 존재자는 이론적으로 포착되는 것은 아니지만 그렇다고 해서 둘러봄의 주제가 되는 것도 아니다. 오히려 그것은 주목의 대상으로 되지 않고 그 자체에게로 물러나 있음으로써 (Ansichsein) 도구적으로 존재한다. 도구를 사용하는 일상적인 고려에게 우선적으로 주목의 대상이 되는 것은 작업도구 자체가 아니라 제작되어야만 하는 제품이다.

그러나 제작되어야 할 제품, 즉 망치, 대패, 바늘 등은 그 나름대로 또한 도구의 존재양식을 가지고 있다. 제작되어야 할 구두는 신기 위한 도구이며 완성된 시계는 시간을 알려주기 위한 도구이다. 고려하는 교섭에서 제작의 목표가 되는 제품에는 이미 그 제품이 쓰일 '목적'도 함께 나타나 있는 것이다. 따라서 제품도 도구와 마찬가지로 '하기 위한'의 지시연관을 근거로 해서만 존재한다.

그리고 제작행위는 제품을 위해서 재료를 필요로 한다. 따라서 제품에는 재료에 대한 지시도 포함되어 있다. 즉 제품은 가죽, 실, 바늘 등에 의존하며, 가죽은 다시 동물의 껍질로 만들어진다. 그런데 동물의 껍질은 농불에게서 획득된다. 물론 동물은 우리 인간에 의해서 제작되는 것은 아니고 스스로 성장하는 것이다. 그러나 우리의 주위세계에는 이렇게 그 자체로는 인간에 의해 제작된 것은 아니지만 우리 인간에게 도구적으로 존재하는 존재자도 속한다. 망치, 부집게, 못 등은 그 자체로 강철, 쇠, 구리, 암석, 목재 등을 지시하고 있으며 그것들로 만들어진다. 사용되는 도구에서는 따라서 천연자원이라는 의미의 자연도 함께 발견된다. 그러나 이러한 자연은 단지 눈앞의 존재자로만 이해되어서도 안 되지만 순수한 자연력으로 이해되어서도 안 된다. 일상적인 세계에서 숲은 우선적으로는 우리가 목재를 얻는 곳으로, 산은 채석장으로, 강은 수력을 제공하는 것으로, 바람은 배를 나아가게 하는 풍력을 제공하는 것으로 나타난다.

도구적 존재양식으로서의 자연의 존재양식을 도외시할 경우에야 비로소 자연 그 자체가 순수한 눈앞의 존재라는 성격을 갖는 것으로서 나타난다. 그러나 자연을 이렇게 순수하게 이론적인 관찰의 대상으로 삼을 경우에는 끊임없이 생동하면서 아름다운 풍경으로 우리를 사로잡는 자연은 은폐되고 만다. 식물학자의 식물은 논두렁에 피어 있는 꽃이 아니며 지리학에 의해 파악된 하천의 수원(水源)은 땅에서 솟는 샘이 아니다.

그런데 제작된 제품은 그 제품이 쓰일 수 있는 '용도'와 '재료'만을 지시하지는 않는다. 제품에는 동시에 그것을 이용할 사람들에 대한 지시도 포함되어 있다. 예를 들어 옷은 그것을 입을 사람들의 신체에 알맞게 재단된다. 따라서 우리는 제품과 함께 도구적 존재자뿐 아니라 현존재라는 존재양식을 지닌 존재자들과도 관계한다. 그리고 이와 함께 우리는 그러한 제품을 사용할 사람들이 살고 있는 세계와도 관계한다. 이러한 세계는 동시에 우리의 세계이기도 하다.

우리 모두의 공공적 세계에는 사람들이 함께 사용하는 제품들인 도로나 다리 등이 존재한다. 그리고 이런 공공적 세계와 더불어 자연환경이 존재한다. 예를 들어 도로, 시가, 교량, 건물 등은 자연환경을 고려하여 만들어진다. 지붕이 있는 역의 플랫폼은 비나 눈을 고려하고 있다. 그리고 길가의 가로등은 어둠을 고려하고 있다. 다시 말해 그것은 날이 밝았다 어두워지는 특수한 변화, 즉 태양의 위치를 고려하고 있다.

4. 사물성(Dinglichkeit)의 근원으로서의 도구성

근대자연과학이 자연의 진리를 드러내는 것으로 간주되면서 사람들은 흔히 자연은 자연과학에 의해서 파악된 것으로서 먼저 존재하고 우리가 그것에 우리의 주관적인 가치를 부여함으로써 비로소 도구나 여타의 유의미한 것들이 생기게 된다고 생각한다. 다시 말해서 통상적으로 도구성은, 눈앞에 존재하는 순수한 사물에 인간이 자신의 주관적인 의도를 투입한 주관적인 산물로 해석되고 있다. 그러나 하이데거는 자연과학자도 일차적으로는 존재자들을 도구로서 사용하면서 고려하는 세계-내-존재로서 존재하며 자연과학은 그러한 세계-내-존재의 파생적인 사유방식이라는 데 주목한다. 즉 눈앞에 존재하는 사물은 도구적인 존재자에 기초하고 있는 것이며 존재자의 근원적인 존재방식이 아닌 것이다.

이러한 사실은 존재론적으로 중요한 의미를 갖는다. 지금까지의 존재론은 이론적인 고찰의 대상으로 나타난 눈앞의 존재자들에 대한 분석적 탐구를 통해서 그것들의 존재를 파악하려고 해왔다. 이러한 존재론은 인간은 일차적으로 이론적인 존재이며 이러한 이론적인 고찰을 통해서 존재자들이 비로소 드러난다고 전제한다. 그러나 하이데거는 존재자들은 일차적으로 도구를 사용하는 고려에 의해서 드러나며 이론적인 고찰은 이러한 근원적인 개시방식에 근거해 있다고 보는 것이다. 따라서 존재자들의 존재를 드러내려고 하는 존재론은 도구를 사용하는 고려에서 존재자들이 일차적으로 어떻게 드러나고 있는지에 주목해야 한다.

도구를 사용하는 고려에서 드러나는 세계는 우리가 자연을 보면서 경탄하고 우리의 목적을 구현하기 위해서 진력하다가 성공하기도 하고 좌절하기도 하는 곳이다. 우리에게 존재자들이 일차적으로 개시되는 곳은 바로 이러한 세계이다.

§16. 세계 내부적 존재자에게서 고지되는 주위세계의 세계 연관성[4]

세계는 세계 내부적 존재자는 아니다. 그러나 세계가 주어져 있는(es gibt Welt) 한에서만, 세계 내부적 존재자는 발견될 수 있고 발견된 존재자가 자신의 존재를 드러낼 수 있다. 그러나 세계는 어떻게 '주어지는가'?[5]

하이데거는 현존재가 도구를 사용하면서 그것에 몰두할 때, 고려되는 세계 내부적 존재자와 함께 그 존재자가 속하는 세계가 어떤 방식으로든 현존재에게 개시되어 있다고 본다. 그러나 이러한 세계는 우리가 도구를 원활하게 사용하고 있을 때에는 부각되지 않으며, 도구가 제대로 기능하지 않을 때나 필요로 하는 도구가 존재하지 않을 때 우리에게 부각된다.

1. 현저성(Auffälligkeit)

우리가 사용하는 어떤 도구가 고장이 나서 이용될 수 없는 경우가 있다. 물론 그 경우에도 그것은 여전히 도구적인 것으로서 존재하며, 그것이 이용될 수 없다는 사실은 그것이 갖는 성질들에 대한 이론적인 관찰에 의해서가 아니라 그것을 사용하는 고려의 둘러봄에 의해서 밝혀진다. 어

---

4) 하이데거에게서 세계성(Weltlichkeit)은 현존재의 존재를 구성하는 하나의 실존주이며, 세계 연관성(Weltmäßigkeit)은 도구의 존재를 구성하는 하나의 범주다. Weltmäßigkeit은 원래 문자 그대로 번역하면 세계 적합성이 되겠지만 그 단어가 사용되는 맥락적인 의미를 살려서 세계 연관성이라고 번역한다. 즉 그것은 도구는 그 자체로 존재하는 것이 아니라 현존재가 거주하는 주위세계로부터 의미를 부여받음으로써 비로소 하나의 도구로서 존재하게 된다는 것을 의미한다.
5) 하이데거는 세계는 존재자가 아니기 때문에 존재한다(ist)고 말하지 않고 '주어져 있다'(es gibt)라고 말하고 있다.

떤 도구가 그렇게 사용될 수 없는 것으로 발견될 때 그것은 특별히 우리의 주목을 끌게 된다. 그것은 이 경우 사용될 수 없는 것으로서 우리 눈앞에 우리의 주목을 끌면서 놓여 있게 되고 이와 함께 그것은 이러저러한 모습을 갖고 있는 도구로서 자신을 드러내게 된다. 즉 그것은 현저성이라는 성격을 갖게 된다.

그러나 이렇게 '눈앞에 있음이란 성격(Vorhandenheit)'이 도구에서 고지되고 있지만 그것은 다시 고려되는 것, 즉 수리되어야 할 것이라는 도구적 성격으로 되돌아가고 만다. 다시 말해서 사용될 수 없는 것이 우리의 주목을 끌면서 우리 눈앞에 놓여 있다고 해서 그것은 단적으로 모든 도구적 성격을 상실한 채 생활세계적인 의미를 결여한 단순한 눈앞의 사물(Ding)이 되지는 않는다. 도구의 훼손은 사물의 변화, 즉 눈앞의 존재자에게서 발생하는 성질들의 변화가 아닌 것이다.

고장 난 도구라도 그것은 고장이 나서 사용을 못하고 있을 뿐 다른 도구와 마찬가지로 하나의 도구로서 존재한다. 망치는 고장이 났더라도 아직 망치로 존재하고 있으며, 그것이 단순한 사물로 존재하게 되는 것은 우리가 그것의 도구적인 성질을 사상(捨象)하면서 그것을 단순히 철과 나무의 결합체로 관찰할 경우다.

2. 절실성(Aufdringlichkeit)

우리는 어떤 도구가 고장이 나서 사용할 수 없을 때 아쉬워하지만, 당장 필요한 도구가 없을 때도 그것이 우리 가까이에 있지 않다는 사실을 발견하면서 아쉬워한다. 이렇게 어떤 도구의 부재를 아쉬워하는 것도 그것을 사용하는 것은 아니고 그것이 가까이에 없다는 사실을 발견하는 것이기 때문에, 그러한 도구는 일종의 '눈앞의 존재'라는 성격을 갖는 것으로서 발견된다. 이 경우 그 도구는 절박하게 요청하게 된다는 의미에서 절실성을 띠게 된다. 지금 여기에 없는 것이 긴급하게 필요하면 필요할수록 그것은 더욱더 우리에게 절실한 것이 되며 그 결과 그것은 도구로서의 성격을 상실하는 것처럼 보인다.

3. 저항성(Aufsässigkeit)

도구는 사용될 수 없거나 당장 필요하지만 가까이에 없는 것으로 나타날 수 있을 뿐 아니라 우리가 해야 할 일에 방해가 되는 것으로도 나타날 수 있다. 그것은 거기에 있지 말아야 할 것 혹은 '처리되지 않은 것'이라는 방식으로 존재한다. 이 경우 그것은 우리를 방해하면서 우선 먼저 고려되어야 할 것이라는 저항성을 갖는다. 이러한 저항과 함께 도구가 가질 수 있는 '눈앞의 존재라는 성격'은 새로운 방식으로, 즉 우리 앞에 놓여 있으면서 먼저 처리될 것을 요구하는 그런 존재로서 자신을 고지한다.

현저성, 절실성 및 저항성이라는 양상들은 도구적인 존재자에게서 눈앞의 존재라는 성격을 나타내는 기능을 가지고 있지만, 이 경우 도구는 단지 눈앞의 사물로만 고찰되는 것은 아니다. 그렇게 고지되는 눈앞의 존재라는 성격은 여전히 도구의 도구적 성격에 구속되어 있다.

4. 현저성, 절실성 및 저항성과 도구들 사이의 지시연관의 개시

현저성, 절실성 및 저항성에서 도구는 일정한 방식으로 자신의 도구적 성격을 상실한다. 그러나 그것이 갖는 도구적 성격 자체는 비주제적일지라도 우리가 도구를 사용하는 가운데 이해되고 있다. 그것의 도구적 성격은 단순히 소멸해 버리지 않는다. 사용 불가능하게 된 도구가 우리의 주목을 끌게 될 때 그 도구는 비도구적인 것으로 나타나면서도 오히려 그것을 통해서 원래의 도구적인 성격이 훨씬 강력하게 부각된다. 그리고 이와 함께 도구의 세계 연관성, 도구들 사이의 지시연관도 자신을 드러내게 된다. 다시 말해서 망치는 못을 박는 데 쓰인다는 망치와 못 사이의 지시 연관은 망치가 제대로 기능하지 못할 때 분명하게 부각되는 것이다. 이에 반해 망치가 제대로 기능할 때는 그러한 지시연관은 자명한 것으로서 간주되면서 부각되지 못한다.

그러나 이렇게 지시연관이 분명해질 경우에도 그것은 도구들이 갖는 존재론적 구조로서 분명해지는 것이 아니라 작업도구가 손상된 사태에 직면하게 된 둘러봄에게 존재적으로 분명해진다. 이처럼 어떤 도구의 '용도'에 대한 지시가 둘러봄에게 주목됨으로써, 이러한 '용도'와 아울러 도구들 사이의 지시연관의 전체, 즉 고려가 언제나 이미 그 안에서 행해졌던 작업장 전체가 시야에 들어온다. 물론 도구들 사이의 지시연관의 전체는 아직까지 한 번도 드러난 적이 없었던 것은 아니다. 그것은 둘러봄에 입각하여 도구를 사용하는 고려에게 이미 처음부터 드러나(da) 있었고, 우리가 이미 온몸으로 이해하고 있었지만 분명하게 부각되지 않았을 뿐이다. 그런데 이제 어떤 도구가 고장이 나면서 그러한 도구가 속해 있는 지시연관의 전체가 분명하게 부각된다.

마찬가지로 우리가 당장 필요로 하는 도구를 그것이 있어야 할 자리에서 발견하지 못할 경우에도 도구들 사이에 존재하는 지시연관의 전체가 분명하게 부각된다. 어떤 도구가 일상적으로 그 자리에 있었다는 것은 너무나 자명했기 때문에 그동안 우리는 그것에 대해 조금도 주의를 기울이지 않았었는데 그 도구가 그 자리에 없을 경우, 우리는 그때서야 비로소 그것이 무엇을 위해 있었고 또한 어떠한 도구들과 함께 있었던가를 알게 된다. 그때 주위세계가 분명하게 자신을 고지하는 것이다.

위의 사실에서 세계가 도구들의 단순한 합계가 아니라 오히려 어떤 도구가 그 자체로서, 예를 들어 망치를 못을 박는 도구로서 존재하는 것을 가능하게 한다는 사실이 잘 드러난다. 세계가 도구들의 단순한 합계가 아니라는 사실은, 도구들이 손상되거나 필요한 곳에 없을 때 세계가 드러나는 것과 함께 도구가 세계에서 벗어나게 되고 그 결과 도구에게서 '단순한 눈앞의 존재'가 출현한다는 사실에서 잘 나타나고 있는 것이다. 다시 말해서 도구들이 제대로 기능하지 않고 도구로서의 성격을 상실하게 될 때 오히려 세계가 도구를 도구로서 존재하게 하는 지시연관으로서 분명하게 부각된다.

아울러 주위세계에 대한 일상적 고려에서 우리가 도구를 그것의 진정한 도구적인 존재에 있어서 발견하기 위해서는, 일상적인 고려가 몰입해 있는 지시와 지시연관의 전체가 둘러봄에 대해서도, 더 나아가 둘러봄이 아닌 주제적 파악에 대해서도 주제적으로 부각되어서는 안 된다. 세계가 자신을 부각시키지 않는다는 것이, 도구가 눈에 띄지 않은 채로 머물면서 자신의 용도에 따라서 차질 없이 사용되는 것을 가능하게 하는 조건이다. 그리고 그것에 의해서 도구의 '그 자체에 즉해 있음' (Ansichsein)이 구성된다.

따라서 비현저성, 비절실성, 비저항성과 같은 결여적인 성격들이야말로 우리 주위의 도구의 존재가 지닌 적극적인 현상적 성격들이다. 그러한 결여적인 성격들이 도구의 '그 자체에 즉해 있음'을 구성한다. 사람들은 흔히 이렇게 '그 자체에 즉해 있다'는 성격을 주제적으로 확정될 수 있는 눈앞의 존재자에 귀속시키지만, 하이데거는 그러한 성격은 눈앞의 사물만을 실마리로 하면서 파악하려고 할 때는 결코 존재론적으로 해명될 수 없다고 본다. 세계 내부적인 존재자의 그 자체에 즉해 있음은 오직 세계라는 현상을 근거로 해서만 존재론적으로 파악될 수 있다는 것이다.

이제까지의 해석에 따르면, 세계-내-존재란 '주제화하는 파악이 아닌 둘러봄에 의해서 도구들 전체의 도구적 성격을 구성하는 지시들 속에 몰입해 있는 것'을 의미한다. 모든 고려는 이미 세계와의 어떤 친숙성에 근거해 있다. 이렇게 자명한 것으로 이미 개시되어 있는 일상적으로 친숙한 세계를 현존재는 자신이 살 수 있는 유일한 세계로 자명하게 생각하면서 세계 자체를 문제 삼지는 않는다. 현존재는 그러한 세계 속에서 그 내부에 있는 존재자들과 관계하는 데 빠져 있다. 나중에 보겠지만 하이데거는 이렇게 현존재가 세계 내부의 존재자들에 몰입하고 있는 상태를 퇴락이라고 부르고 있다. 현존재가 이렇게 세계 내부적인 존재자들에게 자신을 상실하고 있고 그것에 현혹당하고 있는 퇴락의 상태는, 현존재가 일상적으로 살고 있는 세계가 현존재가 그 어떠한 의문도 갖지 않는 친숙한 세계로 이미 개시되어 있기에 가능하다.

역시 나중에 보겠지만 하이데거는 현존재가 불안이라는 기분에 엄습되면서 이렇게 친숙한 세계가 낯설고 섬뜩한 세계로 경험되며, 이와 동시에 현존재는 단독자로서의 자기에 직면하게 된다고 말한다.

§17. 지시와 기호

앞에서 도구의 존재구조를 해석하면서 언급되었던 '지시'라는 현상을 하이데거는 이제 그것의 존재론적 유래와 관련해서 드러내려고 한다. 앞에서 지시와 지시 전체성이 어떤 의미에서 세계성 자체를 구성하는지가 분명해졌다. 세계는 도구를 사용하는 고려에서 도구의 도구적 성격과 함께 개시된다는 사실을 우리는 위에서 보았다. 따라서 하이데거는 세계 내부적 존재자의 존재인 지시를 보다 더 철저하게 이해함으로써 세계라는 현상을 드러내기 위한 보다 넓고 확고한 지반을 확보하려고 한다.

하이데거는 지시라는 현상 자체를 더 선명하게 파악하기 위해서, '지시' 자체를 자신의 기능으로 갖는 도구인 기호(Zeichen)를 분석한다. 기호는 '표시한다'(zeigen)는 특성을 갖는다. 그러한 기호에는 도로표지, 경계석(境界石), 항해하는 사람들을 위한 폭풍경계용 공, 깃발, 장례용 상장(喪章) 등이 있다. 표시는 '일종의' 지시라고 할 수 있다. 그리고 최대한 형식화하여 파악하자면 지시한다는 것은 관계 짓는 것이다. 그러나 관계는 기호, 상징, 표현, 의의 등으로 나타날 수 있는 다양한 종류의 지시들을 포괄하는 유(類)가 아니다. 관계란 극히 형식적 규정일 뿐이어서 그러한 규정은 모든 종류의 사태내용과 존재방식에 적용될 수 있기 때문이다.

모든 지시는 관계이지만 모든 관계가 지시는 아니다. 모든 표시(Zeigung)는 지시(Verweisung)이지만, 지시라고 해서 모두 표시는 아니다. 이는 모든 표시는 관계이지만 모든 관계가 표시는 아니라는 것을 의미한다. 관계라는 개념은 너무나 형식적이고 보편적인 개념이어서 우리가 지시, 기호 및 의의라는 현상들을 탐구하기 위해서 그것들을 관계로서 특징짓는다 해도 분명해지는 것은 아무것도 없다. 오히려 관계 자체는 그것의 형식적·보편적 성격 때문에 존재론적 근원을 지시에 가지고 있다고 보아야만 한다. 하이데거가 『존재와 시간』을 쓸 당시뿐 아니라 오늘날에도 관계라는 개념을 실마리로 해서 모든 존재자를 해석하는 경향이 강하게 존재하지만, 그러한 개념은 '형식과 내용'이라는 극히 일반적인 도식과 마찬가지로 근본적으로는 아무것도 말해 주지 않는 개념이다.

1. 기호가 갖는 독특한 도구적 성격

하이데거는 '기호'의 예로서 1920년대 당시에 자동차에 달려 있던 회전식 붉은 화살을 분석하고 있다. 이것은 오늘날의 자동차에 붙어 있는 방향 표시등에 해당한다고 할 수 있다. 이러한 화살의 위치는 예를 들어 교차로에서 그 자동차가 어떤 길을 택할 것인가를 표시한다. 화살의 위치는 운전자에 의해 조정된다. 화살이라는 이 기호는 하나의 도구이지만 이러한 도구는 운전자에게만 도구로서의 기능을 갖는 것이 아니다. 차에 타고 있지 않은 사람들도, 아니 오히려 그 사람들이야말로 화살이 가리키는 방향으로부터 피하거나 멈추거나 하는 방식으로 이 도구를 이용하고 있다. 이 도구는 각종의 교통 수단들과 교통 규칙들로 이루어진 도구 연관의 전체 속에서 존재하며 따라서 이 표시도구도 지시에 의해 구성되어 있다.

다시 말해서 이 도구는 '……을 하기 위한'의 성격, 즉 특정한 유용성을 가지고 있다. 그것은 '표시하기 위해서' 있다. 따라서 표시함으로서의 지시함은 도구의 존재구조에, 즉 무엇을 위한 유용성에 근거하고 있다. 표시함으로서의 지시함은 도구의 존재구조로서의 지시함에 근거하고 있고 이것이 나타나는 하나의 방식이기 때문에 도구의 존재구조로서의 지시함과는 구별되어야 하지만, 기호가 도구 전체 및 그것의 세계 연관성에 대해 특별한 관련을 맺고 있다는 것은 의심할 여지가 없다. 표시하는 도구는 고려하는 교섭에서 특별한 의미를 갖는다. 표시하는 도구가 갖는 이러한 특별함의 근거와 의미는 무엇인가?

하이데거는 이를 분석하기 위해서 먼저 기호에 대해서 사람들이 어떤 행동을 취하는지를 분석하고 있다. 자동차의 신호 화살을 예로 해서 보자면, 신호 화살을 달고 달려오는 자동차에 대해서 사람들은 피하거나 멈추어 선다. 피한다는 것은 어떤 방향을 취하는 것으로서 본질적으로 현존재의 세계-내-존재에 속한다. 현존재는 언제나 어떻게든 방향을 취하면서 행위한다. '서 있는 것'과 '멈춰 서는 것'은 이렇게 방향을 취하면서 행위하는 것의 극단적인 경우일 뿐이다.

기호는 공간 안에 존재하는 세계-내-존재에게 알려지는 것이다. 그런데 기호는 우리가 그것을 주시하면서 눈앞의 표시물로서 확인하는 방식으로는 본래적으로 파악되지 않는다. 심지어 우리가 화살의 표시방향을 바라보면서 화살이 표시하고 있는 방역(方域[방향과 영역]) 안에 존재하는 어떤 것을 주시할 때에도 그것은 본래적으로 파악되는 것이 아니다. 기호는 고려하는 교섭의 둘러봄에 의해서 이해되며 둘러봄은 기호의 지시에 따르면서 주위세계의 상황을 분명하게 개관하게 된다. 이렇게 개관하면서 우리가 포착하는 것은 존재자가 아니다. 그것이 포착하는 것은 오히려 주위세계 내부에서 우리가 어떠한 태도를 취해야 하는지에 대한 지시다.

따라서 이러한 종류의 기호는 고려하는 교섭에게 어떤 태도를 취해야 할지를 지시하는 방식으로 도구들의 연관을 드러낸다. 그것은 다른 사물을 표시하는 하나의 사물이 아니라 도구 전체를 분명하게 부상시키면서 도구의 세계 연관성을 고지하는 그런 도구이다. 예를 들어 암시기호와 예고기호에서는 장차 닥칠 일이 표시된다. 이 경우 장차 닥칠 일이란, 우리가 대비해야 하는 것 또는 다른 일에 정신이 팔려 대비하지 않던 그런 것이다. 상기를 위한 기호는 이미 종결된 것을 표시한다. 주의기호는 사람들이 염두에 두어야 할 것을 표시한다.

2. 기호의 제정방식에서 드러나는 기호의 독특한 도구적 성격

기호의 독특한 도구성격은 기호를 제정하는 방식에서 더 분명하게 드러난다. 기호의 제정은 둘러보는 예견(豫見, Vorsicht)에 의해서 수행된다. 이러한 예견은 언제든지 어떤 도구를 통해서 주위세계가 눈에 띄게 하는 것을 목표한다. 그런데 **세계 내부적으로 가장 가까운 도구의 존재에는 자체**

에 즉해 머무르면서 밖으로 드러나지 않는다는 성격이 속한다. 따라서 주위 세계에서 행해지는 둘러보는 교섭은, 도구들을 눈에 띄게 하는 역할을 떠맡는 특별한 도구, 즉 기호를 필요로 한다. 따라서 그러한 기호는 현저하게 눈에 띄도록 제작되어야만 한다.

그런데 기호는 이렇게 눈에 잘 띄는 것이라고 해서 아무 데나 배치되는 것은 아니고 누구나 쉽게 볼 수 있는 곳에 배치된다. 예를 들어 말하자면 학교는 그 주위의 사람들에게는 이미 친숙하게 알려져 있는 것이어서 굳이 주목의 대상이 되지 않지만, 이 학교를 찾는 외부의 사람들에게는 그것이 위치한 곳을 잘 보여 줄 수 있는 특별한 기호가 누구나 볼 수 있는 곳에 세워지는 것이 필요하다.

기호의 제정은 반드시 새로운 도구가 제작되는 방식으로 행해질 필요는 없다. 즉 기호는 이미 있었던 도구를 채용하는 방식으로도 제정된다. 오히려 이 경우 기호의 제정은 기호가 갖는 한층 더 근원적인 의미를 드러낸다. 기호는 그것의 표시기능에 의해서 우리로 하여금 도구 전체와 주위세계 안에서 둘러보면서 어떤 특정한 태도와 방향을 취하게 하지만, 기호의 제정은 어떤 존재자의 도구적인 성격을 발견하는 방식으로도 행해질 수 있다. 이 경우 기호로 채용된 것은 이러한 도구적 성격에 의해서 비로소 우리에게 그 성질이 알려질 수 있게 된다.

예를 들어 토지를 경작할 때 사람들이 남풍을 비가 올 것을 알려 주는 기호로 간주할 경우, 이렇게 비가 올 것을 알려주는 남풍의 성질은 그 자체로 이미 존재하는 것으로서의 기류나 일정한 지리학적 방향에 덧붙여진 것이 아니다. 남풍은 설령 기상학적으로 우리에게 알려지더라도, 처음에는 단지 단순한 자연적인 사건으로 존재하다가 나중에 경우에 따라 예고하는 기호의 기능을 떠맡게 되는 것이 절대로 아니다. 도리어 토지 경작이라는 둘러봄이 남풍을 그것의 존재에서 비로소 발견하는 것이다.

그러나 사람들은 기호로 채용되는 것은 먼저 그 자체로 알려질 수 있고 기호의 제정에 앞서 파악되어 있어야 한다고 이의를 제기할지도 모른다. 물론 기호로 채용되는 것은 어떤 방식으로든 이미 존재하고 있어야 한다. 다만, 문제는 이렇게 이미 존재하는 것이 어떤 식으로 발견되고 있는지다. 그것은 순수하게 우리 눈앞에 존재하는 사물로서 발견되지 않고 오히려 아직 이해되지 않은 어떤 도구로서 발견된다. 다시 말해서, 그 것은 사람들이 이제까지 어떻게 다룰지 몰랐고 따라서 아직까지는 그 도구적 성격이 은폐되어 있는 그런 도구로서 발견되는 것이다. 이 경우에도 둘러봄에 의해서 아직 발견되지 않은 도구의 성격을, 단순히 눈앞에 존재하는 것을 파악하는 태도에 의해서 드러나는 단순한 사물성으로서 해석해서는 안 된다.

일상적 교섭에서 기호가 갖는 도구적 존재 및 현저성은, 가장 가까운 도구가 비현저성이란 성격을 갖는다는 사실만을 입증하는 것은 아니다. 기호 자체는 자신의 현저성을 도구 전체의 일상적이고 자명한 비현저성에서 이끌어 낸다.

3. 원시적 현존재와 기호

사람들은 우리의 일상적인 세계에서 기호가 차지하는 특별한 역할에 주목하면서 그것으로부터 원시적 현존재의 숱한 기호사용, 가령 우상이나 주술을 해석하려고 할 수 있다. 그러나 좀 더 자세히 살펴보면, 기호 일반의 이념을 실마리로 해서 우상이나 주술을 해석하는 것은 원시적 세계에서의 존재자들이 갖는 도구적 존재방식을 파악하기에는 충분하지 않다는 것이 분명해진다.

원시인에게는 기호와 그 기호에 의해 표시되는 것이 일치한다. 그러나 이러한 일치는 서로 분리되어 있는 것들을 동일한 것으로 간주하는 것이 아니라, 기호가 기호에 의해 표시되는 것으로부터 '아직 분리되지 않았다'는 것을 의미한다. 기호 자체는 자신이 표시하는 것으로부터 아직 자신을 분리하지 못한 채로 있다. 예를 들어 원시인이 어떤 사람을 상징하는 인형을 바늘로 찔러서 그 사람에게 해를 끼칠 수 있다고 믿을 때, 원시인들은 그 사람을 지시하는 일종의 기호로서의 인형과 그 사람 자체를 동일시하고 있는 것이다.

그러나 이것은 기호 일반이 아직 도구로서 발견되지 않고 있다는 것, 결국 세계 내부적 도구 일반이 아직 도구적인 존재양식을 가지고 있지 않다는 것을 의미한다. 따라서 도구라는 존재론적 실마리를 가지고 원시적 세계를 해석하는 것이 불가능하다면, '눈앞의 사물을' 실마리로 하여 그것을 해석하는 것도 불가능하다는 것은 말할 나위도 없다.

그러나 일반적으로 원시적 현존재와 원시적 세계도 하나의 존재이해에 의해 구성되어 있다면, 세계성의 형식적 이념을 밝혀내는 일이 더욱더 절실하게 필요해진다. 이러한 형식적 이념이 분명하게 밝혀졌을 경우에만, 우리는 원시적인 세계를 아직 그러한 세계성을 실현하지 않은 것으로 보면서 그것이 갖는 특성을 분명히 할 수 있다.

4. 기호와 지시 사이의 관계

기호에 관한 이제까지의 해석은 도구의 존재에 해당하는 '지시'를 특징짓기 위한 발판을 마련하기 위한 것이었다. 기호와 지시 사이의 관계는 다음과 같은 삼중적인 관계로 이루어져 있다.

첫째로, 기호의 표시작용은 유용성의 '……을 위해서'의 특정한 구체화로서 도구의 구조 일반, 즉 '하기 위한'(지시)에 기초를 두고 있다.

둘째로, 기호 역시 하나의 도구로서 도구 전체성, 즉 지시연관에 속한다.

셋째로, 기호는 하나의 도구로서 다른 도구들과 함께 존재할 뿐 아니라 주위세계의 지시연관을 그때마다의 둘러봄에게 분명하게 알려 준다. 기호는 존재적으로는 하나의 도구이지만, 그것은 동시에 지시라는 도구의 존재론적인 성격과 지시 전체성 및 세계성의 존재론적 구조를 보여주는 특별한 도구로 존재한다. 기호라는 도구가 둘러봄에 의해서 고려되는 주위세계에서 특별한 의미를 갖는 것은 바로 이 점에 뿌리박고 있다. 따라서 지시가 존재론적으로는 기호의 기초라면 지시 자체는 결코 기호와 동일시될 수 없다. 지시는 도구의 존재론적 성격 자체를 구성하는 것이기 때문에 그것은 기호와 같은 어떤 특정한 도구들의 존재적 규정성은 아닌 것이다.

§18. 용도와 유의의성: 세계의 세계성

1. 도구의 존재로서의 용도

위에서 도구의 존재는 '지시'라는 것이 밝혀졌다. 지시는 유용성, 유해성, 사용 가능성 등의 형태를 띤다. 그러나 기호의 표시작용이나 망치를 사용하는 망치질은 존재자의 속성이 아니다. 속성이라는 말이 '눈앞의 사물들'에게 속하는 성질들을 가리킨다면, 표시작용과 망치질은 속성이라고 할 수는 없는 것이다. 도구는 어떤 일에 적합하다거나 부적합하다는 성격을 가질 뿐이다. 존재자들이 갖는 눈앞의 존재라는 성격이 그것들의 도구적 성격에 구속되어 있는 것과 마찬가지로, 눈앞의 존재로서 도구들이 갖는 속성은 도구의 적합성과 부적합성에 구속되어 있다. 예를 들어 망치가 몇 킬로의 무게를 갖고 어떤 크기를 가질지는 그것이 어디에 쓰이는 것인지에 의해서 규정된다.

도구의 존재가 지시의 구조를 가지고 있다는 것은, 도구가 항상 어떤 것으로 지시되는 성격을 가지고 있다는 것을 의미한다. 도구는 어떤 것으로 지시되고 있으며 이것을 기반으로 해서 하나의 특정한 도구로서 발견된다. 예를 들어 망치라는 도구는 못을 박는 일에 지시되고 있으며 그에 따라서 그렇게 못을 박는 도구로서 발견된다. 우리는 도구를 가지고 어떤 일에 사용한다. 따라서 도구의 존재성격은 용도(Bewandtnis)이다. 용도에는 '어떤 것을 가지고 어떤 경우에 쓴다'는 사실이 함축되어 있다. 이 '……을 가지고 ……에'라는 관계가 지시라는 말이 실질적으로 가리키는 것이다.

용도는 세계 내부적 존재자의 존재이며, 그러한 용도는 우리가 어떤 존재자들을 사용할 때 이미 개현되어 있다. 존재자가 쓰이는 용도는 그것이 '어떤 일을 위해서', 즉 어떤 목적을 위해서 유용하다는 것이며, '어떤 일에' 사용될 수 있다는 것이다.

2. 용도 전체성과 궁극목적

그런데 어떤 도구가 사용되는 용도는 그것으로 끝나는 것이 아니라 다른 용도를 지시한다. 예컨대 우리가 망치라고 부르는 도구는 못을 박기 위한다는 용도를 가지고 있지만, 못을 박는 것은 옷을 제대로 걸기 위한다는 용도를 깆는다. 그리고 옷을 제대로 거는 것은 다른 사람들에게 단정하게 보이려는 현존재의 관심을 충족시킨다는 데 그 용도를 갖는다. 즉 도구들은 궁극적으로는 현존재의 특정한 존재가능성을 위해 존재하며, 어떤 도구가 어떤 용도를 갖는가는 최종적으로는 현존재의 존재가능성을 지시하는 용도 전체성에 의해 규정된다. 도구의 존재로서의 용도 자체는 그때마다 용도 전체성이 미리 개시되어 있다는 것을 근거로 해서만 발견된다. 따라서 도구를 그것의 용도에 있어서 구성하는 용도 전체성은 개개의 도구보다 앞서 있으며, 우리가 관계하는 도구에는 우리가 앞에서 도구의 세계 연관성이라 불렀던 것이 미리 발견되어 있는 것이다.

그런데 방금 본 것처럼 이러한 용도 전체성 자체는 궁극적으로 어떤 용도도 더 이상 갖지 않는 궁극적인 용도로 귀착된다. 이렇게 더 이상 다른 용도들을 위한 용도가 될 수 없는 것이 궁극목적(Worumwillen)이다. **궁극목적은, 세계 내부에서 도구의 존재양식을 갖는 존재자가 아니라 그 존재가 세계-내-존재로서 규정되고 있으며 그 존재구조에는 세계성이 속하는 존재자인 현존재의 존재에 연관되어 있다. 이러한 연관은 현존재가 자신의 존재에 있어서 본질적으로 자신의 존재 자체를 문제 삼는 존재자라는 데에서 비롯된다.** 하이데거는 이와 같이 용도의 구조에서 출발하면서 현존재 자신의 궁극 목적인 현존재의 본래적이고 유일한 존재 자체에 도달하고 있지만, 이러한 연관에 대해서는 아직 자세하게 추구하지 않을 것이라고 말하고 있다.

그 대신에 하이데거는 도구가 갖는 존재론적 구조, 즉 도구를 '그것이 쓰일 용도에 따라서 존재하게 한다'(Bewendenlassen)라는 구조를 한층 분명하게 할 필요가 있다고 본다. 이를 통해서 우리는 비로소 세계성이라는 현상을 규정하고 그 현상과 관련해서 문제들을 제기할 수 있다.

3. 세계의 세계성으로서의 유의의성

'쓰일 용도에 따라서 존재하게 한다'의 존재적 의미는 어떤 도구를 '어떤 고려의 범위 안에서 그것을 그러한 도구로서 존재하게 한다'는 것이다. 예를 들어서 망치를 못을 박는데 사용하는 것이 '쓰일 용도에 따라서 존재하게 한다'의 존재적 의미이다. 이에 대해서 '존재하게 한다' (seinlassen)는 것을 우리가 존재론적으로 이해할 경우, 그것은 세계 내부에 있는 모든 도구들을 '선행적으로 존재하게 한다'는 의미를 갖는다. 이 경우 '선행적으로 존재하게 한다'는 것은 어떤 것을 제작하여 비로소 존재하게 한다는 뜻이 아니라, '이미 존재하는 것'을 그것의 도구적 성격에서 발견하면서 그것을 이러한 도구적 성격을 갖는 존재자로서 나타나게 한다는 뜻이다. 따라서 존재론적으로 이해된 '쓰일 용도에 따라서 존재하게 함'은 모든 도구를 도구로서 개현하는 것과 관련되어 있다.

이는 다시 말해서 현존재가 어떤 도구를 특정한 용도에 사용하기 위해서 **현존재는 모든 존재자들을 어떤 용도를 갖는 도구로서 이미 발견해야 하며, 이는 다시 현존재가 존재자들 사이의 용도 연관의 전체, 즉 용도 전체성을 이미 이해하고 있어야 한다는 것을 의미한다.** 이러한 용도 전체성에 대한 이해, '모든 존재자의 용도를 개현하면서 그때마다 이미 쓰일 용도에 따라서 존재하게 한다'는 것이 현존재 자신의 존재양식을 특징짓는 '존재론적인 완료사'(apriorisches Perfekt)이다. 즉 그것은 현존재가 존재자들을 구체적으로 사용하기 이전에 이미 개시되어 있다는 의미에서 아프리오리하게 완료되어 있는 것이다.

앞에서 본 용도 전체성이 우리가 사용하는 도구에서 현존재의 궁극목적으로 거슬러 올라가는 지시연관의 전체성을 가리킨다면 하이데거는 이러한 용도 전체성이 현존재의 궁극목적에서 시작되는 목적연관의 전체성에 근거하고 있다고 본다. 그리고 하이데거는 이렇게 현존재의 궁극목적에서 시작되는 목적연관의 전체성이야말로 세계의 본질에 해당하는 것, 즉 세계성이라고 보고 있으며 그것을 유의의성(Bedeutsamkeit)이라고 부르고 있다. **하이데거가 현존재의 궁극목적에서 시작되는 목적연관의**

전체성을 유의의성이라고 부르고 있는 것은 그것이 우리의 구체적인 행위와 우리가 사용하는 도구들에게 각각의 의의를 부여하는 것이기 때문이다.

유의의성이 현존재의 궁극목적에서 시작하는 반면에, 용도 전체성은 도구들에서 시작하면서 궁극목적으로 소급된다. 용도연관의 전체성으로서의 세계는 결국은 현존재의 '궁극목적'으로 귀착되기 때문에, 현존재는 명시적으로 또는 비명시적으로 파악된 자신의 궁극목적으로부터 항상 어떤 '무엇을 하기 위한'(Wo-zu)으로 지시받고 있다. 이 '무엇을 하기 위한'이 어떤 도구를 '적절한 용도에 쓰이게 함'의 '무엇에'(Wobei) 해당하며 그 도구가 사용되는 '그것을 위해서'(Dazu)를 예시한다. **궁극목적에서부터 시작되는 이러한 지시연관을 하이데거는 의미를 부여하는 작용, 내지 유의의화작용(有意義化作用, Be-deuten)이라고 파악한다.** 다른 목적을 위한 수단이 될 수 없는 현존재의 '궁극목적'은 어떤 '……을 위하여'(Um-zu)에 의미를 부여하며 이것은 '그것을 위해서'(Dazu)에 의미를 부여하고 이것은 다시 '적절한 용도에 쓰이게 함'의 '무엇에'(Wobei)에 의미를 부여하고 이것은 사용되는 도구(Womit)에 의미를 부여한다.

예를 들어 현존재가 거주할 집을 지을 경우 현존재가 안전하게 거주한다는 것이 궁극목적(Umwillen)에 해당하는 것이고 안전하게 거주하기 위해서는 집이 필요한바, 집이 바로 '……을 위하여'(Um-zu)에 해당한다. 그리고 다시 집을 짓기 위해서는 판자를 고정하는 것이 필요한바, 판자를 고정하는 것이 '그것을 위해서'(Dazu)에 해당한다. 판자를 고정하기 위해서는 못을 박는 것이 필요한바, 못을 박는 것이 '무엇에'(Wobei)에 해당하고, 못을 박기 위해서는 망치가 필요한바, 망치가 바로 사용되는 도구(Womit)에 해당한다.

이렇게 궁극목적에서 시작하여 우리가 직접 다루고 있는 도구에까지 이르는 목적연관의 전체가 바로 유의의성이다. 현존재는 이러한 유의의성에 대한 친숙한 이해로부터 어떤 용도로 어떤 존재자를 도구로 사용할지를 지시받는다. 따라서 현존재에 의해서 이해되고 있는 유의의성은 세계-내-존재의 실존론적 구조로서 도구들의 용도 전체성이 발견되는 것을 가능하게 한다. 이러한 유의의성이야말로 현존재가 현존재로서 항상 친숙하게 이해하면서 살고 있는 곳인 세계의 구조를 형성하는 것이다. 현존재는 현존재로 존재하는 한, 그때마다 이미 유의의성으로서 개시되어 있는 세계에 의존하고 있으며 현존재의 존재에는 본질적으로 이러한 의존성(Angewiesenheit)이 속해 있다.

이런 유의의성을 친숙하게 이해하고 있고 이러한 이해 안에서만 존재자가 용도라는 존재양식을 가지고 자신을 드러낼 수 있다는 점에서, 현존재는 존재자가 발견되는 것을 가능하게 하는 존재적 조건이다. 다른 한편 현존재가 항상 이미 친숙하게 이해하고 있는 이러한 유의의성 자체는, 현존재가 의미(Bedeutung)와 같은 것을 개시할 수 있기 위한 존재론적 조건을 포함하고 있으며 그러한 의미가 낱말과 언어를 기초짓는다.

4. 유의의성과 세계 내부적 존재자의 실체적 존재

그런데 세계성에 대한 이러한 분석과 관련하여 사람들은 다음과 같은 이의를 제기할지도 모른다. 즉 우리가 이렇게 도구의 존재인 용도성뿐 아니라 세계성 자체까지도 하나의 지시연관이라고 규정한다면 세계 내부적 존재자의 실체적 존재는 하나의 관계체계 속으로 증발해 버리는 것은 아닐까? 그리고 그러한 관계란 사유된 것인 이상, 세계 내부적 존재자의 존재는 순수한 사유 속으로 해소되어 버리는 것은 아닌가?

하이데거는 이러한 이의와 관련하여 존재론적 문제의 여러 구조와 차원을 다음과 같이 구별하고 있다.

① 현존재가 우선적으로 관계하는 세계 내부적 존재자의 존재(용도)

② 현존재가 이렇게 우선적으로 관계하는 이러한 존재자를 눈앞의 대상으로 지각하고 탐구하면서 발견하게 되는 존재자의 존재(눈앞의 존재)

③ 세계 내부적 존재자 일반의 발견을 가능하게 하는 존재적 조건인 세계의 존재로서의 세계성. 세계의 존재로서의 이러한 세계성은 세계-내-존재, 즉 현존재의 실존론적 규정이다. 앞에 언급된 두 존재 개념은 범주이며 현존재와는 다른 양식의 존재를 지닌 존재자들에 적용된다.

유의의성으로서의 세계성을 구성하는 지시연관을 사람들은 하나의 관계체계라는 극히 형식적인 의미로 파악할 수 있다. 그러나 관계체계라는 규정은 세계성이라는 구체적인 현상을 담기에는 너무나 일반적인 성격을 갖기 때문에 본래의 현상적 내용을 파악하지 못한다. '……을 위한', '궁극목적', '용도', '무엇을 가지고' 등의 관계항들과 그것들 사이의 관계는 수학적인 함수관계와는 근본적으로 다른 것이다. 그것들은 사유된 것도 아니고 사유에 의해서 비로소 정립된 것도 아니며, 고려하는 둘러봄이 그때마다 이미 그 안에서 행해지는 연관들이다.

세계성을 구성하는 그러한 연관들은 세계 내부적 도구의 존재를 증발시키기는커녕, 오히려 이러한 연관들이 선행적으로 이미 개시되어 있기 때문에 이러한 도구적인 존재자는 비로소 발견될 수 있다. 그리고 이러한 도구적인 세계 내부적 존재자가 이미 발견되어 있기 때문에 눈앞의 사물도 파악할 수 있는 가능성이 존재하게 된다. 이러한 눈앞의 사물들은 수학적인 함수에 의해서 파악될 수 있다. 이런 종류의 수학적인 함수 개념은 눈앞의 사물이라는 순수하게 실체적인 성격을 갖는 존재자에 대해서만 적용될 수 있다.

이상에서 분석한 세계성이 갖는 존재론적 문제를 더욱 선명하게 부각하기 위해서 하이데거는 그것을 그것과 대립되는 데카르트의 세계 개념과 대비하고 있다.

B. 세계성의 분석을 데카르트의 세계 해석과 대조함

데카르트의 세계 개념에 대한 하이데거의 대결은 다음과 같은 내용을 갖고 있다.

> ① 세계를 연장을 갖는 사물로서 규정하는 것(§19).
>
> ② 이러한 존재론적 규정의 기초들(§20).
>
> ③ 데카르트의 세계 존재론에 대한 해석학적 논구(§21).

데카르트는 세계의 존재론적 근본규정을 연장(extentio)에서 찾고 있다. 데카르트에게서는 연장성은 공간성을 구성하는 하나의 요소일 뿐아니라 공간성과 동일하다. 하이데거는 데카르트의 이러한 사상을 중심으로 하여 데카르트의 세계존재론을 요약하고(§19), 그것의 전제들을 고찰한 후(§20), 자신의 세계성 분석에 비추어 이러한 전제들이 갖는 성격을 밝히려고 한다(§21). 이러한 논의를 통해서 하이데거는 데카르트 이전의 세계 해석들은 말할 것도 없고 그 이후의 해석들도, 철학사에서 근본적으로 문제시된 적이 없는 하나의 존재론적 기초 위에서 행해지고 있다는 사실을 드러내려고 한다.

§19. 연장적 사물로서의 〈세계〉의 규정

데카르트는 생각하는 자아(ego cogito)와 물체적 사물(res corporea)을 구별한다. 이 구별은 데카르트 이후의 철학사에서 중심적인 역할을 수행하고 있는 자연과 정신의 구별을 존재론적으로 규정하고 있다. 그러나 데카르트 이후에도 이러한 대립과 그 대립되는 두 개 항의 존재론적인 기초가 밝혀지지 않았다는 사실은 데카르트 자신에 의한 구별에 근거하고 있다.

데카르트는 그 자체로 존재하는 존재자의 존재를 실체(substantia)라고 부른다. 이 표현은 때로는 존재자의 존재인 실체성을 의미하지만, 때로는 존재자 자체, 즉 하나의 실체를 의미하기도 한다. 실체가 이렇게 이중적인 의미를 갖는다는 것은 우연적인 것이 아니며, 실체에 상응하는 고대 그리스의 우시아(οὐσία)라는 개념이 이미 이러한 이중적 의미를 갖는다.

물체적 사물(res corporea)에 대한 존재론적 규정은 실체에 대한 설명, 즉 실체로서의 존재자의 실체성에 대한 설명을 요구한다. 이러한 설명은 도대체 무엇이 물체적 사물(res corporea)의 본래적인 존재를 형성하는가를 설명하는 것이다. 실체 그 자체, 즉 실체의 실체성은 도대체 어떻게 파악될 수 있는가? 데카르트는 실체가 속성에 의해 인식된다고 본다. 개개의 실체에는 하나의 주요한 특성이 있어서 이것이 그 실체의 본성과 본질을 구성하고 있기 때문에, 그 실체가 갖는 다른 모든 특성은 그것에 귀속시킬 수 있다는 것이다.

데카르트는 길이, 넓이, 깊이와 같은 연장이 물질적 실체의 본성을 구성한다고 본다. 즉, 데카르트는 길이, 넓이, 깊이와 같은 연장이 물질적 실체의 본래적 존재를 형성한다고 보면서 이것을 세계라고 부르고 있다. 물체에 속

할 수 있는 다른 모든 속성들은 연장을 전제로 하고 있다.

물체라는 실체가 갖는 다른 모든 규정들, 특히 분할가능성(divisio), 형태(figura), 운동(motus)은 연장의 양상으로 파악될 수 있지만, 연장은 이러한 형태나 운동 없이도 이해될 수 있다. 즉 동일한 물체는 항상 자신의 연장을 일정하게 유지하면서도 여러 가지 형태로 나타날 수 있다. 그것은 어떤 때는 길이가 길어지는 반면에 넓이나 깊이는 작아지며, 반대로 넓이가 넓어지면서 길이가 짧아지기도 한다. 운동 역시 장소의 이동으로서 연장의 양상일 뿐이다. 딱딱함(durities), 무게(pondus), 색깔(color)과 같은 규정들은 물체에서 제거되더라도 물체는 여전히 남아 있다. 따라서 그것들은 물체의 본래적 존재를 형성하지 않으며 그것들은 연장의 양상으로서 존재할 뿐이다.

데카르트는 이러한 사실을 딱딱함과 관련해서 보여 주려고 한다. 딱딱함에 대해서 감각이 우리에게 가르쳐 주는 사실은 딱딱한 물체를 우리가 손으로 밀면 그것이 저항한다는 사실뿐이다. 어떤 물체를 우리가 손으로 밀더라도 만약 그 물체가 손이 접근하는 것과 동일한 속도로 후퇴한다면 우리는 딱딱함은 전혀 느낄 수 없을 것이다. 그러나 물체가 이렇게 후퇴하더라도 물체의 본성은 사라지지 않는다. 따라서 물체의 본성은 딱딱함에 존재하지는 않는다.

이와 마찬가지로 무게나 색깔 그리고 물체에서 우리가 지각하는 성질들이 물체에서 제거되더라도 그 물체 자체는 그대로 존속한다. 연장은 이러한 성질들의 어떤 것에도 의존하지 않는다. 연장은 어떠한 형태와 운동 속에서도 변하지 않고 존재하며 그런 모든 변화 속에서 계속해서 남아 있는 것으로서 물질적인 실체의 실체성을 형성한다.

§20. 〈세계〉의 존재론적 규정의 기초들

데카르트에 의하면 실체란 자신이 존재하기 위해 다른 어떤 존재자도 필요로 하지 않는 존재자다. 실체는 이렇게 자기 충족적인 것이라는 점에서 가장 완전한 존재자다. 따라서 엄밀한 의미의 실체, 즉 자신이 존재하기 위해서 다른 어떤 것도 전혀 필요로 하지 않는 실체는 신뿐이다. 신이 아닌 모든 존재자는 신에 의한 제작과 보존을 필요로 한다. 신이 아닌 존재자는 모두 피조물(ens creatum)이다. 데카르트에게서는 존재자의 존재가 이렇게 제작의 지평 안에서 이해되고 있다. 그런데 피조물들의 세계에도, 자신이 존재하기 위해서 신 이외의 다른 존재자를 필요로 하지 않는 존재자들이 두 가지가 있다. 사유하는 사물(res cogitans)과 연장적 사물(res extensa)이 바로 그것이다.

여기에서 하이데거는 하나의 무한 실체와 두 개의 유한 실체 모두에 공통된 존재의 의미가 해명될 경우에야 비로소 실체의 존재가 근본적으로 해명될 수 있다고 본다. 연장을 물질적인 실체의 존재, 즉 그것의 실체성으로 볼 경우에 데카르트는 존재의 특정한 의미를 전제하고 있는 것이다. 즉 데카르트는 존재의 의미를 눈앞의 존재로 보고 있다. 그러나 데카르트는 실체성의 이념 안에 포함되어 있는 존재의 이러한 의미와 이러한 의미가 갖는 '보편성'의 성격을 문제삼지 않고 있다. 그러나 존재 자체가 무엇을 의미하는지를 데카르트뿐 아니라 고대 존재론과 중세 존재론도 묻지 않았다. 그것들 역시 존재의 의미를 자명하게 눈앞의 존재로 간주했기 때문에 존재의 의미는 구명되지 않는 채로 남았던 것이다.

데카르트는 실체성에 대한 존재론적 물음을 회피할 뿐 아니라, 실체 자체, 즉 실체의 실체성은 그 자체로는 드러날 수 없음을 분명히 강조하고 있다. 실체는 그것이 있다는 것만으로 곧 인식될 수 있는 것은 아니다. 그저 있다는 것만으로는 우리의 감각을 촉발하지 않기 때문이다. 존재 자체는 우리의 감각을 촉발하지 않는다. 따라서 존재는 인식되지 않는다. 존재는 '실재적 술어가 아니다'라는 칸트의 진술[6]은 데카르트의 이 명제를 반복한 것에 불과하다. 이와 함께 원칙적으로 존재를 물을 수 있는 가능성은 단념되고 데카르트는 일종의 도피로를 찾게 된다.

이러한 도피로에서 앞에서 말한 실체의 규정들이 획득되고 있다. 존재는 존재자가 아니기 때문에 존재는 존재자가 가지고 있는 존재적 존재규정들, 즉 속성들을 통해서 표현된다. 물론 이러한 속성들은 데카르트가 암암리에 전제하는 존재와 실체성의 의미를 가장 순수하게 충족시키는 속성들이다.

이와 함께 **데카르트가 세계를 연장적 사물로서 규정하는 존재론적 기초는 분명해졌다. 데카르트는 실체의 존재, 즉 실체성을 눈앞의 존재로 보는 존재이해를 자명하게 전제하고 있다. 그러나 데카르트는 그러한 존재의 의미가 어디서 파생되는지 등을 묻지 않고, 정작 실체성에 대해서 탐구할 때는 실체의 존재적 속성을 실마리로 하고 있을 뿐이다. 그리고 이렇게 실체적인 존재자를 통해서 실체를 규정하는 것에 실체라는 용어가 갖는 양의성(兩義性)도 근거한다. 데카르트는 실체성을 겨냥하면서도 그것을 실체가 가지고 있는 존재적인 속성에 의해서 이해하고 있기 때문에, 존재론적인**

---

6) 존재가 '실재적 술어가 아니다'는 것은 존재는 사물이 공간과 시간과 같은 우리 인간의 직관 형식에 대해서 갖는 관계만을 가리킬 뿐이지 사물 자체에 속하는 성질은 아니라는 말이다. 즉 우리는 어떤 사물이 시간과 공간 상에 나타나 있을 때 그것이 존재한다고 말하며, 그것이 시간과 공간 상에 나타날 가능성이 있을 때 그것이 존재할 가능성이 있다고 말한다는 것이다. 그런데 칸트 이전의 형이상학은 존재를 사물에 속하는 성질로 보면서, 신의 존재도 신이라는 존재자가 갖는 완전성이란 성질로부터 연역해 내려고 했다. 즉 신은 완전한 존재자이기 때문에 존재라는 속성도 필연적으로 가질 수밖에 없다는 것이다. 이는 존재하지 않는 신은 불완전한 신이기 때문이다.

것의 근저에 존재적인 것이 놓여 있는 셈이 된다. 따라서 실체(substantia)라는 표현은 때로는 존재론적 의미로, 때로는 존재적 의미로 쓰이며 대부분의 경우는 막연한 존재적·존재론적 의미로 기능한다.

하이데거는 데카르트가 전제하고 있는 실체의 존재, 즉 실체성으로서의 눈앞의 존재는 도구적인 존재에서 파생되고 있다고 본다. 나중에 (447쪽 이하 참조) 보겠지만 하이데거는 도구적인 존재가 어떻게 해서 눈앞의 존재로 변양되는지를 고찰하면서 눈앞의 존재가 갖는 존재론적인 성격을 규명하고 있다. 하이데거는 데카르트가 자신과는 달리 눈앞의 존재를 자명한 존재의미로 간주하면서 그것의 존재론적 성격을 문제시하지 않았으며, 이와 함께 눈앞의 존재자들인 실체들이 갖는 존재적 속성을 실체의 실체성, 즉 실체의 존재론적인 성격과 혼동하고 있다고 보고 있는 것이다. 하이데거는 데카르트의 이러한 한계는 데카르트가 존재물음을 근본적으로 수행하지 못한 데서 비롯되었다고 본다.

§21. 데카르트의 〈세계〉존재론에 대한 해석학적 논의

그런데 데카르트가 연장으로서 존재론적으로 파악하려고 했던 존재자는 도구적인 세계 내부적 존재자를 기초로 하여 비로소 발견될 수 있다.

하이데거는 세계성의 문제를 고찰할 때(§14), 세계성이라는 현상을 드러내기 위한 적합한 통로를 획득하는 것이 중요하다고 말한 바 있다. 그런데 데카르트가 세계의 존재를 연장(extensio)이라고 보면서 그것을 드러내는 가장 적합한 통로로 본 것은 인식작용, 즉 지성(intellectio)이다. 더 자세히 말하자면 그것은 수학적·물리학적 인식이라는 의미의 인식작용이다. 수학은 항존적으로 눈앞에 존재하는 것을 인식한다. 따라서 데카르트에게서는 존재자에게서 수학적으로 인식되는 항존적인 것이 본래적으로 존재하는 것으로 간주된다.

그런데 하이데거는 데카르트가 수학적으로 인식되는 항존적으로 눈앞에 존재하는 것만을 본래적으로 존재하는 것으로 보게 된 것은 존재를 항존적인 존재로 보는 선입견에 사로잡혀 있었기 때문이라고 말한다. 다시 말해서 데카르트의 존재론은 수학적인 인식에 의존하는 것이 아니라 존재를 '지속적인 눈앞의 존재'와 동일시하는 존재의 이념에 의존하고 있다는 것이다. 물론 이러한 존재의 이념은 데카르트뿐 아니라 서양의 전통철학 전체를 규정한 것이다. 다만 데카르트가 이러한 전통철학에 대해서 갖는 차이는 이러한 존재를 수학적인 인식이 탁월하게 파악할 수 있다고 본 데 있다.

데카르트는 세계 내부적 존재자의 존재양식을 이 세계 내부적 존재자인 도구적인 존재자들로부터 드러내려고 하지 않고, 존재를 항존적인 눈앞의 존재로 보는 존재이념을 자명하게 전제하면서 본래적인 존재를 규정하고 있는 것이다. 그러나 이러한 존재이념은 그 근원이 어둠에 싸여 있으며 그 권리가 입증되지 않은 것이다.

데카르트는 전통적 존재론의 지배 아래 있었기 때문에 세계 내부적 존재자를 적합하게 드러내는 길이 무엇인지를 물을 필요가 없었다. 본래적으로 존재하는 것을 진정하게 파악하는 방식은 이미 결정되어 있었다. 그것은 노에인(νοεῖν), 즉 가장 넓은 의미의 직관이며, 디아노에인(διανοεῖν), 즉 사유는 그러한 직관에 기초하고 있다. 이러한 존재론적 입장에서 데카르트는 존재자에 이르는 길로서 지성(intellectio)에 대립하는 감각(sensatio, αἴσθησις[아이스테시스])에 대해서 비판을 가한다.

데카르트는 존재자는 우선은 그것의 본래적 존재에서 드러나지 않는다는 사실을 잘 알고 있다. 밀랍을 예로 하자면, 우리에게 우선적으로 주어져 있는 것은 일정한 색, 맛, 딱딱함, 차가움, 소리 등을 가지고 있는 밀랍이다. 그러나 이러한 사물이나 우리의 감각이 제공하는 것은 존재론적으로는 중요하지 않다. 감각이 알려주는 것은 존재자 자체가 아니고 존재자가 육체를 갖는 인간에게 유용한지 아닌지뿐이다.

데카르트는 딱딱함을 저항으로서 파악한다. 그러나 이러한 딱딱함이나 저항은 데카르트에게서는 그 자체로 경험되고 있지 않으며 이러한 경험에 입각해서 규정되고 있지 않다. 데카르트에게 저항은 '지금 있는 자리에서 물러나지 않는다'는 것, 다시 말해서 '어떤 장소이동도 일어나지 않는다'는 것을 의미한다. 그렇다면 한 사물이 저항한다는 것은, 그것이 장소를 바꾸는 다른 사물에 대해 상대적으로 일정한 장소에 머물러 있다는 것, 또는 그것이 그것에 다가오는 사물이 그것을 따라잡는 속도만큼 장소를 빨리 바꾸지 않는다는 것을 의미한다.

딱딱함의 경험에 대한 이러한 해석에서는 감각적인 지각의 존재양식 및 감각적으로 지각되는 존재자를 그 존재에 있어서 파악할 가능성이 소멸되고 만다. 데카르트는 어떤 것을 감각한다는 존재양식을 그가 알고 있는 유일한 존재양식으로 치환한다. 어떤 것을 감각한다는 것은 눈앞의 두 연장적 사물(res extensae)이 서로 접촉하는 것이 되며, 이 두 사물 사이의 운동관계 역시 물질적 사물의 존재인 연장(extensio)이라는 양상 속에 있다.

실로 인간이 어떤 것을 접촉할 경우 이것은 인간과 가까이 있을 필요가 있다. 그러나 그것은 접촉과 접촉을 통해 고지되는 딱딱함이 두 개의 물질적 사물이 서로 다른 속도로 움직인다는 사실에서 비롯된다는 것을 의미하지 않는다. 딱딱함과 저항은 존재자가 현존재의 존재양식 또는 적어도 생명체라는 존재양식을 갖지 않는다면 드러날 수 없는 것이다.

따라서 데카르트에게서 세계 내부적 존재자에 대한 감각적인 지각에 대한 논의는 이 세계 내부적 존재자 자체의 특정한 영역, 즉 물질적인 사물에서 읽어 낸 존재이념의 지배를 받게 된다. 그러나 존재를 항존적 눈앞의 존재로 보는 이념은 세계 내부적 존재자의 존재를 극단적으로 규정하면서 이러한 존재를 세계 일반과 동일시하는 동기가 될 뿐 아니라 동시에 현존재의 태도들을 존재론적으로 사태에 적합하게 보는 것을 방해하게 된다. 그 결과, 감각적 지각과 지성적 인식 모두가 세계-내-존재에 기초하는 것이라는 사실을 파악하면서 그것들을 세계-내-존재가 존재자들을 드러내는 방식들로 이해하는 길은 완전히 차단되고 만다.

현존재의 근본틀에는 세계-내-존재가 속함에도 불구하고, 데카르트는 현존재의 존재를, res extensa의 존재를 파악하는 것과 동일한 방식으로 실체로서 파악한다. 그 결과 데카르트는 감각적 지각을 눈앞의 두 연장적인 사물이 서로 접촉하는 것으로 보며, 지성적 인식은 사유하는 실체로서의 우리 내부에 이미 존재하는 본유관념을 전개하는 것으로 보고 있다.

그러나 사람들은 위에서 본 바와 같은 하이데거의 주장에 대해서 다음과 같이 이의를 제기할 수 있다. 세계라는 문제와 주위세계에서 우리가 가까이서 접하는 존재자의 존재가 데카르트에게는 은폐된 채 있다고 하더라도, 데카르트는 그래도 다른 모든 존재자를 기초짓는 세계 내부적 존재자인 물질적 자연을 존재론적으로 특징짓기 위한 기초를 놓았다고 말이다.

이러한 이의에 따르면 물질적 자연이라는 기초층 위에 세계 내부적으로 실재하는 다른 층들이 구축되어 있다. 사실 딱딱하다든가 차갑다든가와 같이 질(質)로서 나타나는 규정성들도 연장적 사물 자체에 근거하기 때문에 근본적으로는 연장(extensio) 자체의 양상의 양적 변양들이다. 이렇게 연장 자체로 환원될 수 있는 성질들 위에, 예컨대 아름답다, 아름답지 않다, 적합하다, 부적합하다, 사용 가능하다, 사용 불가능하다 따위의 특수한 성질들이 덧붙여진다. 이러한 성질들은 양화될 수 없는 가치

술어로서 파악되어야 하며 그것들을 통해서 원래는 물질적인 것에 불과했던 사물이 일종의 재화가 된다. 이렇게 층을 쌓아가게 되면 그런 고찰은 결국 도구와 같은 존재자에 도달하게 된다. 이렇게 해서 데카르트의 세계분석은 비로소 도구가 어떤 것 위에 구축되어 있는지를 보여 준다고 사람들은 하이데거에 대해서 이의를 제기할지도 모른다.

그러나 세계의 문제는 일단 도외시하더라도, 우리가 세계 내부적으로 우선적으로 만나는 존재자들, 즉 도구들을 데카르트가 걸은 길을 통해서 존재론적으로 파악할 수 있는가? 물질적 사물성을 실마리로 삼을 경우 암암리에 하나의 존재이념, 즉 항존적인 눈앞의 존재라는 이념이 전제되고 있지 않은가? 그러한 존재는 존재자에게 가치술어를 덧붙인다고 해서 존재론적으로 보완되기는커녕, 도리어 그러한 가치성격 자체가 물질적 사물의 존재양식을 가진 존재자의 존재적 규정에 불과한 것이 되는 것이 아닌가? 가치술어을 덧붙이는 것은 재화(財貨)의 존재를 사태에 맞게 해명하는 것이 아니라 재화의 존재마저도 결국은 순수한 눈앞의 존재에 불과한 것으로 보는 것이 될 뿐이다. 가치는 눈앞에 존재하는 사물의 규정성이다. 결국 가치의 존재론적 근원은 오직 물질적 사물의 존재에 있게 된다.

가치가 사물에 부착해 있다는 것은 존재론적으로 무엇을 의미하는가? 이것이 불분명하게 남아 있는 한, 사용물을 자연물로부터 재구성하는 것은——문제가 원칙적으로 전도된 방식으로 제기되고 있다는 사실은 일단 차치하더라도——존재론적으로 의심스러운 시도이다. 그것은 자연물에 가치를 덧붙임으로써 사용물을 재구성하려고 하지만, 우리는 그러한 재구성을 통해서 다시 회복되어야만 하는 현상 그 자체에 주목할 필요가 있다. 이러한 현상의 가장 고유한 존재가 미리 적합하게 파악되고 있지 않다면, 재구성이라는 것도 설계도가 없는 건축과 다름없게 된다.

데카르트는 이른바 존재자에 대해 가장 엄밀한 인식으로 간주되는 수학적 인식이 그 인식에 의해 발견되는 존재자의 일차적 존재에 이르는 가능한 통로가 될 것이라고 생각했다. 그런데 사물 존재론을 가치사물들에 대한 존재론에 의해서 보완하는 것도 원칙적으로는 데카르트와 동일한 독단적 기초 위에서 움직이고 있다.

하이데거는 현존재의 분석에 의해서 현존재의 주요구조들이 투명하게 드러나고 존재 일반의 의미에 대한 이해를 가능하게 하는 지평이 분명하게 드러날 경우에야 '도구적 존재'와 '눈앞의 존재'가 존재론적으로 근원적으로 이해될 수 있다고 말하고 있다. 아울러 하이데거는 이렇게 '도구적 존재'와 '눈앞의 존재'가 존재론적으로 이해될 수 있을 경우에야 비로소, 오늘날에도 지배적인 영향력을 행사하고 있는 데카르트적인 세계존재론에 대한 자신의 비판이 철학적으로 정당하다는 사실을 사람들이 인정하게 될 것이라고 말하고 있다. 이와 관련하여 하이데거는 다음과 같은 물음들을 제기한다. 그리고 하이데거는 이러한 물음들이 답해질 때 세계 문제에 대한 적극적인 이해가 비로소 가능하게 되고 전통적인 세계존재론이 그러한 문제를 간과하게 된 근본적인 원인이 분명해지며 전통적인 세계존재론을 극복해야 하는 근거가 분명해진다고 말하고 있다.

① 오늘날의 우리에게도 결정적인 영향을 미치고 있는 존재론적인 전통의 시원에서(분명히 말하자면 파르메니데스에게서) 왜 세계라는 현상이 간과되었는가? 이러한 간과가 끊임없이 거듭해서 일어나는 것은 무엇 때문인가?

② 왜 간과된 현상의 자리에 세계 내부적 존재자가 존재론적인 주제로서 끼어들게 되는가?

③ 이러한 존재자는 왜 우선 '눈앞의 자연'에서 발견되고 있는가?

④ 이러한 '눈앞의 자연'을 가장 실재적인 것으로 보는 세계존재론은 왜 필연적으로 가치라는 현상의 도움을 빌려 자신을 보완하게 되는가?

C. 주위세계성의 주위성과 현존재의 〈공간성〉

현존재가 갖는 공간성은 내부성(內部性, Inwendigkeit)이라고 불릴 수 있는 '공간 안의 존재'와는 구별되어야 한다. 내부성이란 연장을 갖는 어떤 존재자가 보다 큰 연장을 갖는 다른 존재자 안에 존재하는 것이다. 이때 내부에 있는 존재자와 이것을 포함하고 있는 존재자는 모두 공간 안에 있다. 그러나 현존재가 공간이라는 커다란 그릇 안에 있다는 식의 견해를 부정하는 것은 현존재가 공간성을 갖는다는 사실을 원칙적으로 배제하지는 않는다. 그것은 현존재에 본질적으로 속하는 공간성을 드러내는 것을 목표한다.

이러한 고찰은 다음의 세 단계를 거쳐 진행된다.

① 세계 내부적 도구의 공간성(§22),
② 세계-내-존재의 공간성(§23),
③ 현존재의 공간성과 공간(§24).

§22. 세계 내부적인 도구적 존재자의 공간성

우리가 일상적으로 사용하는 도구는 가까움(Nähe)이라는 성격을 지니고 있다. 이러한 사실은 우리가 '도구적 존재'로 번역하고 있는 하이데거의 독특한 독일어 조어(造語)인 Zuhandensein이 문자 그대로의 의미로는 '손이 미치는 데 있음'을 가리킨다는 것에서부터 시사되고 있다. 우리 손이 미치는 데 있는 도구들 각각은 우리에게 상이한 정도로 가깝게 존재하지만 이러한 가까움은 단순히 거리를 줄자와 같은 것을 가지고 측정함으로써 확정되지 않는다. 그것은 둘러봄에 의해서 헤아려지면서 조정된다. 고려의 둘러봄은 이렇게 가까이 있는 것을 동시에 '방향'과 관련해서도, 즉 도구를 언제든지 손에 쥘 수 있는 방향과 관련해서도 확정한다.

각각의 도구가 갖는 자리(Platz)는 '……을 하기 위한' 도구의 자리인 바, 그것은 주위세계에서 도구들이 차지하는 자리들의 전체에 의해서 규정된다. 도구가 갖는 자리는 도구가 갖는 용도를 고려하여 정해진다. 그러나 도구들이 구체적으로 어떤 자리에 놓일 것인지는 그것이 어떤 방역(方域, Gegend)에 속하는지에 의해서 결정된다. 예를 들어서 선생님이 강의하는 교탁은 선생님이 학생들 앞에서 강의할 수 있도록 학생들이 앉는 책상들 앞에 놓여야 한다. 이 경우 학생들의 책상 앞쪽이 교탁이 자리해야 할 방역이다.

방역은 어떤 도구가 놓이는 자리보다는 더 넓은 영역을 차지하며, 하이데거가 도구의 자리라고 할 경우에는 도구가 차지하는 그 자리를 의미한다. 교탁은 학생들의 책상 앞에 놓여야 하지만 학생들의 책상 앞에 해당하는 영역은 교탁이 놓이는 바로 그 자리보다는 더 넓다. 교탁은 칠판의 중간에 놓일 수도 있지만 경우에 따라서는 학생들이 칠판을 볼 수 있도록 칠판 옆 자리에 놓일 수도 있다. 방역이란 우리가 어떤 도구를 어디에 놓을 것인지를 물을 때의 그 어디로(Wohin)에 해당한다.

따라서 도구들의 자리가 지시되고 예견될 수 있기 위해서는 그에 앞서서 방역과 같은 것이 미리 발견되어야 한다. 교실을 예로 들어보자면 그것은 학생들이 앉는 방역과 선생님이 서서 강의하는 방역, 칠판이 설치되어야 할 방역, 청소도구가 놓여야 할 방역들이 서로 하나의 전체를 이루면서 미리 발견되어 있어야 우리는 각각의 도구가 놓여야 하는 구체적인 자리를 지정할 수 있다.

이상에서 우리는 먼저 수학적으로 계산될 수 있는 3차원의 공간이 주어진 후 그것이 눈앞의 사물들로 채워지는 것이 결코 아니라는 사실을 알 수 있다. **수학적으로 계산될 수 있는 3차원의 공간은 도구의 공간성에서는 아직 은폐되어 있다. 위는 '천정에', 아래는 '바닥에', 뒤는 '문 곁에'라는 식으로 모든 '어디에'는 일상적인 고려를 통해서 발견되고 둘러봄에 의해서 해석되는 것이지, 공간을 눈앞의 대상으로서 관찰하는 공간측정에 의해서 규정되는 것이 아니다.**

각각의 방역은 도구의 존재보다 더 근원적인 의미에서 눈에 띄지 않는 친숙성이라는 성격을 가지고 있다. 방역은 고려의 결여적 양상에서만 눈에 띈다. 어떤 것이 있어야 할 자리에 없을 때 그 자리의 방역이 비로소 눈에 띄게 된다. 예를 들어 교실에서 분필이 있어야 할 자리에 없을 때 그러한 자리가 속하는 방역인 교탁이나 칠판의 밑받침 부분이 눈에 띄게 되는 것이다. 이러한 생활세계의 공간은 도구들의 용도 전체성을 통해서 통일되어 있다. 따라서 주위세계는 미리 눈앞에 주어진 공간 내에서 정돈되지 않고, 오히려 주위세계에 특수한 세계성이 자리들의 전체를 그것의 유의의성에 따라서 분절하는 것이다.

§23. 세계-내-존재의 공간성

공간성이 현존재에 귀속된다면, 현존재가 갖는 '공간-내-존재'라는 성격도 현존재의 존재양식으로부터 파악되어야 한다. 현존재는 눈앞의 사물일 수 없기 때문에, 현존재가 갖는 공간성은 '세계공간'(Weltraum) 안의 어떤 위치에 눈앞의 사물처럼 출현하는 것을 의미할 수 없으며 또한 어떤 자리에 도구로서 존재하는 것을 의미할 수도 없다. 이 양자는 세계 내부적인 존재자가 갖는 존재양식들이다. 현존재는 세계 내부적인 존재자를 친숙하게 고려하면서 존재한다는 의미에서 세계 내에 있다. 따라서 현존재에 어떤 방식으로든 공간성이 귀속된다면 그것은 이러한 내-존재를 근거로 해서만 가능하다. 이러한 내-존재가 갖는 공간성은 '거리 제거'(Ent-fernung)와 '방향을 잡는다'(Ausrichtung)는 두 성격을 갖는다.

1. 거리제거로서의 현존재의 공간성

현존재의 존재양식으로서의 거리제거는 어떤 것을 사용하기 편리하도록 가까이 두는 것을 의미한다. 현존재의 존재양식이 이렇게 거리 제거라는 성격을 갖기 때문에 현존재는 어떤 것이 자신에게 멀리 떨어져 있다는 것을 발견할 수 있다. 물론 이 경우 어떤 도구가 멀리 떨어져 있다는 것은 눈앞의 사물들 간 간격(Abstand)과 마찬가지로 현존재가 아닌 존재자가 갖는 범주적 규정이다. 이에 반해서 거리 제거는 현존재의 실존주다.

거리 제거는 우선 대부분의 경우는 둘러봄에 의해서 '가까이 함', 즉 조달하고, 마련하며, 손이 닿을 수 있는 곳에 두는 것으로서 '가까이에 가져오는 것'을 의미한다. 그러나 이것은 신체에서 가장 가까운 곳에 두는 것을 의미하는 것이 아니라 편리한 곳에 두는 것을 의미한다. 그런데 존재자를 순수하게 인식하면서 발견하는 특정한 양식들 역시 가까이 함이라는 성격을 갖고 있다. 현존재에게는 모든 것을 손이 닿을 수 있는 곳에 두려는 본질적 경향이 있다. 오늘날에는 모든 것의 속도가 빨라지고 있거니와 이것은 거리의 극복을 지향하고 있다. 예를 들어 현존재는 오늘날 라디오를 통해서 도보로는 도착하는 데 며칠이 걸릴 수 있는 곳의 소식을 곧바로 들을 수 있다. 이와 같은 방식으로 현존재는 거리를 제거하면서 자신의 일상적 주위세계를 확대하고 있다.

　거리를 제거한다고 해서 현존재가 자신이 제거하는 거리를 정확하게 계산하는 것은 아니다. 현존재는 작업장에서 망치를 사용하기에 편리하게 가까이 두지만 이 경우 그것의 거리를 정확하게 계산하지는 않는다. 그것을 정확하게 계산하는 것은 일상적인 현존재에서는 불필요하고 어리석은 짓이다. 아울러 수학적으로 계산할 때는 동일한 거리라도 우리의 관심사에 따라서 어떤 때는 더 멀게 어떤 때는 더 가깝게 여겨질 수 있다. 예를 들어 우리가 못을 박고 있을 때 망치가 나에게 2미터밖에 떨어져 있지 않더라도 그것은 우리가 손을 뻗으면 잡을 수 있는 거리에 있지 않기 때문에 멀리 있는 것으로 여겨지는 것이다. 이와 같이 눈앞의 사물들의 객관적 거리는 도구들의 멀리 떨어져 있음이나 가까움과 일치하지 않는다. 객관적 거리를 수학적으로 정확하게 측정하는 것은 주위세계를 둘러봄에 의해서 발견하면서 사물을 편리하게 가까이 두는 것과는 전적으로 다른 것이다.

　사람들은 객관적으로 측정된 사물들의 간격을 기준으로 생각하면서 거리 제거에 대한 이러한 해석을 주관적인 것이라고 치부할지도 모른다. 분명히 그것은 하나의 주관적인 해석이다. 그러나 그것은 주관적인 자의나 객관적으로 존재하는 것을 주관주의적으로 해석하는 것과는 전혀 상관이 없으며 세계에서 가장 실재적인 것을 발견하는 주관성이다. 오히려 수학적으로 측정된 간격을 기준으로 하여 공간을 이해하려고 할 경우에는 내-존재의 근원적 공간성은 은폐되고 만다.

　가장 가까운 것으로 여겨지는 것이라 해서 우리와의 간격이 가장 짧은 것은 아니다. 가장 가까운 것은 손과 발과 눈이 미치는 평균적 범위 안에 존재하는 것이다. 현존재의 공간성은 거리 제거라는 방식을 취하기 때문에 수학적인 거리 면에서는 가장 가까운 것은 듣지도 보지도 못하고 넘기는 수가 흔히 있다. 예를 들어, 현존재에게 너무 가깝게 코 위에 얹혀 있는 안경은 반대편 벽에 걸린 그림보다 더 먼 것이다. 그것은 가까이 있기는커녕 발견되지 않는 경우가 많다. 안경과 같은 시각 도구나, 예컨대 전화의 수화기와 같은 청각 도구는 '눈에 띄지 않는다'는 성격을 갖고 있다. 이러한 사실은 보행을 위한 도구인 길에 대해서도 타당하다. 길을 걷고 있을 때 길은 발걸음과 접촉하고 있기 때문에 우리에게 가장 가까운 것 같지만 그것은 앞에 오는 친구보다 더 멀리 떨어져 있다.

주위세계에서 접하는 도구의 가까움과 멂을 결정하는 것은 둘러보는 고려다. 그리고 시각과 청각이 원(遠)감각인 것은 미치는 범위가 커서가 아니라 거리를 제거하는 자로서의 현존재가 현저하게 그것들에 의존하기 때문이다. 따라서 이러한 감각들 자체는 눈에 띄지 않을 수 있다.

위와 같이 현존재는 거리를 제거하는 자로서 존재하지만 그러한 현존재도 공간 내에서 항상 하나의 자리를 차지하고 있다. 그러나 현존재가 어떤 자리를 차지하는 것은, 도구가 어떤 방역에 의거하여 어떤 자리에 존재하는 것과는 원칙적으로 구별되어야 한다. 도구의 자리는 그것이 속하는 방역으로부터 이해된다. 이에 반해서 현존재가 어떤 자리를 차지한다는 것은, 둘러봄에 의해서 미리 발견된 방역 안에서 각각의 도구들에게 적합한 자리를 부여하는 것으로서 파악되어야 한다.

따라서 현존재는 자신이 있는 자리인 '여기'를 주위세계의 '저기'로부터 이해한다. 현존재의 여기는 눈앞의 사물이 있는 어떤 장소를 의미하는 것이 아니라, 거리를 제거하는 존재가 이렇게 거리를 제거하면서 존재하는 그곳이다. 현존재는 '저기'로부터 자신의 여기로 돌아온다. 이 돌아옴은 현존재가 '어떤 목적을 추구하면서 존재자들을 고려하는 자신의 존재'를 '저기 있는 도구'를 근거로 해서 해석하는 방식으로만 수행된다. 예를 들어 우리가 망치를 사용하려고 할 때 망치가 너무 멀리 떨어져 있을 때 우리는 우리 자신이 있는 곳을 망치에서 너무 멀리 떨어져 있는 곳으로서 이해한다. 따라서 현존재의 '여기'는 항상 방역들과 장소들로 나뉘어져 있는 세계로부터 규정될 수 있다.

2. 방향을 잡음으로서의 현존재의 공간성

현존재는 거리를 제거하는 내-존재로서 동시에 방향을 잡는다는 성격을 지니고 있다. 가까이함은 항상 어떤 방역을 향해 방향을 취하며 이러한 방역으로부터 거리가 제거당한 것이 우리에게 가까이 오게 된다. 둘러보는 고려는 방향을 잡으면서 거리를 제거한다. 그렇게 둘러보는 고려에서 기호의 필요성이 비롯된다. 우리는 기호를 통해서 분명하면서도 용이하게 방향을 알 수 있다. 기호는 둘러봄에 의해서 사용되는 방역, 즉 어떤 것이 속하거나 그것을 가져오거나 가져가야 할 방역을 분명하게 알려 준다. 방향을 잡는 것은 거리 제거와 마찬가지로 세계-내-존재의 존재양상으로서 고려의 둘러봄에 의해 선행적으로 인도되고 있다.

이렇게 방향을 잡는 것으로부터 좌우의 고정된 방향이 생긴다. 현존재가 거리를 제거할 때 항상 좌우의 방향들도 늘 함께 수반된다. 이러한 좌우의 방향은 현존재의 신체를 중심으로 행해지기 때문에 현존재가 방향을 잡는 것은 이러한 두 방향에 의해서 특징지어진다. 그러나 항상 주의해야만 할 것은, 거리 제거에 속하는 방향 잡음은 세계-내-존재에 근거하고 있다는 사실이다. 왼쪽과 오른쪽은 주관이 느끼는 어떤 주관적인 것이 아니라 도구들의 용도 전체성으로서 이미 존재하고 있는 세계를 토대로 하여 성립되는 두 방향이다. 이러한 용도 전체성으로서의 세계를 배제하고 양쪽의 차이에 대한 단순한 느낌만을 가지고서는 우리가 세계 안에서 어떠한 위치에 있는지를 알 수 없다.

예를 들어 우리가 이미 잘 알고 있지만 캄캄한 어떤 방으로 들어간다고 하자. 그런데 우리가 없는 동안에 오른쪽에 있던 것이 모두 왼쪽으로 옮겨졌다고 하자. 좌우의 차이에 대한 단순한 느낌은 우리가 그 위치를 기억하고 있는 어떤 특정한 대상을 파악하지 않는 한, 우리가 그 방안에서 방향을 잡는 데 아무런 도움도 주지 못한다. 이러한 사실이 의미하는 것은 '우리는 그때마다 이미 숙지되어 있는 세계를 통해서 방향을 잡는다'는 것이다. **제대로 방향을 취할 수 있기 위해서는, 우리가 어떤 세계 속에 이미 존재하고 있으며 이러한 세계를 숙지하고 있다는 사실이 왼쪽이나 오른쪽에 대한 느낌 못지않게 중요하다.** 따라서 왼쪽이나 오른쪽으로 방향을 취하는 것은 현존재의 본질적인 방향 잡음에 근거하며 이러한 방향 잡음은 세계-내-존재를 통해서 함께 규정된다.

거리 제거와 방향 잡음은 세계-내-존재의 본질적인 성격으로서, 발견된 세계 내부적 공간 안에서 둘러봄에 의해서 고려하면서 존재하는 현존재의 공간성을 규정한다.

§24. 현존재의 공간성과 공간

세계 내부적 도구의 공간성과 세계-내-존재의 공간성에 대한 이상의 설명과 함께 하이데거는 공간의 존재론적 의미에 대한 물음을 제기한다.

현존재가 거리를 제거하고 방향을 잡는 방식으로 공간적으로 존재하기 때문에, 주위세계의 도구는 그것에 적합한 방역에 자리가 부여될 수 있다. 도구가 귀속되어야 할 방역은 고려의 궁극목적을 정점으로 하는 용도들의 전체를 통해서 그 윤곽이 그려진다. 이는 그러한 용도들의 전체에는 방역의 용도도 속하기 때문이다. 고려하는 내-존재로서의 현존재가 도구를 사용하기 이전에 용도 전체성이 개시되어 있지만 이러한 용도 전체성과 함께 공간도 개시되어 있는 것이다. 그런데 앞에서 보았지만 이러한 용도 전체성의 개시는 유의의성에 대한 이해에 근거하고 있다. 따라서 **현존재는 유의의성에 대한 선행적인 이해에 근거하여 용도 전체성을 개시하고, 용도 전체성에 입각하여 거리를 제거하고 방향을 잡으면서 어떠한 것이 어떠한 방역에서 적합한 용도로 사용될 수 있도록 존재케 한다.**

이렇게 세계의 세계성과 함께 개시되는 공간은 수학적으로 계산되는 3차원의 공간은 아니다. 그렇다고 해서 그러한 공간은 주관 안에 있는 것도 아니다. 아울러 세계는 공간 안에 있는 것도 아니다. 현존재를 구성하는 세계-내-존재가 공간을 개시한 이상, 공간은 오히려 세계 '안에' 있으며 세계를 근거로 하여 발견되는 것이다. 공간이 이렇게 세계를 근거로 하여 발견되는 것인 이상, 우리는 데카르트처럼 공간 내지 공간적 연장을 통해서 세계를 파악하려고 해서는 안 되고 오히려 세계에 대한 규명을 통해서 공간을 해명해야만 한다.

존재론적으로 충분히 이해된 주관, 즉 현존재는 근원적 의미에서 공간적으로 존재하기 때문에 그러한 공간은 아프리오리한 것으로서 드러난다. 다시 말해서 그것은 우리가 감각적인 경험을 통해서 인식하게 되는 것은 아니다. 그렇다고 해서 이는 근대의 초월론적 철학이 주장하는 것처럼 공간이 '무세계적 주관'에 먼저 귀속되어 있다가 그 주관이 공간을 자기 밖으로 내던진다는 것을 의미하지 않는다. **여기서 말하는 공간의 아프리오리한 성격은, 우리가 주위세계에서 도구를 사용할 때 이미 방역으로서의 공간이 개시되어 있다는 것을 의미한다.**

다시 말해서 현존재는 세계 내부적인 존재자들에게 공간을 부여하지만, 그렇다고 해서 공간은 칸트가 말하는 것처럼 선험적인 직관형식이 아니며 또한 칸트나 그가 정초하는 자연과학에서 전제하는 것처럼 세계는 공간 안에 존재하는 것도 아니다. 존재론적으로 제대로 이해된 주관은 칸트가 말하는 것처럼 외부감각의 형식적인 직관형식으로서의 공간에 의해서가 아니라 주위세계와 주위세계에 근거한 공간에서 항상 존재자들과 관계하고 있다.

　방역으로서의 공간은 용도 전체성으로서의 세계와 마찬가지로 주제적으로 의식되는 것은 아니다. 그러나 도구가 갖는 특정한 공간성이 둘러봄에게 주제적으로 의식될 때 그것은 계산과 측정의 대상이 될 수 있다. 예를 들어 우리는 집을 세울 땅을 측정할 수 있다. 이렇게 도구의 공간성이 둘러봄에 의해서 주제화되면서 공간은 그 자체로 자신을 드러내게 되는바, 우리는 이렇게 자신을 드러내는 공간을 순수한 주시(Hinsehen)에 의해서 계산할 수 있다. 이 경우 우리는 공간을 일차적으로 드러내었던 둘러보는 계산, 즉 일정한 크기를 갖는 어떤 터를 집을 짓는 데 적합한 것으로 드러내었던 둘러봄을 떠나게 된다. 그리고 이와 함께 공간에 대한 형식적 직관이 순수하고 동질적인 공간적 관계를 발견하게 된다. 이렇게 순수하고 동질적인 공간을 드러내는 데에 있어서는 공간적인 형태들에 대한 순수한 형태학으로부터 공간에 대한 순수한 수학적 학문에 이르기까지 탐구의 다양한 단계들이 존재할 수 있게 된다.

　이렇게 우리가 둘러봄으로부터 해방되어 순수한 주시에 의해서 공간을 보게 될 경우, 주위세계적 방역들은 순수한 기하학적인 공간으로 변하게 된다. 도구가 차지하는 자리들은 임의의 사물을 위한 다양한 위치들로 변하게 된다. 이와 함께 세계 내부적 도구들이 자리하는 공간은 용도란 성격을 상실한다. 세계 역시 특수한 주위세계적인 성격을 상실하며 그 자체로 무세계적인 주체(res cogitans)가 인식하는 자연세계(res extensa)로 나타나게 된다. 도구들의 전체로서의 세계는 연장을 갖는 눈앞의 사물들의 연관으로 변하게 되는 것이다. 이러한 동질적 자연공간은 도구들의 세계 연관성을 탈세계화하는(entweltlichen) 발견양식을 통해서만 드러난다.

데카르트가 이와 같이 수학적으로 계산될 수 있는 순수한 동질적인 공간을 하나의 실체적인 것으로 보았던 반면에, 칸트는 그것을 우리에게 선험적으로 주어져 있는 직관형식으로 보았다. 그러나 실체적인 것으로 파악되든 직관형식으로 파악되든 수학적으로 계산 가능한 동질적인 공간이라는 것은 우리가 그 안에서 살고 있는 생활세계적인 공간에서 추상된 것이다. 즉 그러한 공간은 생활세계적인 공간에서 생활세계적인 의미를 사상해 버린 추상물이다.

여기서 우리는 하이데거와 후기 비트겐슈타인을 비롯한 영미 일상언어학파 사이에 일정한 유사성이 존재한다는 사실을 감지할 수 있다. 세계나 공간의 본질과 같은 철학적인 문제들을 그 이전의 철학자들이 주로 인식과 인식의 대상이 되는 세계를 실마리로 하여 풀려고 했던 반면에, 하이데거나 일상언어학파는 오히려 우리의 일상적인 구체적인 삶을 실마리로 하여 해명하려고 하고 있는 것이다.

4장 공동존재와 자기 존재로서의 세계-내-존재
: '세상 사람'

현존재는 우선 대부분의 경우는 자신이 살고 있는 일상적인 삶의 방식이 과연 참된 삶의 방식인지에 대해서 근본적으로 반성하지 않은 채 세계 내의 존재자들에 몰입한 채로 산다. 그는 매일매일 자신이 부딪히는 목전의 일을 해결하는 데 바쁠 뿐 자신이 살고 있는 삶의 전체적인 방식에 대해서는 의문을 갖지 않는 것이다. 하이데거는 이 장에서 이렇게 세계 내부적인 존재자들에 몰입한 채로 평균적인 삶을 살고 있는 현존재가 누구인지, 즉 그러한 현존재가 구체적으로 어떤 성격을 갖는지에 대해서 고찰하고 있다.

하이데거는 현존재의 이러한 평균적인 삶은 세계-내-존재와 등근원적(等根源的)으로 현존재의 구조를 구성하고 있는 일상적인 공동존재(共同存在)에 뿌리박고 있다고 본다. 즉 인간의 일상적인 삶은 사회적 존재로서의 인간의 근본성격에 의해서 규정되어 있다고 보는 것이다. 따라서 하이데거는 근대철학이 흔히 인간을 파악할 때 사용하는 자기의식이라든가 인격적인 자립적 주체와 같은 개념들에 의해서는 일상적인 현존재는 규정될 수 없다고 본다. 그는 이러한 일상적인 현존재의 진정한 주체는 자기의식적이고 자립적인 현존재라기보다는 그 누구도 아닌 익명의 세상 사람이라고 보는 것이다.

§25. 현존재는 누구인가 하는 실존론적 물음의 단초

하이데거가 인간은 현존재라고 말할 때 이 현존재는 물론 각각의 우리 자신을 의미한다. 현존재는 각각의 나 자신인 존재자이며 그 존재는 각각의 나의 존재이다. 그런데 이 나는 보통 주체로서, 즉 태도들이나 체험들이 변화함에도 불구하고 항상 동일한 것으로서 자기를 유지하는 자로서 이해된다. 우리는 그것을 존재론적으로 지속적으로 존재하는 눈앞의 사물, 탁월한 의미에서 '근저에 놓여 있는 것', 즉 기체 내지 실체(sub-jectum)로 이해하는 것이다.

사람들이 의식을 사물로, 인격을 대상적인 것으로, 영혼을 실체로 보는 것은 오류라고 생각하더라도, 존재론적으로는 그것들을 명시적으로 든 아니든 눈앞의 사물을 실마리로 하여 해석하는 것이다. 사람들은 눈앞의 사물이 속성들의 변화에도 불구하고 동일한 하나의 실체로 존재한다고 보는 것처럼, 현존재도 그와 같은 것으로 보려고 한다. 이에 따라서 현존재는 일상적으로 자신을 모든 생각과 행위의 주체로 생각하면서 매사에 '나는 이렇게 생각하고 이렇게 행위한다'고 말한다. 그러나 하이데거는 과연 이러한 표현방식이 일상적 현존재의 실상을 제대로 표현하고 있는지에 대해서 의문을 제기하고 있다. 일상적 현존재의 이른바 주체는 사실은 각각의 나 자신이 아닐 수도 있다는 것이다.

데카르트 이래의 근대철학은 우리의 자아를 이른바 모든 생각과 행위의 주체로서의 의식과 동일시하면서 의식에 대한 분석에 의해서 우리의 자아가 해명될 수 있다고 본다. 즉 근대철학은 의식의 자기반성에 의해서, 즉 의식의 다양한 작용들을 반성하고 분석함으로써 우리 자신을 이해하려고 하는 것이다. 근대철학은 자기반성에 의해서 주어진 의식의 다양한 작용들이야말로 우리에게 가장 의심할 수 없을 정도로 명증적으로 주어진 것이기 때문에, 의식의 다양한 작용들에 대한 분석이야말로 우리의 의식과 자아를 가장 잘 드러낼 수 있다고 생각한다. 예를 들어 내가 누군가를 그리워하고 있을 때 내가 누군가를 그리워하고 있다는 사실은 의심할 수 없지만, 내가 그렇게 그리워하는 사람이 현실적으로 존재하는지는 얼마든지 의심할 수 있다.

그런데 하이데거는 근대철학의 이러한 접근법에 대해서 다음과 같은 의문을 제기하고 있다. 즉 의식의 자기반성이 과연 일상적인 삶 속에 빠져 있는 현존재의 삶의 본질을 개시할 수 있는가? 현존재가 자신이 어떤 존재인지를 아는 것이 단순히 모든 사유와 행위들의 주체로서의 의식의 자기반성에 의해서 가능하다는 생각은 과연 그렇게 자명하게 올바른가? 현존재가 이렇게 반성을 통해서 자신을 명증적으로 드러낼 수 있다는 생각 자체가, 사실은 자신의 삶의 주체로서 살고 있지 않는 현존재로 하여금 자신이 자신의 삶의 주체라는 식으로 오해하도록 끈질기게 유혹하는 것은 아닌가? 현존재는 항상 '나는 이렇게 사유하고 이렇게 행위한다'라고 자신을 모든 사유와 행위의 주체로 내세우지만, 오히려 현존재가 자기 자신으로서 살고 있지 않을 때 '자신은 바로 나다'라고 가장 큰 소리로 말하는 것은 아닐까? 사실상 현존재는 우선 대부분의 경우는 자기 자신으로 살고 있지 않다.

'자아'라는 말은 어떤 경우에는 그 반대의 것인 비(非)자아로 드러날 수 있는 어떤 것을 형식적으로 지시하는 용어로만 이해되어야 한다. 이 경우 비자아란 자아라는 성격을 갖지 않은 존재자를 의미하는 게 아니라 자아 자신의 특정한 존재방식인 '자기 상실'을 가리킨다. 이와 관련하여 하이데거는 '비참한 자아성'(die elende Ichlichkeit)에 대해서 진정한 자기성(echte Selbstheit)을 대립시킨다.

하이데거는 현존재는 근본적으로 타인들과 함께 일하고 살면서 다른 존재자들과 관계하는 세계-내-존재이기 때문에, 일상적인 삶을 사는 현존재가 어떠한 존재인지를 밝히기 위해서는 다른 존재자들과 다른 사람들과 관계하면서 존재하는 자로서의 현존재를 고찰해야 한다고 말하고 있다. 우리는 데카르트를 중심으로 한 근대철학에서 볼 수 있는 것처럼 다른 사람들과의 관계로부터 단절된 자아의식으로 되돌아가서 자아를 파악하려고 해서는 안 된다. **세계와 단절된 주체도 존재하지 않으며 다른 사람들과 무관하게 고립된 채로 사는 자아도 존재하지 않기 때문에, 일상성에서의 현존재가 누구인지를 제대로 파악하기 위해서는 일상성에서의 공동 현존재의 양식을 밝혀내고 그것을 존재론적으로 사태에 부합되게 해석해야만 한다.**

하이데거는 현존재와 관련된 다른 물음들에 대해서와 마찬가지로 일상적인 현존재는 누구인가라는 물음에 답하기 위해서도 우리는 현존재의 가장 본질적인 규정인 실존을 실마리로 삼아야 한다고 본다. '현존재의 본질은 자신의 존재를 문제 삼는 실존'이기 때문에 현존재는 존재방식에 있어서 이미 고정되어 있는 것이 아니라 본래적으로 존재할 수도 있고 비본래적으로 존재할 수도 있다. 현존재는 다른 존재자들처럼 동일한 존재방식으로 존재하는 하나의 실체가 아니다. 따라서 하이데거는 현존재가 본래적으로 존재함으로써 비로소 현존재의 본래적인 자기가 우리에게 주어진다고 말하고 있다. 이에 대해서 현존재가 비본래적으로 존재할 때, 다시 말해서 일상적인 삶 속에 빠져 살 때 현존재에게 주어지는 자아는 자신의 본래적인 자기가 아니라 세상 사람으로서의 자아다.

§26. 다른 사람들의 공동 현존재와 일상적 공동존재

1. 공동존재

이상에서 본 것처럼, '일상적 현존재가 누구인가'라는 물음에 대한 대답은 현존재가 우선 대부분의 경우 그 속에서 살고 있는 존재양식에 대한 분석을 통해서 획득되어야 한다. 하이데거는 이러한 분석을 다시 현존재의 세계-내-존재에 대한 분석에서부터 출발한다.

가장 가까운 주위세계, 예를 들어 수공업자의 작업세계에서 수공업자는 작업을 하면서 자신이 만드는 제품을 사용할 다른 사람들을 고려한다. 아울러 그는 자신이 사용하는 재료를 통해서 그 재료의 생산자와 공급자와도 관계하게 된다. 이렇게 우리는 일단은 고립된 주관으로 존재하고 그 후에 다른 사람들과 관계를 맺는 것이 아니라 항상 다른 사람들과의 관계 속에서 존재한다. 우리의 세계는 항상 공동 세계이며 우리의 존재는 다른 사람과의 공동존재인 것이다.

이러한 공동세계에서 우리는 다른 사람을 우리 눈앞에 존재하는 또하나의 고립된 주관으로서 파악하면서 그러한 주관과 관계하는 것이 아니다. 오히려 우리는 우리가 그 안에서 살고 있는 세계를 근거로 해서 다른 사람들과 관계한다. 현존재가 다른 사람과 관계하는 이러한 방식은 너무나 가깝고 너무나 기본적인 것이기 때문에 보통 간과된다. **현존재는 우선 대부분의 경우는 자신을 자신의 세계로부터 이해하면서 다른 사람들과 관계한다. 예를 들어 나는 학교라는 생활세계에서는 교수로서 자기 자신을 이해하면서 다른 사람들과 관계하고, 가정이라는 생활세계에서는 자신을 가장으로서 이해하면서 다른 사람들과 관계한다. 그리고 이러한 일상적인 생활세계에서 다른 사람들과 관계할 때, 우리는 그들 역시 그러한 생활세계 안**

에서 그들에게 부과된 어떤 일에 종사하는 자로서 그리고 그 일을 잘 하거나 잘 하지 못하는 자로서 이해하면서 그들과 관계한다.

따라서 하이데거가 '현존재는 본질적으로 공동존재다'라고 말할 때, 그것은 단순히 '나는 현실적으로 홀로 존재하는 것이 아니라 나와 같은 양식을 가진 다른 사람들이 항상 내 곁에 존재한다'는 것을 의미하지 않는다. '현존재는 본질적으로 공동존재이다'라는 것이 단순히 이와 같은 것을 의미한다면 공동존재는 다른 사람들의 출현을 근거로 해서 비로소 생기게 되는 하나의 성질에 불과할 것이다. 타인들과의 공동존재는 다수의 주체들이 함께 모여 있게 됨으로써 비로소 성립하는 것이 아니다. 오히려 일정한 수의 주체들이 단순히 모여 있는 것으로 보이는 것은 다른 사람들이 단지 헤아려지는 숫자로 간주되는 공동존재에서만 가능하다. 이렇게 빈약한 공동존재는 남들을 셈하기는 하지만 진심으로 그들을 고려하거나 그들과 관계를 맺기조차 바라지 않는다.

이와 같이 주체들이 단순히 모여 있는 것도 공동존재의 한 방식인 한, 공동존재는 다른 사람이 내 눈앞에 존재하지 않고 지각되지 않을 때에도 현존재를 규정한다. 현존재가 고독하게 홀로 있다는 것도 공동존재의 한 방식이다. 현존재는 본질적으로 공동존재이기 때문에 고독도 느낄 수 있는 것이다. 고독하게 홀로 있다는 것은 공동존재의 결여적 양상이며, 그와 같은 것이 가능하다는 것은 공동존재가 현존재를 근본적으로 규정하고 있다는 것을 증명하는 셈이다.

그렇다고 해서 그것은 많은 사람들이 내 곁에 있으면 내가 고독감을 느끼지 않게 될 것이라는 것을 의미하는 것은 아니다. 수많은 사람들이 내 곁에 있다고 해도 나는 자신이 고독하게 홀로 있다고 느낄 수 있다. 이는 다시 한번 현존재의 공동존재라는 것이 단순히 많은 주체들이 함께 있다는 데 근거하지 않는다는 사실을 입증한다.

우리는 현존재의 공동존재와 관련해서도 본래적인 방식과 비본래적인 방식을 구별할 수 있다. 그리고 이는 얼마나 많은 현존재들이 함께 모여 있느냐에 의해 좌우되는 것은 아니다. 현존재의 본래적인 공동존재에서 현존재들은 서로를 독자적인 현존재로서 경험하면서도 서로 친밀함을 느낀다. 이에 반해 현존재의 비본래적인 공동존재에서 현존재들은 아무리 밀집(密集)해 있어도 서로에게 무관심하고 낯설게 존재한다. 그러나 이렇게 서로에게 무관심하고 낯설게 존재하는 방식도 사물들이 함께 모여 있는 것과는 전적으로 다른 현존재의 공동존재의 한 방식이다.

2. 공동존재와 배려

현존재가 공동존재로서 다른 현존재에게 취하는 태도를 하이데거는 배려(Fürsorge)라고 부르고 있다. 이 경우 '배려'라는 표현은 현존재가 다른 사람들을 문자 그대로의 의미로 보살핀다는 것이 아니라 현존재에 대한 일반적인 존재규정으로서 사용되고 있다. 따라서 하이데거는 서로 협력하고, 반목하고, 무시하고, 그냥 지나치고, 서로 모른 체하는 것도 모두 다 배려의 가능한 방식들이라고 말하고 있다. 그리고 하이데거는 마지막에 언급된 서로에 대한 무관심이야말로 일상적인 평균적 공동존재의 성격을 규정하는 것이라고 말하고 있다.

하이데거는 이러한 배려가 적극적인 성격을 띠게 될 때 두 가지의 극단적 방식으로 나타날 수 있다고 말하고 있다. 즉 배려는 한편으로는 다른 사람에게 개입하는(einspringen) 방식으로 행해질 수 있다. 이것은 현존재가 다른 사람이 필요로 하는 것들을 마련해 주는 방식으로 다른 사람을 배려하는 것이지만 이 경우 현존재는 자신이 배려하는 사람을 자신에게 예속시킬 수 있다. 그러나 배려는 다른 한편으로는 다른 사람을 위해 개입하기보다는 다른 사람이 자신의 고유한 존재를 구현하도록 도와주는 방식으로 행해질 수도 있다. 그것은 다른 사람의 독립성을 빼앗는 것이 아니라 그 사람이 자신의 존재를 스스로 돌볼 수 있도록 돕는 것이다. 이러한 배려는 다른 사람의 실존에 관심을 가질 뿐, 다른 사람이 필요로 하는 사물들에 관심을 갖지는 않는다. 일상적인 공동존재는 적극적 배려의 두 극단——개입하고 지배하는 배려와 해방시키는 배려——사이에서 다양한 양식들로 나타난다.

공동존재는 우선 대부분의 경우는 사람들이 공통적으로 관심을 갖는 일에 근거한다. 그러나 이렇게 단순히 같은 일에 종사하게 됨으로써 성립하는 공동존재는 대부분의 경우는 외면적인 관계에 그칠 뿐 아니라 서로 신중하게 거리를 취하는 양상을 띠면서 자주 불신으로 가득 차 있을 수 있다. 이와 반대로, 사람들이 같은 일에 공동으로 헌신할 때 서로 간의 장벽이 무너지고 사람들은 본래적으로 결속될 수도 있다. 이러한 본래적인 결속을 통해서만 우리는 다른 사람을 그 자신의 고유한 존재를 향해서 해방시킬 수 있다.

3. 공동존재와 타인의 개시

현존재의 존재에는 다른 사람들과의 공동존재가 속해 있다. 따라서 각각의 현존재에게 자신의 가장 고유한 존재가 세계의 유의의성의 지시연관이 발원하는 궁극목적인 것처럼, 현존재는 다른 사람들을 그들 자신의 궁극목적으로서 간주한다. 이것은 현존재가 다른 현존재를 항상 독자적인 인격으로서 대한다는 것이 아니라 우리가 다른 사람들을 무시하고 방관할 때조차도 그들은 그들 자신의 고유한 존재를 궁극목적으로 갖는 현존재로서, 즉 나와는 다른 세계-내-존재로서 개시되어 있다는 것을 의미한다. 즉 현존재의 존재는 공동존재이므로 현존재의 존재이해 속에는 이미 다른 사람들의 존재에 대한 이해가 포함되어 있다.

이러한 이해는 이해 일반과 마찬가지로 인식에서부터 생긴 지식이 아니며, 오히려 인식과 지식을 가능하게 하는 근원적으로 실존론적인 하나의 존재양식이다. 우리가 서로를 알게 되고 더 나아가 서로 친근하게 되는 근거는 다른 사람들도 우리 자신과 동일한 세계-내-존재로서 이미 이해하고 있는 공동존재에 있다. 다른 사람을 세계-내-존재로서 이해함은 우선 대부분의 경우는 세계-내-존재의 가장 비근한 존재양식에 따른 것이다. 즉 앞에서 본 것처럼 우리는 어떤 물건을 공장에서 제작할 때 그것을 도구로서 사용할 세계-내-존재가 있다는 것을 이미 이해하고 있는 것이다.

사람들은 우선 대부분의 경우는 서로에 대해서 무관심하기 때문에 서로 친숙하게 되기 위해서는 먼저 서로를 소개할 필요가 있다. 그러나 우리가 다른 사람을 적극적으로 배려하면서 독자적인 세계-내-존재로서 개시하는 것도 그와의 일차적인 공동존재에 의해서 가능하다. 예를 들어서 우리가 고통을 겪는 타인에 대해서 동정을 느끼는 것도 타인과의 공동존재에 의해서 가능하다. 다른 사람을 이와 같이 개시하는 것은 다른 사람을 주제화하면서 개시하는 것이지만, 이는 그렇다고 해서 그를 이론적·심리학적으로 개시하는 것은 아니다.

4. 감정이입이란 개념의 문제성

그러나 다른 사람을 이렇게 적극적으로 하나의 독자적인 세계-내-존재로서 인정하면서 배려하는 것은 실존주인 공동존재와는 달리 의식적으로 수행되는 것이기 때문에, 타인의 심리를 이해하는 것이 어떻게 가능한가라는 문제에 대한 이론적인 탐구의 실마리가 되기 쉽다. 이에 따라서, 공동존재의 한 방식에 불과한 것, 즉 적합한 표현은 아니지만 보통 감정이입이라고 불리는 현상이 공동존재를 원초적이고 근원적으로 가능하게 하고 구성하는 것으로 간주된다. 이러한 감정이입에 의해서 우선은 서로 고립된 채로 존재하는 나의 주관과 다른 주관 사이에 처음으로 다리가 놓이게 된다는 것이다.

우리는 타인들을 눈앞의 사물들과는 전혀 다르게 대한다. 타인은 나와 마찬가지로 하나의 현존재다. 따라서 현존재가 타인에 대해서 갖는 관계는 하나의 현존재가 다른 현존재에 대해서 갖는 관계다. 이러한 사실에 근거하여 사람들은 이렇게 말할지도 모른다. 즉 현존재가 자기 자신에 대한 존재이해를 갖고 있고 자기 자신에 대해 태도를 취하고 있으므로, 현존재가 다른 현존재에 대해서 갖는 관계는 각각의 현존재가 자기 자신에 대해서 갖는 관계를 '다른 현존재에게' 투사하는 것이라고. 이 경우 다른 사람은 자신의 복사(複寫)가 되는 셈이다. 이러한 생각은 언뜻 보기에는 자명한 것처럼 보이지만 사실은 빈약한 토대 위에 세워져 있다. 이러한 논증이 전제하고 있는 생각, 즉 자기 자신에 대한 관계가 곧 다른 사람에 대한 관계라는 생각은 틀렸다. 다른 사람에 대한 관계는 다른 것으로 환원될 수 없는 독자적인 관계다.

물론 공동존재를 근거로 해서 서로를 잘 알게 된다는 것은, 각자의 현존재가 그때마다 자기 자신을 어느 정도로 이해했느냐에 종종 달려 있다는 것은 사실이다. 자신을 진정하게 이해할 경우에야 현존재는 다른 사람과의 본질적인 공동존재를 자신에게 투명하고 진실되게 수행할 수 있다. 그리고 이것은 현존재가 이미 공동존재인 것을 통해서 가능하다. **감정이입이 공동존재를 가능하게 하는 것이 아니라 도리어 감정이입은 공동존재를 근거로 해서 비로소 가능하다.**

다른 사람의 심리에 대한 물음, 즉 내가 다른 사람의 심리를 지각하지 못함에도 불구하고 나와 다른 사람의 심리를 어떻게 인식할 수 있느냐는 물음은 다른 사람이 현존재에게 외적으로 존재한다는 전제 때문에 제기되는 물음이다. 그러한 물음은 눈앞의 사물들을 실마리로 하고 존재의 의미를 눈앞의 사물들의 존재로 파악하는 존재론에서만 제기되는 물음이다.

그러나 감정이입에 대한 특수한 해석학이 제시해야만 하는 것은, 현존재 자신의 여러 존재가능성들이 타인에 대한 관계와 타인을 잘 알게 되는 것을 어떻게 오도하기에 타인에 대한 진정한 이해가 어렵게 되는지 그리고 타인에 대한 올바른 이해는 어떠한 적극적인 실존론적 조건을 전제로 갖는지 하는 것이다. 즉 현존재는 진정한 자기를 발견할 경우에만 타인을 진정하게 이해할 수 있다.

§27. 일상적 자기 존재와 세상 사람

현존재는 우선 대부분의 경우는 주위세계적으로 고려되는 공동 세계와 다른 사람들과의 공동존재에 몰입해 있으며 이 경우 각각의 현존재는 고유한 그 자신으로서 존재하는 것이 아니다. 이렇게 일상적인 세계에 몰입해서 사는 자가 각각의 고유한 현존재가 아니라면 그러면 그는 도대체 누구인가?

1. 격차성

주위세계, 즉 우리가 일상적으로 그 안에서 살고 있는 세계에서 사람들은 각각의 고유한 현존재로서 나타나는 것이 아니라 그들이 종사하는 일의 수행자나 사람들이 일반적으로 추구하는 세간적인 가치들의 구현자로서 나타난다. 즉 사람들은 기술자라든가 교수, 아니면 부자라든가 가난한 자로서 나타난다. 이러한 세계에서 각각의 현존재는 어느 누구에 의해서도 대체될 수 없고 다른 누구와도 비교할 수 없는 각자적인 고유한 현존재로 나타나는 것이 아니라, 다른 사람들에 의해서 얼마든지 대신 수행될 수 있는 특정한 사회적 기능의 수행자나 다른 사람들과 항상 비교되면서 가치가 매겨지는 존재로 나타나는 것이다.

이러한 세계에서 현존재는 자신이 행하는 사회적인 기능면에서 타인에 비해서 자신이 더 잘 한다거나 아니면 잘 하지 못한다는 식의 격차나, 부나 명예 혹은 도덕성 혹은 종교적인 헌신도와 같은 사회적 가치를 남보다 더 많이 소유하고 있다든가 아니면 더 적게 소유하고 있다는 식의 격차를 의식한다. 이에 따라서 사람들은 자신이 다른 사람들보다도 많이 떨어져 있다고 생각하면 그 격차를 줄이려고 하고, 그렇지 않고 다른 사람들과 큰 차이가 없다고 생각하면 그 격차를 늘이려고 노력한다. 분명히 자각은 못하고 있을 수는 있지만 사람들은 항상 이런 격차에 대한 마음씀에 사로잡혀 있다. 이런 맥락에서 하이데거는 일상적인 삶에서 사람들이 서로에 대해서 갖는 관계의 성격을 격차성(Abständigkeit)이라고 부르고 있지만, 우리는 보다 평이하게 그것을 비교의식이라고도 부를 수 있을 것이다. 이러한 격차성 내지 비교의식은 사람들이 그것을 자각하지 못할수록 오히려 타인들에 대한 우리의 관계를 더욱더 집요하고 근본적으로 규정하게 된다.

이렇게 격차성이 지배하는 인간관계에서 사람들 사이의 관계는 부지불식간에 경쟁적이 되고 사람들은 자신을 타인들로부터 고립된 존재로 여기게 된다. 이러한 삶을 살 때 사람들은 항상 '자신의' 지위를 안정되게 확보하고 '자신을' 남보다 앞서가는 사람으로 보이게 하는 데 삶의 모든 에너지를 쏟는다. 이런 의미에서 우리는 이러한 삶을 '편협한 자기 중심적인' 삶이라고 부를 수 있을 것이다. 그런데 '편협한 자기중심적인' 삶을 살아가는 자아야말로 타인들과 자신을 비교하면서 타인들에 대한 은밀한 경계와 질시에 차 있기 때문에 '자기 자신'을 더욱더 강하게 의식하게 된다. 이에 따라서 그러한 자아는 항상 '나'는 이렇게 생각하고 이렇게 행위한다고 주장하면서 '자기 자신'을 자신의 생각과 행위의 주체로 생각하게 된다.

2. 세상 사람의 지배

그러나 하이데거는 이렇게 격차성 내지 비교의식이 지배하는 삶에서 현존재는 자신의 삶의 주체가 아니라 사실은 익명의 타인들에게 예속되어 있으며 익명의 타인들의 자의와 변덕에 의해서 휘둘리면서 살게 된다고 말하고 있다. 이 경우 타인들이란 어떤 특정한 타인들이 아니라, 우리가 앞에서 언급한 익명의 세상 사람(das Man)이다. 우리가 대중교통을 이용하고 신문 등을 볼 때 우리는 익명의 타인들 속으로 용해되어 버리고 부지불식간에 타인들의 견해를 자신의 견해로 받아들이게 된다. 이렇게 눈에 띄지 않는 가운데 세상 사람은 자신의 본래적 독재권을 행사한다.

우리는 세상 사람이 즐기듯 즐기고 만족스러워하며, 세상 사람이 보고 비평하듯 문학과 예술에 관해 읽고 보며 비평한다. 세상 사람이 세상을 피하듯 우리도 군중으로부터 몸을 도사리고, 세상 사람이 격분하듯이 우리도 격분한다. 세상 사람은 특정한 사람이 아니며, 총계라는 의미에서가 아닌 모든 사람이다. 이 세상 사람이 일상성의 존재양식을 지배한다.[7]

우리는 앞에서 우리가 살고 있는 일상적인 세계는 우리의 궁극목적을 정점으로 하여 모든 것이 목적과 수단의 관계로 구조화되어 있는 세계라는 사실을 보았다. 그런데 우리가 추구해야 할 삶의 궁극목적은 일상적인 세계에서는 세상 사람에 의해서 결정된다. 즉 이러한 세계에서는 세상 사람이 추구하는 가치들이 모든 의미들의 원천으로 간주되는 것이며, 그러한 가치들을 구현하는 데 도움이 되는 사물이나 행위는 유의미한 것으로 간주되고 그렇지 않은 것은 무의미한 것으로 간주된다.

3. 평균성

격차성이라는 공동존재의 경향은 우리가 항상 평균성의 지배 아래 있다는 데 근거한다. 이러한 평균성의 지배 아래 세상 사람의 공동존재에서는 사람들이 무엇을 해야 하고 무엇을 해서는 안 되는지가 미리 규정되어 있으며, 이러한 기준에서 벗어나는 예외는 허용되지 않는다. 이러한 기준은 분명히 제시되어 있지 않으면서도 평균성의 지배에 의해서 모든 예외는 감시당하며 모든 탁월함은 소리 없이 억제된다. 모든 근원적인 것은 하룻밤 사이에 오래전부터 잘 알려져 있는 것으로 취급되고, 애써 쟁취한 모든 것은 누구나 할 수 있는 별것 아닌 것으로 간주된다. 모든 비밀은 힘을 상실한다. 평균성에 대한 하이데거의 이러한 규정에서 보듯이 이 경우 평균성에 의해서 고수되는 기준이란 사실은 천박한 기준이다. 세상 사람들은 이러한 평균성의 지배 아래 존재하기 때문에 현존재가 구현할 수 있는 모든 존재가능성들은 하향평준화(Einebnung)된다.

---

7) 『존재와 시간』의 한글본으로는 소광희 교수의 번역본(경문사, 1995) 185쪽과 이기상 교수의 번역본(까치, 1998) 177쪽 참조.

4. 세론과 일상적 현존재의 무책임성

하이데거는 격차성, 평균성, 평준화라는 이러한 특성들이 이른바 세론(世論)이라는 것을 규정한다고 본다. 현존재의 모든 세계 해석과 자기 해석은 세론에 의해서 규정된다. 세론은 일체를 흐리게 하고 은폐하면서도, 그렇게 흐려지고 은폐된 것을 이미 잘 알려져 있는 것, 누구에게나 접근될 수 있는 것으로 내세운다.

세상 사람은 각자의 현존재를 대신하여 모든 판단과 결단을 미리 제시해 주기 때문에 각자의 현존재에게서 책임을 면제해 준다. 어떤 것에 대해 아무도 책임질 필요가 없기 때문에, 세상 사람은 아주 쉽게 모든 것에 대해 책임질 수 있다. 현존재에는 안이한 것을 추구하는 경향이 있는데, 세상 사람은 각자의 현존재에게서 책임을 면해 줌으로써 현존재의 이러한 경향에 영합한다. 세상 사람은 이를 통해서 현존재에 대한 자신의 집요한 지배를 유지하고 강화한다.

이상의 사실로부터 세상 사람은 일상성의 실질적인 주체로 드러난다. 세상 사람이란 하나의 실존주이며 근원적 현상으로서 현존재의 존재구조에 속한다. 일상적인 삶에서는 세상 사람이 현존재의 주체가 되기 때문에 세상 사람 자신이 유의의성의 지시연관을 규정한다. 현존재는 세상 사람에게 친숙한 이러한 유의의성과 이러한 유의의성에 의해서 규정되어 있는 용도 전체성 내에서 존재자를 개현한다. 따라서 우선 대부분의 경우 현존재는 평균적으로 발견된 공동 세계 내에 존재한다. 따라서 나는 우선 독자적인 나 자신이라는 의미로 존재하지 않고, 세상 사람으로서 존재하는 것이다. 나는 우선은 세상 사람으로서 주어져 있다(gegeben).

일상적 현존재는 자기의 존재에 대한 선존재론적 해석을 세상 사람이라는 가장 가까운 존재양식에서 이끌어 낸다. 그리고 세상 사람은 세계 내부적 존재자에 빠져 있기 때문에, 존재론적 해석도 보통 세상 사람의 이러한 경향에 따라서 현존재를 세계 내부적 존재자로부터 이해하게 된다. 세계 내부적 존재자에 이렇게 빠져 있게 되면서 세계 현상 자체는 간과되고 그 자리에 세계 내부적 눈앞의 존재, 즉 사물이 들어서게 된다. 이와 함께 타인들과의 공동존재조차도 눈앞의 존재와 같은 것으로, 즉 사물들이 눈앞에 함께 모여 있는 것과 같은 것으로 파악된다.

일상적인 공동존재가 외견상으로는 순수한 눈앞의 존재와 유사한 것으로 보이지만 그것과 근본적으로 다른 것이라면, 본래적 자기의 존재는 더욱더 눈앞의 존재와 같은 것으로서 파악되어서는 안 된다. **본래적 자기란 세상 사람으로부터 분리된 주체의 예외적인 상태가 아니라 본질적 실존주로서의 세상 사람의 한 실존적 변양이다.** 따라서 본래적으로 실존하는 자기의 자기 동일성은 체험의 다양성 속에서 자신을 유지하는 자아의 동일성과는 존재론적으로 심연을 통해서 갈라져 있다. 우리가 본래적으로 실존하는 자기의 자기동일성을 체험의 다양성 속에서 자신을 유지하는 자아의 동일성으로 보게 되는 것은 현존재의 존재를 눈앞의 사물의 존재를 실마리로 하여 사유하기 때문이다.

5장 내-존재 자체

§28. 내-존재의 주제적 분석이라는 과제

전통적으로 인간의 이성은 '자연의 빛'(lumen naturale)이라고 불렸으며 신적인 계시는 초자연적 빛이라고 불렀다. 인간이 이성적인 존재로서 '자연의 빛'을 자신 안에 가지고 있다는 것은 인간이 세계의 개시성(Ersch-lossenheit) 안에서 살고 있다는 사실을 의미하지만, 그러한 세계는 현존재 자신을 통해 개시된다.

이러한 의미에서 현존재는 그 자체가 하나의 밝힘(Lichtung)이라 할수 있다. 이렇게 그 자체 개시성으로 존재하는 존재자에게만 눈앞의 사물이 드러나거나 은폐될 수 있다. 앞으로 보겠지만 현존재의 이러한 개시성은 심정성(心情性)과 이해(理解)라는 현존재의 실존수행에 의해서 형성된다.

A. 현(現, Da)의 실존론적 구성

§29. 심정성으로서의 현-존재

1. 기분과 현존재의 현사실성의 개시

하이데거가 심정성이라는 실존주로 염두에 두고 있는 것은 삶의 차원에서는 가장 익숙하고 가장 일상적인 것, 즉 '기분', '기분에 젖어 있음'이다. 그러나 이렇게 기분에 젖어 있다는 것은 현존재가 단순히 어떤 기분상태로 있다는 것을 의미하는 것을 넘어서 일정한 개시 기능을 가지고 있다. 즉 기분에 젖어 있음으로서의 심정성에는 '현존재는 자신이 존재해야 할 이유도 근거 없이 존재하고 있지만 그러한 존재를 자신의 존재로서 인수할 수밖에 없다'는 사실이 이미 개시되어 있다. 이러한 사실은 물론 모든 기분을 통해서 직접적으로나 간접적으로 개시되어 있지만 무엇보다도 나중에 살펴볼 불안이라는 기분을 통해서 가장 직접적으로 개시된다.

이 부분에서 하이데거가 전개하고 있는 심정성의 분석은 상당히 복잡하고 난해하기 때문에 독자들의 이해를 돕기 위해 하이데거가 말하고 있는 것을 항목별로 나누어 정리해 보았다.

① 불안이라는 기분은 우리가 그것에 엄습될 때 우리가 그동안 집착하던 모든 세간적인 가치가 무의미하게 나타나는 기분이다. 우리는 인생을 살아가면서 그 정도가 심하든 약하든 간에 인생이 덧없고 무의미하다는 느낌을 가져본 적이 있을 것이다. 이러한 느낌을 하이데거는 불안이라고 부르는바, 불안은 우리가 원해서가 아니라 전혀 예기하지 못한 가운데 우리를 엄습한다.

그런데 불안이라는 기분에 엄습되면서 우리가 그동안 집착하던 세간적인 가치들이 무의미한 것으로 나타나는 것과 동시에 '현존재가 존재한다'는 적나라한 사실이 자신을 드러낸다. 그러나 현존재가 존재한다는 적나라한 사실이 드러날 뿐, 현존재가 어디서 오고 어디로 가는지는 어둠에 싸여 있다. 이와 함께 우리는 '우리 자신이 아무런 이유도 근거도 없이 존재한다'는 단적인 사실 앞에 직면하게 된다.

② 현존재가 어디서 오고 어디로 가는지가 이렇게 은폐되어 있을수록, 현존재의 존재성격, 즉 '그 자신이 아무런 이유도 근거도 주어지지 않은 채로 존재하며 또한 존재해야만 하는 존재'라는 사실은 오히려 더욱더 또렷하게 분명해지면서 현존재를 짓누르게 된다.

③ 현존재가 이렇게 아무런 이유도 근거도 없이 존재해야 한다는 사실을 현존재는 견딜 수 없으며, 이 경우 현존재의 존재는 현존재가 아무런 이유도 근거도 없이 짊어져야만 하는 짐으로서 나타나게 된다.

④ 이렇게 불안과 같은 기분을 통해서 현존재에게 자신의 적나라한 존재가 개시되고 이러한 낯선 존재가 짐으로서 현존재를 짓누르기 때문에 현존재는 자신의 존재를 문제 삼을 수밖에 없게 된다. 다시 말해서 현존재는 자신을 짓누르는 존재의 무게에서 벗어나기 위해서 자신은 어떻게 살아야 하는지를 고뇌할 수밖에 없는 것이다.

⑤ '현존재가 아무런 이유도 근거도 주어지지 않은 채로 존재하면서도 그러한 존재를 자신의 존재로서 떠맡아야만 한다는 사실'을 하이데거는 내던져져 있음(Geworfenheit)이라고 부르며, 현존재의 이러한 존재성격을 현사실성(Faktizität)이라고 부르고 있다.

⑥ 이렇게 '현존재의 존재는 현존재에게 아무런 이유도 근거도 없이 주어져 있지만 현존재는 그러한 존재를 자신의 존재로서, 다시 말해서 자신이 짊어져야 할 짐으로서 인수해야만 한다는 사실'은 우리의 내면에

대한 의식적인 반성을 통해서가 아니라 불안과 같은 기분을 통해서 단적으로 개시된다.

그런데 하이데거는 '현존재의 존재는 현존재에게 아무런 이유도 근거도 없이 주어져 있지만 현존재는 그러한 존재를 자신의 존재로서, 다시 말해서 자신이 짊어져야 할 짐으로서 인수해야만 한다는 사실'은 불안이라는 기분에서 가장 분명하면서도 직접적으로 드러나지만, 다른 기분들에서도 은폐되고 간접적인 방식으로 드러나 있다고 본다.

① 현존재는 항상 어떤 기분 속에 있다. 현존재는 좋은 기분이나 나쁜 기분 혹은 고양된 기분이나 짓눌리는 듯한 기분 속에서 존재한다. 현존재가 어떤 특정한 기분 속에 있지 않고 무덤덤한 상태로 있는 것처럼 보일 때조차도 현존재는 사실은 그렇게 무덤덤한 기분 속에 있는 것이다. 현존재는 종종 불쾌한 기분을 전환하려고 하지만 그러한 전환도 불쾌한 기분을 다른 기분으로 바꾸는 것일 뿐이며, 현존재가 항상 어떤 기분 속에 있다는 사실은 변함이 없다.

② 이러한 기분들 속에서 현존재의 존재는 직접적으로든 간접적으로든 짐으로서 개시되어 있다. 현존재는 무엇보다도 불쾌한 기분의 상태에 있을 때는 자신의 존재를 참을 수 없는 짐으로 여기게 되고 기분이 고양될 때는 자신의 존재를 짐으로 느끼는 상태에서 벗어나게 되지만, 이러한 기분의 가능성이 다시 현존재의 존재가 일차적으로 현존재에게 짐으로서 주어져 있다는 사실을 개시한다.

③ 그러나 대부분의 기분들에서 '현존재의 존재가 아무런 이유도 근거도 없이 주어져 있다'는 사실은 직접적으로가 아니라 간접적으로만 나타나 있다. 대부분의 기분들에서는 현존재에게 자신의 존재가 종종 견딜 수 없을 정도로 불쾌하고 자신을 짓누르는 것으로 나타날지라도, 보통

현존재는 자신이 처해 있는 삶의 조건들이 자신의 소망에 부응하지 않기 때문에 자신의 존재가 그렇게 나타난다고 생각한다. 그리고 현존재는 그러한 조건들만 바뀌면 자신의 삶도 견딜 만한 것으로 나타나고 자신의 기분도 바뀔 것이라고 생각한다.

④ 그러나 앞에서 언급한 불안과 같은 기분에서는 '현존재에게 자신의 존재가 자신이 아무런 이유도 근거도 없이 짊어져야 할 짐으로서 주어져 있다'는 사실이 현존재가 어떠한 조건에 처해 있는가와 전혀 상관없이 단적으로 개시된다. 불안과 같은 기분은 일상의 모든 일이 가장 순조롭게 진행될 경우에도 현존재를 엄습하면서 현존재의 '내던져져 있음'을 개시한다.

⑤ 이렇게 불안이 시도 때도 없이 어떠한 장소에서도 현존재를 엄습하고 있다는 것은 그것이 현존재 안에 항상 잠복해 있으면서 현존재를 엄습할 기회만 노리고 있다는 것을 의미한다. 불안이라는 기분이 이렇게 항상 현존재의 근저에서 잠복해 있다는 것은, 불안에서 개시되는 현존재의 적나라한 존재도 현존재에게 암암리에 항상 이미 개시되어 있다는 것을 의미한다.

⑥ 현존재가 불쾌한 일을 당해서 자신의 존재를 짐으로서 경험하는 것도 그리고 유쾌한 일로 인해 그러한 짐에서 벗어난 것처럼 홀가분하게 느끼는 것도, 현존재에게는 이미 불안이라는 기분에서 자신의 존재가 이미 짐으로서 개시되어 있기 때문에 가능하다.

⑦ 그러나 현존재는 이렇게 '자신의 존재가 아무런 이유도 근거도 없이 주어져 있으면서 그러한 존재를 자신의 것으로 떠맡아야만 한다'는 사실을 많은 경우에 은폐하고 그러한 사실에 직면하는 것에 저항한다. 그리고 현존재가 '자신이 존재하고 존재해야만 한다는 적나라한 사실'을 드러내는 기분에 대해서 우선 대부분의 경우에는 저항한다는 사실은, 현

존재가 자신의 존재를 기분을 통해서 개시한다는 사실에 대한 반증이 아니라 그에 대한 증거다. 현존재는 대부분의 경우 기분 속에 개시되는 존재에 직면하지 않으려 하지만, 이는 사실은 존재론적·실존론적으로 현존재에게 이미 자신의 적나라한 존재가 개시되어 있다는 것을 의미한다.

2. 현존재의 근원적 존재양식으로서의 기분

현존재의 내던져져 있음은 현존재가 자신을 객관적으로 고찰하는 것에 의해서가 아니라 기분을 통해서 자신에게 향하거나 자신에게 등을 돌리는 방식으로 개시된다. 우리가 일상적인 삶에서 경험하는 대부분의 기분은 현존재의 존재가 갖는 짐으로서의 성격에 등을 돌리며, 고양된 기분이야말로 그것에서 가장 등을 돌리는 것이다. 대부분의 기분에서 우리는 세상 사람들의 친숙한 삶으로 도피하면서 우리의 낯선 적나라한 존재에 직면하지 않으려고 하는 것이다.

그러나 앞에서 이미 언급한 것처럼, 그렇게 자신의 적나라한 존재에 직면하지 않으려는 기분을 통해서도 현존재의 존재는 이미 개시되어 있다. 현존재는 자신의 존재가 어디로 갈 것인지를 종교적인 믿음을 통해서 확신하고 있고 자신이 어디서 왔는지를 과학적인 설명을 통해서 알고 있다고 생각할지 모른다. 그러나 이 모든 것은 불안이라는 기분이 현존재로 하여금 자신이 아무런 근거도 이유도 없이 존재한다는 적나라한 사실에 직면하게 하고 이러한 사실이 수수께끼 같은 얼굴로 현존재를 응시하고 있다는 사실을 은폐할 수는 없다.

사람들은 흔히 눈앞의 사물에 대한 이른바 객관적인 인식이 갖는 확실성을 기준으로 내세우면서, 기분을 통해서 드러나는 현존재의 내던져져 있음이 갖는 명증성을 한갓 주관적인 것으로 무시하는 경향이 있다.

그러나 그러한 명증성은 그 어떠한 이론적인 확실성보다도 더 분명하게 우리의 현사실적인 근본상황을 드러내는 것이다. 기분을 통해서 드러나는 현존재의 던져져 있음이 갖는 명증성을 주관적인 것으로 보는 것 못지않게 현상을 왜곡하는 것은 기분이라는 현상을 한갓 비합리적인 것에 지나지 않는 것으로 간주하는 것이다. 그러나 기분은 비합리적인 현상이 아니라 오히려 현존재의 존재를 적나라하게 드러내는 현상이다.

물론 현존재는 인식과 의지에 의해서 기분을 지배할 수 있고 경우에 따라서는 지배해야만 한다. 그러나 인식과 의지는 어떤 기분을 다른 기분으로 전환할 수 있을 뿐이지 기분 자체를 제거할 수는 없다. 즉 우리는 어떤 기분을 지배하더라도 항상 반대의 기분으로 전환하는 식으로만 그것을 지배할 수 있다. 우리는 기분을 떠날 수 없다. 더 나아가 현존재의 존재는 모든 인식과 의지 이전에 그리고 인식과 의지의 개시범위를 훨씬 넘어서 항상 기분을 통해서 자기 자신에게 개시되어 있다.

3. 심정성의 존재론적 본질

심정성이 갖는 첫번째의 존재론적 본질성격은, 심정성은 현존재의 내던져져 있음을 개시하지만 우선 그리고 대부분의 경우 그것을 현존재가 그것에서 회피하고 등을 돌리는 식으로 개시한다는 것이다.

이와 관련하여 유의해야 할 점은 하이데거가 말하는 심정성은 우리가 반성에 의해서 비로소 확인되게 되는 심리적 상태가 아니라는 것이다. 오히려 우리가 내적인 반성을 통해서 체험들이나 심리작용들을 발견할 수 있는 것도 오직 현존재가 심정성에 있어서 이미 개시되어 있기 때문이다. 기분은 오히려 현존재가 일상적인 세계에 몰입해 있는 상태에서 현존재를 엄습한다. 기분은 밖이나 안에서 비롯되는 것이 아니라 세계-

내-존재의 방식으로서 세계-내-존재 자체로부터 엄습한다. 기분은 그 때마다 이미 세계-내-존재를 전체로서 개시하면서 존재자들에 대한 현존재의 지향적인 태도를 가능하게 한다. 따라서 '기분에 젖어 있음'은 수수께끼 같은 방식으로 우리 밖으로 나와서 존재자들을 물들이는 심리적인 내적 상태가 아니다.

이렇게 기분은 현존재가 살고 있는 세계를 그 어떠한 지각이나 인식작용보다도 근원적으로 개시하지만, 반대로 그것은 현존재가 전혀 지각하지 않고 있을 경우보다도 세계를 철저하게 은폐할 수도 있다. 분노에 눈이 멀 정도로 기분이 상하게 될 때와 같은 것을 떠올려 보면 우리는 그러한 사실을 쉽게 알 수 있다. 그때 현존재는 맹목적이 되며 고려되는 세계의 용도연관은 은폐되어 버리고 고려를 이끄는 둘러봄은 오도된다. 예를 들어 이때 우리는 주방용 칼을 주방도구로 쓰지 않고 다른 사람을 해치는 도구로 사용할 수 있는 것이다.

이와 함께 심정성이 갖는 두번째의 존재론적 본질성격은 심정성이 세계, 공동 현존재 및 실존의 등근원적 개시성의 실존론적 근본양식이라는 데 있다.

위에서 설명한 심정성의 본질성격, 즉 심정성이 '내던져져 있음'을 개시한다는 것과 전체적인 세계-내-존재를 개시한다는 것 이외에, 세번째의 본질성격이 주목되어야 하는데 이것은 무엇보다도 세계의 세계성을 더 철저하게 이해하는 데 도움을 준다. 이는 **세계의 개시성은 심정성에 의해서 구성되어 있기 때문에 세계 내부적인 존재자들은 우리에게 일차적으로 순수한 눈앞의 사물로서 나타나는 것이 아니라 우리를 위협하거나 우리에게 기꺼이 호응하는 것으로 나타난다는 것이다.**

즉 존재자들이 우리에게 항상 와 닿는(angehen) 방식으로 나타날 수 있는 것은 현존재가 항상 어떤 기분 속에서 세계를 개시한다는 사실에 근거한다. 예를 들자면, 현존재가 공포에 사로잡혀서 세계를 위협적인 것으로 이미 개시했기 때문에 어떤 존재자가 두려운 것으로서 나타날 수 있다. 현존재는 두려운 기분이나 두려워하지 않는 기분 속에 존재할 수 있기 때문에 주위세계의 존재자들을 위협적인 것으로 발견할 수도 있는 것이다.

앞에서 이미 언급한 것처럼 존재자는 둘러봄에 입각한 고려를 통해서 일차적으로 우리에게 드러나지, 지각이나 응시를 통해서 드러나는 것이 아니다. 그리고 둘러봄에 입각하여 고려하면서 존재자를 드러나게 하는 것은 존재자에 의해서 '충격을 받는다'(Betroffenwerden)는 성격을 갖고 있으며, 그때 존재자는 우리에게 저항하거나 위협한다는 성격을 가지고 나타나는 것이다. 그리고 이렇게 존재자들이 우리에게 충격을 주는 것(betreffen)이 가능한 것은, 세계 내부적으로 만나는 것이 위와 같은 방식으로 우리에게 와 닿을(angehen) 수 있도록 내-존재 자체가 심정성에 의해서 규정되어 있기 때문이다.

그리고 **감관**은 존재론적으로 심정적인 세계-내-존재라는 존재 양식을 가진 존재자에게만 속하기 때문에 존재자에 의해서 접촉되고 (gerührt) 어떤 것에 대한 감각을 가질 수 있으며, 그 결과 접촉하는 것이 우리를 촉발(Affektion)하면서 자신을 드러낼 수 있다. 심정적인 세계-내-존재의 기분을 통해서 이미 세계 내부적인 존재자가 우리에게 와 닿지 않는다면, 존재자가 우리를 아무리 강하게 압박하고 우리에게 아무리 강하게 저항하더라도 촉발과 같은 것은 생기지 않을 것이며 그러한 저항 자체도 발견되지 않을 것이다. 우리는 기분 속에서만 세계를 일차적으로 발견한다. 순수한 직관은 설령 그것이 눈앞의 사물을 아무리 깊이 파고들어도 위협적인 것 따위는 결코 발견할 수 없는 것이다.

끊임없이 변화하는 기분 속에서 세계는 다르게 나타난다. 그리고 이 때문에 일상적인 고려는 오류에 빠질 수도 있다. 다시 말해서 우리는 공포에 빠져서 위험이 크지 않는데도 지레 겁을 먹고 혼비백산해서 달아날 수 있다. 이에 대해서 이론적 관조에서 세계는 항상 동일한 눈앞의 사물로서 나타난다. 그러나 가장 순수한 이론적 관조(θεωρα)라고 해도 기분에서 전적으로 벗어나 있는 것은 아니다. 눈앞에 있는 것이 이론적 관조에서 동일한 눈앞의 사물로서 드러나는 것은 이론적 관조가 존재자들을 안정된 기분으로, 즉 유유(悠悠, αστνη) 자적(自適, διαγωγ)한 기분으로 볼 경우에만 가능하다.

4. 기분과 감정에 대한 기존의 분석이 갖는 한계

하이데거는 세계 개시성과 기분의 관계와 관련해서, 기분과 감정에 대한 최초의 해석이 '심리학'의 틀 내에서 행해지지 않고 아리스토텔레스에 의해서 수사학에서 행해졌다는 사실에 주목한다. 수사학은 이 경우 일상적인 공동존재에 대한 최초의 체계적 해석학이다. 세상 사람의 존재양식인 공공성(§27 참조)은 기분에 의해서 규정될 뿐 아니라 어떤 특정한 기분을 필요로 하고 불러일으키기도 한다. 연사(演士)는 어떤 기분으로부터 말하면서 청중들을 그러한 기분 안으로 끌어들인다. 연사는 청중들의 기분을 자신의 뜻대로 일깨우고 조종하기 위해서 기분이 갖는 여러 가능성을 이해할 필요가 있다.

감정에 대한 아리스토텔레스의 해석은 스토아학파, 교부신학(教父神學) 그리고 스콜라신학을 거쳐 근대에까지 전승되었다. 그러나 감정에 대한 원칙적인 존재론적 해석은 아리스토텔레스 이래 주목할 만한 진전을 거의 보이지 못했다. 반대로 감정은 주제적으로는 표상과 의지와 함께 하나의 심리적 현상에 속하는 것으로 간주되고 있다. 그것들은 하나의 부수적인 현상으로 전락했다.

감정에 대한 보다 폭넓은 시야를 다시 열어준 것은 현상학적 연구의 공적이다. 이뿐 아니라 셸러는 무엇보다도 아우구스티누스와 파스칼의 통찰을 수용해서, 표상작용과 관심을 갖는 작용(der interessenehmende Akt) 사이의 정초연관에 주목하게 되었다. 파스칼은 『팡세』에서 이렇게 말하고 있다.

> 인간사에 대해서 말할 때는 사람들은 사랑하기에 앞서 그것을 알아야 한다고 말하지만, 반대로 성자들이 하느님의 일에 관해 말할 때는 사람들은 알기 위해서 사랑해야 한다고 말한다. 사람들은 오직 사랑에 의해서만 진리에 들어갈 수 있다.

물론 셸러의 경우에도 '관심을 갖는 작용'이라는 현상 일반의 실존론적·존재론적 기초는 아직 어둠 속에 가려져 있다. 여기서 하이데거는 진리라는 현상은 감정이나 기분과 무관한 순수한 이론적 태도에 의해서 파악되는 것이 아니라 오히려 모든 존재자들에게 우리 자신을 여는 사랑의 감정을 통해서만 주어질 수 있다는 사실을 시사하려고 한다. 그리고 존재자들의 진리가 그러한 사랑의 감정을 통해서 주어질 수 있는 것은 현존재의 세계개시성을 형성하는 중요한 구조계기가 심정성이기 때문이다.

5. 현존재 분석과 기분의 개시 기능

심정성은 현존재의 내던져져 있음을 개시하면서 동시에 현존재를 '그의 존재와 함께 이미 개시되어 있는 세계에 의존해 있는 존재'로서 개시한다. 이와 함께 심정성은 그 자체로 다음과 같은 하나의 실존양식이 된다. 즉 심정성은 현존재가 자신을 끊임없이 〈세계〉에 내맡기면서 자기 자신으로부터 도피하는 방식으로 〈세계〉에 의존하면서 존재하는 존재양식이다. 이러한 도피를 하이데거는 퇴락이라고 부르고 있다. 물론 이 경우 심정성 자체가 퇴락은 아니며 오히려 나중에 보겠지만 현존재는 불안이란 심정성을 통해서 퇴락에서 벗어날 수 있다. 다만 여기에서 하이데거가 말하고 싶어 하는 것은, 현존재는 심정성을 통해서 세계에 내던져져 있기 때문에 우선 대부분의 경우 내던져져 있는 세상 사람의 세계에 우리가 구속되는 것을 가능하게 한다는 것이다.

심정성은 현존재를 존재론적으로 특징지을 뿐 아니라 동시에 그것이 갖는 개시 기능 때문에 실존론적 분석에서 원칙적인 방법적 의의를 지니고 있다. 모든 존재론적 해석 일반과 마찬가지로 실존론적 분석은 이미 앞서 개시되어 있는 존재자의 존재만을 분석할 수 있을 뿐이다. 즉 실존론적인 분석이 가능하기 위해서는 그것이 분석할 존재자가 이미 자신의 존재를 드러내고 있어야만 한다. 그런데 현존재를 단순히 눈앞에 놓고 관찰하는 것에 의해서가 아니라 심정성을 통해서 현존재의 존재가 비로소 개시되기 때문에, 현존재에 대한 분석도 현존재의 존재가 가장 근원적으로 개시되는 심정성을 토대로 해야만 한다. 나중에 보겠지만 하이데거는 불안이야말로 현존재의 존재를 근원적으로 개시하는 심정성이라고 본다.

§30. 심정성의 한 양상으로서의 두려움

여기서 하이데거는 심정성이란 현상을 두려움이라는 기분을 예로 하여 보다 구체적으로 드러내려고 한다.

우리는 두려움이라는 현상을 세 가지 관점에서, 즉 두려움의 대상과 우리가 두려워하는 이유, 그리고 두려워함이라는 기분 자체와 관련해서 분석할 수 있다.

두려움의 대상은 우리가 두려워하는 도구나 눈앞의 사물 또는 어떤 인간이다. 두려움의 대상은 우리를 위협하는 성격을 갖고 있다. 이러한 성격에는 다음과 같은 것들이 속한다.

① 우리가 두려워하는 것은 유해한 것이라는 성격을 갖는다.

② 그것은 특정한 방역과 연관되며 이러한 방역에서 나타난다.

③ 이 방역 자체 및 그 방역에서 나타나는 것은 우리가 안심할 수 없는 것으로 알려져 있다.

④ 이 유해한 것은 우리가 제어할 수 있을 정도로 우리에게 가까이 있는 것은 아니지만 점점 다가오고 있다. 그렇게 다가오면서 그것의 유해성은 우리에게 강하게 부각되어 오며, 이와 함께 그것은 우리를 위협하는 것으로 나타나게 된다.

⑤ 이 유해한 것은 가까운 범위 안에서 다가온다. 극도로 해로운 것일 수 있으면서도 멀리 떨어져 있는 것에 대해서 우리는 두려움을 잘 느끼지 못한다. 그러나 그것이 가깝게 다가오는 것이기 때문에 '그것은 우리와 마주칠 수도 있지만 결국 마주치지 않을 수도 있다'는 성격이 고조되며, 이와 함께 우리는 그것에 대해 강한 두려움을 갖게 된다.

예를 들어 나는 어떤 선생님을 두려워하는데 그 선생님은 교무실이라는 특정한 방역에서 보통 나타난다. 이 경우 나는 교무실 근처를 가면 항상 두려움에 사로잡힌다. 그러나 그 선생님은 교무실 근처에서 나타날 수도 있지만 나타나지 않을 수도 있다. 그리고 이렇게 선생님이 나타날 수도 있고 나타나지 않을 수도 있다는 가능성이 나를 더 두렵게 한다. 선생님이 나타나는 것이 필연적이라면 두려움보다는 어떤 의미에서는 체넘이 지배하게 될 수도 있다. 이에 대해서 선생님은 나타날 수도 나타나지 않을 수도 있기 때문에 나는 오히려 두려움에 사로잡히게 된다.

⑥ 여기에서 다음의 사실이 드러난다. 우리 가까이에서 다가오고 있는 유해한 것은 실제로는 우리 앞에 나타나지 않을 수도 있지만 이로 인해 두려워함이 감소되거나 사라지기는커녕 오히려 증대된다.

두려워함 자체는 위협적인 것을 우리에게 다가오는 것으로 개시하면서 동시에 그것을 두려운 것으로서 개시한다. 따라서 우리는 장래의 재앙(malum futurum)이 먼저 확인된 다음 그것에 대해서 두려워하는 것이 아니다. 두려워함은 접근해 오는 것이 무엇인지를 먼저 확인한 후에 두려워하는 것이 아니라 그것을 두려운 것으로서 미리 발견하는 것이다. 그리고 나서야 두려워함은 두려운 것을 주시하면서 그것이 무엇인지를 분명히 할 수 있다. 둘러봄은 두려움이라는 기분에 싸여 있기 때문에 두려운 것을 볼 수 있다. 심정적 세계-내-존재 속에 깃들어 있는 하나의 가능성으로서의 두려워함이 세계로부터 두려운 것과 같은 것이 접근할 수 있도록 세계를 이미 개시하는 것이다.

현존재가 어떤 존재자를 두려워하는 이유는 현존재 자신의 존재 때문이다. 자신의 존재 자체를 문제 삼는 존재자만이 두려워할 수 있다. 두려움은 이러한 존재자를 위험에 처해 있는 것으로서 개시한다. 우선 대부분의 경우 현존재는 자신이 고려하고 몰입해 있는 것에 의존하고 있다. 따라서 그가 위험에 빠져 있다는 것은 그가 고려하는 것이 위험에 처해 있다는 것을 의미한다. 예를 들어서 현존재가 홍수에 대해서 두려워할 경우 그는 자기 집이 물에 빠질까 봐 두려워하고 있는 것이다.

물론 우리는 자신뿐 아니라 다른 사람을 염려하면서 두려워할 수도 있다. 그러나 이 경우 우리는 다른 사람의 두려움을 대신하면서 그에게서 두려움을 없애 주는 것은 아니다. 이는 우리가 다른 사람을 염려하여 두려워하지만 정작 다른 사람 그 자신은 전혀 두려워하지 않을 수도 있기 때문이다. 우리가 다른 사람을 염려하여 가장 많이 두려워할 때는 대부분의 경우 그가 겁 없이 앞뒤 가리지 않고 위험한 것을 향해 달려드는 바로 그때이다.

따라서 자세히 살펴보면 우리가 다른 사람을 염려하여 두려워하는 것은 사실상 우리 자신을 염려하여 두려워하는 것이다. 우리 자신은 이때 다른 사람과의 공동존재가 위협받을 수 있기 때문에 두려워하는 것이다. 타인을 염려하여 두려워하는 사람은 두려운 것과 자신이 직접 마주하고 있는 것은 아니지만, 자신이 염려하는 다른 사람이 두려운 것과 마주하고 있는 가운데 자신도 그것에 마주하고 있기 때문이다. 따라서 다른 사람을 염려하여 두려워함은 자신을 염려하여 두려워하는 것보다 그 강도가 약한 것이 아니다.

두려움이라는 현상을 구성하는 세 가지 계기들, 즉 두려움의 대상과 두려워하는 이유 그리고 두려워함이라는 계기들은 변할 수 있으며 이에 따라 두려워함의 다양한 형태들이 생기게 된다. 위협적인 것에는 가까이에서 다가온다는 성격, 즉 '아직은 아니지만 어느 순간에라도 나타날 수 있다'는 성격이 속하는데, 위협적인 것이 고려하는 세계-내-존재 안으로 갑자기 침입해 올 때 두려움은 경악(Erschrecken)이 된다. 이에 따라 위협적인 것에서는 위협하는 것이 아주 가까이 다가온다는 성격과 그것이 나타나는 방식인 돌연성이 구별되어야 한다. 방금 언급한 경악의 대상은 숙지되어 있고 친숙한 어떤 것이다. 이와는 반대로, 위협적인 것이 전혀 친숙하지 않은 성격을 갖고 있다면 두려움은 전율(Grauen)이 된다. 예를 들어 유령(幽靈)이란 존재는 우리에게는 전혀 친숙하지 않은 것인데 만약 어두운 숲에서 유령을 본다고 느낄 경우 우리는 전율하게 된다. 그런데 위협하는 것이 전율하게 하면서 동시에 경악하게 하는 방식으로 출현할 때, 다시 말해서 어떠한 것이 유령과 같이 전혀 친숙하지 않으면서도 갑자기 우리 앞에 나타날 때 두려움은 혼비백산(Entsetzen)이 된다.

이 외에 두려움은 수줍음, 소심, 걱정, 당황으로 나타날 수도 있다. 두려움의 이 모든 변양태들은 심정적으로 존재하는 가능성들로서, 세계-내-존재로서의 현존재가 두려워하는 자라는 사실을 암시한다.

§31. 이해로서의 현-존재

1. 궁극목적과 유의의성의 개시로서의 이해

심정성과 함께 현존재의 존재를 근원적으로 구성하는 것은 이해(理解)이다. 심정성이 이해를 방해할 경우에도, 예를 들어 우리가 분노라는 기분에 사로잡혀서 제정신이 아닐 경우에도 심정성은 나름대로의 이해내용을 가지고 있다. 이해는 언제나 기분에 젖어 있는 이해이다. 이 경우 이해는 현존재의 근본적인 존재양상이다.

심정성과 함께 현존재의 존재를 근원적으로 구성하는 **이해란 현존재가 자신이 추구하는 궁극목적을 이해하고 있다는 것을 의미한다. 그리고 궁극목적에 대한 이해에서는 그것에 근거하는 유의의성도 함께 개시되어 있다. 즉 이해는 궁극목적과 유의의성을 개시한다. 그리고 유의의성에 입각해서 세계가 세계로서 개시된다.** 궁극목적 및 유의의성이 현존재에게서 개시되어 있다는 것은 현존재가 세계-내-존재로서 그 자신을 문제 삼는 존재자라는 것을 의미한다. 현존재는 자신이 무엇을 위해서 살 것인지를, 다시 말해서 무엇을 궁극목적으로서 추구할 것인지를 문제 삼으며 그러한 궁극목적을 중심으로 하여 자신의 행위들과 세계에 의미를 부여하는 것이다.

딜타이와 같은 사람은 자연과학은 어떤 사건을 보편적인 자연법칙에 입각하여 설명하는 것을 목표하는 반면에, 정신과학은 어떤 사건의 의미를 이해하는 것을 목표한다고 말하고 있다. 그러나 정신과학의 인식 방법으로서의 이러한 이해는 현존재의 개시성을 구성하는 것으로서의 이해의 파생태에 지나지 않는다.

2. 가능존재로서의 현존재와 자기 자신과 도구들의 가능성의 이해

'어떤 것을 이해한다'는 것을 의미하는 독일어인 'etwas verstehen'은 가끔 일상적으로 '어떤 일을 할 수 있다(etwas können)'는 것을 의미한다. 실존주로서의 이해가 할 수 있는 것은 '어떤 특정한 일'이 아니라 실존함으로서의 존재이다. **현존재는 일단 존재하고 나서 '어떤 것을 할 수 있다는 것'을 부가물로 가지고 있는 눈앞의 사물과 같은 것이 아니라 일차적으로 가능 존재이며 자신이 추구하는 가능성으로서 존재한다.**

예를 들어 현존재가 훌륭한 음악가가 되는 것을 자신의 궁극적인 가능성으로서, 즉 자신의 궁극목적으로서 추구할 경우 그는 자신의 삶을 그러한 가능성에 따라서 구성한다. 현존재의 이러한 가능존재는 논리적인 무모순성을 의미하는 공허한 논리적 가능성과 구별되며, 마찬가지로 눈앞의 사물에게 이런 또는 저런 일이 일어날 수 있다는 의미의 우연성과도 구별된다. 눈앞의 존재가 나타나는 하나의 양상으로서의 가능성은 아직 현실적으로 존재하는 것이 아니면서 또한 결코 필연적으로 일어지도 않는 것, 즉 단지 가능한 것에 지나지 않는 것을 가리킨다. 그러한 가능성은 존재론적으로 현실성과 필연성에 비해서 덜 중요한 의미를 갖는다. 이에 반해, 실존주로서의 가능성은 현존재의 가장 근원적이고 궁극적인 존재론적 규정성이다.

실존주로서의 가능성은 현존재가 자신의 삶을 마음대로 영위하는 자유 (libertas indifferentiae)를 갖는다는 것을 의미하는 것이 아니다. 현존재는 본질상 심정적인 존재로서 그때마다 이미 특정한 가능성들에 내던져져 있으면서 이러한 가능성들을 포착하기도 하지만 그것들을 끊임없이 놓치기도 한다. 그러나 이것은 현존재가 자기 자신에게 내맡겨진 가능 존재이며 철저하게 내던져져 있는 가능성임을 의미한다.

현존재는 가장 독자적 존재가능을 향해 열려져 있는 자유로운 존재로서의 가능성이다. 이러한 가능 존재는 현존재 자신에게는 여러 방식들과 정도들로 통찰되어 있다. 현존재는 자신의 고유한 존재를 이미 이해하고 있기 때문에 갈피를 잃을 수도 있고 자기를 놓칠 수도 있다. 그리고 이해가 심정적(내던져져 있는) 이해이고 이러한 것으로서 세상 사람들의 해석에 내던져진 이해인 한, 현존재는 그때마다 이미 갈피를 잃고 있으며 자기를 잘못 이해하고 있다. 현존재는 또한 자신의 가능성들 속에서 자기를 다시 발견할 가능성에 맡겨져 있다.

이해는 개시로서 언제나 세계-내-존재의 근본구조 전체와 관련된다. 존재가능으로서의 내-존재는 그때마다 세계-내-존재-가능이다. 이 세계는 가능한 유의의성으로서 개시되어 있을 뿐 아니라, 세계 내부적인 존재자 자체의 개현(開顯)도 존재자를 그것이 갖는 가능성을 향해서 개현한다. 따라서 도구는 그것이 사용될 수 있는 가능성이나 해를 끼칠 가능성에 있어서 발견되며, 용도 전체성은 도구들이 갖는 가능성들의 전체로서 드러난다.

다양한 눈앞의 사물들의 통일로서의 자연, 즉 자연과학의 대상이 되는 자연도 이러한 자연을 가능하게 하는 것의 개시성을 근거로 해서만 발견될 수 있다. 이와 관련하여 하이데거는, 칸트에게서 볼 수 있는 것처럼 자연의 존재에 대한 물음이 자연을 가능하게 하는 조건들을 겨냥하고 있는 것은 우연이 아니라고 본다. 현존재가 아닌 존재자들의 통일로서의 자연은 그것을 가능하게 하는 조건들을 기반으로 하여 개시될 때에야 비로소 그것의 존재에서 이해된다. 따라서 칸트가 그러한 조건들이 존재한다고 전제한 것은 정당하지만 그러한 전제 자체의 정당성이 증명되어져야만 한다. 하이데거는 이러한 전제는 현존재의 실존론적 분석에 의해서만 증명될 수 있다고 본다.

3. 가능성의 기투(Entwurf)로서의 이해

이해는 그것에 의해서 개시될 수 있는 것의 모든 본질적 차원, 즉 자신의 존재와 세계 그리고 존재자들을 왜 가능성들을 향해서 개시하는가? 그것은 이해가 기투라는 성격을 가지고 있기 때문이다. 이해는 현존재의 존재를 현존재의 궁극목적을 향해 기투할 뿐 아니라 자신이 그 안에서 살고 있는 세계의 세계성인 유의의성을 향해서도 기투한다. 다시 말해서 이해는 현존재의 존재를 궁극목적과 유의의성에 의거하여 이해한다. 내던져진 자로서의 현존재는 기투라는 존재양식 속으로 내던져져 있다. 현존재는 현존재로서 존재하는 한, 자신의 궁극목적과 그것을 중심으로 한 유의의성을 기투할 수밖에 없다.

이러한 기투는 현존재가 어떤 삶의 계획을 의식적으로 고안해 내는 것과는 전혀 상관이 없다. 현존재는 현존재로서 의식적으로든 무의식적으로든 항상 이미 자기를 기투하였고 기투하면서 존재한다. 현존재는 언제나 이미 가능성들에 입각해서 자신을 이해한다. 아울러 현존재는 자신이 기투하는 가능성들을 주제적으로 파악하지 않는다. 오히려 이러한 파악은 기투된 것으로부터 현존재의 삶을 규정하고 추동하는 가능성의 성격을 박탈해 버리며 그 기투된 것을 일종의 주어진 사념된 사태로 격하시키고 만다. 이해는 기투

로서 현존재가 자신의 가능성으로서 존재하는 현존재의 존재양식이다.

우리 인간이 궁극목적과 유의의성을 기투하는 존재라는 하이데거의 말을 쉽게 풀이하자면, 그것은 우리 인간은 동물처럼 자연에 의해 주어진 본능구조에 따라서 살아가는 존재가 아니라 이상적인 삶과 세계에 대한 일정한 이해를 가지면서 그것을 구현하려고 하는 존재라는 것을 의미한다. 이상적인 삶과 세계에 대한 이러한 이해를 우리는 오르테가 이 가세트(Ortega y Gasset)의 말을 빌려서 근본신념이라고 부를 수 있을 것이다. 그런데 이러한 근본신념은 인간이 단순히 의식적으로 사유하는 관념만이 아니고 오르테가 이 가세트가 말하듯이 '온몸으로 신앙하는 신념'이다. 그것은 우리의 구체적인 삶과 무관한 지적인 관념에 그치는 것이 아니라 우리의 삶 전체를 근저에서부터 철저하게 규정하는 신념이다. 예를 들어서 어떤 사람이 의식 차원에서는 자기 자신을 그리스도교인이라고 생각할지 모르지만 하느님께 기도하는 내용이 항상 자신을 부자로 만들어 달라는 것일 경우, 그가 온몸으로 신앙하는 신념은 그리스도교가 아니라 돈이 세상에서 가장 중요하다는 황금만능주의다.

우리는 이러한 근본신념을 실현하기 위해서 자신의 육체나 정신을 혹사하기도 한다. 예를 들어서 세계 최고의 과학자가 되는 것이 자신의 삶을 가치 있게 만든다고 생각하는 사람은 밤잠을 안자고 자신의 육체와 정신을 혹사할 것이며, 진정한 불교인이나 그리스도교인이 되는 것을 삶의 목표로 삼은 사람은 자신의 온몸을 내던지는 순교도 불사할 것이다. 따라서 우리의 삶이 나가야 할 방향에 대한 근본신념에 비하면 정신과 육체는 부차적인 것이며, 그것들이 어떠한 형태로 나타나느냐 하는 것은 각자가 어떠한 삶을 선택하고 추구하느냐에 달려 있다. 따라서 인간에 대한 탐구에서 중요한 것은 이러한 근본신념이 어떻게 형성되고 어떠한 근본신념이 진정으로 올바른 것인가 하는 것이다. 이에 반해서 그동안의 전통철학에서는 인간을 정신과 육체로 나누면서 그것들의 속성이나 작용방식을 분석하는 데 몰두했다.

하이데거가 현존재의 본질을 실존에서 찾고 이러한 실존을 자신이 내던져진 세계에서 자신의 궁극목적과 세계의 유의의성을 기투하는 존재로 해석하면서 결국 염두에 두고 있는 사태는, 현존재의 삶에서 가장 중요한 것은 진화론을 비롯한 철학사조들이 말하는 것처럼 단순한 생존이 아니라 자신의 삶에 대한 이러한 근본신념이라는 것이다. 인간이 자신의 삶의 목표를 단순히 생존에 둘 경우에도 그것은 자신이 어떻게 살아야 할지에 대한 하나의 선택이며 따라서 거기에서도 역시 하나의 근본신념이 작용하고 있다고 보아야 할 것이다.

그런데 현존재는 우선 대부분의 경우에 자신이 구현해야 할 궁극목적을 자신이 그 안에서 살고 있는 일상적인 세계로부터 이해하면서 그 자신으로부터 소외된다. 그리고 이와 반대로 현존재는 자신의 궁극목적을 자신의 고유한 존재로부터 이해하면서 그 자신으로서 실존할 수 있다. 따라서 이해는 고유한 자신으로부터 비롯되는 본래적 이해이거나 아니면 자신이 우선 대부분의 경우 내던져져 있는 일상적인 세계로부터 자신을 이해하는 비본래적 이해다.

4. 직관과 사고의 근거로서의 이해

이해는 기투하는 것으로서, 하이데거가 현존재의 봄(視, Sicht)이라고 부르고 있는 것을 구성한다. 고려의 둘러봄, 배려의 돌봄에 대해서 하이데거는 현존재가 자신의 궁극목적을 보는 것을 통찰(Durchsichtigkeit)이라고 부른다. 진정한 의미의 자기인식은 자아를 하나의 대상으로서 눈앞에 놓고 관찰하는 것이 아니라, 세계-내-존재의 완전한 개시성을 이해하면서 포착하는 것이다.

봄이란 하이데거가 개시성으로부터 특징지은 바 있는 '밝혀져 있음'(Gelichtetheit)과 일치한다. 이 경우 본다는 것은 눈으로 지각하는 것을 의미하지 않을 뿐 아니라, 눈앞의 사물을 그 눈앞의 존재라는 성격에 있어서 순수하게 비감성적으로 인지하는(Vernehmen) 것, 즉 눈앞의 존재자들의 존재를 인지하는 것도 의미하지 않는다. 하이데거가 염두에 두고 있는 봄은 '존재자를 그 존재자 자체에 입각해서 은폐하지 않고 보는 것'을 의미하는 것이다.

모든 '봄'은 일차적으로 이해에 근거하기 때문에 순수한 직관이 갖는 전통적인 우위는 박탈된다. 전통적인 존재론에서 직관에게 인정되었던 우위는 눈앞의 사물이 갖는 우위와 상응한다. 그러나 직관과 사고는 다같이 이해에서 파생된 것들이다. 따라서 하이데거는 플라톤이 말하는 이데아에 대한 직관이나 후설이 말하는 현상학적 본질직관조차도 이해에 근거하는 것으로 본다.

5. 가능성의 기투로서의 이해와 존재이해

현존재의 존재가 세계의 유의의성과 함께 궁극목적을 향해서 기투되어 있다는 사실에 존재 일반의 개시성이 존재한다. 현존재는 세계-내-존재로서 자신을 자신의 궁극적인 가능성인 궁극목적을 향해서 기투하면서 동시에 다른 모든 존재자들의 가능성, 즉 그것들의 존재도 기투한다. 이렇게 현존재가 자기 자신과 모든 존재자들의 가능성들을 향해서 기투할 때 이미 존재이해가 선취(先取)되어 있는 것이다. 물론 존재는 이러한 기투에서 이해되고 있을 뿐이지 존재론적으로 개념 파악되어 있는 것은 아니다. 세계-내-존재의 본질적인 기투라는 존재양식을 가진 존재자인 현존재는 자신의 존재의 구성요소로서 존재이해를 가지고 있다. 따라서 하이데거가 서론에서 독단적으로 단초로 삼았던 사실, 현존재는 존재이해를 갖는다는 사실이 이제야 현존재의 존재구조로부터 증시된다.

심정성과 이해는 세계-내-존재를 근원적으로 개시하는 것들이다. 현존재는 자신이 의거하는 가능성들을 기분에 젖어서 '본다'. 그런 가능성들을 기투하고 개시하면서 현존재는 그때마다 이미 기분에 의해 규정되어 있다. 따라서 앞으로 보다 구체적으로 보겠지만, 현존재의 가장 독자적인 존재가능성의 기투도, 불안이라는 기분에서 개시되는 '현존재가 자신의 적나라한 존재에 내던져져 있다는 현사실성'에 내맡겨져 있다.

§32. 이해와 해석

1. 이해의 구체화로서의 해석

현존재는 이해로서 자기의 존재를 가능성들을 향해서 기투한다. **이러한 이해를 구체화하고 완성하는 것을 하이데거는 해석이라고 부르고 있다. 해석을 통해서 이해는 자신이 이해한 것을 자기 것으로 한다.** 따라서 해석의 근거는 이해에 있으며 해석을 통해서 비로소 이해가 성립하는 것이 아니다. 해석은 이해에 의해서 기투된 가능성들을 분명하게 구체화하는 것에 지나지 않는 것이다. 하이데거는 우선은 일상적인 현존재를 분석하고 있기 때문에 일단 여기에서는 해석이란 현상을 세계에 대한 평균적인 이해에 입각하여 분석하고 있다.

도구를 사용하는 현존재는 자신이 사용하는 존재자가 어떤 용도를 가질 수 있는지를 세계이해에서 개시된 유의의성에 의거해서 해석하게 된다. 둘러봄이 도구를 발견한다는 것은 이미 이해되어 있는 세계가 해석된다는 것을 의미한다. 도구는 분명하게 이해의 '봄' 속에 들어온다. 준비, 정돈, 수리, 개선, 보충 등 모든 것은 도구를 그것의 '…… 하기 위해서', 즉 용도성을 향해서 해석한다. 그리고 이렇게 '하기 위해서'를 향해서 둘러봄에 의해서 해석된 것, 즉 '분명하게' 이해된 것은 어떤 것'으로서의' 어떤 것이라는 구조를 가지고 있다. 즉 '이 특정한 도구는 무엇인가'라는 물음에 대한 답으로서 특정한 도구가 '쓰일 용도'를 제시하는 것은 어떤 것을 단순히 거명(擧名)하는 데 그치는 것이 아니라, 거명된 것을 어떤 용도를 위한 것'으로서' 분명하게 이해하고 있는 것이다. 이러한 '으로서'가 이미 이해되어 있는 세계를 명료하게 하는 해석에 의해서 발견되는 것이다.

주위세계의 도구를 둘러봄에 의해서 해석하면서 사용하는 것은 그 도구를 책상, 문, 차, 다리로서 보기는 하지만, 그렇게 해석된 것을 반드시 어떤 규정하는 진술, 즉 '그것은 ……이다'라는 식의 진술로 표현할 필요는 없다. 도구를 이렇게 선(先)술어적으로 지각할 경우에도, 우리는 그것을 그 자체로 이미 이해하고 해석하는 것이다. 사람들은 단순한 지각의 경우에는 어떤 것을 어떤 것'으로서' 보지 않고 그것을 순수한 색깔이나 모양으로만 바라보는 것이 아닌가라고 이의를 제기할지 모른다. 그러나 지각한다는 것도 그때마다 이미 이해하고 해석하는 것이다. 지각으로서의 봄도 용도 전체성에 속하는 명료한 지시연관을 이해하고 있으며, 생활세계에서 직접적으로 나타나는 것은 이러한 용도 전체성에 의거해서 이해되어 있다. 즉 **우리는 일상적인 삶에서 어떤 것을 지각할 때 그것을 일단 순수한 소리나 순수한 색깔로 지각하는 것이 아니라 항상 그것을 어떤 것 '으로서', 즉 무엇을 위한 것으로서 지각하는 것이다.**

예를 들어 우리는 존재자들을 용도 전체성의 맥락 내에서 그것이 '너무 무거워서 쓸모가 없다'거나 '너무 색깔이 튀어서 쓸모가 없다'는 식으로 지각한다. 이에 반해서 존재자들을 이러한 용도 전체성으로서의 세계로부터 분리하여 그것을 단순히 눈앞에 존재하는 순수한 소리나 색으로 지각하기 위해서는 생활세계에서 자연스럽게 행해지는 지각의 인위적인 변경이 필요하다.

하이데거의 이러한 통찰은 전통철학의 지각개념과는 전적으로 다른 것이다. 많은 철학자들이 우리는 존재자들을 눈앞에 놓고 보는 지각에 의해서 존재자들과 처음 접하게 된다고 보았다. 그리고 그들은 일차적으로 지각되는 순수한 형태나 색깔이나 음향에 우리가 주관적인 의미를 부여함으로써 책상이나 교탁과 같은 도구적인 존재자들이 성립하게 된다고 보았다. 그러나 하이데거는 일상적인 삶에서 지각은 항상 용도 전체성으로서의 세계 내에서 이루어진다고 본다. 하이데거는 우리가 이러한 세계 이해에 입각하여 존재자들을 사용하는 가운데 존재자들에 대한 지각도 행해진다고 보는 것이다.

'어떤 것을 어떤 것으로서'를 실마리로 해서 존재자를 해석하면서 접근할 때, 이해된 것은 그 어떤 것에 대해서 주제적으로 진술하기 이전에 이미 분명하게 분절되어 있다. '으로서'는 주제적 진술 속에서 처음으로 개시되는 것이 아니라 단지 그 진술에서 처음으로 언표되는 것일 뿐이며, 이러한 언표도 진술에 앞서 그러한 '으로서'가 언표 가능한 것으로서 이미 개시되어 있기 때문에 가능하다.

따라서 존재자를 단순히 지각하는 것에는 명료한 진술이 수반되지 않을 수도 있지만 그렇다고 해서 이러한 단순한 지각에 모든 분절적 해석과 함께 '으로서'의 구조가 존재하지 않는다는 것은 아니다. 어떤 사물을 단적으로 지각하는 것도 자기 안에 해석의 구조를 너무나 근원적으로 가지고 있기 때문에, 어떤 것을 어떤 것'으로서' 해석하지 않고 포착하는 것은 일종의 태도전환을 필요로 한다. 어떤 것을 '단지 자기 앞에 그냥 보고 있다'는 것은 그것을 더 이상 이해하려고 하지 않고 단순히 응시하는 것이다. 그러나 어떤 것을 어떤 것'으로서' 보지 않고 단지 응시할 뿐인 포착은 어떤 것을 어떤 것'으로서' 이해하면서 보는 것의 결여태의 하나이며, 후자보다 더 근원적인 것이기는커녕 도리어 후자에서 파생된 것이다. '으로서'가 언표되지 않고 있다고 해서, 그것이 이해의 아프리오리한 실존론적 틀로서 기능하고 있다는 사실을 간과해서는 안 된다.

그러나 도구에 대한 어떠한 지각도 이미 이해하고 해석하는 것이라면, 즉 '어떤 것을 어떤 것으로서' 둘러봄에 의해서 드러내는 것이라면, 이것은 먼저 어떤 순수한 눈앞의 사물이 경험된 후 그다음에 그것이 창문이나 집으로서 주관적으로 해석되는 것은 아니라는 것을 의미한다. 후자와 같이 생각하는 것은 해석에 특유한 개시 기능을 오해하는 것이다. 해석이란 원래는 아무런 의미도 갖지 못하고 있던 눈앞의 사물에 어떤 주관적인 의미나 가치를 덧붙이는 것이 아니다. 눈앞의 사물은 이미 하나의 세계 내부적 존재자로 존재하면서 세계 이해 속에서 개시된 용도를 갖는 것이며 이러한 용도가 해석을 통해 밝혀지는 것이다.

2. 예지, 예시, 예파

도구는 언제나 이미 용도 전체성을 근거로 해서 해석된다. 그 경우 용도 전체성은 주제적 해석을 통해 명시적으로 미리 포착되어 있을 필요는 없다. 그리고 이렇게 이미 이해되어 있는 용도 전체성은 일상적인 둘러봄에 의한 해석의 본질적 기초가 된다. 해석은 언제나 이러한 용도 전체성에 대한 선행적인 이해인 예지(豫持, Vorhabe)에 근거한다. 아울러 해석은 이렇게 이해되고는 있지만 아직 분명하게 분절되어 있지 않는 것을 구체화하는 것인바, 이러한 구체화는 언제나 어떤 관점하에서 수행된다. 해석은 이러한 의미에서 예시(豫視, Vosicht)에 근거한다. 이해된 것은 예지 속에 보존되고 예시에 의해서 조준되며 해석을 통해 개념적으로 파악될 수 있게 된다. 해석은 해석되어야 할 존재자에 대한 개념들을 이러한 존재자 자체로부터 이끌어 낼 수도 있고 혹은 그 존재자를 왜곡하는 개념들에 의해 존재자를 억지로 포착하려고 할 수도 있다. 그 어떤 것이든, 해석은 그때마다 이미 존재자를 어떤 일정한 개념성에 입각하여 해석한다. 이런 의미에서 해석은 예파(豫把, Vorgriff)에 근거한다.

예를 들어서 집에 들어온 강도에 대해서 자신을 방어하기 위해 부엌칼을 들 때 우리는 집안의 모든 존재자들 사이에 이미 존재하는 용도연관의 전체성을 이해하고 있다. 즉 우리는 예지를 가지고 있는 것이다. 그런데 도둑이 집에 들어온 상황에서는 우리는 그러한 용도 전체성을 어떻게 하면 강도에 대해서 자신을 방어할 수 있을까라는 관점에서 해석하게 된다. 우리는 용도 전체성을 자기방어라는 특정한 관점, 즉 예시에 근거하여 해석하는 것이다. 그리고 결국 우리가 자기방어를 위해서 칼을 집어 들었을 때 이것은 칼을 자기방어를 위해서 가장 적절한 것으로 해석하는 것인바, 이것은 자기방어를 위해서 필요한 물건들이 가질 수 있는 특성들에 대한 이해, 즉 예파에 근거하여 행해진다.

'어떤 것을 어떤 것으로서' 해석하는 것은 본질적으로 예지, 예시, 예파를 기저로 삼고 있다. 해석은 자신 앞에 주어져 있는 것을 무전제적으로 포착하는 것이 아니다. 어떤 텍스트를 해석할 때, 사람들은 원전에 '이렇게 쓰여 있다'는 것을 전거로 내세우지만 '그렇게 원전에 쓰여 있는' 것으로 주장되는 내용 자체도 사실은 해석자가 자명하게 전제하고 있는 선입견에 의해서 해석된 것이다. 그런 선입견은 해석 일반과 함께 이미 정립되어 있는 것으로서, 즉 예지, 예시, 예파에 의해 미리 주어진 것으로서, 모든 해석의 단초에 불가피하게 존재하는 것이다.

예지, 예시, 예파의 '예(豫)-', 즉 미리의 성격은 어떻게 파악되어야 하는가? 전통철학에서 그러한 '예-'구조는 경험 이전의 '아프리오리'로서 파악되고 있지만, 그런데 형식적으로 '아프리오리'라고 규정하는 것으로 그것이 갖는 성격이 해명되는가? 왜 이 '예-' 구조는 현존재의 기초적 실존주인 이해에 고유하게 속하는가? 해석된 것 자체에 고유한 '으로서'의 구조와 '예-' 구조는 어떠한 관계에 있는가? 이해의 '예-' 구조와 해석의 '으로서' 구조는, 기투라는 현상과 어떤 실존론적·존재론적 연관을 갖고 있는가?

이런 물음들에 대답하기에는 이제까지의 준비로는 역부족이기 때문에 이보다 앞서, 이해의 '예-' 구조 및 해석의 '으로서'의 구조로서 간주되는 것은 하나의 통일적 현상을 나타내고 있다는 점이 연구되어야 한다. 그러나 이러한 통일적 현상은 철학에서 흔히 인정되고 있으면서도 그것에 대한 근원적인 존재론적인 설명은 결여되어 있다.

3. 이해와 의미

세계 내부적 존재자 일반은, 세계로, 즉 유의의성 전체로 기투되어 있다. 세계 내부적 존재자가 현존재의 존재와 함께 발견될 때, 즉 이해되었을 때, 그 존재자는 '의미'를 갖는다고 말한다. 그러나 엄격하게 말해서 이해된 것은 의미가 아니라 존재자 또는 존재이다. 의미란 어떤 것의 이해 가능성이 그 속에 간직되어 있는 바의 것이다. 이해하면서 개시하는 것에 의해서 분절될 수 있는 것을 의미라고 부른다. 의미라는 개념은, 이해하는 해석이 분절하는 것에 필연적으로 속해 있는 것의 형식적 틀이다. 의미는 예지, 예시, 예파의 구조를 가지면서 기투되는 것이며, 그것으로부터 비로소 어떤 것이 어떤 것으로서 해석될 수 있다.

이해와 해석이 현존재의 실존론적 구조를 형성하는 한, 의미는 이해에 속하는 개시성의 형식적·실존론적 틀로서 파악되어야 한다. 의미는 현존재의 실존주이지, 존재자에 붙어 있거나 존재자의 배후에 있는 어떤 특성이 아니다. 의미를 갖는 것은 오직 현존재뿐이며 현존재의 판단이나 행위일 뿐이다. 우리는 망치질이 의미가 있다고 보지 망치 자체가 의미가 있다고 보지는 않는다. 그러므로 오직 현존재만이 의미를 갖거나(sinnvoll) 의미를 상실할 수 있다(sinnlos).

이와 같이 '의미'의 개념에 대해 원칙적으로 존재론적·실존론적 해석을 고수한다면, 현존재가 아닌 모든 존재자는 비(非)의미적인(unsinnig) 것, 의미와 전적으로 무관한 것으로서 파악되지 않으면 안 된다. 비의미적인 것이란 여기에서는 어떤 평가를 뜻하는 게 아니라 하나의 존재론적 규정을 표현한다. 그리고 비의미적인 것만이 반(反)의미적인(widersinnig) 것, 즉 불합리한 것일 수 있다. 돌발적이고 파괴적인 자연 사건에서 보는 것처럼 눈앞의 사물은 현존재의 존재에 말하자면 충돌할 수 있다.

그리고 우리가 존재의 의미에 대해 묻는다면, 그것은 존재의 배후에 있는 것을 생각해 내는 것이 아니라 존재가 현존재에게 이해되는 한에서의 그 존재 자체에 대해 묻는 것이다. 존재의 의미는 존재자나 존재자를 근거 짓는 근거로서의 존재에 대립되는 것이 아니다. 왜냐하면 설령 근거 자체가 무의미의 심연(Abgrund)이라 하더라도 근거는 의미로서만 접근될 수 있기 때문이다.

나아가서 모든 해석은 앞에서 말한 예-구조 안에서 움직이고 있다. 모는 해석은 이해를 완성하는 것이므로 해석되어야 할 것을 이미 이해하고 있어야 한다. 이러한 사실은 비록 이해와 해석의 파생적 방식인 문헌학적 해석에서 사람들이 항상 이미 주목해 온 것이다. 문헌학적 해석은 학문적 인식의 범위에 속한다. 학문적 인식은 정초(定礎)하면서 증시(證

示)한다는 엄밀성을 요구한다. 학문적 증명은 정초하는 것을 과제로 갖는 만큼, 정초되어야 할 것을 미리 전제해서는 안 된다. 그러나 해석이 항상 이미 이해된 것 안에서 움직이고 그 이해된 것으로부터 형성되어야 한다면, 해석은 항상 순환하는 방식으로만 학문적 성과를 낼 수 있다. 더구나 전제된 이해내용이 통속적인 인간인식과 세계인식에 근거하고 있을 때는 더욱 그렇다. 해석은 예지, 예시, 예파를 단순한 착상이나 통속적인 개념에 의거해서가 아니라 사태 자체로부터 받아들임으로써 학문적 주제를 확보하는 방식으로만 학문적인 성과를 올릴 수 있는 것이다.

논리학의 가장 기본적 규칙에 따르면 순환은 악순환(circulus vitiosus)이다. 그러나 순환을 악순환으로 간주한다면 역사학적 해석은 엄밀한 인식으로 간주될 수 없게 된다. 그 경우에는 '이해에서의 순환'이라는 사실을 제거하지 않는 한 역사학적 해석은 덜 엄밀한 인식으로 간주될 수밖에 없다. 사람들은 이러한 결함을, 역사학의 대상들이 가지고 있는 정신적 의의에 의해서 보완할 수 있을 것이라고 생각한다. 역사학자 자신들도 이러한 순환을 회피할 수 있게 된다면, 즉 자연인식처럼 관찰자의 입장에 의존하지 않는 역사학을 건립할 수 있다면 이상적일 것이라고 생각한다.

그러나 순환 속에서 어떤 오류(vitiosum)를 보거나 그것을 회피할 방도를 기대한다면——아니 그것을 불가피한 불완전성으로서 느끼는 것만으로도——이해를 근본적으로 오해하는 것이다. 중요한 것은 이해와 해석을 자연과학적인 인식과 같은 특정한 인식을 이상으로 하면서 그것에 따르는 것이 아니다. 그러한 이상적인 인식이란 그 자체가 이해의 한 변종(變種)에 불과하다. 그것은 눈앞의 사물을 본질적으로 이해될 수 없는 것으로 보면서 파악한다는 하는 것을 목표로 한다.

해석을 제대로 수행할 수 있는 근본조건은 이러한 해석을 그것의 본질

적 수행조건과 관련해서 오해하지 않는 것에 존재한다. 결정적인 것은 순환에서 빠져 나오는 것이 아니라 올바른 방식으로 그 속으로 들어가는 것이다. 이해의 이러한 순환은 그 속에서 임의의 인식 양식이 활동하고 있는 하나의 원환(圓環)이 아니라 현존재 자신의 실존론적 '예-구조'의 표현이다. 따라서 순환은 오류로 폄하되어서는 안 된다. 순환 속에는 가장 근원적인 인식의 적극적 가능성이 숨어 있다. 그러나 그러한 가능성은, 해석이 예지, 예시, 예파를 단순한 착상이나 통속적인 개념에 의거해서가 아니라 사태 자체로부터 받아들임으로써 학문적 주제를 확보하는 것이 해석의 궁극적인 과제임을 이해했을 때만 진정한 방식으로 실현된다.

이러한 실존론적 의미에 따르면, 이해는 현존재 자신의 존재가능이기 때문에 역사학적 인식의 존재론적 전제들은 원칙적으로 가장 정밀한 자연과학의 엄밀성이라는 이념을 능가한다. 수학은 자신의 실존론적 기초를 반성하지 않으며 따라서 역사학보다 더 엄밀하지 않다.

이해에서의 순환은 의미의 구조에 속하며, 그러한 순환이라는 현상은 현존재의 실존론적 틀에, 즉 해석하면서 이해한다는 데에 뿌리박고 있다. 세계-내-존재로서 자기의 존재 자체를 문제 삼는 존재자는 하나의 존재론적 순환구조를 가지고 있다.

§33. 해석의 파생적 양상으로서의 명제적 진술

모든 해석은 이해에 근거한다. 해석의 '~으로서'를 통해서 '분절된 것' 자체 및 이해를 통해서 일반적으로 '분절 가능한 것'으로서 제시되는 것이 의미다. 해석은 이렇게 의미를 분절하는 것으로서 그 자체가 어떤 의미를 갖는다. 아울러 명제적 진술 내지 판단이 이해에 근거하면서 해석에서 파생된 수행 형식인 한, 명제적 진술 또한 일정한 의미를 갖는다. 하이데거는 다음과 같은 이유에서 명제적 진술이 갖는 본질적인 성격에 대한 분석이 중요한 의미를 갖는다고 본다.

첫째로 이해와 해석을 구성하는 '으로서'의 구조가 명제적 진술에서 어떻게 변양되는지를 밝힘으로써 이해와 해석의 본질이 보다 분명히 드러날 수 있다.

둘째, 기초존재론의 틀 안에서 명제적 진술의 분석은 특히 중요한 지위를 갖는다. 이는 고대 존재론 이래, 로고스(λγος, 말)는 본래적 존재자에 이르는 통로이자 존재자의 존재를 규정하기 위한 유일한 실마리로 간주되어 왔기 때문이며, 명제적 진술은 옛날부터 진리의 일차적이고 본래적인 장소로서 간주되어 왔기 때문이다.

1. 명제적 진술의 세 가지 의미

명제적 진술은 다음의 세 가지 의미를 갖는다. 이것들은 명제적 진술이라는 현상 자체로부터 길어내어진 것이며 서로 긴밀하게 연관되어 있다.

① 명제적 진술은 일차적으로 보여 줌(Aufzeigung)이라는 의미를 갖는다. 명제적 진술은 로고스의 근원적 의미인 아포판시스(άπφανσις, 제시, 보게 함, 언명)의 성격, 즉 '존재자를 그 자체로 드러낸다'는 성격을 갖는다. '이 망치는 너무 무겁다'는 명제적 진술이 드러내는 것은 로체와 같은 사상가들이 주장하는 것처럼 '의미'가 아니라 망치라는 존재자다. 설령 명제적 진술이 드러내려 하는 이 존재자가 눈앞에 존재하지 않고 우리가 보지 못하는 것이라도 명제적 진술이 드러내려 하는 것은 존재자 자체이지 존재자에 대한 단순한 표상이 아니며, 더구나 진술하는 사람의 심리상태, 즉 존재자에 대한 표상작용이 아니다.

② 명제적 진술은 술어화(述語化)라는 의미를 갖는다. 명제적 진술

에서는 주어에 관해 술어가 진술되며 주어는 술어를 통해 규정된다. 예를 들어 이런 의미의 명제적 진술에서 '진술되는 것', 즉 '규정되는 것'은 망치 자체이며 규정하는 것은 '너무 무겁다'는 술어이다.

명제적 진술의 두번째 의미에서 '진술되는 것', 즉 규정된 것 자체는 명제적 진술의 첫번째 의미에서 '말해진 것'에 비하면 내용상 좁혀진 셈이다. '말해진 것'은 첫번째 의미에서는 '드러내어진' 것이라는 의미를 갖는 바 그것은 '너무 무거운 것으로 존재하는 망치'이다. 이에 대해서 '말해진 것'은 두번째 의미에서는 '망치'이며, 규정하는 것은 '너무 무겁다'라는 술어이다. 이러한 의미에서 하이데거는 두번째 의미에서 '말해진 것'은 내용상 좁혀졌다고 말하고 있다. 다시 말해서 첫번째 의미에서 '말해진 것'은 '망치가 너무 무겁다'는 것, 이에 대해서 두번째 의미에서 '말해진 것'은 주어로서의 망치인 것이다. 그러나 모든 술어화는 '드러내는 성격을 갖는 것'으로서만 술어화로서 기능한다. 따라서 명제적 진술의 두번째 의미의 기초는 첫번째 의미에 있다. 술어화를 통한 분절의 분절지(分節肢)들인 주어-술어는 드러냄 내부에서 자라난다.

술어화를 통한 규정은 모든 사용연관에서 시선을 돌려서 그 존재자 자체에게만 시선을 집중한다. 이에 반해서 둘러봄은 도구를 가지고 사용하는 활동이 목표하고 있는 것을 항상 함께 겨냥한다. 예를 들어서 둘러봄은 망치를 사용하더라도 못을 제대로 박는 것을 염두에 두고 있다. 이 반면에 명제적 진술은 오직 눈앞의 대상에만 집중한다. 이 경우 망치는 우리가 사용하는 존재자로서의 특수성을 상실하고 한갓 눈앞의 대상이 된다. 망치를 사용할 때 우리는 망치이 특수한 존재에 적합한 태도를 취하지만, 그것이 명제적 진술의 대상이 될 경우에 그것은 망치라는 특유의 존재를 상실하고 나무와 쇳덩이의 결합체로서 파악되는 것이다. 즉 사물들이 명제적 진술의 대상이 될 경우에 그것들은 이론적인 고찰이라는 태도에 의해서 파악되는 눈앞의 대상이 되는 것이다.

이와 같이 술어화를 통한 규정은 다만 드러냄의 양상으로서 우리의 시선을 '자신을 드러내는 것'인 이 망치 자체에 한정한다. 이렇게 시선을 분명히 제한함으로써 규정은 드러나는 것(망치)을 그 규정성(너무 무겁다)에서 분명하게 드러나도록 한다. 다시 말해서 규정은 이미 드러난 것——너무 무거운 망치——에 대해서 우선 한걸음 물러난다. 이는 그 존재자를 사용하는 것을 중단하고 그러한 태도로부터 후퇴한다는 것을 의미한다. 명제적 진술은 드러내는 행위를 눈앞의 사물에 집중시킨다. 주어의 정립은 존재자를 거기 있는 망치로 초점을 맞추고 그다음에 초점 겨냥을 해제하여 그것을 일반적인 눈앞의 사물로 파악함으로써, 드러나는 것(망치)을 그것의 규정성에 있어서 드러나게 한다. 주어정립과 술어정립은 서로 일체를 이루면서 존재자를 그 자체로부터 드러낸다.

③ 명제적 진술은 전달(Mitteilung), 즉 발화(Verlautbarung)를 의미한다. 이런 의미에서 명제적 진술은 규정을 통해서 드러난 것을 다른 사람들에게도 '함께 보게 하는 것'이다. 진술된 것은 계속해서 다른 사람들에게 전달될 수 있다. 이와 동시에 드러난 것은 전달되는 과정에서 은폐될 수도 있다. 사람들은 자신들이 직접 확인해 보지도 않고 남에게서 들은 것을 그대로 믿을 수 있으며 이에 따라 잘못된 정보를 믿을 수도 있는 것이다. 설령 다른 사람들에게서 들은 것을 말하는 것이 여전히 존재자 자체를 겨냥하고 있지 로체와 같은 사람이 말하는 것처럼 '여러 사람들에게 전달된 타당한 의미'를 긍정하는 것은 아니더라도 말이다.[8] '들어서

---

8) 하이데거는 여기서 로체의 타당 개념을 비판적으로 분석하고 있지만, 이에 대해서는 이 책의 "§44. 현존재, 개시성 및 진리, a) 전통적 진리 개념과 그 존재론적 기초, 2. 진리 문제와 후설의 지향성 개념" 부분을 참고할 것.

말하는 것'도 세계-내-존재의 한 방식이며 따라서 그것은 '전해들은 존재자'에 대해서 태도를 취하는 것이다.

2. 해석의 파생적 양상으로서의 명제적 진술

위에서 하이데거가 분석한 명제적 진술의 세 가지 의미를 종합하면 명제적 진술은 '전달하면서 규정하는 드러냄'이다. 남은 문제는 하이데거가 명제적 진술을 해석의 한 양상으로서 파악하는 것이 얼마나 정당한가 하는 것이다. 명제적 진술이 해석의 한 양상이라면, 명제적 진술 속에서는 해석의 본질적 구조가 드러나야만 한다. 명제적 진술의 드러내는 작용은 이해에서 이미 개시되거나 둘러봄에 의해서 이미 발견된 것을 토대로 하여 수행된다. 명제적 진술은 아무것도 토대로 하지 않고 그 자체로 존재자 일반을 개시하는 것이 아니라 세계-내-존재를 이미 기반으로 갖고 있는 것이다.

따라서 명제적 진술도 둘러봄에 의한 해석과 마찬가지로 예지와 예시 그리고 예파를 필요로 하지만, 이 경우 예지와 예시 그리고 예파는 독특한 변양을 겪게 된다.

명제적 진술은 개시된 것을 미리 갖는 것, 즉 예지(Vorhabe)를 필요로 하며, 이렇게 개시된 것을 규정하는 방식으로 드러낸다. 이러한 예지에서는 세계는 사용연관의 전체로 이해되고 있는 것이 아니라 눈앞의 존재자들의 총합으로 이해된다.

그리고 우리가 존재자를 명제적인 진술에 의해서 규정하자면 우리는 그것을 더 이상 도구적 존재자로 보지 않고 눈앞의 존재자로 보는 시점의 전환이 필요하다. 이런 의미에서 명제적 진술은 '예시'를 필요로 한다. 이러한 예시를 통해서, 주목되어야 하고 귀속되어져야만 하는 술어

('너무 무겁다'든가 아니면 '500년 전에 만들어졌다')가 존재자(망치) 자체 속에 불명료하게 포함되어 있는 상태에서 추출된다.

규정하면서 전달하는 것으로서의 명제적 진술에는 또한 드러난 것을 유의미하게 분절하는 것이 속한다. 이러한 분절화는 일정한 개념성 안에서 행해진다. 즉 그것은 '존재자는 어떤 성질을 가지고 있다'고 보는 개념성 안에서 움직인다. 이런 예파에 따라서 명제적 진술에서 존재자에 대한 규정은 '이 망치는 무겁다'든가, '무거움은 망치에 속한다', 혹은 '망치는 무겁다는 성질을 갖는다'는 식의 형태를 취하게 된다. 명제적 진술 속에 존재하는 '예파'는 대부분의 경우 눈에 띄지 않는다. 왜냐하면 언어는 이미 완성된 개념성을 자기 안에 감추고 있기 때문이다. 그러나 명제적 진술은 해석 일반과 마찬가지로 예지, 예시, 예파 속에 필연적으로 기초하고 있다.

그런데 명제적 진술은 어느 정도까지 해석의 파생적 양상인가? '이 망치는 무겁다'라는 판단은 '망치라는 이 사물은 무게라는 성질을 가지고 있다'는 '의미'를 갖는다. 그러나 고려하는 둘러봄에서 '이 망치는 너무 무겁다'는 '이 망치가 아니라 다른 망치가 필요하다'는 것을 의미한다. 이러한 근원적인 해석수행은 이론적인 명제적 진술을 통해서가 아니라 아무 말도 하지 않고 부적합한 작업도구를 다른 것으로 교체하는 것을 통해서 행해진다. 그러면 어떠한 실존론적·존재론적 변양을 거쳐서 둘러봄에 의한 해석은 명제적 진술로 변화되는가?

예지 속에 보유되어 있는 존재자, 예컨대 망치는 우선 도구로서 존재한다. 이 존재자가 명제적 진술의 '대상'이 되면 예지 안에서 일종의 전환이 일어난다. 즉, 우리가 사용했던 도구는 드러내는 명제적 진술의 대상이 되는 것이다. 예시는 이제 도구로서가 아니라 눈앞의 사물로서의 망치를 겨냥하는 것이다. 이러한 주시(Hinsicht)를 통해서 망치가 갖는 도구적 성격은 은닉된다. 이와 같이 도구적 성격이 은닉되고 눈앞의 존재라는 성격이 발견되면서 눈앞의 사물은 '이러이러하게 눈앞에 있음'에 있어서 규정된다. 이와 함께 이제 비로소 '성질' 따위에 이르는 통로가 열린다. 명제적 진술이 눈앞의 사물을 어떤 성질을 갖는 것'으로서' 규정할 경우 그러한 성질은 눈앞의 사물 자체로부터 길어 내어진다.

위와 같이 해석이 갖는 '으로서'의 구조는 하나의 변양을 겪는다. **명제적 진술의 '으로서'는 주위세계성을 구성하는 유의의성으로부터는 단절되어 버렸다.** 이 '으로서'는 눈앞의 사물만이 갖는 동질적인 차원에서 나타난다. 그것은 눈앞의 사물을 규정하면서 '단지 드러내는 역할을 하는 것'으로 전락한다. 이와 같이 둘러봄에 입각한 해석의 근원적 '으로서'를 눈앞의 존재라는 성격을 규정하는 '으로서'로 수평화하는 것이 명제적 진술의 특징이다. 오직 그렇게 함으로써만 명제적 진술은 순수한 관조적 제시의 성격을 가질 수 있다.

이상에서 우리는 명제적 진술의 존재론적 유래는 이해하는 해석에 있다는 사실을 보았다. 하이데거는 둘러봄에 의해서 이해하는 해석(ἑρμηνεα, 헤르메네이아)의 근원적 '으로서'를 명제적 진술의 명제적 '으로서'와 구별하면서 실존론적·해석학적 '으로서'라고 부르고 있다.

고려하는 이해 속에 아직 머물러 있는 해석과 눈앞의 사물에 대한 명제적 진술이라는 극단적 반대 경우 사이에는 다양한 중간단계가 있다. 그 중간단계는 주위세계에서 일어나는 일에 대한 진술, 도구의 묘사, 상황보고, 실상의 수록과 확정, 현상(現狀)의 기술, 돌발사건에 대한 이야기 등이 될 수 있다. 이러한 것들은 그 의미가 본질적으로 전도되지 않고서는 이론적 명제적 진술로 전환되지 않는다. 그것들은 이론적 명제적 진술 자신과 마찬가지로 그 근원을 둘러봄에 의한 해석에 두고 있다.

3. 명제적 진술에 대한 전통철학의 해석

전통적인 철학적 고찰에서는 로고스(λγος, 명제적 진술) 자체는 하나의 존재자로, 즉 고대 존재론에 입각하여 하나의 눈앞의 사물로 간주된다. 낱말과 낱말의 결합이 사물처럼 눈앞에 존재하는 것으로 간주되며 그 낱말의 결합 속에서 로고스가 언표된다는 것이다. 그러한 로고스의 구조에 대한 최초의 철학적인 탐구가 발견하는 것은, 많은 낱말들이 눈앞의 사물들처럼 모여 있다는 것이다. 이렇게 모여 있는 것들을 통일하는 것은 무엇인가?

플라톤이 인식한 바로는 그러한 통일성은 로고스는 언제나 '로고스 티노스'(λόγος τινός, 어떤 것에 대한 로고스)라는 데 있다. 로고스에서 드러나는 존재자에 입각하여 여러 낱말들이 하나의 통일된 전체[문장]로 결합된다는 것이다. 이러한 사태를 아리스토텔레스는 한층 더 근본적으로 보았던바, 모든 로고스는 신테시스(σύνϑεσις, 종합)이면서 동시에 디아이레시스(διαίρεσις, 분할)라고 말하고 있다. 즉 그는 긍정판단은 종합이고 부정판단은 분할이라고 말하고 있는 것이 아니라, 모든 판단은 긍정하는 것이든 부정하는 것이든, 참이든 거짓이든, 등근원적으로 결합이자 분리라고 말하고 있다. 드러내는 명제적 진술은 결합이자 분리이다. 물론 아리스토텔레스는 '로고스의 구조 안의 어떤 현상으로 인해서 모든 명제적 진술이 결합과 분리라는 특징을 갖게 되는가'라는 문제를 해명하는 데까지는 이르지 못했다.

아리스토텔레스가 결합과 분리라는 형식적 구조를 통해서 드러내려고 하는 것은 어떤 것이 어떤 것으로서 이해되는 현상이다. 해석은 이렇게 어떤 것을 어떤 것과 통일되어 있는 것으로 파악하면서 동시에 그것들을 서로 나누는 방식으로 이해한다. 그런데 '으로서'의 현상이 은폐되고 특히 그것이 해석학적 '으로서'에서 유래한다는 것이 은폐된 채로 있다면, 로고스의 분석을 위한 아리스토텔레스의 현상학적 단초는 하나의 피상적인 판단론으로 와해되고 만다. 이러한 판단이론에 따르면, 판단은 표상이나 개념의 결합 또는 분리가 되고 만다. 결합과 분리는 더 나아가 하나의 관계로 형식화되기에 이른다. 논리 계산(Logistik)에서 판단은 등식(等式)의 체계로 해소되고 또한 계산의 대상이 되지만, 존재론적 해석의 주제가 되지는 않는다. 결합과 분리가 제대로 이해되기 위해서는 그것들의 존재론적인 기반이 드러나야만 하는 것이다.

이러한 존재론적 문제의식이 로고스를 제대로 해석하는 데 얼마나 중요한지는 '이다'라는 계사(繫辭)의 현상에서 잘 드러나고 있다. 계사라는 이러한 연결끈(Band)에서 분명해지는 것은, 우선 종합구조가 자명한 것으로서 단초에 놓여 있다는 것이며 이러한 종합구조가 계사를 해석하는 데 규준이 되어 왔다는 것이다. 그러나 관계(Beziehung)와 결합(Verbindung)이라는 형식적 성격이 로고스의 본질을 규명하는 데 아무런 기여도 할 수 없다면, 결국 계사라는 명칭이 가리키고 있는 현상도 연결끈(Band)이나 결합(Verbindung)이라는 개념에 의해서는 해명될 수 없게 된다. '이다'라는 계사의 현상은 그것이 독자적으로 표현되든 또는 동사의 어미에서 시사만 되고 있든 실존론적 분석에 의해서만 제대로 해명될 수 있다. 이는 계사가 사용되는 명제적 진술과 이러한 진술의 바탕에 있는 존재이해가 현존재 자신의 실존론적 존재가능성 중의 하나이기 때문이다.

즉 명제적 진술에서 '이다'는 명제적 진술이 갖는 결합과 분리의 성격과 마찬가지로 명제적 진술이 존재자를 그 자체로서 드러내는 것을 목표한다는 것, 다시 말해서 어떤 것을 어떤 것'으로서' 드러낸다는 것을 시사하는 것이다. 명제적 진술은 우리가 존재자들을 사용하면서 존재자들과 이미 맺고 있는 존재관계에 입각하면서 존재자 자체를 드러내는 것을 목표하는 것이며 존재자에 대한 내적인 표상을 형성하는 것을 목표하는 것이 아닌 것이다.

지금까지의 분석에서 중요한 것은 명제적 진술이 해석과 이해에서 파생되었음을 입증함으로써, 로고스에 대한 분석은 현존재의 실존론적 분석에 근거해야 한다는 사실을 분명히 드러내는 것이었다. 로고스에 대한 전통철학의 해석이 존재론적으로 불충분한 것이었을 경우에는 고대 존재론이 서 있는 방법적 기초도 근원적인 것이 아니었다는 사실도 분명해진다. 고대 존재론에서 로고스는 눈앞의 사물처럼 경험되고 그러한 것으로서 해석되며, 그것이 제시하는 존재자도 눈앞의 존재라는 성격을 갖고 있는 것이다.

그리고 눈앞의 존재라는 존재 의미는 다른 존재가능성과 뚜렷하게 구별되지 않고 무차별적인 성격을 갖는 것으로 간주되기 때문에, 그것은 '어떤 것으로 존재함'이라는 순수하게 형식적인 의미의 존재[9]와 융해되어 버리고, 따라서 눈앞의 존재라는 성격과 '어떤 것으로 존재함'이라는 순수하게 형식적인 의미의 존재 간의 영역적 구별조차도 행해질 수 없었다. 다시 말해서 눈앞의 존재 이외에도 도구적인 존재나 인간의 실존과 같은 다른 존재방식들이 있을 수 있다는 것이 간과됨으로써 눈앞의 존재가 존재 일반으로 격상된 것이다.

---

9) 순수하게 형식적인 의미의 존재란 생물적 존재 혹은 신적인 존재와 같은 존재의 특수한 내용들을 완전히 사상해 버린 가장 일반적인 형식적 존재를 가리킨다. 이 경우 존재자들은 생물이라든가 신이 아니라 단순히 '어떤 것'으로 파악된다. 순수하게 형식적인 의미의 존재는 이렇게 모든 내용을 사상해 버린 '어떤 것' 일반의 존재를 가리킨다. 생물적인 존재 혹은 신적인 존재와 같은 존재의 특정한 영역을 파악하는 것을 후설은 영역존재론이라고 부르고 있으며, 가장 일반적인 형식적 존재인 '어떤 것의 존재'를 파악하는 것을 일반존재론이라고 부르고 있다.

§34. 현-존재와 말: 언어

1. 언어의 실존론적 기초로서의 말

세계-내-존재의 개시성을 구성하는 기초적 실존주는 심정성과 이해다. 이해는 해석이란 가능성, 즉 '이해된 것을 구체화하는' 가능성을 간직하고 있다. 심정성이 이해와 더불어 등근원적인 한, 심정성은 일정한 이해 안에 존재한다. 그리고 심정성에는 이해에 대해서와 마찬가지로 일정한 해석 가능성이 대응한다.

앞에서 분석했던 명제적인 진술은 해석의 한 극단적 파생태이다. 명제적 진술의 세번째 의미를 전달이라고 밝힘으로써 우리는 말함(Sagen)과 언명함(Sprechen)이라는 개념에까지 이르게 되었다. 하이데거는 이제 언어(Sprache)라는 현상이 현존재의 개시성의 실존론적 구조에 뿌리박고 있다는 사실을 드러내려고 한다. 언어의 실존론적·존재론적 기초는 말(Rede)이다. 하이데거는 말이란 현상을 이제야 주제적으로 분석하지만 사실은 심정성, 이해, 해석, 명제적 진술을 해석할 때 이미 끊임없이 사용해 왔다고 말하고 있다.

말은 심정성 및 이해와 함께 실존론적으로 동일하게 근원적인 것이다. 이해는 해석으로 구체화되기 이전에 이미 언제나 분절되어 있다. 말은 이해를 분절하는 것이다. 따라서 말은 이미 해석과 명제적 진술의 근저에 놓여 있다. 하이데거는 해석을 통해서 분절되지만 더 근원적으로는 이미 말을 통해서 분절될 수 있는 것을 의미(Sinn)라고 부른다. 말을 통해서 분절된 것 전체를 하이데거는 의의 전체(Bedeutungsganze)라고 부른다. 이러한 의의 전체는 여러 의의로 분해될 수 있다. 여러 의의는 분절 가능한 것이 분절된 것으로서 언제나 의미를 갖는다.

개시성의 이해 가능성의 분절화인 말이 근원적 실존주이고 이러한 개시성이 세계-내-존재에 의해 구성된다면, 말도 본질상 하나의 특수한 세계적 (weltlich) 존재양식을 갖지 않으면 안 된다. 다시 말해서 세계-내-존재의 심정적 이해 가능성은 자신을 말로서 언표한다(Die befindliche Verständlichkeit spricht sich als Rede aus). 이해 가능성의 의의 전체가 낱말이 되어 나타난다. 의의로부터 낱말이 자라나오는 것이다(Den Bedeutungen wachsen Worte zu). 그러나 이는 낱말이라는 사물이 먼저 있고 그것에 의의가 비로소 부여되는 것으로 이해되어서는 안 된다.

말이 밖으로 언표된 것이 언어(Sprache)다. 이것이 낱말 전체성(Wortganzheit)이지만, 말은 고유한 세계적 존재를 가지므로 낱말 전체성은 세계 내부적 존재자로서 하나의 도구처럼 존재한다. 언어는 낱말이라는 사물들로 분리될 수도 있다. 말이 현존재의 개시성을 분절하고 현존재는 세계-내-존재로서 다른 사람들과 더불어 사는 세계에 의존하기 때문에 말은 사람들이 구체적으로 말하고 듣는 언어로 존재하게 된다.

말은 현존재의 개시성의 실존론적 구조로서 현존재의 실존을 구성한다. 말하면서 언명하는 데(das redende Sprechen)에는 듣는 것과 침묵하는 것이 가능성으로서 속한다. 이 두 현상에서 말은 실존의 실존성을 구성하는 기능을 갖는다는 사실이 비로소 완전히 분명해진다. 그러나 이에 대해서는 나중에 분석할 것이며, 당장 중요한 것은 말 자체의 구조를 구명하는 일이다.

2. 말함의 구조

말한다는 것은 세계-내-존재의 이해에 '의의를 부여하면서'(bedeuten) 분절하는 것이지만, 세계-내-존재에는 공동존재가 속하므로 말한다는

것은 고려하는 공동존재의 일정한 방식 속에서 행해진다. 고려하는 공동
존재는 승인하고, 거절하며, 권고하고, 경고하며, 언표하고, 상담하며, 대
변하고, 연설하는 방식으로 말하면서 존재한다. 하이데거는 말한다는 것
의 구조를 다음과 같이 분석하고 있다.

① 말한다 함은 '……에 대해 말함'이다. 그러나 말의 화제가 되는 것
이 반드시 규정적인 명제적 진술의 주제라는 성격을 가지고 있는 것은
아니며 또한 대부분의 경우는 그렇지 않다. 명제적 진술의 경우처럼 화
제가 되는 대상이 주어라는 형태로 명시되지 않을 경우에도, 말함은 어
떠한 종류의 것이라도 화제가 되는 대상을 갖는다. 명령도 '……에 대해'
발해지며 소망도 무엇에 대한 소망이다. 말은 심정성과 이해와 함께 세
계-내-존재로서의 현존재의 개시성을 구성하는 근본적인 계기이기 때
문에 세계 내에 속하는 존재자를 화제의 대상으로 가질 수밖에 없는 것
이다.

② 명제적 진술을 분석할 때 이미 지적된 것처럼 전달이라는 현상은
존재론적으로 넓은 의미로 이해되어야 한다. 명제적으로 진술하는 방식
의 전달, 예컨대 '보고'는 실존론적으로 파악된 전달의 한 특수한 경우에
지나지 않는다. 실존론적으로 파악된 전달은 공동존재의 공통된 심정성
과 이해내용을 다른 사람들과 함께 나누는 것이다. 전달은 어떤 주관적
인 체험을, 예컨대 의견이나 소망을 한 주관의 내면에서 다른 주관의 내
면으로 옮기는 것이 결코 아니다. 공동 현존재는 본질상 이미 공동의 심
정성과 공동의 이해 안에서 개시되어 있다. 공동존재는 말을 통해서 분
명히 공유된다.

③ '……에 대한 모든 말'은 동시에 말하는 사람 자신의 심정을 언표
하는 성격을 가지고 있다. 현존재는 말하면서 자기를 표명하지만 그것
은 우선 현존재가 자신 안에 고립된 채로 있어서가 아니라 도리어 세계-

내-존재로서 이해하면서 이미 외부에 나와 있기 때문이다. 언표된 것은 곧 외부에 나아가 있음, 즉 심정성(기분)의 그때그때의 방식이다. 심정성은 내-존재의 한 방식이다. 말의 심정성은 음성의 억양과 템포 등을 통해서 나타난다. 심정성의 실존론적 여러 가능성들을 전달하는 것, 즉 실존의 개시는 시어(詩語)의 고유한 목표가 될 수 있다.

말이란 세계-내-존재의 심정적 이해에 의의를 부여하면서 분절하는 것이다. 말에 속하는 구조계기들은 말의 주제가 되는 것, 말해진 내용 자체, 전달 및 자기 표명이다. 이러한 구조계기들은 단지 경험적으로 언어에서 주워모은 특성들이 아니다. 그것들은 현존재의 존재구조에 뿌리박은 실존론적 성격을 가지며 이 성격이 언어를 존재론적으로 비로소 가능케 하는 것이다.

언어의 본질을 파악하려는 전통적인 시도는 언제나 이 계기들의 어느 하나를 실마리로 삼아 왔다. 즉 그것은 언어를 표현, 상징적 형식, 명제적 진술로서의 전달, 체험의 고지(告知) 또는 삶의 형태 등의 이념을 길잡이로 해서 파악했다. 그러나 말에 속하는 이러한 계기들을 절충적으로 종합하는 것으로는 언어에 대한 완전하고 만족할 만한 정의는 얻어질 수 없다. 언어의 본질을 파악하기 위해서는 현존재의 분석에 근거해서 말의 존재론적·실존론적 전체 구조를 파악해야 한다.

3. 말과 들음

말이 이해 및 이해 가능성과 관련되어 있음은 말 자체에 속하는 하나의 실존론적 가능성, 즉 '들음'에 의해 분명해진다. 우리가 제대로 듣지 않았을 때 '이해하지 못했다'고 말하는 것은 우연이 아니다. 들음은 말함을 구성하는 불가결한 요소다. 그리고 언어가 음성으로 표현되는 것이 말에 근거하듯이 음향의 지각은 들음에 근거한다. 누구의 말을 듣는다는 것은 공동존재로서의 현존재가 다른 사람에게 개방되어 있다는 것이다.

그뿐 아니라 듣는 것은 현존재라면 누구나 갖고 있는 양심의 소리를 듣는 것으로서 현존재의 가장 고유한 존재가능성에 대한 현존재의 일차적이고 본래적인 개방성을 구성한다. 현존재는 이해하기 때문에 듣는다. 다른 사람과 함께 이해하고 있는 세계-내-존재로서, 현존재는 공동 현존재 및 자기 자신에게 귀를 기울이고 이렇게 귀를 기울이면서 공동 현존재 및 자기 자신을 형성한다. 서로 듣고 귀를 기울이는 가운데 공동존재가 형성되지만, 서로 듣고 귀를 기울이는 데는 순종하고 협조하는 방식들도 존재할 뿐 아니라 불복, 반항, 불손, 이반 등의 결여적인 양상들도 존재한다.

실존론적으로 일차적인 이 '들을 수 있음'을 근거로 해서 경청 따위가 가능하다. 경청 자체는 심리학에서 우선 '듣는 것'이라고 규정한 것보다, 즉 음향의 지각이나 음성의 지각보다 현상적으로 훨씬 더 근원적이다. 경청도 이해하면서 듣는다는 존재양식을 가지고 있다. 우리가 우선 듣는 것은 단순한 소음이나 잡음이 아니라 삐걱거리는 차, 오토바이, 행진하는 종대(縱隊), 북풍(北風), 나무를 쪼는 딱따구리, 후드득거리는 불길 등의 소리다.

의미를 결여한 순수한 소리를 듣기 위해서는 오히려 극히 인위적이고 복잡한 조작이 필요하다. 그러나 우리가 우선 오토바이 소리나 차 소리를 듣는다는 것은, 현존재가 세계-내-존재로서 그때마다 이미 세계 내부적 도구와 관계하는 것이지 감각들에 관계하는 것이 아니라는 사실에 대한 증거이다. 현존재는 본질상 이해하는 자로서 우선은 이해된 세계 내부적 도구에 관계하고 있다. 의미를 결여하고 있는 순수한 감각이란 그 의미가 이미 이해되어 있는 것으로부터 작위적으로 추상한 것이다.

다른 사람의 말을 분명하게 들을 때에도 우리가 우선 이해하는 것은 말의 내용이지 순수한 소리가 아니다. 더 정확하게 말하면, 우리는 처음부터 다른 사람과 함께 화제가 되고 있는 존재자에 몰입하고 있다. 바꿔 말하면 우리가 우선 듣는 것은 음성을 통해서 발음된 것이 아닌 것이다. 발음이 불분명하거나 더욱이 외국어의 경우에도 우선적으로 우리가 듣는 것은 이해되지 않은 낱말이지 단순한 소리가 아니다.

화제가 되고 있는 것을 자연스럽게 들을 때 우리는 물론 말해지고 있는 방식, 즉 어조(語調)를 동시에 들을 수 있지만 그것도 말의 내용을 미리 함께 이해할 때에만 가능하다. 왜냐하면 말의 내용을 그렇게 미리 이해하고 있어야만 말해지고 있는 방식이 화제가 되는 것에 적합한지 어떤지를 평가할 수 있기 때문이다. 그와 마찬가지로 대답하는 것도 우선 공동존재 속에서 서로 공유하는 화제에 대한 이해로부터 직접적으로 비롯되는 것이다.

말함과 들음의 실존론적 가능성이 주어져 있는 경우에만 누구나 경청할 수 있다. 귀가 멀어서 들을 수는 없고 느낄 수만 있는 사람도 대단히 잘 경청할 수 있는 것은 바로 그 때문이다. 건성으로 듣는 것은 들으면서 이해하는 것의 한 결여태이다. 말함과 들음의 근거는 이해에 있다. 이해는 많은 것을 말하는 데서 생기는 것도 아니고 분주하게 듣고 돌아다니는 데서 생기는 것도 아니다. 이미 이해하고 있는 자만이 귀를 기울일 수 있는 것이다.

4. 말과 침묵

말의 또 하나의 본질적 가능성, 즉 침묵도 동일한 실존론적 기초를 가지고 있다. 서로 말하는 가운데 침묵하는 자는 끝없이 지껄이는 자보다 더 본래적으로 이해하고 있을 수 있다. 어떤 것에 관해 수다를 떤다고 해서 그것에 대한 이해가 깊어지지는 않는다. 이와 반대로 쓸 데 없이 지껄이는 것을 통해서 수다의 주제가 되는 것이 보다 명료하게 이해되지는 않고 단지 명료하게 이해되는 것처럼 보일 뿐이며 사실은 상투적으로 이해될 뿐이다.

침묵은 단순히 말이 없다는 것을 의미하는 것은 아니다. 단순히 말이 없다는 것은 도리어 발언하려는 경향을 가지고 있다. 어떤 사람이 말이 없다는 것은 그가 침묵할 수 있다는 것을 증명하지 않을 뿐 아니라 증명할 수도 없다. 천성적으로 말수가 적다는 것은 말이 없다는 것과 마찬가지로 그가 침묵하고 또 침묵할 수 있다는 것을 의미하지는 않는다.

아무것도 말하지 않는 사람이라고 해서 본래적으로 침묵할 수 있는 것은 결코 아니다. 진정하게 말하는 가운데에서만 본래적으로 침묵할 수 있는 것이다. 침묵할 수 있기 위해서는 현존재는 말해야 할 어떤 것을 가지고 있지 않으면 안 된다. 즉 그 자신을 본래적이고 풍부하게 개시할 수 있지 않으면 안 된다. 그때 묵언(默言)은 사태를 드러내고 빈말을 삼간다. 묵언은 말함의 양상으로서 현존재의 이해 가능성을 근원적으로 분절하기 때문에 묵언에서부터 진정한 '들을 수 있음'과 투명한 공동존재가 생기는 것이다.

5. 언어에 대한 전통철학의 해석이 갖는 한계

심정성과 이해에는 말이 본질적으로 속해 있고 현존재는 세계-내-존재이기 때문에, 현존재는 말하는 세계-내-존재이다. 현존재는 언어를 가지고 있다. 그리스인들은 그들의 일상적 실존을 서로 말함으로써 수행했다. 따라서 그들이 철학 이전의 현존재 해석이나 철학적 현존재 해석에서 인간의 본질을 초온 로곤 에콘(ἔον λγον ἔχον, 말하는 동물)이라고 규정한 것은 우연한 일이 아니다. 인간에 관한 이 정의를 후세에서는 animal rationale, 즉 '이성적 생물'이라고 해석하였다. 이러한 해석은 틀린 것은 아니지만 현존재에 관한 이러한 정의가 획득된 현상적 지반은 은폐되고 말았다.

인간은 말하는 존재자로서 자신을 드러낸다. 이것은 현존재가 단순히 소리를 낼 수 있다는 것이 아니라, 인간이라는 존재자는 세계와 현존재 자신을 발견하는 방식으로 존재한다는 것을 의미한다. 그리스인들에게는 '언어'(말이 밖으로 언표된 것)에 해당하는 낱말이 없고, 그들은 언어에 해당하는 현상을 우선 '말'(로고스)로서, 즉 세계와 현존재 자신을 개시하는 말로서 이해하였다. 그러나 철학적 성찰에서 로고스는 주로 명제적 진술로서 파악되었기 때문에 말의 형식들과 요소들의 근본구조의 해명은 명제적 진술로서의 로고스를 실마리로 하여 수행되었다. 문법학도 자신의 기초를 이러한 로고스의 논리학에서 찾았다. 이러한 논리학은 눈앞의 사물에 관한 존재론에 근거한다. 후세의 언어학에 전승되었고 원칙적으로는 오늘날에도 여전히 규준이 되고 있는 의미범주(Bedeutungskategorien)는 명제적 진술로서의 '말'을 단서로 삼고 있는 것이다.

이에 반해 말을 실존주로서의 원칙적인 근원성과 폭에서 받아들인다면, 언어학을 존재론적으로 더 근원적인 기초 위에 옮겨 놓을 필요성이 있다. 문법학을 논리학에서부터 해방시키는 과제를 위해서는 실존주로서의 말 일반의 근본구조에 대한 적극적 이해가 선행적으로 필요하다. 그것은 전승된 것을 추후적으로 개선하고 보충하는 것에 의해서 수행될 수는 없다.

이 점을 고려한다면, 문제가 되어야 하는 것은 이론적 고찰에서 인식되고 명제 속에서 표현된 세계 내부적 존재자만이 아니라 이해 가능한 것 일반을 의미에 적합하게 분절하는 근본형식들이다. 의미론 (Bedeutungslehre)이라는 것은 다양한 언어들을 가능한 많이 비교하면 저절로 생겨나는 것이 아니다. 마찬가지로, 가령 훔볼트(Wilhelm von Humboldt)가 언어를 문제 삼은 철학적 지평을 그대로 수용하기만 하면 그것으로 족한 것도 아니다. 의미론은 현존재의 존재론에 뿌리박고 있다. 의미론의 성패(成敗)는 현존재의 존재론의 운명에 달려 있다.[9]

철학적 연구는 언어 일반이 어떤 존재양식을 갖는가를 묻지 않으면 안 된다. 언어는 세계 내부적으로 존재하는 도구인가 아니면 현존재의 존재양식을 갖는가 또는 이 양자 중 어떤 것도 아닌가? 언어의 존재는 어떠한 존재양식을 갖기에 사멸할 수 있는가? 어떤 언어가 생장하고 궤멸한다는 것은 존재론적으로 무엇을 의미하는가? 오늘날 언어를 연구하는 언어학이라는 학문이 있기는 하지만 그 언어학이 주제로 삼고 있는 존재자의 존재는 아직 은폐된 채로 있다. 더 나아가 그러한 존재를 묻기 위한 지평조차 은폐되어 있다. 의미들은 우선 대부분의 경우는 세계적인 의미들, 세계의 유의의성에 의해 선행적으로 규정되어 있는 의미들, 심지어 자주 공간적 의미들이다. 그것은 우연한 일이 아니다. 이러한 사실은 실존론적·존재론적으로 볼 때 필연적이다. 철학적 연구는 사태 자체를 탐구하기 위해서, 명제적 진술을 단서로 삼으면서 세계-내-존재로서의 현존재의 존재를 고려하지 않는 '언어철학'을 단념해야 한다.

언어에 대한 이상의 해석은 오로지 현존재의 존재구조 내부에서 언어 현상이 차지하는 존재론적 장소를 제시하고, 특히 바로 아래에서 행

---

10) 여기에서 하이데거는 아마도 카시러와 같은 사람의 시도를 염두에 두고 있다고 할 수 있다. 카시러는 그의 『상징형식의 철학 1권: 언어』에서 훔볼트의 탐구를 실마리로 삼아서 다양한 언어들을 비교분석하고 있다.

해질 분석을 준비하는 것을 의도했다. 바로 아래에서 행해질 분석에서는 말이라는 기초적 존재양식을 실마리로 하여 현존재의 일상성을 존재론적으로 더 근원적으로 파악해 볼 것이다.

B. '현'의 일상적 존재와 현존재의 퇴락

일상적 세계-내-존재로서의 세상 사람은 특유의 심정성과 이해, 특유의 말과 해석에 의해서 특징지어진다. 하이데거는 우선 세상 사람의 개시성, 즉 말, 시각(Sicht) 및 해석의 일상적 존재양식을 드러내고 있다.

§35. 빈말

일상적 실존에서 세계와 자기 자신에 대한 현존재의 이해는 세상 사람의 말에 의해서 규정되어 있다. 말은 대부분의 경우 언표되며 이렇게 언표된 말에는 이미 이해된 내용과 해석이 포함되어 있다. 언표된 언어는 그것이 분절한 의의연관 전체에 개시되어 있는 세계의 이해를 보존하고 있으며 다른 사람의 공동 현존재와 그때마다의 자신에 대한 이해도 보존하고 있다. 아울러 이러한 이해내용은 언표되어 있는 언어에서 이미 일정한 방식으로 '해석되어 있다'. 즉 세계와 인간 자신에 대한 현존재의 평균적 이해는 세상 사람의 말이 포함하고 있는 해석에 의해 규제되고 있다.

평균적인 이해 가능성은 언표되는 언어 속에 이미 존재하며 언어를 통해서 다른 사람들에게 전달된다. 그렇지만 듣는 자는 우선 대부분의 경우는 '화제가 되고 있는 것'을 근원적으로 이해하는 데까지 이르지는 못하며 '이야기되고 있는 것'을 듣는 데 그칠 뿐이다. 그럼에도 사람들이 '이야기되고 있는 것'을 동일하게 듣는 것은, 사람들이 이 '이야기되고 있는 것'을 동일한 평균성에 있어서 이해하기 때문이다. 평균적인 공동존재에서 사람들이 관심을 갖는 것은 이야기되고 있는 내용이 얼마나 사태에 부합되느냐는 것보다는 단순히 이야기되고 있다는 사실 자체이다. 따라서 말은 화제가 되는 존재자에 대한 일차적인 존재관계를 상실하게 되고, 현존재는 말을 이러한 존재자를 근원적으로 이해하는 방식으로 전달하는 것이 아니라 자신이 들은 것을 단순히 따라 말하는 식으로 다른 사람들에게 전달한다. 이렇게 이야기되고 있는 것은 점차 퍼져나가면서 권위를 갖게 된다. 이렇게 해서 말은 '빈말'이 된다.

빈말은 우리가 존재자를 진정으로 발견하는 것을 막는다. 빈말은 빈말의 대상이 되고 있는 것에 대한 이해가 이미 완성되어 있다고 잘못 생각하고 있기 때문에 모든 새로운 물음과의 대결을 방해한다. 현존재는 우선 일상적인 해석 속에서 성장하며 그것으로부터 탈출하기 어렵다. 그러나 모든 진정한 이해, 해석, 전달, 재발견 및 새로운 취득은 이러한 일상적인 해석 안에서 그것과 대항하여 수행된다. 공공적인 해석은 기분에 젖는 가능성들까지도, 즉 현존재에게 세계가 와 닿는 근본양식들까지도 이미 결정하고 있다. 세상 사람은 심정성을 미리 규정하면서 사람들이 무엇을 보고 어떻게 보아야 할지를 규정한다.

§36. 호기심

현존재는 궁극목적을 정점으로 하는 용도 전체성으로서의 세계를 이해와 심성성을 통해서 개시한다. 현존재의 이러한 개시성이야말로 하이데거는 전통철학이 말했던 이성의 개시능력으로서의 자연의 빛(lumen naturale)이라고 본다. 현존재가 존재자들을 본다는 것, 즉 '봄'(Sicht)은 이러한 개시성의 빛에 의해서 비로소 가능하게 된다. 현존재가 이미 개시성에 의해서 자신의 세계를 밝히고 있고 자신이 관계하는 존재자들의 존재를 밝히고 있기 때문에 현존재는 존재자들을 볼 수도 있다. 그런데 현존재가 존재자들을 보는 것에는 여러 방식이 있을 수 있다. 단순히 호기심에 입각해서 볼 수도 있으며 아니면 아리스토텔레스가 말하는 것처럼 경이롭게 볼 수도 있다.

하이데거는 '봄'의 근본구조는 일상적이고 평균적인 실존이 '본다는 행위'(Sehen)에 대해 가지고 있는 독특한 존재경향에서 드러난다고 본다. 이러한 존재경향을 하이데거는 호기심이라고 부르고 있다. 세계-내-존재는 보통 자신이 종사하는 일에 몰입해 있다. 그런데 우리는 가끔 일을 중단하고 휴식을 취할 수 있다. 휴식 중에 우리는 그동안 몰입해 있던 일에서 벗어나 특별히 신경 쓸 아무것도 갖지 않게 된다. 이에 따라서 사물들에 대한 우리의 시야는 우리가 처리해야 할 특별한 일에 사로잡히지 않고 자유롭게 풀려난다. 그리고 이와 함께 우리의 시선은 우리가 처리해야 할 당장의 일거리를 떠나서 멀고 낯선 세계로 향하게 된다.

이 경우 우리는 세계의 외관만을 보게 되고 그러한 외관에만 끌리게 된다. 이렇게 그 시야가 자유로워진 호기심은 '보려고' 하지만 그것은 자신에게 보이는 것을 진정으로 이해하기 위해서, 즉 보이는 것과 진정한 존재관계를 맺기 위해서가 아니라 그냥 보기 위해서 볼 뿐이다. 호기심은 새로운 것에서 새로운 것으로 뛰어넘어 가기 위해서 새로운 것을 찾을 뿐이다. 호기심은 세계가 제공하는 다양한 볼거리들에 자신을 내맡기는 것이다. 이러한 호기심은 가까운 것에 머무르지 않는다는 성격을 갖는다.

호기심이 추구하는 것은 세계를 관조하면서 여유를 즐기는 것이 아니라 마주치는 것을 끊임없이 교체함으로써 초조와 흥분을 맛보는 것이다. 이렇게 어느 것에도 그리고 아무 곳에도 머무르지 않음으로써 호기심은 우리의 관심을 분산시킨다(Zerstreuung). 호기심이 갖는 이러한 성격을 하이데거는 아리스토텔레스가 철학의 근본기분이라고 지칭했던 경이, 즉 경탄과 함께 존재자를 보는 것과 대조하고 있다. 호기심에게 중요한 것은 경이를 통해 의문에 사로잡히는 것이 아니라 하나의 앎이지만 그러나 이러한 앎은 단지 알아두기 위한 앎에 불과하다.

호기심은 첫째로는 자신이 몰입해 있는 주위세계에 머무르지 않으며, 둘째로는 새로운 가능성들을 향해 관심이 분산되어 있다는 두 가지 계기로 구성되어 있다. 이에 따라서 호기심은 무정주성(無定住性)이라는 본질적 성격을 갖는다. 호기심은 도처에 있지만 어느 곳에도 안주하지 않는다. 호기심에 사로잡힌 현존재는 이런 의미에서 뿌리가 뽑혀 있는 존재다.

빈말은 호기심과 긴밀히 결부되어 있으며 사람들이 무엇에 대해서 호기심을 가져야 할지를 규정해 준다. 즉 빈말은 사람들이 어떤 것을 읽고 어떤 것을 보아야 하는지를 규정한다. '도처에 있으면서도 아무 데도 없는' 호기심은 빈말에게 내맡겨져 있다. 빈말과 호기심은 이렇게 서로가 서로를 조장하면서 현존재의 뿌리상실을 강화한다. 호기심에게는 감추어져 있는 어떠한 비밀스러운 차원도 존재하지 않으며, 빈말에게는 우리가 이해할 수 없는 심연적인 차원은 존재하지 않는다.

그러나 빈말과 호기심은 현존재에게 나름대로의 흥분과 긴장을 제공하기에 현존재는 빈말과 호기심에 사로잡혀 있으면서도 자신이 진정으로 생생한 인생을 살고 있다고 착각하게 된다. 이러한 거짓이 일상적 현존재의 자기이해를 특징지으며 하이데거는 그러한 거짓을 애매성이라고 부르고 있다.

§37. 애매성

애매성이란 무엇이 진정한 것이고 무엇이 그렇지 않은지를 결정하기 어려운 상태를 말한다. 사람들은 빈말과 호기심에 사로잡혀 있으면서 일상적으로 통용되고 누구나 떠드는 것을 진리로 여기지만, 그것은 사실은 진리가 아닌 것이다. 이러한 애매성은 다른 인간들과 사물들에 대한 이해뿐 아니라 현존재의 자기이해마저도 규정한다. 앞에서 언급한 것처럼 현존재는 빈말과 호기심에 사로잡혀 있는 삶을 살면서도 그러한 삶을 생생하고 진정한 삶으로 착각한다. 그러한 삶에서는 모든 것이 진정으로 이해되고 파악되며 언표된 것처럼 보이지만 실상은 그렇지 않다.

애매성에 의해서 규정되어 있는 빈말과 호기심이 관심을 갖는 것은, 진정으로 새롭게 창조된 것이라 하더라도 그것이 출현할 때는 공중에게는 이미 낡았다고 여겨지게 하는 것이다. 가령 사람들이 예감하고 감지했던 어떤 것이 어느 날 실제로 실현되었을 경우 이렇게 실현된 사태 자체에 대한 관심은 곧 사라진다. 이는 이러한 관심은 근본적으로 빈말과 호기심에 의해서 규정되어 있기 때문이다. 사람들이 함께 예감한 것이 실현되는 것을 보게 되면, 빈말은 재빠르게 '그것은 누구나 할 수 있었던 일'이라고 말하면서 '누구나 그것을 함께 예감했기 때문에 그것은 결국 실현될 수밖에 없었던 일'이라는 식으로 말한다. 아니 빈말은 그것이 예감했고 부단히 요구했던 것이 실제로 일어나게 되면 오히려 실망하게 되고 화를 내게 된다. 그렇게 되면 빈말은 계속해서 예감할 기회를 갖지 못하게 되기 때문이다.

따라서 가장 목청 높은 빈말과 가장 영리한 호기심이 지배하는 곳에서는 아무리 많은 일이 일어나더라도 근본적으로는 아무 일도 일어나지 않는다. 이러한 애매성은 호기심에게는 언제나 호기심이 찾는 것을 슬며시 건네주고, 빈말에게는 마치 빈말에 의해 모든 것이 결정되는 듯한 가상을 부여한다.

이러한 애매성은 사람들 간의 공동존재 자체도 철저하게 지배한다. 다른 사람은 우선 사람들이 그에 관해서 들은 것, 사람들이 그에 관해 말하는 것에 근거하여 우리에게 개시된다. 세상 사람이라는 존재양식을 가진 공동존재는 서로 떨어져서 무관심하게 나란히 존재하는 것이 아니라 애매하게 긴장하면서 서로를 살피고 남몰래 서로 엿듣는다. 사람들은 호의라는 가면을 쓰고 반목을 연출한다. 이러한 존재방식은 우리가 앞에서 살펴보았던 격차성, 즉 세상에서 자신의 위상을 올리려는 경향성에 입각해 있다.

§38. 퇴락과 내던져져 있음

이상에서 보듯이 빈말, 호기심 및 애매성은 서로 내밀하게 결합되어 있으며 서로가 서로를 조장한다. 그리고 그렇게 서로 내밀하게 결합되어 있는 빈말, 호기심, 애매성이 현존재의 일상적인 존재양식을 규정한다. 이러한 존재양식을 하이데거는 퇴락이라고 부른다.

1. 퇴락의 근본 특성: 유혹, 안심시킴, 소외

퇴락이라는 존재양식에서 현존재는 세상 사람의 공공성 속에서 자신을 상실하고 있다. 다시 말해서 일상적인 현존재는 퇴락이라는 존재양식에서는 자신이 어떠한 가치와 의미를 추구해야 하는지를 스스로 문제 삼지 않고, 세상 사람이 제시한 가치와 의미를 자명한 것으로 받아들일 뿐이다. 현존재는 자신의 본래적인 존재가능성에서 떨어져 나와 세상 사람의 세계 속에 퇴락해 있다. 세상 사람의 세계 속에 퇴락해 있다는 것은 빈말, 호기심 및 애매성에 의해서 규정되는 공동존재에 빠져 있음을 뜻한다. **현존재는 항상 빈말과 '공중의 해석'에 의해 규정되면서 세상 사람의 삶 속에서 자신을 상실하거나 지반을 상실할 수 있는 가능성에 지속적으로 처해 있다. 이는 현존재가 '퇴락으로 부단히 유혹을 받고 있다'는 사실을 의미한다. 세**

계-내-존재는 그 자체로 유혹적이다.

빈말과 애매성 그리고 호기심에 의해서 규정되어 있는 일상적 세계-내-존재는 만사를 이미 보았고 만사를 이미 이해했다고 생각하면서 자신이 삶의 확실성과 진정함 그리고 풍부함을 이미 확보하고 있다고 생각한다. 이러한 단호한 자기 확신으로 인해서 현존재는 자신이 본래적인 이해를 필요로 하지 않는다고 생각하게 된다. 완전하고 진정한 삶을 살고 있다고 생각하면서 현존재는 만사가 최상의 상태로 진행되고 있다고 안심한다. 퇴락해 있는 세계-내-존재는 자기 자신을 유혹하면서 동시에 자신을 항상 안심시킨다(beruhigend). 그리고 현존재는 이렇게 안심하면서 오히려 더욱 퇴락해 간다.

그러나 이렇게 만사가 최상의 상태로 진행되고 있다고 안심한다고 해서 일상적인 현존재가 무위도식한다는 것은 아니다. 오히려 현존재는 자신의 일상적인 삶을 바쁘게 수행하면서 산다. 아울러 사람들은 가장 낯선 문화에 호기심을 가지면서 이러한 낯선 문화와 자신의 문화를 종합하면 자기 자신을 진정하게 이해할 수 있을 것이라고 생각한다.[11] 사람들은 다양하게 호기심을 가지면서 모든 것을 알게 되면 현존재에 대한 보편적이면서도 진정한 이해를 획득할 수 있다고 착각하는 것이다. 그러나 이 경우에는 도대체 무엇이 본래적으로 이해되어야 하는가는 근본적으로 규정되어 있지도 않으며 물어지지도 않은 채로 있다.

따라서 사람들이 이해하지 못하고 있는 것은 이해 자체는 하나의 존재가능성으로서 오직 가장 독자적으로 실존하는 현존재에게만 진정하게 주어질 수 있다는 것이다. **자신이 모든 것을 알고 있고 이해하고 있다고**

---

11) 여기서도 하이데거는 카시러와 같은 사람에 의해서 시도되었던 문화철학을 염두에 두고 있는 것 같다.

생각하면서 현존재는 자신의 가장 고유한 존재가능성을 스스로 은폐하는 소외로 내몰린다. 퇴락해 있는 세계-내-존재는 유혹적이고 안심을 시키면서 소외시키는 성격을 갖는다.

그러나 이러한 소외는 현존재가 자기 자신에 대해서 아무런 관심도 갖지 않게 되는 것을 의미하지는 않는다. 반대로 소외는 현존재로 하여금 성격학이나 유형학 등을 통해서 자신을 끊임없이 분석하게 하는 방식으로 나타날 수 있다. 이러한 소외는 현존재에게 그의 본래성과 가능성을 폐쇄해 버리지만 그렇다고 해서 그것은 현존재를 자기 자신이 아닌 다른 존재자에게 넘겨주는 것이 아니라 현존재 자신의 비본래적인 존재양식 안으로 몰아넣는다.

2. 전락으로서의 퇴락

유혹, 안심시킴, 소외라는 현상들은 퇴락이라는 특수한 존재양식이 갖는 성격이며 현존재는 그러한 현상들에 의해서 끊임없이 비본래적인 존재양식으로 휘말려 들어간다. 이렇게 휘말려 들어가는 현상을 하이데거는 전락(轉落, Absturz)이라고 부른다. 현존재는 비본래적 일상성의 지반상실과 공허함 안으로 전락한다. 그러나 이러한 전락은 세간적인 해석에 의해서 오히려 고양이나 구체적 삶으로 해석되며, 자신이 실은 전락하고 있다는 사실은 현존재에게는 은폐된다. 현존재는 그러한 전락으로 인해서 자신의 본래적인 가능성들을 기투하지 못하게 되고 오히려 자신이 일체를 소유하고 있으며 성취하고 있다고 안심하게 된다. 이렇게 현존재를 본래성으로부터 끊임없이 이탈시키면서도 현존재로 하여금 자신이 본래적으로 존재하고 있는 것처럼 착각하게 하는 퇴락의 운동양식을 하이데거는 소용돌이(Wirbel)라고 부르고 있다.

소용돌이는 동시에 현존재의 존재성격인 내던져져 있음(Geworfen-heit)이 가진 던짐이라는 성격과 동성(動性)을 드러낸다. 현존재의 현사실성에는, 현존재가 현존재로서 존재하는 한 세상 사람의 삶에 내던져져 있다는 것, 그리고 세상 사람의 비본래성이라는 소용돌이 속에 휘말려 있다는 사실이 속한다.

그러나 본래적인 실존은 퇴락해 있는 일상성과 따로 독립해서 존재하는 어떤 것이 아니라 이러한 일상성이 변양된 것이다. 우리가 비본래적으로 살고 있을 경우 본래적인 실존의 삶은 우리에게 은닉되어 있다. 그렇지만 이러한 은닉성은 개시성의 결여태일 뿐이다. 다시 말해서 이렇게 은닉되어 있다고 해서 본래성의 차원이 우리에게서 완전히 제거되어 있지는 않다.

비본래성은 어디까지나 본래적인 실존 가능성으로부터의 도피로서 행해진다. 그리고 이렇게 우리가 본래적인 실존 가능성으로부터 도피한다는 사실은 본래적인 실존 가능성이 우리가 의식할 수는 없지만 어떤 의미에서 우리에게 이미 개시되어 있다는 사실을 암시한다. 하이데거는 이러한 사태와 관련하여, 현존재가 자기 자신에 직면해서 그것으로부터 도피할 때 그러한 자기는 그렇게 도피하는 현존재 뒤에 따라 붙는다고 말하고 있다. 현존재가 그렇게 자기 자신으로부터 등을 돌리는 가운데 그러한 자기는 이미 개시되어 드러나(da) 있다는 것이다.

그러한 자기는 우리가 일상적인 주위세계에서 집착하고 있는 존재자들의 무의미성을 드러내는 방식으로 그리고 그와 함께 그러한 존재자들이 우리 자신의 본래적인 가능성이 아니라는 사실을 드러내는 방식으로 항상 자신을 개시하고 있다. 다만 우리는 그러한 자기를 보지 않으려고 하면서 일상적인 존재자들에게 더욱더 강하게 집착하는 것이다.

6장 현존재의 존재로서의 마음씀

5장의 주도적 물음은 현존재의 현(개시성)의 존재에 향해 있었다. 즉 현존재에 본질적으로 속하는 개시성의 존재론적 구조가 문제되었다. 이 개시성은 심정성, 이해, 말에 의해 구성된다. 개시성의 일상적 존재양식은 빈말, 호기심, 애매성에 의해 성격지어진다. 이 세 가지는 유혹하고 안심시키며 소외시키고 사로잡는다는 본질적 성격을 갖는 퇴락이라는 운동양식에 의해 규정되어 있다. 이상의 분석과 함께 현존재의 실존론적 구조 전체가 그것의 주요 특성에 있어 제시되었으며 현존재의 존재를 마음씀(Sorge)으로서 포괄적으로 해석할 수 있는 현상적 지반이 획득되었다.

하이데거는 6장에서 현존재의 존재를 마음씀으로 해석하고 있다.

§39. 현존재의 구조 전체의 근원적 전체성에 대한 물음

1. 현존재의 탁월한 개시성으로서의 불안

세계-내-존재의 각 계기들은 서로 분리될 수 있는 부분들이 아니라 하나의 통일적인 전체성을 형성한다. 하이데거는 앞에서 세계-내-존재를 구성하는 계기들, 즉 세계, 내-존재, 누구를 분석하고 있지만 이러한 분석은 세계-내-존재라는 하나의 통일적인 전체적인 현상을 근거로 하여 행해졌다.

현존재는 현사실적으로 실존한다. 하이데거가 세계-내-존재의 전체성을 드러내려고 할 때 문제 삼고 있는 것은 실존성과 현사실성의 존재론적 통일 또는 실존성에 대한 현사실성의 본질적인 귀속성이다. 현존재는 자신에게 본질적으로 속하는 심정성을 통하여 자기 자신의 적나라한 존재에 직면하게 되고 자신이 아무런 이유도 근거도 없이 세계에 내던져져 있다는 사실, 즉 자신의 현사실성을 자각하게 된다. 아울러 현존재는 이렇게 내던져져 있으면서도 그때마다 자기의 가능성들 자체로서 '존재한다'. 즉 현존재는 실존하며 자신을 그러한 가능성들로부터 이해하는 것이다.

아울러 세계-내-존재에는 '도구에 몰입해 있음'과 '다른 사람과 더불어 있음', 즉 공동존재가 근원적으로 속하며 세계-내-존재는 항상 자기 자신을 궁극목적으로 하고 있다. 그러나 이러한 자기는 우선 대부분의 경우는 비본래적으로 존재하는 세상 사람으로서의 자기다. 세계-내-존재는 우선 대부분의 경우 이미 퇴락해 있다. 따라서 현존재의 평균적 일상성은, 내던져져 있고 기투하는 세계-내-존재로서 다른 사람과 함께 존재하면서 도구들에 몰입한 채 퇴락해 있는 방식으로 자신의 가장 고유한 존재가능성 자체를 문제 삼는다.

현존재의 일상성이 갖는 이러한 구조 전체를 그것의 전체성에 있어서 파악하는 것은 성공할 수 있는가? 제시된 구조들 사이의 본질적 등근원성이 현존재의 존재로부터 이해될 수 있는 방식으로 현존재의 존재를 통일적으로 파악하는 것은 성공할 수 있는가?

현존재의 실존론적 근본성격에 대한 물음은 눈앞의 사물의 존재에 대한 물음과는 본질적으로 다르다. 주위세계에서의 일상적인 경험은 세계 내부적 존재자에 향해 있기 때문에, 현존재의 존재를 존재론적으로 파악하기 위한 실마리가 될 수 없다. 마찬가지로 현존재의 내면에서 일어나는 체험들에 대한 내재적 지각에 의해서도 현존재의 존재는 파악될 수 없다. 다른 한편, 현존재의 존재는 인간에 대한 어떤 특정한 이념, 예를 들어 인간을 신의 피조물로 보는 것과 같은 이념으로부터 연역되어서도 안 된다.

현존재의 존재론적 구조에는 존재이해가 속해 있고, 현존재는 심정성과 이해를 통해서 자기 자신에게 개시되어 있다. 그러면 현존재가 특별한 방식으로 자기 자신에게 개시되는 '이해하는 심정성'이 존재하는가? 세계-내-존재의 전체성을 파악하기 위해서 우리는 세계-내-존재를 가장 폭넓고 가장 근원적으로 개시하는 가능성을 먼저 찾아야만 한다. 이러한 방법상의 요구를 충족시키는 심정성으로서 하이데거는 불안이라는 기분을 들고 있다. 불안이라는 기분에서는 현존재의 전체 존재가 문제가 되고 현존재의 전체 존재가 드러나기 때문에, 불안은 현존재의 존재의 근원적인 전체성을 분명하게 파악하기 위한 현상적 지반을 제공한다.

2. 마음씀으로서의 현존재의 존재

불안에 대한 분석에 의해서 현존재의 존재는 마음씀으로서 드러난다. 마음씀이라는 실존론적 근본현상을 존재론적으로 구명하기 위해서는, 우선 그것을 마음씀과 동일시되는 현상들인 의지, 소망, 성향, 충동과 구별할 필요가 있다. 이런 것들은 마음씀을 기초로 하고 있기 때문에 마음씀은 그것들로부터 도출되지 않는다.

3. 현존재의 존재를 실존론적으로 마음씀으로서 해석한 것을 현존재에 대한 선존재론적 자기 해석에 입각해서 입증함

현존재를 존재론적으로 마음씀으로서 해석하는 것은, 선(先)존재론적 존재이해나 더욱이 존재자에 대한 상식적 지식에 의거해서 현존재의 존재를 파악하는 것과는 전혀 다르다. 존재론적으로 인식된 것이 상식과 어긋난다는 것은 놀라운 일이 아니다. 그럼에도 사람들은 현존재를 마음씀으로서 존재론적으로 해석하기 위한 단초, 즉 불안이라는 기분마저도 일부러 이론적으로 만들어 낸 것이라고 여길지도 모른다. 더구나 인간에 관한 전통적이고 자명한 것으로 간주되어 온 정의, 즉 인간은 이성적 존재라는 정의가 배제된 것을 보면서, 사람들은 인간의 존재를 마음씀이라고 정의하는 것은 하나의 횡포라고 말할 것이다. 그러므로 현존재를 마음씀으로서 실존론적으로 해석하는 데는 하나의 선존재론적 입증이 필요하다. 그러한 입증은 선존재론적인 것에 불과하지만 현존재가 일찍이 자기 자신을 마음씀(cura)이라고 해석했던 것에서 찾을 수 있다.

4. 현존재, 세계성 및 실재성

마음씀이라는 현상에까지 접근한 현존재의 분석은, 기초존재론적인 문제성, 즉 존재 일반의 의미에 대한 물음을 준비해야 한다. 이제까지 획득한 것에서부터 시선을 존재 일반의 의미에 대한 물음으로 분명하게 향하기 위해서는, 실존론적·아프리오리한 인간학이라는 특수한 과제를 넘어서 이러한 존재물음과 가장 긴밀하게 연관되어 있는 현상들을 다시 한번 좀 더 철저하게 파악하지 않으면 안 된다. 이러한 현상들은 이제까지 설명되어 온 존재의 방식, 즉 현존재가 아닌 세계 내부적 존재자들의 존재인 도구적 존재와 눈앞의 존재이다.

전통적인 존재론은 존재를 일차적으로 눈앞의 존재(실재성, 세계-현실성)의 의미로 이해했지만 이 경우 현존재의 존재는 존재론적으로 규정되지 않은 채로 남아 있었기 때문에, 이제 마음씀, 세계성, 도구적 존재 및 눈앞의 존재(실재성) 사이의 존재론적 연관을 구명할 필요가 있다. 이것은 실재성의 이념을 단서로 한 실재론과 관념론이라는 인식론적인 문제제기와 관련해서, 실재성의 개념을 더욱 엄격하게 규정하는 데까지 나아간다.

5. 현존재, 개시성 및 진리

존재자는 경험, 지식 및 개념파악에 의해 개시되고 발견되고 규정되지만 그것들로부터 독립해서 존재한다. 그러나 존재자의 존재, 즉 어떤 것이 도구적인 존재를 갖는 것으로 발견되는지 아니면 눈앞의 존재를 갖는 것으로 발견되는지는 오직 현존재의 이해 가운데 있으며, 현존재의 존재에는 존재이해라는 것이 속해 있다. 따라서 존재는 개념적으로 파악되지 않고 있을 수는 있지만 전혀 이해되지 않은 채로 존재하지는 않는다. 존재론적 문제에서는 예로부터 존재와 진리가 비록 동일시되지는 않았다 하더라도 서로 연관되어 있다. 존재와 진리가 이렇게 연관되어 있다는 사실의 근원적 근거는 은폐되어 있을지라도, 그러한 사실은 존재와 이해 사이의 필연적 연관을 시사하고 있다. 따라서 존재물음을 충분히 준비하기 위해서는 진리라는 현상에 대한 존재론적인 해명이 필요하다. 이러한 해명은 우선 개시성과 피발견성, 그리고 해석과 명제적 진술이라는 현상들에 대해서 앞에서 행한 존재론적 해석이 획득한 것을 지반으로 하여 수행된다.

따라서 현존재에 대한 예비적인 기초분석을 마무리 짓는 6장은 다음과 같은 것을 주제로 삼는다. 현존재의 탁월한 개시성으로서의 불안이라는 근본 심정성(§40), 마음씀으로서의 현존재의 존재(§41), 현존재의 존재를 실존론적으로 마음씀으로서 해석한 것을 현존재에 대한 선존재론적 자기 해석에 입각해서 입증함(§42), 현존재, 세계성 및 실재성(§43), 현존재, 개시성 및 진리(§44).

§40. 현존재의 탁월한 개시성으로서의 불안이라는 근본 심정성

하이데거는 현존재는 불안이란 근본심정성에서 자기 자신에 직면하게 되며 현존재의 존재가 전체성에 있어서 개시된다고 보고 있다. 불안이라는 기분은 어떠한 기분이기에 그렇게 현존재의 존재를 전체성에 있어서 개시하는가?

1. 퇴락과 불안

세계-내-존재의 구조 전체의 전체성을 파악하기 위해서 하이데거는 우선 앞 장의 마지막 부분(B. '현'의 일상적 존재와 현존재의 퇴락, 특히 §38. 퇴락과 내던져져 있음)에서 수행한 퇴락에 대한 구체적 분석에서부터 출발한다. 현존재가 세상 사람으로 살면서 고려되는 〈세계〉에 몰입해 있다는 것은 자신의 본래적인 존재가능성으로부터 도피한다는 것을 의미한다. 이러한 현상은 현존재의 전체 존재를 해석하기 위한 적극적인 현상적 기초를 제공한다.

현존재의 본래적인 자기-존재는 퇴락에서는 은닉되어 있고 배제되어 있다. 그러나 이러한 은닉성은 개시성의 결여태일 뿐이다. 이러한 결여태는 현존재의 도피가 자기 자신 앞에서의 도피라는 사실에서 드러난다. 현존재가 존재론적으로 자기에 속하는 본래적인 개시성에 의해서 이미 자기 자신과 직면하고 있는 한에서만 자기 앞에서 도피할 수 있기 때문이다. 현존재가 자기 자신에 직면해서 자신으로부터 도피할 때, 그러한 자기는 도피하는 현존재 뒤에 따라붙는다. 현존재가 이렇게 자기 자신으로부터 등을 돌리는 가운데 그러한 자기는 이미 개시되어 있는 것이다. 따라서 퇴락이란 현상을 분석의 실마리로 삼을 경우에, 그 속에서 개시되는 현존재의 본래적인 존재에 대해서 존재론적으로 아무것도 경험할 수 없다고 볼 수는 없다.

존재론적 해석이란 현존재 자신이 삶에서 이미 개시한 것을 보다 분명하게 개진하는 것일 뿐이다. 따라서 현존재의 존재를 그 자체로서 드러낼 수 있는 가능성은 개시적인 심정성으로서 기능하는 현상이 근원적인 것일수록 그만큼 더 높아진다. 하이데거는 불안이 그러한 기능을 수행할 수 있다고 주장한다.

하이데거는 우선 불안과 두려움을 비교하면서 불안이 갖는 특성을 분명히 하고 있다.

두려움이라는 심정성이 두려워하는 것은 어떤 특정한 방역(方域, Gegend)에서 나에게 가까이 다가온다. 그것은 유해하지만 나에게 나타나지 않을 수도 있는 세계 내부적 존재자이다. 이에 반해 퇴락에서 현존재는 비본래적인 삶을 살면서 본래의 자기 자신으로부터 등을 돌린다. 이렇게 비본래적 실존이 그 앞에서 등을 돌리면서 도망치려고 하는 대상은 두려움의 대상과 마찬가지로 일반적으로 위협적인 성격을 가지고 있음이 틀림없다. 그러나 그것은 현존재 자신이다. 따라서 퇴락이 그 앞에서 뒤로 물러서는 것은 두려운 것으로서 파악될 수는 없다. 왜냐하면 두려운 것은 언제나 세계 내부적 존재자이기 때문이다. 퇴락에서 일어나는 도피는 세계 내부적 존재자에 직면한 두려움으로 인한 도피가 아닌 것이다. 오히려 퇴락은 자기 자신으로부터 도피하면서 세계 내부적 존재자에 몰입한다.

2. 현존재가 불안해하는 것은 내던져진 세계-내-존재 자체이다

현존재가 퇴락에 빠져 자기 자신으로부터 도피한다는 말을 이해하기 위해서는, 현존재의 근본 틀로서의 세계-내-존재를 상기해야 한다. 현존재가 불안해하는 대상은 세계-내-존재 자체이다. 현존재가 불안해하는 대상과 두려워하는 대상은 전적으로 다르다. 불안의 대상은 세계 내부적 존재자가 아니다. 따라서 불안의 대상은 우리를 위협하지만 그것은 생존이나 취업과 같은 우리의 특정한 존재가능성과 관련해서 우리에게 해를 끼치는 어떠한 특정한 유해성을 갖지 않는다. 즉 불안의 대상은 완전히 무규정적인 성격을 갖는다.

그런데 이러한 무규정성은 어떤 세계 내부적 존재자가 위협하는지를 규정할 수 없다는 것이 아니라 불안이라는 기분에서는 일체의 세계 내부적 존재자가 전혀 중요하지 않은 것으로 나타난다는 것을 의미한다. 세계 내부에 도구로 있거나 눈앞의 사물로 있는 그 어떤 것도 불안의 대상이 될 수 없다. 세계 내부적으로 발견되는 도구와 눈앞의 사물의 용도 전체성은 전혀 중요하지 않게 된다. 그러한 용도 전체성은 붕괴되고 세계는 완전한 무의의성이라는 성격을 갖는다. 따라서 불안 속에서는 위협적인 것으로서 나타날 수 있는 그 어떤 것도 존재하지 않는다.

이와 함께 불안은 위협하는 것이 다가오는 특정한 여기나 저기도 갖지 않는다. 위협하는 것이 아무 데도 없다는 것이 불안의 대상이 지닌 성격이다. 아무 데도 없다는 것은 그러나 불안에서 위협하는 것이 그 어떤 것도 아닌 공허한 '무'라는 뜻은 아니다. 그것에서는 방역 일반, 즉 본질적으로 공간적인 내-존재를 위한 세계의 개시성 일반이 위협하고 있다. 따라서 불안에서 위협하는 것은 가까운 특정한 방향에서 다가오는 것이 아니라 이미 개시되어 있지만 아무 데도 없는 것이다. 그것은 사람의 숨을 조일 정도로 바싹 압박해 오고 있지만 아무 데도 존재하지 않는다.

불안의 대상은 아무것도 아니고 아무 데도 없다는 것이 분명해진다. 불안의 대상이 이렇게 세계 내부적으로는 '아무것도 아니고 아무 데도 없다'는 사실은 현상적으로는 불안의 대상이 세계 자체라는 것을 의미한다. '아무것도 아니고 아무 데도 없다'에서 나타나는 완전한 무의의성은 세계의 부재(不在)를 의미하는 것이 아니라 세계가 그 세계성에 있어서 유일하게 부각되어 온다는 것을 의미한다. 불안에서는 세계 내부적 존재자는 그 자체로서 완전히 중요하지 않은 것으로 개시되기 때문에, 이러한 세계 내부적인 것의 무의의성을 근거로 해서 세계가 그 세계성에 있어서 유일하게 부각되어 오는 것이다.

불안에서 우리의 가슴을 조이는 것은 이런저런 것이 아니고 모든 눈앞의 사물을 다 모은 것도 아니며 도구 일반의 가능성인 세계 자체이다. 사람들은 불안이 진정되었을 때에야 흔히 그것은 본래는 아무것도 아니었다라고 말한다. 이 말은 그것이 실제로 무엇이었던가를 말하고 있다. 즉 그것은 그 어떠한 도구적인 것도 아니었다고 말하고 있는 것이다. 그러나 그렇다고 해서 그것은 전적으로 공허한 무는 아니며, 가장 근원적인 어떤 것, 즉 세계이다. 그러나 세계는 존재론적으로는 세계-내-존재로서의 현존재의 존재에 속한다. 이것은 현존재가 불안해하는 대상은 세계-내-존재 자체라는 것을 의미한다.

이와 같이 불안은 근원적이고 직접적으로 세계를 세계로서 개시한다. 그렇다고 해서 불안은 현존재가 우선 세계 내부적 존재자를 반성을 통해 사상(捨象)하고 세계만을 생각하게 된 뒤에 생기는 것이 아니다. 오히려 심정성의 양상으로서 불안 자체가 세계를 세계로서 개시한다.

3. 현존재가 불안해하는 이유는 세계-내-존재-가능성 때문이다

불안은 '……에 대해 불안해하는 것'일 뿐 아니라 현존재의 심정성으로서 동시에 '……때문에 불안해하는 것'이기도 하다. 그러나 현존재가 불안해하는 이유는 취업을 한다거나 시험에 합격한다는 등의 현존재의 특정한 존재가능성 때문이 아니다. 불안의 대상은 무규정적이기 때문에 불안은 현실적인 구체적인 존재가능성을 위협할 수는 없다. 현존재가 불안해하는 이유는 세계-내-존재 자체에 있다.

　불안에서는 세계 내부적 존재자는 침몰하고 만다. 〈세계〉도, 다른 사람의 공동 현존재도 이제 아무런 의미도 갖지 못한다. 따라서 불안은, 퇴락하면서 〈세계〉 및 '공공적인 해석'으로부터 자신을 이해할 가능성을 현존재에게서 박탈한다. 불안은 현존재가 불안해하는 궁극적인 이유인 현존재의 '본래적 세계-내-존재-가능성'을 향해 현존재를 되던진다. 불안은 현존재를 세상 사람의 지배로부터 해방시키면서 자신의 가장 고유한 세계-내-존재로 단독자화하지만, 이러한 본래적인 세계-내-존재는 이해하는 세계-내-존재로서 자신의 가장 고유한 가능성을 향한다.

　불안이 분명하게 개시하는 것은 현존재가 가장 고유한 존재가능성에 이르는 존재라는 것, 즉 그는 자기 선택과 자기 포착의 자유를 향해 열려 있다(Freisein für die Freiheit des Sichselbstawählens und -ergreifens)는 것이다. 불안은 현존재로 하여금 그의 '……를 향해 열려 있음'(Freisein für)에, 즉 자신의 본래적인 존재에 직면하게 한다. 이러한 존재는 동시에 현존재가 세계-내-존재로서 항상 이미 내맡겨져 있는 그 존재이다.

4. 현존재의 단독자화와 불안

현존재가 불안해하는 대상과 그것이 불안해하는 이유는 똑같이 세계-내-존재로서 드러난다. 불안의 대상과 불안의 이유의 이러한 동일성은 불안해함 자체에 대해서도 해당된다. 왜냐하면 불안해함은 하나의 심정성으로서 세계-내-존재의 근본양식이기 때문이다. 불안에서는 개시하는 것과 개시된 것이 동일하며 세계가 세계로서 개시되어 있고 내-존재가 단독자화된 순수한 내던져진 존재가능성으로서 개시되어 있다는 것은, 불안이란 현상이 하나의 특별한 심정성이라는 사실을 드러낸다. **불안은 현존재를 '단독적인 자기'(solus ipse)로서 단독자화하고 개시한다. 그러나 이러한 실존론적 유아론(唯我論)은 고립된 주관을 무세계적(無世界的)인 공허함 속에 고립시켜 놓는 것이 아니고, 도리어 현존재를 극단적 의미에서 세계로서의 세계에 직면시키며 현존재 자신을 세계-내-존재로서의 자기 자신에 직면하게 한다.**

5. 섬뜩한 기분으로서의 불안

불안이 근본 심정성으로서 이상과 같은 방식으로 개시한다는 사실을 가장 선입견 없이 증거하는 것은 일상적인 현존재의 해석과 말이다. §30에서 말한 바와 같이 심정성은 사람들이 어떠한 상태로 존재하는지를 개시한다. 불안 속에서 사람들은 섬뜩하다(unheimlich)고 느끼면서 일상적으로도 '섬뜩하디'고 말한다. 이러한 섬뜩함에서 우선 개시되는 것은, 현존재가 불안 속에 있을 때의 특유의 무규정성, 즉 불안해하는 대상이 '아무 것도 아니고 아무 데도 없다'는 것이다.

그러나 이때 섬뜩함이란 동시에 마음이 편하지 않음을 가리킨다. 여기서 '섬뜩하다'라고 번역한 독일어 unheimlich에서 Heim은 '집' 내지 '가정'을 가리킨다. 따라서 unheimlich라는 말은 집을 떠나서 낯선 상황에 처해 있다는 의미를 함축하고 있다. 즉 불안이라는 기분에서 친숙한 세계로서의 일상세계가 무너지고 세계 전체가 낯설게 자신을 드러내게 되면서 현존재가 불편하게(ungeheuer) 느낀다는 것이다.

앞에서 현존재의 근본구조를 세계-내-존재로 규정하면서 사물들이 어떤 것 내부에 존재한다는 내부성이란 범주적 의미와 구별하여 내-존재의 실존론적 의미를 구명할 때, 내-존재는 '……에 거주하다', '……와 친숙하다'고 파악되었다. 내-존재의 이러한 성격은 뒤이어 세상 사람의 일상적 공공성(公共性)을 통해 더 구체적으로 밝혀졌다. 세상 사람은 편안한 자신감과 자명한 아늑함을 현존재의 평균적 일상성 속에 끌어들인다. 이에 반해, 불안은 현존재를 〈세계〉 속에 퇴락하여 몰입해 있는 상태로부터 되돌려 놓는다. 일상적 친숙성은 한꺼번에 무너지고 만다. 현존재는 불안이라는 기분 속에서 단독자가 되지만 어디까지나 세계-내-존재로서 단독자가 되며 내-존재는 마음의 불편함이라는 실존론적인 양상 속에 존재하게 된다. 섬뜩함이란 말이 가리키는 것은 바로 이러한 사태이다.

이제 도피로서의 퇴락이 무엇 앞에서의 도피인지가 분명해진다. 그 것은 세계 내부적 존재자 앞에서의 도피가 아니라 단독자로서의 세계-내-존재 자체로부터의 도피이다. 그것은 단독자로서의 세계-내-존재 자체로부터 세계 내부적 존재자로 도피한다. 고려는 이 세계 내부적 존재자에 몰입하고 세상 사람 속에 자신을 상실하면서 편안한 친숙함 속에 안주할 수 있다. 공공성의 아늑함 속으로 퇴락하는 도피는 현존재가 불안 속에서 느끼는 섬뜩함 앞에서의 도피이다. 이러한 섬뜩함은 눈에 띄지 않는 방식으로 끊임없이 현존재에 따라붙으면서 현존재가 세상 사람

속으로 자기를 상실해 있는 상태를 위협한다. 이러한 위협은 현실적으로는 일상적 고려가 아무런 문제 없이 극히 안정적으로 수행될 때도 존재한다. 불안은 모든 일이 순조롭게 진행되는 상황에서도 솟아날 수 있는 것이다.

그러나 현존재가 섬뜩함에 대해서 취하는 일상적 태도는 그러한 섬뜩함으로부터 도피하는 것이다. 따라서 편안하고-친숙한 세계-내-존재는 현존재의 섬뜩함의 한 양상이며 그 역이 아니다. 현존재가 불안 속에서 느끼는 섬뜩함은 실존론적·존재론적으로는 편안하고-친숙한 세계-내-존재보다 더 근원적 현상으로서 파악되지 않으면 안 되는 것이다. 아울러 불안이 언제나 이미 세계-내-존재를 잠재적(latent)으로 규정하고 있기 때문에 세계-내-존재는 〈세계〉에 몰입해서 고려하는 심정적 존재로서 두려워할 수도 있다.

현존내는 불안에서 드러난 섬뜩한 세계를 감내하지 못하고 세계 내의 존재자들에 의지하고 매달리게 된다. 즉 현존재는 돈이나 가족 혹은 국가나 민족 혹은 전통적인 종교의 신 등에 의지하고 매달리면서 자신의 삶을 공고하고 안전한 것으로 만들려고 한다. 그러나 예를 들어 현존재가 많은 돈을 벌고 싶지만 뜻대로 되지 않는 것처럼 이러한 존재자들이 자신이 원하는 대로 존재하는 것은 아니기 때문에, 현존재는 항상 존재자들이 자신의 소망과는 다른 방식으로 존재하게 되지 않을까 하는 두려움에 사로잡히는 것이다. 현존재는 일상적인 세계가 친숙하고 아늑한 세계라고 보통 생각하지만 그러한 친숙한 세계의 이면에서는 불안에서 드러나는 섬뜩한 세계가 존재하는 것이며, 바로 이러한 이유 때문에 일상적인 세계도 현존재의 뜻대로 되는 것은 아닌 것이다. 이런 의미에서 두려움은 〈세계〉에 퇴락해 있는 비본래적 불안이며 은폐되어 있는 불안인 것이다.

섬뜩하다는 기분을 우리는 우선 대부분의 경우는 실존적으로 이해하지 못한다. 더구나 퇴락과 일상적 공공성이 우세한 상황에서 본래적인 불안은 극히 드물게 나타난다. 이것보다 더 드문 것은 불안이라는 현상의 실존론적·존재론적 구성과 기능을 해석하는 것이다. 이러한 해석이 그렇게 드물게 행해지는 이유들 중의 일부는 현존재의 실존론적 분석 일반을 게을리한 데, 특히 심정성의 현상을 오인한 데 있다.

어떠한 심정성이든 세계-내-존재를 그것의 모든 구성계기들, 즉 세계, 내-존재, 자기에 따라 개시하게 된다. 그러나 불안은 특별한 개시가능성을 갖는다. 불안은 현존재를 단독자화하기 때문이다. 이러한 단독자화는 현존재를 퇴락으로부터 되돌려 놓으면서, 본래성과 비본래성을 현존재의 두 가지 존재가능성으로서 그에게 분명하게 제시한다.

하이데거는 이제 불안에 대한 이러한 실존론적 해석에 의해서 현존재의 구조 전체의 전체성의 존재에 대한 물음에 답하기 위한 현상적 지반이 획득되었다고 본다.

§41. 마음씀으로서의 현존재의 존재

하이데거는 불안에 대한 이상의 분석을 다음과 같이 요약하고 있다.

① 불안해하는 것은 심정성으로서 세계-내-존재의 한 방식이다.
② 현존재가 불안해하는 대상은 내던져진 세계-내-존재이다.
③ 현존재가 불안해하는 이유는 세계-내-존재-가능성 때문이다.

따라서 불안이란 현상은 현존재를 현사실적으로 실존하는 세계-내-존재로서 개시한다. 현존재의 근본적인 존재론적 성격은 실존성, 현사실성 및 퇴락이다. 이러한 세 가지 실존론적 규정은 서로 분리될 수 있는 부분들로 하나의 복합체에 속해 있으면서 때때로 그 중의 하나가 빠져도 되는 그런 것이 아니다. 현존재의 세 가지 존재규정의 이러한 통일에서 현존재의 존재 자체가 존재론적으로 파악될 수 있다. 이러한 통일 자체는 어떻게 파악되어야 하는가?

1. '자신을-앞질러-있음'으로서의 실존성

현존재란 자신의 존재 자체를 문제 삼는 존재자이다. 자신의 존재를 문제 삼는다는 현상은 가장 고유한 존재가능성을 향해 자신을 기투하는 것으로서의 이해라는 존재구조에 대한 분석에서 명료해졌다. 이러한 가장 고유한 존재가능성은 현존재가 자신의 궁극목적으로 삼고 있는 것이다. 현존재가 자신의 가장 고유한 존재가능성을 향해 개방되어 있다는 사실은 불안이라는 기분에서 근원적으로 구체화되어 개시된다. 그러나 현존재가 가장 고유한 존재가능성을 향한 존재라는 것은 존재론적으로는 현존재가 자신의 존재에 있어서 항상 이미 자기 자신에 앞서 있다는 것을 의미한다. 현존재는 언제나 이미 자신을 넘어서 있다. 이에 따라서 하이데거는 자신의 존재를 문제 삼는다는 현존재의 존재구조를 현존재가 자신을-앞질러-있음으로서 파악한다.

2. '세계 안에 이미 존재함'으로서의 현사실선

그런데 '자신을-앞질러-있음'은 일종의 무세계적인 고립된 주관에서 일어나는 어떤 내적인 사건이 아니라 세계-내-존재의 존재를 구성하는 것이다. 세계-내-존재에는 항상 이미 하나의 세계 속에 내던져져 있다는 사실이 속한다. 세계-내-존재가 세계에 내던져져 있다는 사실 역시 불안이라는 기분에서 근원적으로 구체화되어 개시된다. '자신을 앞질러 있음'을 보다 더 완전하게 표현하자면, 그것은 어떤 세계 안에 이미 존재하면서 자신을 앞질러 있음이다.

본질적으로 통일적인 이러한 구조를 분명히 통찰할 경우, 앞에서 세계성을 분석할 때 드러났던 사실도 명료해진다. 이러한 사실이란 세계성을 구성하는 것으로서의 유의의성의 지시 전체는 하나의 궁극목적에서 확정된다는 것이다. 그런데 유의의성의 지시 전체인 목적들의 다양한 연관과 현존재의 궁극목적인 자신의 본래적인 존재가능성이 하나의 본질적인 통일을 형성한다는 것은 눈앞의 객관세계와 주관이 서로 맞붙어 있다는 것을 의미하지 않는다. 그것은 현존재의 근원적이고 전체적인 존재 구조를 현상적으로 표현한 것이며, 현존재의 전체성은 이제 '항상 어떤 세계 안에 이미 존재하면서 자신을 앞질러 있음'으로서 분명하게 된 셈이다. 달리 말하자면, 실존함은 언제나 현사실적 실존함이며 실존성은 본질적으로 현사실성에 의해서 규정된다.

3. '세계 내부적인 존재자들에 몰입해 있음'으로서의 퇴락

나아가 현존재의 현사실적 실존은 고려되는 〈세계〉속에 몰두해 있다. 이렇게 '퇴락하여 세계 내부적인 존재자들에 몰입해 있다'는 데서——분명한 형태로든 분명하지 않은 형태로든 그리고 이해된 형태로든 이해되지 않은 형태로든——섬뜩함으로부터의 도피가 고지(告知)되고 있다. 이러한 섬뜩함은 대부분의 경우는 잠재상태에 있는(latent) 불안과 함께 은폐되어 있다. 이는 세상 사람의 공공성이 친숙하지 않은 모든 것을 억누르고 있기 때문이다. '세계 안에 이미 존재하면서 자신을 앞질러 있음'에는 고려되고 있는 세계 내부적인 도구들에 '퇴락하여 몰입해 있음'도 함께 포함되어 있다.

4. 현존재의 존재로서의 마음씀

따라서 현존재의 존재론적 구조 전체의 형식적 실존론적 전체성은 다음과 같이 파악되어야만 한다. 즉 현존재의 존재란 '세계 내부적인 존재자에 몰입한 채로 세계 안에 이미 존재하면서 자신을 앞질러 있음'이다. 하이데거는 이러한 전체적인 구조를 가리켜 마음씀이라고 부르고 있다. 이 경우 이러한 명칭은 순수하게 존재론적·실존론적으로 사용되고 있으므로, 걱정이나 걱정 없음과 같은 존재적 의미와는 분명하게 구별되어야만 한다.

세계-내-존재는 본질적으로 마음씀(Sorge)이기 때문에, 앞에서 행해진 분석에서 도구에 '몰입해 있음'은 고려(Besorge)로서, 그리고 세계 내부적으로 만나는 타인들과 '함께 있음', 즉 공동존재는 배려(Fürsorge)로서 파악될 수 있었다. '……에 몰입해 있음'이 고려인 까닭은 고려가 내-존재의 방식으로서 내-존재의 근본구조인 마음씀에 의해 규정되고 있기 때문이다. 마음씀은 현사실성과 퇴락에서 분리된 실존성만을 가리키는 것이 아니라 이들 세 가지 존재규정들의 통일성이다.

가장 고유한 존재가능성을 향한 존재, 즉 '자신을 앞질러 있음'은, 본래적 실존 가능성들을 향해서 개방되어 있음, 즉 자유로운 존재(Freisein)를 가능하게 하는 실존론적·존재론적 조건이다. 자신의 고유한 존재가능성이란 현사실적으로 존재하는 현존재가 궁극목적으로 삼고 있는 것이다.

그러나 이러한 존재가능성을 향한 존재 자체가 자유에 의해 규정되어 있는 한, 현존재는 자신의 고유한 존재가능성에 대해서 비자발적인 태도를 취할 수도 있다. 즉 현존재는 비본래적으로 존재할 수 있으며 또한 현사실적으로는 우선 대부분의 경우는 그렇게 비본래적으로 존재한다. 이때는 현존재의 본래적 궁극목적, 즉 자신의 고유한 존재가능성은 포착되지 않으며 존재가능성의 기투는 세상 사람의 처분에 맡겨진다. 그러나 비본래성에서도 현존재는 자신을 앞지르면서 존재한다. 이것은 현존재가 자기 자신 앞에서 퇴락하면서 도피하는 것도 '현존재가 자신의 존재를 문제 삼는' 하나의 방식이기 때문이다.

5. 의욕, 소망, 성향, 충동 등의 근거로서의 마음씀

마음씀은 근원적인 구조 전체성으로서, 현존재의 모든 구체적인 태도나 처지에 대해서 실존론적으로 아프리오리하게 앞서는 것이다. 다시 말하면, 언제나 이미 그런 것들의 근저에 놓여 있다. 따라서 마음씀은 결코 이론적 태도에 대해 실천적 태도가 우위를 점한다는 것을 의미하지 않는다. 눈앞의 사물을 단지 직관적으로 규정하는 것도 정치적 활동이나 유유자적한 휴식 못지않게 마음씀이란 성격을 가지고 있다. 이론도 실천도, 마음씀을 자신의 본질로 갖는 존재자인 현존재의 존재가능성인 것이다. 따라서 본질적으로 분할될 수 없는 전체성인 마음씀이라는 현상을, 의욕, 소망, 충동, 성향, 본능과 같은 것으로 환원하거나 그런 것들로부터 구성하려는 모든 시도는 실패하고 만다.

의욕이나 소망은 존재론적으로는 필연적으로 마음씀에 뿌리박고 있다. 따라서 그것들은 단순히 존재론적으로 무차별적이고 그 존재의미가 완전히 무규정적인 의식의 내적인 흐름 속에서 출현하는 체험들이 아니다. 이러한 사실은 성향과 충동에 대해서도 똑같이 타당하다. 이것들도 마음씀에 근거하고 있다.

현존재가 궁극목적으로 삼고 있는 자신의 고유한 존재가능성은 그 자체가 세계-내-존재라는 존재양식을 가지고 있다. 따라서 그러한 존재가능성은 세계 내부적 존재자들과 연관되어 있으며, 마음씀은 항상 고려와 배려로 나타난다. 의욕(Wollen)에서는, 이해된 존재자, 즉 그것의 가능성을 향해서 기투된 존재자는 고려되어야 하는 존재자로서 또는 배려에 의해서 자신의 고유한 존재를 되찾아야 하는 존재자로서 의욕된다. 따라서 의욕에는 항상 의욕되는 것이 속해 있다. 그리고 이 의욕되는 것은 현존재의 궁극목적으로부터 이미 규정되어 있다.

이러한 의미에서 의욕의 존재론적인 가능성을 구성하는 것은, 첫째로 '궁극목적 일반의 선행적인 개시'(자신을 앞질러 있음), 둘째로 '고려될 수 있는 것의 개시'(현존재가 이미 던져져 있는 세계), 셋째로 '현존재가 의욕되는 존재자를 가능하게 하는 존재가능을 겨냥해서, 그것을 이해하면서 자기를 기투하는 것'(das verstehende Sichentwerfen des Daseins auf ein Seinkönnen zu einer Möglichkeit des 'gewollten' Seienden)이다. 의욕이라는 현상의 근저에는 이와 같이 마음씀의 전체성이 존재하고 있다.

현존재는 현사실적 기투로써 그때마다 이미 발견되어 있는 세계에 몰입해 있다. 이러한 세계로부터 현존재는 우선 세상 사람의 해석에 따라 자신의 존재가능성을 기투한다. 그리고 세상 사람의 해석은 자유롭게 선택할 수 있는 가능성들을 처음부터 제한하면서, 그것들을 잘 알려져 있는 것, 달성될 수 있는 것, 감당할 수 있는 것의 범위에 한정한다. 이렇게 현존재의 가능성들이 일상적으로 처리될 수 있는 것으로 수평화되면서, 가능한 것 자체(das Mögliche als solche)는 무시되고 만다. 따라서 고려의 평균적 일상성은 가능성에 대해서는 눈이 멀게 되고 현실적인 것에만 안주하게 된다. 이렇게 안주한다고 해서 현존재가 무위도식한다는 것은 아니며 오히려 현존재는 극히 바쁘게 살 수도 있다. 따라서 새로운 적극적인 가능성들이 의욕되지 않고 일상적으로 처리될 수 있는 것(das Verfügbare)이 의욕되지만, 이 경우 그때 어떤 중요한 일이 일어나고 있는 듯한 착각이 일어난다.

세상 사람이 이끄는 대로 의욕하면서 안이하게 산다고 해서 자신의 고유한 존재가능성을 향하는 현존재의 존재성격이 사라지는 것이 아니다. 자신의 고유한 존재가능성을 향한 존재는 하나의 변양을 겪게 될 뿐이다. 이때 가능성들을 향한 존재는 대부분의 경우는 실현을 고려하지 않는 한갓 소망(Wünschen)으로 나타난다. 예를 들어서 현존재는 모든 사람을 사랑하는 인간이 되길 소망하지만 그러한 인간이 되기 위해서 전혀 노력하지 않을 수 있다. 소망하면서 현존재는 자신의 존재를 가능성들을 향해서 기투하지만, 그러한 가능성들을 적극적인 고려에 의해서 구현하려고 하지 않을 뿐 아니라 그것들의 성취는 전혀 고려되지도 기대되지도 않고 있다.

이와 같이 '자신을 앞질러 있음'이 한갓 소망의 양상을 띠면서 우세하게 되면 현존재는 현사실적인 가능성들을 이해하지 못하게 된다. 소망하는 것은 이해하면서 자기를 기투하는 것의 실존론적 변양이지만, 그렇게 변양된 자기 기투는 일상적인 세계에 퇴락한 채로 순전히 가능성들에 매달려 따라다닐(nachhängen) 뿐이며, 이와 함께 진정한 가능성들을 폐쇄하고 만다. 소망은 존재론적으로 마음씀을 전제한다.

퇴락하여 세계 내부적인 존재자들에 몰두하고 있는 현존재는 자신이 살고 있는 세계에 의존하여 살려는 성향(性向, Hang), 예를 들어 돈이나 권력을 추구하는 성향을 갖는다. 이러한 성향은 '……에 정신이 팔려 있다'는 성격을 보이며, 이 경우 '자신을 앞질러 있음'은 세계 내부적인 존재자들에 몰입해 있음에 자신을 상실해 버린 것이다. 성향이 지닌 '……로 향함'(das Aussein auf)은 실은 성향이 매달려 따라다니는 것에 의해 끌려다니는 것이다. 현존재가 어떤 성향에 빠져 있을 때는 마음씀의 구조 전체가 변양된다. 현존재가 성향에 끌려서 맹목적으로 되어 버리면 모든 가능성들은 성향에 봉사하게 된다.

이에 반해 '살려고 하는' 충동(Drang), 예를 들어 자기보존이나 종족보존의 충동과 같은 것은 자체적인 추동력을 갖는 '향함'(Hin-zu)이다. 그것은 어떤 대가를 치르더라도 자신을 실현하려는 '향함'이다. 충동은 자신이 지향하는 가능성 이외의 모든 가능성들은 쫓아내려고 한다. 여기에서도 '자신을 앞질러 있음'은 설령 충동이 그러한 충동에 사로잡히는 사람 그 자신에게서 비롯된 것일지라도 비본래적이다. 충동은 그때마다의 심정성과 이해를 압도해 버릴 수 있다. 그러나 그 경우에도 현존재는 단순한 충동, 즉 그것에 때때로 자제(自制)와 인도(引導)라는 다른 태도가 덧붙여지는 '충동'으로 존재하는 것은 아니다. 충동에 사로잡혀 있는 현존재도 온전한 세계-내-존재의 변양으로서 언제나 이미 마음씀으로 존재한다.

마음씀이 '현존재가 충동에 사로잡히는 것'을 존재론적으로 가능하게 한다 하더라도, 그 마음씀은 순수한 충동에서는 아직 자유롭게 되지 않고 있다. 이에 대해서 성향에서는 마음씀은 언제나 이미 구속되어 있다. 성향과 충동은 현존재의 내던져져 있음에 뿌리박고 있는 가능성들이다. 살려고 하는 충동은 근절될 수 없으며, 세계에 의존해서 살아가려는 성향은 뿌리 뽑히지 않는다.

마음씀은 하나의 실존론적·존재론적 근본현상이지만, 그 구조는 단순하지 않다. 마음씀이 '……에 몰입해 있음으로써 ……안에 이미 있으면서 자신을 앞질러 있음'이라는 것은, 이 현상이 그 자체로 구조적으로 분절되어 있다는 것을 보여 주고 있다. 그러나 이것은 마음씀이 지닌 구조적인 다양성의 통일성과 전체성을 존재론적으로 지탱하고 있는 더욱 근원적인 현상을 밝혀내야 한다는 것을 의미한다. 그리고 하이데거는 나중에 이러한 근원적인 현상을 시간성으로서 밝히고 있다.

하이데거는 현존재의 존재를 마음씀이라고 해석하는 것은 존재론적으로는 새롭지만 존재적으로는 아주 오래된 것이라고 말하고 있다. 현존재의 존재를 마음씀으로 해명하는 것은, 현존재를 어떠한 임의로 고안된 이념 아래로 쑤셔 넣는 것이 아니라, 존재적·실존적으로 이미 개시되어 있는 것을 실존론적으로 개념화하는 것에 지나지 않는다는 것이다.

§42. 마음씀으로서의 현존재의 실존론적 해석을 현존재의 선존재론적 자기 해석에 입각해서 보증함

이상의 해석은 결국 마음씀을 현존재의 존재로서 밝혀내기 위한 것이었다. 인간을 이성적 동물로 규정하는 전통적 정의에 따라서 평가한다면 인간을 마음씀으로 보는 실존론적·존재론적 해석은 극히 생소한 것이다. 특히 마음씀을 단순히 근심이나 걱정과 같은 것으로 이해할 때는 더욱더 그렇다.

이런 맥락에서 하이데거는 현존재의 존재를 마음씀으로 보는 규정에 대한 선존재론적인 증언을 인용하려고 한다. 하이데거는 이러한 증언에서 현존재는 자기 자신에 관해 '근원적으로' 언표하고 있지, 그것을 이론적 해석에 의해서 규정하고 있지 않으며, 또한 그것을 의도하고 있지도 않다고 말하고 있다. 만일 현존재가 역사적인 존재라고 한다면, 현존재의 역사에서 비롯된 하나의 명제적 진술은 순수하게 존재론적이지는 않지만 어떤 특별한 무게를 지니게 된다. 그러한 명제적 진술에서는 현존재 자신 속에 깃들어 있는 존재이해가 선존재론적으로 언표되고 있는 것이다. 다음에 인용되는 증언은, 현존재의 존재를 마음씀으로 보는 실존론적 해석이 임의적으로 고안된 것이 아니라 나름의 토대를 지니고 있다는 것을 입증한다.

쿠라(마음씀)가 강을 건너자, 거기서 그녀는

진흙을 발견했다.

골똘히 생각하면서 쿠라는 한 덩어리를 떼 내어 빚기 시작했다.

빚어진 것을 옆에 놓고 생각에 잠겨 있을 때

주피터(수확)가 다가왔다.

그녀는 빚어진 덩어리에 정신을 부여해 달라고

주피터에게 간청했다.

주피터는 흔쾌하게 승낙했다.

자기가 빚은 형상에 그녀가 자신의 이름을 붙이려고 하자,

주피터는 이를 거절하고 자신의 이름을 붙여야 한다고 주장했다.

쿠라와 주피터가 다투고 있을 때,

텔루스(대지)도 나서서

그 형상에는 자기 몸의 일부가 제공되었기 때문에

자기 이름이 붙여지길 바랐다.

그들은 사투르누스(시간)를 판관(判官)으로 모셨다.

사투르누스는 아래와 같이 그럴듯하게 판정했다.

"정신을 준 주피터는 그가 죽을 때 정신을 취하고,

육체를 준 텔루스는 육체를 가져가라.

하지만 쿠라는 이것을 처음으로 만들었으니

이것이 살아 있는 동안 너의 것으로 하는 게 좋겠다.

그러나 이름으로 인해 싸움이 생겼는지라,

호모(인간)라 부르는 것이 좋겠다.

후무스(흙)로 만들어졌기 때문이다."[12]

이 선존재론적 증언이 특별한 의의를 갖는 것은, 그것이 인간의 현존재는 평생 동안(zeitlebens) 마음씀에 속한다고 보았을 뿐 아니라, 마음씀이 갖는 이러한 '우위'가 인간은 육체(흙)와 정신의 합성체라는 잘 알려진 견해와 연관되어 나타나고 있다는 것이다.

'쿠라가 이것을 처음으로 만들었다'(Cura *prima* finxit)라는 것은, 이 존재자는 자기의 존재의 근원을 마음씀에 가지고 있다는 것을 의미한다. '이것이 살아있는 동안 쿠라의 것으로 하는 게 좋겠다'(Cura teneat, quamdiu vixerit)라는 것은, 이 존재자는 일생 동안 마음씀이라는 근원으로부터 벗어날 수 없으며 그것에 얽매이고 그것에 의해 지배된다는 것을 의미한다.

이 존재자가 homo라는 이름(homo, 사람)을 갖는 것은 그의 존재가 아니라 그것이 무엇으로 만들어졌는가(humus, 흙)와 관련해서이다. 그리고 이러한 존재자의 근원적 존재를 어디에서 찾아야 하는가에 대해서는 사투르누스, 즉 시간이 결정하고 있다. 따라서 위의 우화에서 언표되고 있는 인간의 선존재론적 본질규정은 이 세상에서의 인간의 시간적 유전(流轉)을 철저하게 지배하는 존재양식을 염두에 두고 있다.

그뿐 아니라 쿠라라는 용어의 의미사(意味史)에서 우리는 현존재의 그 이상의 근본구조를 통찰할 수 있다. 쿠라라는 용어는 이중적 의미를 갖는다. 그것은 걱정스러운 노고뿐 아니라, 헌신도 의미한다. 따라서 세네카는 그의 마지막 편지(『서한』, 124)에서 이렇게 쓰고 있다.

네 가지 생물, 즉 나무, 동물, 인간, 신 중 마지막 둘에게만 이성이 부여

---

12) 소광희 번역본(경문사, 1995)의 284~285쪽, 이기상 번역본(까치, 1998)의 269쪽 참조.

되어 있는데, 이 양자는 신은 불사이고 인간은 사멸할 존재라는 점에서 구별된다. 신의 본성은 신의 선이 완성하고 인간의 본성은 마음씀 (cura)이 완성한다(unius bonum natura perficit, dei scilicet, alterius cura, hominis).

인간의 완성(perfecti), 즉 인간이 자신의 가장 고유한 가능성들을 실현하는 것은 마음씀이다. 그러나 마음씀은 인간이 고려되는 세계에 내맡겨져 있음(내던져져 있음)도 등근원적으로 규정한다. 쿠라의 이중적 의미, 즉 걱정에 차서 노력하는 것과 헌신은 본질상 이중 구조를 지닌 내던져진 기투라는 하나의 근본구조를 시사하고 있다. 즉 걱정에 차서 노력하는 것은 기투에, 어떤 것에 헌신하는 것은 던져짐에 상응하는 것이다.

그러나 인간의 존재에 대한 실존론적·존재론적 해석은 그것에 대한 이론적·존재적 일반화에 그치는 것이 아니다. 그러한 실존론적·존재론적 해석이 한갓 이론적·존재적 일반화에 지나지 않는다면, 그것은 인간의 모든 태도가 근심으로 가득 차 있고 어떤 것에 대한 '헌신'에 의해서 수행된다는 것을 의미할 뿐이다. 실존론적·존재론적 해석의 '보편화'란 아프리오리한 – 존재론적 보편화이다. 그것은 끊임없이 나타나는 존재적 특성들을 가리키는 것이 아니라 현존재의 구체적인 태도와 행위의 근저에 놓여 있는 하나의 존재구조를 가리킨다.

이러한 존재구조가, 인간이 존재적으로 쿠라라고 부르는 것을 비로소 존재론적으로 가능하게 한다. **삶의 근심이나 헌신을 가능케 하는 실존본적 조건은 근원적 의미에서, 즉 존재론적 의미에서 마음씀으로 파악되어야 한다. 즉 인생이 근심과 고통으로 점철되어 있다는 것도 현존재가 마음씀이기에 가능하다. 현존재는 자신의 가능성을 세계에 내던져져 있음에 기초하여 기투하기 때문에 근심도 헌신도 생기는 것이며 기쁨도 생기는 것이다.**

아울러 마음씀이란 현상과 그 모든 기초적인 실존주들이 지니고 있는 초월론적 보편성은, 설령 존재적·세계관적 현존재 해석이 현존재의 삶을 근심이나 고난 또는 그 반대로 이해한다 하더라도 이 모든 현존재 해석이 그 위에서 움직이는 지반을 미리 제공하고 있다.

§43. 현존재, 세계성 및 실재성

존재적 경험만이 아니라 존재론적 이해가 문제되는 경우에도, 전통적인 존재 해석은 현존재가 갖는 퇴락의 경향에 따라서 우선 세계 내부적 존재자의 존재를 실마리로 삼는다. 그런데 이와 함께 가장 가까이 있는 도구의 존재는 간과되고 존재자는 우선 눈앞의 사물(res)로서 파악되며, 존재는 실재성이라는 의미를 갖게 되고 존재의 근본 규정성은 실체성으로 파악된다. 그리고 존재 일반이 이렇게 실재성(Realität)과 동일시됨으로써 현존재에 대한 존재론적 해석도 실재성이라는 존재 개념에 입각하게 된다. 즉 현존재도 다른 존재자와 마찬가지로 실재적으로 눈앞에 존재하는 것으로 간주되는 것이다.

이렇게 실재성이라는 개념이 존재론적으로 특유의 우위를 차지하게 되며, 이러한 우위로 인해서 현존재의 진정한 실존론적 분석을 수행하는 것이 방해를 받을 뿐 아니라 세계 내부적으로 가장 가까운 도구의 존재를 제대로 파악하는 것도 방해를 받게 된다. 그러한 우위는 존재 문제를 잘못된 방향에서 접근하게 하며, 실재성 이외의 존재양상들도 이러한 실재성을 실마리로 하여 소극적, 결여적으로 규정되는 것이다.

그러므로 현존재 분석뿐 아니라 존재 일반의 의미에 대한 물음의 수행도 실재성이라는 의미의 존재를 실마리로 해서는 안 된다. 실재성은 여러 존재양식 가운데 하나의 존재양식일 뿐 아니라 존재론적으로는 현존재와 세계 그리고 도구의 존재에 근거해 있는 것이다. 이러한 사실을 증명하기 위해서는 실재성의 문제 및 이러한 문제의 조건들과 한계에 대한 근본적인 구명이 필요하다.

실재성의 문제에는 다음과 같은 물음들이 포함되어 있다.

① '의식 초월적인' 존재자가 도대체 존재하는가?
② 외부 세계의 실재성은 충분히 증명될 수 있는가?
③ 존재자가 실재적이라고 할 때, 그 존재자가 그것의 자체적인 존재에 있어서 어느 정도까지 인식될 수 있는가?
④ 이 존재자의 존재, 즉 실재성이란 도대체 무엇을 의미하는가?

실재성의 문제에 대한 이하의 분석은 기초존재론적인 물음을 고려하면서 다음 세 가지를 다룬다.

① 외부 세계의 존재 및 그 증명 가능성의 문제로서의 실재성
② 존재론적 문제로서의 실재성
③ 실재성과 마음씀

a 외부 세계의 존재 및 그 증명 가능성의 문제로서의 실재성

위에서 열거한 실재성에 대한 물음들 중에서 가장 중요한 것은 실재성이린 도대체 무엇인가라는 존재론적 물음이다. 그러나 전통철학에서는 순수한 존재론적 문제의식과 방법론이 결여되어 있었기 때문에, 실재성이란 무엇인가라는 물음이 일반적으로 분명하게 제기될 경우에 그것은 '외부' 세계의 문제, 즉 '외부' 세계가 의식으로부터 독립해 있을 수 있는가

라는 문제와 결부될 수밖에 없었다. 이는 실재성의 분석은 실재적인 것에 대한 적합한 접근방식을 근거로 해서만 가능하지만, 전통철학에서 실재적인 것을 파악하는 적합한 방식으로 간주되어 온 것은 직관적 인식이기 때문이다. 직관적 인식은 영혼, 즉 의식의 '태도'로서 존재한다. 실재성에 자체적 존재와 독립성이라는 성격이 속해 있고 직관적인 인식이 이러한 실재성을 파악하는 적합한 방식으로 간주되는 한, 실재성의 의미에 대한 물음은 실재적인 것이 '의식으로부터' 독립해 있을 수 있는가라는 물음과 결부되어 있다. 그리고 이러한 물음은 의식이 실재적인 것의 영역으로 초월할 수 있는가라는 물음의 형태를 띠기도 한다. 이러한 물음은, 실재적인 것이 의식을 통해서 파악되는 한 의식에 의해서 파악된 실재적인 것은 항상 의식의 주관적인 성격을 반영할 수밖에 없는데, 이 경우 의식은 어떻게 해서 실재적인 것 자체를 파악할 수 있느냐라는 물음이다.

그러나 실재성에 관한 충분한 존재론적 분석의 가능성은, 의식에서 독립해 있는 실재적인 것이 그것의 존재와 관련해서 어느 정도로 밝혀질 수 있느냐에 달려 있다. 오직 그렇게 해서만 실재적인 것으로의 의식의 초월도 존재론적으로 파악될 수 있다. 그리고 이와 함께 실재적인 것에 이르는 일차적 접근 방식이 과연 인식인지가 결정되어야만 한다.

앞의 분석에서 인식은 실재적인 것에 접근하는 정초된 한 양상이라는 것이 밝혀졌다. 실재적인 것은 본질적으로는 세계 내부적 존재자로서만 접근 가능하다. 그런 존재자에 접근하는 모든 통로는 존재론적으로는 현존재의 근본구조, 즉 세계-내-존재에 기초해 있다. 세계-내-존재는 마음씀이라는 보다 근원적인 존재구조, 즉 '세계 내부적 존재자에 몰입해 있는 존재로서 자신을 앞질러 이미 세계 안에 있음'이라는 구조를 가지고 있다.

따라서 세계가 존재하는지 어떤지 그리고 세계의 존재가 증명될 수 있는지 어떤지라는 물음은 세계-내-존재로서의 현존재가 제기하는 물음으로서는 의미가 없다. 더욱이 이 물음에서 세계는 애매한 이중적인 의미를 갖고 있다. 그것은 한편으로는 내-존재가 살아가는 장(場)으로서의 세계를 의미할 수 있지만, 다른 한편으로는 세계 내부적 존재자로서의 〈세계〉, 즉 현존재가 고려하면서 몰입하는 존재자로서의 〈세계〉를 의미할 수 있다. 그러나 내-존재가 살아가는 장으로서의 세계는 현존재의 존재와 함께 본질적으로 개시되어 있으며 세계 내부적 존재자로서의 〈세계〉는 세계의 개시성과 함께 이미 발견되어 있다.

물론 실재적인 것, 단지 눈앞의 사물이라는 의미에서의 세계 내부적 존재자는 아직 은닉된 채로 있을 수 있다. 그러나 이것도 이미 개시된 세계를 근거로 해서만 발견될 수 있다. 또 그런 근거 위에서만 실재적인 것은 아직 은닉된 채로 있을 수 있다. 그러나 **사람들은 세계라는 현상 자체를 선행적으로 밝히지 않은 채로 외부 세계의 실재성에 대한 물음을 제기해 왔다. 즉 전통적인 인식론에서 외부 〈세계〉의 문제는 항상 세계 내부적 존재자인 눈앞의 사물들과 객체들에 향해 있다. 이에 따라서 그러한 문제들에 대한 논의는 존재론적으로 거의 해결이 불가능한 문제에 부딪히게 된다.**

(1) 칸트의 관념론 논박에 대한 검토

문제들의 혼동, 즉 증명을 필요로 하는 것과 증명되는 것 그리고 증명을 수행하는 방법의 혼동은 칸트의 관념론 논박에서 보이고 있다. 칸트는 우리 밖에 존재하는 사물의 존재에 대해 확실한 증명이 아직 존재하지 않는다는 사실을 철학과 인간 이성의 스캔들이라고 말한다. 그리고 그 자신이 그러한 증명의 하나를 다음과 같은 정리(定理)를 정초하는 식으로 제시하고 있다. "나 자신의 고유한 존재에 관한 단순하지만 경험적으로 규정된 의식이 내 밖의 공간 안에 있는 대상들의 존재를 증명한다."

칸트는 여기서 존재라는 용어를 눈앞의 존재라는 의미로 사용하고 있다. 나의 존재에 대한 의식이란 칸트에게는 데카르트가 말하는 의미에서 '나 자신이 눈앞에 존재함에 대한 의식'이다. 존재라는 용어는 '의식이 눈앞에 존재함'을 의미하기도 하고 '사물이 눈앞에 존재함'을 의미하기도 한다.

내 밖에 있는 사물의 존재에 대한 칸트의 증명은, 시간의 본질에는 변이(變移)와 지속(持續)이 등근원적으로 속해 있다는 사실에 의존한다. 나의 의식에 주어지는 표상들, 다시 말해서 '내감(內感)에 주어진 다양한 표상들'은 끊임없이 변화한다.[13] 그러나 내감에 주어진 다양한 표상들이 어떤 시점에 일어났는지는 지속적으로 존재하는 어떤 것, 예를 들면 태양과 같은 것을 전제할 경우에만 규정될 수 있다. 그러나 이렇게 지속적으로 존재하는 것은 우리 안에 존재할 수 없다. 왜냐하면 시간 안에서의 나의 존재야말로 이렇게 지속하는 것을 통해서 비로소 규정될 수 있기 때문이다. 따라서 내 안에 경험적으로 정립된 변이는 필연적으로 내 밖에 지속하는 것과 경험적으로 함께 정립된다. 이 지속하는 것은 내 안에 일어나는 변이의 존재를 가능하게 하는 조건이다. 표상들이 '시간 안에 있다'는 경험은 내 안에서 변이하는 것과 내 밖에서 지속하는 것을 등근원적으로 정립한다.

이러한 증명은 물론 인과적인 추론에 입각한 것은 아니다. 칸트가 제시하고 있는 것은 시간적 존재자라는 이념에 입각한 일종의 존재론적 증

---

13) 칸트는 우리의 감각을 외감과 내감으로 구별하면서 외감의 형식을 공간이라고 보고 내감의 형식을 시간이라고 본다. 외감을 통해서 외적인 감각자료들이 주어지고, 내감을 통해서는 내적인 표상들이 주어진다.

명이다. 우선 칸트는 다른 존재자들로부터 고립되어서 존재하는 주관이라는 데카르트적 단초를 포기한 것처럼 보인다. 그러나 그것은 그렇게 보일 뿐이다. 칸트가 어쨌든 내 밖에 있는 사물의 존재에 대한 증명을 요구하고 있다는 사실은, 이미 물음의 토대를 주관에, 즉 내 안에서 취하고 있음을 보여 준다. 증명 자체도 내 안에 경험적으로 주어진 변이를 단서로 하여 수행되고 있다. 왜냐하면 이러한 증명을 지탱하고 있는 시간은 내 안에서만 경험되기 때문이다. 그것은 '나의 밖'으로 나가기 위한 지반을 제공한다. 나아가서 칸트는 다음과 같이 강조한다.

> 문제가 되고 있는 것[관념론]은 …… 우리의 밖에 있는 존재를 직접적인 경험을 통해서는 증명할 수 없다는 것만을 주장하므로 합리적이다. 그리고 그것은, 충분한 증명이 발견되기 전에는 어떤 결정적 판단도 허용하지 않는다는 근본적이고 철학적인 사고양식에도 합당하다.(『순수이성비판』, B 274쪽 이하)

따라서 비록 고립된 주관과 내적 경험의 존재적 우위가 포기되었다 하더라도, 존재론적으로는 여전히 데카르트의 입장이 유지되고 있다. 칸트가 증명하고 있는 것은——이러한 증명과 그것의 기초가 정당하다고 인정할 경우에——변이하는 존재자(내적 경험)와 지속하는 존재자(눈앞의 사물)가 필연적으로 함께 존재한다는 것이다. 그러나 주관과 객관이 이렇게 필연적으로 함께 있다는 것은, 결코 주관과 객관이 함께 눈앞의 사물들로서 있다는 것을 의미하는 것은 아니다. 비록 그러한 사실이 증명되었다 하더라도 존재론적으로 결정적인 사실, 즉 주관의 근본구조가 세계-내-존재라는 사실은 여전히 은닉된 채로 있다. 물리적인 것과 심리적인 것이 함께 눈앞의 사물로서 있다는 것은, 존재적으로나 존재론적으로

나 세계-내-존재의 현상과 완전히 다르다.

(2) 철학의 스캔들로서의 외부 세계의 실재에 대한 증명 시도

칸트는 내 안과 내 밖의 구별과 연관을——현실적으로는 정당하게 그러나 그것을 증명하는 방식과 관련해서는 부당하게——전제하고 있다. 변이하는 것과 지속하는 것이 함께 존재한다는 사실을 시간을 실마리로 해서 확정했다고 해서, 그러한 사실이 내 안과 내 밖의 연관에 대해서도 타당하다는 것은 입증되지 않는다.

그러나 증명 가운데 전제되어 있는 안과 밖의 구별 및 양자의 연관 전체가 통찰된다면 그리고 무엇이 이러한 전제와 함께 전제되고 있는지가 존재론적으로 파악되었다면, 그때에는 내 밖에 있는 사물의 존재에 대한 증명은 전적으로 불필요한 것이 될 것이다. 철학의 스캔들은 이러한 증명이 아직도 제대로 행해지지 않았다는 데 있는 것이 아니라 그것이 여전히 거듭해서 기대되고 있고 시도되고 있다는 데 있다.

이러한 기대와 시도는, 현존재를 존재론적으로 제대로 파악하지 못한 데서 비롯된다. 즉 그러한 기대와 시도에서 현존재는 세계와 무관하게 눈앞의 사물로 존재하는 것으로서 간주되고 있는 것이다. 따라서 증명이 불충분한 것이 아니라, 증명을 요구하면서 증명을 하고 있는 존재자인 현존재의 존재양식이 제대로 규정되지 않고 있는 것이다.

이에 따라서 다음과 같은 가상, 즉 주관과 객관이라는 두 개의 눈앞의 사물이 필연적으로 함께 존재한다는 사실이 증명되면 세계-내-존재로서의 현존재에 대해서도 무엇인가가 입증되거나 적어도 입증될 수 있다는 가상이 생길 수 있다. 그러나 올바로 이해된 현존재는 그러한 증명을 거부한다. **왜냐하면 현존재는 그의 존재에 있어서 그러한 증명이 증명하려고 하는 바로 그러한 것으로서 존재하기 때문이다.**

아울러 우리 밖에 있는 사물의 존재를 증명할 수 없다고 보면서 그러한 존재가 단순히 믿음에 근거해서 시인될 수밖에 없다고 추론한다고 해도 문제의 전도는 극복되지 않을 것이다. 이는 이 경우에도 '틀림없이 어떤 증명이 수행될 수 있을 것'이라는 선입견이 여전히 남아 있기 때문이다. 증명에 대한 요구를 엄정한 증명의 길 이외의 다른 길에 의해서 충족시키려고 시도하더라도, 원칙적으로 '증명의 요구'를 받아들이고 있는 것은 마찬가지인 것이다.

또한 주관은 외적 세계가 자기 밖에 존재한다는 것을 전제하지 않을 수 없고 또 무의식적으로 항상 이미 전제하고 있다는 것에 사람들이 의거하려고 할 경우에도, 여전히 그것은 세계로부터 고립된 주관을 단초로 하고 있다.

외부 세계의 실재성을 증명하려는 모든 시도는 무세계적인 주관 또는 자신의 세계도 확신하지 못하는 하나의 주관을 전제하고 있으며, 이때 세계-내-존재는 처음부터 파악이나 사념 혹은 확신이나 믿음 등의 작용 위에 세워지고 있다. 그러나 이것들은 그 자체로 항상 이미 세계-내-존재에 기초지어진 태도들에 불과하다. 현존재는 존재자로서 항상 이미 하나의 세계 안에 있다. 마음씀이라는 존재양식에 존재하는 존재구조는 어떠한 전제나 사념이나 파악 혹은 확신이나 믿음과 같은 현존재의 태도보다 앞서 있는 것이다.

(3) 외부 세계의 실재성에 대한 증명 시도의 원천인 현존재의 퇴락

'외부 세계'가 존재하는가 아닌가, 또 그것의 존재가 증명될 수 있는가 없는가를 묻는 실재성 문제는 불가능한 문제임이 입증되었다. 그것은 그 문제가 궁극적으로는 해결될 수 없는 아포리아(難問)로 귀착되기 때문이 아니라 이 문제의 주제가 되고 있는 존재자가 그런 문제 제기 자체를 거

부하고 있기 때문이다.

외부 세계가 존재한다는 사실과 그것이 존재하는 방식이 증명되어야 하는 것이 아니라, 왜 세계-내-존재로서의 현존재가 외부 세계의 존재를 우선 인식이론적으로 무근거한 것으로 간주한 후에 증명을 통해서 새삼스럽게 다시 소생시키려는 경향을 갖는가가 먼저 해명되어야 한다. 그 이유는 현존재의 퇴락에 있다. 현존재는 퇴락으로 인해서 존재를 일차적으로 눈앞의 존재로 여긴다. 이러한 존재이해에 입각한 문제제기가 '비판적인 성격'을 갖게 되면, 그러한 문제제기는 '내적인 것', 즉 의식을 유일하게 확실한 사물로서 발견하게 된다. 이와 함께 세계-내-존재라는 근원적 현상이 부인되고 난 뒤에 잔존하는 나머지인 고립된 주관을 근거로 해서 〈세계〉와의 연관을 다시 회복하는 작업이 수행되는 것이다.

(4) 실재론과 관념론 비판

외부 세계의 실재성 문제에 대한 다양한 인식론적인 해결들이 실패한 이유는, 그것들이 현존재의 실존론적 분석을 소홀히 했기 때문에 문제제기를 위한 현상적으로 확실한 지반을 전적으로 결여했다는 데에 있다. 이러한 지반은 주관개념과 의식개념을 추후적으로 현상학적으로 개선한다고 해서 얻어지는 것도 아니다.

'세계-내-존재로서의 현존재와 함께 세계 내부적 존재자는 그때마다 이미 개시되어 있다'는 실존론적·존재론적 진술은, '외부 세계가 실제로 존재한다'는 실재론의 테제와 일치하는 듯이 보인다. 물론 실존론적 진술에서 세계 내부적 존재자의 존재가 부인되지 않는 한 그러한 진술은 결과적으로는 실재론의 테제와 일치한다. 실존론적 진술이 모든 실재론과 원칙적으로 구별되는 것은, 실재론은 세계의 실재성 증명을 필요로 하면서 동시에 그러한 증명이 가능하다고 간주한다는 점이다. 그러나 실존론적 진술과 실재론을 완전히 갈라놓는 것은, 실재론이 존재론에 대해 이해하지 못하고 있다는 점이다. 실재론은 실재하는 것들 사이의 작용연관을 통해 실재성을 존재적으로 설명하려고 시도하기 때문이다.

관념론은 그것의 결과적인 내용에 있어서는 지지될 수 없다고 하더라도, 그것이 심리학적 관념론이라고 자기 자신을 오해하지 않는 한에서는 실재론에 대해서 원칙적 우위를 갖는다. **관념론이 '존재와 실재성은 오직 의식 안에만 있다'고 강조할 때, 관념론은 '존재는 존재자에 의해서는 설명될 수 없다'는 사실을 인식하고 있다. 그러나 그렇게 존재자에 의해서 설명될 수 없는 것으로 간주되는 존재에 대한 이해 자체가 무엇을 의미하는가, 어떻게 해서 존재이해가 가능한가, 그리고 그러한 존재이해가 현존재의 존재 구조에 속한다는 사실 등이 해명되지 않는 한, 관념론의 실재성 해석은 사상누각에 불과하다.**

존재가 존재자에 의해 설명될 수 없고 실재성은 존재이해에서만 가능하다고 해서, 의식의 존재, 즉 res cogitans의 존재 자체에 대해서는 묻지 않아도 된다는 것은 아니다. 관념론적 테제의 귀결에서는, 의식 자신의 존재론적 분석이 불가결한 선행 과제로서 요구된다는 사실이 시사되고 있다. 존재가 의식 안에 있기 때문에, 즉 현존재에서 이해될 수 있기 때문에, 오직 그 때문에 현존재는 독립성, 자체적인 존재, 실재성 등의 존재성격도 이해할 수 있고 개념화할 수 있다. 오직 그 때문에만 의식으로부터 '독립해서 존재하는' 것은 세계 내부적으로 우리가 접할 수 있는 것으로서 둘러봄에 의해서 접근될 수 있다.

관념론이라는 명칭이 '존재는 존재자를 통해서는 결코 설명될 수 없고 모든 존재자에 대해서 그때마다 이미 초월적인 것이다'는 사실을 이해하는 것을 의미한다면, 관념론이야말로 철학적 문제제기의 유일하고 올바른 가능성을 갖는다. 그런 의미라면 아리스토텔레스는 칸트 못지않은 관념론자였다. 그러나 관념론이라는 것이 모든 존재자를 주관이나 의식으로 환원하는 것이라면, 그리고 이때 주관이나 의식은 그 존재에 있어서 규정되지 않은 채로 있으면서 단지 소극적으로 비사물적인 것이라고만 특징지어진다면, 이러한 관념론은 조잡한 실재론 못지않게 방법적으로 소박한 것이다.

'주관이란 오직 객관에 대해서만 주관이고 또 그 역이기도 하다'는 테제를 가지고 외부 세계의 실재성이란 문제를 실재론이나 관념론과 같은 모든 입장 이전에 설정할 가능성은 아직 남아 있다. 그러나 이 경우에도 주관과 객관이라는 각 항과 양자 사이의 상관관계 전체는 눈앞의 존재라는 존재의 특정한 이념을 실마리로 하여 사유되고 있다.

외부 세계의 실재성에 관한 문제를 인식론적으로만 해결하려는 시도가 암암리에 전제하고 있는 것을 검토해 본 결과 분명해진 것은, 그 문제가 현존재의 실존론적 분석에 입각하여 해명되어야 한다는 것이다.

b 존재론적 문제로서의 실재성

실재성이라는 명칭이 세계 내부적으로 눈앞에 존재하는 사물(res)의 존재를 가리킨다면, 이는 세계 내부적 존재자는 '세계 내부성'이라는 현상이 밝혀질 때에만 존재론적으로 제대로 파악될 수 있다는 것을 의미한다. 그러나 세계 내부성은 세계라는 현상에 근거하며 또한 세계는 세계-내-존재의 본질적 구조계기로서 현존재의 근본구조에 속한다. 이런 연관 속에서 비로소 존재자가 갖는 '자체적 존재'의 성격도 존재론적으로 이해될 수 있다. 이러한 문제연관에 입각하여 앞의 분석에서 세계 내부적 존재자의 존재가 해석되었다.

(1) 딜타이의 실재성 해석에 대한 비판

물론 분명한 실존론적·존재론적 지반 없이도 일정한 한계 안에서는 실재적인 것의 실재성이 갖는 현상학적 특성이 밝혀질 수 있다. 딜타이는 그러한 해명을 시도한 바 있다. **딜타이에 따르면 실재적인 것은 충동과 의지에서 경험된다. 실재성은 우리의 충동과 의지에 대한 저항이며, 더 정확하게는 저항성이다.** 저항이라는 현상을 분석적으로 밝혀낸 것은 딜타이의 긍정적 기여였으며, 딜타이 자신이 주창했던 '기술하는 분석심리학'의 이념을 가장 잘 구현한 것이었다. 그러나 저항 현상에 대한 딜타이의 분석이 거둔 올바른 성과는, 딜타이도 여전히 실재성과 관련하여 인식이론적인 문제의식에 사로잡혀 있었기 때문에 손상되었다.

보다 구체적으로 말하자면, 모든 것이 의식의 현상으로 주어진다는 '현상성 명제' 때문에 딜타이는 의식의 존재를 존재론적으로 해석하는 데까지는 나아가지 못했다. 의지와 그것에 대한 저항은 동일한 의식 내부에서 나타난다. '나타난다'의 존재양식, 내부의 존재의미, 의식과 실재적인 것 자체 사이의 존재관계, 이 모든 것은 존재론적 규정을 필요로 한다. 그것이 존재론적으로 규정되지 못했던 것은, 결국 딜타이가 그 배후로는 더 이상 소급할 수 없는 것인 생(生)을 존재론적으로 애매하게 규정했기 때문이다.

(2) 셸러의 실재성 해석에 대한 비판

셸러는 실재성을 우리의 충동과 의지에 저항하는 것으로 보는 딜타이의 실재성 해석을 받아들였다. 그는 주의주의적(主意主義的) 존재이론을 대표한다. 그러나 이때의 존재는 칸트적 의미에서의 눈앞의 존재로서 이해되고 있다. 대상들의 존재는 충동 및 의지에게만 직접적으로 주어진다. 셸러는 딜타이와 마찬가지로 실재성은 일차적으로는 결코 사유와 파악에 주어지지 않는다고 강조할 뿐 아니라 특히 인식 자체는 하나의 존재관계라는 사실도 지적하고 있다.

딜타이의 이론이 존재론적으로 기초지어지지 않았다는 사실을 조금 전에 지적했지만 이러한 지적은 원칙적으로 셸러의 이론에 대해서도 타당하다. 생의 존재론적 기초분석은 실재성 분석의 하부구조로서 추가적으로 필요한 것이 아니다. 실재성을 분석하기 위해서는, 즉 저항성과 그것의 현상적 전제들을 완전히 해명하기 위해서는 생이라는 기초에 대한 분석이 필요하다. 생이라는 기초에 대한 분석은 **저항은 '충동이나 의지를 관철하려고 하는 행위'가 방해를 받을 때 나타난다. 그러나 '충동이나 의지를 관철하려고 하는 행위'와 함께, 충동과 의지가 겨냥하면서 추구하는 어떤 것이 이미 개시되어 있다. '……을 겨냥해서 추구하는 행위'는 저항에 부딪히고 또 그러한 것만이 저항에 부딪힐 수 있는데, 그러한 행위는 그 자체로 이미 용도 전체성에 입각해 있다. 그러나 용도 전체성은 유의의성이라는 지시 전체의 개시성을 근거로 해서 발견된다. 저항 경험, 즉 저항하는 것을 발견하는 것은 존재론적으로는 세계의 개시성을 근거로 해서만 가능한 것이다. 저항성은 세계 내부적 존재자가 갖는 존재성격이며, 따라서 저항 경험의 총합에 의해서 비로소 세계가 개시되는 것이 아니다. 저항 경험의 총합은 오히려 세계의 개시를 전제하고 있다.**

저항은 또한 세계의 개시와 무관하게 독자적으로 '출현하는' 충동과 의지에 의해서 경험되지도 않는다. 충동과 의지는 마음씀의 변양들이다. 마음씀이라는 존재양식을 가진 존재자만이 세계 내부적인 존재자로서의 저항물과 마주칠 수 있다. 따라서 실재성이 저항성에 의해 규정된다고 할 경우, 다음 두 가지가 주목되어야만 한다. 첫째로 저항성은 실재성이 갖는 성격들 중 하나에 불과하다는 것이고, 둘째로 저항성에는 필연적으로 세계의 개시가 전제되어 있다는 것이다. 저항은 세계 내부적 존재자란 의미의 외부 세계를 특징짓지만 그것은 세계라는 의미의 외부 세계를 특징짓지는 않는다. 실재에 대한 의식은 그 자체로 세계-내-존재의 한 방식이다.

(3) 데카르트 비판

'나는 생각한다, 나는 존재한다'라는 명제가 현존재의 실존론적 분석의 출발점이 되려면, 말의 순서를 '나는 존재한다, 나는 생각한다'로 바꿔야 한다. 이 경우 '나는 존재한다'는 '나는-어떤-세계-안에 있다'는 의미를 갖는다. 이렇게 세계 안에 존재하면서 비로소 나는 세계 내부적 존재자에 대해서 사유할 수도 있으며 그 외에 여러 가지 태도를 취할 수 있다. 이에 반해 데카르트는 이렇게 말한다. 사고작용들(cogtationes)이 존재하며, 그것들 안에 하나의 자아가 무세계적인(weltlos) 인식하는 사물(res cogitans)로서 함께 눈앞에 존재한다고.

c 실재성과 마음씀

실재성은 존재론적 명칭으로서 세계 내부적 존재자와 관련되어 있다. 그러한 명칭이 세계 내부적인 존재자들의 존재양식 일반을 지칭한다면, 도구적 존재와 눈앞의 존재는 실재성의 두 가지 양상이라고 할 수 있다. 그러나 실재성을 그 말의 전통적인 의미에 따라서 사용한다면 그것은 순수한 사물들의 눈앞의 존재를 가리킨다. 그러나 눈앞의 존재가 반드시 순수한 사물들의 눈앞의 존재는 아니다. 우리를 둘러싸고 있는 자연은 세계 내부적 존재자이긴 하지만 도구적인 존재양식도 갖지 않으며 눈앞의 사물들의 존재양식도 갖지 않는다.

    그러한 자연의 존재가 어떻게 해석되든 세계 내부적 존재자의 모든 존재양상은 존재론적으로는 세계의 세계성에 기초하고 있으며, 이와 함께 세계-내-존재라는 현상에 기초하고 있다. 여기에서 다음과 같은 견해가 따라 나온다. 실재성은 세계 내부적 존재자의 존재양식들 내에서 결코 우위를 갖지 않으며 세계와 현존재를 존재론적으로 적합하게 특징지을 수도 없다.

실재성은 존재론적으로 현존재의 존재에 근거한다. 이는 현존재가 실존할 때 그리고 그런 한에서만 실재적인 것이 존재할 수 있다는 것을 의미하지는 않는다. 물론 현존재가 존재하는 한에서만, 즉 존재이해의 존재적 가능성이 존재하는 한에서만 존재는 주어진다(es gibt). 현존재가 존재하지 않는다면, 실재적인 것의 독립성과 자체적 존재도 '존재하지' 않는다. 현존재가 존재하지 않는다면 그런 것들은 이해될 수도 없지만, 이해될 수 없다는 것도 현존재를 전제하는 것인 한 그것들은 이해되고 말고 할 것이 없다고 해야 할 것이다. 그때에는 세계 내부적 존재자 또한 발견될 수도 없거니와 은폐될 수도 없다. 그 경우에는 존재자가 있다거나 없다고도 말할 수 없는 것이다. 현존재의 존재이해가 존재하는 한에서만 그리고 이와 함께 눈앞의 존재에 대한 이해가 존재하는 한에서만, 존재자는 모든 현존재가 존재하지 않을 경우에도 여전히 있게 될 것이라고 말할 수 있다.

현존재라는 존재양식을 가진 존재자는 실재성이나 실체성을 단서로 해서는 파악되지 않는다는 사실을 우리는 '인간의 실체는 실존이다'라는 테제로 언급한 바 있다. 그러나 실존성을 마음씀으로서 해석하고 마음씀을 실재성과 구별하는 것만으로 실존론적 분석이 끝나는 것은 아니다. 그것은 존재와 그것의 가능한 양상들과 변양들의 의미에 대한 물음 속에 있는 문제의 난맥상을 더욱 첨예하게 드러낼 뿐이다.

§44. 현존재, 개시성 및 진리

철학은 예로부터 진리와 존재를 동일한 것으로 간주했다. 파르메니데스에 의해 존재자의 존재가 처음 발견됐을 때, 존재는 존재에 대한 인지적 이해와 동일시되었다. 사유와 존재는 동일하다(τὸ γὰρ αὐτὸ νοεῖν ἐστίν τε καὶ εἶναι)는 것이다. 아리스토텔레스에게서 철학 자체는 진리에 관한 학(ἐπιστήμη τις τῆς ἀληθείας)으로서 규정된다. 그러나 동시에 아리스토텔레스에게서 철학은 존재자를 존재자로서, 즉 존재자의 존재에 관해서 고찰하는 학(ἐπιστήμη, ἥ θεωρεῖ τὸ ὄν ἥ ὄν)으로 특징지어지고 있다.

진리는 사태 자체가 자기 자신을 드러내 보이는 것을 의미한다. 그러나 진리라는 말이 존재자와 존재를 가리키는 용어로 사용될 수 있을 경우 그것은 무엇을 의미하는가? 만일 진리와 존재가 근원적으로 연관되어 있다면 진리현상은 기초존재론적인 문제권 안에 포함되게 된다. 존재는 실제로 진리와 연관되어 있기 때문에 진리라는 현상은 앞의 분석에서 이미 주제화되었다.

하이데거는 존재물음을 보다 첨예하게 전개하기 위해서 진리현상을 분명하게 한정하고 그 안에 포함되어 있는 문제를 확정하는 것이 필요하다고 말하고 있다. 이를 위해서 먼저 하이데거는 전통적 진리 개념에서 출발하면서 그것의 존재론적 기초를 밝혀내려고 한다(a). 이러한 기초로부터 진리의 근원적 현상이 드러나게 되는데, 하이데거는 이러한 근원적 현상에 근거해서 전통적 진리 개념이 파생적인 것이라는 사실을 보여 주려고 한다(b). 하이데거는 여기서 진리의 본질에 대한 물음에는 필연적으로 진리의 존재양식에 대한 물음도 함께 속함을 분명하게 보여 준다. 이와 함께 하이데거는 또한 진리가 주어져 있다(es gibt die Wahrheit)는 말의 존재론적 의미에 대한 해명과 '진리가 주어져 있다'고 우리가 전제하지 않으면 안 되는 필연성에 대한 해명을 수행하고 있다(c).

a 전통적 진리 개념과 그 존재론적 기초

이 부분은 독자들의 이해를 돕기 위해서『존재와 시간』에만 의거하지 않고 다른 저작들도 끌어들이면서 해설하고자 한다. 이와 함께 이 부분은 『존재와 시간』에서의 해당 부분보다도 더 상세하게 서술되었다.

(I) 전통적인 진리 개념: 진리란 존재자와 일치하는 판단이다.

전통적으로 진리는 판단에 존재한다고 생각되어 왔다. 진리란 존재자와 일치하는 판단을 의미한다는 것이다. 근대의 의식철학에서는 이러한 일치는 판단내용으로서의 주관적인 표상이 존재자라는 객관과 일치하는 것으로 파악되었으며, 이와 함께 서로 전혀 성격을 달리하는 주관적인 표상과 객관의 일치가 어떻게 해서 가능한가 하는 것이 문제가 되었다. 왜냐하면 객관 자체와 우리의 주관적인 표상이 일치하는지를 알기 위해서는 우리는 객관 자체를 인식해야 하겠지만, 존재자에 대한 우리의 판단이 그것에 대해서 항상 주관적인 표상을 갖는 것에 지나지 않는다면 객관 자체에 대한 인식이라는 것도 사실은 객관 자체에 대해서 주관적인 표상을 갖게 되는 것에 불과하기 때문이다. 따라서 이 경우 우리가 주관적인 표상과 객관 자체의 일치라고 생각하는 것은 주관적인 표상들 사이의 일치에 불과하게 되며 주관적인 표상과 객관 자체의 일치는 불가능한 것이 되는 것이다.

이에 따라서 주관적인 표상과 객관 자체가 어떻게 일치할 수 있는지를 근대의식철학은 다양한 방식으로 해석해 왔다. 데카르트는 그러한 일치의 근거를 신에서 찾았으며, 그러한 초월적 존재를 끌어들이기를 거부한 칸트는 경험적인 주관과 경험적인 객관을 포괄하는 초월론적인 통각을 상정함으로써 그러한 일치의 문제를 해결하려고 하였고, 헤겔은 경험적인 주관과 경험적인 객관을 포괄하면서 그것들을 통해서 자신을 전개하는 절대정신을 상정함으로써 해결하려고 했다.

이에 반해 하이데거는 판단과 대상 사이의 일치의 근거를 '판단작용이란 무엇인가'에 대한 현상학적 통찰에 의거하여 해명하려고 한다. 판단작용이란 과연 근대의식철학이 상정한 것처럼 존재자에 대해 하나의 주관적인 표상을 갖는 것을 의미하는가? 이 경우에는 우리가 바로 위에서 본 것처럼 판단은 항상 주관적인 표상을 넘어설 수 없으며 이러한 주관적인 표상이 어떻게 해서 객관을 그대로 반영할 수 있는가라는 문제가 제기될 수밖에 없다. 그러나 하이데거는 판단작용을 존재자에 대한 주관적인 표상을 갖는 것으로 보는 근대철학의 근본 전제를 의심한다. 이와 함께 그는 판단과 대상의 일치를 주관적 표상과 대상의 일치로 보면서 이렇게 전혀 성질을 달리하는 두 가지가 어떻게 서로 일치할 수 있느냐는 근대의식철학의 물음은 판단작용의 본질적 성격에 대한 오해에서 비롯되는 사이비 문제가 아닌가라는 의문을 제기한다.

진리 문제와 대결하면서 하이데거는 그동안에 자명하게 전제되어 왔던 모든 것을 근저에서부터 다시 검토하고 있는데, 이러한 검토는 다음과 같은 근본적인 물음들을 통해서 규정되고 있다.

판단작용은 존재자에 대해서 주관적인 표상을 갖는 것이 아니라 현존재가 존재자 자체와 관계하는 하나의 방식으로서 존재자를 그 자체로서 드러내는 것을 지향하는 것은 아닌가? 그리고 과연 어떤 판단이 진리라고 할 경우에 우리는 그 판단이 담고 있는 주관적인 표상과 존재자의 일치를 진리라고 부르는 것인가? 오히려 존재자 자체를 드러내려고 하는 판단이 지각 내지 직관을 통해서 입증되었을 때 그러한 판단을 진리라고 부르는 것은 아닌가?

아울러 전통적으로 진리의 장소는 판단으로 간주되었는데 과연 그러한 것인가? 오히려 우리는 판단 이전에 망치를 사용하고 햇볕을 쬘 때처럼 존재자를 사용하고 존재자와 온몸으로 접하면서 이러한 존재자들이 무엇인지를 이미 이해하고 있는 것은 아닌가? 달리 말해서 우리는 망치를 사용하면서 이미 망치를 망치로서 발견하고(entdecken) 있고 그것의 진리를 드러내고 있는 것은 아닌가? 판단을 통해서 존재자가 비로소 발견되는 것이 아니라, 판단을 통한 존재자의 개시는 오히려 이렇게 실천적 차원에서 이루어지는 존재자의 개시를 토대로 해서 비로소 가능한 것은 아닌가?

(2) 진리 문제와 후설의 지향성 개념

하이데거는 자신 이전에 진리 문제의 해명에 가장 크게 기여한 사람은 후설이라고 본다. 하이데거는 후설의 『논리연구』야말로 진리 문제의 해명에 가장 큰 진전을 가져온 저작이라고 본다. 이런 의미에서 우리는 하이데거가 진리 문제에 대한 자신의 해명을 후설의 『논리연구』와의 대결을 통해서 수행하고 있다고도 할 수 있다.

후설의 『논리연구』는 그것이 출간되었던 1900년대 당시에 유행하고 있던 심리학주의와의 대결을 통해서 논리학에 진정한 철학적 기초를 부여하려고 한 책이다. 우선 우리는 후설이 심리학주의와의 대결을 통해서 어떻게 독자적인 진리 개념을 개척해 나가는지를 살펴볼 것이다.

심리학주의는 진리를 주어표상과 술어표상이 필연적이고 보편타당하게 결합되어 있는 판단으로 보면서 참된 판단에서 보이는 이러한 표상결합의 필연성이 우리의 심리적 본성에서 비롯된다고 본다. 심리학주의에서는 모순율과 같은 사유법칙이 갖는 타당성도 우리 인간의 심리체계에서 비롯된 것으로 간주된다. 즉 우리는 모순적인 판단을 할 수 없는 심리체계를 가지고 있다는 것이다.

그런데 심리학주의의 이러한 가정이 맞다면 논리적 사유법칙들이 갖는 필연성은 절대적이지 않고 가설적인 것이 된다. 왜냐하면 우리의 심리체계는 변할 수 있기 때문이며, 2+2=5로 사유할 수밖에 없는 심리체계를 갖는, 우리와 전혀 다른 인간종이 나타날 수도 있기 때문이다. 이런 의미에서 심리학주의는 종적인 상대주의이다. 심리학주의에서는 참인 것은 절대적이고 무조건적으로 참인 것이 아니라 해당 종의 심리적 기질과 그 사유경향에 따라서 참으로 간주되는 것이다.[14]

후설은 이러한 심리학주의가 심리적 사건으로서의 판단작용과 판단이 지향하는 의미사태 사이에 존재하는 근본적인 차이를 구분하지 않고 있다고 비판하고 있다. 심리학주의는 예를 들어서 모순율의 의미를 완전히 전도하고 있다. 사고법칙으로서의 모순율에서는 모순적인 판단을 내리는 심리작용들이 '서로 양립할 수 없다는 것'이 문제되고 있는 것이 아니라 판단에서 의미된 사태들이 '서로 양립할 수 없다는 것'이 문제되고 있다. 모순율은 사유의 불가능성을 의미하는 것이 아니라 서로 모순되는 명제들, 즉 사유된 의미들의 결합불가능성을 의미한다. 그리고 심리법칙의 지배를 받는 심리적 사건이 하나의 자연사건인 반면에, 판단의미는 이념적인 존재라는 전혀 다른 성격을 갖는다.

모순율은 타당한 명제들의 객관적·법칙적 결합 불가능성을 의미하지 우리의 심리적 메커니즘이 모순된 판단을 할 수 없는 성질의 것이라는 사실을 의미하지 않는다. 그것은 심리적인 사실들로부터 끌어 낸 일

<hr>

14) 마르틴 하이데거, 『논리학: 진리란 무엇인가?』(하이데거 전집 21권 *Logik: Die Frage nach der Wahrheit*), 이기상 옮김, 까치, 2000, 49쪽 이하.

반적인 법칙이 아니라 우리의 사유 일반이 타당한 사유가 되기 위해서 따라야 할 이념적 법칙인 것이다. 다시 말해서 모순율은 '서로 모순되는 명제들은 결합되어서는 안 된다'라는 무조건적인 법칙이며, 사유가 타당한 것이 되기 위해서 따라야만 하는 당위법칙이다. 따라서 모순율은 인간들 모두가 서로 모순된 명제들을 결합하지 않는 방식으로 실제로 사유하고 있다는 것을 의미하지 않는다. 사실은 정신병자뿐 아니라 많은 사람들이 종종 논리적 모순을 범하고 있는 것이다.

심리학에 의해서 발견된 심리법칙 역시 일종의 자연법칙으로서 자연과학에 의해서 발견된 모든 자연법칙과 마찬가지로 사실에 대한 관찰을 통해서만 발견되기 때문에 그것의 타당성은 무조건이고 필연적인 것이 아니라 근본적으로 개연적이다. '그것은 지금까지의 관찰경험이 추정된 법칙을 거스르지 않는 한에서'만 타당하다. 이에 반해 모순율과 같은 사유의 근본법칙들은 심리적 사실들에 관한 법칙이 아니기 때문에 사실을 통한 어떠한 확증이나 반증도 불가능하다. 그것들은 무조건적이고 필연적으로 타당한 법칙들이기 때문에 관찰이 아니라 '이념화'(Ideation)나 '순수한 개념들로부터' 밝혀진다. 모순율은 그 자체로 타당한 것이며, 그것의 타당성은 얼마나 많은 사람들이 그것을 인정하고 그것에 따라서 사유하느냐와는 무관하다. 모순율이 갖는 확실성은 통찰에 입각해 있는 필증적(必証的)인 확실성이다.

아울러 판단작용들과 그것들이 일어나는 상황들은 다양한 반면에, 명제의 의미는 동일하다. '이 칠판은 검다'라는 명제의 의미는 누가 어떠한 상황에서 판단하든 동일한 것이다. 명제의 의미는 동일성과 지속성을 갖고 초시간적인 것임에 반해서, 판단작용은 시간적인 사건으로서 다양하며 임의적이다. 그런데 이러한 차이는 판단의 대상들 자체에서도 보인다. 우리가 경험하는 다양한 삼각형들에 대해서 삼각형의 동일한 이념,

즉 플라톤이 말하는 이데아가 존재한다. 동일하게 머물면서 어떤 사물을 '무엇으로서' 보여 주는 것을 그리스인들은 에이도스 혹은 이데아라고 불렀다.

심리학주의는 이성과 정신에 대한 자연주의적 태도에 입각해 있다. 심리적인 것은 실재하는 존재로서 시간적인 것인 반면에, 명제의 의미는 이념적 존재로서 초시간적인 것임에도 불구하고 심리학주의는 정신적인 것, 즉 의미를 단지 심리적 실재로 보고 있는 것이다. 그것은 비실재적이고 이념적인 것, 즉 명제의 내용 자체인 의미가 갖는 독자적인 존재방식을 보지 못하고 있다. 따라서 심리학주의의 근본오류는 근본적으로 존재자들의 존재가 갖는 본질적인 다양성을 보지 못하는 데 있다.

이상에서 보는 바와 같이 심리학주의에 대한 후설의 비판을 이끌고 있는 결정적인 단서는 동일한 것, 상주(常住)하는 것, 보편적인 것이라는 삼중의 의미에서의 '이념적인 것'이라는 개념이다.

하이데거는 이념적인 것과 실재하는 것의 구분은 원래 로체의 이론에서 시작되었다고 본다. 로체는 이념적 존재를 '타당'(Geltung)이라고 부르고 있다. 로체는 진리를 참인 명제 혹은 타당으로 간주한다. 로체가 이념적인 존재라는 말 대신에 타당이란 개념을 사용하는 것은 그가 존재라는 말을 좁은 의미로 사용하기 때문이다. 즉 그는 감각적인 존재자에 대해서만 '존재한다'는 표현을 쓸 수 있다고 생각하는 것이다.

하이데거는 로체가 '존재한다'는 말을 이렇게 좁은 의미로 사용하게 된 원인을 로체가 19세기에 위세를 떨치던 자연과학의 영향력에 의해 압도된 데서 찾고 있다. 하이데거는 로체가 존재라는 유서 깊은 용어를 실재하는 존재, 즉 현실성(Wirklichkeit)과 동일한 의미로 사용한 것은 그가 자연의 사실만을 존재하는 것으로 보는 자연주의의 지배에서 벗어나려고 했으면서도 궁극적으로는 자연주의의 지배에서 벗어날 수 없었다는

사실을 입증한다고 보고 있다.[15]

　로체는 진리를 참인 명제 혹은 타당으로서 간주한다. 로체는 타당이라는 현상을 근원적인 현상으로 보면서 자신의 판단이론의 기초로 삼고 있지만 타당이라는 현상이 그처럼 근원적인 현상으로 보이는 것은 단지 그 현상이 존재론적으로 불명료한 성격을 갖기 때문이다. 하이데거는 로체의 '타당'이란 용어는 다의적인 의미를 가지고 있고 이러한 다의성 때문에 그것은 20년대에 일종의 마술적 용어가 되었다고 보고 있다. 사람들은 논리적 타당에서뿐 아니라 윤리적 타당, 미학적 타당에 대해서도 말한다. 그러나 하이데거가 보기에 이러한 사태는 타당이란 말의 다의성에서 비롯되는 혼동, 당혹 그리고 독단의 표현일 뿐이다.[16]

　타당은 첫째로는 현실성의 형식(Form der Wirklichkeit)을 가리킨다. 그것은 가변적인 '심리적' 판단과정에 대해서 '불변적으로' 존재하는 판단내용에 속한다. 그것은 시간적인 변화에서 벗어나 동일하게 머무는 것이며 내적인 직관에 의해서 파악 가능한 것을 의미한다. 이렇게 상주하는 것은 예외 없이 반복적으로 필연적으로 타당한 것이다. 이렇게 상주하는 것은 실재의 세계에 존재하지 않으며 오직 의식 안에만 존재한다. 그러나 존재물음 일반이 현재 전혀 물어지지 않고 있기 때문에 '이념적인 존재'로서의 '타당'은 존재론적으로 불명료한 성격을 갖는다.

　둘째, 타당은 '타당한 판단의미'가 '객관에 대해 타당하다'는 것을 의미한다. 타당은 우리의 눈앞에 존재하는 객체에 대한 타당성, 즉 객관적 타당성이라는 의미를 갖는다. 이러한 타당성은 눈앞에 존재하는 사물과 일치하기 때문에 타당한 것이 아니라 오히려 의식 내의 확고하고도 불변

---

15) 하이데거, 『논리학: 진리란 무엇인가?』, 68~69쪽 이하.
16) 같은 책, 84쪽 이하.

적인 법칙적 존립에 근거해서 그리고 그러한 의식의 구성요소로서 타당한 것이다.

셋째로, 타당은 이상의 두 가지 의미에서 타당하기 때문에, 인식하는 자 모두에게 대해서도 타당하다. 타당은 이제 사람들을 보편적으로 구속하는 성격, 즉 보편타당성을 의미한다. 어떤 명제가 타당한 것은 그것이 사물과 일치하기 때문이 아니라 그것이 그 자체로 긍정되어야만 하는 것이기 때문이다. 객관적인 타당성과 보편타당성은 첫번째 타당 개념에 근거하고 있다.[17]

여기서 밝혀진 타당의 세 가지 의미, 즉 이념적인 것의 존재 방식과 객관성 그리고 보편적인 구속성 각각은 그 자체로 불투명할뿐더러 그것들 상호 간의 관계도 혼란스럽다. 우리는 그렇게 혼란스러운 개념을 판단이란 현상을 해석하기 위한 실마리로 삼아서는 안 된다.[18]

이념적인 존재와 실재하는 존재를 구분함으로써 심리학주의를 극복하려는 후설의 시도는 존재의 영역과 타당의 영역을 구분하는 로체로부터 크게 영향을 받은 것이다. 그리고 후설의 그러한 시도는 로체가 말하는 '타당'을 가치(Wert)라고 해석하는 리케르트(Heinrich Rickert)를 비롯한 신칸트학파가 이미 수행한 심리학주의 비판에서 크게 벗어나는 것은 아니다. 이 점에서 이념적인 존재와 실재하는 존재의 구분에 입각한 후설의 심리학주의 비판은 사실상 독창적인 것은 아니다. 리케르트와 같은 철학자들도 이미 심리적인 사유 작용과 사유된 이념적 내용을 구분하는 것이야말로 심리학이 야기할 수 있는 모든 혼란을 막는 유일한 길이라고

---

17) 같은 책, 87쪽.
18) 이와 관련하여 하이데거는 자신이 로체와는 달리 의미라는 개념을 '판단내용'이라는 의미로 미리 제한하지 않고 실존론적 현상으로서, 즉 이해에서 개시될 수 있고 해석에서 분절될 수 있는 것 일반의 형식적 틀로서 이해한다는 사실을 지적하고 있다.

믿었다. 그리고 리케르트는 후설과 마찬가지로 사유하는 작용은 실재하는 것으로서 시간적인 반면에, 사유된 것은 이념적인 내용으로서 초시간적인 것이라고 말하고 있는 것이다.

그런데 실재하는 자연사건으로서의 사유함과 그것에 의해서 사유되는 이념적인 내용 사이의 관계는 어떠한 관계인가? 우리가 사유된 것을 사유할 경우, 즉 이념적인 것을 사유할 경우 그것은 실재하는 것이 되는가? 그러나 이것은 타당한 의미와 실재하는 존재는 서로 절대적으로 분리된 것이라는 주장과 모순되는 것은 아닌가? 아니면 실재하는 사유작용이 이념적인 것이 되는가? 타당한 의미를 사유하는 작용은 분명히 존재한다. 그러나 그것은 어떤 종류의 존재인가? 그러한 존재는 실재하는 것과 이념적인 것의 통일성으로서의 존재인가?

이러한 문제는 판단내용과 실재하는 사물 사이의 관계에 대해서도 제기될 수 있다. 판단내용을 초시간적인 이념적인 것으로 볼 경우, 판단과 대상의 일치는 '이념적 판단내용'과 '실재하는 사물' 사이의 일치를 의미한다. 그런데 이러한 일치는 그 존재양식상 실재하는 것인가 이념적인 것인가, 아니면 그 어느 것도 아닌가? 이념적인 존재자와 실재하는 사물 사이의 관계는 존재론적으로는 어떻게 파악되어야 하는가? 여기서는 실재하는 것(감각적인 것)이 이념적인 것(비감각적인 것)에 어떻게 관계하는가라는 플라톤 이래의 문제가 새로운 형태로 나타나고 있다. 이러한 문제는 2천 년 동안 서양의 사유를 사로잡아 온 문제이지만 아직도 해결의 실마리도 잡지 못한 채로 남아 있다.

그런데 이러한 문제는 이미 단초에, 즉 실재하는 것과 이념적인 것을 존재론적으로 불명확하게 분리한 데서 비롯되는 사이비 문제 아닌가? 실제의 판단작용을 염두에 둘 경우, 실재하는 판단 수행과 이념적 판단내용을 분리할 수는 없다. 인식을 실재하는 판단수행과 이념적 내용으로 나눈 후 그 둘의 접합으로 보는 것은 인식의 사실과 일치하지 않는 것이다. 심리학주의는 비록 자신은 사유의 존재방식을 존재론적으로 밝히지도 못했으며 그것을 밝히는 것이 중요한 문제라는 것조차도 알지 못했지만 실재하는 판단수행과 이념적 판단내용의 분리를 거부한다는 점에서는 옳다. 하이데거는 사려 깊은 심리학주의는 이런 식의 구분에 의거한 반박에 대해서 전혀 승복하지 않을 것이라고 말하고 있다. 그것은 이러한 구분을 통해서 생생한 구체적인 사유와 인식이 분해되고, 가장 현실적인 것인 생생한 사유 자체, 즉 인식하는 삶이 왜곡되고 있다고 항변할 것이다.

리케르트를 비롯한 철학자들은 실재하는 존재자와 타당한 것, 시간적인 것과 초시간적인 것의 구별을 자명한 것으로 전제함으로써 그러한 구별이 뿌리박고 있는 구체적인 인식작용이 갖는 본질적 성격을 보지 못하고 있다. 인식과 대상 사이의 일치가 갖는 존재양식을 물으면서 판단수행과 판단내용을 분리하는 것은 논의를 진전시키지 못한 채, 기껏 인식작용 자체가 갖는 존재방식의 해명이 불가피하다는 사실을 분명히 드러낼 뿐이다. 우리는 판단수행과 판단내용 사이의 틈새를 이어줄 존재자를 찾아서는 안 되며, 이 두 가지 존재방식들을 가능하게 하면서도 그 양자를 도저히 분해 불가능할 정도로 근원적으로 결합하고 있는 구체적인 판단작용의 본질을 탐구해야 한다.

하이데거는 후설이 의식을 '지향적인 것'으로서 파악함으로써 구체적인 인식작용을 파악하는 데 결정적인 기여를 했다고 본다. 우리의 심리작용은 의식 내부에 손재하다가 추후적으로 어떤 역학(力學)에 의해서 외부의 어떤 것과 관계를 맺게 되는 것이 아니다. 심리작용은 존재자를 향하는 것으로서만 존재한다.[18]

따라서 진정한 의미에서 심리학주의에 대한 비판은 심리학 비판을 통해

서, 다시 말해서 심리작용의 본질에 대한 진정한 파악을 통해서만 가능하다. 이런 의미에서 하이데거는 심리학주의에 대한 후설의 비판의 본령을 이루는 것은 실재하는 판단작용과 이념적인 판단내용 사이의 구분이 아니라 심리작용의 본질에 대한 새로운 파악이라고 보고 있다. 이 점에서 하이데거는 심리학주의의 극복과 관련해서 후설이 독창적으로 기여한 점은 의식의 지향성 개념이라고 보고 있다.

심리학주의를 부정해야 하는 이유는 심리학이 자기가 들어설 곳이 아닌 영역, 즉 '이념적인 판단의미'의 영역에 침입하려고 하기 때문이 아니라, 심리학주의가 근본적으로 심리작용의 본질을 오해하고 있기 때문이다. 심리학주의는 심리작용의 본질에 대한 실험심리학의 전제를 자명한 것으로 받아들이고 있는 것이다.[20] 이러한 통찰에 입각하여 후설은 처음에는 자신의 현상학을 '기술(記述)적 심리학'이라고 불렀는데, 이 경우 '기술'이란 말은 실험을 하지 않고 기술만 한다는 것이 아니라 '사태 그 자체로 돌아간다'는 것을 의미한다. 그것은 '의식 속에 지속적으로 확고하게 주어진 것'에서 출발하여 객관적 타당성의 문제로 나아가는 로체식의 방법으로 진행하는 것이 아니라 타당이나 비타당은 전적으로 무시하면서 인식작용 일반의 본질을 사태 자체에 입각하여 규정하는 것이다.

(3) 진리 문제의 해명에 대한 지향성 개념의 기여

그러면 의식의 지향성에 대한 후설의 사상은 진리 문제를 해명하는 데 어떠한 방식으로 기여하고 있는가? 우선 하이데거는 판단과 대상의 일치라는 전통적인 진리 개념을 일단 타당한 것으로 수용하고 있다. 그리

---

19) 위의 책, 101쪽.
20) 위의 책, 103쪽.

고 그는 이러한 판단과 대상의 일치라는 것이 사실상 무엇을 의미하는지 그리고 그것이 어떻게 해서 가능한지를 묻고 있다.

판단과 대상의 일치라고 할 경우 그것은 어떤 것과 어떤 것의 관계라는 형식적 성격을 가지고 있다. 그러나 관계라고 해서 모두 일치는 아니다. 예를 들어서 기호는 어떤 것을 지시한다. 이 경우 지시는 하나의 관계이지만 기호와 그것에 의해 지시되는 것의 일치는 아니다. 또한 모든 일치가 판단과 대상의 일치와 같은 것을 의미하지도 않는다. 예를 들어서 6이라는 수는 16에서 10을 뺀 것과 일치한다. 두 수는 '얼마나 많은가'라는 측면에서 볼 때 같다. 일치에는 구조상 '어떤 측면에서'라는 것이 속한다. 판단과 대상은 어떤 측면에서 서로 일치하는가? 그러나 이 양자 사이에는 서로가 일치할 수 있는 어떤 공통된 측면도 존재하지 않는 것 같다.

그러면 우리는 어떤 의미에서 양자 사이의 일치에 대해서 말할 수 있는가? 참된 판단이 판단의 대상이 되는 사물과 일치한다고 할 경우 이러한 일치는 분명히 두 개의 사물들이 형태가 동일하다는 식의 일치는 아니다. 판단의 존재방식과 사물의 존재방식은 전적으로 다르기 때문에, 판단과 사물이 일치한다는 것은 서로 동일한 존재방식을 갖는 두 개의 사물이 일치한다는 것과는 전적으로 다른 의미를 갖게 되는 것이다. 따라서 판단과 사물 사이에 성립하는 일치의 의미를 파악하기 위해서 우리는 우선 판단과 사물 사이에 존재하는 관계의 본질을 파악하지 않으면 안 된다. 그리고 그러한 관계의 본질은 판단이 진리로서 입증되는 '현상적 사태'에 입각하여 해명되어야 한다. 그러면 판단 혹은 인식은 어떻게 해서 진리로서 입증되는 것인가?

누군가가 벽에 등을 향한 채로 '벽에 걸려 있는 그림이 삐뚤어졌다'는 참된 판단을 내렸다고 하자. 이 판단은 이 사람이 뒤로 돌아서 정말로 '벽에 삐뚤어지게 걸린 그림'을 지각하게 될 경우에 참인 것으로 입증된다. 그런데 이러한 입증 속에서 입증되는 것은 무엇인가? 판단내용과 벽에 걸린 사물의 일치가 입증되는 것인가? 판단내용이라는 표현이 무엇을 뜻하는지에 따라서 그것은 그렇기도 하고 그렇지 않기도 하다.

판단하는 자가 그림을 지각하지 않고 단지 표상하고 있을 경우, 그는 심리학주의가 말하는 것처럼 심리적 과정으로서의 표상작용과 관계를 맺고 있는 것이 아니며 신칸트학파나 로체와 같은 사람이 주장하는 것처럼 '벽에 걸린 실재의 사물에 대한 주관적인 심상'이란 의미의 표상과 관계하고 있는 것도 아니다. 오히려 그는 표상하면서 벽에 실재로 걸린 그림에 관계하고 있다. 판단작용은 존재하는 사물에 대해서 주관적인 표상을 갖는 것이 아니라 존재하는 사물 자체에 대해서 판단하는 것이다.

내가 어떤 것을 생각할 때 내가 생각하는 것은 실재의 사람이나 창문이지 어떤 감각내용이나 주관적인 표상이 아니다. 나는 나의 의식 속에 있는 표상을 보고 이 표상을 '벽에 걸린 그림 자체'와 비교하는 것이 아닌 것이다. 또 다른 예를 들자면 내가 어떤 사람에게 '내 뒤에 있는 칠판을 지워 달라'고 할 경우 나는 칠판 자체에 대해서 말하는 것이지 칠판의 표상에 대해서 말하는 것이 아니다. 우리의 의식은 항상 이미 존재자 자체에 나가 있다. 이러한 사실은 심오할 것도 없는 당연한 사실이지만 그것은 진리 문제와 관련해서 전통적인 인식론이 빠진 혼란한 상태를 극복할 수 있는 결정적인 단서가 된다.

따라서 지각을 통해 입증되는 것도 '판단작용 속에서 표상되었던 것 혹은 사념되었던 것이 그 자체로 존재하는 존재자라는 사실'이다. 즉 입증되는 것은 '판단작용이 있는 그대로의 존재자를 발견했다'는 것이다. 주관적인 표상들이 서로 간에 비교되거나 혹은 실재하는 사물과 비교되는 것이 아니다. 지각을 통해서 '판단작용에 의해서 존재자 자체가 발견되어 있음'이 입증되는 것이다. 이러한 입증은 '존재자가 지각을 통해서 자신을 드러낸다'는 것을

근거로 해서 수행된다.

'어떤 판단이 참되다'는 것은 그것이 지각에 의해서 입증되는 그대로 '존재자를 그 자체에 있어서 발견한다'는 것이다. 참된 판단은 '존재자를 있는 그대로 보여 준다'(lassen sehen, ἀπόφανσις[아포판시스]). 그리고 진리란 '존재자 자체를 그것이 존재하는 그대로 발견하는 것'을 의미한다. 하이데거는 아리스토텔레스를 비롯한 고대 그리스 철학이 진리에 대한 이러한 정의를 이미 예감하고 있었다고 본다. 하이데거에 의하면 아리스토텔레스는 참된 판단명제의 의미를 아포판시스(ἀπόφανσις)로서, 즉 '존재자를 은닉성에서 끌어내어 드러내 보이게 하는 것'으로서 해석하고 있는 것이다. 이에 따라서 진리를 '존재자 그 자체를 있는 그대로 발견함'으로 보는 진리 개념은 전통을 파괴하는 것이 아니라 그것을 근원적으로 계승하는 것이다.

하이데거는 이제 판단과 대상 사이의 일치라는 전통적인 진리 개념을 존재자 자체에 대한 생각 내지 판단과 존재자 자체에 대한 직관의 일치로서 해석한다. 단적으로 말해서 진리는 '사유된 것'과 '직관된 것'의 일치이다. 그것은 주체라는 존재자와 대상이라는 존재자의 일치가 아니라 동일한 주체에 의해서 사유된 것과 직관된 것의 일치를 말하는 것이다. 다시 말해서 진리란 존재자에 대한 생각 내지 판단이 존재자 자체에 대한 지각 내지 직관을 통해서, 다시 말해서 그 존재자가 내 눈앞에 명증적으로 보이는 것을 통해서 입증되는 것을 의미한다. 이러한 직관을 통해서 그 존재자에 대한 생각 내지 판단이 참된 것임이 증명되는 것이다. 이 경우 직관은 '존재자 자체를 생생하게 본다'는 넓은 의미로 사용되고 있다. 2+2=4 역시 하나의 직관, 즉 사념된 것 자체를 현전적으로 눈앞에 보이게 하는 것이다. 지각은 단지 이러한 넓은 의미의 직관의 한 형태, 즉 감성적인 성격을 갖는 직관일 뿐이다.

진리를 판단과 존재자 자체의 일치로 보는 전통적인 진리 개념을 근대의식철학은 자기모순적인 소박한 실재론에 입각한 것으로 보면서 비판했다. 즉 전통적인 진리 개념은 진리를 판단과 존재자 자체의 일치로 보면서 판단이 존재자 자체와 일치하는지를 비교할 수 있는 것으로 보고 있지만, 이러한 비교를 위해서는 우리는 이미 존재자의 진상을, 즉 진리를 알고 있어야 된다는 모순을 피할 수 없다는 것이다. 전통적인 진리 개념에 대해서 근대의식철학이 가하는 이러한 비판에서는, 주관은 객관과 철저하게 분리된 존재이며 판단을 통해서 비로소 객관과 관계를 맺으려 시도하지만 그러한 객관과의 관계라는 것도 항상 주관적인 표상과의 관계가 될 뿐이라는 사실이 당연한 것으로 전제되고 있다. 이러한 전제에 입각하여 근대의식철학은 우리의 표상은 항상 심리적이고 주관적인 것이기 때문에 물리적이고 객관적인 것과 '객관적인' 관계를 맺을 수는 없다고 주장하는 것이다.

그러나 지각이란 작용을 사태 자체에 입각해 분석할 경우, 우리는 우리의 심리 안에 존재하는 주관적인 표상으로 향하는 것이 아니라 이미 눈앞에 현존하는 것 자체에 향하는 것임을 알 수 있다. 우리는 객관에 대한 하나의 주관적인 표상을 지각하는 것이 아니라 하나의 존재자 자체를 지각한다. 따라서 후설에게서는 로체나 리케르트와 같은 철학자들과는 정반대로 사태가 해석된다. 로체와 같은 사람은 명제로부터 출발하면서 '어떤 명제는 타당하고 참이기에 존재자에 대해서 객관적으로 타당하다'고 말한다. 이에 대해서 후설은 '어떤 명제가 존재자에 대한 직관을 통해서 입증될 수 있기 때문에 그것은 타당하며 참이다'라고 말한다. 어떤 명제의 진리 여부는 그것이 직관될 수 있느냐 아니냐에 의존한다. 즉 전통적으로 진리의 장소는 명제 내지 판단으로 간주되어 왔지만 진리의 장소는 오히려 직관인 것이다.

직관에 대한 이러한 폭넓고 근본적인 파악, 즉 직관을 존재자를 생생하게 제시하는 것으로서 파악함으로써 후설은 진리 문제를 해명하는 데 크게 기여했다고 하이데거는 보고 있다.

(4) 후설 지향성 개념의 한계와 선술어적인 실천적인 진리

그러나 하이데거는 과연 이렇게 판단 혹은 명제적 진술의 진리를 직관의 진리로 소급하는 것이 진리 문제에 대한 궁극적인 해명인지에 대해서 의문을 제기하고 있다. 하이데거는 직관의 진리는 최후의 근거가 아니라 그 자체가 근거지어진 것은 아닌지를 묻는 것이다. 하이데거는 이와 관련하여 다음과 같은 물음들을 던지고 있다. 진리는 왜 직관의 진리인가? 직관은 과연 존재자를 드러내는 가장 근본적인 방식인가?

실로 후설은 의식의 지향성을 드러냄으로써 진리 문제에 대한 해명에 크게 기여했다. 그러나 후설은 지각의 지향성을 다른 종류의 지향성들이 그것에 입각해야 하는 가장 근본적인 지향성으로 보았다는 점에서 한계를 가지고 있다.

후설은 존재자가 지각, 즉 '존재자를 단적으로 눈앞에 보는 것'을 통해 선(先)술어적으로 드러난다고 생각한다. 이는 그가 술어적인 진리, 즉 '주어표상에 대한 술어표상의 결합'으로서의 명제적 진리보다 더 단순한 것은 표상들 간의 이러한 결합 이전의 단적인 지각이라고 생각하기 때문이다. 이러한 지각은 실로 존재자를 관찰자의 눈앞에 대상으로 갖기 위해, 즉 대상화하기(Vergegenständlichung) 위해 요청되는 것이다. 그러나 이러한 내상화는 우리가 사물과 관계하는 가장 근본적인 방식이 아니다.

우리가 존재자를 눈앞의 대상으로서 주제적으로 지각하기 이전에, 우리는 존재자를 사용하고 향유하는 등의 구체적인 삶의 행위에서 이미 그것을 드러내고 있는 것이다. 다시 말해서 우리에게 어떤 것이 주사위로서 일차적

으로 드러나는 것은 주사위에 대한 지각을 통해서 아니라 오히려 주사위를 가지고 노는 행위를 통해서이다. 내가 강의실에 들어와서 책상에 앉을 때 나는 그것을 주제적으로 지각하지 않고 책상에 앉으며 물에서 수영을 할 때 나는 물을 주제적으로 지각하지 않으면서도 물과의 접촉을 즐긴다. 이는 우리가 책상이나 물을 주제적으로 지각하기 이전에도 그것들과 온몸으로 관계하면서 이미 책상이나 물이 무엇인지를 알고 있다는 것을 의미한다. 햇볕 아래서 젖은 몸을 말릴 경우에도 우리는 그러한 행위 속에서 이미 태양이란 존재자를 이해하고 있고, 태양은 내가 그것을 대상화시켜 주제적으로 지각하기 이전에 자신이 무엇인지를 드러내고 있다.

이러한 의미에서 하이데거는 사물과 관계하는 우리의 구체적인 행동 자체가 이미 사물을 이해하고 있고 사물을 드러내고 있다(der Umgang selbst ist in sich selbst enthüllend)고 말하고 있다. 이렇게 우리는 그것들의 진리를 이미 온몸으로 이해하고 있기 때문에 그것들을 주제적으로 대상화하여 파악하지 않고서도 그것들 각각에 대해서 적합한 태도를 취할 수 있는 것이다. 실천적인 삶의 차원에서 존재자의 진리가 이미 이렇게 드러나 있기 때문에 궁극적으로 존재자에 대한 이론적 판단도 가능하게 되며, 이러한 판단이 올바른 것인지 아닌지를 확인하기 위해서 존재자에게 다시 귀환하는 것도 가능하게 된다. 단적으로 말해서 존재자에 대한 이론적 판단은 생활세계 차원에서 비주제적으로 이미 드러나 있는 존재자 자체를 자신의 척도로 삼는 것이다.

예를 들어서 태양에 대한 이론물리학적인 규정은 구체적인 삶의 차원에서 우리가 이미 갖고 있는 태양에 대한 이해를 전제한다. 태양에 대한 이론물리학적인 규정은 여러 가지가 있을 수 있겠지만 물리학자들은 기본적으로 태양이 무엇인지에 대한 공통된 합의를 가지고 있다. 이러한 최소한의 공통된 합의가 존재하지 않을 경우 이들 간의 대화는 불가능할 것이다. 이러한 공통된 합의는 이론적인 반성을 통해서 주어진 것일 수도 있으나 이러한 이론적인 합의조차도 가능케 하는 공통적인 기반은 물리학자들도 생활세계를 살고 있는 인간으로서 온몸으로 경험하고 느끼는 태양에 대한 이해라고 볼 수 있다. 이러한 이해란 우리가 봄에는 그 온기를 즐기고 여름에는 그 열기에 얼굴을 찡그리며 가을에는 스산함을 통해서 겨울에는 한기를 통해서 온몸으로 느끼는 태양에 대한 이해이다. 이렇게 생활세계 차원에서 드러나고 이해되는 태양이야말로 바로 이론 물리학적인 규정이 자신의 참과 거짓을 판정할 수 있는 척도가 된다.

이런 의미에서 하이데거는 판단이 존재자와 일치할 수 있다는 것은 우리가 생활세계에서 이미 교섭하고 있는 존재자와 어떻게든 이미 일치했다는 것, 다시 말해 이러한 존재자가 우리에게 이미 드러나 있다는 것, 존재자와의 선술어적 만남이 이미 일정한 진리를 갖는다는 것에 근거하고 있다고 말하고 있다.

b 진리의 근원적 현상과 전통적 진리 개념의 파생성

(1) 근원적인 진리로서의 본래적 개시성

그런데 우리가 일상적인 삶에서 온몸으로 접하면서 사용하는 세계 내부적인 존재자는 세계의 개시성(Welterschlossenheit)에 근거해서만 발견될 수 있다. 이러한 세계의 개시성은 현존재에게만 고유한 것으로서, 그것은 현존재의 실존수행인 심정성(Befindlichkeit), 이해(Verstehen) 및 말(Rede)을 통해서 주어진다. **존재자들은 이러한 세계의 개시성의 빛 안에서만 발견될 수 있으며 현존재는 이렇게 발견된 세계 내부적인 존재자들과 관계한다. 이런 의미에서 하이데거는 진리의 가장 근원적 현상은 현존재의 '개시성'에 존재한다고 본다. 현존재는 항상 이러한 개시성으로서 존재하기 때**

문에 '현존재는 진리 안에 있다'고 하이데거는 말하고 있다.

현존재의 이러한 개시성에는 자신의 실존 가능성을 기투하는 성격이 속해 있다. 이 경우 현존재는 세상 사람들의 공공적인 해석에 따라 자신의 존재가능성을 기투할 수도 있으며 자신의 가장 고유한 존재가능성을 기투할 수도 있다. 이렇게 현존재가 자신이 가장 고유한 존재가능성으로부터 자신을 기투할 때 자기 자신과 세계의 본래적인 개시성도 주어진다. 이러한 본래적 개시성이야말로 가장 근원적 진리라고 볼 수 있다.

그러나 현존재는 우선 대부분의 경우 세상 사람들의 세계에서 자신을 상실하고 있다. 현존재는 세상 사람의 세계에 사로잡혀 있으면서 '공공적인 해석'으로부터 자신과 존재자들의 가능성을 이해하는 것이다. 이에 따라 현존재 자신과 세계 내부적인 존재자들은 세상 사람들의 실존방식인 빈말, 호기심 및 애매성에 의해 위장되고 은폐된다. '공공적인 해석'에 의해서 근원적 개시성이 은폐됨으로써 현존재는 여전히 존재자들과 관계하고 그것들을 발견하지만 그것들은 항상 위장된 채로 발견된다. 다시 말해서 존재자들은 자신을 드러내지만 가상의 양상으로 자신을 드러내는 것이다.

하이데거는 현존재가 자신의 존재가능성을 세상 사람의 공공적인 해석에 따라서 기투하는 것을 퇴락(Verfall)이라고 부르고 있거니와, 현존재는 우선 대부분의 경우 퇴락해 있기 때문에 '비진리 안에 있다'고 할 수 있다. 다시 말해서 현존재의 존재구조에는 개시성 못지않게 폐쇄성(Verschlossenheit)과 은닉성(Verborgenheit)이 속해 있는 것이다. '현존재는 진리 안에 있다'는 명제는 등근원적으로 '현존재는 비진리 안에 있다'는 명제를 함축한다. 그러나 현존재는 진리 안에 있는 한에서만, 다시 말해서 현존재가 개시성으로서 존재하는 한에서만 또한 비진리 안에 있을 수 있고 폐쇄되어 있을 수 있다. 그리고 현존재의 이러한 개시성과 함께 이미 세계 내부적인 존재자들이 발견되어 있는 한에서만, 그것들은 은폐되거나 위장될 수도 있다. 따라서 현존재는 이미 발견된 것이라도 항상 가상과 위장과의 투쟁을 통해서 확보되지 않으면 안 된다. 모든 새로운 발견은 완전한 은닉으로부터의 발견이 아니라 가상이라는 양상으로 위장되어 있는 상태로부터의 발견인 것이다.

이런 의미에서 하이데거는 진리를 일종의 탈취(Raub)라고 말하고 있다. 그것은 존재자를 위장과 은닉으로부터 탈취한다. 이와 관련하여 하이데거는 그리스인들이 진리를 가리켜 알레테이아(ἀ-λήθεια, 은닉으로부터 탈취한다)라는 결여적(privative) 표현을 빌려 쓴 것도 단순한 우연은 아니라고 말하고 있다.[21] 알레테이아라는 용어에는 진리와 자신의 존재에 대한 현존재의 근원적인 존재이해가 깃들어 있다. 하이데거는 또한 '진리의 여신이 자신을 두 길, 즉 발견(진리)의 길과 은닉의 길 앞에 세웠다'고 말하는 파르메니데스의 단편도 그리스인들이 '현존재가 진리와 비진리 안에 있다'는 것을 선존재론적(先存在論的, vorontologisch)으로 이미 알고 있었다는 사실을 시사한다고 보고 있다. 더 나아가 파르메니데스는 이러한 발견(진리)의 길은 '로고스에 의한 판별'에 의해서만, 즉 두 길을 구별하면서 그 중 하나를 향해 결단함으로써만 획득된다고 말하고 있는 것이다.

하이데거는 진리라는 현상에 대한 자신의 실존론적·존재론적 해석을 다음과 같이 요약하고 있다.

첫째, 진리는 가장 근원적 의미로는 현존재의 개시성이며, 이 개시성에는 세계 내부적 존재자들의 발견이 속한다.

---

21) 그리스어 ἀ는 박탈, 탈취를 의미하는 결여적인 의미를 갖는다.

둘째, 현존재는 진리와 비진리 안에 등근원적으로 존재한다.

(2) 전통적인 진리 개념의 기원에 대한 계보학

그러나 하이데거는 이 두 명제의 의미는 현존재의 개시성으로부터 '판단
과 대상 사이의 일치'라는 진리 개념이 어떻게 해서 나타날 수 있는지를
해명하는 것을 통해서만 비로소 완전히 통찰될 수 있다고 본다. 판단 혹
은 명제적 진술, 그리고 그것의 본질적 구조에 해당하는 명제적 '으로서'
의 기초는 존재자들에 대한 실천적 해석과 그것의 본질적 구조에 해당하
는 해석학적 '으로서'에 존재하며 더 나아가서는 현존재의 개시성에 존
재한다. 그런데 이제 하이데거는 명제적 진리의 이러한 근원을 드러내는
것을 넘어서 '판단과 대상의 일치'로 보는 전통적 진리 개념이 이러한 개
시성으로부터 어떻게 파생되어 나왔는지를 계보학적으로 드러내려고
한다.

우리는 앞에서 현존재의 개시성에는 본질적으로 '말'이 속해 있다는
것을 보았다. 우리는 존재자의 진리를 발견했을 경우 그것을 일정한 명
제적 진술에 담아서 다른 사람들에게 전달한다. 이렇게 언표된 것은 일
종의 도구적 존재자처럼 사람들 사이에서 전달된다. 물론 남의 명제적
진술을 들을 경우에도 현존재는 문제되고 있는 존재자 자체를 지향한다.
그러나 이때 현존재는 명제적 진술에 담긴 진리를 그 스스로 발견하고
확인하는 일을 하지 않아도 된다. 현존재는 우선 대부분의 경우는 존재
자의 진리를 자기 스스로 발견함으로써 확보하는 것이 아니라, 사람들이
이야기하는 것을 들음으로써 알게 되는 것이다.

이때 명제적 진술은 존재자의 진리를 담고 있는 하나의 도구적 존재
자로 간주되며, 이러한 명제적 진술을 대상과 비교할 경우 양자 사이의
관계는 눈앞의 두 존재자들을 비교하는 것처럼 되어 버리고 ,진리란 이

러한 두 개의 존재자들이 서로 일치하는 것으로 간주된다. 명제적 진술의 존재양식과 명제적 진술이 적용되는 존재자의 존재양식은 무차별적으로 '눈앞의 존재'로 간주되며 양자의 관계도 이러한 눈앞의 존재자들 사이의 일치로서 나타나는 것이다. 명제적 진술은 원래 현존재의 개시성에 기초하면서 존재자의 진리를 발견하는 성격을 갖고 있는 것이지만, 명제적 진술이 가지고 있는 이러한 원래의 실존론적 의미는 상실되고 그것은 존재자와 비교되는 눈앞의 존재자처럼 되는 것이다. 다시 말해서 개시성으로서의 진리와 존재자를 그 자체로서 드러내는 현존재의 실존적 수행은 망각되고 진리는 이제 단순히 세계 내부적인 존재자들 간의 일치로 간주되는 것이다.

하이데거는 위와 같이 전통적 진리 개념이 세계 개시성과 존재자의 진리를 발견하는 현존재의 실존적 수행으로부터 파생된 것임을 입증하고 있다. 이러한 전통적 진리 개념은 실존론적·존재론적 정초연관의 순서로 보면 가장 마지막으로 나타나는 것이지만 존재적·현실적인 차원에서 보면 가장 먼저 그리고 가장 가깝게 나타난다. 하이데거는 이러한 현상은 현존재의 비본래적인 존재방식인 퇴락이라는 현상으로부터 비롯된다고 본다. 현존재는 우선 대부분의 경우는 자신이 몰입하는 세계 내부적인 존재자들로부터 자신을 이해하며, 따라서 언어조차도 일종의 세계 내부적인 존재자처럼 생각하게 된다는 것이다.

그러나 명제적 진술이나 '명제적 진술과 대상 사이의 일치'로서의 진리만이 눈앞의 존재자나 그것들 간의 일치로서 여겨질 뿐만 아니라, 우선 대부분의 경우 현존재는 자신을 비롯한 모든 존재자들을 '눈앞의 존재'라는 존재방식을 갖는 것으로서 이해한다. **현존재는 우선 대부분의 경우 '눈앞에 존재함'을 존재 일반의 의미와 동일시하기 때문에 이러한 '눈앞의 존재'가 과연 존재의 근원적인 의미인가라는 물음조차도 제기할 수 없는**

것이다. 다시 말해서 '존재자의 진리를 담고 있는 눈앞의 존재자'로서의 명제적 진술과 눈앞의 존재자 사이의 일치를 의미하는 전통적 진리 개념의 기원은 궁극적으로 볼 때 이러한 왜곡된 존재이해에서 비롯되는 것이다. 이러한 왜곡된 존재이해가 현존재를 본질적으로 규정하고 있고 오늘날에도 근본적으로 극복되지 않고 있기 때문에 현존재의 개시성이라는 진리의 근원적 현상은 은폐되고 있다.

하이데거에 따르면 서양 형이상학은 아리스토텔레스 이래로 진리 문제를 판단과 직관을 단서로 하여 다루어 왔다. 그나마 아리스토텔레스는 판단과 직관의 본질적 성격을 그 이후의 철학자들에 비해서 사태에 부합되게 통찰하고 있었지만 이러한 통찰은 망각되고 왜곡되었으며 형해화된 형태로 계승되었다. 다시 말해 아리스토텔레스는 판단이 존재자를 그 자체로 드러내는 것을 지향한다고 파악했지만 이러한 근본통찰은 망각되었고, 근대철학에 와서 판단은 존재자에 대한 주관적 표상을 갖는 것으로 간주되었던 것이다. 후설에 이르러서야 아리스토텔레스의 근본통찰은 회복될 수 있었다. 이렇게 서양 형이상학의 역사에서 아리스토텔레스의 근본통찰은 망각되고 왜곡됐음에도 판단과 직관을 단서로 하여 진리 문제를 다루는 아리스토텔레스의 입장이 전통을 철저하게 규정하고 있다. 그러나 하이데거는 진리 문제를 제대로 해명하기 위해서는 판단과 직관을 단서로 하는 접근방식을 근본적으로 바꿔야 한다고 본다.

하이데거는 아리스토텔레스와 후설의 근본통찰을 진정하게 계승하기 위해서는 그들이 자명하게 전제했으면서도 그들의 근본입장을 정초하는 차원으로 파고들어 가서 그들의 근본통찰을 이해하지 않으면 안 된다고 보고 있다. 이 경우에만 진리 문제가 제대로 해명될 수 있다는 것이다. 그리고 하이데거는 아리스토텔레스와 후설이 자명하게 전제했으면서도 그들의 근본입장을 정초하는 차원을 존재자에 대한 현존재의 실천적 교섭과 그것이 행해지는 기반인 현존재의 개시성에서 찾았다.

이는 진리의 장소를 판단으로 보면서 진리를 판단과 대상 사이의 일치로 보는 서양 전통형이상학의 견해가 틀렸다는 것을 의미하지 않는다. 하이데거는 다만 이러한 전통적 견해가 판단과 존재자 사이의 관계, 판단과 존재자가 서로 일치할 수 있는 가능성의 근거를 근원적으로 묻고 있지 않다고 생각하는 것이다. 전통적 견해는 이러한 가능성의 근거를 존재와 인식 양자의 근거로서의 신이나 초월론적 주관 혹은 절대정신에서 찾고 있지만, 하이데거는 판단이 기초하고 있으나 보통은 은폐되어 있는 현존재의 구체적인 삶의 심층현상, 즉 선술어적인 존재론적인 진리로서의 개시성에서 찾고 있다.

전통형이상학은 주체의 주체성도 판단하는 주체성으로서만 파악하고 있을 뿐이며 그전에 그러한 판단을 가능케 하는 선술어적인 차원의 주체성의 본질은 보지 못하고 있기 때문에, 진리 문제도 어디까지나 판단하는 '의식'과 존재자 사이의 관계라는 차원에서 문제 삼고 있을 뿐이다. 전통형이상학이 이렇게 선술어적인 차원에서의 주체성의 본질을 보지 못하고 있는 것은 궁극적으로는 그것이 모든 것을 '눈앞의 존재자'로 보는 선입견에 사로잡혀 있었기 때문이다. 이에 반해서 하이데거는 눈앞의 존재를 존재의 의미로 보는 이러한 전통적 선입견을 의문시하면서 현존재의 고유한 존재를 근원적으로 사유함으로써 진리 문제를 해명하는 데 새로운 지평을 열고 있다.

c 진리의 존재양식과 진리가 있다고 전제함

(1) 진리의 존재양식

현존재는 개시성에 의해 구성되어 있으므로 본질적으로 진리 가운데 있다. 개시성은 현존재의 본질적 존재양식이다. 진리는 현존재가 존재하는 한에서만 또 그동안에만 '주어져 있다'(es gibt). 존재자는 현존재가 존재하는 동안에만 발견되고 개시되는 것이다. 뉴턴의 법칙, 모순율 따위의 모든 진리는 현존재가 존재하는 한에서만 일반적으로 참이다. 뉴턴의 법칙들이 발견되기 전에는 그것들은 참이 아니었다. 그렇다고 해서 그것들이 거짓이었다는 것은 아니다. 그것은 뉴턴 이전에는 참도 거짓도 아니었다. 그 법칙들은 뉴턴에 의해 참이 되었고 현존재에게 파악 가능한 것이 되었다. 존재자가 발견됨으로써 그 존재자는 발견되기 이전에 이미 있었던 바로 그 존재자로서 자신을 드러낸다.

이렇게 볼 때 영원한 진리가 있다는 것은 현존재가 영원히 있었고 영원히 있을 것이라는 사실이 성공적으로 증명되었을 때에야 비로소 입증될 것이다. 그러한 사실이 증명되지 않는 한 영원한 진리가 있다는 주장은 공상적 주장에 불과하다. 진리의 보편타당성은 현존재가 존재자를 존재자 자체에 입각해서 발견하고 개현할 수 있다는 데에 전적으로 뿌리박고 있다.

(2) 진리가 있다고 전제함

실존론적으로 파악된 진리의 존재양식으로부터 이제 '진리가 있다고 전제한다'는 것의 의미도 이해된다. 우리는 항상 진리가 있다고 전제하면서 그러한 진리를 추구한다. 그런데 왜 우리는 진리가 주어져 있다고 전제하지 않으면 안 되는가? 이 경우 전제한다는 것은 무엇을 의미하는가? 그리고 그 경우 '우리'와 '하지 않으면 안 된다'는 것은 무엇을 의미하는가? 진리가 주어져 있다는 것은 무엇을 의미하는가?

우리가 진리를 전제하는 것은, 우리가 현존재의 존재양식으로 있으면서 진리, 즉 개시성 안에 이미 존재하기 때문이다. 우리는 진리를 우리 밖이나 우리를 넘어서 있는 어떤 것으로서 전제하지 않는다. 우리가 진리를 전제하는 것이 아니라 진리가 우리로 하여금 어떤 것을 전제하는 자로서 존재할 수 있게 한다. 진리가 비로소 전제라든가 하는 것을 가능하게 하는 것이다.

'전제한다'는 것은 무엇을 의미하는가? 그것은 어떤 것을 다른 존재자의 존재 근거로서 이해하는 것이다. 존재자를 그러한 존재연관 속에서 이해하는 것은 개시성, 즉 '현존재가 발견하는 존재'임을 근거로 해서만 가능하다. 그렇다면 진리를 전제한다는 것은, 진리를 현존재가 자신의 궁극 목적과 같은 것으로서 이해한다는 것이다. 현존재는 그때마다 이미 자신을 앞질러 있으며 자신의 존재에 있어 자신의 가장 고유한 존재가능성을 문제 삼는다. **현존재의 이러한 가장 고유한 존재가능성이야말로 현존재의 개시성이며 진리이다. 현존재는 우선 대부분의 경우 퇴락해 있으면서도 이미 이러한 개시성에 내던져져 있기에 진리를 전제하고 그것을 추구할 수밖에 없다.** 현존재의 존재 속에 놓여 있는 이러한 전제함은 현존재 이외의 존재자에 대한 태도가 아니라 오직 현존재 자신에 대한 태도이다.

(3) 진리의 존재에 대한 회의론의 검토

진리의 존재 또는 그것의 인식 가능성을 부인하는 회의론에 대한 통상적 논박은 회의론에 대한 제대로 된 논박이라고 할 수 없다. 회의론에 대한 통상적 논박이 형식적 논증을 통해서 제시하고 있는 것은 고작 판단이 행해질 때는 진리가 전제되고 있다는 것뿐이다. 회의론자 역시 어떤 의미에서는 진리가 없다는 진리를 입증하려고 하는 것이다. 그러한 논박은 명제적 진술이 존재자를 드러내려고 힐 경우 그것은 존재자의 발견을 겨냥하며 이는 이미 진리가 있다고 전제하는 셈이라고 말한다.

그러나 회의론에 대한 이러한 통상적 논박에서는 명제적 진술은 왜 진리가 있다고 전제해야 하는가, 명제적 진술과 진리의 필연적 존재연관에 대한 존재론적 근거는 어디에 있는가 하는 것은 아직 밝혀지지 않은 채로 있다. 마찬가지로 진리의 존재양식과 '진리가 있다고 전제한다'는 것의 의미, 현존재 자신 속에 있는 그러한 전제의 존재론적 기초 등은 전적으로 불분명한 채로 있다. 더 나아가 누구 하나 판단하는 사람이 없을 경우에도, 현존재가 존재하는 한 진리의 존재가 이미 전제되어 있다는 사실이 인식되지 못한 채로 있다.

진리의 존재가 '입증될' 수 없는 것과 마찬가지로 회의론자 역시 논박될 수 없다. 회의론자가 진리를 부정하는 방식으로 현사실적으로 존재할 때는 그는 논박당할 필요도 없다. 회의론자가 존재하고 또 그렇게 존재하면서 진리를 부정하는 자로서 자신을 이해했다면, 그는 절망에 빠져 자살하면서 현존재와 함께 진리도 제거해 버리는 셈이다. 현존재는 현존재로 존재하는 한 어떻게 하면 참된 삶을 살 것인가를 항상 문제 삼을 수밖에 없기 때문에, 자기 자신과 존재자들의 진리가 드러나는 개시성이 존재할 수 없다는 사실을 견딜 수 없는 것이며, 그러한 본래적인 개시성이 존재한다고 전제할 수밖에 없다. 그러나 진리가 필연적으로 존재한다는 사실은 증명될 수 없다. 이는 현존재가 개시성이라는 사실이 새삼스럽게 증명될 수 있는 것이 아니기 때문이다. 영원한 진리가 있다는 것이 입증되지 않은 것과 마찬가지로, 회의론에 대한 통상적 논박이 믿는 것과는 달리 일찍이 진정한 회의론자가 있었다는 것도 입증되지 않는다.

(4) 이상적 주관, 즉 의식 일반이나 순수자아 그리고 영원한 진리의 상정(想定)
  에 대한 비판적 검토

이렇게 진리의 존재에 대해 또 진리를 전제할 수밖에 없는 필연성에 대해 물을 때──인식의 본질에 대해 물을 때와 마찬가지로──철학은 전통적으로 어떤 '이상적 주관'(ein ideales Subjekt)을 실마리로 삼았다. 그렇게 하는 명시적 혹은 비명시적 동기는, 철학은 아프리오리한 것을 주제로 삼지 경험적 사실 자체를 주제로 삼지는 않는다는, 정당하기는 하지만 존재론적으로 정초되어야 할 요구에 있다. 그러나 이상적 주관을 실마리로 삼으면 이 요구를 충족시킬 수 있는가? 그것은 공상적으로 이상화된 주관은 아닌가? 그런 주관 개념에 의해서, 현사실적 주관, 즉 현존재의 아프리오리, 즉 현존재의 개시성은 간과되고 마는 것이 아닌가? 현사실적 주관의 아프리오리, 즉 현존재의 현사실성에는, '현존재가 진리와 비진리 속에 등근원적으로 있다'는 규정이 속해 있지 않은가?

'순수자아'나 '의식 일반'이라는 이념은 '현실적' 주관성의 아프리오리를 가지고 있지 않을 뿐 아니라 현존재의 현사실성과 존재 구조의 존재론적 성격을 간과한다. 의식 일반을 거부한다고 해서 아프리오리한 것을 부정하는 것은 아니다. 마찬가지로 이상화된 주관을 실마리로 삼는다고 해도 사태에 근거한 현존재의 아프리오리는 보증되지 않는다.

영원한 진리를 주장하는 것은 현상적 근거를 가진 현존재의 '이념성'(Idealität)을 '이상화된 절대적 주관'과 혼동하는 것과 마찬가지로, 철학에서 아직도 근본적으로 추방되지 않고 있는 그리스도교 신학의 잔재에 속한다.

(5) 진리와 존재의 등근원성

진리의 존재는 현존재와 근원적으로 연관되어 있다. 그리고 현존재는 개시성, 즉 이해에 의해 구성된 것으로서 존재하기 때문에 그리고 오직 그 때문에만, 손재라는가 하는 것이 일반적으로 이해될 수 있고 존재이해가 가능한 것이다. 진리가 있는 한에서만, 존재──존재자가 아니다──는 '주어져 있다'. 그리고 진리는 현존재가 존재하는 한에서만, 또 그동안에만 있다. 존재와 진리는 등근원적으로 있다.

따라서 존재는 일체의 존재자와 구별되어야 하지만, 존재가 '있다' 는 것이 무엇을 의미하는가 하는 것은, 존재의 의미와 존재이해 일반의 사정(射程)거리가 밝혀질 때에야 비로소 구체적으로 탐구될 수 있다. 그 때 비로소 '존재 자체와 그것의 가능성들과 변양들'에 관한 학문의 개념 에는 무엇이 속하는지도 근원적으로 해명될 수 있다.

2편

현존재와 시간성

『존재와 시간』의 1편은 현존재의 일상성에 초점을 두고 현존재의 존재방식을 분석했다. 그런데 현존재의 일상적인 존재방식은 비본래적인 존재방식이다. 따라서 1편은 현존재의 본래적인 존재방식을 고려하지 않았다. 또한 현존재의 일상적 삶은 탄생과 죽음 사이에서 일어나는 것이기 때문에, 1편은 탄생과 죽음까지 포함하는 현존재의 전체 존재를 다루지는 않았다.

따라서 1편과 2편 사이에 존재하는 근본적인 차이는, 2편이 현존재의 일상성뿐만 아니라 본래성과 전체성까지 다룬다는 것이며, 일상성도 본래성과 전체성에 대한 분석에 입각하여 보다 심층적으로 분석한다는 데 있다고 할 수 있다. 더 나아가 2편에서 하이데거는 현존재의 본래성과 전체성에 대한 분석을 바탕으로 하여 현존재의 존재의미를 시간성으로 파악한다. 이와 함께 하이데거는 현존재의 존재를 마음씀으로서 파악하는 것을 넘어서 현존재의 가장 근원적인 실존론적·존재론적 구조를 파악하고 있다.

§45. 현존재의 예비적 기초분석의 성과와 이 존재자의 근원적인 실존론적 해석이라는 과제

하이데거는 이 절에서는 2편에서 다루어질 주제들을 개략적으로 소개하고 있다.

1. 1편에서 행해진 현존재 분석의 불충분함

『존재와 시간』의 전체에서 탐구되고 있는 것은 존재 일반의 의미이며, 이 경우 존재 일반의 의미를 탐구한다는 것은 존재 일반과 같은 것이 이해될 수 있는 지평을 탐구하는 것이다. 그리고 이러한 지평을 탐구하는 것은 존재 이해 일반을 가능하게 하는 것을 밝히는 것과 같다. 이 존재 이해 자체는 현존재의 존재구조에 속해 있다. 현존재는 실존으로서 '이해하는 존재가능으로서 존재하고 자신의 존재에 있어서 자신의 존재 자체를 문제 삼는 자'이다. 그러나 존재이해가 현존재의 본질적 계기로서 철저하게 밝혀지는 것은 현존재가 자신의 존재와 관련해서 그 자체에 있어서 근원적으로 해석될 때뿐이다.

『존재와 시간』 1편의 과제는 현존재의 일상적인 존재방식을 실마리로 하여 본래적인 실존방식이든 비본래적인 실존방식이든 현존재의 존재방식 모두에 타당한 현존재의 존재의 형식적인 구조를 파악하는 것이었다. 즉 그것은 현존재의 일상적인 존재방식을 '평균적이고 무차별적인' 존재방식이라는 관점에서 고찰했다. 그리고 이러한 분석의 결과 현존재의 존재는 마음씀이라는 사실이 드러났다.

하이데거는 2편을 시작하면서 1편에서 현존재를 마음씀이라고 존재론적으로 특징지었던 것이 과연 현존재에 대한 근원적 해석인지라는 의문을 제기하고 있다. 이러한 의문과 관련하여 하이데거는 현존재의 존재를 마음씀으로서 규정하는 것만으로는 현존재의 존재가 근원적으로 파악되지 않았다고 본다. 이것은 1편에서 현존재의 존재를 마음씀으로 파악한 것은 어디까지나 일상적인 존재방식을 실마리로 삼음으로써 본래적인 존재방식과 현존재의 전체 존재를 고려하지 않은 불충분한 토대 위에서 행해졌기 때문이다. 이와 관련하여 하이데거는 1편에서의 분석을 이끌었던 예지(豫持)와 예시(豫視) 그리고 예파(豫把)의 문제성을 드러내고 있다.

존재론적 탐구란 해석의 가능한 한 양식이며 해석은 '이해를 완성해서 자기 것으로 하는 것'이다. 모든 해석은 그에 해당하는 예지와 예시 그리고 예파를 갖고 있다. 해석이 제대로 수행되려면 그러한 해석의 전제를 이루고 있는 전체, 즉 예지, 예시, 예파가 밝혀져야 할 사태에 대한 근본경험으로부터 먼저 확보될 필요가 있다. 존재론적 해석은 주제가 되는 존재자의 현상적 성격을 부각시켜 그것을 '예지' 속에 가져와서 그 뒤에 따라오는 분석의 한걸음 한걸음을 모두 이 예지에 맞추어야 한다. 그러나 동시에 이러한 분석의 한걸음 한걸음은 그 존재자의 존재양식에 대한 '예시'에 의해 이끌려야 한다. 예지와 예시는 동시에 이 존재자의 존재구조를 드러낼 개념인 예파를 형성한다.

근원적인 존재론적 해석은 현상적으로 적합하게 확보된 예지, 예시, 예파를 일반적으로 요구할 뿐 아니라, 주제가 되는 존재자의 '전체'를 예지 안으로 가져왔는지를 분명히 확인하지 않으면 안 된다. 마찬가지로 주제가 되는 존재자의 존재에 대한 현상적으로 근거 있는 최초의 밑그림을 그리는 예시만으로는 불충분하다. 오히려 이 존재자의 존재에 대한 예시는 이 존재에 속하는 가능한 구조계기들의 전체적인 통일성이라는 관점에서 그 존재와 부합되어야만 한다. 그때에야 비로소 이 존재자의 존재가 갖는 전체적 통일성의 의미에 대한 물음이 현상 자체에 입각하여 확실하게 제기될 수 있고 답해질 수 있다.

'현존재의 존재는 마음씀이다'라는 것으로 귀착되었던 이제까지의 현존재 분석을 이끌어 온 예시는, 현존재의 특유한 존재방식인 실존의 형식적인 이념, 즉 '자신의 존재 자체를 문제 삼는 존재'라는 규정이었다. 그러나 이러한 형식적인 이념은 본래적 존재나 비본래적 존재 모두에게 타당하며 또는 본래적 존재와 비본래적 존재의 양상적 차이에 상관없이 타당하다.

그런데 이제까지의 해석은 평균적 일상성에 단초를 두고 출발했으므로 무차별적 또는 비본래적인 실존의 분석에 국한되었다. 물론 그러한 분석에 의해서도 이미 실존의 실존성에 대한 구체적 규정은 달성될 수 있었고 또 달성될 수밖에 없었다. 그럼에도 그러한 실존구조에 대한 분석에는 하나의 본질적 결함이 있었다. 본래적 존재가능의 실존론적 구조가 실존의 형식적 이념 속에 수용되고 있지 않는 한, 실존론적 해석을 주도하는 예시에는 근원성이 결여되어 있기 때문이다. 따라서 실존론적인 해석을 주도하는 예시는 보다 근원적인 예시로 전환될 필요가 있다.

그러면 이제까지의 해석을 규정한 '예지'는 어떠한 것이었던가? 이제까지의 실존론적 분석은 일상성에 단초를 두고 있는데 그것은 과연 전체적 현존재를, 즉 이 존재자를 탄생에서부터 죽음에 이르기까지 현상학적 시야 속에 끌고 들어와서 주제화했는가?

이제까지의 분석은 현존재의 일상적 존재에 대한 분석에 근거하여 현존재의 존재를 마음씀으로 규정했다. 그러나 일상성이란 탄생과 죽음 사이의 존재이다. 그런데 현존재는 죽음의 순간에만 온전히 전체가 된다. 따라서 지금까지의 현존재 분석은 죽음을 고려하지 않았기 때문에 현존재의 전체를 분석했다고 할 수 없다. 이런 의미에서 지금까지의 현존재 분석은 전체적 존재자를 시야 안에 '갖는' 것, 즉 예지를 확보하지 않았다는 사실이 드러난다.

아니 그전에 도대체 그러한 예지가 과연 가능한지 어떤지 그리고 현존재에 대한 근원적 존재론적 해석은 좌절할 수밖에 없는 것은 아닌지라는 물음이 제기된다.

이상의 근거로 하이데거는 앞에서 수행된 현존재의 실존론적 분석은 근원적인 것일 수 없다고 말하고 있다. 예지 속에 있던 것은 언제나 현존재의 비본래적 존재뿐이었고 그것도 전체적이지 않은 것으로서의 현존재였다. 현존재의 존재에 대한 해석이 존재일반의 의미를 묻는 존재론적인 근본물음을 수행하기 위한 기초로서 근원적인 것이 되려면, 그러한 해석은 현존재의 존재를 본래성과 전체성에서 미리 실존론적으로 드러내야만 한다.

2. 현존재의 전체 존재와 죽음

이렇게 해서 이제 현존재를 전체로서 '예지' 속에 확보한다는 과제가 생긴다. 그러나 이것은 '이 존재자가 도대체 전체로서 존재할 수 있는가'라는 물음을 전개하는 것을 의미한다. 자신의 존재를 문제삼으면서 자신이 실현해야 할 가능성을 기투하는 현존재에게는 그가 존재하고 있는 한, 장차 될 수 있는 어떤 것이 아직 남아 있다. 아직 채워지지 않은 이 부분에는 현존재의 종말, 즉 죽음이 속한다. 이 종말과 함께 현존재의 전체성이 성립하게 된다. 그러나 죽음과 함께 현존재가 '종말에 도달함'으로써 성립하게 되는 현존재의 전체 존재는 오직 죽음에 대한 충분한 실존론적 개념이 획득되었을 때에만 제대로 파악될 수 있다.

현존재는 죽음에 대해서 태도를 취할 수 있는 존재, 즉 죽음을 향한 존재(Sein zum Tode)다. 따라서 현존재에게 죽음은 죽음을 향한 실존적 존재 속에만 존재한다. 죽음을 향한 이러한 실존적 존재의 실존론적 구조는 현존재의 '전체로서 존재할 수 있는 상태'(Ganz-sein-können)가 갖는 존재론적 구조로서 입증된다. 실존하는 전체적 현존재는 이와 같이 '죽음을 향한' 존재로서만 실존론적 예지 속으로 들어오게 된다.

3. 양심

그러나 현존재는 실로 본래적으로 전체로서 실존할 수 있는가? 이러한 가능성이 단순히 상상의 가능성에 그치지 않고 실제적인 가능성이 될 수 있는가? 본래적 실존이라는 것이 현존재에게 존재적으로 억지로 강제될 수 없고 존재론적으로 날조될 수도 없다면, 현존재 자신이 자신의 존재 속에서 자기의 본래적 실존의 가능성을 증거해야만 한다. 이러한 본래적 존재가능성을 증거하는 것이 양심(良心)이다. 양심에 대한 실존론적 해석과 함께 현존재의 본래적 존재가능성은 '양심을 가지려고 함'이라는 데 있다는 사실이 통찰된다.

4. 현존재의 존재의미로서의 시간성

그러나 이러한 실존적·본래적 가능성은 그것의 존재의미상 '죽음을 향한 존재'에 의해 실존적으로 규정된다. 이와 함께 현존재의 '본래적으로 전체로서 존재할 수 있는 가능성'(Das eigentliche Ganzseinkönnen)이 제시됨으로써 실존론적 분석은 현존재의 근원적 존재구조를 확보한다. 그러나 이와 농시에 현존재가 '본래적으로 전체로서 존재할 수 있는 가능성'은 마음씀의 한 양상이라는 것도 밝혀진다. 이렇게 해서 현존재의 존재의미를 근원적으로 해석하기 위한 현상적으로 충분한 지반도 확보되었다. 이러한 지반에 입각하여 하이데거는 현존재의 존재의미, 즉 현존재를 다름 아닌 현존재로서 존재하게 하는 궁극적인 본질을 시간성으로서 규정하고 있다.

현존재의 실존성의 근원적 존재론적 근거가 시간성이라는 사실은, 마음씀으로서의 '현존재의 존재'의 분절된 구조 전체성, 즉 기투, 퇴락, 내던져져 있음이 시간성으로부터 비로소 실존론적으로 이해될 수 있다는 것을 의미한다. 다른 한편 현존재의 존재의미에 대한 해석은 현존재의 존재의미를 시간성으로서 증명하는 것에만 머무를 수는 없다. 현존재에 대한 실존론적·시간적 분석은 구체적 확증을 요구한다. 따라서 앞에서 획득한 현존재의 구조들, 즉 기투, 퇴락, 내던져 있음, 불안 등은 그것들의 시간적 의미로 소급해서 분석되어야만 한다.

6. 시간성과 역사성

현존재의 존재의미가 시간성으로 밝혀지는 것과 함께 일상성이란 시간성의 한 양상이라는 사실이 드러난다. 그러나 1편에서 시도된 현존재의 일상성에 대한 분석, 즉 현존재에 대한 예비적 기초분석을 시간성의 관점에서 반복함으로써 동시에 시간성이란 현상 자체가 한층 투명하게 드러나게 된다. 이러한 시간성에 의거해서 다음에는 왜 현존재는 근본적으로 역사적이고 역사적일 수 있으며 또 역사적 현존재로서 역사학을 형성할 수 있는지도 이해될 수 있다.

7. 통속적 시간 개념의 기원

시간성이 현존재의 근원적 존재의미를 형성한다면 그리고 현존재가 자기의 존재에 있어서 자신의 존재 자체를 문제 삼는 실존적 존재라고 한다면, 마음씀은 시간을 필요로 하지 않을 수 없고 따라서 시간을 계산할 수밖에 없다. 일상적으로 우리가 시간을 헤아리는 것은 현존재의 시간성에서 비롯된다. 이러한 시간계산을 통해 경험된 시간이야말로 시간성이 우리에게 나타나는 가장 가까운 모습이다. 이러한 시간은 '지금은 일하러 나가야 할 때'라는 식으로 세계의 유의의성에 의해서 규정된 세계시간이다. 이러한 시간에서 생활세계적인 유의의성이 박탈될 때 시간을 '지금이라는 시점들'의 연속으로 보는 일상적·통속적 시간이해가 생겨난다. 그리고 이러한 일상적·통속적 시간이해가 전통적인 철학적 시간 개념으로 전개된다.

8. 존재 일반의 의미로서의 시간

우리는 일상적으로 세계 내부적인 존재자들이 지금이라는 시점들이 연속되는 시간에서 출현하고 사라진다고 생각한다. 이와 함께 세계 내부적 존재자들은 시간 내부적인 것으로 이해된다. 이러한 시간 내부성(Innerzeitigkeit)으로서의 시간의 근원이 해명됨으로써 시간성의 한 본질적 시숙(時熟, sich zeitigen)[1] 가능성이 밝혀진다. 이렇게 해서 시간성의 한층 더 근원적인 시숙에 대한 이해가 마련된다. 현존재의 존재를 구성하는 존재이해는 이러한 근원적 시숙에 근거한다. 따라서 존재 일반의 의미의 기투는 시간이라는 지평 안에서 수행될 수 있다.

---

1) 하이데거는 사물들이 존재하는 방식을 눈앞의 존재(Vorhandensein)라고, 도구적 존재자들이 존재하는 방식을 도구적 존재(Zuhandensein)라고 부르는 반면에, 현존재의 존재의미인 시간성이 존재하는 방식은 시숙한다(sich zeitigen)라고 부르고 있다. 나아가 현존재의 본래적 실존방식과 비본래적 실존방식은 각각 다른 시숙방식을 가지며, 또한 현존재의 개시성을 구성하는 이해와 심정성 및 말은 각각 다른 방식으로 시숙한다.

이 2편에서 행해질 탐구는 다음과 같은 단계를 거친다. 현존재가 전체로서 존재할 수 있는 가능성과 죽음을 향한 존재(1장), 본래적 존재가능성에 대한 현존재적 증언과 결의성(2장), 현존재가 본래적으로 전체로서 존재할 수 있음과 마음씀의 존재론적 의미로서의 시간성(3장), 시간성과 일상성(4장), 시간성과 역사성(5장), 시간성과 통속적 시간 개념의 근원으로서의 시간 내부성(6장).

1장 현존재의 가능한 전체 존재와 죽음을 향한 존재

§46. 현존재의 전체 존재를 존재론적으로 포착하고 규정하는 것은 외견상으로는 불가능함

1. 현존재의 존재를 전체로서 파악하는 것은 가능한가?

위에서 우리는 현존재의 존재를 전체로서 파악하기 위해서는 현존재를 전체로서 '예지' 속에 두어야 한다는 사실을 보았다. 그러나 과연 현존재는 '전체로서 존재할 수 있는가'?

현존재의 본질은 실존에 있기에 현존재는 종말에 이를 때까지 자신의 존재를 문제 삼을 수밖에 없다. 이렇게 자신의 존재를 문제 삼는다는 것은 현존재가 앞으로 어떻게 살 것인지를 문제 삼을 수밖에 없다는 것을 의미한다. 현존재는 죽음에 이를 때까지 항상 자신의 장래를 문제 삼을 수밖에 없다. 자신의 삶에 대해 절망할 경우에도 그러한 절망은 현존재가 자신의 장래의 가능성들에 대해서 취하는 특정한 태도일 뿐이다.

마음씀이 갖는 이러한 구조계기, 즉 기투라는 계기가 의미하는 것은, 현존재에게는 언제나 자기 자신의 존재가능성으로서 아직 실현되지 않은 어떤 것이 남아 있다는 것이다. '현존재가 존재하는 한, 현존재에게는 그가 장차 될 수 있는 어떤 것이 항상 아직 남아 있다'는 의미에서 하이데거는 현존재의 존재에는 근본적으로 미완결성이 속한다고 말하고 있다. 이는 실존하는 한 현존재는 자신의 전체 존재를 결코 달성하지 못한다는 것을 의미한다.

따라서 하이데거는 우리가 현존재를 전체로서 경험할 수 없고 이와 함께 그것을 그것의 전체 존재에서 존재론적으로 규정할 수 없는 것은 우리의 인식능력이 불완전하기 때문이 아니라 현존재의 존재가 갖는 근본적인 성격 때문이라고 본다. 이런 맥락에서 하이데거는 '그렇다면 현존재의 존재를 그것의 전체성에 있어서 존재론적으로 해석하는 것은 불가능한가'라고 묻는다.

이러한 물음은 죽음이라는 현상을 고려할 때 더욱 심각해진다. 죽음은 현존재의 종말이며 그의 삶은 죽음에 이르러서야 전체로서 종결된다. 그러나 현존재가 죽음과 함께 자신의 존재 전체를 완료할 경우 현존재는 자신의 존재를 상실하게 된다. 즉 현존재는 더 이상 현존재로 존재하지 않게 되며 그 경우에 현존재는 자신의 존재 전체를 경험하고 이해할 가능성도 상실하게 된다. 이러한 사실을 고려해 볼 때 현존재의 전체 존재를 분석하기 위해서 그것을 우리의 시야 앞에 가져오는 것은 불가능한 것 같다. 현존재는 죽음을 통해서 비로소 하나의 전체로서 완료되지만, 죽음과 함께 그것은 우리가 분석할 수 있는 현존재로 더 이상 존재하지 않기 때문이다.

2. 현존재의 종말로서의 죽음과 전체성을 실존론적으로 해석해야 할 필요성

그러나 하이데거는 현존재의 전체 존재가 과연 죽음에 이르러서야 비로소 확보되는 것인가라는 의문을 제기한다. 오히려 우리는 죽음에 이르기까지 아니면 죽는 바로 그 순간에도 세상의 잡다한 일에 관심이 팔려서 우리의 인생은 지리멸렬한 채로 끝나는 것은 아닌가? 이에 반해서 아직 죽지 않았더라도 우리는 우리의 삶 전체에 하나의 전체적이고 통일적인 의미를 부여하는 식으로 살 수 있는 것 아닐까?

이런 의미에서 하이데거는 현존재가 항상 '자신을 앞질러 있다'는 사실로부터 '현존재의 전체 존재를 파악할 수 없다'는 결론을 끌어 낸 것은 과연 옳은 것인가라고 반문을 제기하고 있다. 즉 우리는 '자신을 앞지른다'는 표현으로부터 형식논리학적인 논증을 통해서 '우리는 현존재의 존재를 전체성에 있어서 포착할 수 없다'고 결론지은 것은 아닌가라는 물음을 제기하고 있는 것이다. 그렇게 결론을 내릴 때 우리는 부지불식간에 현존재를 눈앞의 사물처럼 보면서 그것에 '아직 눈앞에 존재하지 않는 것'이 본질적으로 속한다고 보고 있는 것이다.

따라서 하이데거는 현존재의 존재에 속하는 '아직 없음'과 '앞지름'을 진정하게 실존론적인 의미로 파악하는 것이 중요하다고 본다. 이와 함께 현존재의 종말과 전체성을 현존재의 존재에 입각하여 현상학적으로 적합하게 파악해야 한다. 다시 말해서 현존재의 종말을 의미하는 죽음도 그리고 죽음에서 현존재가 '종말에 처하게 되고' 자신의 존재 전체를 완료하게 된다는 사실도 생물학적으로가 아니라 실존론적으로 파악되어야 한다.

죽음에 대해서 실존론적 분석을 한다는 것은, '현존재는 자신의 존재를 문제 삼는 존재'라는 '실존의 형식적 이념'을 분석을 주도하는 근본적인 시각으로 하면서, 즉 예시로 삼으면서 죽음을 분석하는 것을 의미한다. 그것은 현존재가 자신의 존재를 문제 삼는 존재수행에서 죽음이 어떤 의미를 갖는가라는 관점에서 죽음을 고찰하는 것이지, 죽음이 생물학적으로 우리에게 어떻게 일어나게 되는지를 고찰하는 것이 아니다.

죽음에 대한 하이데거의 실존론적인 분석은 다음과 같은 주제들을 중심으로 하여 수행된다. 다른 사람의 죽음을 경험할 가능성과 전체적 현존재의 파악 가능성(§47), 미완(未完, Ausstand), 종말 및 전체성(§48), 죽음의 실존론적 분석과 죽음에 대한 다른 해석의 구별(§49), 죽음의 실존론적·존재론적 구조의 소묘(§50), 죽음을 향한 존재와 현존재의 일상성(§51), 죽음을 향한 일상적 존재와 죽음의 완전한 실존론적 개념(§52), 죽음을 향한 본래적 존재의 실존론적 기투(§53).

§47. 다른 사람의 죽음을 경험할 가능성과 전체적 현존재의 파악 가능성

현존재가 죽음과 함께 자신의 존재 전체를 완료하게 될 경우 현존재는 자신의 존재를 상실하게 된다. 즉 현존재는 더 이상 현존재로 존재하지 않게 되며 자신의 죽음도 이해할 수 없게 된다. 이에 반해서 다른 사람이 죽는 것을 우리는 옆에서 볼 수 있다. 따라서 사람들은 현존재에게 죽음이란 무엇인지를 다른 사람의 죽음을 분석함으로써 객관적으로 파악할 수 있다고 말할지도 모른다.

그러나 다른 사람도 죽음과 함께 '더 이상 세계-내-존재가 아니게' 된다. 죽음이란 '세상을 떠나는 것'이며 이는 더 이상 '세계 안에서 존재자들과 관계하는 존재가 아니게 된다는 것'을 의미한다. 물론 그렇다고 해서 현존재가 죽음과 함께 생명이 없는 물질적인 사물이나 동물의 시체와 같은 것이 되는 것은 아니다. 죽음과 함께 현존재는 '고인'(故人)이 되며 그러한 존재로서 장례, 매장 등의 예식을 통해서 추모해야 할 존재가 된다. 고인의 유족들은 그를 '경건하게 추모하면서' 그와 함께 존재한다. 이와 같이 현존재는 죽어서도 현존재와의 공동존재를 유지할 수 있다. 공동존재는 언제나 동일한 세계 내의 공동존재를 의미하기 때문에, 고인은 죽음 이후에도 자신이 다른 사람들과 함께 살았던 세계를 자신 뒤에 남겨 놓는다. 이와 함께 살아 있는 자들은 이러한 세계로부터 고인과 함께 있을 수 있다. 예를 들어 우리는 고인이 남겨놓은 유품을 보면서 고인을 생각하고 슬퍼할 수 있는 것이다.

그러나 죽은 자와 함께 있다고 해서 우리가 고인 자신의 '죽음'을 고인 자신의 입장에서 직접적으로 경험할 수 있는 것은 아니다. 우리는 다른 사람의 죽음을 경험하는 것이 아니고 기껏해야 다른 사람이 임종하는 자리에 참석할 뿐이다. 따라서 우리는 다른 사람이 죽는 과정을 심리학적으로 설명할 수는 있겠지만, 다른 사람 자신이 경험하는 '죽음' 자체는 결코 이해할 수 없을 것이다. 따라서 현존재의 종말과 전체성을 분석하기 위해 우리는 다른 사람의 죽음을 실마리로 삼을 수는 없다.

더 나아가 현존재의 전체성을 존재론적으로 분석하기 위해 다른 사람의 죽음을 실마리로 삼을 수 있다는 생각은 현존재의 존재방식에 대한 전적인 오해에 입각해 있다. 그것은, 각각의 현존재가 다른 현존재에 의해 임의로 대체될 수 있고 따라서 자신의 현존재에서 경험할 수 없는 것을 다른 사람을 통해서 경험할 수 있다고 생각하는 것이다.

우리 자신의 죽음은 다른 누가 대신할 수는 없다. 물론 우리는 다른 사람을 위해서 자신을 희생할 수 있다. 그러나 그러한 희생을 통해서 다른 사람의 죽음은 전혀 제거되지 않는다. 다른 사람 역시 자기 자신의 죽음을 스스로 감행할 수밖에 없다. 죽음은 항상 나의 죽음이며 죽음에서는 자신의 고유한 현존재의 존재가 절대적으로 문제가 된다. 이와 같이 죽음은 각자성과 실존에 의해 존재론적으로 구성되며 따라서 죽음이란 임의의 사건이 아니라 실존론적으로 이해되어야만 하는 특별한 현상이다. 이와 함께 죽음에 의해서 규정되는 현존재의 존재 전체도 각자의 고유한 현존재의 실존론적 현상으로 파악되어야 한다. 죽음과 죽음에 의해 구성되는 현존재의 전체 존재는 본질적으로 다른 누구도 대신할 수 없는 것이다.

더 나아가, 죽음과 함께 '더 이상 세계-내-존재로서 존재하지 않는 상태', 즉 '더 이상 현존재로 존재하지 않는 상태'로 현존재가 이행하는 것, 다시 말해서 '현존재가 세상을 떠나는 것'은 '생물이 세상을 떠나는 것'과 구별되어야 한다. 생물의 종말을 하이데거는 '끝장'(Verenden)이라고 부르고 있다. 따라서 현존재의 죽음은 현존재와는 다른 존재양식을 가진 존재자들인 사물들이나 생물의 종말에 입각해서 파악되어서는 안 된다.

§48. 미완, 종말 및 전체성

이상의 논의를 하이데거는 다음과 같이 정리하고 있다.

① 현존재가 존재하는 한, 현존재에게는 자신이 구현해야 할 어떤 가능성, 즉 '아직 완료되지 않음'이 속해 있다.

② 죽음과 함께 현존재는 더 이상 현존재로 존재하지 않게 된다.

③ 나의 죽음은 다른 사람이 대신할 수 없다.

1. 현존재의 부단한 비전체성과 미완

현존재의 '부단한 비전체성'은 현존재가 죽기 이전에는 현존재에게서 제거할 수가 없다. 그러나 하이데거는 현존재가 존재하는 한 현존재에게 '아직 완료되지 않음'이 속해 있다는 사태를 미완상태 내지 미회수상태라고 해석해서는 안 된다고 본다. 미완 내지 미회수라는 표현은 현존재의 존재에 적합한 술어는 아니다. 그것은 눈앞의 사물이나 도구에 적합한 표현이다.

미완은 어떤 존재자에 속해 있기는 하지만 아직은 없다는 것을 의미한다. 결여로서의 미완은 일종의 귀속성에 근거한다. 예를 들어서 미완의 것은 아직 받지 못하고 있는 빚의 잔금이다. 존재론적으로 말하면, 이것은 회수되어야 할 부분이 내가 언제든 사용할 수 있는 돈으로 있지 않다는 것이다. 따라서 회수되어야 할 부분은 도구적인 존재성격을 갖는다. 아울러 미완상태가 사라지더라도 회수된 부분은 이미 회수된 부분과 함께 존재하게 되며 그것은 여전히 도구적인 존재성격을 갖는다.

이렇게 도구적인 존재성격을 갖는 미완상태로서의 결여는, 현존재에 속하는 '아직 완료되지 않음'을 결코 존재론적으로 규정하지 못한다. 현존재는 세계 내부적 '도구'의 존재양식을 갖고 있지 않다. 현존재는 자신의 '아직 완료되지 않음'을 죽음에 이르기까지 계속 채워가면서 남은 생을 그전의 생에 '덧붙이는' 방식으로 하나의 전체를 형성하는 것이 아니다. 오히려 현존재는 이런 식으로 하나의 전체를 형성하는 순간에 더 이상 현존재로 존재하지 않게 된다. 현존재는 오히려 자신의 '아직 완료되지 않음'이 자신에게 속할 경우에만 현존재로서 존재할 수 있다.

2. 현존재의 '아직 완료되지 않음'을 비현존재의 '아직 완료되지 않음'과 구별함

그러나 현존재가 아니면서도 '아직 완료되지 않음'이 그것에 본질적으로 속하는 존재자가 존재하는 것은 아닌가?

예를 들어, 사람들은 '만월(滿月)이 되기까지 날에는 마지막 4분의 1이 아직 채워지지 않고 있다'고 말할 수 있다. 이 '아직 완료되지 않음'은 달을 가리고 있는 그림자가 사라짐에 따라 감소된다. 그러나 이 경우 '아직 완료되지 않음'은 달에 속하는 부분들이 아직 함께 모아져 있지 않다는 것이 아니라 우리가 그것을 전체적으로 지각할 수 없다는 것을 의미한다. 달은 언제나 이미 전체로서 존재한다. 그러나 현존재에 속하는 '아직 완료되지 않음'은 현존재가 그 자신이나 다른 사람에 의해서 아직 전체적으로 지각되거나 경험될 수 없는 것으로 존재한다는 것이 아니라 아직 '현실적으로' 존재하지 않다는 것을 의미한다.

따라서 현존재의 '아직 완료되지 않음'의 존재는 차라리 '생성'이란 존재양식을 가지고 있는 존재자에게서 볼 수 있을 것 같다. 예를 들어, 익지 않은 과일은 성숙해 간다. 이 경우, 우리가 앞에서 본 빛을 회수하는 경우처럼 과일이 익어 가면서 '아직 익지 않고 있었던 부분'이 이미 익은 부분에 덧붙여지는 것이 아니다. 과일 '자신'이 성숙해 간다. 미성숙의 '아직 완료되지 않음'은 과일에 덧붙여지는 어떤 외부의 것을 의미하지 않는다. 과일이 완전히 익지 않았다는 의미의 '아직 완료되지 않음'은 과일의 존재에 본질적 구성요소로서 속해 있다. 마찬가지로, 현존재도 존재하는 동안은 그때마다 이미 자신의 '아직 완료되지 않음'으로 존재한다.

현존재의 비전체성을 형성하는 것, 즉 부단히 '자신을 앞질러 있음'도 각각의 현존재가 장차 그것으로 존재하지 않으면 안 되는 바의 '아직 완료되지 않음'이다. 그러나 이러한 '아직 완료되지 않음'은 과일의 미성숙과 부분적으로는 일치할 뿐 본질적으로는 구별된다. 과일은 성숙과 함께 자기를 완성한다. 그러나 현존재가 도달하는 죽음은 그와 같은 의미의 완성이 아니다. 현존재는 자신의 죽음과 함께 자신의 생애를 마치지만 죽음과 함께 현존재는 자신의 가능성들을 다 구현해 낸 것은 아니다. 도리어 죽음과 함께 그러한 가능성들이 현존재로부터 박탈된다. 미완성의 현존재도 죽을 수 있는 것이다. 현존재는 자신의 죽음과 함께 성숙하기도 전에 죽을 수 있지만 또한 죽기 전에라도 이미 성숙에 도달할 수도 있다.

3. 죽음을 향한 존재와 현존재의 전체성

지금까지 하이데거는 '아직 완료되지 않음'을 밝히는 데서 출발하면서 현존재의 전체성을 이해하는 데로 나아가려고 했지만, 이러한 시도는 아직 목표에 도달하지 못했다. 그러한 시도가 이제까지 보여 준 것은, 현존재의 '아직 완료되지 않음'은 미완상태가 아니라는 것이다. 죽음과 현존재적인 종말의 성격에 대한 실존론적인 해석은 이제까지 획득한 현존재의 근본구조인 마음씀이란 현상에 입각하여 수행되어야만 한다.

현존재는 존재하는 한 항상 자신의 '아직 완료되지 않음'으로 있다. 이와 마찬가지로 현존재는 이미 언제나 자신의 종말로 존재하기도 한다. 현존재의 존재는 죽음을 향한 존재(Sein zum Tode)다. 죽음은 현존재가 존재하자마자 인수하게 되는 하나의 존재방식이다. 인간은 태어나자마자 죽기에 충분할 만큼 늙어 있다. 그러나 이는 현존재가 언제든지 죽을 수 있다는 사실을 의미하지 않고, 현존재가 자신의 죽음에 대해서 태도를 취할 수 있다는 것을 의미한다. 현존재의 죽음은 현존재의 삶의 마지막에서야 나타나고 그때에야 비로소 문제가 되는 것이 아니다. 현존재는 죽음에서 회피하는 방식으로든 그것과 적극적으로 대면하는 방식으로든 자신의 죽음과 항상 대결하고 있다. 죽음을 향한 존재라는 현존재의 존재성격에 대한 실존론적 구명을 통해서 비로소 현존재의 전체성——만일 이러한 전체성이 종말로서의 죽음에 의해 구성되어 있다면——을 규정할 수 있는 기반도 획득된다.

§49. 죽음의 실존론적 분석과 죽음에 대한 가능한 다른 해석과의 구별

하이데거는 생명체의 종말을 끝장(Verenden)이라고 부르고 있다. 현존재도 단순히 하나의 생물체로서 죽으면서, 본래적으로 죽지 않고 종말을 맞을(enden) 수도 있다. 그럼에도 현존재의 죽음은 단순한 끝장과는 다르다. 하이데거는 생물학적인 의미에서의 현존재의 죽음을 종명(終命, Ableben)이라고 부른다. 이는 현존재가 실제로 죽는다는 것을 의미한다. 그러나 현존재는 자신의 죽음에 대해서 태도를 취하며 현존재에게만 특유한 이런 종류의 죽음을 하이데거는 사망(Sterben)이라고 부른다. 현존재는 사망하지 단순히 하나의 생명체처럼 끝장나는 것은 아니다. 현존재가 단순히 끝장나는 것이 아니라 종명할 수 있는 것도 오직 그가 사망할수 있는 존재인 한에서이다.

종명에 대한 의학적·생물학적 탐구도 존재론적으로 의의 있는 성과를 얻을 수 있지만, 그것은 죽음의 실존론적 해석에 입각할 때만 가능하다. 아니 더 나아가 병과 죽음 일반까지도 일차적으로는 실존론적 현상으로서 파악되어야만 한다. 죽음에 대한 실존론적 해석은 모든 생물학과 생명에 대한 존재론에 선행한다. 또한 죽음에 대한 실존론적 해석은 죽음에 대한 모든 전기적(傳記的)·역사적 탐구 및 민속학적·심리학적 탐구에도 기초를 제공한다. 종명이 체험되는 상태들과 방식들을 분석하는 사망(Sterben)의 유형학(類型學)은 이미 죽음에 대한 실존론적 개념을 전제하고 있다. 그 밖에 사망의 심리학이라는 것은 사망 자체에 대해서보다도 사망하는 자의 삶에 대해서 해명하고 있다. 그것은 현존재는 현사실적 종명의 체험과 함께 사망하는 것이 아니고 더구나 본래적으로 사망하는 것이 아니라는 사실의 반영(反映)에 불과하다. 현존재는 살아 있으면서도 죽음에 대해서 가장 본래적으로 태도를 취할 수 있는 것이다.

아울러 죽음에 대한 하이데거의 분석은 죽음이라는 현상을 그것이 현존재의 존재가능성으로서 어떻게 현존재의 삶에 진입해 오는가와 관련해서만 해석하는 것이기 때문에, 그것은 순수하게 차안에 머문다. 사후(死後)에 현존재가 어떻게 되는가 하는 것은, 죽음의 완전한 존재론적 본질이 파악되고 난 뒤에 비로소 의미 있고 정당하게 또한 방법적으로도 확실하게 물어질 수 있다.

이와 같이 죽음에 관한 실존론적 분석은 생물학, 심리학, 변신론(辯神論) 그리고 신학 등에서의 죽음에 대한 물음에 방법적으로 선행하는 것이다.

§50. 죽음의 실존론적·존재론적 구조의 소묘

1. 임박해 있는 가능성으로서의 죽음

'아직 완료되지 않음'과 극단적인 '아직 완료되지 않음'으로서의 '현존재의 종말'을 미완상태라는 의미로 해석하는 것은 현존재를 눈앞의 사물과 같은 것으로 간주하는 것이기 때문에 부적절한 것으로 드러났다. 따라서 하이데거는 죽음이라는 현상을 현존재의 존재인 마음씀으로부터 고찰한다. 즉 현존재의 실존, 현사실성 및 퇴락이 죽음이라는 현상에서 어떻게 드러나는지를 고찰하는 것이다.

죽음이라는 것은 다른 가능성들과는 본질적으로 다르다. 다른 가능성들은 현존재가 기투하는 것이지만 죽음은 하나의 가능성이라기보다는 필연성으로서 주어져 있다. 그럼에도 그것은 우리가 필연적으로 태도를 취하는 어떤 것이다. 죽음은 하나의 사건으로서 이미 주어져 있지만 그것에게 어떠한 의미를 부여할지는 우리 자신에게 달려 있다. 죽음도 우리가 해석하는 하나의 현상이며 그런 의미에서 그것은 하나의 가능성이다.

'종말에 와 있다'(Das-Zu-Ende-Sein)라는 것은 실존론적으로는 '종말을 향한 존재'를 의미한다. 현존재의 '가장 극단적이고 아직 완료되지 않음'으로서의 죽음은 현존재가 그것에 대해 태도를 취하는 '어떤 것'이라는 성격을 가지고 있는 것이다. 종말은 현존재에게 임박해 있다. 죽음은 '아직 눈앞에 존재하지 않는 것'도 아니고, 최소한으로 줄어든 미완상태도 아니며, 임박해 있는 어떤 것(Bevorstand)이다. 이 경우 임박해 있다는 것은 죽음이 현존재 자신이 받아들이지 않으면 안 되는 하나의 존재가능성이라는 것이다.

2. 가장 독자적이고 무연관적이며 능가할 수 없는 가능성으로서의 죽음

현존재의 죽음은 '더 이상 현존재로 존재할 수 없다'는 가능성이다. 현존재는 이러한 죽음과 함께 자신의 가장 고유한 존재가능성에 있어서 자신에게 직면하게 된다. 현존재가 자기 자신의 이러한 가능성으로서 자신 앞에 서 있을 때, 첫째로 현존재는 자신의 가장 독자적 존재가능성으로 지시된다. 그리고 그렇게 자신 앞에 설 때, 둘째로 현존재에게는 다른 현존재, 즉 세상 사람들과의 모든 연관이 단절된다. 셋째로 가장 독자적이고 무연관적인 이 가능성은 동시에 극한의 가능성이다. 현존재는 자신이 실현해야 할 존재가능성을 기투하는 자로서 존재하지만 죽음의 가능성을 능가할 수 없다. 즉 죽음은 현존재의 '절대적 불가능성'이라는 가능성이다.

　이렇게 죽음은 가장 독자적이고 무연관적이며 능가할 수 없는 가능성으로서 드러난다. 그러한 가능성으로서 죽음은 우리에게 임박해 있는 가능성 중에서 가장 특별한 것이다. 죽음이란 가능성이 우리에게 그렇게 임박해 있을 수 있는 것은, 현존재가 본질적으로 자기 자신에게 개시되어 있기 때문에, 더욱이 '자신을 앞지르는' 방식으로 개시되어 있기 때문에 그렇다. 동물과 달리 현존재는 실존적 존재로서 자기 자신의 존재를 문제 삼고 내가 어떻게 살지 고뇌할 수 있기 때문에 우리의 삶을 마무리 짓는 죽음이라는 가능성을 문제 삼을 수 있는 것이다. 더 나아가 '자신을 앞질러 있음'이라는 마음씀의 이러한 구조계기는 '죽음을 향한 존재'에서 가장 근원적으로 구체화된다. 현존재는 내가 어느 대학에 들어가고 어떤 직장을 택할 것인가와 같은 특정한 가능성을 문제 삼는 것이 아니라 탄생에서 죽음에 이르는 자신의 삶 전체를 어떤 식으로 살 것인지를 문제 삼을 수 있다는 것이 '죽음을 향한 존재'에서 극명하게 드러나는 것이다.

그런데 가장 독자적이고 무연관적이며 능가할 수 없는 가능성은 현존재가 살아가면서 임의로 만들어 낸 가능성이 아니다. 도리어 현존재는 실존으로서 이미 이러한 가능성 가운데 내던져져 있다. 그러나 현존재가 자기의 죽음, 즉 가장 독자적이고 무연관적이며 능가할 수 없는 가능성에 내맡겨져 있다는 것에 대해 현존재는 우선 대부분의 경우는 명시적으로는 인식하지 못하며 이론적으로는 더욱더 알지 못한다. 현존재가 죽음에 내던져져 있다는 것은 불안이라는 기분에서 비로소 근원적이고 절실하게 드러난다.

죽음에 대한 불안은 현존재가 자신의 가장 독자적이고 무연관적이며 능가할 수 없는 존재가능성에 대해서 느끼는 불안이다. 불안의 대상은 죽음으로 끝나는 섬뜩한 세계이며, 현존재가 불안해하는 이유는 이러한 섬뜩한 세계 앞에서 현존재의 삶 전체가 위협받기 때문이다. 그러나 이는 자신의 생명이 위협받는 것에 대한 두려움이 아니다. 그것은 우리가 불시에 무서운 동물을 만났을 때 느끼게 되는 생명의 위협과는 다른 것이다. 현존재가 섬뜩한 세계 앞에서 불안해하는 이유는 그동안 자신이 집착했던 모든 일상적인 실존 가능성들이 무의미한 것으로 전락하면서 자신의 가장 독자적이고 무연관적이며 능가할 수 없는 실존 가능성에 직면하게 되기 때문이다.

이로써 현존재의 독특한 죽음 방식인 사망(Sterben)의 실존론적 개념은 가장 독자적이고 무연관적이며 능가할 수 없는 존재가능성을 향해 내던져진 존재라는 사실이 분명해진다. '종말을 향한 존재'는 본질적으로 현존재의 내던져져 있음에 속하며 이러한 내던져져 있음은 심정성 속에서 드러난다. 현사실적으로는 많은 사람들이 우선 대부분의 경우는 죽음을 의식하지 않지만 이러한 사실을 근거로 하여 죽음을 향한 존재가 현존재에 속하는 것이 아니라고 주장해서는 안 된다. 그것은 우선 대부분의 경우 현존재가 임박해 있는 죽음으로부터 도피하면서 죽음을 향한 가장 독자적 존재를 은폐하고 있다는 사실에 대한 증거일 뿐이다.

3. '죽음을 향한 가장 고유한 존재로부터의 도피'로서의 퇴락

현존재가 실존하는 한, 그는 현사실적으로 죽는다. 그러나 우선 대부분의 경우는 퇴락의 방식으로 죽는다. 퇴락하여 '세계 내부적인 존재자들에 몰입하고 있는 존재'는 죽음의 '섬뜩함'으로부터의 도피, 다시 말하면 '죽음을 향한 가장 고유한 존재'로부터의 도피이다. 실존, 현사실성, 퇴락은 죽음을 향한 존재를 특징지으며 그에 따라서 죽음의 실존론적 개념을 구성한다. 이렇게 볼 때 현존재의 죽음은 그것의 존재론적 가능성과 관련해서 볼 때 마음씀에 근거한다는 사실이 드러난다.

그러나 '죽음을 향한 존재'가 근원적으로 그리고 본질적으로 현존재의 존재에 속한다면, 그것은——우선은 비본래적이라 하더라도——일상성 가운데서도 제시될 수 있어야 한다. 더구나 '종말을 향한' 존재가 현존재의 실존적 전체 존재를 위한 실존론적 가능성을 제공해야 한다면, 거기에는 '마음씀은 현존재의 구조 전체의 전체성을 가리키는 존재론적 명칭이다'라는 테제를 뒷받침할 현상적 증거가 존재하게 된다.

§51. 죽음을 향한 존재와 현존재의 일상성

앞에서 본 것처럼 일상성의 자기는 세상 사람이고, 세상 사람의 이해는 세론에 의해서 형성되며, 이것은 빈말 속에서 언표된다. 따라서 빈말은 일상적 현존재가 죽음을 향한 자기의 존재를 어떤 방식으로 해석하는가를 드러낸다. 해석의 기초를 이루는 것은 이해이다. 이러한 이해는 또한 언제나 심정적 이해, 즉 기분에 젖어 있는 이해이다. 따라서 하이데거는 일상적인 자기가 죽음을 어떻게 이해하는지를 그러한 이해가 깃들어 있는 빈말을 분석함으로써 드러내려고 한다. 세상 사람은 현존재의 가장 독자적이고 무연관적이며 능가할 수 없는 가능성을 어떤 식으로 이해하면서 그것에 관계하는가? 어떠한 심정성이 현존재가 죽음에 내맡겨져 있음을 세상 사람에게 어떠한 방식으로 개시하는가?

일상적인 공동존재를 형성하는 공공성은 죽음을 끊임없이 발생하는 재난으로, 즉 하나의 자연적인 사망사건으로 간주한다. 가깝거나 먼 이 사람 혹은 저 사람이 죽는다. 모르는 자들이 매일 매시간 죽는다. 일상적으로 죽음은 세계 내부적으로 발생하는 잘 알려진 사건으로 나타난다. 따라서 죽음은 일상적으로 일어나는 다른 일들과 마찬가지로 '비현저성'이라는 성격을 갖는다. 죽음을 이렇게 하나의 일상적인 사건으로 보는 세상 사람의 이해는 '사람은 결국 언젠가는 죽는다. 그러나 아직 자기 자신은 죽지 않았다'라는 말 속에서 전형적으로 드러난다.

'사람은 언젠가는 죽는다'는 말에서 죽음은 어딘가에서 닥쳐오는 것은 틀림없지만 자기 자신에게는 아직 임박해 있지 않기 때문에 위협적이지 않은 것으로 이해되고 있다. '사람은 죽는다'는 말은, 죽음은 말하자면 나에게 해당되는 것이 아니라 모든 사람, 즉 세상 사람에게나 해당된다는 생각을 퍼뜨린다. 그리고 사람들은 '이러한 세상 사람은 아무도 아니기 때문에 죽음은 나 자신에게는 일어나지 않는다'라고 생각한다. 죽음은 현존재에게 일어나기는 하지만 어느 누구에게 고유하게 속하지 않는 하나의 사건으로 전락하게 된다. 빈말의 특징이 외견상으로는 참인 것으로 보이면서도 사실은 거짓인 애매성이라고 한다면, 죽음에 관한 저 말에도 애매성이 속해 있다. 빈말은 죽음은 누구에게나 일어난다고 말하면서도 자신에게는 일어나지 않는 것으로 생각하는 것이다.

세상 사람의 빈말은 죽음을 '끊임없이 발생하는 사건'이라고 말하면서 '자연적인 어떤 사건'으로서 간주하게 하며, 이와 함께 죽음이 갖는 실존적인 가능성의 성격을 은폐하게 된다. 이러한 애매성으로 인해, 현존재는 자기에게 속하는 가장 독자적이고 특별한 실존 가능성에서 도피하면서 세상 사람 속으로 자신을 상실하게 된다. 세상 사람은 이러한 상실을 정당화하고 죽음을 향한 가장 고유한 존재를 은폐하려는 유혹을 증대시킨다.

일상성은 죽음에 대한 이러한 은폐와 그것으로부터의 도피에 의해서 집요하게 지배되기 때문에, 죽어 가는 사람에게 사람들은 이렇게 위로한다. '당신은 이제 곧 죽음에서 벗어나 평안한 일상 세계로 되돌아오게 될 것이다'라고. 그러나 이러한 배려는 죽어가는 사람으로 하여금 자신의 가장 독자적이고 무연관적인 존재가능성을 은폐하도록 조장할 뿐이다. 그러한 위안은 근본적으로는 죽어가는 자를 위한 것일 뿐 아니라 위안하는 자 자신을 위한 것이기도 하다. 사람들은 죽음을 망각하고 일상생활을 아무 탈 없이 계속하고 싶어 하는 것이다.

동시에 세상 사람은 현존재가 죽음에 관계해야 하는 방식을 이미 암암리에 규정해 놓고 있다. '죽음을 생각하는 것'은 세론에 의하면 자기에 대해 자신(自信)을 갖지 못하고 죽음에 대해서 겁을 내는 것, 그리고 음울한 세계 도피로 간주된다. 이와 함께 세상 사람은 사람들로 하여금 죽음에 대해서 불안을 느낄 수 있는 용기를 내지 못하도록 한다. 세상 사람은 죽음에 대한 불안을 다가오는 어떤 하나의 일상적인 사건에 대한 두려움으로 전환하려고 한다.

세상 사람은 죽음으로부터 도피하지만 이러한 사실은 세상 사람이 비록 의식적으로 죽음을 생각하지 않을 때에도 그가 죽음을 향한 존재로서 이미 철저하게 규정되어 있다는 사실을 입증한다. 평균적 일상성에서도 현존재에게 끊임없이 문제가 되는 것은 자신의 가장 독자적이고 무연관적이며 능가될 수 없는 실존 가능성이다. 물론 세상 사람은 이러한 가능성으로서의 죽음에 대해서 애써 무관심하려고 하지만 말이다.

§52. 종말을 향한 일상적 존재와 죽음의 완전한 실존론적 개념

1. 죽음의 확실성에 대한 일상적 태도

'종말을 향한 존재'는 실존론적으로는 가장 독자적이고 무연관적이며 능가할 수 없는 실존 가능성으로서 규정되었다. 이러한 가능성을 향해 실존하는 존재는 실존의 절대적 불가능성과 마주친다. 그리고 죽음을 향한 존재는 일상성에서는 실존의 절대적 불가능성으로서의 죽음을 은폐하면서 죽음에서 도피한다는 사실이 입증되었다. 하이데거는 죽음의 존재론적 구조를 형식적으로 기술하는 것에서 출발하여 종말을 향한 일상적 존재를 구체적으로 분석하는 것으로 이행했지만, 이제는 방향을 바꾸어 종말을 향한 일상적 존재에 대한 해석을 보완함으로써 죽음에 대한 완전한 실존론적 개념을 획득하려고 한다.

죽음에 대한 일상적인 빈말은 '사람은 언젠가는 죽지만 나에게는 아직 죽음이 찾아오지 않았다'고 말하면서 죽음의 확실성이라고 할 만한 것을 시인하고 있다. 사람이 죽는다는 것은 아무도 의심하지 않는다. 그러나 일상적으로 사람들이 시인하는 죽음의 확실성은, '특별한 가능성'으로서 현존재에게 이미 임박해 있는 죽음에 상응하는 확실성은 아니다. 일상성은 죽음의 확실성을 애매하게 시인하는 데 머물러 있다. 일상성은 죽음이 확실한 사건이라고 말하면서도 자신에게는 해당되지 않는 것으로 생각하는 것이다. 그와 같은 방식으로 현존재는 일상적으로 자신에게 죽음을 은폐하고 그것에서 도피한다.

　죽음을 은폐하면서 죽음으로부터 도피하는 것은——그것이 죽음으로부터 도피하는 것인 한——죽음을 '본래적으로' 확신하고 있다고는 할 수 없지만 자신이 죽는다는 사실을 확신하고 있다. 그런데 이러한 일상적 확신의 근거는 어디에 있는가? 이는 사람들이 매일같이 다른 사람들이 죽는 것을 경험한다는 데에 있다. 죽음은 부인할 수 없는 하나의 '경험적 사실'이다.

　그러나 일상적 현존재는 대부분의 경우 죽음을 일상적으로 확실하게 일어나는 하나의 자연적인 사건으로 간주함으로써 그것이 갖는 실존적 성격, 즉 자신의 가장 독자적이고 무연관적이며 능가할 수 없는 가능성이라는 성격을 은폐한다. 이러한 은폐 경향은 '현존재는 현사실적인 존재로서 비진리 가운데 있다'는 테제를 입증하고 있다. 따라서 '죽음을 향한 존재'를 은폐하는 것에 속하는 확실성은 사태에 부적합한 확실성이다. 사태 자체에 부적합한 확실성은 그것이 확신하고 있는 것을 은폐시킨다. 세상 사람은 '죽음이 언젠가 닥쳐오는 것은 확실하다'고 말하지만, 이 경우 세상 사람은 죽음이 진정으로 확실한 것일 수 있기 위해서는 각각의 고유한 현존재가 자신의 가장 고유하며 무연관적인 실존 가능성을 확신하고 있어야 한다는 사실은 간과하고 있는 것이다.

　'죽음이 언젠가 닥쳐오는 것은 확실하다'고 말하면서 세상 사람은 현존재로 하여금 '자신이' 자신의 죽음을 확신하고 있는 듯한 착각에 빠지게 한다. '죽음을 향한 일상적 존재'는 이렇게 정초된 확실성을 어떤 방식으로 이해하고 있는가? 이것은 일상적인 존재가 비판적으로 신중하게 죽음에 대해 '사유하려고' 시도할 때 폭로된다. 일상적인 존재에게 죽음은 개연적으로는 모든 사람에게 일어날 수 있는 사건이지만 그렇다고 해서 무조건적으로 확실하게 일어나는 것은 아니다. 일상적인 존재는 엄밀하게 말해서 죽음에는 다만 '경험적' 확실성이 주어져 있을 뿐이라고 보는 것이다. 아울러 일상적 존재는 경험적 확실성은 최고의 필연적인 확실성, 즉 우리가 이론적 인식의 한 영역인 논리학의 영역에서 도달하는 필증적인 확실성에는 미치지 못한다고 본다.

물론 경험적인 사망 사례들은 현존재가 죽음에 대해 주목하게 되는 현실적인 계기가 될 수는 있다. 그러나 이러한 경험적 확실성만으로는, 현존재는 결코 자신의 죽음을 있는 그대로의 실상에서 확신하지 못한다. 일상적인 존재는 확실한 사건으로서의 죽음에 대해 '알고는 있지만' 자신의 죽음을 본래적으로 확신하고 있지는 않다. 퇴락한 일상적 존재는 죽음의 확실성은 알고는 있지만 그것을 확신하는 것은 회피하는 것이다. 물론 종말을 향한 일상적 존재가 자신의 죽음을 애써 외면하고 있다는 사실은 그가 순수한 이론적 성찰에서 시인하는 것과는 '다르게' 자신의 죽음을 확신하고 있다는 사실을 입증한다. 즉 일상성은 죽음의 확실한 '사실'에 대해 불안해하면서도 외관상으로는 불안하지 않은 듯 태연한 척하고 있지만, 단순한 경험적 확실성보다는 더 높은 확실성을 죽음에게 인정하고 있는 것이다. 그러니 일상성은 이러한 사실을 감추고 있다. 일상성은 이 점에서 자신에게 투명해지려고 하지 않는다.

'죽음은 확실히 온다. 그러나 당장은 아직 아니다'라고 사람들은 말한다. 이 '그러나 ……'와 함께 세상 사람은 죽음의 확실성을 부정한다. 이 경우 '당

장은 아니다'는 단순한 부정적 진술이 아니라 세상 사람의 자기 해석 중의 하나이다. 즉, 세상 사람은 이러한 자기 해석과 함께 현존재로 하여금 현존재에게 당장 문제가 되는 일상적인 일들에 몰두하도록 지시하는 것이다. 이와 함께 세상 사람은 이른바 일반적인 평균수명을 기준으로 하여 자신의 죽음이 '언젠가 뒷날'에 일어날 것으로 간주한다. 이렇게 해서 세상 사람은 죽음은 어느 순간에도 가능하다는 죽음의 확실성이 갖는 특성을 은폐한다.

2. 죽음의 무규정성에 대한 일상적 태도

죽음의 확실성과 '죽음이 어느 순간에든 도래할 수 있다는 무규정성'은 결합되어 있다. 죽음을 향한 일상적 존재는 '사람은 언젠가는 죽지만 나는 아직 아니다'라는 식으로 죽음의 무규정성에 규정성을 부여함으로써 그것의 무규정성을 제거하려고 한다. 그렇다고 해서 일상적인 현존재가 언제 죽음이 찾아오는가를 계산하고 있다는 것은 아니다. 현존재는 도리어 그러한 규정성으로부터도 도피한다. 일상적 배려는 매일매일의 일상 속에서 생기는 긴급한 일들을 죽음의 무규정성 앞에 놓는 식으로 그러한 무규정성을 제거하는 것이다. 그런데 죽음의 확실성과 '죽음이 어느 순간에든 도래할 수 있다는 무규정성'은 서로 불가분리하게 결합되어 있기 때문에 죽음의 무규정성에 대한 은폐는 죽음의 확실성도 은폐한다.

3. '종말을 향한 존재'를 가능하게 하는 것으로서의 '자신을 앞질러 있음'

종말을 향한 존재의 실존론적 구조를 규정하는 것은, 현존재가 현존재로서 전체적으로 존재할 수 있는 존재양식을 밝히는 데 도움이 된다. 일상적 현존재도 이미 항상 자신의 종말을 향해 있다는 것, 즉 도피하는 방식일지라도 자신의 죽음에 대해서 항상 태도를 취하고 있다는 사실은 현존재의 전체 존재를 완결하면서 규정하는 죽음이 현존재가 목숨을 다할 때에서야 비로소 도달하게 되는 어떤 것은 아니라는 것을 보여 준다. 자신의 죽음을 향해 있는 자로서의 현존재에는 그 자신의 극단적인 '아직 완료되지 않음'이 언제나 이미 침투해 있으며, 다른 모든 '아직 완료되지 않음'은 현존재의 이 극단적인 '아직 완료되지 않음' 앞에 펼쳐져 있다. 따라서 존재론적으로 부적절하게 미완의 상태라고 해석된 현존재의 '아직 완료되지 않음'으로부터 현존재의 비전체성을 추론하는 형식적인 논법은 사태에 맞지 않는다.

'자신을 앞질러 있음'에서 간취된 '아직 완료되지 않음'이란 현상은——마음씀의 구조 일반과 마찬가지로——실존적으로 가능한 전체 존재에 대한 반증이 아닐 뿐 아니라, 오히려 이 '자신을 앞질러 있음'이 비로소 '종말을 향한 존재'를 가능하게 한다. 따라서 과연 현존재가 전체 존재로서 존재할 수 있는가라는 물음은, 현존재의 근본구조인 현존재의 가장 극단적인 가능성인 죽음이 마음씀과 연관되어 파악될 경우에는 긍정적으로 답해질 수 있다.

이와 같이 죽음을 향한 존재는 마음씀에 근거한다. 내던져진 세계-내-존재로서의 현존재는 항상 이미 자기의 죽음에 맡겨져 있다. 현존재가 자신의 생물학적인 죽음, 즉 종명에 도달해 있지 않는 동안에도, 현존재는 현사실적으로 부단히 사망하고 있다. **현존재가 현사실적으로 부단히 사망하고 있다는 것은 동시에, '현존재는 죽음을 향한 자신의 존재에 있어서 언제나 이미 어떤 결정을 내리고 있다'는 것을 의미한다.** 죽음에 직면해서 일상적인 삶으로 퇴락하면서 죽음에서 도피하는 것은 죽음을 향한 비본래적 존재이다. 그러나 이러한 비본래적인 존재의 근저에는 본래적 존재가 가능한 것으로서 존재하며, 죽음을 향한 비본래적 존재 역시 죽음에 대해서 일정한 결정을 내린 것이다.

§53. 죽음을 향한 본래적 존재의 실존론적 기투

현존재는 가장 고유하고 무연관적이며 능가할 수 없고 확실하며 그 자체로 무규정적인 자신의 가능성인 죽음을 본래적으로도 이해할 수 있는가? 다시 말하여 현존재는 자신의 종말을 향한 본래적 존재로 존재할 수 있는가? 죽음을 향한 이러한 본래적 존재가 규명되지 않고 존재론적으로 규정되지 않는 한, 죽음을 향한 존재에 대한 실존론적 해석은 본질적 결함을 갖게 된다. 죽음을 향한 본래적 존재란 현존재의 한 실존적 가능성을 의미한다. 이러한 실존적 가능성은 존재론적으로 가능하지 않으면 안 된다. 이러한 가능성의 실존론적 조건은 어떤 것인가? 이러한 가능성 자체에는 어떻게 접근할 수 있는가?

1. 죽음을 향한 본래적 존재의 실존론적 가능성으로서의 죽음으로의 선구

하이데거는 앞에서 죽음을 현존재의 가장 고유하고 무연관적이며 확실한 가능성으로서 규정했다. 그런데 죽음이 이러한 가능성으로서 개시되는 것은 현존재가 죽음에 대해서 본래적인 태도를 취할 때뿐이다. 그러나 현존재는 현사실적으로는 우선 대부분의 경우 죽음을 향한 비본래적 존재로 살고 있다. 이렇게 우선 대부분의 경우 현존재가 자기의 종말에 대해 본래적 태도를 취하지 않거나 또는 이 본래적 존재가 은닉된 채로 있을 수밖에 없다면, 우리는 죽음을 향한 본래적 존재가 가능하다는 사실을 어떻게 '객관적으로' 입증할 수 있는가? 이렇게 의문시되는 실존적 존재가능성의 실존론적 가능성을 기투하는 것은 하나의 공상적 시도가 아닌가? 그러한 기투가 한낱 허구적이고 자의적인 구성으로 전락하지 않기 위해서는 무엇이 필요한가? 현존재 자신이 이러한 기투를 위한 지시를 주고 있는가? 지금 제기된 존재론적 과제를 해결하는 데 이제까지의 현존재 분석이 실마리를 제공할 수 있는가?

죽음을 향한 본래적 존재란 가장 고유하고 무연관적인 가능성인 죽음의 가능성에서 도피하지 않고 그것을 은폐하지 않는 존재이다. 죽음을 향한 본래적인 존재의 실존론적 기투는 그러한 존재를 구성하는 계기들을 밝혀 내야만 한다.

우선 중요한 것은, 죽음을 향한 존재를 어떤 가능성으로의 존재, 특히 현존재 자신의 특별한 가능성을 향한 존재로서 특징짓는 일이다. 그런데 존재자들에 몰입해 있는 일상적 삶에서 어떤 가능성으로의 존재, 즉 어떤 가능한 것으로의 존재란 그러한 가능성을 실현하려고 하는 고려로서 어떤 가능한 것의 실현을 '추구한다'는 의미를 갖는다. 도구와 눈앞의 사물의 영역에서는 그러한 여러 가능성들이 존재한다. 그러한 것들은 성취 가능하고 우리가 마음대로 할 수 있는 것들이다. 이 경우 어떤 가능한 것을 고려하면서 그것의 실현을 '추구한다'는 것은, 그 가능한 것을 '마음대로 처분할 수 있는 것으로 만듦'으로써 그것으로부터 가능성의 성격을 제거한다는 것을 뜻한다. 예를 들어서 많은 돈을 벌 수 있다는 가능성을 나는 여러 수단을 동원하여 실현할 수 있지만, 그러한 가능성은 실현되는 것과 함께 가능성의 성격을 상실하는 것이다.

그런데 문제가 되고 있는 '죽음을 향한 존재'는 죽음의 실현을 '추구한다'는 성격을 가질 수는 없다. 이는 첫째로 죽음은 가능한 것이긴 하지만 도구나 눈앞의 사물이 아니라 현존재의 존재가능성이기 때문이며, 둘째로 이 가능한 것의 실현을 추구한다는 것은 '자신의 목숨을 끊는 것'을 의미할 수밖에 없기 때문이다. 그러나 현존재가 자신의 목숨을 끊을 경우, 현존재는 '죽음을 향해서 실존하는 존재'를 위한 지반을 스스로 제거하는 것이 될 것이다.

그러므로 '죽음을 향한 존재'는 '하나의 가능한 것으로서의 죽음의 실현'을 추구하는 것이 아니며 또한 죽음의 가능성이 언제 그리고 어떻게 다가올 것인지에 대해서 고민하는 것도 아니다. 후자의 경우 그러한 고민은 죽음을 가능한 한 뒤늦게 그리고 고통스럽지 않게 우리에게 다가오는 것으로 만들려고 함으로써, 다시 말해 죽음을 계산적으로 처리하려고 함으로써 죽음이 갖는 가능성의 성격을 약화시킨다. 이와 반대로 죽음을 향한 존재가 죽음을 가장 고유하고 무연관적인 가능성으로 이해하면서 개시하려면, 그러한 가능성은 약화되지 않고 가능성으로 이해되고 감내되어야만 한다.

가능성에 대해서 그렇게 태도를 취하는 것을 하이데거는 '가능성으로의 선구'라고 부르고 있다. 그러나 이러한 태도는 그 속에 가능한 것으로의 접근을 감추고 있지 않은가. 그리하여 가능한 것이 가까이 오면서 실현되는 것이 아닌가? 그러나 죽음으로의 선구에서 일어나는 가능한 것으로의 접근은 그 가능한 것을 실현하여 그것을 자신이 마음대로 할 수 있는 것으로 만듦으로써 그것에서 가능성의 성격을 제거하는 것이 아니다. 그것은 오히려 가능한 것을 이해하고 그것에 가까이 다가가면서 그것의 가능성을 더욱 강화하려고 한다.

2. 가장 고유하고 무연관적이며 가장 확실한 가능성으로서의 죽음이 갖는 가능성과 일상적 가능성들의 차이

하이데거는 가장 고유하고 무연관적이며 가장 확실한 가능성으로서의 죽음이 갖는 가능성의 성격을 일상적인 삶에서 가능한 것들이 갖는 가능성의 성격과 구별하고 있다. 일상적인 삶에서 가능한 것들은 현실에서 실현되는 것과 함께 가능성의 성격을 상실하고 우리가 삶에 유리하게 이용할 수 있는 것이 된다. 예를 들어 대학시험에 합격할 가능성은 시험합격과 함께 가능성의 성격을 상실하고 우리가 새로운 미래를 준비하는 발판이 된다.

그러나 가장 고유하고 무연관적이며 가장 확실한 가능성으로서의 죽음은 우리 자신의 실존의 근거다. 따라서 그것은 실현되는 것과 함께 가능성의 성격을 상실하면서 더 이상 우리에게 고려의 대상이 되지 않게 되는 것이 아니다. 그것은 우리의 본래적인 실존을 가능하게 하는 것으로서 우리의 실존을 규정하면서 항상 존재한다. 따라서 이 경우 가능성은 아직 실현되지 않은 것이라는 의미의 가능성이라기보다는 우리의 일상적인 가능성들에게서 의미를 앗아가면서 우리의 실존을 불가능하게 만드는 가능성이다. 그러나 이와 함께 그것은 우리 자신의 본래적인 실존을 가능하게 한다.

이러한 가능성이 은폐되지 않고 이해되면 될수록, 현존재는 더욱더 순수하게 실존 일반이 불가능하다는 바로 그 가능성 속으로 다가가게 된다. 따라서 이러한 가능성으로서의 죽음은 실현되어야 할 어떤 것이 아니다. 죽음은 오히려 존재자들에 대한 어떤 태도도 불가능하게 만드는 것, 즉 실존을 불가능하게 만드는 가능성이다. 그러나 이러한 가능성으로 선구할 때 가능성의 성격은 더욱더 증대한다. 죽음을 향해 이렇게 선구하면서 현존재는 자신의 가장 극단적 가능성에 있어서 자신을 자기에게 개시한다.

3. 죽음으로의 선구에 대한 세부적인 규정

아래에서 하이데거는 죽음으로의 선구가 현존재의 가장 고유하고 무연관적이며 능가할 수 없고 확실하며 그 자체로 무규정적 가능성을 순수하게 이해하는 것이 되기 위해서 가져야만 하는 성격들을 규정하려 한다.

죽음은 현존재의 가장 고유하고 독자적인 가능성이다. 죽음으로 선구하면서 현존재는 자신의 가장 고유한 존재에 직면하게 되며 세상 사람에 의해서 지배되는 상태로부터 벗어나 세상 사람과 절연(絶緣)할 수 있게 된다.

이렇게 가장 고유한 가능성으로서의 죽음은 또한 무연관적인 가능성이다. 죽음으로 선구하면서 현존재는 죽음을 다른 사람들에게 맡길 수 없는 자기 자신만의 죽음으로서 홀로 인수해야만 한다는 사실을 깨닫는다. 죽음으로 선구하면서 이해된 죽음의 무연관성은 현존재를 현존재 자신으로 단독자화하는 것이다. 이러한 단독자화는 현존재의 가장 고유한 존재가능성이 문제될 경우에는 다른 존재자들이나 다른 사람과의 공동존재가 도움이 안 된다는 사실을 드러낸다.

그렇다고 해서 이는 현존재가 존재자들과 다른 인간들에 관계하는 방식인 고려와 배려가 본래적 실존과 무관하다는 것을 의미하는 것은 아니다. 그것들은 현존재의 본질적 구조로서 현존재의 존재를 가능하게 하는 조건에 속한다. 현존재가 본래적으로 자기 자신으로 존재할 수 있는 것은 오직 그가 '존재자들을 고려하고 타인들을 배려하면서도' 일차적으로 자신의 가장 고유한 존재가능성을 향해 기투할 뿐, '세상 사람으로서의 자기'의 가능성을 향해 기투하지 않는 한에서이다. 무연관적 가능성으로의 선구는, 죽음으로 선구하는 현존재를 그의 가장 고유한 존재를 홀로 인수하는 가능성 안으로 이끈다.

가장 고유하면서도 무연관적인 가능성은 능가할 수 없는 가능성이다. 죽음으로의 선구는 죽음을 우리가 일상적으로 추구하는 모든 가능성들을 허망한 것으로 드러내는 가장 극단적 가능성으로서 개시한다. 이와 함께 현존재는 세상 사람이 쫓는 우연한 일상적인 가능성들에 사로잡혀서 자신을 상실하는 상태로부터 해방되는 것과 동시에 능가할 수 없는 가능성 앞에 펼쳐져 있는 현사실적인 가능성들을 비로소 본래적으로 이해하게 되고 선택하게 된다.

동시에 실존은 자신이 도달한 어떤 상태, 예를 들어 어떤 직위나 명예를 얻었다는 것 등에 집착하는 것에서 벗어나게 된다. 다시 말해서 실존은 자신이 이미 모든 것을 성취한 것처럼 생각하면서 도취에 빠지는 것에서 벗어나게 된다. 이와 관련하여 하이데거는 우리는 "승리에 비해서 너무 빨리 늙게 된다"는 니체의 말을 인용하고 있다. 우리가 보통 성취한 가능성들은 능가할 수 없는 가능성인 죽음에 의해서 결국은 허망한 것으로 드러날 것들에 지나지 않는 것임에도 불구하고 우리는 자신이 이미 모든 것을 성취한 것처럼 자만하는 경향이 있다는 것이다.

현존재가 죽음으로 선구함으로써 죽음이 일상적인 가능성들을 허망한 것으로 드러내는 '능가할 수 없는 가능성'으로서 개시된다는 것은, 평이하게 말하자면 현존재는 죽음의 가능성을 염두에 두면서 자신이 진정으로 무엇을 해야 할지를 알 수 있게 된다는 것이다. 현존재는 죽음으로 선구하면서 자신에게 무한한 시간이 주어져 있지 않다는 것을 깨닫게 되며, 이와 함께 자신이 집착해서는 안 되는 가능성들이 어떤 것들이고 자신이 진정으로 소중하게 생각해야 할 가능성이 어떤 것인지를 분명하게 깨닫게 되는 것이다. 이러한 사태를 하이데거는 죽음으로의 선구와 함께 현존재는 자신의 능가할 수 없는 가능성 앞에 펼쳐져 있는 현사실적 가능성들을 이해하고 선택할 수 있게 된다는 식으로 말하고 있다.

가장 독자적이고 무연관적이고 능가할 수 없는 가능성은 가장 확실한 가능성이다. 그런데 죽음이 이렇게 가장 확실한 가능성으로서 개시되는 것은 현존재가 죽음으로 선구하면서 그것을 자신의 가장 고유한 존재가능성으로서 인수할 때뿐이다. 현존재는 많은 죽음의 사례들을 접함으로써 죽음이 확실하다는 사실을 깨닫는 것은 아니다. 현존재가 죽음을 가장 확실한 가능성으로 확신하기 위해서 요구되는 것은, 많은 죽음의 사례들을 접하면서 사람들은 일반적으로 언젠가는 죽는다는 사실을 객관적으로 확인하는 인식행위가 아니라 죽음을 자신의 가장 고유한 가능성으로서 온몸으로 경험하는 것이다.

따라서 체험, 자아 및 의식과 같이 의식에게 직접적으로 주어져 있는 것들이 갖는 명증성 내지 확실성은, 죽음으로의 선구에 포함되어 있는 확실성에 필연적으로 뒤질 수밖에 없다. 그 까닭은 그렇게 의식에 직접적으로 주어진 것들에 대한 파악양식이 엄밀하지 않기 때문이 아니라, 그러한 파악양식은 죽음으로 선구하는 현존재를 참된 것으로서, 즉 개시된 것으로 간주할 수 없기 때문이다. 그것은 가장 고유하고 무연관적인 가능성으로서의 죽음은 의식에 의해서 직접적으로 반성될 수 있는 대상과 같은 것이 아니기 때문에 확실성을 갖지 않는다고 보는 것이다.

4. 죽음으로의 선구와 불안

무규정적이지만 확실한 죽음으로 선구하면서 현존재는 자신의 존재 자체에서 발원하는 부단한 위협에 대해 자신을 열어놓고 있다. 현존재의 가장 고유하고 단독자화된 존재로부터 솟아오르는 부단하고 단적인 위협을 개시할 수 있는 심정성은 불안이다. 현존재는 불안이라는 기분에서 자기 실존의 불가능성이라는 무(無)에 직면해 있다. 이러한 무는 현존재의 극한의 가능성으로서 죽음이다. 죽음으로의 선구는 현존재를 단적으로 단독자화하면서 현존재로 하여금 그 자신이 본래적인 전체 존재로서 존재하는 것을 가능하게 한다. 따라서 자신의 근거로부터 비롯되는 현존재의 이러한 자기 이해에는 불안이라는 근본 심정성이 속해 있다.

이에 대해서 일상의 세상 사람은 불안을 자신이 고려하는 존재자들에 대한 비겁한 두려움으로 대체한다. 다시 말해서 세상 사람은 죽음에 대한 불안을 존재자들에 대한 지배를 강화함으로서 극복하려고 하지만,

존재자들은 항상 자신의 뜻대로 움직이는 것은 아니기 때문에 세상 사람은 항상 존재자들에 대한 두려움을 갖고 있다. 그는 온갖 노력을 다해 이러한 두려움을 극복하려고 하지만, 두려움의 이러한 극복은 사실은 죽음에 대한 불안으로부터의 도피이다. 따라서 세상 사람은 두려움을 극복하는 것과 함께 사실은 불안에 대해 겁먹고 있음을 고백하고 있는 것이다.

죽음을 향한 본래적 존재가 갖는 성격을 하이데거는 다음과 같이 요약하고 있다. 죽음으로의 선구는 현존재가 '세상 사람으로서의 자기' 속에 상실되어 있음을 드러내면서 현존재를 세상 사람으로서의 자기로부터 끌어 낸다. 이와 함께 그것은 현존재를 자기 자신으로 존재할 수 있는 가능성 앞에 직면시킨다. 이 경우 현존재 자신이란, 세상 사람의 환상으로부터 해방된 정열적이고 현사실적이며 자기 자신을 확신하고 불안해하면서 '죽음을 향한 자유' 가운데 존재하는 자신이다.

5. 죽음으로의 선구는 과연 실존론적인 가능성을 넘어서 실존적인 가능성이 될 수 있는가?

죽음으로의 선구를 위와 같이 규정함으로써, 죽음을 향한 본래적 존재의 존재론적 가능성이 분명해졌다. 이와 함께 또한 현존재가 본래적 전체 존재로 살 수 있는 가능성도 분명하게 제시되었다. 그러나 이것은 하나의 존재론적 가능성일 뿐이다. 실존론적으로 가능한 이러한 죽음을 향한 존재는, 실존적으로는 여전히 하나의 무리한 공상적 요청에 불과한 것이다. 다시 밀해서 죽음으로의 선구가 존재론적으로는 가능하지만, 그것이 현존재의 실제적인 삶에서 수행될 수 있는지는 미지수다. 현존재가 본래적 전체 존재로 존재할 수 있는 가능성이 이론적으로는 제시되었다 하더라도 거기에 상응하는 실제적인 존재가능성이 현존재 자신으로부터 입증되지 않는 한, 그러한 존재론적인 가능성은 아무런 의미가 없다.

현존재는 현사실적으로 '죽음을 향한 존재' 속에 자기를 내던지고 있는가? 즉 죽음으로의 선구는 단순히 실존론적인 가능성일 뿐 아니라 현존재가 실제로 수행할 수 있는 사실적인 가능성인가? 현존재는 우선 대부분의 경우는 죽음에서 등을 돌리면서 죽음으로의 선구와는 정반대의 존재방식인 '죽음을 향한 비본래적인 존재'로 살고 있다. 따라서 죽음으로의 선구는 현존재가 머리로는 이해해도 실제로는 온몸으로 수행할 수 없는 것이 아닌가? 따라서 죽음으로의 선구는 하나의 공허한 가능성에 불과한 것이 아닌가?

실존론적 해석은 이러한 문제를 무시할 수 없다. 왜냐하면 그러한 해석은 현실에 뿌리를 두지 못하는 공허한 가능성에 의해서가 아니라 실존적이고 현사실적인 가능성에 입각해야 하기 때문이다. 즉 실존론적 해석은 실존적으로 우리가 이미 이해하고 있는 것, 다시 말해서 우리가 현사실적으로 체험하고 있는 현존재의 이해내용을 개념적으로 파악하는 것이어야 한다. 따라서 실존론적 해석은 죽음으로의 선구가 단순한 공허한 가능성이 아니라 모든 현존재 속에 잠재해 있는 실존적이고 현사실적인 가능성이라는 사실을 입증해야만 한다.

이와 관련하여 다음과 같은 물음이 제기된다. 현존재는 자신이 본래적으로 실존할 수 있다는 사실에 관한 증거를 자기의 가장 독자적 존재가능성으로부터 어느 정도까지 그리고 어떤 방식으로 제시하고 있는가? 그리고 이 경우 현존재는 본래적 실존을 실존적으로 가능한 것으로서 표명할 뿐 아니라 그렇게 본래적으로 실존할 것을 자기 자신에게 '요구하는' 식으로, 자신이 본래적으로 실존할 수 있다는 사실에 대한 증거를 제시하고 있는가?

현존재의 본래적 전체 존재와 그 전체 존재의 실존론적 구조에 대한 물음은, 이 물음이 현존재 자신에 의해 입증되는 현존재의 존재의 가능한 본래성에 의거할 때 비로소 현상적인 지반을 얻을 수 있다. 이러한 입증과 거기에서 입증된 것을 현상학적으로 드러내는 데 성공한다면, 다음과 같은 문제가 새롭게 제기된다. 이제까지는 존재론적 가능성에서만 기투되었던 죽음을 향한 선구가, 현사실적으로 입증된 본래적 존재가능성과 과연 본질적으로 연관되어 있는가 어떤가?

하이데거는 현존재가 본래적 실존으로 실존할 수 있다는 사실에 대한 증거를 제공하는 것은 양심이라고 보고 있다.

2장 본래적 존재가능의 현존재적 증언과 결의성

§54. 본래적 실존 가능성을 증언하는 문제

이 절에서 하이데거는 2장에서 다룰 내용을 대략적으로 소개하고 있다.

2장에서 탐구되고 있는 것은 죽음으로 선구하면서 현존재가 자신의 본래적 존재가능성을 구현한다는 것이 단순히 실존론적 가능성에 그치지 않고 현존재의 실제적인 삶에서 이루어질 수 있는지이다. 하이데거는 이는 현존재의 실제 삶에서 현존재 자신에 의해 그의 '본래적 존재가능성'이 증언되고 있기 때문에 가능하다고 본다. 하이데거는 이렇게 현존재의 실제적 삶에서 현존재에게 그의 '본래적 존재가능성'을 증언하는 소리를 양심의 소리라고 부르고 있다. 양심의 소리는 현존재에게 그의 '본래적인 존재가능성'을 증언하면서, 현존재가 본래적 '자기'를 깨닫게 한다.

현존재는 대부분의 경우는 나 자신이 아니라 '세상 사람으로서의 자기'이고 본래적 자기 존재는 이러한 세상 사람의 실존적 변양으로서 규정되었지만, 이러한 변양은 이제 실존론적으로 규정되어야만 한다.

세상 사람 속에 자기를 상실한 채로 존재할 경우 현존재의 가장 가까운

현사실적 존재가능성들, 다시 말해서 현존재가 고려하면서 배려하는 세계-내-존재의 여러 과제, 규칙, 규준, 절박성 및 활동범위 등은 이미 결정되어 있다. 세상 사람은 자신의 존재가능성을 자유롭게 선택하는 부담에서 현존재를 벗어나게 한다. 이 경우 세상 사람은 '그 누구도 아닌 것'인바, 현존재는 '그 누구도 아닌 것'에 의해 끌려감으로써 비본래성 속에 빠진다. 이러한 상태에서 벗어나기 위해서 현존재가 할 수 있는 것은 세상 사람 속에 상실된 자기를 자기 자신에게로 되돌려오는 것뿐이다.

세상 사람으로부터 '자기를 되돌려오는 것', 즉 세상 사람으로서의 자기를 본래적 자기로 실존적으로 변양하는 것은 세상 사람으로서의 현존재가 하지 못했던 선택을 만회하는 것으로서 수행되지 않으면 안 된다. '선택을 만회한다'는 것을 하이데거는 '선택을 선택한다'고도 말하고 있다. '선택을 선택한다'는 것은 현존재는 선택할 수 있는 존재이지만 세상 사람으로서의 자기로 존재하는 현존재는 진정한 의미에서 선택한 적이 없기 때문이다. 그것은 세상 사람에 의해서 주어진 가능성들을 자신의 가능성으로서 무비판적으로 수용했을 뿐이다. 따라서 죽음으로 선구하는 가능성에서 현존재는 자신의 고유한 가능성을 선택하지만, 그것은 또한 '선택을 선택했다'고도 말할 수 있는 것이다.

어떻든 선택의 만회란 자신의 선택을 더 이상 세상 사람에게 맡기지 않고 자신이 수행하는 것, 즉 고유한 자기로부터 자신의 본래적인 존재가능성을 향해 결단하는 것을 의미한다. 그러나 현존재는 세상 사람 속에 상실되어 있기 때문에 그러한 결단 이전에 먼저 자신을 발견해야만 한다. 그리고 현존재가 자기를 발견하기 위해서는 자신의 가능한 본래성에 있어서 자기 자신에게 이미 '제시되어' 있어야만 한다. 즉 현존재는 본래적인 존재가능성에 대한 증언을 필요로 한다. 그렇게 현존재의 본래적인 존재가능성을 증언하는 것은, 현존재의 일상적 자기 해석에게 양심의 소리라고 알려져 있는 것이다.

하이데거는 양심이라는 현상을 순수하게 실존론적으로 탐구한다. 양심에 대한 이러한 존재론적 분석은 양심체험에 대한 심리학적 기술 및 분류와는 무관하며, 마찬가지로 양심이란 현상을 해소하는 것에 지나지 않는 생물학적 설명과도 무관하다. 더 나아가 이러한 분석은 양심을 신학적으로 해석하거나 더욱이 신의 존재를 증명하기 위해서 양심이라는 현상을 원용하는 것과는 무관하다.

양심은 현존재의 현상이지 객관적으로 출현하는 눈앞의 사실과 같은 것이 결코 아니다. 양심의 사실성과 그 소리의 정당성에 대한 증명으로서 감각적이고 귀납적인 경험에 입각한 증명을 요구하는 것은 양심이란 현상을 존재론적으로 전도(顚倒)하는 것이다. 아울러 양심은 '일시적으로 출현하는 사실일 뿐 일반적으로 확인된 사실이 아니고 확인될 수 있는 사실도 아니다'고 비판하는 것도 모두 양심이란 현상을 전도하는 것이다. 양심은 그런 식으로 증명될 수 있는 것도 아니고 또한 반증될 수 있는 것도 아니다. 그러나 이는 양심이라는 현상의 결함이 아니라 양심이 주위세계에 존재하는 눈앞의 사물들과는 존재론적으로 완전히 다른 종류의 것이라는 사실을 가리킬 뿐이다.

양심은 부름(Ruf)이라는 성격을 갖는다. 부름은 말의 한 양상이다. 양심의 부름은 현존재를 그의 가장 고유한 존재가능성으로 불러낸다는 성격을 가지고 있으며, 그렇게 불러내면서 현존재로 하여금 가장 고유한 책임 있음(Schuldigsein)을 짊어지도록 호소한다. 그러면 양심은 어떤 의미에서 현존재의 본래적 존재가능성을 입증하는 것인가?

양심의 부름에는 '들음'이 상응한다. 이러한 들음이란 현존재가 양심의 부름에 귀를 기울이면서 그것을 이해한다는 것이며, 이는 그가 양심을 가지려고 의지한다(Gewissenhabenwollen)는 것을 의미한다. 이러한 현상, 즉 양심을 가지려는 의지에는 자신의 존재가능성을 스스로 선택한다는 것이 포함되어 있다. 하이데거는 이를 결의성(決意性)이라고 부르고 있다.

이로써 이 2장에서 행해질 양심에 대한 분석은 다음과 같이 나뉜다. 양심의 실존론적·존재론적 기초(§55), 양심의 부름이 갖는 성격(§56), 마음씀의 부름으로서의 양심(§57), 불러냄의 이해와 책임(§58), 양심의 실존론적 해석과 통속적 양심 해석(§59), 양심 속에서 증거된 본래적 존재가능성의 실존론적 구조(§60).

§55. 양심의 실존론적·존재론적 기초

양심은 개시한다. 따라서 양심은 현존재의 존재를 개시성으로서 구성하는 실존론적 현상들에 속한다.

현존재가 자신의 가능성을 스스로 선택하지 않고 세상 사람으로부터 제시받을 수 있는 것은 현존재가 공동존재로서 다른 사람의 말에 귀를 기울일 수 있기 때문이다. 현존재는 세상 사람의 공공성과 그 빈말 속에 자신을 상실한 채 세상 사람으로서의 자기의 말에 귀를 기울이면서 고유한 자기를 넘겨듣는다(überhören). 이러한 고유한 자기를 발견하려면 세상 사람의 말에 귀가 쏠리지 않도록 하는 어떤 들음의 가능성이 현존재 자신에 의해 주어지지 않으면 안 된다.

양심의 부름은 세상 사람의 말에 귀를 기울이는 것과는 모든 점에서 반대되는 어떤 들음을 환기하면서 현존재가 세상 사람의 말에 귀를 기울이는 것을 중단시킨다. 세상 사람의 말에 귀를 기울이는 것이 호기심을 불러일으키는 빈말의 애매한 소음에 의해서 현혹되어 있다면, 양심의 부름은 호기심 거리를 제공하지 않으면서 소리 없이 애매하지 않게 현존재를 불러야 한다. 그렇게 부르면서 현존재에게 그것의 가장 고유한 존재가능성을 개시하는 것이 양심이다.

양심의 부름도 개시성을 구성하는 하나의 계기인 말의 한 양상이다. 그것은 이해 가능한 내용을 분절하면서 분명히 한다. 양심을 부름이라고 규정할 경우 그것은 단순한 비유가 아니다. 우리가 간과해서는 안될 것은, 말이라는 현상에서는 소리 내서 말하는 것이 본질적인 것이 아니라는 사실이다. 소리를 동반하는 모든 언표는 이미 '말'을 전제하고 있다. 양심은 보통 우리가 어떤 도덕적 규범이나 법적인 규범을 어겼을 때 그러한 사실을 일깨워주는 내면의 소리로 알려져 있다. 이렇게 양심에 대한 일상적 해석도 양심의 소리라는 현상을 인정하고 있지만, 이 경우에도 그것이 염두에 두고 있는 것은 어떤 소리냄이 아니라 양심이란 현상이 '개시한다'는 성격을 갖고 있다는 것이다. 그리고 양심의 부름이 갖는 개시성에는 충격의 계기, 즉 세상 사람의 말에 귀를 기울이는 것을 중단시키면서 현존재를 흔들어 일깨우는 계기가 있다. 현존재는 먼 곳(die Ferne)으로부터 먼 곳으로 불린다. 다시 말해서 양심의 소리는 현존재를 세상 사람의 지배에서 벗어난 먼 곳으로부터 그 먼 곳에 존재하는 본래적 자기를 향해서 부르는 것이다.

하이데거는 양심이란 현상을 이와 같이 현존재의 개시성을 구성하는 계기 중의 하나인 '말'로부터 고찰함으로써, 양심을 심적 능력들 중의 어느 하나, 즉 지성이나 의지 또는 감정에 환원시키거나 이것들의 혼합물이라고 설명하는 것과는 다른 길을 취하고 있다. 하이데거는 우리가 양심이라는 현상에 직면하게 되면, 지성, 의지, 감정으로 분류되는 심적인 능력이라든가 인격적 작용에 의거하는 분석틀이 존재론적·인간학적으로 불충분하다는 사실을 곧바로 깨닫게 된다고 말하고 있다.

§56. 양심의 부름이 갖는 성격

말은 어떤 것을 일정한 관점에서 해명한다는 성격을 갖는다. 그리고 말은 언급되는 사태로부터 '자신의 내용'을 길어내며, '말의 내용'은 언표에 의해서 다른 사람들에게 전달된다.

양심의 부름은 세상 사람으로서의 자기를 향하며 그때 그러한 세상 사람으로서의 자기는 고유한 자기를 향해서 부름을 받는다. 그러나 양심의 말에서 말해지는 내용은 무엇인가? 양심의 부름은 '부름받는 자'에게 무엇을 말하는가? 엄격하게 말하면 그것은 아무것도 말하지 않는다. 양심의 부름은 세계의 사건에 관한 어떠한 정보도 주지 않으며 이야기할 어떤 것도 갖지 않는다. 현존재는 양심의 부름을 통해 자기 자신을 향해, 즉 자신의 가장 고유한 존재가능성을 향해 불려 세워질 뿐이다.

양심은 침묵하면서 말한다. 그러나 양심의 부름은 이렇게 아무런 소리도 수반하지 않으면서도 불명료하지 않다. 양심의 부름이 개시하는 것은 애매하지 않고 분명하다. 부름의 내용이 외관상으로는 무규정적인 것으로 보여도 그 부름은 확실한 타격방향(Einschlagsrichtung)을 갖고 있다. 양심의 부름은 '부름이 향하는 자'를 새삼 더듬어 찾을 필요도 없으며 그 자가 자신이 지목하고 있던 자인지 아닌지를 표시해 둘 필요도 없다. 양심의 부름에서 '착오'는, 부름이 잘못되어서 생기는 것이 아니라 부름을 듣는 방식에서 생긴다. 즉 그러한 착오는 양심의 부름이 본래적으로 이해되지 않고 세상 사람으로서의 자기에 의해 타협적으로 해석되면서 부름의 본래적 개시경향이 전도되기 때문에 생기는 것이다.

그런데 양심의 부름에 의해서 부름받는 자가 세상 사람으로서의 자기라면 부르는 자는 누구인가? 그리고 부름받는 자는 부르는 자에 대해 어떤 태도를 취하는가?

§57. 마음씀의 부름으로서의 양심

1. '내 안에서부터 오지만 나를 넘어서 오는 소리'로서의 양심의 소리

양심은 현존재의 고유한 자기를 세상 사람 속으로의 자기 상실로부터 불러낸다. 이 경우 불리는 고유한 자기가 '무엇인가' 하는 점은 어디까지나 무규정적이고 공허한 것으로 남아 있다. 그럼에도 이러한 '고유한 자기'는 다른 것과 혼동되는 일 없이 분명하게 양심에 의해서 불린다. 불리는 자와 부르는 자 특유의 무규정성과 규정 불가능성은 아무것도 아닌 것이 아니라 적극적으로 특별한 어떤 것이다. 그러한 무규정성과 규정 불가능성은 불리는 자도 부르는 자도 세상 사람으로서의 자기가 자신을 이해하는 실마리로 삼는 지위나 신분 등과는 전적으로 무관한 것이라는 것을 의미한다.

현존재는 양심에서 자기 자신을 부른다. 그러나 현존재가 '부르는 자이면서 동시에 불리는 자이다'라는 대답은 존재론적으로는 결코 만족스럽지 못하다. 도대체 불리는 자로서의 현존재는 부르는 자로서의 현존재와는 다르게 존재하는 것이 아닌가? 가장 고유한 자기로 존재할 수 있는 가능성이 부르는 자로서 기능하고 있는가?

양심의 부름은 물론 '우리 자신에 의해' 계획되지도 않고 준비되지도 않으며 의도적으로 수행되지도 않는다. 우리의 기대와 의지와는 전혀 상관없이 '그것'(Es)이 부른다. 그렇다고 해서 양심이 부르는 소리는 '다른 사람'에게서 오는 것도 아니다. 그것은 내 안에서부터 오지만 나를 넘어서 온다.

양심의 부름이 갖는 이러한 성격은 양심의 소리를 '현존재 안으로 침입해 오는 낯선 힘'으로 해석하기 위한 단서로 받아들여지고, 따라서 사람들은 그러한 힘의 소유자로서 신을 상정하기도 한다. 또는 이와 반대로 사람들은 양심이란 현상을 생물학적으로 설명하려고 한다. 그러나 이 두 종류의 해석은 모두 현상적 사실을 무시하고 있다. 그것들은 다음과 같은 선입견, 즉 '존재하는 것, 즉 양심의 부름처럼 그렇게 사실적으로 존재하는 것은 눈앞의 사물처럼 존재하지 않으면 안 된다'고 보면서 '눈앞에 존재하는 것으로서 객관적으로 입증될 수 없는 것은 존재할 수 없다'는 존재론적인 선입견에 근거해 있다.

2. 마음씀의 부름으로서의 양심의 소리

하이데거는 양심의 소리에서 '부르는 자'의 존재양식을 제대로 해석하기 위해서는 현존재의 실존론적 구조를 실마리로 삼아야 한다고 본다. 현존재가 현사실적으로 존재한다는 사실은, 그 존재의 근거는 은폐되어 있다고 하더라도 현존재에게 개시되어 있다. 현존재의 내던져져 있음은 현존재의 개시성을 형성하는 그때마다의 심정성에서 명확하게든 불명확하게든 드러나 있는 것이다. 이러한 심정성은 현존재를 그가 내던져진 채로 존재하며 실존적 존재로서 자신의 존재가능성을 기투하지 않으면 안 된다는 사실 앞에 직면시킨다.

그러나 우선 대부분의 경우 현존재는 그러한 사실에 직면해서 세상 사람으로서의 자기의 안이함 속으로 도피한다. 이러한 도피를 하이데거는 단독자화된 세계-내-존재를 근본적으로 규정하는 '섬뜩함'에 직면해서 거기로부터 도피하는 것이라고 특징지은 바 있다. 이러한 섬뜩함은 불안이라는 근본심정성에서 현존재가 경험하는 것이다. 불안 속에서 현존재는 세계의 무(無) 앞에 직면하게 되며, 이 세계의 무 앞에서 현존재는 자신의 가장 고유한 존재가능성에 대해서 불안해한다. **불안이라는 기분 속에서 섬뜩함을 느끼는 현존재가 양심의 부름에 있어서 부르는 자이다.**

이러한 양심의 부름에서 부르는 자가 누구인지는 어떤 사람이 누구인지를 규정하는 '세간적인' 방식에 의해서는 규정될 수 없다. 즉 양심의 부름에서 부르는 자는 사회적인 신분이나 계층 또는 돈의 소유 혹은 도덕적·인격적 수준 등에 의해서 규정될 수 없다. 부르는 자는 세계의 무 앞에 직면하여 섬뜩하게 느끼고 있는 세계-내-존재 자체이다. 따라서 부르는 자는 일상적인 세상 사람으로서의 자기에게는 친숙하지 않은 낯선 소리(eine fremde Stimme)와 같은 어떤 것이다. 일상적인 세계의 다양한 일들에 빠져 자기를 상실하고 있는 세상 사람에게, 섬뜩함 속에서 자기를 향해서 단독자화되어 무(無) 속으로 내던져진 자기보다 더 낯선 것은 없다.

그런데 현존재는 자기의 내던져져 있음의 이 섬뜩함으로부터 무엇을 알리려고 하는가? 그것은 불안 속에서 개시된 자기 자신의 고유한 존재가능성이다. 그러한 양심의 부름은 섬뜩한 침묵의 방식으로 말한다. 그것이 이렇게 침묵의 방식으로 말하는 것은 그것이 현존재를 세상 사람의 빈말로부터 끌어내서 현존재 자신의 고유한 존재가능성의 침묵 속으로 불러들이기 때문이다.

불안이라는 기분에 싸여 있는 양심의 부름이 현존재로 하여금 자신의 가장 고유한 존재가능성을 향해 자기 자신을 기투하도록 한다. 따라서 실존론적으로 이해된 양심의 부름이 처음으로 고지하는 것은, 불안이라는 기분을 분석할 때 단순히 주장되기만 했던 것, 즉 '현존재가 불안 속에서 느끼는 섬뜩함이 현존재를 뒤쫓으면서 세상 사람 속에서 자신을 망각하고 상실하는 것을 위협한다'는 것이다.

이와 함께 양심은 현존재의 존재인 마음씀의 부름이라는 사실이 명백해졌다. '부르는 자'는, 내던져져 있음(⋯⋯ 내에 이미 있음) 속에서 자신의 가장 고유한 존재가능성 때문에 불안해하고 있는 현존재이다. '불리는 자'는 자신의 가장 고유한 존재가능성(자신을 앞질러 있음 ……)을 향해 불리는 바로 그 현존재이다. 현존재는 이렇게 불리어짐으로써 '세상 사람 속으로의 퇴락'(세계 내부적인 존재자들에 몰입해 있음)으로부터 불리어진다. 따라서 양심의 존재론적 가능성은 '현존재는 그의 존재의 근거에 있어서 마음씀이다'라는 사실에 존재한다.

그럼에도, 양심을 마음씀의 부름으로 보는 이제까지의 해석에 대해 사람들은 이렇게 반문할 것이다. 양심이란 현상에 대한 일상적인 경험으로부터 그렇게 동떨어진 해석이 과연 사태에 부합되는가? 양심은 우선 대부분의 경우는 질책(叱責)과 경고의 성격을 가질 뿐인데, 어떻게 해서 양심이 현존재를 그의 가장 독자적 존재가능성을 향해 불러 세우는 것으로 기능하는가? 양심은 가장 고유한 존재가능성에 대해서 무규정적으로 공허하게 말하는 것이 아니라 도리어 어떤 과오에 관해서 규정적이고 구체적으로 말하는 것이 아닌가? 여기서 문제가 되고 있는 양심의 불러냄은 가책받는 양심에서 비롯되는가 아니면 떳떳한 양심에서 비롯되는가? 양심은 적극적으로 어떤 것을 제시하는가 아니면 비판하는 데 그치는 것인가?

하이데거는 이러한 이의들은 양심에 대한 특정한 이해를 전제하고 있는바 이러한 이해를 통속적 양심이해라고 본다. 하이데거는 그러한 이의들은 그것들이 비판하는 하이데거 자신의 양심분석이 아직 목표에 도달하고 있지 않는 한 너무 빨리 제기된 셈이라고 말하고 있다. 하이데거가 지금까지 해온 것은 양심을 현존재의 현상으로 보면서 현존재의 존재구조인 마음씀으로부터 해석하는 것이었다. 그리고 그것은 양심이 현존재의 가장 고유한 존재가능성에 대한 증언이라는 사실을 밝히기 위한 준비의 성격을 갖는 것이었다.

그러나 '양심이 부르는 소리에 진정으로 귀를 기울이는 것'이 어떤 성격을 갖는지가 명료하게 밝혀질 때에야 비로소 양심이 증언하는 것은 완전히 규정되게 된다. 부름에 귀를 기울이는 본래적 이해는 양심이라는 현상에 덧붙여지는 어떤 부가물(附加物)이 아니다. 양심에 대한 완전한 체험은 양심의 불러냄에 대한 귀 기울임, 즉 그것에 대한 이해까지 포함하는 것이다. 따라서 불러냄에 귀를 기울이는 이해를 분석함으로써 우리는 마침내 양심의 부름은 현존재에게 무엇을 개시하고 이해하게 하는가를 분명하게 파악할 수 있게 된다.

양심을 이상과 같이 존재론적으로 파악함으로써 비로소 현존재가 양심의 부름을 경청하면서 느끼게 되는 '책임 있음'을 실존론적으로 파악할 가능성이 주어진다. 모든 종류의 양심경험과 양심해석은, 양심의 소리가 어떻게든 책임에 관해 말한다는 사실을 인정하고 있다는 점에서는 일치한다.

§58. 불러냄의 이해와 책임

현존재가 양심의 소리에 귀를 기울이면서 느끼고 있는 '책임'(Schuld)은 법률적·도덕적 차원의 책임, 즉 어떤 법규나 도덕규범을 위반한 것에 대한 책임이 아니라 이러한 책임의 존재론적·실존론적 근거를 가리킨다. 법적·도덕적 책임은 실존론적인 책임의 파생태이다. 하이데거가 말하는 '책임'은 각자적인 현존재가 '비'(非, Nicht)에 의해 규정된다는 사실을 가리키고 있다. 이 절(§58) 후반에서 보겠지만 하이데거는 현존재의 존재 자체 속에 포함되어 있는 '비성'(非性)을 현존재의 구성계기인 '내던져져 있음', '실존', '퇴락'의 각각에서 확인하고 있다. '책임'은 그것들에서 연유한다.

1. 양심의 부름에 대한 본래적인 이해에서 이해되고 있는 것
: 현존재의 책임 있음

세상 사람의 말이 양심의 부름의 의미를 왜곡하는 일이 적으면 적을수록, 양심의 부름을 들으면서 이해하는 것은 그만큼 더 본래적인 것이 된다. 그러면 양심의 부름에 대한 이러한 본래적인 이해는 본질적으로 무엇을 이해하는 것인가?

이러한 물음에 대한 답을 하이데거는 이미 다음과 같은 테제와 함께 시사한 바 있다. 양심의 부름은 불안이라는 기분 속에서 현존재가 경험하는 섬뜩함에서 비롯되는 부름으로서, 현존재로 하여금 자신의 고유한 존재가능성을 향해 앞으로 나아가도록 지시한다. 현존재는 불안이라는 기분 속에서 기존의 가능성들의 붕괴를 경험하면서 자신의 고유한 존재가능성을 기투하도록 내던져지는 것이다. 다시 말해서 양심의 부름은 우리가 우리 자신의 고유한 존재가능성에 책임이 있다는 사실을 개시한다.

양심의 부름은 어떠한 이상적·보편적 존재가능성도 제시하지 않는다. 그것은 각각의 현존재를 단독자화된 현존재로 개시한다. 양심의 부름이 갖는 개시성격은 우리가 그것을 '현존재를 자신의 고유한 가능성으로 불러내면서 불러들임'으로서 이해할 때 비로소 완전히 규정된다. 그리고 그렇게 파악된 부름에 입각할 경우에야 비로소 부름이 현존재에게 개시하고 이해하게 하는 '책임 있음'이 무엇을 의미하는지가 밝혀질 수 있다.

2. 통상적인 양심경험에서의 '책임 있음'과 '책임 있음'의 실존론적 개념

양심의 부름이 현존재에게 개시하는 '책임 있음'의 본질에 대한 분석을 시작하기 전에, 하이데거는 양심의 부름이 말하는 '책임 있음'이 무엇을 의미하는지를 밝히기 위해서는 통상적인 양심경험에서 들려지거나 무시되는 것을 제시하는 것으로 충분하지 않을까 하는 물음을 던지고 있다. 즉 모든 통상적인 양심경험에서 양심의 부름은 현존재를 죄가 있다고 선고하기도 하고, 양심이 경고하는 경우처럼 죄를 짓게 될 것이라고 시사하기도 하며, 또는 양심에 떳떳한 일을 했기 때문에 어떤 죄도 의식할 필요가 없다는 것을 확증해 주기도 한다. 이러한 사실들에 대한 지적만으로 이미 양심의 부름이 말하는 '책임 있음'이 무엇인가가 분명해지지 않았는가라고 하이데거는 물음을 던지고 있는 것이다.

그러나 하이데거는 모든 통속적인 양심경험에서 이렇게 하나같이 경험되고 있는 책임 있음이라는 것이 양심에 대한 경험들과 해석들에 의해 서로 전혀 다르게 파악되고 있다는 사실을 지적하고 있다. 예를 들어 양심에 대한 생물학적 해석이나 신학적 해석에서 '책임 있음'은 각각 다르게 파악되고 있다. 더 나아가 하이데거는 그러한 통속적인 양심경험에서 설령 이러한 '책임 있음'의 의미가 동일하게 이해되고 있다고 하더라도 '책임 있음'의 실존론적 개념은 여전히 불투명한 채로 남아 있다고 말하고 있다.

3. '다른 사람에게 어떤 결핍을 야기하는 근거로 존재함'으로서의 통상적인 의미의 책임 있음

현존재가 자기 자신이 책임 있다고 말할 경우 그러한 책임이 무엇을 의미하는지는 현존재의 존재인 마음씀에 대한 해석에 입각하여 파악되어야 한다.

그런데 일반적으로 책임의 본질에 관한 이해가 가능하다면 이러한 이해의 가능성은 현존재에게 이미 주어져 있어야만 한다. 그러면 책임이란 현상을 드러내는 데 실마리로 삼을 수 있는 것은 무엇인가? 책임, 양심, 죽음과 같은 현상들에 관한 모든 존재론적 탐구는, 일상적 현존재 해석이 그것들에 관해 말하는 것을 실마리로 삼아야만 한다. 일상적 현존재 해석은 사태의 본질을 적중하지는 못하더라도 그 현상의 근원적 이념에 대한 어떤 지시를 함께 포함하고 있는 것이다.

하이데거에 따르면 '책임 있음'은 일상적으로는 다음과 같이 이해되고 있다. 참고로 말하자면 책임 있음에 해당하는 독일어 Schuldig-sein에서 'Schuld'는 빚이라는 의미도 포함하고 있다.

① 빚을 청산하지 못한 것

② 어떤 일을 야기한 장본인이라는 것

③ 첫째 요소와 둘째 요소가 결합되어서 처벌을 받아야 할 존재가 된다는 것

④ 다른 사람에게 어떤 결핍을 야기하는 원인이 된다는 것

일상적인 이해는 책임 있음을 첫째로 '빚을 지고 있다', '누구에게 무엇을 빌린 상태다'라는 의미로 받아들인다. 사람들은 다른 사람이 청구권을 갖고 있는 것을 그에게 돌려 주어야만 한다. 이렇게 '빚을 지고 있다'는 의미의 '책임 있음'은 '조달한다', '가져온다' 등과 마찬가지로 고려에 속한다. 따라서 '빚을 지고 있다'는 의미의 책임 있음은 고려될 수 있는 존재자에 관련되어 있다.

다음으로 일상적인 이해에서 '책임 있음'은 '……에 책임 있다', 즉 '어떤 것의 원인이다, 어떤 일을 야기한 장본인이다, 또는 어떤 것의 요인이다'라는 더 넓은 의미를 가지고 있다. 이렇게 넓은 의미에서는 사람들은 다른 사람에게 어떤 것을 빚지지 않고서도 책임이 있을 수 있다. 반대

로 사람들은 어떤 것에 대해 책임이 없으면서도 빚을 질 수 있다. 즉 어떤 사람은 자신이 빚을 직접 지지 않았으면서도 다른 사람을 위해서 보증을 섰기 때문에 빚을 질 수 있는 것이다.

'책임 있음'의 두 가지 통속적 의미, 즉 '어떤 사람에게 빚이 있다'와 '무엇에 대해 책임이 있다'는 서로 결합되어서 '죄를 짓는다'가 될 수 있다. 이것은 '빚을 진' 데 대해 책임이 있기 때문에 법을 위반한 대가로 처벌을 받아야 할 존재가 된다는 것이다. '타인에게 죄를 짓고 있다'는 의미의 '책임 있음'이라는 형식적 개념은 '다른 사람에게 어떤 결핍(缺乏)을 야기하는 근거로 존재함'이다. 이 경우 다른 사람에게 결핍을 야기한다는 것은 다른 사람과의 공동존재에서 자신에게 요구되는 것을 만족시키지 '못하고 있다'는 것이다.

흔히 '도덕적 책임이 부과되어 있다'는 것이 현존재의 한 특성이라고 파악한다고 해도 이것만으로는 '책임이 있음'이라는 현상이 분명하게 되지 않는다. '도덕적으로 책임이 있음'이라는 현상 자체가 그동안 존재론적으로 해명되어 있지 않았기 때문에, 그러한 현상은 주로 '처벌받을 만하다'든지 또는 '누구에게 빚이 있다'라는 것을 실마리로 하여 해석되었다. 이 경우에 '도덕적으로 책임이 있음'이라는 현상은 '대가를 치름으로써 자신에게 요구되는 것을 청산해야 한다'는 의미에서 고려의 영역 안으로 포함되고 만다.

'빚을 지고 있다' 또는 '법을 위반하다'와 반드시 관련되어 있지 않은 책임 현상, 즉 도덕적인 책임 현상에 대한 해명은, 오히려 '책임 있음'이라는 이념이 현존재의 존재양식에 근거해서 근본적으로 파악될 경우에만 제대로 이루어질 수 있다. 이를 위해서는 '책임 있음'이라는 이념이, 다른 사람들과의 공동존재 속에서 존재자들을 고려하는 것과 관련된 통속적인 책임 현상을 넘어서는 것으로 파악되어야만 한다. 즉 책임의 이

넘은 '빚을 갚아야 한다'는 고려의 영역뿐 아니라 어떤 당위나 법규를 위반함으로써 책임을 지게 되는 것의 영역을 넘어서는 것으로 간주되어야 한다. 왜냐하면 후자의 경우에도 '책임 있음'이라는 현상은 여전히 결여로서, 즉 '있어야 하고 있을 수 있는 어떤 것'의 결여라는 식으로 규정되어 있기 때문이다.

그러나 그러한 결여는 어떤 것이 '눈앞에 존재하지 않음'을 의미한다. 결여 내지 결핍, 즉 '마땅히 있어야 할 것이 눈앞에 존재하지 않음'은 눈앞에 존재하는 사물들에 속하는 존재규정이다. 이러한 의미에서는 실존에는 본질상 아무것도 결여되어 있을 수 없다. 이는 실존이 완전무결한 존재라서가 아니라 그것의 존재성격이 눈앞에 존재하는 사물들의 존재성격과는 전적으로 다르기 때문이다.

4. '책임 있음'의 형식적 실존론적 이념: '비성(非性)의 근거존재'

책임 있음의 일상적인 이해에 대한 이상의 분석에 입각하여 하이데거는 '책임 있음'의 형식적 실존론적 이념을 다음과 같이 규정한다. '책임 있음'은 '비'(非)에 의해 규정되는 존재의 '근거이다.' 즉 어떤 '비성(非性)의 근거존재(Grundsein einer Nichtigkeit)'이다. 이 경우 현존재는 눈앞의 사물이나 가치를 지닌 도구적인 사물들을 기준으로 해서 파악되어서는 안 되기 때문에, '어떤 결핍의 근거로 존재하는' 현존재 자체를 원죄 등을 갖는 '결여적인 존재'라고 그릇되게 파악할 수 있는 가능성도 사라진다. 어떤 요구를 '충속하지 못했다'고 하는 의미에서 현존재에 의해서 야기된 결여로부터 곧바로 그러한 결여의 근거가 되는 현존재 자체에 결함이 있다고 추론할 수는 없다.

'책임 있음'의 형식적 실존론적 이념에 해당하는 '비성의 근거로 존재함'은, 이것에 근거하면서 그것으로부터 발생하는 일상적인 의미의 결여와 동일한 비(非)의 성격을 가질 필요가 없다. 여기에는 다음과 같은 사태가 포함되어 있다. 즉 현존재의 '책임 있음'은 죄를 지은 결과가 아니라, 반대로 죄를 짓는 일이 현존재의 근원적인 '책임 있음'을 근거로 해서 비로소 가능하게 된다는 것이다. 이러한 근원적인 책임 있음이 현존재의 존재에서 제시될 수 있는가 그리고 그것은 실존론적으로 도대체 어떻게 가능한가?

5. 자신의 존재가능성을 기투하도록 내던져져 있다는 의미의 비성(非性)

현존재의 존재는 마음씀이다. 마음씀은 현사실성(내던져져짐), 실존(기투) 및 퇴락을 포함하고 있다.

하이데거는 비성이라는 것으로 현존재가 갖는 근본적인 한계, 즉 유한성을 가리키고 있다. 그리고 이러한 유한성을 하이데거는 내던져져짐으로 표현하고 있기 때문에 그는 현존재의 비성의 탐구를 현사실성(내던져져짐), 실존(기투) 및 퇴락 각각에 깃들어 있는 내던져져 있음의 성격을 드러내는 식으로 전개하고 있다. 먼저 하이데거는 현사실성(내던져져짐)에 존재하는 비성을 검토하고 있다.

현존재는 존재하는 한 자신의 존재를 문제 삼으면서 자신의 존재가능성을 기투하도록 내던져져 있다. 현존재에게 삶은 주어져 있는 것이 아니라 자신이 기투하는 가능성에 따라서 형성되어야만 하는 것이다. 그러나 현존재가 이렇게 자신의 삶을 자신이 기투한 가능성에 따라서 형성할 수밖에 없다는 것은 현존재에게 주어진 단적인 사실이다. 현존재는 자기가 자기의 존재의 근거로 존재해야 한다는 부담을 짊어지고 있으며 이러한 사실은 기분에서 드러난다. 특히 불안과 같은 기분이 엄습할 때, 우리가 그때까지 집착했던 세간적인 가능성들이 붕괴되면서 우리는 우리 자신의 가능성을 기투해야만 한다는 사실에 부담을 느끼게 되는 것이다.

현존재는 자신의 가능성을 기투하지만 이렇게 가능성을 기투해야만 한다는 사실은 자신이 선택할 수 있는 것이 아니다. 그는 자신의 가능성을 기투하도록 내던져져 있다. 이렇게 현존재가 실존으로서의 자신의 존재를 결코 마음대로 하지 못한다는 것, 이 '비'(못함)는 현사실성이라는 계기에 포함되어 있는 내던져져 있음의 성격이다. 자기 자신의 존재가능성을 스스로 기투해야 한다는 점에서 현존재는 자기 자신의 근거로 존재하면서도 그렇게 자신의 존재가능성을 기투하도록 내던져져 있다는 점에서 현존재는 자기 자신의 비성으로 존재한다.

6. 하나의 특정한 가능성만을 선택할 수밖에 없다는 의미의 비성

현존재는 자신의 가능성을 기투하지만 항상 하나의 특정한 가능성을 선택하면서 다른 가능성들은 단념할 수밖에 없다. 기투는 그때마다 '내던져진' 기투로서 근거 존재의 비성에 의해 규정되어 있을 뿐 아니라, 기투로서도 그 자신 본질적으로 비적이다. 이런 의미의 비성은, 현존재가 자기의 실존적 가능성들을 향해 열려 있다는 데, 즉 자유로운 존재라는 데 속한다. 그러나 자유란 하나의 가능성을 선택하는 데, 다시 말해 다른 가능성을 '선택하지 않았으며 선택할 수도 없다'는 사태를 짊어지는 데 있다.

7. 현존재는 우선 대부분의 경우에 퇴락 속에 존재한다는 의미의 비성

따라서 내던져져 있음도 기투도 본질적으로 비성의 성격을 갖고 있다. 이러한 비성이 우선 대부분의 경우 일상적인 세상 사람의 세계에 내던져진 채로 퇴락 속에 존재하는 '비'본래적 현존재의 비성을 가능하게 하는 근거이다. 현존재는 우선 대부분의 경우 자신의 존재가능성을 세상 사람의 공공적 해석에 따라서 기투한다.

8. 도덕적 책임을 비롯한 모든 현실적인 책임 있음의 실존론적 근거로서의 근원적인 책임 있음

이와 같이 현존재의 존재인 마음씀은 내던져진 기투로서 그 본질에 있어서 철저하게 비성에 의해 침투되어 있다. 그리고 책임 있음은 비성의 근거존재라는 형식적 실존론적 규정이 옳다면, 그렇게 비성에 의해서 철저하게 침투되어 있는 현존재는 '그 자체로서 책임 있는' 셈이다.

현존재의 실존론적 비성은 현존재가 자신이 내건 이상을 달성할 수 없기 때문에 생기는 '결여'나 '결핍'이라는 성격을 갖지 않는다. 현존재는 기투할 수 있고, 또 대부분의 경우는 달성하는 모든 것 이전에 이 존재자의 존재가 기투로서 이미 비적인 것이다. 따라서 이러한 비성은 현존재가 충분히 진보하면 제거할 수 있는 것과 같은 것이 아니다.

아울러 책임이라는 실존론적 현상을 파악하는 것은, '선의 결여'(privatio boni)로서의 악(malum)이라는 이념에 입각해서는 도저히 불가능하다. 대체로 선(bonum)도 결여(privatio)도 존재론적으로는 다같이 눈앞의 사물들에 대한 존재론에서 유래하는 것이며 눈앞의 사물들에게서 추상해 낸 가치의 이념 역시 그러한 존재론에 속한다.

마음씀을 자신의 존재로 갖는 현존재는 현실적 책임을 질 수 있을 뿐 아니라 자기 존재의 근거에 있어서 이미 책임이 있다. 그리고 이러한 책임 있음이, 현존재가 현실적으로 실존하면서 책임 있게 존재하는 것을 가능하게 하는 존재론적 조건이다. 이러한 본질적 책임 있음이야말로 도덕적인 선과 악, 즉 도덕성 일반과 현실적으로 가능한 도덕성의 형태들을 가능하게 하는 실존론적 조건이다. 근원적 책임 있음은 도덕성에 의해서 규정될 수 없는바, 후자는 이미 전자를 전제하고 있기 때문이다.

9. 현존재의 근원적인 책임 있음을 증거하는 경험으로서의 양심의 부름

그런데 책임은 책임의식이 깨어 있을 때만 존재하는가, 아니면 책임의식이 잠들어 있는 곳에서야말로 근원적 책임 있음이 고지되고 있는가? 하이데거는 이 후자가 옳다고 본다. 근원적 책임 있음이 우선 대부분의 경우는 개시되지 않은 채 현존재의 퇴락에 의해서 은폐되어 있다는 사실은 도리어 앞에서 상술한 비성을 드러낼 뿐이다. 책임 있음은 그것에 대한 모든 지식보다 훨씬 더 근원적이다. 그리고 현존재는 자기 존재의 근거에 있어서 책임이 있지만, 내던져져 퇴락한 채로 존재하는 자로서는 자신을 자기 자신에게 폐쇄하기 때문에 양심이란 현상이 가능하다. 양심의 부름은 이러한 책임 있음을 근본적으로 알아차리게 하는 것이다.

부름이란 마음씀의 부름이다. 책임 있음은 우리가 마음씀이라고 부르는 존재를 구성한다. 불안이라는 기분 속에서 우리가 경험하는 섬뜩함 속에서 현존재는 근원적으로 자기 자신에 직면하게 된다. 그러한 섬뜩함은 현존재를 자신의 왜곡되지 않은 비성 앞에 직면시키거니와 이러한 비성은 현존재의 가장 고유한 존재가능성에 속한다. 현존재가 마음씀으로서 자기 존재를 문제 삼으면서 존재하는 자인 한, 그는 섬뜩함 속에서 세상 사람으로서의 자기 자신을 자신의 가장 고유한 존재가능성을 향해 불러낸다.

양심이 부를 때 부르는 자는 무규정적이다. 그러나 무규정적인 그가 '어디에서' 부르는가 하는 그 출처는 양심의 '부름'과 관련하여 아무런 의미도 갖

지 않는 것이 아니다. 그것은 규정된 어떤 법규나 도덕적 규범이 아니다. 이 '어디에서', 즉 출처는 내던져져 있는 단독자화의 섬뜩함이며 그것은 양심의 부름에서 함께 개시된다. 이렇게 부름이 비롯되는 '어디에서'는 도로 불러들이는 '어디로'다. 불러냄은 앞으로 불러내면서 도로 불러들인다. 앞으로 불러낸다는 것은, 현존재를 자신의 가장 고유한 가능성으로 불러내는 것이며, 도로 불러들인다는 것은 세상 사람으로서의 자기를 '자신의 고유한 가능성을 스스로 기투하도록 이미 내던져져 있음' 안으로 불러들이는 것이다.

　양심은 현존재를 '앞으로 불러내면서 도로 불러들임'으로써 현존재에게 다음과 같은 사실을 개시하고 이해하게 한다. 즉 현존재는 자기의 비적 기투의 비적 근거로서 세상 사람 속의 자기 상실로부터 자신을 자기 자신으로 되돌려 가져와야만 한다는 것, 다시 말해 현존재에게는 책임이 있다는 것이다. 이 말을 해설하자면 현존재의 비적 기투라는 것은 현존재가 항상 어떤 특정한 가능성만을 기투하고 다른 것들은 배제할 수밖에 없다는 것이며, 비적 근거라는 것은 현존재는 그것의 존재에 있어서 자신의 근거를, 다시 말해서 자신의 존재가능성을 스스로 기투할 수밖에 없도록 던져져 있다는 것을 의미한다. 양심의 소리는 현존재로 하여금 세상 사람으로서의 자기로부터 벗어나 자신의 가장 고유한 가능성을 기투해야 한다는 사실, 현존재는 자신의 가장 고유한 가능성에 책임이 있다는 사실을 개시하는 것이다.

　이렇게 양심의 부름이 현존재를 책임 있음을 향해 불러 세운다는 것은 현존재를 자신의 고유한 존재가능성을 향해 앞으로 불러내는 것을 의미한다. 현존재는 비단 어떤 과실을 범했기 때문에 어떤 책임을 자기에게 지우는 것만은 아니다. 현존재는 마음씀을 존재로 갖는 존재자로서 이미 책임 있는 존재이다. 그렇다면 양심의 불러냄을 올바로 듣는다는 것은 자신의 가장 고유한 존재가능성에 있어서 자기를 이해하는 것, 즉 가장 고유한 본래적으로 '책임 있게 될 수 있음'을 향해 자기를 기투하는 것과 같다.

10. 양심을 가지려는 의지로서의 양심의 불러냄을 이해함

현존재가 양심이 부르는 소리에 귀를 기울이면서 이러한 가능성을 향해 '자신을 앞으로 불러낸다'는 것은, 부름을 향해서 현존재가 자유로워짐, 즉 '부름받을 수 있음'을 향한 용의(用意)를 자신 안에 가지고 있다는 것을 의미한다. 현존재는 양심의 부름을 이해하면서 자기의 가장 고유한 실존 가능성에 청종(聽從)하며 이와 함께 자기 자신을 선택한다. 이렇게 선택함으로써, 현존재는 세상 사람에게는 은폐되어 있는 자신의 가장 고유한 책임 있음을 인수한다.

세상 사람은 양심의 소리에 귀를 기울인다는 것을 공공적 규범에 따르는 것 정도로 생각한다. 그러한 규범에 저촉되는 행위에 대해서 세상 사람은 그것에 상응하는 대가를 치를 것을 요구한다. 세상 사람은 가장 고유한 책임 있음으로부터는 달아나면서도 어떤 사람의 과오를 따질 때는 그만큼 더 크게 목청을 돋운다. 그러나 근원적인 의미의 양심이 현존재를 자신의 가장 고유한 책임 있음을 향해 불러낼 때, 불러내지는 것은 세상 사람으로서의 자기이다.

그런데 양심의 부름을 이해한다는 것은 양심을 선택하는 것은 아니다. 양심은 현존재에게 항상 존재하기에 선택될 수 없기 때문이다. 현존재가 선택하는 것은 '양심의 소리에 귀 기울이는 것', 즉 가장 고유한 책임 있음을 향해 열려 있음이며, 하이데거는 이를 '양심을 가지려는 의지'라고 부른다. 즉 양심의 불러냄을 이해한다는 것은 '양심을 가지려는 의지'를 의미한다.

이렇게 '양심을 가지려는 의지'는 자신이 범한 어떤 현실적인 도덕적 혹은 법적 과오를 찾아내려고 하는 것이 아니다. '양심을 가지려는 의지'는 오히려 자신의 현실적인 과오들에 대해서 책임을 지는 것을 가능하게 하는 가장 근원적인 전제이다. 현존재는 양심의 부름에 귀를 기울이면서 '자신의 가장 고유한 자기가 자기 안에서 행위하게 한다'. 이러한 방식으로만 현존재는 진정한 의미에서 책임지는 존재일 수 있다.

그런데 설령 양심의 부름이 제공하는 정보가 아무것도 없다 하더라도 그것은 비판적인 것일 뿐 아니라 적극적인 것이다. 양심의 부름은 현존재의 가장 근원적 존재가능성을 '책임 있음'으로서 개시한다. 따라서 양심은 현존재의 존재에 속하는 하나의 증언, 즉 현존재 자신을 자신의 가장 고유한 존재가능성 앞으로 불러내는 증언이라는 것이 밝혀진다.

그러나 하이데거의 이러한 양심 해석에 대해서 사람들은 하이데거가 통속적인 양심 해석에게는 잘 알려져 있는 모든 사실들을 무시하고 현존재의 존재구조로부터 양심의 이념을 연역하고 있는 것은 아닌가라고 이의를 제기할지도 모른다. 이러한 이의를 염두에 두면서 하이데거는 다음 절에서는 이상에서 행해진 양심에 대한 존재론적 분석의 성과들과 일상적 양심경험의 연관을 분명하게 보여 주려고 한다.

§59. 양심의 실존론적 해석과 통속적 해석

1. 양심에 대한 통속적 해석이 양심의 실존론적 해석에 대해서 제기할 수 있는 이의

양심은 세계-내-존재의 섬뜩함에서 발해지는 마음씀의 부름이며, 이러한 부름은 현존재를 가장 고유한 책임 있음을 향해 불러낸다. 이러한 불러냄에 상응하는 이해는 '양심을 가지려는 의지'이다. 그런데 이러한 두 규정은 통속적 양심해석과 일치되지 않을 뿐 아니라 오히려 이것과 직접적으로 모순되는 것으로 보인다.

그러나 어떤 현상에 대한 존재론적 해석은 그것에 대한 통속적 해석과 반드시 일치해야 하는 것은 아니다. 현존재가 우선 대부분의 경우는 자신이 고려하는 존재자를 실마리로 하여 자신을 이해하고 자신의 행위를 모두 고려로서 해석한다면, 그것은 세상 사람의 일거리에 몰입하여 자신을 상실한 상태로부터 현존재를 되돌리려고 하는 양심의 부름을 퇴락의 방식으로 은폐하는 것이 된다. 일상성은 현존재를 고려되는, 즉 관리되고 계산되는 하나의 도구적인 존재자로 간주한다. '인생'은 이익이 되든 안 되든 하나의 '사업'으로 간주되는 것이다.

그럼에도 통속적 양심경험도 어쨌든 양심이란 현상에서——선(先)존재론적으로는——벗어난 것은 아니다. 여기에서 다음의 두 가지 결론이 따라 나온다. 첫째로 일상적 양심해석은 하이데거가 양심이란 현상에 대해서 행한 존재론적 분석이 '객관적인 것인지'를 평가할 수 있는 기준으로 간주될 수 없다. 둘째로 이러한 존재론적 분석은 일상적인 양심이해를 무시하고 이러한 이해에 근거한 인간학적·심리학적·신학적인 양심이론들을 묵살할 권리를 갖고 있지 않다는 것이다.

만일 양심이란 현상에 대한 실존론적 분석이 양심을 그것의 존재론적 뿌리에서부터 밝혀냈다면 바로 그러한 실존론적 분석으로부터 통속적 양심해석들이 이해되어야 하며, 무엇보다도 이러한 해석들이 양심이란 현상을 어떤 점에서 잘못 파악하고 있는지 그리고 왜 그것을 은폐했는지도 이해되어야 한다.

양심이 '현존재를 책임 있음을 향해 불러내는 것'이라 본 이상의 해석에 통속적 양심해석은 다음과 같은 네 가지 이의를 제기할 수 있다.

첫째로 양심은 본질적으로 비판적 기능을 갖는다.

둘째로 양심은 현존재가 이미 행했거나 의도하고 있는 일정한 행위에 대해서 발언한다.

셋째로 양심의 소리는 양심에 대한 일상적인 경험에 입각해서 보면 현존재의 존재와 깊은 연관성을 갖지 않는다.

넷째로 양심에 대한 하이데거의 실존론적 해석은 양심이란 현상이 나타나는 근본적인 형식들인 꺼림칙한 양심과 떳떳한 양심, 질책하는 양심과 경고하는 양심 등을 고려하지 않고 있다.

2. 네번째 이의, 즉 '양심에 대한 하이데거의 실존론적 해석은 양심이란 현상이 나타나는 근본적인 형식들인 꺼림칙한 양심과 떳떳한 양심, 질책하는 양심과 경고하는 양심 등을 고려하지 않고 있다는 이의'에 대한 검토

마지막으로 거론된 이의부터 하이데거는 검토하고 있다. 이는 통속적인 양심해석이 주로 주목하는 것은 꺼림칙하고 가책받는 양심이기 때문이다. 가책받는 양심은 현존재를 일차적으로는 꺼림칙하게 만든다. 그런데 통속적인 양심해석에서 이러한 '꺼림칙함'은 어떻게 이해되고 있는가? 일상적인 양심체험은 행위의 이행 또는 불이행에 뒤따라 나타난다. 양심의 소리는 어떤 규범을 위반하는 행위에 '뒤따라 오면서' 현존재가 그 행위에 책임을 질 것을 요구한다. 즉 일상적인 양심은 현존재에게 '책임이 있음'을 알려주지만, 그것은 현존재를 '자신의 가장 고유한 존재를 향해서 불러 세우는 것'으로서가 아니라 잘못한 행위를 '상기시키면서 현존재가 잘못했음을 지적하는 것'으로서 수행된다.

그러나 양심의 소리가 '뒤따라온다'는 사실은 양심의 부름이 근본적으로 '앞으로 불러내는 것'이라는 사실을 배제하는가? 오히려 실제적인 어떤 과오를 저지른 '후에' 경험하는 양심의 소리는 양심의 근원적인 부름에 귀를 기울이게 하는 유인에 불과한 것일 수 있다.

양심에 대한 통속적 해석에서 양심의 소리는 눈앞에 존재하는 일련의 체험들에 속하며 어떤 그릇된 행위에 뒤따라서 일어나는 어떤 것이다. 그러나 양심의 부름도, 일어난 행위도, 아울러 현존재가 짊어져야만하는 책임도 눈앞의 사물과 같은 성격을 가진 사건들이 아니다. 양심의 부름은 마음씀이라는 존재양식을 가지고 있다. 양심의 부름에서 현존재는 자기 자신을 앞질러 있고 동시에 자기의 내던져져 있음으로 되돌아간다. 현존재를 체험들의 계기연관(繼起聯關)으로서 간주할 경우에만, 우리는 양심의 소리를 어떤 잘못된 행위에 뒤따라오는 어떤 것, 따라서 필연적으로 그 행위를 소급 지시하는 것으로서 받아들이게 된다. **양심의 소리는 현존재에게 소급지시하면서 현존재를 돌이켜 부르는 것이기는 하지만, 그것은 일어난 행위를 소급 지시하는 것이 아니라 잘못된 모든 행위 이전에 존재하는 '내던져진 책임 있음'을 소급지시하면서 그것을 향해 돌이켜 부르는 것이다. 그러나 돌이켜 부름은 동시에 고유한 실존 속에서 포착되어야 할 것으로서의 책임 존재를 향해 앞으로 불러내는 것이다.**

따라서 본래적 실존적 책임 존재는 양심의 부름에 뒤따라가는 것이지 그 역은 아니다. 가책받는 양심은 사실은 현존재를 단지 질책하면서 어떤 잘못된 행위로 소급 지시하는 것이 아니라, 도리어 현존재를 앞을 향해 지시한다. 즉 그것은 현존재의 가장 고유한 가능성을 향해 지시한다. 동시에 그것은 현존재를 내던져져 있음 속으로, 즉 그러한 가능성을 기투히도록 내던져서 있음 속으로 돌이켜 부른다. 현존재는 경과하는 체험들의 계기(繼起)로서 존재하는 것이 아닌 것이다.

가책받는 양심에 대한 통속적인 규정이 근원적 현상에 미치지 못한다면, 떳떳한 양심에 대한 통속적인 규정도 마찬가지다. 가책받는 양심이 현존재의 악함을 알려 준다면, 떳떳한 양심은 현존재의 선함을 알려 주는 것일 수밖에 없다. 떳떳한 양심은 사람들로 하여금 자신에 대해서 '나는 선하다'라고 말하게 하겠지만, 그러나 위선자가 아니라면 어느 누구도 자신의 양심이 떳떳하다고 할 수는 없다. 따라서 떳떳한 양심이란 성립할 수 없는 것이며, 이러한 귀결에서 나타나는 것은 '양심은 책임 있음을 환기시킨다'는 사실뿐이다.

위와 같은 귀결을 피하기 위해, 사람들은 떳떳한 양심을 가책받는 양심의 결여태로 규정하곤 한다. 이에 따르면, 떳떳한 양심이란, 양심의 부름이 발생하지 않음에 대한 경험, 즉 '나에게는 하등 비난받을 일이 없다'는 사실에 대한 경험일 것이다. 그러나 이러한 결여는 어떻게 체험되는가? 여기서 말하는 체험이란 양심의 부름에 대한 경험이 아니라, '자신에게 책임이 물어지는 행위를 자신이 범하지 않았으며 자신에게는 책임이 없다'는 사실을 자신에게 확신시키는 것이다.

그러나 자신이 행하지 않았음을 확신하는 것은 일반적으로 양심이란 성격을 갖지 않는다. 오히려 그러한 확신은 양심의 망각을, 다시 말하면 양심의 부름을 받을 수 있는 가능성으로부터의 이탈을 의미할 수 있다. 그러한 확신은, '양심을 가지려는 의지', 즉 '가장 고유한 책임 존재를 인수하려는 의지'를 진정(鎭靜)시키는 효과를 갖는다. 따라서 떳떳한 양심이란 독립적인 양심현상도 아니고 양심의 가책에 기초를 둔 현상도 아니다. 그것은 도대체가 양심현상이 아닌 것이다.

떳떳한 양심이라는 말이 일상적 현존재의 양심경험에서 비롯된 것인 한, 위의 사실로부터 우리가 알 수 있는 것은 일상적 현존재가 양심을 가책을 느끼는 것으로 간주할 경우에도 그것은 양심현상을 근본적으로 파악하는 것은 아니라는 것이다. 왜냐하면 가책을 느끼는 양심이라는 이념은 실제로는 떳떳한 양심이라는 이념에 입각해 있기 때문이다. 양심에 대한 일상적 해석은 책임과 무책임을 계산하고 청산하는 고려의 차원에 머물러 있으며 이런 차원에서 양심의 소리를 체험하고 있을 뿐이다.

가책받는 양심과 떳떳한 양심이라는 두 이념의 근원성에 대한 이상의 검토에서 이미, '앞을 향해 지시하면서 경고하는 양심'과 '뒤로 소급 지시하면서 질책하는 양심'의 구별이 갖는 성격도 파악된 셈이다. 앞을 향해 경고하는 양심이란 이념은 근원적인 양심현상에 보이는 '자신의 가장 고유한 가능성으로 불러 세움(Aufruf)'이란 현상에 가장 가까운 듯 보인다. 그러나 이것은 가상일 뿐이다. 경고하는 양심에 대한 경험은 양심의 소리를 현존재가 의도하고 있는 잘못된 행위를 저지하는 기능을 갖는 것으로 경험한다. 따라서 경고하는 양심에 대한 경험도 세상 사람의 상식이 접근할 수 있는 범위 안에서만 양심의 부름이라는 현상을 경험하고 있을 뿐이다. 그러나 그러한 경고가 가능한 것은, 경고하는 양심의 부름이 궁극적으로는 본래적인 실존적 책임존재를 겨냥하기 때문이다.

3. 세번째 이의, 즉 '양심의 소리는 양심에 대한 일상적인 경험에 입각해서 보면 현존재의 존재와 깊은 연관성을 갖지 않는다는 이의'에 대한 검토

세번째로 거론된 이의는, 일상적 양심경험은 '현존재가 양심의 소리에 의해서 책임 존재를 향해 불러 세워진다는 것' 따위를 알지 못한다는 것을 논거로 삼고 있다. 이러한 사실은 인정해야만 한다. 그러나 그러한 사실을 인정한다고 해서, 일상적인 양심경험이 그러한 경험 속에서 양심의 소리가 포함하는 내용 을 완전히 틀렸다는 것이 입증되는 것은 아니다. 또한 그러한 사실로부터, 통속적 양심경험에 근거한 양심이론이 양심현상의 분석을 위해 적합한 존재론적 지평을 확보하고 있다는 결론이 나올 수 있는 것도 아니다.

도리어 현존재의 본질적 존재양식인 퇴락은 현존재가 우선 대부분의 경우는 존재적으로는 고려의 지평으로부터 자기를 이해하지만 존재론적으로는 존재를 눈앞에 있음의 의미로 규정하고 있다는 사실을 보여준다. 따라서 퇴락에서는 양심이란 현상에 대한 이중의 은폐가 생긴다.

첫째로 통속적인 양심해석은 양심이란 현상에서 그 존재양식이 대부분의 경우는 전혀 규정되지 않은 일련의 체험들 또는 심리적 과정들을 발견한다.

둘째로 일상적인 양심경험에서 나타나는 양심은 어떤 행위가 범하는 과오의 정도를 계산하는 재판관이나 경고자로서 나타난다.

칸트가 법정이라는 표상을 자신의 양심해석의 기초로 삼은 것은 우연이 아니라 도덕법칙의 이념으로부터 시사받은 것이다. 칸트식의 형식적인 가치론이든 셸러식의 실질적인 가치론이든 가치론도 인류의 형이상학, 즉 '현존재와 실존에 대한 특정한 존재론'을 암암리에 자신의 존재론적 전제로 삼고 있다. 이 경우 현존재는 고려하는 존재자로서 간주되고 있으며 그러한 고려는 가치 실현 또는 규범의 실행이라는 의미를 가지고 있다. 그러나 일상적 양심경험이 양심해석을 위한 유일한 기초로 간주하는 '존재자들을 고려하는 현존재'에 의거하는 것은, 그보다 앞서 그러한 일상적 양심경험 속에서 양심이라는 현상이 본래적으로 드러나고 있는지를 먼저 숙고한 뒤에서야 비로소 정당화될 수 있다.

4. 두번째 이의, 즉 '양심은 현존재가 이미 행했거나 의도하고 있는 일정한 행위에 대해서 발언한다는 이의'에 대한 검토

'양심에 대한 실존론적 해석은 양심의 부름이 현존재가 이미 행했거나 의도하고 있는 특정한 행위와 관련되어 있다는 사실을 간과하고 있다'는 두번째 반론도 이상의 논의에 의해서 무력하게 된다. 양심의 부름이 특정한 행위와 관련되어 경험된다는 사실은 아무래도 부인될 수 없다. 따라서 통속적 해석은 자신이 사실에 입각해 있다고 생각할지 모른다. 그러나 그것은 양심이 개시하는 내용을 실질적으로는 협소하게 만든다. 떳떳한 양심이 '자신은 선하다'는 위선적 생각을 강화하는 것으로 파악되어서는 안 되듯이, 가책을 느끼는 양심도 이미 일어난 어떤 잘못된 행위를 색출해 내거나 일어날 수 있는 잘못된 행위를 미리 제거하는 것으로만 파악되어서는 안 된다. 그렇게 되면 현존재는 양심이 느끼는 가책을 마치 가계부채를 다루듯 그냥 깨끗이 청산해 버리면 아무런 문제가 없는 것으로 간주하게 될 것이다.

5. 첫번째 이의, 즉 '양심은 본질적으로 비판적 기능을 갖는다는 이의'에 대한 검토

이미 행해진 어떤 행위나 의도하고 있는 행위와의 관련성은 양심의 부름에서는 일차적인 것이 아니며 따라서 질책과 경고가 양심의 근원적 부름의 기능이 아니라면, 이와 함께 첫번째로 거론된 이의, 즉 '양심에 대한 실존론적 해석은 양심의 비판적 기능을 무시하고 있다'는 이의도 지반을 상실하게 된다. 그러한 이의도 실은 일정한 한계 내에서는 양심이란 현상에 대한 진정한 통찰에서 비롯된 것이다. 왜냐하면 양심의 부름은 어떤 특정한 내용을 적극적으로 권장하고 명령하는 성격을 갖고 있지는 않기 때문이다.

그러나 이러한 사실로부터 양심은 단순히 비판이라는 소극적인 기능만을 갖는다는 결론이 따라 나오는 것은 아니다. 양심의 소리에서 무엇인가 적극적인 내용을 기대하는 것은 우리가 행위를 할 때 이용할 수 있고 계산할 수 있는 확실한 지시를 양심의 소리가 알려 줄 것을 기대하기 때문이다. 이러한 기대는 현존재의 존재를 존재자들을 다루는 상식적인 고려의 지평에서 해석하는 것에 근거한다. 양심의 부름은 그러한 실천적 지시를 주지 않는다. 이는 양심의 부름은 현존재를 본래적 실존을 향해, 즉 가장 고유한 존재가능성을 향해 불러 세우기 때문이다.

이 점에서 양심은 분명히 어떤 적극적인 내용을 제시하는 것은 아니지만 그렇다고 해서 소극적으로만 기능하는 것도 아니다. 실존론적 의미에서 올바로 이해된 양심의 부름은 가장 적극적인 것, 즉 현존재 자신의 가장 고유한 가능성을 제시한다. 그것은 그때마다의 현사실적인 고유한 존재가능성을 향해 '앞으로 불러 세우면서 불러들이는 것'(vorrufende Rückruf)이다.

이상에서 보듯이, 통속적 양심해석에게만 친숙한 현상들도 존재론적으로 적합하게 이해된다면 양심의 부름의 근원적 의미를 소급 지시하는 것으로 나타나게 된다. 그러한 통속적 해석은 퇴락한 현존재의 편협한 자기해석에서 생긴 것이다.

§60. 양심 속에서 증거된 본래적 존재가능성의 실존론적 구조

양심은 현존재의 가장 고유한 존재가능성에 대해 증언하는 것이거니와, 양심이 그것을 증언하는 방식은 무관심한 고지(告知)가 아니라 현존재를 책임 있음을 향해 앞으로 불러내면서 호소하는 것(vorrufender Aufruf zum Schuldigsein)이다. 그렇게 증언된 것은 양심의 부름을 왜곡하지 않고 거짓 없이 이해하는 '들음'(Hören) 속에서 파악된다. 하이데거는 이렇게 양심의 부름을 왜곡하지 않고 들으면서 본래적으로 이해하는 것을 '양심을 가지려는 의지'라고 불렀다. 그리고 하이데거는 이러한 의지를 '가장 고유한 자기를

그 자신으로부터 그의 책임 존재에 있어서 자신 안에서 행위하도록 하는 것'
(das In-sich-handeln-lassen des eigensten Selbst aus ihm selbst in
seinem Schuldigsein)으로서 파악하면서 이것이야말로 현존재 자신 속에
서 증언된 본래적 존재가능이라고 보고 있다.

이제 이러한 본래적 존재가능성의 실존론적 구조가 밝혀져야 한다.

1. 현존재가 가장 고유한 존재가능성에 있어서 '자신을 이해함'으로서의 '양심을 가지려는 의지'

'양심을 가지려는 의지'는 현존재가 가장 고유한 존재가능성에 있어서
'자신을 이해하는 것'으로서 현존재의 개시성의 한 방식이다. 개시성을
구성하는 것에는 이해 이외에 심정성과 말이 있다. 따라서 하이데거는
'양심을 가지려는 의지'에 상응하는 심정성과 말이 무엇인지를 드러내고
있다.

2. 불안에의 용의(用意)로서의 '양심을 가지려는 의지'

양심의 부름에 대한 이해로서 '양심을 가지려는 의지'는 세계-내-존재-
가능의 가장 고유한 현사실적인 가능성을 향해 자기를 기투하는 것을 말
한다. 그런데 양심의 부름의 이해는 현존재의 가장 고유한 가능성을 현
존재를 단독자화하는 섬뜩함 속에서 개시한다. 이해 속에서 함께 드러나
는 이러한 섬뜩함은 이해에 속하는 불안이라는 심정성을 통해 적나라하
게 개시된다. '양심을 가지려는 의지'는 불안에서 개시되는 이러한 섬뜩
함으로부터 세상 사람의 친숙함으로 도피하지 않고 그것을 받아들이려
는 불안에의 용의(Bereitschaft)이기도 하다.

3. '양심을 가지려는 의지'에 상응하는 말로서의 침묵

'양심을 가지려는 의지'에 상응하는 말은 침묵이다. 현존재의 근원적 말인 양심의 부름에 대응하는 것은 말대꾸가 아니다. 특히 그것은 양심이 말하는 것에 대해서 토론하면서 논의한다는 의미의 말대꾸가 아니다. 현존재가 양심의 부름을 이해하면서 들을 때 말대꾸를 못하게 되는 까닭은 그러한 '들음'은 부름의 내용을 은폐하지 않고 자기 것으로 하기 때문이다. 양심의 부름은 현존재를 자신의 책임 존재 앞에 세우면서 세상 사람의 떠들썩한 빈말로부터 현존재 자신의 정적 속으로 도로 불러들인다. 따라서 '양심을 가지려는 의지'에 속하는 말의 양상은 침묵이다.

하이데거는 앞에서 침묵을 말의 본질적 가능성이라고 규정했었다. 양심의 부름은 결코 발화되지 않고 침묵하면서 현존재에게 가장 고유한 존재가능을 개시하면서 이해하게 한다. 양심의 부름은 소리 없는 섬뜩함으로부터 비롯되면서, 책임 존재를 향해서 불러 세워진 현존재를 숙연해져야 할 자로서 현존재 자신의 정적 속으로 도로 불러들인다. 따라서 '양심을 가지려는 의지'는 이 침묵의 말을 오로지 침묵 속에서만 적합하게 이해한다. '침묵의 말'은 세상 사람의 빈말에서 말을 앗아간다.

'엄격하게 사실에 의거한다'고 자부하는 통속적인 양심해석은 '양심이 침묵하면서 말한다'는 것을 빌미로 하여 양심은 도대체 확인될 수 없으며 따라서 존재하지 않는다고 공언한다. 그러나 양심이란 현상을 이렇게 해석하면서 세상 사람은 양심의 부름을 자신이 넘겨듣는다는 것, 그리고 자기가 듣는 범위가 협소하다는 사실을 은폐할 뿐이다.

4. '가장 고유한 책임 존재를 향해 침묵 속에서 불안을 인수하는 기투'로서의 결의성

따라서 '양심을 가지려는 의지'에 포함되어 있는 개시성은 불안이란 심정성과 가장 고유한 책임 존재를 향해서 자신을 기투하는 이해 그리고 침묵으로서의 말에 의해 구성되어 있다. 이러한 본래적이고 탁월한 개시성, 즉 가장 고유한 책임 존재를 향해 침묵 속에서 불안을 인수하는 기투를 하이데거는 결의성이라고 부르고 있다. 결의성은 현존재의 개시성의 탁월한 양상이다.

결의성이라는 탁월한 개시성은 전체적인 세계-내-존재, 즉 세계, 내-존재 및 자기를 등근원적으로 개시한다. 자신의 고유한 존재가능성을 향해서 결단을 내린 현존재는 스스로 선택한 존재가능성이라는 궁극 목적에 입각하여 세계를 향해 자기를 열어 놓는다. 세계의 개시성과 함께 이미 세계 내부적 존재자가 발견되어 있는바, 자신의 고유한 존재가능성을 향해서 결단을 내린 현존재는 이제 다른 사람들에 대한 배려를 이들의 가장 고유한 존재가능성에 입각해서 새롭게 규정한다.

현존재는 이제 다른 사람들에게 모범을 보이면서 그들을 자신들의 가장 고유한 존재가능성을 향해서 해방시켜 주는 방식으로 배려하며 그와 같은 방식으로 그들의 가장 고유한 존재가능성을 개시한다. 이런 의미에서 결단을 내린 현존재는 다른 사람의 '양심'이 될 수 있다. 따라서 본래적 공동존재는 사람들이 공동으로 도모하는 일이나 세상 사람의 애매하고 시기심으로 가득 찬 협정과 수다스러운 친목으로부터 비롯되는 것이 아니라 결의성의 본래적 자기존재로부터 비롯된다.

5. 결의성과 상황의 개시

현존재는 결의성에서 무엇을 향해 결의하는가? 현존재는 무엇을 향해 결의해야 하는가? 이러한 물음에 대해서 답을 줄 수 있는 것은 오직 결의 (Entschluß) 자체이다. 결의성은, 세상 사람에 의해서 이미 제시되어 있고 추천된 가능성들을 수용하면서 그것들을 선택하는 것에 불과한 것이 아니다. 결의야말로 그때그때의 현사실적 가능성들을 비로소 개시하면서 기투하고 규정하는 것이다. 결의성에는 필연적으로, 현존재의 모든 현사실적인 내던져진 존재가능성을 특징짓는 무규정성이 속해 있다. 그러나 결의성은 이와 같이 그때마다의 결의 속에서 비로소 자기를 규정하는 실존적 무규정성이라는 특성을 가지고 있지만, 그럼에도 이러한 실존적 무규정성은 나름의 실존론적 규정성을 가지고 있다.

결의도 역시 세상 사람과 세상 사람의 세계에 여전히 의존하고 있다. 결의성에서 현존재에게는 자신의 가장 고유한 존재가능성이 문제가 되지만, 이러한 존재가능성은 내던져진 존재가능성으로서 일정한 현사실적 가능성들을 향해서만 자기를 기투할 수 있을 뿐이다. 결의는 현실로부터 벗어나는 것이 아니라 오히려 현사실적으로 가능한 것을 비로소 발견한다. 그때 결의는 현사실적으로 가능한 것을 자신의 가장 고유한 존재가능성으로서 세상 사람 속에서 가능한 형태로 옮겨준다. 이와 함께 결의성은 현존재에게 상황을 개시한다.

결의성은 세상 사람들의 그 모든 우연적이고 허위적인 가능성을 배제하면서, 현존재가 그때마다 자신이 서 있는 자리에서 구현해야 할 본래적인 현사실적 가능성을 개시한다. 따라서 결의성과 함께 현존재는 자신이 현재 서 있는 그 자리에서 자신이 무엇을 해야 하는지를 진정으로 깨닫게 된다. 그렇게 현존재에게 각자적인 자기로서 자신이 구현해야 할 참된 현사실적인 가능성들이 명료하게 개시되면서, 현존재가 그때마다 존재하는 자리는 상황이 된다. 이러한 상황에서 현존재는 자신의 본래적인 현사실적 가능성을 구현하기 때문에 그때마다의 상황에서 자신을 전체로서 온전히 구현하게 된다.

다시 말해서 현존재의 삶은 그때마다의 상황에서 수행된 행위들이 모여서 하나의 전체가 되는 것이 아니라, 오히려 그때마다의 상황에서 현존재는 자신을 전체로서 구현하게 된다. 각각의 상황은 각각의 현존재의 삶 전체를 지탱하고 규정하는 그의 가장 고유한 가능성을 구현하는 장이 되는 것이다. 이에 대해서 세상 사람에게는 상황은 본질적으로 닫혀져 있다. 세상 사람은 독자적인 고유한 상황을 알지 못하고 '일반적 처지'만을 알면서 눈앞의 기회에 몰두할 뿐이다.

상황이란 용어에는 공간적 의미도 함께 포함되어 있다. 우리는 앞에서 세계-내-존재에는 고유한 공간성이 속해 있으며 이러한 공간성은 '거리 제거'와 '방향을 취함'에 의해 특징지어진다는 것을 보았다. 현존재가 현사실적으로 실존하는 한 현존재는 공간 속에 존재하지만, 이 경우 현존재는 '공간을 여는' 방식으로 존재한다. 즉 현존재는 세계-내-존재의 개시성에 입각하면서 '거리 제거'와 '방향을 취함'에 의해 그때마다 자신의 공간을 규정한다. 현존재의 이러한 공간성이 세계-내-존재의 개시성에 근거하듯이 상황은 결의성이라는 탁월한 개시성에 기초하고 있다.

6. 현존재를 상황 속으로 불러냄으로서의 양심의 부름

상황에 대한 이러한 분석과 함께, 양심의 부름은 공허한 실존 이상(理想)만을 현존재에게 제시하는 것이 아니라 현존재를 상황 속으로 불러낸다(vorrufen)는 사실이 분명해진다. 우리가 올바로 이해된 양심의 부름이 가진 이러한 적극적인 성격을 통찰할 때, 양심의 부름을 이미 행해진 잘못된 행위나 잘못된 의도를 지적하는 것으로 보는 통속적인 양심해석이 양심의 개시성격을 얼마나 피상적이고 편협하게 파악하고 있는지가 분명하게 된다.

7. 죽음을 향한 본래적 존재에 대한 현존재적 증언의 필요성

이상의 분석과 함께 현존재의 본래성이란 이제 공허한 명칭이 아닐뿐더러 날조된 이념도 아니라는 사실이 드러났다. 그럼에도 '본래적 전체로서 존재함'으로서 실존론적으로 연역된 '죽음을 향한 본래적 존재'는 여전히 순수한 실존론적 기투에 머물러 있으며 현존재적 증언을 결여하고 있다. 이러한 현존재적 증언이 발견될 때에야 비로소 실존론적으로 확증되고 해명된 '본래적으로 전체로서 존재할 수 있음'이 제시될 수 있다. 다시 말해서 '죽음을 향한 본래적 존재' 자체가 현존재의 본래적인 실존적 가능성인 결의성 자체라는 것이 드러날 때에야 죽음을 향한 본래적 존재라는 것이 단순한 실존론적 기투에 불과한 것이 아니라 현존재의 실존적 가능성이라는 사실이 드러날 수 있다.

그리고 죽음으로의 선구가 바로 결의성이라는 사실이 드러나고 이렇게 현존재가 그의 본래성과 전체성에 있어서 현상적으로 접근 가능하게 되었을 때, 자기의 실존 속에 존재이해 일반을 갖고 있는 이 존재자의 존재 의미에 대한 물음이 확고한 지반을 얻을 수 있게 된다.

3장 현존재가 본래적으로 전체로서 존재할 수 있음과 마음씀의 존재론적 의미로서의 시간성

§61. 현존재의 본래적 전체 존재의 확정에서 출발하여 시간성의 현상적 개현에 이르는 방법적 진행의 소묘

하이데거는 여기서 3장에서 논의될 내용들을 개략적으로 서술하고 있다.

1. 죽음으로의 선구로서의 결의성

현존재가 본래적으로 전체로서 존재하는 것은 '죽음을 향한 본래적 존재'라는 의미에서 선구로서 이미 드러났다. 이것에 대한 실존적 증언에서 현존재의 본래적 존재가능성은 결의성으로 제시되었고 동시에 이것은 실존론적으로 해석되었다. 그러면 이 두 현상, 즉 죽음으로의 선구와 결의성은 어떻게 결합되어야 하는가? 본래적으로 전체로서 존재함, 즉 죽음을 향한 본래적 손재는 결의성이란 현상과는 무관한 것이 아닌가? 죽음은 결의성에 입각한 행위의 구체적 상황과 무엇을 공유하는가?

이와 관련하여 하이데거는 이렇게 묻고 있다. 결의성은 죽음으로 선구하는 결의성을 그것의 가장 고유한 본래적 가능성으로서 지시하는가?

하이데거는 결의성이란 그때마다 단지 임의적이고 신변적인 가능성들을 향해 자신을 기투하는 것이 아니라 극한의 가능성인 죽음을 향해 기투할 경우에야 비로소 본래적인 것이 된다고 보고 있다. 즉 현존재가 현사실적으로 움켜쥐는 모든 존재가능성 속으로 왜곡되지 않고 침투해 오는 그러한 극한의 가능성을 향해 자신을 기투할 경우에야 비로소, 다시 말해서 죽음으로 선구할 때에야 비로소 현존재의 본래적 진리로서의 결의성은 본래적인 확실성(확신)에 도달하게 된다.

이러한 확실성은 현존재가 자신의 삶에 대해 갖는 확신, 즉 본래적이면서도 전체적인 가능성을 실현하고 있기 때문에 자신의 삶은 확고한 입지와 의미를 갖는다는 확신이다. 현존재는 죽음으로 선구하면서 자신의 본래적인 가능성을 기투할 경우에만, 자신의 삶을 죽음 앞에서 허망하게 사라지는 삶이 아니라 죽음도 손상시키지 못하는 의미로 충만해 있는 삶으로 확신할 수 있는 것이다. 이러한 확신에는 어떠한 곤경과 역경에서도 그리고 죽음에 직면해서도 흔들리지 않는 평정과 기쁨이 수반된다.

하이데거는 이러한 확실성을 자기−상주성 내지 자립성(Selbständig-keit)이라고 부르고 있다. 현존재의 존립(Bestand)은 눈앞의 사물들과는 달리 실체의 실체성에 근거하는 것이 아니라 실존하는 자기의 자립성 내지 자기 상주성에 근거하고 있는 것이다. 현존재의 자기(Selbst)는 눈앞의 사물들처럼 속성들의 변화에도 불구하고 상주하는 실체로 처음부터 주어져 있는 것이 아니다. 그것은 현존재가 죽음으로 선구하면서 자신의 본래적이고 전체적인 가능성을 구현할 경우에야 비로소 주어진다.

이 '실존하는 자기'의 존재는 마음씀으로 파악되었다. 마음씀 속에 함께 포함되어 있는 이러한 '자기라는 현상'을 우리는 세상 사람으로서의 비본래적 자기와 대비하면서 근원적이고 본래적으로 규정할 필요가 있다. 이러한 '자기'는 실체도 주관도 아니다.

2. 현존재의 존재인 마음씀의 의미로서의 시간

하이데거는 이제 이상의 분석을 토대로 현존재의 존재인 마음씀의 의미를 시간성으로 해석한다. 시간성은 상이한 실존 가능성들에서 상이한 방식으로 시숙한다. 실존의 두 가지 근본 가능성, 즉 현존재의 본래성과 비본래성은 존재론적으로는 시간성의 시숙에 근거한다. 따라서 시간성이라는 근원 현상은 이제까지 밝혀진 현존재의 기초 구조들이 모두 근본적으로 시간적이며 시간성의 '시숙'의 양상으로서 파악되어야 한다는 사실이 증시될 경우에야 확보된다. 이러한 증시는 이해나 심정성 그리고 말과 같은 현존재의 본질적 구조들을 그 구조들의 시간성을 향해서 해석한다는 의미에서, 이미 수행된 현존재의 분석을 반복하는 것이 될 것이다.

이에 따라 이 3장은 다음과 같이 구분될 것이다. §62 현존재가 실존적 차원에서 본래적으로 전체로서 존재할 수 있음: 선구적 결의성, §63 마음씀의 존재의미를 해석하기 위해 확보된 해석학적 상황과 실존론적 분석 일반의 방법적 성격, §64 마음씀과 자기성, §65 마음씀의 존재론적 의미로서의 시간성, §66 현존재의 시간성과 그것으로부터 실존론적 분석을 더 근원적으로 반복한다는 과제.

§62. 현존재가 실존적 차원에서 본래적으로 전체로서 존재할 수 있음
     : 선구적 결의성

1. 죽음을 향한 본래적 존재, 즉 죽음으로의 선구로서의 결의성

결의성을 그것의 가장 고유한 존재경향에 따라 끝까지 사유하면 그것은 죽음을 향한 본래적 존재로서, 다시 말해 죽음으로의 선구로서 드러나게 된다. '양심을 가지려는 의지'로서의 결의성과 실존론적으로 기투된 '현존재가 본래적으로 전체로서 존재함'인 죽음으로의 선구는 결국 동일한 것으로 드러난다. 결의성은 죽음으로 선구하면서 죽음 앞에서 허망하게 스러져 갈 그 모든 우연적이고 허위적인 가능성들을 배제하면서 본래적인 가능성을 기투할 경우에만 본래적인 결의성이 될 수 있는 것이다. 하이데거는 아래에서 '양심을 가지려는 의지'로서의 결의성과 죽음으로의 선구가 갖는 이러한 동일성을 여러 측면에서 드러내고 있다.

결의성은 불안을 인수하면서 가장 고유한 '책임 있음'을 향해 침묵 속에서 자신을 기투하는 것이다. 이 '책임 있음'은 현존재의 존재에 속하며 비성(非性)의 비적 근거-존재(nichtiges Grund-sein der Nichtigkeit)를 의미한다. 현존재는 본질적으로 '책임 있음'으로 존재하기 때문에, 때때로 책임이 있다가 그다음에는 다시 책임이 없게 되는 그런 것이 아니다. 현존재는 현존재로 존재하는 한, 책임이 있는 것이다. 현존재의 '책임 있음'은 결의성 이전에는 망각되고 있을 뿐이며, 실은 현존재의 존재를 처음부터 끝까지 규정하고 있는 것이다.

따라서 결의성 속에서 책임 존재를 실존적으로 인수하는 일이 본래적으로 수행되는 것은, 결의성이 책임 존재를 탄생에서부터 죽음에 이르기까지 '지속적인'(ständig) 것으로서 이해하게 되었을 때뿐이다. 이러한 이해는 현존재가 자신의 고유한 존재가능성을 '자신의 종말에 와 있을 때까지' 자신에게 개시하는 식으로만 가능하게 된다. 현존재가 '종말에 와 있다'는 것은 실존론적으로는 현존재는 '종말을 향한 존재'라는 것을 의미하며 죽음으로 선구하는 것을 의미한다. 따라서 현존재는 죽음으로 선구하는 방식으로만 자신이 원래부터 지속적으로 책임 존재로 존재했음을 깨닫게 되는바, 결의성은 죽음으로의 선구로서만 본래적인 결의성이 될 수 있다. 현존재는 죽음으로 선구하면서 원래부터 자신이 세상 사람들의 소리가 아니라 자신의 가장 고유한 가능성에 책임을 져야만 하는 존재였다는 사실을 깨닫게 된다.

이 경우 결의성은 자신이 아닌 다른 어떤 것으로서의 선구와 연관을 맺는 것이 아니다. 결의성은 죽음을 향한 본래적 존재를 자신 안에 포함하고 있다. 하이데거는 이제 이러한 연관을 현상 자체에 입각하여 분명히 드러내려고 한다.

책임 있음이란 어떤 항존적인 사물이 가지고 있는 항존적 성질이 결코 아니라, 본래적으로든 비본래적으로든 책임을 지는 실존적 가능성이다. 책임 있음은 이렇게 현존재의 존재에 속하기 때문에 '책임질 수 있음'(das Schuldigseinkönnen)으로서 파악되어야 한다. 결의성은 이러한 존재가능성을 향해 자신을 기투한다. 즉 이 존재가능성으로부터 자기를 이해한다.

그러나 자신의 고유한 존재가능성을 향한 현존재의 근원적 존재는 앞에서 이미 현존재의 탁월한 가능성인 죽음을 향한 존재라는 사실이 밝혀졌다. 죽음으로의 선구는 이러한 가능성을 가능성으로서 개시한다. 그러므로 결의성은 죽음으로 선구하는 결의성으로서만 비로소 현존재의 가장 고유한 존재가능성을 향한 근원적 존재가 된다. 결의성이 죽음을 향한 존재로서 자신을 이해할 경우에야 비로소, 그것은 책임을 질 수 있음의 '할 수 있음'을 이해하는 것이다.

현존재는 자신이 자신의 비성의 비적 근거로 있다는 것을 결의성을 통해서 본래적으로 받아들인다. 그런데 죽음은 실존론적으로 볼 때 실존 불가능성이라는 가능성, 즉 현존재의 난석인 비성이다. 이러한 죽음은 현존재의 생이 끝나는 마지막 시점에서 비로소 나타나는 것이 아니다. 현존재는 마음씀으로서 이미 자기의 죽음의 내던져진 근거, 즉 비적 근거인 것이다. 현존재의 존재를 근원적으로 철두철미 지배하는 비성은 죽음을 향한 본래적 존재에서 현존재 자신에게 드러난다. 죽음으로의 선구가 현존재의 전체 존재의 근거로부터 비로소 책임 있음을 개현하는 것이다. 마음씀은 죽음과 책임을 등근원적으로 자기 속에 감추고 있다. 선구적 결의성이 비로소 책임질 수 있음을 본래적으로 또 전체적으로, 즉 근원적으로 이해한다.

2. 가장 고유한 가능성을 개시하는 것으로서의 죽음으로의 선구와 결의성

양심의 부름에 대한 이해로서의 결의성은 현존재가 세상 사람 속에서 자신을 상실하고 있음을 드러내면서 현존재를 자신의 가장 고유한 존재가능성으로 되돌려 가져온다. 그러나 이러한 가장 고유한 존재가능성은, 가장 고유한 가능성인 죽음으로 선구하는 존재에서 본래적으로 그리고 전체적으로 통찰된다.

3. 가장 무연관적인 가능성을 개시하는 것으로서 죽음으로의 선구와 결의성

아울러 양심의 부름이 불러낼 때는 현존재가 갖는 세간의 명성과 능력 따위는 모두 무시되며, 그러한 부름은 현존재를 그의 '책임질 수 있음'으로 가차 없이 단독자화하면서 현존재로 하여금 '본래적으로 책임질 수 있는 존재'로 존재할 것을 요구한다. 그러나 현존재가 무연관적 가능성으로서의 죽음을 향해서 선구할 때에야 비로소, 현존재는 세상 사람과의 교섭을 단절하고 '본래적으로 책임질 수 있는 존재'로 냉엄하게 단독자화될 수 있다. 따라서 선구적 결의성이야말로 책임질 수 있음을 가장 고유한 무연관적 존재가능성으로서 개시하는 것이다. 세상 사람은 아무것에도 책임지지 않지만, 선구적인 결의성에서 현존재는 이러한 세상 사람의 지배로부터 벗어나면서 자신의 존재에 대해서 단독적으로 책임을 지는 것이다.

4. 능가될 수 없는 가능성을 개시하는 것으로서 죽음으로의 선구와 결의성

'양심을 가지려는 의지'란 가장 고유한 책임 존재를 향해 불러냄을 준비하는 것을 의미하지만, 이러한 책임 있음은 모든 현사실적으로 잘못된 행위 이전에도 그리고 그것에 대한 대가가 치러진 이후에도 그때마다 이미 현사실적 현존재를 지속적으로 규정하고 있던 것이다. 이러한 선행적이고 지속적인 책임 존재가 그것의 선행성에 있어서 비로소 은폐되지 않고 드러나게 되는 것은, 이러한 선행성이 절대로 능가될 수 없는 가능성인 죽음 안으로 놓이게 될 때이다.

　　죽음은 다른 어떠한 가능성에 의해서도 능가될 수 없는 가능성으로서 처음부터 지속적으로 현존재에게 임박해 있다. 이러한 죽음으로 선구하면서 우리는 현존재는 처음부터 지속적으로 책임 존재로 존재해 왔음을 깨닫게 된다. 따라서 결의성이 죽음으로 선구하면서 죽음의 가능성을 자기의 책임 존재 속으로 끌고 들어왔을 때에야, 현존재의 본래적 실존은 어떤 것을 통해서도 능가될 수 없는 것이 된다. 다시 말해서 그것은 죽음 앞에서 허망하게 스러져 갈 모든 우연적이고 허구적인 가능성들에 의해서 능가될 수 없는 궁극적인 것이 된다.

5. 가장 확실한 가능성을 개시하는 것으로서의 죽음으로의 선구와 결의성

우리는 결의성이란 현상과 함께 실존의 근원적 진리 앞으로 인도되었다. 결의를 통해 현존재는 자신의 그때마다의 현사실적 존재가능성에서 자기 자신에게 드러나 있을 뿐 아니라, 현존재 자신이 곧 이러한 드러냄의 작용으로서 존재한다. 그런데 진리에는 그때마다 그것에 상응하는 '참으로 간주함'이 속해 있다. 개시된 것 내지 발견된 것을 '참으로 간주하면서' 분명히 나의 것으로 하는 것이 '확신하고 있음'(Gewißsein)이다. 결의성이 개시하는 실존의 근원적 진리는 그것과 등근원적인 '확신하고 있음'과 결부되어 있다.

결의성은 그때마다의 현사실적 상황을 자신에게 개시하면서 자신을 그 속으로 끌어들인다. 상황은 파악되기를 기다리고 있는 눈앞의 사물처럼 미리 계산되거나 미리 주어질 수 있는 것이 아니다. 상황은, 미리 규정되어 있지 않고 규정 가능성에 대해서는 열려져 있는 자유로운 결의에 의해서 개시될 뿐이다.

그러면 이러한 결의성에 속하는 확신은 무엇을 의미하는가? 그러한 확신은 결의를 통해 그때마다 개시된 상황에서 자신이 무엇을 해야 할지를 확신하고 있다. 그러나 그것은 그 상황에 집착해서는 안 되고 그때마다의 현사실적 가능성을 향해 자유롭고 개방적으로 존재해야만 한다. 따라서 결의의 확신하고 있음이란, 결의의 가능한 철회, 즉 그때마다 현사실적으로 불가피한 철회를 향해 자신을 자유롭게 열어두는 것을 의미한다. 그렇다고 해서 결의성의 그러한 '참으로 여김', 즉 확신이 결코 우유부단한 것은 아니다. 반대로 '참으로 여김'은, 결의에 입각하여 철회를 향해서 '자신을 자유롭게 열어두는 것'이므로 결의성 자신을 반복하려는 본래적 결의성이다.

결의성에 속하는 '참으로 간주함'은 어떤 특정한 상황에 자신을 구속하는 것이 아니라 지속적으로, 즉 현존재가 전체로서 존재할 수 있는 가능성을 향해서 자신을 자유롭게 열어두는 상태를 지향하고 있다. 이러한 지속적인 확신이 결의성에게 주어질 수 있는 것은 그러한 확신이 단적으로 확신할 수 있는 가능성과 관계를 맺고 있을 때뿐이다. 그런데 현존재가 단적으로 확신할 수 있는 가능성, 즉 가장 확실한 가능성은 죽음이다. 이렇게 자신의 죽음을 지속적으로 확신하면서, 즉 죽음으로 선구하면서 결의성은 자신의 본래적이고 전체적인 확신을 확보하게 된다.

6. 가장 무규정적인 가능성을 개시하는 것으로서 죽음으로의 선구와 결의성

자기 자신을 통찰하고 있는 결의성은, 현존재의 가장 고유한 존재가능성의 무규정성이 그때마다의 상황으로의 결의에 의해서 비로소 규정될 수밖에 없다는 사실을 이해하고 있다. 결의성은 실존하는 존재자를 철저하게 지배하고 있는 무규정성에 대해 잘 알고 있는 것이다. 그러나 이러한 앎이 본래적 결의성에 상응하려면 그 앎 자체가 본래적인 개시작용으로부터 발원해야만 한다. 그리고 이러한 자신의 고유한 존재가능성의 무규정성이 비로소 전체적으로 개현되는 것은 죽음을 향한 존재에서이다.

죽음으로의 선구는 현존재를 죽음에, 즉 지속적으로 확실한 것이면서도 언제 닥쳐 올 지가 매순간 무규정적인 것으로 남아 있는 하나의 가능성인 죽음에 직면하게 한다. 이러한 가능성은 현존재가 자신의 한계상황의 무규정성 속에 내던져져 있다는 사실을 드러낸다. 그리고 현존재는 이러한 한계상황을 향해 결의함으로써 본래적으로 전체로서 존재할 수 있게 된다. 죽음의 무규정성은 근원적으로는 불안 속에서 개시된다. 따라서 결의성은 이러한 근원적 불안을 인수할 것을 요구한다. 이러한 근원적 불안은 현존재가 자기 자신에게 내맡겨져 있다는 사실에 대한 모든 은폐를 제거한다. 불안에 의해서 우리가 직면하게 되는 무는 현존재를 그것의 근거에 있어서 규정하고 있는 비성(非性)을 드러낸다. 그러한 근거 자체는 죽음으로의 던져짐으로서 존재한다.

7. 본래적이고 전체적인 결의성으로서 죽음으로 선구하는 결의성

이상의 분석에서 가장 고유하고 무연관적이며 능가할 수 없고 확실하지만 무규정적인 가능성으로서의 죽음을 향한 본래적 존재와 진정한 결의성과의 내밀한 연관이 드러났다. 즉 결의성은 죽음으로 선구하는 결의성으로서만 본래적이고 전체적인 결의성일 수 있다.

그러나 역으로 결의성과 죽음으로의 선구 간의 연관에 대한 이상의 해석을 통해 죽음으로의 선구 자체에 대한 완전한 실존론적 이해가 달성된 셈이다. 지금까지 죽음으로의 선구는 단지 존재론적 기투로서만 간주될 수 있었다. 이제 밝혀진 것은, 죽음으로의 선구란 날조돼서 현존재에게 강요된 가능성이 아니라 현존재에게서 증언된 실존적 존재가능성의 양상이고 현존재는 자신을 결의하면서 죽음으로의 선구라는 양상을 자신에게 요구한다는 것이다. 죽음으로의 선구는 실존적으로 증언된 결의성 속에 감추어져 있다. 따라서 본래적으로 '죽음을 생각하는 것'은 실존적으로 자기를 통찰하게 된 '양심을 가지려는 의지'로서의 결의성이다.

결의성이 본래적 결의성일 경우 그것은 항상 죽음으로의 선구에 의해 규정되고 있고 죽음으로의 선구가 현존재가 본래적으로 전체로서 존재하는 것을 의미한다면, 실존적으로 증언된 결의성 속에서 현존재가 본래적으로 전체로서 존재할 수 있다는 사실도 함께 증언된 셈이다. 이와 함께 현존재가 전체로서 존재할 수 있는가에 대한 물음은 이제 그것이 처음에 가졌던 성격, 즉 그 물음은 '현존재의 전체 존재가 주어지는 것을 가능하게 하기 위한 현존재 분석의 이론적 방법적 물음에 불과하다'는 성격을 완전히 떨쳐 버리게 되었다. 처음에 존재론적·방법적으로만 수행되었던 '현존재의 전체성'에 대한 물음은 그 나름대로 정당하다. 그러나 그것이 정당한 까닭은 그것이 오직 현존재의 현사실적인 존재적 가능성에 근거하고 있기 때문이다.

죽음으로 선구하는 결의성은 죽음을 극복하기 위해 고안된 도피처가 아니라 양심의 부름에 귀를 기울이는 이해이다. 이러한 이해가 현존재의 모든 덧없는 자기 은폐를 근본적으로 제거할 수 있는 가능성을 죽음에게 열어 준다.

8. 선구적 결의성과 기쁨

죽음을 향한 존재로 규정된 '양심을 가지려는 의지'는 세상을 버리고 은둔하는 것이 아니라, 현존재를 모든 망상에서 벗어나게 하면서 '행위'의 결의성 안으로 인도하는 것이다. 선구적 결의성은 현존재의 현사실성을 무시하는 이상주의적 요구로부터 유래하는 것이 아니고 현존재의 현사실적 근본 가능성을 냉철하게 이해하는 데서 비롯되는 것이다. 현존재를 단독자화된 존재가능성 앞에 직면하게 하는 냉철한 불안에는 이러한 가능성에 대한 기쁨이 수반된다. 이러한 기쁨 속에서 현존재는 분망한 호기심이 세간사로부터 제공하는 향락의 '우연성들'로부터 해방된다.

§63. 마음씀의 존재의미를 해석하기 위해 확보된 해석학적 상황과 실존론적 분석 일반의 방법적 성격

1. 현존재의 존재인 마음씀의 의미를 해석하기 위한 근원적인 해석학적 상황의 확보

선구적 결의성과 함께 현존재가 구현할 수 있는 본래성과 전체성이 현상적으로 개시되었다. 1편이 전제했던 해석학적 상황은 현존재의 본래적 실존방식과 전체 존재를 고려하지 않았기 때문에 현존재의 존재인 마음 씀의 의미를 해석하기에는 불충분했다. 2편에 들어와 현존재의 본래적 실존방식과 전체 존재가 상세하게 규명되었기 때문에, 마음씀의 의미를 해석하기 위한 해석학적 상황은 이제 그것이 필요로 하는 근원성을 확보 하게 되었다. 현존재는 근원적으로, 즉 '본래적으로 전체로서 존재할 수 있음'과 관련하여 '예지'(豫持) 속에 놓여졌다. 분석을 주도하는 '예시'(豫 視)인 실존의 이념은 가장 고유한 존재가능성을 해명함으로써 규정성을 획득하게 되었다. 현존재의 존재구조를 구체적으로 철저하게 해명함으 로써 눈앞의 사물들과는 구별되는 현존재의 존재론적 특성이 분명해졌 고, 그 결과 현존재의 실존성에 대한 '예파'(豫把)는 실존주들을 개념적으 로 철저하게 파악하는 것을 확실하게 주도할 정도로 충분히 분명하게 되 었다.

지금까지 행해진 현존재 분석에 의해서, 서두에 단지 제시되었을 뿐 인 테제, 즉 '우리 각자 자신인 존재자는 존재론적으로는 가장 먼 것이다' 라는 사실이 구체적으로 논증되었다. 이에 대한 근거는 마음씀 자체에 있다. 〈세계〉 안에 가장 가깝게 존재하는 것들에 몰입하여 퇴락해 있는 존재는 현존재의 일상적 자기해석을 규정하면서 현존재의 본래적 존재 를 은폐한다. 따라서 그것은 현존재에 대한 진정한 존재론에 적합한 지 반을 제공할 수 없으며, 현존재의 근원적 존재에 대한 해명은 오히려 '퇴 락해 있는 존재적·존재론적 해석 경향'과 대결하면서 탈취되어야 한다.

존재론적 해석은 주어진 존재자를 그 존재자에 고유한 존재를 향해 기투하면서 그것의 존재구조를 개념적으로 파악하려고 한다. 그런데 그 러한 존재를 향한 기투가 존재론적 해석을 그러한 존재와 부합할 수 있 도록 이끌어 줄 수 있는가? 더구나 실존론적 분석의 주제가 되는 존재자 자체가 자신의 존재를 은폐하는 경향이 있다고 하면 어떻게 되는가?

현존재는 현사실적으로 언제나 이미 일정한 실존적 가능성 안에서 자기를 이해하고 있다. 물론 우선 대부분의 경우 이러한 이해는 세상 사람의 자기이해에 의해서 왜곡되어 있다. 그러나 현존재의 본래적인 존재에 대한 존재론적인 해석 역시 허공 속에서 행해질 수 없으며 그것에 대한 현사실적인 존재적인 이해를 기반으로 갖고 있다. 이러한 현사실적 존재이해, 즉 실존적 이해가 없으면 실존성에 대한 모든 존재론적인 분석은 결국 지반을 결여한 것이 된다.

따라서 현존재의 존재가 본질적으로 자신의 가장 고유한 가능성들을 향해 개방되어 있다면, 그리고 현존재가 그때마다 오직 이러한 가능성들에 향하는 자유나 그것들에 반(反)하는 부자유 속에서만 실존한다면, 현존재의 존재에 대한 존재론적 해석이 할 수 있는 것은 그러한 존재적 가능성들을 기초로 삼아 그것들의 존재론적 가능성을 향해 기투하는 것이다. 현존재의 존재 의미에 대한 분석이 실존적으로 본래적인 존재가능성으로서 자신의 기초로 삼고 있는 것은 선구적 결의성이다.

2. 실존이념의 정당성과 순환논증의 혐의

하이데거는 현존재에 대한 자신의 실존론적 해석의 실마리를 실존 일반에 관한 형식적인 이념으로부터, 즉 '현존재는 자신의 존재에 있어서 자신의 존재를 문제 삼는 존재'라는 형식적인 이념으로부터 취했었다. 그런데 이러한 실존이념의 정당성은 어디에 존재하는가? 이러한 형식적 실존이념은 현존재 자체 속에 있는 존재이해로부터 도출되었다. 존재론적 통찰에 입각하지 않으면서도 현존재의 존재이해는 다음과 같은 사실을 드러내고 있다. 우리가 현존재라고 부르는 존재자는 자신의 존재를 문제 삼는 실존적 존재로서의 우리들 각자다. 아울러 현존재는 비록 충분한 존재론적 규정이 아직 결여되어 있더라도 자신을 세계-내-존재로서 이해하고 있다. 그렇게 존재하면서 현존재는 도구적인 존재와 눈앞의 사물들의 존재라는 존재양식을 지닌 존재자들과 관계하는 것이다.

실존과 실재성의 구별이 존재론적으로 아직 파악되고 있지는 않더라도 더 나아가 현존재가 우선은 실존을 실재성으로 오해하고 있더라도, 현존재는 단지 눈앞의 사물처럼 존재하지 않는다. 따라서 하이데거의 현존재 분석의 실마리로 기능하고 있는 실존이념은 현존재의 존재 일반의 형식적 구조를 드러내고 있다. 이러한 이념의 인도 아래 가장 가까운 일상성에 대한 예비적인 분석이 수행되었고 마음씀을 현존재의 존재로서 처음으로 개념적으로 확정하는 데까지 이르렀다. 마음씀이라는 이 현상에 의해서 실존과 그것에 속하는 현사실성 및 퇴락 등을 선명하게 포착할 수 있게 되었다. 아울러 마음씀의 구조를 분명히 함으로써 실존과 실재성을 처음으로 존재론적으로 구별할 수 있는 지반을 얻게 되었다.

그러나 단순히 형식적인 실존이념도 자신 속에 두드러지지는 않지만 일정한 존재론적 내용을 자신 속에 이미 감추고 있다. 그것은 실존이념과 구별되는 실재성의 이념과 마찬가지로 존재 일반의 이념을 전제하고 있다. 이러한 존재 일반의 이념의 지평 안에서만 실존과 실재성이 서로 구분될 수 있다.

그런데 존재 일반의 이념에 대한 존재론적 해명은 현존재에 속해 있는 존재이해를 철저하게 해명함으로써만 비로소 가능하다. 그러나 이러한 존재이해는 근원적으로는 오직 형식적인 실존이념을 실마리로 하는 현존재의 존재에 대한 실존론적 해석을 기초로 해서만 파악될 수 있다. 그렇다면 결국 이제까지 전개된 현존재의 존재에 대한 실존론적 해석은 일종의 순환 속에서 움직이고 있다는 사실이 분명해지는 것이 아닌가?

실존론적 해석이 순환논증이라는 비난에 따르면, 하이데거는 실존과 존재 일반의 이념을 전제하고, 그러한 전제 위에서 현존재를 해석한 후 이러한 해석으로부터 다시 존재의 이념을 획득한다는 것이다. 그러나 이 경우 전제한다는 것은 무엇을 의미하는가? 그것은 실존의 이념을 포함하는 하나의 명제가 전제된 후 이 명제로부터 추론이 따라야 하는 형식적 규칙에 따라 현존재의 존재에 관한 상세한 명제들이 연역된다는 뜻인가? 이 경우에 실존론적 해석은 순환논증이 된다.

그러나 하이데거는 현존재 분석에서 형식적인 실존이념을 전-제(前-提, 앞에 놓음)하는 것은 이해하는 기투의 성격을 가지고 있다고 말하고 있다. 다시 말하면 그러한 이해를 완성하는 해석은, 해석되어야 할 자인 현존재로 하여금 먼저 스스로 발언하게 하면서 자신의 존재구조를 제시하도록 한다. 하이데거는 현존재는 자신의 존재에 대해 이와는 다른 방식으로 말할 수 없다고 본다. 실존론적 분석에서는 순환은 결코 피할 수 없다. 그 까닭은 실존론적 분석은 원래부터 논리학의 추론규칙에 따라서 증명하는 것은 아니기 때문이다. 상식은 학문적 탐구의 최고의 엄밀성을 만족시키기 위해 순환을 피하려고 하지만, 순환을 피하려는 이런 시도에서 제거되고 있는 것은 마음씀의 근본구조 이외의 다른 것이 아니다.

현존재는 근원적으로 마음씀에 의해 구성되기 때문에 그때마다 이미 자기 자신을 앞질러 있는 것이다. 현존재는 존재하면서 항상 이미 실존의 일정한 가능성들을 향해 자신을 기투하고 있으며, 그러한 실존적 기투들 안에서 실존과 존재와 같은 것도 선존재론적으로 함께 기투하게 된다. 실존에 속하는 존재이해를 철저하게 개념적으로 파악하려는 연구도 모든 연구와 마찬가지로 개시하는 현존재의 한 존재양식이기 때문에, 현존재에 본질적으로 속해 있는 기투작용은 이러한 연구에서도 불가피하다.

하이데거는 자신의 현존재 분석을 순환논증이라고 비난하는 것 자체가 현존재의 특정한 존재양식에서 유래한다고 보고 있다. 세상 사람의 세계가 제공하는 다양한 일거리들을 고려하면서 그것들에 몰두하는 상식에게는 기투와 같은 것, 특히 존재론적 기투는 어쩔 수 없이 생소할 수밖에 없다. 그 까닭은 상식은 원칙적으로 그러한 것에 저항하기 때문이다. 상식이 고려하는 것은 이론적이든 실천적이든 둘러봄에 의해 고려할 수 있는 존재자뿐이다. 상식은 이렇게 존재자들에 몰입하면서 존재의 이해 없이 지낼 수 있다고 생각한다. 비록 존재가 개념적으로까지 파악되지는 않더라도 존재가 이미 이해되고 있을 때에만 존재자가 '사실적으로' 경험될 수 있다는 사실을 상식은 알지 못하는 것이다. 따라서 상식은 자신의 이해 범위를 넘어서 있는 것을 일종의 폭력으로 볼 수밖에 없다.

이해가 순환이라는 말은 다음 두 가지 사실에 대한 오해의 표현이다. 즉 그것은 첫째로 이해 자체가 현존재의 존재의 한 근본양식이라는 사실과 둘째로 이 존재는 마음씀으로서 구성되어 있다는 사실을 오해하고 있는 것이다. 논리적 순환을 부인하면서 이것을 숨기고 또한 극복하려고 하는 것은 이러한 오해를 견고하게 만드는 것에 불과하다. 우리가 오히려 목표로 해야 할 것은 근원적이면서도 전체적으로 순환 속에 뛰어들어가서, 현존재 분석의 단초에서부터 현존재의 순환적 존재에 대한 완전한 통찰을 확보하는 것이다.

이에 반해 만일 사람들이 무세계적 자아에서 출발하면서 이러한 자아가 객관과 존재론적으로 근거를 결여하고 있는 관계를 맺는 것으로 파악한다면, 현존재의 존재론을 위해서는 '전제되는' 것이 너무 많기는커녕 도리어 너무 적은 것이 된다. 또한 생을 문제로 삼은 후 그다음에 어쩌다가 죽음을 고려할 경우에는 시야가 너무 근시안적인 것이 된다. 아울러 만일 사람들이 자신을 우선 이론적 주관으로 간주하면서 그런 뒤에 자신의 실천적 측면을 윤리학에 의해서 파악하려고 한다면, 주제가 되는 대상인 현존재는 인위적이고 독단적으로 재단되고 만다.

3. 선구적 결의성과 근원적이고 본래적인 진리

현존재에 대한 근원적 분석의 해석학적 상황이 갖는 실존론적 의미를 밝히기 위해서는 이상으로 충분할 것이다. 우리는 선구적 결의성을 해명함으로써 현존재를 그것의 본래적 전체성과 관련해서 예지 안으로 가져왔다. 가장 고유한 존재가능성은 근원적 실존성을 겨냥한 예시(豫視)를 보증하며, 이러한 근원적 실존성은 현존재의 실존성에 적합한 실존론적 개념의 각인, 즉 예파를 확보해 준다.

선구적 결의성에 대한 분석은 동시에 근원적이면서도 본래적인 진리의 현상으로 인도되었다. 그런데 진리가 존재하는 한에서만 존재가 주어진다면 그리고 진리의 양식에 따라 그때마다 존재이해도 변화한다면, 근원적이고 본래적인 진리가 '현존재의 존재' 및 '존재 일반'의 이해를 보증하지 않으면 안 된다. 기초존재론적 물음이 존재물음 일반을 준비하면서 도달하려고 하는 가장 근원적이고 기초가 되는 실존론적 진리는 마음씀의 존재의미의 개시성이다. 이러한 의미를 드러내기 위해서는 마음씀의 구조가 갖는 내용 전체를 철저하게 제시할 필요가 있다.

§64. 마음씀과 자기성

1. 마음씀의 구조적 전체성의 통일에 대한 실존론적 물음의 필요성

1편에서 마음씀의 세 가지 구성 계기인 실존성, 현사실성 및 퇴락의 통일에 의해서 현존재의 구조 전체가 갖는 전체성에 대한 최초의 존재론적 규정이 가능하게 되었다. 마음씀의 구조를 실존론적으로 정식화하면, '세계 내부적으로 만나는 존재자에 몰입해-있으면서 자기를-앞질러-이미 세계 내에-있음'이다. 마음씀 구조의 전체성은 세 요소들을 짜맞춘 것이 아니라 하나의 통일을 형성하면서 분절되어 있다(gegliedert). 마음씀에 대한 1편에서의 이러한 분석의 성과를 하이데거는 그것이 어느 정도로 현존재에 대한 근원적 해석의 요구를 충족시키느냐에 따라서 평가했었다. 이러한 평가의 결과, 1편에서의 마음씀에 대한 분석에서는 현존재의 전체 존재도 그의 본래적 존재가능성도 주제가 되지는 못했다는 것이 밝혀졌다.

그런데 현존재의 전체 존재를 파악하려는 시도는 바로 마음씀의 구조 자체로 인해 좌절하는 듯이 보였다. 그러나 '아직-아님'으로서 미완이라는 의미로 특징지어졌던 '자신을 앞질러 있음'이 진정하게 실존론적으로 고찰될 경우에는 종말을 향한 존재로서 드러났다. 마찬가지로, 하이데거는 마음씀이 양심의 부름을 통해서 현존재를 그의 가장 고유한 존재가능성을 향해 불러 세운다는 사실을 분명히 했다. 그리고 양심의 불러냄에 대한 본래적인 청종과 이해는 선구적 결의성으로 밝혀졌다. 선구적 결의성은 현존재가 본래적으로 전체로서 존재할 수 있는 가능성을 자기 안에 포함하고 있다.

따라서 마음씀이라는 구조는 현존재가 전체로서 존재하는 것을 불가능하게 하는 것이 아니라 오히려 그것을 가능하게 한다. 이러한 분석이 진행되면서 분명해진 것은 마음씀이란 현상에는 죽음, 양심 및 책임이라는 실존론적 현상들이 속해 있다는 사실이었다. 이와 함께 마음씀의 구조 전체가 갖는 전체성에 대한 분석은 보다 풍부한 내용을 갖게 되었지만 이와 함께 이러한 전체성의 통일에 대한 실존론적 물음도 더욱더 절박하게 되었다.

2. 자기(Selbst)에 대한 실존론적 해석의 필요성

우리는 이러한 통일을 어떻게 파악해야 하는가? 현존재는 위에서 말한 자신의 존재방식들 속에서 어떻게 통일적으로 실존할 수 있는가? 분명히 '현존재는 자신의 본질적 가능성들에 있어서 자기(Selbst)로 존재한다'. 다시 말하면, '각각의 나(Ich)'가 존재하는 방식으로 존재한다. 따라서 나(자아)가 구조 전체의 전체성을 보장하는 것처럼 보인다. 이러한 자아와 자기는 전통적인 철학에서는 '떠받치고 있는 근거', 즉 실체 또는 주체로서 파악되어 왔다. 그러나 자기가 현존재의 본질적 규정들에 속해 있고 현존재의 본질이 실존에 있다면, 자아성과 자기성도 실존론적으로 파악되지 않으면 안 된다. 이러한 사실을 부정적인 방식으로 표현한다면 자아성과 자기성을 존재론적으로 파악할 때 눈앞의 존재(실체)에 적용되는 범주들을 사용해서는 안 된다는 것이다.

다른 사람에 대한 마음씀으로서의 배려라는 표현에 상응하게 '자기에 대한 마음씀'(Selsbtsorge)이라는 표현이 성립될 수 있지만, 마음씀은 이미 그 자체로 자기에 대한 마음씀이라고 할 수 있다. 따라서 마음씀은 이미 '자기'라는 현상을 자신 속에 포함하고 있는 셈이다. 그렇다면 현존재의 자기성을 존재론적으로 규정하기 위해서는 마음씀과 자기성 사이의 실존론적 연관을 파악해야 한다.

3. 자기성에 대한 칸트의 해석 검토

'자기'의 실존성을 분석하면서 하이데거는 현존재의 일상적인 자기 해석을 출발점으로 삼고 있다. 현존재는 일상적으로 자기 자신에 관해 '나는 ……라고 말한다'라고 하면서 자기를 언표한다. '나'라는 말이 반드시 언표될 필요는 없다. '나'라는 말로 현존재는 자기 자신을 가리키고 있다. 이 '나'라는 말은 각각의 나만을 가리키며 그 밖의 어떠한 것도 가리키지 않는다. 이 단순한 것으로서의 '나'는 다른 사물을 규정하는 술어가 아니라 절대적인 주어이다. '나는 ……라고 말한다'에서 말하는 자와 말이 건네지는 자는 언제나 '자신을 동일하게 유지하고 있는 자', 즉 자아로 나타난다.

이렇게 볼 때, 칸트가 영혼의 근본적인 특성으로 규정하고 있는 단순성, 실체성 및 인격성이라는 성격들은 진정한 일상적 경험에서 비롯된 것이라고 할 수 있다. 그러나 여전히 문제로 남아 있는 것은 그렇게 존재적으로 경험된 것이 과연 단순성, 실체성, 인격성과 같은 범주들의 도움을 받아서 존재론적으로 해석될 수 있는가 어떤가 하는 것이다. 과연 칸트는 '나는 ……라고 말한다'에서 주어진 현상적 실상에 엄밀하게 입각하면서, 위와 같은 성격들을 갖는 자아를 하나의 실체로 보는 것은 잘못되었다고 지적하고 있다. 그러나 이와 함께 거부되고 있는 것은 고작 자아에 관한 존재적으로 잘못된 설명일 뿐이며, 이것만으로는 자기성에 대한 존재론적 설명이 획득되기는커녕 적극적으로 준비되지도 못한다. 칸트는 그 이전의 철학자들보다는 더 엄밀하게 '나는 ……라고 말한다'의 현상적 내용을 확보하려고 시도했지만, 그는 한편으로는 '자아'를 실체로 보는 것은 타당하지 않다고 보면서도 다른 한편으로는 부적합한 실체 존재론을 다시 받아들이고 있다.

따라서 하이데거는 '나는 생각한다'에 대한 칸트의 분석을 비판적으로 검토하면서, '나는 ……라고 말한다'를 실마리로 하여 자기성을 실존론적으로 분석하려고 한다.

칸트가 자아의 현상적 내용을 '나는 생각한다'로 파악한 것은 옳다. 그는 또한 실천적 인격을 함께 고려하면서 자아의 현상적 내용을 '나는 행위한다'라고도 파악하고 있다. '나는 ……라고 말한다'는 칸트의 의미로는 '나는-생각한다고-말한다'(Ich-denke-sagen)라고 이해되어야 한다. 이 경우 칸트는 자아를 표상들을 결합하는 작용의 주체라는 의미에서 논리적 주관이라고 부르고 있다. 따라서 '나는 생각한다'는 '나는 결합한다'는 의미이다. 이 경우 '결합하는 작용'의 주체는 자아이며 모든 총괄작용과 관련지음의 근저에는 언제나 이미 자아가 놓여 있다.

이런 의미에서 자아는 히포케이메논(ὑποκείμενον, 기체)이다. 기체로서의 주체는 모든 개념에 수반되는 의식 자체이며 표상이 아니라 오히려 표상 일반의 형식이다. 즉 '나는 생각한다'는 결코 표상된 것이 아니라 표상작용 자체의 형식적 구조다. 그런데 표상의 형식이란 어떤 틀이나 일반개념이 아니라 표상되는 것과 표상작용 모두를 가능하게 하는 논리적 주관이다. 따라서 자아라는 개념으로 표상될 수 있는 것은 사유의 초월론적 주관이며, '나는 생각한다'는 모든 경험에 따라붙으면서 모든 경험에 선행하는 통각의 형식이다.

칸트의 분석이 갖는 긍정적인 점은 두 가지이다. 그는 첫째 자아를 존재적으로 '실체'로 환원하는 것은 불가능하다는 사실을 통찰하고 있으며, 둘째 자아를 '나는 생각한다'로서 확보하고 있다. 그럼에도 불구하고 그는 이 자아를 다시 주체로 파악하고 있기 때문에 존재론적으로는 부적합한 의미로 파악하고 있는 셈이다. 왜냐하면 주체라는 존재론적 개념은 자기로서의 자아의 자기성을 특징짓는 것이 아니라 '언제나 이미 눈앞에 존재하는 것'의 자기동일성(Selbigkeit)과 항존성(Beständigkeit)을 특징짓는 개념이기 때문이다. 따라서 자아를 존재론적으로 주체로서 규정한다는 것은 그 주체를 '언제나 이미 눈앞에 존재하는 것'으로서 미리 상정하고 있는 것이다. 자아의 존재는 '사유하는 사물'의 실재성으로서 파악되고 있다.

그러나 칸트가 '나는 생각한다'와 함께 진정한 현상적 단초를 놓았음에도 불구하고 그것을 제대로 활용하지 못하고 자아를 주체, 즉 '실체적인 것'으로 파악하지 않으면 안 되었던 이유는 어디에 있는가?

'나는 생각한다'는 항상 '나는 어떤 것을 생각한다'이다. 칸트 자신도 '자아는 어디까지나 표상들과 관련되어 있고, 표상들 없이는 자아는 아무것도 아니다'라고 거듭 강조하고 있다. 그러나 칸트에게서 표상들은 자아에 의해 수반되는 경험적인 것, 즉 자아가 달라붙는 현상들이다. 하지만 칸트는 이 '달라붙다'와 '수반하다'의 존재양식을 어디에서도 분명히 규명하고 있지 않다. 그것의 존재양식은 자아가 그 표상들과 더불어 부단히 '함께 눈앞에 있는 것'으로 이해되고 있다. 그리고 칸트의 파악이 불충분한 것은 그가 '나는 어떤 것을 생각한다'에서 '어떤 것'을 제대로 파악하지 않았기 때문이다.

칸트는 실로 자아와 사유를 분리하지는 않았지만 그는 '나는 생각한다' 자체를 그 완전한 본질의 실상에 있어서 '나는 어떤 것을 생각한다'로 상정하고 있지는 않다. 무엇보다도 그는 '나는 어떤 것을 생각한다'를 위한 존재론적 전제인 세계가 '자기'의 근본 규정성임을 보지 못했다. 이는 칸트가 '나는 어떤 것을 생각한다'라는 사태를 존재론적으로 불충분하게 파악했기 때문이며, 이는 궁극적으로 칸트에게서는 '어떤 것'이 규정되지 않은 채로 남아 있기 때문이다.

이 '어떤 것'이 세계 내부적 존재자로 이해된다면 그것에는 무언 중에 세계가 전제되어 있는 것이다. 따라서 '자아'가 항상 '어떤 것을 생각하는' 자아라면 바로 세계가 '자아'의 존재구조를 함께 규정하고 있는 셈이다. 다시 말해서 **'나는 ……라고 말한다'**고 말할 경우 자아는 이미 **'나는 어떤 세계 속에 있다'**고 말하고 있는 것이다. 칸트는 세계라는 현상을 보지 못했고, 따라서 표상을 '나는 생각한다'의 아프리오리한 내용으로부터 분리시킬 수밖에 없었다. 그러나 그렇게 함으로써 자아는 존재론적으로 전혀 규정되지 않은 채 단순히 표상에 수반되는 고립된 주관으로 간주되고 말았다.

3. 자기성에 대한 실존론적 해석

'나는 ……라고 말한다'에서 현존재는 자신을 세계-내-존재로서 언표하고 있다. 그러나 일상적으로 '나는 ……라고 말한다'고 하는 경우의 자아는 자신을 세계-내-존재로서 파악하지 않는다. 일상적인 자기 해석은 자아를 고려되는 〈세계〉, 즉 세계 내부적인 존재자로부터 이해하는 경향을 가지고 있다. 현존재는 그 자신의 존재양식에 대해서 항상 잘못 파악하고 있는 것이다.

　　우리는 일상적으로 자신을 주체로 생각하면서 자신을 모든 생각과 말 그리고 행동의 주체라고 생각한다. 모든 생각과 행동 그리고 말이 주체라는 하나의 사물로부터 발하는 것으로 이해하는 것이다. 그러나 '나는 ……라고 말한다'고 하는 경우의 나는 세상 사람으로서의 자기이다. 이러한 자아는 일상의 잡다한 일에 몰두하면서 자기를 잊어버렸음에도 불구하고 자신이 모든 생각과 행동의 주체라고 생각한다. '나'는 항상 세계-내-존재로서 존재한다. 이러한 나는 세계 내부적인 도구적인 존재자들에 몰입해 있는 방식으로 이미 어떤 세계 내에 있지만 동시에 항상 '자신을 앞질러 있다'. 따라서 나란 자기 자신의 존재를 문제 삼는 존재자를 가리키며, 나라는 말로 자기를 언표하는 것은 궁극적으로는 마음씀으로서의 현존재이다. 그것은 우선 대부분의 경우는 세상 사람으로서의 자기로 존재하면서 '나는 말한다'고 자기를 언표한다. 세상 사람으로서의 자기는 목청을 높여서 항상 '나는, 나는' 하고 말하지만 이는 근본적으로는 세상 사람으로서의 자기가 본래적인 자기로 있지 않고 자신의 본래적인 존재가능성을 회피하기 때문이다.

그렇다고 해서 '자기는 마음씀의 지속적으로 눈앞에 존재하는 근거다'라고 볼 수는 없다. 자기성은 존재론적으로는 현존재가 본래적인 자기로 존재하는 것에 의해서만, 다시 말하면 마음씀으로서 현존재가 본래적으로 존재하는 것에 입각해서만 파악될 수 있다. 이러한 본래성에 입각해서만 우리가 흔히 '주체 내지 기체의 지속성(Beharrlichkeit)'으로 잘못 알고 있는 자기의 상주성(Ständigkeit)이 해명된다. 그러나 본래적인 존재가능성이라는 현상은 '입지를 획득했다'(Standgewonnenhaben)는 의미의 자기의 상주성에 대한 통찰도 가능하게 한다. 자기의 상주성은 '부단한 입지확보'(beständige Standfestigkeit), 즉 항존성과 자립성이라는 이중적 의미를 갖는다. 이 점에서 그것은 결의하지 않는 퇴락의 '비자기-상주성'(Unselbst-ständigkeit)과 대립되며, 이러한 비자기-상주성 역시 비항존성과 비자립성이라는 이중적 의미를 갖는다.

그런데 자기-상주성이란 실존론적으로는 선구적 결의성을 의미한다. 선구적 결의성의 존재론적 구조가 '자기'의 자기성을 드러내는 것이다. 현존재는 침묵 속에서 불안을 인수하는 결의성의 근원적 단독자화 속에서 본래적 자기로 있다. 본래적 자기는 '나는, 나는'이라고 말하지 않고 도리어 침묵하는 존재자로서 있다. 결단을 내린 실존의 침묵이 드러내는 이러한 자기는 자아의 존재에 대해서 물을 수 있기 위한 근원적 현상적 지반이다.

하이데거가 자기-상주성으로 염두에 두고 있는 사태를 분명히 하기 위해서 여기서 키르케고르의 다음과 같은 말을 살펴보려고 한다.

소위 객관적 진리를 발견한다고 해도 그것이 무슨 소용이 있다는 말인가? 철학의 모든 체계를 탐구하고 그것을 모두 개관하고 개개의 체계 속에 깃든 불합리를 지적한다고 해서 그것이 무슨 소용이 있다는 말인가? 국가에 대한 이론을 전개하고 모든 세목을 하나로 정리하여 세계를 구성한다고 해서 무슨 소용이 있다는 말인가?

…… 설사 온 세계가 무너지더라도 내가 꽉 붙들고 놓지 않는 것, 이런 것이 나에게 부족하다. …… 무엇보다 소중한 것은 인간의 이러한 신적 측면이요, 내적 행위이지, 지식의 양이 아니다. 이것만 있으면 많은 지식은 저절로 생기고 초점 없는 축적이 되지는 않는다. 나도 이러한 중심을 구해 왔다. 그러나 쾌락의 무제한한 대해와 이해의 심해 속에 쓸데없이 닻을 내리려고 하였다. 나는 하나의 쾌락이 그다음 쾌락에 손을 내밀 때 거의 불가항력적 힘을 느꼈고, 공상의 힘이 장만해 주는 요염한 미에 황홀감을 느끼기도 했지만, 그러나 그 뒤에 오는 것은 권태와 공허감이었다. 또한 나는 지혜의 나무의 열매를 맛보고 가끔 이 맛에 기쁨도 느꼈다. 그러나 기쁨은 이해의 순간보다 영속하지 않고, 내게 깊은 흔적을 남기지 않았다. 나는 지혜의 술잔으로 마신 것이 아니고 그 속에 빠졌던 것 같다. 여태까지 나는 무엇을 발견하였던가? 내가 찾고 있던 '자기'를, 나의 혼을 얻은 것은 아니다. 우리는 무엇보다도 먼저 자기 자신을 알아야 한다. 그노티 세아우톤(Gnothi Seauton, 너 자신을 알라). 우리는 자신을 내면적으로 이해하고 자신의 길을 발견하였을 때 인생의 평안과 의의를 얻을 수 있다. 그렇지 않고서는 인생의 행로는 절망이라는 저 권태롭고 저주할 아이러니컬한 동반자에서 벗어날 수가 없다. 그렇지 않고서는 인간은 아이러니컬하게도 참으로 행복하다고 생각하는 순간에 도리어 절망의 심연 속에 빠진다. 그것은 마치 폐병환자가 최악의 상태에 있을 때 도리어 최선의 상태에 있다고 생각하는 것과 마찬가지다. 아무리 수영에 능하더라도, 사람은 물보다도 가볍다는 절대적 신념이 없이는 거친 바다 위에 뜰 수 없는 것과 마찬가지로, 내면적으로 확립되어 있지 않고서는 인생의 거친 바다에서 몸을 간직할 수 없다.

…(중략)…

그러나 나는 이제야말로 정말 자아에 눈이 떴다.

겁내지 않고 물끄러미 나 자신을 응시하고 진지하게 행동하자. 왜냐하면 어린애가 처음으로 '나'라고 말할 수 있는 단계에, 나는 깊은 의미에서 도달했기 때문이다."(『일기·유고』)

이 글에서 키르케고르는 자신이 자신의 본래적인 자기를 발견했다고 말하고 있다. 그리고 이와 함께 자신은 인생의 평안과 의의를 확보하게 되었다고 말하고 있다. 이렇게 본래적인 자기의 발견과 함께 우리가 획득하게 되는 삶의 평안과 공고함이 하이데거가 위에서 말하고 있는 자기 상주성이라고 볼 수 있다. 자기 상주성이란 본래적인 자기가 갖는 성격을 의미한다. 이러한 자기 상주성은 인생의 거친 바다에서도 그리고 온 세계가 무너져도 자신에 대한 확신을 잃지 않는 것을 말한다.

하이데거는 본래적인 자기와 이것의 상주성은 죽음으로 선구하면서 불안을 인수하는 결의성에 의해서 주어진다고 말하고 있다. 키르케고르는 위의 글에서 하이데거처럼 죽음으로의 선구와 같은 것을 말하지 않고 있지만, 그 역시 본래적인 자기의 발견은 우리가 그동안 탐닉했던 그 모든 우연적이고 허위적인 삶의 가능성들의 무의미함을 철저하게 깨달으면서 그것들에서 벗어나는 것과 함께 주어진다고 말하고 있다.

그러한 우연적이고 허위적인 삶의 가능성의 한 예로서 키르케고르는 헤겔의 철학처럼 세계를 합리적으로 이해함으로써 삶의 확실성을 구하려는 것이나 많은 지식을 쌓고 쾌락을 추구하는 삶을 들고 있다. 키르케고르는 이러한 삶은 우리에게 결국은 권태와 허무밖에 가져다주지 않는다고 보고 있다. 그는 삶의 진정한 가능성은 우리가 인생의 거친 바다에서도 그리고 죽음 앞에서도 우리가 의지할 수 있는 가능성이어야 한다고 말하고 있다. 이러한 가능성을 구현할 경우에야 비로소 우리의 삶은 그 어떠한 상황에서도 흔들리지 않는 공고한 지반을 갖게 된다.

　이러한 본래적인 자기로 존재한다는 현상에 입각할 때에야 비로소 자기성의 성격으로서의 실체성, 단순성 및 인격성이라는 규정들에게 어떠한 존재론적 권리가 부여될 수 있는지가 해명될 수 있게 된다. 따라서 '자기'의 존재에 대한 존재론적 물음은, '나는 ……라고 말한다'에 의해 끊임없이 시사되는 예지, 즉 자기를 '지속적으로 눈앞에 존재하는 자기라는 사물'로 간주하는 예지에서 벗어나야만 한다. **마음씀은 '자기'에 근거하는 것이 아니라 도리어 마음씀의 구성요소로서의 실존성이 현존재의 자기-상주성의 존재론적 틀을 부여한다.** 이 자기-상주성에는, 마음씀의 완전한 구조내용에 상응해서 비자기-상주성으로의 퇴락도 속한다. 완전히 파악된 마음씀의 구조는 자기성이라는 현상을 포함하고 있다. 따라서 자기성이라는 현상에 대한 해명은 현존재의 존재에 해당하는 마음씀의 의미에 대한 해석을 통해 수행될 수 있다.

§65. 마음씀의 존재론적 의미로서의 시간성

마음씀과 자기성 사이의 연관을 규정하는 일은 자아-성(自我-性, Ich-heit)이라는 특수한 문제의 해명을 목표로 할 뿐 아니라 현존재의 구조 전체의 전체성을 현상적으로 포착하기 위한 마지막 준비를 하기 위한 것이었다. 마음씀의 본래성이라는 이 양상은 현존재의 근원적 자기-상주성과 전체성을 포함하고 있다. 이 자기-상주성과 전체성을 우리가 주시할 때 현존재의 존재의 존재론적 의미가 드러나게 된다.

　현존재의 존재에 해당하는 마음씀의 의미에 대한 물음이 묻는 것은, 마음씀의 분절된 구조 전체의 전체성을 그 전개된 분절의 통일에 있어서 가능하게 하는 것은 무엇인가를 묻는 것이다.

1. 장래

현존재의 본래적인 전체 존재는 선구적 결의성으로서 드러났다. 그런데 현존재의 이 본래적 전체 존재를 구성하는 분절된 구조 전체의 통일성을 가능하게 하는 것은 무엇인가? 선구적 결의성이란 현존재의 가장 고유하고 탁월한 존재가능성을 향한 존재이다. 이러한 것이 가능한 것은 현존재가 자신의 가장 고유한 가능성인 죽음으로 향하면서 '자기를 자기에게로 도래(到來)하게 하기' 때문이다. 죽음이라는 탁월한 가능성을 견뎌내는 것과 함께 그러한 가능성 속에서 자신을 자신에게 도래하게 하는 것이 장래(將來)라는 근원적 현상이다.

현존재의 존재에 죽음을 향한 본래적 또는 비본래적 존재가 속한다면, 이러한 존재는 현존재가 장래적 존재이기 때문에만 가능하다. 여기서 장래란 아직 실현되지는 않았지만 언젠가는 곧 있게 될 지금을 가리키는 것이 아니라 현존재가 자신의 가장 고유한 존재가능성을 향해 기투하면서 자기에게 도래하게 되는 그 '옴'(來)을 가리킨다. 죽음으로의 선구는 현존재로 하여금 본래적으로 장래적으로 존재하게 하지만, 그러한 선구 자체가 가능한 것은 오직 현존재가 '존재하는 자로서' 이미 항상 자신에게 도래하고 있기 때문이다. 다시 말해서 현존재가 자신의 존재에 있어서 일반적으로 장래적으로 존재하기 때문이다.

2. 기재

선구적 결의성은 현존재를 본질적으로 책임 존재라는 점에서 이해한다. 이러한 이해는 현존재가 책임 존재임을 실존하면서 인수하는 것, 즉 비성(非性)의 내던져진 근거로서 있음을 의미한다. 그러나 내던져져 있음의 인수란 현존재가 '이미 있었던 대로' 본래적으로 있음을 의미한다. 즉 내던져져 있음의 인수가 가능한 것은 장래적 현존재가 '가장 고유하게 이미 있었던 대로', 즉 자신의 '기재'(既在, Gewesen)로 있을 수 있기 때문이다. 일반적으로 기재로서 존재하는 한에서만, 현존재는 기재적인 자기로 되돌아오는 방식으로 장래적으로 자기 자신으로 도래할 수 있다.

본래적으로 장래적인 현존재는 본래적으로 기재로 있다. 가장 극단적이고 가장 고유한 가능성으로 선구하는 것은 가장 고유한 기재로 되돌아오는 것이다. 현존재는 장래적인 한에서만 본래적으로 기재로 있을 수 있다. 이런 의미에서 기재성은 장래에서 발원한다고 할 수 있다.

3. 현재

선구적 결의성은 주위세계의 존재자를 둘러보면서 고려하는 방식으로 현존재가 처한 그때마다의 상황을 개시한다. 그때마다의 상황에서 주위세계에 현전하는 존재자를 나타나게 하는 것은 이 존재자를 현전화(現前化)하는 것에 의해서만 가능하다. '현전화한다'는 의미에서의 현재(現在)로서만 결의성은 본래의 결의성일 수 있다. 본래의 결의성이란 자신이 관계하는 존재자들을 왜곡하지 않고 나타나게 하는 것이다.

4. 마음씀의 근원적 통일로서의 시간성

장래적으로 자기로 되돌아오고 존재자를 현전화하면서 결의성은 상황 속에 진입한다. 기재는 장래에서 발원하고 이러한 기재적인 장래가 현재를 자신으로부터 방출한다. 이렇게 '기재하면서-현전화하는 장래'라는 통일적 현상을 하이데거는 시간성이라고 부르고 있다. 현존재가 시간성으로서 규정되어 있는 한에서만 선구적 결의성이라는 '본래적으로 전체로서 존재함'이 가능하다. 따라서 시간성은 본래적 마음씀의 의미로서 드러난다.

이러한 시간성을 구성하는 장래, 기재 그리고 현재는 통속적 시간 개념에 입각한 미래, 과거, 현재와 본질적으로 구별된다. 아울러 그것은 주관적 시간이나 객관적 시간 또는 내재적 시간이나 초월적 시간도 아니다. 현존재 자신이 우선 대부분의 경우 자신을 비본래적으로 이해하고 있기 때문에, 통속적 시간이해에서의 시간, 즉 지금이라는 시점들의 연속으로서의 시간도 하나의 진정한 현상을 보여 주기는 하지만 그것은 파생적 현상일 뿐이다. 그것은 비본래적 시간성에서 비롯된다.

마음씀이라는 구조의 근원적 통일은 시간성에 있다. '자신을 앞질러'는 장래에 근거한다. '이미 …… 내에 있음'은 그 자체로 기재성을 시사하고 있다. '……에 몰입해-있음'은 현전화에서 가능해진다.

'앞과 앞질러'는 장래를 시사하고 있으며 그러한 것으로서 이 장래는 현존재가 자기의 존재를 문제 삼는 자로서 존재하는 것을 비로소 가능하게 한다. 장래에 근거하면서 삶의 궁극목적을 향해서 자신을 기투하는 것은 실존성의 본질성격이다. 실존성의 일차적 의미는 장래이다.

마찬가지로 '이미'는 내던져져 있는 자로서의 현존재의 실존론적인 시간적 존재의미를 가리킨다. 마음씀이 기재성에 근거하기 때문에만 현존재는 내던져진 존재자로서 실존할 수 있다. 현존재가 현사실적으로 실존하는 동안 현존재는 결코 과거로 지나간(過-去) 것이 아니라 항상 기재하고 있다. 이에 반해 우리는 존재자가 '이제 더 이상 눈앞에 존재하지 않을' 경우에만 그것은 '지나가 사라져 버렸다'고 말한다. 현존재는 언제나 내던져진 현사실성으로서만 자신을 발견한다. 심정성 속에서 현존재는 아직도 있으면서 이미 있었던 존재자로서, 즉 부단히 기재하고 있는 존재자로서 자기 자신에 직면한다. 따라서 현사실성의 일차적 실존론적 의미는 기재성에 있다. 마음씀의 구조는 '앞'과 '이미'라는 것으로 각기 실존성과 현사실성의 시간적 의미를 시사하고 있다.

이에 반해 마음씀의 세번째 구성계기, 즉 '……에 몰입해 퇴락하면서 있음'은 어떤 시간적인 의미를 시사하고 있지는 않다. 이것은 퇴락이 시간성에 근거하지 않는다는 것을 의미하지 않고, 고려되는 도구적인 존재자들과 눈앞의 사물들로의 퇴락이 일차적으로 근거하는 현전화가 근원적이고 본래적인 시간성의 양상에서는 장래와 기재성 속에 포함되어 있다는 것을 시사한다. 현존재는 죽음으로 선구하는 결의성에 의해서 퇴락으로부터 자신을 회수하면서 그만큼 더 본래적으로 개시된 상황의 순간(瞬間, Augen*blick*) 속에 존재한다.

시간성은 실존, 현사실성 및 퇴락의 통일을 가능하게 하는 방식으로 마음씀의 전체성을 근원적으로 구성한다. 마음씀의 전체성은 그것에 속하는 계기들을 서로 분리된 부분들로서 서로 결합해서 비로소 성립하는 것이 아니며, 이와 마찬가지로 시간성 자체도 분리된 부분들로서의 장래, 기재성 및 현재를 결합함으로써 성립하는 것이 아니다. 시간성은 눈앞의 사물처럼 존재하는 것이 아니라 시숙한다. 시간성이 시숙하는 방식들이 현존재의 다양한 존재양상을 가능하게 하며 무엇보다도 본래적 실존과 비본래적 실존이라는 근본 가능성들을 가능하게 한다.

5. 근원적인 시간과 파생적인 시간

징래, 기새, 현새는 '자기를 향해', '……으로 돌아와', '……을 만나게 함'의 현상적 성격들을 가리킨다. '……을 향해', '……으로', '……에 몰입해'라는 현상들은 시간성을 단적으로 엑스타티콘(ἐκστατικν), 즉 탈자적인 것으로서 드러낸다. 시간성은 근원적으로 탈-자(脫自) 그 자체이다. 따라서 하이데거는 장래, 기재, 현재라고 규정된 현상들을 시간성의 탈자태(脫自態)라고 부른다. 시간성은 탈자태들이 서로 통일되는 방식으로 '시숙한다'.

하이데거는 상식적으로 통용되는 시간관, 즉 시간을 '지금이라는 시점들의 연속'으로 보는 시간관이 근원적인 것이 아니고 파생된 것이라고 할 수 있다면 지금 밝혀진 시간성을 근원적 시간이라고 부를 수 있다고 말한다. 근원적이고 본래적인 시간성은 본래적 장래로부터 시숙하고 장래적으로 기재하면서 비로소 현재를 일깨운다. 따라서 근원적이고 본래적인 시간성에서 주도적인 역할을 하는 것은 장래이다. 장래의 우위는 비본래적 시간성의 변양된 시숙에 상응해서 변화하겠지만 파생적인 시간에 있어서도 여전히 나타난다.

이상에서 서술된 시간성의 다양한 방식들을 우리는 다음과 같이 정리할 수 있다.

첫째로 하이데거는 시간성을 근원적 시간과 파생적인 시간으로 나누고 있다. 근원적인 시간은 현존재의 존재의미에 해당하는 시간으로서 '자기를 향해', '……으로 돌아와', '……을 만나게 함'이라는 의미에서의 장래, 기재, 현재로 이루어진 '기재하면서-현전화하는 도래'(gewesend-gegenwärtigende Zukunft)로서의 시간이다. 이에 대해서 파생적인 시간은 지금이라는 시점들의 연속으로 이해된 시간이다. 우리가 흔히 시간이라고 할 때는 이러한 파생적인 시간을 의미하기 때문에 하이데거는 이러한 시간을 통속적인 시간이라고도 부르고 있다. 근원적인 시간은 이러한 통속적 시간의 근원이라는 의미에서 근원적인 시간이라고 불린다.

둘째로 근원적인 시간은 다시 본래적인 시간성과 비본래적인 시간성으로 나뉜다. 본래적인 시간성은 '죽음으로 선구하면서 기재를 반복하는 순간'으로 나타나며, 비본래적 시간성은 '예기하면서 간직하는(기재를 망각하는) 현전화'로 나타난다.

6. 시간의 유한성

마음씀은 죽음을 향한 존재이다. 우리는 선구적 결의성을 '현존재의 절대적 불가능성'이라고 특징지어진 가능성인 죽음에 이르는 본래적 존재라고 규정한 바 있다. 따라서 현존재는 유한하게 존재한다. 이는 현존재의 삶이 어떤 종점을 갖는다는 것이 아니라 자신의 죽음에 대해서 태도를 취하면서 존재한다는 것을 의미한다. 선구적 결의성의 의미를 형성하는 시간성이 일차적으로 시숙시키는 본래적 장래는 유한한 실존과 함께 그 자신 유한한 것으로서 드러난다. 본래적인 장래로서의 자기에게 도래함의 유한성은 죽음에서 존재가 중단되는 것을 의미하는 게 아니라 시숙 자체가 갖는 하나의 성격을 가리킨다. 근원적이고 본래적인 장래는 죽음이라는 능가할 수 없는 가능성으로 존재하면서 '자기에게로', 즉 '자기를 향해' 도래해 옴이다. 근원적 장래의 탈자적 성격은 이 근원적 장래가 현존재의 삶을 종결한다는 데에, 즉 근원적 장래 자체가 종결되어 있다는 데에 있으며, 그리고 그렇게 종결된 장래로서 죽음을 결의성에 입각하여 실존적으로 이해하는 것을 가능하게 한다는 데에 있다. 근원적이고 본래적으로 '자기에게로 도래한다'는 것은 '가장 고유한 비성 가운데 실존한다'는 의미이다.

　근원적이고 본래적인 장래의 유한성, 즉 시간성의 유한성을 간과하려고 하기나 또는 이 유한성을 아프리오리하게 불가능한 것으로 간주하려고 하는 유혹은 통속적 시간이해의 부단한 자기주장에서 비롯된다. 통속적 시간이해가 무한한 시간만을 아는 것이 정당하다고 하더라도, 그것은 통속적 시간이해가 그러한 무한한 시간과 그 비유한성(무한성)도 이미 이해하고 있다는 사실을 입증하는 것은 아니다. 시간이 '계속 나아간다', '계속 사라진다'는 것은 무엇을 의미하는가? 어떤 의미에서 〈시간〉은 무한한 것인가? 근원적인 시간의 유한성에 대한 통속적인 반론들이 무근거한 것이 되지 않으려면 이런 물음들에 대한 해명이 이루어져야만 한다.

이러한 해명은 유한성과 비유한성에 대해서 적합한 문제제기가 적합하게 이루어졌을 때만 수행될 수 있다. 그러한 적합한 문제제기란 눈앞의 사물들이 그 안에서 생성소멸하는 파생적 비유한적 시간이 어떻게 해서 근원적인 유한한 시간성으로 되는가라고 문제를 제기하는 것이 아니라, 유한한 본래적 시간성으로부터 어떻게 비본래적인 시간성이 비롯되는가 그리고 비본래적 시간성은 어떻게 유한한 시간성으로부터 비-유한적 시간을 시숙시키는가라고 문제를 제기하는 것이다. 이는 근원적 시간이 유한하기 때문에만 파생적 시간이 비-유한적(무한한) 시간으로서 시숙할 수 있기 때문이다.

§66. 현존재의 시간성과 거기에서 비롯되는 실존론적 분석을 더 근원적으로 반복한다는 과제

하이데거는 '현존재의 의미는 시간성이다'라는 테제를 이미 밝혀진 현존재의 근본구조를 구성하는 모든 본질적인 구조들이 갖는 시간적인 성격을 드러냄으로써 확증하려고 한다. 그러나 이러한 작업은 이미 수행된 분석을 그 서술된 순서에 따라 외면적이고 도식적으로 한 번 더 반복하는 것이 아니다. 그것은 이전의 분석들 사이의 연관을 더 분명하게 드러내야만 한다.

당면한 과제는 '현존재가 본래적으로 전체로서 존재할 수 있음에 대한 시간적 분석'과 '마음씀의 시간성에 대한 일반적인 파악'을 넘어서 현존재의 비본래성을 그것이 갖는 특수한 시간성에 있어서 드러내는 것이다. 아울러 자기성이 명백하게 마음씀의 구조 속으로 회수된 뒤에는 자기-상주성과 비자기-상주성의 시간적 해석이 중요하게 된다. 현존재는 자신의 존재를 문제 삼는 존재자로서 명시적이든 아니든 자기 자신을 위해 자신을 사용한다. 마음씀은 우선 대부분의 경우는 존재자들을 둘러보면서 고려하는 데 몰입해 있으면서, 현존재는 자기 자신을 위해 자신을 사용하면서 자신을 '소모한다'. 그리고 현존재는 이렇게 자신을 소모하면서 자기 자신을, 즉 자기의 시간을 필요로 한다. 이렇게 시간을 필요로 하면서 현존재는 시간을 헤아린다.

이렇게 둘러보면서-헤아리는 고려에 의해서 우선 시간이 발견되며 시간이 계산된다. 둘러봄의 고려하는 발견은 시간을 계산하면서 도구적인 존재자와 눈앞의 사물을 시간 속에서 나타나게 한다. 이와 함께 세계 내부적인 존재자가 '시간 안에 있는' 것으로서 나타나게 된다. 하이데거는 세계 내부적인 존재자가 갖는 이러한 시간성을 시간 내부성(時間 內部性, Innerzeitigkeit)이라고 부르고 있다. 이러한 시간 내부성에서 발견되는 〈시간〉이 '지금이라는 시점들의 연속'이라는 통속적이고 전통적인 시간 개념을 형성하는 기반이 된다.

그러나 시간 내부성으로서의 시간은 근원적 시간성의 한 본질적 시숙양식, 즉 비본래적인 시간성에서 비롯된다. 이러한 근원을 고려할 경우, 존재자가 그 안에서 생성소멸하는 시간도 진정한 시간현상이기 때문에 그것은 베르그송이 말하는 것처럼 질적인 시간이 '공간으로 외화(外化)된 것'이 결코 아니다. 베르그송의 시간해석은 존재론적으로 완전히 무규정적이고 불충분하다.

4장 시간성과 일상성

§67. 현존재의 실존론적 틀의 근본기조와 그 틀의 시간적 해석의 소묘

이 절에서 하이데거는 4장에서 다룰 주제들을 간략하게 소개하고 있다.

　　현존재의 존재를 마음씀으로서 규정하는 것은 현존재의 개시성에 대한 분석의 결과로 가능하게 되었다. 개시성이라는 현상을 분석한다는 것은 현존재의 근본구조인 세계-내-존재를 해석하는 것을 의미한다. 그리고 세계-내-존재는 우선 세계라는 현상을 실마리로 하여 분석되었다. 이러한 분석은 주위세계 안에 있는 도구적인 존재자와 눈앞의 사물을 존재적·존재론적으로 특징짓는 데서 출발하여 존재자들의 세계 내부성을 분명하게 드러내는 것으로 나아갔으며, 세계 내부성에 입각하여 세계성 일반의 현상을 드러내었다. 또한 세계성의 구조인 유의의성은 이해가 기투하는 현존재의 궁극 목적과 긴밀하게 결합되어 있음이 입증되었다.

　　일상적 현존재에 대한 시간적 해석은 현존재의 개시성을 구성하고 있는 구조들에서부터 착수되어야 한다. 그러한 구조들이란 이해, 심정성, 퇴락 및 말이다. 시간성의 시숙의 양상들은 이러한 현상들에 주목해서 드러나야 하지만, 이러한 시숙의 양상들이 세계-내-존재의 시간성을 규정하기 위한 지반을 제공한다. 이것은 다시 세계라는 현상으로 이끌면서 세계성이 갖는 특수한 시간적 문제성을 규정하는 것을 가능하게 한다. 이러한 규정은 가장 가까운 일상적 세계-내-존재, 즉 퇴락한 상태로 존재자들을 둘러보면서 고려하는 것을 파악하는 것에 의해서 확증되어야 한다.

그리고 둘러보는 고려의 시간성은 둘러봄이 관조적 인지로, 또 거기에 근거하는 이론적 인식으로 변양되는 것을 가능하게 한다. 이렇게 모습을 드러내는 세계-내-존재의 시간성은 동시에 현존재의 특수한 공간성의 기초이다. 따라서 '거리 제거'와 '방향을 엶'의 시간적 구성이 제시되어야만 한다.

이러한 분석들 전체는 현존재의 비본래성을 존재론적으로 근거짓는 시간성의 시숙 가능성을 드러내면서 일상성의 시간적 성격, 즉 이제까지 부단히 사용되어 온 '우선 대부분의 경우'의 시간적 의미가 어떻게 이해되어야 하는가 하는 물음 앞으로 우리를 인도한다. 이러한 물음이 규명되면 이제까지 성취된 시간성의 해명이 불충분하다는 것, 그리고 그것이 어느 정도로 불충분한지가 분명하게 된다.

따라서 이 장은 다음과 같은 구성을 갖는다. 개시성 일반의 시간성 (§68). 세계-내-존재의 시간성과 세계 초월의 문제(§69). 현존재적 공간성의 시간성(§70). 현존재의 일상성의 시간적 의미(§71).

§68. 개시성 일반의 시간성

마음씀의 구체적인 시간적 구성을 제시한다는 것은 그것의 구조계기들인 이해, 심정성, 퇴락 및 말 각각을 시간적으로 해석한다는 의미다.

a 이해의 시간성

(I) 특정한 실존적 가능성으로의 기투, 즉 이해를 존재론적으로 가능하게 하는
   것으로서의 장래

앞에서 이미 언급되었지만 하이데거가 말하는 이해는 하나의 기초적 실
존주이지 자연과학적인 설명과 구별되는 정신과학의 특정한 인식방법
이 아니다. 또한 그것은 어떤 것을 주제적으로 파악한다는 의미의 인식
도 아니다. 그러나 그러한 이해야말로 현존재의 개시성을 구성하면서, 현
존재가 이해에 근거하여 '자신의 주위를 둘러본다'든가 '주시한다'든가
하는 '봄'을 가능하게 한다.

근원적으로 실존론적으로 파악할 경우 이해란 현존재가 자신의 궁
극 목적으로 삼는 고유한 존재가능성을 향해 자신을 기투하면서 존재한
다는 것을 의미한다. 이해는 현존재의 고유한 존재가능성을 개시하므로
현존재는 그 자신에게 궁극적으로 무엇이 문제가 되는지를 이해하면서
알고 있다. 그러나 이러한 앎은 어떤 사실을 '발견했음'이 아니라 하나의
실존적 가능성에 의거하여 자신을 이해하고 그것에 따라서 사는 것이다.
이러한 앎에 대응하는 '알지 못함'은 이해가 중단된 것을 의미하는 것이
아니라 고유한 존재가능성의 기투가 결여되어 있는 상태, 즉 퇴락으로
간주되어야 한다.

현존재가 어떤 실존적 가능성으로 기투하면서 자신을 이해하는 근저에
는, 각각의 현존재가 그러한 가능성에 입각해서 '자기를 향해 도래(到來)하는
것'으로서의 장래가 놓여 있다. 장래는 현존재가 자기의 존재가능성에 의거
하여 이해하면서 실존하는 것을 존재론적으로 가능하게 한다. 기투는 근본
적으로 장래적이지만, 그러한 기투는 기투된 가능성을 주제적으로 어떤 사
념 속에서 포착하는 것이 아니라 실존적 가능성으로서의 바로 그 기투된 가

능성으로 자신을 던지는 것이다.

(2) 본래적 장래와 비본래적 장래: 선구와 예기

'근원적이고 본래적인 실존함'은 결의성으로서 밝혀졌다. 우선 대부분의 경우에 현존재는 물론 결의하지 않고 있다. 즉 단독자화를 통해서만 도달할 수 있는 가장 고유한 존재가능성은 우선 대부분의 경우에는 은폐되어 있다. 이 점에서 보면 시간이 항상 본래적 장래로부터 시숙하는 것은 아니다. 본래적인 장래와 비본래적인 장래 양자를 다 포함하는 장래라는 형식상 무차별적인 용어는 마음씀의 첫번째 구조계기인 '자신을 앞질러'라는 용어 속에 포함되어 있다. 현존재는 현사실적으로는 늘 '자기를 앞질러' 존재하지만 '항상' 선구하면서 존재하는 것은 '아니다.'

　　본래적 장래를 하이데거는 죽음으로의 선구(先驅)라고 불렀다. 죽음으로의 선구라는 것은, 현존재는 본래적으로 실존하면서 가장 고유한 존재가능성으로서의 자신을 자신에게 도래하게 한다는 것, 즉 본래적인 장래는 현재로부터 획득되는 것이 아니라 비본래적 장래로부터 탈취되어야만 한다는 사실을 시사한다.

　　본래적 장래가 결의성에서 드러나는 것과 상응해서, 비본래적 장래의 탈자적 양상은 일상적으로 고려하는 비본래적 이해로부터 그것의 실존론적·시간적 의미를 향해 존재론적으로 소급할 때에만 드러날 수 있다. 마음씀으로서 현존재는 본질적으로는 항상 자기를 앞지르지만, 우선 대부분의 경우에는 자신이 고려하는 것으로부터 자신을 이해한다. 즉 비본래적 이해는 일상적으로 종사하는 업무상 고려되는 것, 실행해야 할 것, 긴급한 것, 불가피한 것 등을 향해서 자신을 기투한다.

　　현존재는 일차적으로는 자신의 가장 고유하고 무연관적인 존재가능성으로부터 자신에게 도래하는 것이 아니라, 일상적으로 자신이 고려하면서 예기하는 존재가능성, 즉 시험에 합격한다든가 취직을 한다든가 하는 가능성으로부터 자신에게 도래하는 것이다. 따라서 비본래적 장래는 예기한다(gewärtigen)는 성격을 가지고 있다.

현사실적 현존재는 그와 같이 고려되는 것으로부터 자신의 존재가능성을 예기하기 때문에만 어떤 것을 기대할(erwarten) 수 있고 기다릴 수 있다. 예기는 어떤 것이 기대될 수 있는 지평과 범위를 이미 그때마다 개시하고 있어야 한다. 예를 들어서 대학시험에 합격하는 것을 내가 고려해야 할 가능성으로서 예기하기 때문에 나는 내가 합격하거나 낙방할 것이라고 기대할 수도 있는 것이다. 기대는 예기에 기초를 둔 장래의 한 양상이고, 장래는 본래적으로는 선구로서 시숙한다. 그러므로 '죽음을 향한 보다 근원적인 존재'는 죽음을 고려하면서 기대하는 것이 아니라 죽음으로 선구하는 것이다.

(3) 비본래적 현재와 본래적 현재: 현전화와 순간

'이해한다'는 '실존한다'이므로, 그것이 본래적인 존재가능성을 향해 기투하든 비본래적인 존재가능성을 향해 기투하든 일차적으로 장래적인 성격을 갖는다. 그러나 이해가 기재와 현재에 의해 등근원적으로 규정되지 않는다면 이해는 시숙하지 않는다.

현재가 비본래적 이해를 함께 구성하는 양식은 거칠게나마 이미 앞에서 분명해졌다. 즉 일상적 고려는 그때마다 고려된 것이 성공할 것인가 실패할 것인가로부터, 즉 일상적 고려에게 부응해 오는 존재가능성으로부터 자신을 이해한다. 예를 들어 내가 대학 합격을 자신이 구현해야 할 존재가능성으로서 이해하고 있고 그러한 존재가능성을 실현하기에는 아직 나의 실력이 부족하다면 나는 현재 열심히 공부하지 않으면 안 된다. 비본래적 장래, 즉 예기에 상응하는 현재는 고려되는 것에 몰입해 있는 고유한 존재이다.

　비본래적 시간성에서 현-재(Gegen-wart)라는 탈자적 양상의 성격은 우리가 그것을 본래적 시간성에서의 현재와 비교할 때 분명해진다. 선구적인 결의성에는 결의가 상황을 개시하는 현재가 속한다. 결의성에서 현재는 주위세계의 가까운 존재자들을 향해 분산되었던 상태로부터 되돌려질 뿐 아니라 장래와 기재 가운데 유지되어 있다. 본래적 시간성 가운데 유지되어 있는 현재, 즉 본래적 현재를 하이데거는 순간이라고 부르고 있다. 이것은 상황 속에서 나타나는 가능성들과 사정을 향한 결의성 가운데 자신을 유지하면서 나아가는 것을 의미한다. 순간이라는 이러한 현상은 원칙적으로 '지금'으로부터 해명되지 않는다. '지금'은 시간 내부성으로서의 시간에 속한다. 즉 그것은 그 안에서 어떤 것이 생성소멸하거나 눈앞에 존재하는 지금이다. 그러나 순간에서는 아무것도 발생하지 않는다. 오히려 본래적 현재로서의 순간은 도구적 존재자나 눈앞의 사물로서 '시간 안에' 있을 수 있는 것을 비로소 근원적으로 나타나게 한다.

　본래적 현재로서의 순간과 구별해서 비본래적 현재를 하이데거는 현전화(現前化)라고 부르고 있다. 형식적으로만 볼 경우에 모든 현재는 현전화라는 성격을 갖고 있지만 반드시 다 순간적인 것은 아니다. 하이데거가 '현전화'라는 표현을 특별한 유보조건 없이 사용할 때는, 그것은 언제나 '비본래적, 비순간적·비결의적 현전화'를 가리킨다. 현전화는 고려되는 〈세계〉에의 퇴락을 시간적으로 해석할 경우에야 비로소 명료하게 된다. 이는 퇴락은 현전화에 자신의 실존론적 의미를 가지고 있기 때문이다. 비본래적 이해가 '고려될 수 있는 것'에 입각해서 존재가능성을 기투하는 한 그것은 현전화로부터 시숙한다. 이에 반해 순간은 본래적인 장래로부터 시숙한다.

⑷ 비본래적인 기재와 본래적 기재: 망각과 반복

선구적 결의성은 '본래적 자기에게로 도래함'이지만, 그것은 동시에 단독자화에 내던져지면서 가장 고유한 '자기에게로 되돌아옴'이다. 이러한 탈자적 운동으로 인해 현존재는 고유한 자기를 결의하면서 인수할 수 있게 된다. 죽음으로 선구하면서 현존재는 자신을 가장 고유한 존재가능성을 향해 '앞지르면서' 고유한 자기를 '다시' '되돌려온다'. 하이데거는 이렇게 본래적으로 '기재로 있음'을 반복 내지 되돌려옴(Wiederholung)이라고 부른다.

비본래적 기투는, 고려되는 것을 현전화하면서 그 고려되는 것으로부터 길어 낸 존재가능성을 향해서 기투하는 것이다. 그러나 이러한 비본래적 기투는 현존재가 자신의 가장 고유한 내던져진 존재가능성으로서의 자기를 망각했기 때문에만 가능하다. 이러한 망각은 아무것도 아니거나 상기(想起)의 결여가 아니라 기재가 나타나는 하나의 고유하고 적극적인 탈자적 양상이다. 망각이라는 탈자태는 가장 고유한 기재에 대해서 자신을 닫으면서 그것으로부터 도피한다. 그것은 자신이 '직면해 있는 가장 고유한 기재'를 폐쇄하고 이와 함께 자기 자신도 폐쇄해 버린다. 망각은 기재가 우선 대부분의 경우 나타나는 방식이다.

오직 이러한 망각에 근거해서만, 고려하면서 예기하는 현전화는 보유하면서 기억할(behalten) 수 있다. 이러한 보유에는 파생적인 의미의 망각인 '비보유'가 상응한다. 기대가 예기에 근거해서 비로소 가능한 것과 마찬가지로 상기(想起, Erinnerung)는 망각을 근거로 해서 가능하며 그 역은 아니다. 왜냐하면 망각이라는 양상으로 기재가 일차적으로 지평을 개시할 경우에만, 자기 외부에 존재하는 고려되는 존재자들에 사로잡혀서 자신을 상실한 현존재가 그러한 지평 안에서 상기할 수도 있기 때문이다.

망각하면서-현전화하는-예기는 특유한 탈자적 통일을 형성하며, 비본래적 이해는 이러한 탈자적 통일에 따라서 시숙한다. 이 세 탈자태의 통일은 현존재의 본래적 존재가능성을 폐쇄시켜 버리며, 따라서 비결의성을 가능하게 하는 실존론적 조건이다. 비본래적이고 고려하는 이해가 고려되는 것의 현전화로부터 규정된다고 하더라도, 이해의 시숙은 역시 일차적으로는 장래로부터 수행된다.

b 심정성의 시간성

(I) 기분, 즉 '심정적으로 존재함'을 존재론적으로 가능하게 하는 것으로서의 기재

이해는 결코 아무런 지반 없이 제멋대로 수행되는 것이 아니라 언제나 심정적인 것을 토대로 하여 이루어진다. 심정성에 의해서 현존재는 자기의 내던져져 있음 앞에 직면하지만, 이러한 내던져져 있음은 그 자체로서 인식되지 않고 '어떤 사람이 어떠한 상태로 있다'(wie einem ist)라는 심정적 정황에서 훨씬 더 근원적으로 개시되어 있다. 내던져져 있다는 것은 실존론적으로는 '이러저러한 심정적 정황 속에 있다'는 뜻이다. 심정성은 따라서 내던져져 있음에 근거하며, 기분은 현존재가 내던져져 있는 존재자로 있는 방식을 나타낸다.

기분은 고유한 현존재에게로 향하거나 그것으로부터 등을 돌리는 방식으로 현존재의 내던져져 있음을 개시한다. 기분이 현존재를 그의 내던져져 있음이라는 사실 '앞에 직면시키는' 것이 — 본래적으로 드러내는 방식으로든 비본래적으로 은폐하는 방식으로든 — 실존론적으로 가능한 것은 현존재가 항상 기재로 존재하기 때문이다. 현존재가 자신의 내던져져 있음 앞에 직면하는 것이 비로소 기재를 형성하는 것이 아니라, 기재라는 탈자태가 비로소 현존재가 '심정적으로 있다'는 방식으로 '자기를 발견'할 수 있게 하는 것이다. 이해는 일차적으로 장래에 근거하

지만 이와 반대로 심정성은 일차적으로 기재에서 시숙한다.

기분은 우리에게 잘 알려져 있는 현상이지만 그것의 근원적인 실존론적 의미는 아직까지 제대로 인식된 적이 없다. 보통 기분은 심적 상태 전체를 물들이는 덧없는 체험이라고 간주되곤 한다. 그러나 이렇게 외관상으로는 덧없이 부침하는 성격을 가진 것도 실존의 근원적 상주성에 속한다.

그런데 기분은 시간과 어떻게 연관되어 있는가? 다양한 기분들이 시간 속에서 오고 간다는 사실은 극히 진부한 사실이다. 그러나 여기서 문제가 되고 있는 것은 기분 일반의 시간성을 밝히는 것이다. 심정성이 일차적으로 기재에 근거한다는 테제는 기분의 실존론적 근본성격이 '……로 되돌려 보내는 것'(Zurückbringen auf)이라는 것을 의미한다. 이 '……로 되돌려 보내는 것'에 의해 기재가 비로소 형성되는 것이 아니라 심정성이 그때마다 기재의 어떤 양상을 개시한다. 그러므로 심정성에 대한 시간적 해석은 기분을 시간성에서부터 연역하여 시숙의 순수한 현상 속으로 해소하려는 것이 아니다. 하이데거는 심정성에 대한 시간적 해석을 이미 1부에서 분석되었던 두려움과 불안의 현상에 한정하고 있다.

(2) 비본래적 심정성으로서의 두려움의 시간성

하이데거는 먼저 두려움의 시간성을 분석하고 있다. 두려움은 비본래적 심정성이다. 그런데 두려움을 가능하게 하는 실존론적 의미는 어떤 점에서 기재인가? 기재라는 탈자태의 어떤 양상이 두려움의 특수한 시간성을 특징짓는가? 두려움이란 어떤 위협적인 것에 직면해서 그것을 두려워하는 것이다. 이 위협적인 것은 현존재의 현사실적 존재가능성에게 유해한 것이며, 고려되는 도구적 존재자들과 눈앞의 사물들의 권내(圈內)에서 다가온다. 두려워함은 일상적인 둘러봄에 의해서 현존재를 위협하는 것을 발견한다. 이에 반해 존재자를 대상화하여 관조하는 직관은 그런 위협적인 것을 결코 발견하지 못한다.

두려움에 대한 상식적 해석은 세계 내부적으로 나타나는 것에 입각하면서, 두려움이 '직면하는 그것', 즉 두려움의 대상을 다가오는 재앙이라고 규정하며 이에 상응해서 재앙과의 관계를 '기대함'(Erwartung)이라고 규정한다. 그런데 이러한 규정은 정당한 것이 아닌가? 그렇다면 두려움의 일차적 시간적 의미는 장래이지 기재가 아니지 않는가?

그러나 '……에 직면해서 두려워함'은 다가오고 있는 위협적인 것을 단순히 기대하는(erwarten) 것은 아니다. '다가오고 있는 위협적인 것을 기다리는 것'은 이미 반드시 두려움일 필요가 없으며, 두려움이기는커녕 오히려 그것에는 두려움이 갖는 특수한 기분성격이 결여되어 있다. **두려움의 기분성격은, 두려움에 대한 예기가 위협적인 것이 그것을 고려하는 현존재 자신의 존재를 위협하는 것으로서 나타나게 한다는 데 있다. 두려워하는 것이 일어날 수 있다고 단순히 기대할 뿐, 그것에 의해서 나의 존재가 위협받을 수 있다고 여기지 않는다면 나는 두려움에 사로잡히지 않는다.** 예를 들어 핵전쟁이 일어날 수 있다고 누구나 기대할 수는 있지만 그렇다고 해서 사람들은 그것에 대한 두려움에 사로잡혀 있지는 않다. 사람들은 핵전쟁을 막연한 가능성으로서 생각할 뿐 자신의 존재를 위협하는 현실적인 가능성으로서 여기지는 않는 것이다. **이에 반해서 위협적인 것이 나의 존재를 위협한다는 식으로 예기될 경우에 나는 두려움에 사로잡힐 수 있다. 즉 위협적인 것이 '나'를 위협하는 것으로서 나를 향해 되돌아오는 식으로 예기될 경우에만 현존재는 위협당할 수 있는바, 그러자면 위협적인 것이 '되돌아오는' '내'가 미리 일반적으로 탈자적으로 열려 있어야 한다. 거기에 두려움이 갖는 기분으로서의 성격과 정감(情感)으로서의 성격이 있다.**

두려움의 실존론적·시간적 의미는 자기 망각, 즉 자신의 현사실적 존재가능성에 직면하여 그것으로부터 당혹해서 도피하는 자기 망각에 의해 구성된다. 아리스토텔레스가 두려움을 뤼페 티스 에 타라케(λύπη τις ἢ ταραχή), 즉 일종의 압박감 내지 정신적 혼란이라고 규정한 것은 옳다. 압박감은 현존재를 그의 내던져져 있음으로 도로 밀어붙이지만 내던져져 있음이 폐쇄되는 방식으로 그렇게 한다. 정신적 혼란은 일종의 망각에 근거한다. **존재자들을 두려워하는 고려는 자기를 망각하고 있으며 따라서 어떠한 특정한 존재가능성도 자신이 실현해야 할 가능성으로서 진지하게 '붙잡지(ergreifen) 못하고 있기' 때문에, 어떤 가장 가까운 가능성으로부터 가장 가까운 다음 가능성으로 찾아 헤맨다.**

다시 말해서 두려워하는 자는 어떤 가능성에도 머무르지 못한다. 두려워하는 자에게 주위세계는 사라지는 게 아니라 현존재가 그 속에서 어찌할 바 모르고 갈팡질팡하는 속에서 드러난다. 두려움에 빠져 자기를 망각한 상태에는 '손에 잡히는 것이면 무엇이든 좋다'는 혼란스러운 현전화가 속한다. 예컨대, 불이 난 집 주민이 때때로 아주 하찮은 것이라도 손에 잡히는 것이면 무엇이든 꺼낸다는 것은 잘 알려진 사실이다. 지반을 갖지 않고 허공에 떠 있는 가능성들을 자기를 망각하는 방식으로 현전화함으로써 정신적 혼란이 초래되며, 그런 것으로서의 정신적 혼란이 두려움의 기분 성격을 이루고 있다. 정신적 혼란이 갖는 망각의 성격은 예기까지도 변양하면서 예기를 억압된 예기 또는 혼란스러운 예기로서 특징짓는다. 쉽게 말해 우리는 혼란에 빠질 때 무엇을 해야 할지 갈피를 못 잡게 되는 것이다. 이렇게 혼란스러운 예기는 순수한 기대와는 구별된다.

두려움을 실존론적으로 가능하게 하는 특수한 탈자적 통일은 일차적으로 위와 같이 특징지어진 망각에서 시숙한다. 이러한 망각은 기재의 양상으로서 그것에 속하는 현재와 장래가 시숙하는 방식을 변양한다. 두려움의 시간성은 예기하면서-현전화하는-망각이다.

(3) 본래적 심정성으로서의 불안의 시간성

두려움의 시간성과 불안의 시간성은 어떤 관계에 있는가? 우리는 불안이라는 현상을 근본 심정성이라고 부른 바 있다. 불안으로 인해 현존재는 그가 가장 고유한 내던져져 있음에 직면하게 되고 이와 함께 일상적으로 친숙하던 세계-내-존재의 섬뜩함이 드러난다. 불안은 두려움과 마찬가지로 형식적으로는 현존재가 불안해하는 대상과 불안해하는 이유에 의해 규정된다. 그러나 불안에 대한 분석에서 이미 드러난 바와 같이, 불안의 대상과 이유는 서로 일치하며 그것은 세계-내-존재 자체이다.

특히 불안의 대상은 현존재가 고려할 수 있는 특정한 존재자가 아니다. 불안이라는 기분에서 현존재를 위협하는 것은 도구적인 존재자나 눈앞의 사물로부터 다가오는 것이 아니라 도리어 그러한 모든 존재자들이 현존재에게 아무런 의미도 갖지 못하게 된다는 바로 그러한 사실로부터 다가온다. 현존재가 살고 있는 일상적 세계는 무의의성으로 가라앉으며 그러한 세계는 존재자를 단지 무용도성(Unbewandtnis), 즉 무의미성이라는 성격에 있어서 개현할 수 있을 뿐이다. 그러나 현존재가 불안해하는 대상인 세계의 무(無)가 의미하는 것은 불안에서 세계 내부적 존재자들이 사라지게 된다는 것을 의미하지 않는다. 세계 내부적 존재자들이 그렇게 전혀 용도를 갖지 않는 공허한 것으로서 적나라하게 제시될 수 있기 위해서는 그것들은 오히려 나타야만 한다.

모든 존재자들이 의의를 상실하기 때문에, 존재자들을 고려하는 예기는 그러한 존재자들로부터 현존재의 존재가능성을 더 이상 제시할 수 없으며 이와 함께 현존재는 '세계의 무'에 직면하게 된다. 이러한 세계의 무에 직면하면서 이해는 세계-내-존재 자체에 직면하게 된다. 그러나 불안의 대상인 세계-내-존재로서의 현존재는 동시에 불안의 '이유', 즉 세계-내-존재로서의 고유한 존재가능성이다. 현존재는 세계의 무에 직면해서 자신의 고유한 존재가능성을 어떻게 구현할 것인지를 고뇌하는 것이다. '세계의 무에 직면해서 자신의 고유한 존재가능성을 위해 불안해하는 것'은 기다림의 성격도 가지고 있지 않고 예기의 성격도 가지고 있지 않다. 그렇지만 불안의 대상은 이미 개시되어 있으며 그것은 현존재 자체이다. 그리고 현존재 자체의 존재가 장래에 의해서 일차적으로 규정된다면 불안은 '장래'에 의해 구성되는 것이 아닌가? 그렇다. 그것은 장래에 의해 구성된다. 그러나 예기라는 비본래적 장래에 의해 구성되는 것은 아니다.

불안 속에서 개시된 세계의 무의의성은 고려 가능한 것의 비성(非性), 즉 고려되는 존재자들로부터 자신의 존재가능성을 기투하는 것의 '불가능성'을 드러낸다. 그러나 이러한 불가능성의 드러냄과 함께 실은 본래적 존재가능성이라는 가능성이 개시된다.

불안은 현존재를 가장 고유하고 단독자화된 내던져져 있음이라는 순수한 사실(das pure Daß)에 다시 직면케 한다. 이와 함께 불안 속에서 현존재는 완전히 자신의 적나라한 섬뜩함으로 되돌아가며 그러한 섬뜩함에 사로잡힌다. 그러나 이렇게 사로잡힘에 의해서 현존재는 세간적인 가능성들로부터 벗어나게 될 뿐 아니라 동시에 현존재에게는 본래적 존재가능성이 개시된다. 즉 불안은 현존재를 반복가능한 것으로서의 내던져져 있음에 다시 직면케 하면서 본래적 존재가능성을 함께 드러내는 것이다.

이러한 본래적 존재가능성은 장래적인 것으로서, 내던져진 현사실성으로 되돌아가 그것을 반복하지 않으면 안 된다. 내던져진 현사실성으로 되돌아가 그것을 반복하게 하는 것이 불안이라는 심정성을 구성하는 기재의 특수한 탈자적 양상이다.

⑷ 두려움의 현재와 불안의 현재

두려움을 구성하는 망각은 현존재를 혼란에 빠뜨리면서 세간적 가능성들 사이에서 갈팡질팡케 한다. 이렇게 안절부절하는(ungehalten) 현전화와는 반대로, 불안의 현재는 가장 고유한 내던져져 있음으로 자기를 다시 직면케 함 안에 붙잡혀(gehalten) 있다. 불안이라는 기분 속에서 현존재는 고려 가능한 존재자들에 빠져서 자기를 상실할 수 없다. 그러나 불안의 현재는 붙잡혀 있기는 하지만 그 현재가 아직 결단에서 시숙하는 '순간'의 성격을 가지는 것은 아니다. 불안은 현존재를 결의성으로 이끌지만 그렇다고 결의성 자체는 아닌 것이다. 따라서 불안의 현재는 순간이고 순간으로만 존재하지만 그러한 순간은 결의성을 향해서 도약할 준비를 하게 한다.

현존재가 두려움을 갖게 되는 원인은 주위세계에서 만나는 존재자에 있다. 이에 반해 불안은 현존재 자체에서 비롯된다. 두려움은 세계 내부적인 존재자로부터 엄습해 온다. 불안은 죽음을 향해 내던져져 있는 존재로서의 세계-내-존재로부터 일어난다. 이렇게 불안이 현존재로부터 솟아오른다는 사실을 시간적으로 이해한다면, 불안의 장래와 현재는 '반복가능한 것으로서의 내던져져 있음에 다시 직면하게 한다'는 의미의 근원적인 기재로부터 시숙한다고 할 수 있다. 그러나 '본래적으로는' 불안은 결단을 내린 현존재에게서만 솟아오를 수 있다. 결단을 내린 자는 두려움이라는 것을 알지 못한다. 그는 불안을 자신을 방해하거나 혼란시키지 않는 기분으로 이해한다. 불안은 현존재를 '비적'(nichtig), 즉 세간의 공허한 가능성들로부터 해방하여 본래적인 가능성을 향해 자유롭게 한다.

⑸ 두려움의 근원으로서의 자기 상실적인 현재와 불안의 근원으로서의 결의성
   의 장래

심정성의 두 양상인 두려움과 불안이 일차적으로는 기재에 근거한다 하
더라도, 양자는 그 근원을 달리한다. 불안은 결의성의 장래에서 비롯되는
반면에, 두려움은 자기 상실적인 현재에서 비롯된다. 두려움은 이 현재를
겁먹고 두려워하는 나머지 그만큼 더욱더 현재 속으로 퇴락한다.

　　전적으로 장래에 기초를 두고 있다고 여겨지는 희망 따위의 현상도
두려움과 마찬가지로 기재와 관련되어 있다. 사람들은 두려움을 미래의
재앙(malum futurum)을 예상하는 것이라고 보는 반면에 희망을 미래의
행복(bonum futurum)을 기다리는 것으로 본다. 그러나 희망이란 현상에
서 결정적인 것은 희망의 대상이 갖는 장래적 성격이 아니라 오히려 희
망한다는 현상 자체의 실존론적 의미이다. 희망하는 자는 희망 속에 몰
입하면서 자신이 열망하는 것이 이루어질 것이라고 기대한다. 마음을 짓
누르는 근심과는 달리 희망이 마음을 가볍게 한다는 사실은, 희망이라는
심정성도 여전히 기재라는 양상에서 부담과 관계를 맺고 있다는 사실을
가리킨다. 고양된 기분, 더 정확하게 말해서 고양시키는 기분은 존재론적
으로는 현존재가 자기 자신의 내던져진 근거에 탈자적·시간적으로 관계
하는 것에 의해서만 가능하다.

　　그리고 자신이 마주치는 존재자들을 그저 그런 것으로 느끼는 빛바
랜 무기분의 상태(die fahle Ungestimmtheit der Gleichgültigkeit)는 아무
것에도 얽매이지 않고 아무것도 애써 구하지 않으며 그날그날 일어나는
일에 자기를 내맡기는 것이지만, 그러한 무기분 상태야말로 존재자들에 빠
져 있는 현존재의 일상적 기분에서 작용하고 있는 망각의 위력을 가장
잘 입증한다. 이러한 무관심은 많은 일들에 의해서 바쁘게 쫓기는 상태
와는 양립할 수 있지만 평정(平靜, Gleichmut)과는 준별(峻別)되어야 한

다. 후자, 즉 평정의 기분은 어떠한 상황에서도 자신의 고유한 존재가능성을 흔들리지 않고 견지하는 결의성에서 비롯된다.

칸트를 비롯하여 전통철학에서는 흔히 현존재는 존재자에 의해서 감각기관이 촉발됨으로써 비로소 존재자와 관계를 맺게 되는 것으로서 여겨졌지만, 하이데거는 현존재가 이렇게 촉발될 수 있는 가능성의 조건은 현존재가 기재라는 시간적인 성격을 갖고 있다는 데서 찾고 있다. 심정적으로 있는 존재자, 즉 실존하면서 그때마다 이미 기재로 있고 따라서 기재라는 부단한 양상으로 실존하는 존재자만이 촉발될(affiziert) 수 있다. 촉발(Affektion, 정동)은 존재론적으로는 현전화를 전제한다. 다시 말하면 촉발은 이러한 현전화에서 현존재가 기재하는 자로서의 자기에 다시 직면하게 될 수 있다는 것을 전제한다. 이에 반해서 현존재가 아닌 '단순히 살아 있을 뿐인 것들'의 경우에 감각들의 자극과 감응이 존재론적으로 어떻게 규정되어야 하는가, 동물의 존재는 어떻게 시간에 의해 구성되는가라는 것은 별개의 문제로 남는다.

c 퇴락의 시간성

장래가 이해를 가능하게 하고 기재가 기분을 가능하게 하지만, 마음씀의 제3의 구성적 구조계기인 퇴락은 자신의 실존론적 의미를 현재에 가지고 있다. 1편에서 행해졌던 퇴락에 대한 분석은 빈말, 호기심 및 애매성의 해석에서부터 시작했다. 퇴락에 대한 시간적 분석도 원래는 동일한 과정을 밟아야 할 것이다. 그러나 하이데거는 호기심을 고찰하는 데 그치고 있는바 이는 호기심이야말로 퇴락의 특수한 시간성을 가장 잘 보여주기 때문이다. 이에 반해 빈말과 애매성의 분석을 위해서는 '말'과 해석의 시간적 구성이 먼저 해명되어 있어야 한다.

(1) 호기심을 가능하게 하는 존재론적 근거로서의 비본래적 현재

호기심은 존재자를 현전화하는 현존재의 특수한 존재경향이다. 현재는 존재자가 그 안에서 생생하게 현전할 수 있는 탈자적 지평을 제공한다. 그러나 호기심이 눈앞의 사물들을 현전화하는 것은 그것들에 자신을 열면서 그것들을 이해하기 위해서가 아니라 단지 보기만을 위해서다. 이렇게 존재자들에게 진정으로 자신을 열지 않고 자기 자신 속에 폐쇄되어 있는 현전화로서의 호기심은 그것에 상응하는 장래 및 기재와 하나의 탈자적 통일을 이루고 있다. **호기심이 갖는 새로운 것에 대한 욕망(Gier)은 '아직 보지 못한 것'을 향하지만, 그것은 '아직 보지 못한 것'을 현전화함으로써 예기로부터 달아나려고 하는 방식으로 그렇게 한다. 이 경우 예기로부터 달아나려고 한다는 것은 호기심은 어떤 가능성을 단순히 그야말로 호기심 때문에 보고 싶어 할 뿐 그것을 자신이 실현해야 할 가능성으로서 진지하게 고려하지 않는다는 것을 의미한다.**

호기심을 구성하는 것은 장래와 기재에 의해서 붙잡혀 지지 않은 (ungehalten) 맥풀어진 현전화이다. 그 현전화는 현전화할 뿐, 부단히 예기로부터 달아나려고(entlaufen) 한다. 이 현재, 즉 비본래적 현전화는 '달아난다'는 강조된 의미에서 그것에 속하는 예기에서 '발원한다' (entspringen). 예기로부터 달아난다는 의미에서 예기에서 발원하는 호기심의 현전화는 자신이 호기심을 가졌던 것에 몰두하기는커녕 어떤 것을 보자마자 벌써 다음 것으로 눈을 옮긴다. 포착된 특정한 가능성에 대한 예기로부터 끊임없이 달아나는 방식으로 발원하는 비본래적 현전화는 호기심의 특징 중 하나인 무정착성(無定着性, Unverweilen)을 존재론적으로 가능하게 한다.

현전화가 특정한 가능성에 대한 예기로부터 벗어나서 달아나려고 한다 하더라도, 이는 현전화가 예기로부터 분리되고 예기를 예기 자신에

게 맡기려고 한다는 것은 아니다. 예기로부터 달아나려고 하는 것은 예기의 한 탈자적 변양이며, 그것은 예기가 '벗어나서 달아나려고 하는 현전화'를 뒤따라 쫓는 방식으로(nachspringen) 일어난다. 예기는 말하자면 예기이기를 포기한다. 예기는 더 이상 고려의 비본래적 가능성들을 자신이 실현해야 할 가능성으로서 진지하게 자기에게 도래하게 하지 않는다. 그것이 도래하게 하는 것이 있다면, 그것은 맥풀어진 현전화를 위한 가능성들만을 도래하게 할 뿐이다. 예기가 '예기에서 달아나려는 현전화'에 의해 그 현전화를 뒤따라 쫓는 예기로 탈자적으로 변양되는 것이 호기심이 갖는 산만함(Zersreuung)이란 성격을 가능하게 하는 실존론적·시간적 조건이다.

뒤따라 쫓는 예기로 인해 현전화는 더욱더 현전화 자신에 내맡겨진다. 현전화는 현재를 위해 현전화한다. 그렇게 자기 자신 안에 사로잡혀 있기 때문에, 호기심이 갖는 산만한 무정착성은 무체류성(無滯留性, Aufenthaltlosigkeit)이란 성격을 갖게 된다. 현재의 이런 양상은 결의성의 순간과 정반대되는 것이다. 현재의 무체류성에서 현-존재는 도처에 있으면서 아무 곳에도 없는 반면에, 결의성의 순간에서 실존은 상황 속으로 진입하며 그때마다의 상황에서 자신의 가장 고유한 가능성을 실현한다.

현재가 비본래적일수록, 즉 현전화가 장래와 기재에 의해서 붙잡혀지지 않고 독립적으로 될수록, 현전화는 자신을 폐쇄하면서 하나의 특정한 존재가능성 앞에서 달아나지만 그럴수록 장래는 기재로 되돌아 올 수 없게 된다. 현재가 특정한 존재가능성에게서 벗어나서 달아나려고 하는 것과 함께 동시에 망각이 증대된다. 호기심이 언제나 이미 '바로 다음의 것'에 머물고 '이전 것'을 망각한다는 사실은 호기심에서 비로소 생기는 결과가 아니라 호기심 자체를 가능하게 하는 존재론적 조건이다.

유혹, 안심시킴, 자기 소외 등 제I편에서 제시된 퇴락의 성격들은 시간적 의미에서 보면, 특정한 존재가능성에서 달아나는 현전화가 자신의 탈자적 경향에 따라 현전화 자신으로부터 시숙하는 것을 의미한다.

호기심과 같은 극단적 현전화에서도 현존재는 시간적인 존재로 존재할 수밖에 없다. 즉 현존재는 예기하고 망각하면서 존재한다. 설령 현존재가 본래적 장래와 기재에 근거하는 자신의 가장 고유한 존재가능성으로부터 소외되어 있다 하더라도, 현존재는 현전화하면서 자신을 이해한다. 그러나 현전화가 끊임없이 새로운 것을 제공하는 한, 그 현전화는 현존재로 하여금 진정한 자기 자신에게로 되돌아가지 못하게 하면서 현존재를 끊임없이 안심시킨다. 그러나 이렇게 안심시키는 것은 다시 달아나는 경향을 강화한다. 아직 보지 못한 것이 무수히 많기 때문에 호기심이 유발되는 것이 아니라, 존재자들에 퇴락해 있으면서 자기 자신에게서 달아나는 현재의 시숙양식이 호기심을 유발한다. 사람들이 설령 모든 것을 다 보았다고 하더라도 끊임없이 호기심은 새로운 것을 고안해 내고 말 것이다.

(2) '현재가 자기 자신에게서 도피하는 것'을 가능하게 하는 존재론적 근거로서
　　의 유한한 시간성

'현재가 자기 자신에게서 도피하는' 시숙양상은 유한한 시간성의 본질에 근거한다. 죽음에 대해서 태도를 취하도록 내던져져 있는 현존재는 다소간 분명하게 드러나 있는 이러한 내던져져 있음에 직면해서 우선 대부분의 경우는 그것으로부터 도피한다. 현존재가 자기 자신에게서 도피하면서 자기 상실에 빠지게 되는 사태의 근원은 죽음으로 내던져진 존재를 가능하게 하는 근원적이고 본래적인 시간성 자체이다.

현존재는 세계 속에 내던져져 있고 이러한 내던져짐 속에서 본래적으로 자기를 이해하기 위해서는 내던져짐 앞에 본래적으로 직면할 수 있어야 하지만, 그럼에도 그 내던져져 있음이 존재적으로 어디에서

또 어떻게 비롯되는지는 현존재에게는 은폐된 채로 있다. 그러나 이렇게 은폐되어 있음은 무지(無知)에서 비롯된 것이 결코 아니고, 현존재의 현 사실성을 구성하고 있다. 그것은 실존이 그 자신의 비적 근거(무근거)에 내맡겨져 있다는 사실의 탈자적 성격을 함께 규정하고 있다.

그런데 세계 속에 내던져져 있음의 이 '던짐'(Wurf)은 우선은 현존재에 의해 '본래적으로' 받아들여지지 않는다. 현존재는 세계 속에 내던져져 있으면서 우선 대부분의 경우는 세계 속의 존재자들에게 마음을 빼앗기게 된다. 다시 말하면, 현존재는 세계 속에 내던져진 자로서, 고려되어야 할 존재자들에 의존하면서 그것들에 빠져서 자신을 상실하고 있다. 이렇게 '존재자들에 빠져 그것들에 의해 이끌려간다'는 실존론적 의미를 형성하는 현재는 그 자체로부터는 결코 다른 탈자적 지평을 획득하지 못한다. 현재가 결의를 통해 자기상실로부터 벗어나, 장래와 기재에 의해서 붙잡혀진 순간으로서 그때마다의 상황을 개시하고 이와 함께 죽음을 향한 존재라는 현존재의 근원적 한계상황을 개시하지 않는다면 말이다.

d 말의 시간성

이해, 심정성 및 퇴락에 의해 구성되는 현존재의 개시성은 말에 의해 분절된다. 따라서 말은 장래나 현재 혹은 기재와 같은 특정한 탈자태에서 일차적으로 시숙하는 것이 아니다. 그러나 말은 현사실적으로는 대부분의 경우 언어로 자기를 언표하고 또 우선은 '주위세계'의 존재자들을 고려하면서 언표하기 때문에, 말에서는 현전화가 주도적인 역할을 한다.

'……에 대해', '……을 향해' 말하는 것이 모두 시간성의 탈자적 통일에 근거하는 이상, 말은 그 자체로 시간적이다. 말에서 언표되는 시제(時制)는 고려의 근원적 시간성에 뿌리박고 있다. 말은 항상 존재자에 대한 것이기 때문에, 말의 시간적 성격에 대한 분석과 해명은 존재와 진리의 원칙적 연관이라는 문제가 시간성의 문제로부터 전개될 때 비로소 착수될 수 있다. 그때에는 피상적인 명제론과 판단론에서 한갓 계사(繫辭)로 간주되고 있는 '이다'의 존재론적 의미도 규정될 수 있게 된다. 말의 시간성, 즉 현존재 일반의 시간성에 입각해서 비로소 말이 갖는 의미의 성립이 구명되고, 개념 형성의 가능성이 존재론적으로 이해될 수 있게 된다.

§69. 세계-내-존재의 시간성과 세계 초월의 문제

시간성의 탈자적 통일, 즉 장래, 기재 및 현재라는 세 탈-자(脫-自)들의 통일은, 현존재가 개시성으로서의 세계 내에 존재할 수 있는 가능성의 조건이다. 세계-내-존재의 실존론적·시간적 해석은 삼중으로 고찰된다. A. 둘러보는 고려의 시간성, B. 둘러보는 고려가 눈앞의 사물에 대한 이론적 인식으로 변양될 경우 그 변양의 시간적 의미, C. 세계 초월의 시간적 문제.

a 둘러보는 고려의 시간성

현존재의 존재양식으로서의 고려와 세계 내부적인 도구적 존재자는 눈앞의 사물들처럼 단순히 함께 있는 것이 아니다. 그럼에도 이 양자 사이에는 하나의 '연관'이 성립한다. 따라서 우리가 고려의 대상을 올바로 이해할 경우에 고려하는 교섭 자체도 제대로 이해될 수 있다.

'……을 가지고 ……에 몰입해서'라는 용도의 관계성격은 하나의 고립된 도구란 존재론적으로는 불가능하다는 사실을 가리킨다. 용도의 '무엇을 위해', 즉 '어디에'를 이해하는 것은 예기(비본래적 장래)라는 시간적 구조를 갖는다. '무엇을 위해', 즉 '어디에'를 예기하면, 그러한 '어디에(예를 들어 못을 박는데)' 용도를 갖는 어떤 것(망치)으로 되돌아올 수 있다(비본래적 기재). 용도의 '어디에'를 예기하는 것은 용도의 '무엇을 가지고'를 보유하는 것과 함께, 도구를 특정한 방식으로 다루면서 '현전화'하는 것을 가능하게 한다.

그런데 이 경우 '무엇을 위해'를 예기하는 것은 단순히 목적을 '고찰하는' 것이 아니다. 예기는 '주제적으로 어떤 것을 파악한다'는 성격을 가지고 있지는 않다. 또한 어떤 용도를 갖는 것(예를 들어 망치)을 '보유한다'는 것도 어떤 것을 주제적으로 확보한다는 것, 즉 기억한다는 것을 의미하지 않는다. 아울러 존재자를 고려하는 교섭(망치를 사용하는 것)은 단지 존재자를 어떤 용도에 사용함의 '어디에'와만 관계하지 않으며 마찬가지로 '무엇을 가지고'와만 관계하는 것도 아니다. 어떤 용도에 사용함은 '예기적 보유'라는 통일에서 구성된다. '현전화'에 이미 이러한 '예기적 보유'가 개재되어 있다는 사태가 도구를 사용하는 '현전화'가 자신의 작업에 몰입하는 것을 가능하게 한다.

도구적 존재자와 그것의 참된 성격은 주제적인 지각에 의해서 나타나지 않는다. 그것의 참된 성격은 우리가 그것을 주제적으로 의식하지 않고 사용하는 가운데 드러난다. 그러나 이러한 도구적 존재자들 전체에서 어떤 것이 특별히 부각된다면 그것과 함께 도구적 존재자들 전체가 그 자체로서 함께 부각될 수 있다. 다시 말해서 '예기하면서-보유하는 현전화'는 어떤 도구가 고장이 나게 되면서 순조롭게 행해지지 않을 수 있다. 그러나 현전화는 이렇게 '……에 부적합한 것'과 마주칠 수 있지만 이것은 현전화가 '어디에 용도를 갖는 어떤 것'을 이미 예기하고 보유하고 있는 한에서만 가능하다. 도구가 고장이 나서 현전화가 순조롭게 행해지지 않을 때, 현전화는 예기하고 보유하는 것과 하나가 되어서 더욱더 현전화 자신에 몰두하면서 고장을 점검하고 제거하려고 하는 것이다.

존재자에 대한 고려가 단지 지금이라는 시점들의 연속이라는 통속적 시간 속에서 일어나는 체험들의 연속에 불과하다면 그것들이 아무리 긴밀하게 연결되어 있다 하더라도, 그것이 사용 불가능한 것으로서 자신을 특별히 부각시키는 도구를 나타나게 하는 것은 존재론적으로는 불가능할 것이다. 존재자에 대한 고려가 '예기하면서-보유하는-현전화'라는 탈자적 통일에 근거할 경우에만 그것은 어떤 존재자를 어떤 용도에 부적합한 것으로서 드러낼 수 있는 것이다.

그 다음에, '결여물'(欠如物), 즉 당장 필요하지만 '존재하지 않는 도구'는 어떻게 확인될 수 있는가? 그것은 '애석하게도 그것이 없다'는 사실을 발견하는 식으로 둘러봄에 의해서 발견된다. '애석하게도 그것이 없다'는 사실을 발견하는 것도 현전화의 한 방식이며, 기대되는 어떤 것을 현전화하지 못하고 있다는 의미에서 현재의 결여적 양상이다. 만일 둘러보면서 어떤 용도에 사용함이 고려할 대상을 이미 예기하지 않았고 또한 그 예기가 현전화와 함께 시숙하지 않았다면, 현존재는 어떤 것이 결여되어 있다는 사실을 결코 발견하지 못할 것이다.

반대로 어떤 것에 의해 당혹스럽게 될(Überraschtwerden) 가능성의 근거는 어떤 도구적 존재자를 예기하면서 현전화할 때 그것과 가능한 용도 연관을 맺고 있는 다른 도구적 존재자를 전혀 예기하지 않은 데 있다. 이러한 '예기하지 않음'이 당혹스러운 것이 현존재를 엄습할 수 있는 지평을 제공한다.

고려하는 교섭이 제작하는 것으로도 또 예방하고 격리하고 막는 것으로도 어찌지 못하는 것은 극복하지 못하는 것으로서 드러난다. 고려는 포기하면서 그것을 받아들이게 된다. 그러나 이렇게 포기하는 식의 수용도 존재자를 둘러보면서 나타나게 하는 현전화의 한 양상이다. 그렇게 포기하는 식으로 수용하는 발견을 근거로 해서, 고려는 불편한 것, 거슬리는 것, 방해되는 것, 위험한 것, 저항하는 것을 발견할 수 있다. 그렇게 포기하는 식의 수용이 갖는 시간적 구조는 '예기하고-현전화하면서-보유하지 않음'에 있다. 그러한 예기적 현전화는 존재자를 자신의 삶에 방해가 되는 것으로 보지만 현존재가 적절하게 처리할 수 없는 것으로 보는 것이다. 사람들이 그렇게 의지할 수 없는 것은 망각되는 것이 아니라 보유되며, 그렇게 부적합한 것으로서 우리에게 나타난다. 그러한 도구적 존재자들은 현사실적으로 개시되어 있는 주위세계의 일상적 사태에 속해 있다.

저항하는 것이 고려의 탈자적 시간성을 근거로 해서 발견되는 한에서만, 현사실적 현존재는 자신이 결코 지배할 수 없는 어떤 세계에 내맡겨져 있다는 사실을 알 수 있다. 고려가 일상적으로 불가결한 중요한 일들에 제한된다 하더라도, 그러한 고려는 순수한 현전화가 아니라 예기적 보유에서 비롯되는 것이며 이러한 예기적 보유를 근거로 하여 현존재는 하나의 세계 내에 존재한다. 이 때문에 현사실적으로 실존하는 현존재는 언제나 이미 어떤 방식으로든 낯선 〈세계〉도 잘 알고 있는 것이다.

b 둘러보는 고려가 세계 내부적 존재자에 대한 이론적 인식으로 변양될 경우, 그 변양의 시간적 의미

하이데거는 이제 존재자에 대한 실천적 고려에서 존재자를 이론적으로 고찰하는 태도가 어떻게 발생하는지를 탐구하려고 한다. 이론적 태도의 존재론적 발생에 대해서 하이데거가 물을 경우 그는 '현존재가 학문적인 연구를 하는 것을 가능하게 하는 실존론적인 조건들은 무엇인가'를 묻고 있다. 이러한 물음은 학문에 대한 실존론적 개념을 확보하는 것을 목표로 하고 있다. 학문에 대한 이러한 실존론적 개념은 학문을 그것의 성과에 입각하여 타당한 명제들의 정초연관으로 규정하는 논리적 개념과는 구별된다. 실존론적 개념은 학문을 실존의 한 존재방식으로서 이해하며 따라서 존재자 또는 존재를 발견하거나 개시하는 세계-내-존재의 양상으로서 이해한다.

(1) 과학적 탐구의 발생

인간은 다른 존재자들과 인간들로부터 고립된 채로 존재하는 것이 아니라 그것들과 항상 관계하면서 존재한다. 우리는 근대의 합리주의적인 인식론에서 주장하는 것처럼 객체에 대한 선험적인 인식을 가지면서도 객체와 무관하게 존재하는 독립적인 의식도 아니며, 경험주의적인 인식론에서 주장하는 것처럼 존재자들로부터 우선 순수한 감각자료들을 받아들이고 그것에 주관적인 의미를 부여하는 식으로 존재자들과 관계하는 존재도 아니다. 근대의 합리주의적인 인식론이나 경험주의적인 인식론은 양자 간에 존재하는 차이에도 불구하고 양자가 인간의 세계-내-존재적인 성격을 간과하면서 인간을 존재자들로부터 독립된 고립된 주체라고 보는 점에서는 동일하다.

우리가 존재자들과 관계할 때 우선적으로 접하는 것은 감각자료가 아니라 망치나 자전거 그리고 친구나 스승 등과 같은 존재자 자체다. 그리고 우리는 우선 그것들을 눈앞의 객체로서 관찰하는 방식으로 그것들과 접하는 것이 아니라 망치나 자전거를 사용하고 친구나 스승과 악수하고 대화하는 방식으로 그것들과 관계한다. 존재자에 대한 이러한 실천적 교섭으로부터 존재자에 대한 과학적인 탐구는 어떻게 해서 발생할 수 있는가? 사람들은 보통 존재자에 대한 과학적 탐구는 존재자들에 대한 실천적 교섭이 중단되는 것을 통해서 생긴다고 생각하기 쉽다. 그러나 존재자에 대한 과학적 탐구는 그것에 대한 실천적인 교섭을 중단하고 그것을 단순히 관찰함으로써 성립되는 것은 아니다.

존재자에 대한 실천적인 교섭을 중단하고 존재자를 관찰하는 것은 그동안 수행된 것을 점검하는 것일 수 있다. 그러나 이 경우 관찰은 사용되고 있는 도구나 실천적 상황에 사로잡혀 있으며 다음의 실천적 교섭이 순조롭게 진행되게 하기 위해서 행해진다. 아울러 과학적인 탐구의 특성을 존재자들과의 실천적인 교섭의 중단이나 결여에 있다고 보는 견해는 과학적 탐구 자체에도 특유의 실천이 존재한다는 사실을 고려해 볼 때 타당하지 않은 견해라는 것이 밝혀진다. 예를 들면 어떤 것을 현미경으로 관찰하기 위해서는 표본제작이 필요하다. 존재자들과의 일상적인 실천적 교섭과 과학에서 이루어지는 모든 종류의 실천적인 작업은 후자가 존재자에 대한 순수한 관찰과 탐구를 위해서만 행해진다는 점에서 차이가 있다.

존재자에 대한 과학적인 관찰과 탐구는 존재자에 대한 실천적인 교섭에서 이루어지는 관찰이나 조사와는 전적으로 성격을 달리한다. 존재자에 대한 실천적인 교섭에서 이루어지는 존재자에 대한 이해는 이러한 존재자들이 도구적인 존재자들로서 서로 맺고 있는 목적과 수단의 연관 전체에 대한 이해에 근거한다. 따라서 존재자들에 대한 실천적 교섭에서 행해지는 존재자에 대한 이해는 고려(Überlegung)의 방식으로 행해진다. 이러한 고려는 '이러한 목적을 성취하기 위해서라면 어떠한 것이 필요하다'는 형식을 띤다.

실천적인 교섭의 차원에서 행해지는 관찰이나 조사도 이러한 실천적인 고려의 성격을 띠며 그것은 주위세계 내에서 현존재가 현재 어떠한 상황에 있는지를 드러내는 것을 목표한다. 따라서 그것들은 어떤 존재자가 갖고 있는 객관적인 성질을 확인하는 것이 아니다. 예를 들어 우리는 망치를 사용하면서 '이 망치는 너무 무겁다'거나 '너무 가볍다'고 말할 수 있다. 이때 그 말은 '이 망치는 사용하기 너무 힘이 들거나', '너무 가벼워서 굵은 못을 박기에는 부적합하다'는 것을 의미한다.

그러나 '이 망치는 무겁다'는 말은 단순히 그것이 중량, 즉 무게라는 성질을 가지고 있다는 것을 의미할 수 있다. 달리 말해서 '그것은 그것이 올려져 있는 받침대에 압력을 가하고 있어서 받침대를 제거하면 낙하하는 성질을 갖는다'는 사실을 의미할 수도 있다. 이때 그 말은 도구를 사용하는 삶의 맥락에서 사용된 것이 아니라 '어떤 질량을 갖는 존재자 그 자체에게 고유하게 속하는 것'을 주목하는 데서 비롯된 것이다. 이때 주시되고 있는 것은 작업도구로서의 망치에 고유한 것이 아니라 중력법칙의 적용을 받는 물체로서의 망치에 고유한 것이며 이 경우 망치가 가지고 있는 도구적인 성격은 의의를 상실하고 만다.

'망치가 무겁다'는 물리학적 진술에서는 망치의 도구적인 성격이 사상되고 있을 뿐 아니라 모든 도구적인 존재자가 생활세계에서 갖는 고유한 '자리'도 사상된다. 망치는 그것을 사용하는 삶의 전체적인 연관에서 사용하기 적합한 곳에 두어져야만 한다. 그것에게는 그것이 놓여야 할 적당한 자리가 존재한다. 그러나 망치가 물리학적 진술의 대상이 될 때 망치가 놓이는 자리는 다른 자리와 비교해서 아무런 특징도 갖지 않는 공간상의 한 위치가 되고 만다. 생활세계의 필요에 따라서 정해지는 도구들의 자리들은 그러한 생활세계적인 의미를 상실하고 우주공간 내의 순수한 위치들로 변양된다.

아울러 생활세계의 목적과 필요에 따라서 요청되는 존재자들에만 관심이 집중되는 것이 아니라 이제는 일체의 눈앞의 존재자들이 주제가 된다. 즉 망치가 당장 관찰의 주제가 되더라도 그것은 중력의 법칙이 보편적으로 적용되는 물체들 전체의 한 사례로서 주제가 되고 있을 뿐이다. 이렇게 존재자가 더 이상 도구로서 이해되지 않고 물리학적인 탐구의 대상이 됨으로써 우리가 일상적으로 거주하는 생활세계의 한계가 철폐된다. 생활세계의 한계가 철폐되는 것과 동시에 과학적 고찰의 대상이 되는 것들의 영역의 한계가 확정된다. 우리는 과학적 고찰의 대상이 되는 것은 도구적인 것(das Zuhandene)이 아니라 눈앞의 것(das Vorhandene)으로 존재하며, 이러한 눈앞의 것이 갖는 존재에 대한 이해와 근본규정들이 사태에 적합하게 형성될수록 과학적 탐구는 그만큼 더욱 확실하게 행해질 수 있음을 알게 된다.

(2) 개별 과학이 탐구하는 영역의 기본개념들을 확정하는 것으로서의 주제화

하이데거는 과학이 성립되는 이러한 과정을 가장 전형적으로 보여 주는 것이 수리물리학이라고 본다. 수리물리학은 '사실'에 대한 관찰을 종래보다 더 존중함으로써 성립했던 것도 아니며 자연현상을 파악하는 데 수학을 적용함으로써 성립했던 것도 아니다. 수리물리학은 자연 자체를 수학적으로 계산될 수 있는 물리적인 자연과 그것의 구성계기들, 즉 운동, 힘, 장소, 시간으로 기투함(Entwerfen)으로써 성립한다. 이렇게 기투된 자연의 '빛 속에서' 비로소 수리물리학이 파악하는 물리적인 '사실'과 같은 것이 발견될 수 있다. 존재자는 이러한 선행적인 기투를 통해서 개시된 지평 내에서만 자신을 드러내며, 이러한 선행적인 기투에서 독립해 있는 '순수한 사실'이란 없다.

물리적 자연이라는 특정한 존재영역에 대한 선행적인 기투에서 보는 것처럼 특정한 존재영역과 그러한 존재영역에 부합되는 기본개념들을 확정하는 것을 하이데거는 주제화(Thematisierung)라고 부르고 있다. 이러한 주제화가 목표하는 것은, 존재자가 생활세계적인 관심과 무관한 순수한 탐구의 객체로 드러날 수 있도록 그것을 개현하는 것이다. 즉 주제화는 존재자가 객관적으로 탐구될 수 있고 규정될 수 있도록 그것을 개현한다.

우리가 삶의 어떤 목적을 수행하기 위해서 어떤 도구를 사용하는 것

도 하이데거는 현전화(Gegenwärtigung)라고 부르고 있지만, 과학은 특별한 종류의 현전화다. 그것은 도구사용의 현전화와는 달리 생활세계의 특수한 목적을 실현하는 것을 목표하는 것이 아니라 존재자를 그 자체로서 드러내는 것을 목표한다. 그것은 진리를 파악하려는 현존재의 결단에 근거하는 것이다.

위에서 보는 바와 같이 하이데거는 과학의 발생을 존재자들에 대한 구체적인 탐구에 선행해서 존재자들이 속하는 특정한 존재영역의 근본성격을 사태에 적합하게 개시하는 데에서 찾고 있다. 아울러 그는 개별과학의 엄밀성은 각 존재영역의 사태에 적합한 근본기투를 행하고 그러한 근본기투에 따라서 철저하게 탐구를 수행하는 데서 성립한다고 본다.

이런 의미에서 하이데거는 개별 과학의 참된 진보는 개별 과학이 자신의 탐구성과를 수집하고 정리함으로써 이루어지는 것이 아니라 사태에 대한 증대하는 지식과 함께 일어날 수 있는 각 존재영역의 근본구조에 대한 새로운 문제제기를 통해서 일어난다고 본다. 즉 과학의 발전은 각 존재영역의 존재를 개시하는 기본개념들의 근본적인 수정을 통해서 일어난다는 것이다. 기본개념들이란 대상들에 대한 구체적인 탐구에 선행하여 그러한 대상들이 속하는 존재영역을 개시하면서 대상들에 대한 탐구를 주도하는 규정들이다. 과학의 발전은 이러한 기본개념들을 사태에 맞게 정초해 나감으로써 일어난다.

주제화는 존재자를 비로소 정립하는 것이 아니라, 존재자가 객관적으로 물어질 수 있고 규정될 수 있도록 그 존재자를 개현하는 것이다. 세계 내부적인 눈앞의 사물들을 객관화하는 것은 탁월한 현전화라는 성격을 가지고 있다. 이러한 '탁월한 현전화'가 특히 둘러봄의 현전화와 구별되는 것은 그것이 오직 눈앞의 사물들을 그것들이 있는 그대로 발견하는 것만을 예기한다는 점에 있다.

눈앞의 사물의 발견의 예기는 실존적으로는 현존재의 결의성에 근거하는바, 이러한 결의성에서 현존재는 진리 안에 존재하는 상태를 향해 자신을 기투한다. 이러한 기투가 가능한 것은 '진리-내-존재'가 현존재의 실존규정을 이루기 때문이다. 과학의 근원이 본래적 실존에서 비롯된다는 것에 대해서 하이데거는 더 이상 고찰하지 않고 있다. 지금 중요한 것은, 세계 내부적 존재자의 주제화는 현존재의 근본구조인 세계-내-존재를 전제한다는 사실과 그 방식을 이해하는 것뿐이다.

눈앞의 사물들의 주제화, 즉 자연의 과학적 기투가 가능하기 위해서는 현존재가 주제화되는 존재자를 초월하지 않으면 안 된다. 달리 말해서 현존재는 주제화 이전에 그 존재자들의 존재를 이해하고 있어야만 한다. 존재자들을 넘어서 그것들의 존재를 이해하는 초월은 존재자들을 단순히 객관적으로 고찰하는 것에 의해서 성립하는 것이 아니다. 오히려 객관화가 초월을 전제한다. 그러나 세계 내부적인 눈앞의 사물들의 주제화가 둘러보면서 발견하는 고려의 한 전환이라면, 도구적 존재자들에 몰입하는 실천적 존재의 근저에 이미 현존재의 초월이 놓여 있지 않으면 안 된다. 즉 현존재는 도구적인 존재자들에 몰입하는 실천적 삶에서도 이미 존재를 이해하고 있지 않으면 안 된다.

이러한 존재이해는 중립적일 수도 있다. 그것에서는 아직 도구적 존재와 눈앞의 존재가 구분되어 있지도 않으며 존재론적으로는 더구나 파악되지도 않고 있다. 그러나 현존재가 도구를 사용하기 위해서는 현존재는 비주제적일망정 용도라든가 하는 것을 이해하고 있지 않으면 안 된다. 즉 현존재에게는 하나의 세계가 개시되어 있지 않으면 안 된다. 현존재는 본질상 세계-내-존재로서 실존하고 있기 때문에 세계는 현존재의 현사실적 실존과 함께 이미 개시되어 있는 것이다. 이러한 세계의 개시와 함께 이미 그것에 속하는 존재자들의 존재가 개시되어 있고 현존재에게 이해되고 있다. 그리고 현존재의 존재, 즉 마음씀이 시간성에 근거한다면 시간성은 세계-내-존재를 가능하게 하며 현존재의 초월, 즉 존재이해를 가능하게 한다. 아울러 초월은 초월대로, 세계 내부적 존재자에 몰입해서 이론적으로든 실천적으로든 존재자들을 고려하는 존재를 떠받치고 있다.

c 세계 초월의 시간적 문제

세계가 현존재와 통일된 방식으로 존재하는 것은 존재론적으로 어떻게 해서 가능한가? 현존재가 세계-내-존재로서 실존할 수 있기 위해서는 세계는 어떤 방식으로 존재해야 하는가?

현존재는 자신이 실현해야 할 존재가능성을 기투하는 방식으로 실존하면서도 내던져져 있으며 그렇게 내던져진 자로서 존재자들에 의존한다. 현존재는 존재자들을 필요로 한다. 현존재가 현사실적으로 실존하는 한, 그는 자신이 추구하는 삶의 궁극적 가능성인 '궁극목적' 및 그때마다의 '목적'과의 연관하에서 자기를 이해한다. 실존하는 현존재가 자기를 이해하는 터전인 세계는 그의 현사실적 실존과 함께 개시되어 있다.

세계가 현존재의 존재와 긴밀하게 통일되어 있는 한, 세계의 존재론적 구조에 해당하는 유의의성의 통일도 시간성에 근거하지 않으면 안 된다. 세계를 가능하게 하는 실존론적·시간적 조건은 탈자적 통일로서의 시간성이 지평과 같은 것을 갖는다는 데 있다. 장래, 기재, 현재라는 탈자태는 그것들이 향하는 '어디로'(行方)가 속한다. 탈자태의 이 '어디로'를 하이데거는 지평적 도식이라고 부르고 있다. 탈자적 지평은 세 탈자태에 있어서 제각기 다르다.

본래적이든 비본래적이든 현존재가 장래적으로 자기를 향해 도래하는 도식은 '자기를 위해'(Umwillen)라는 궁극 목적이다. 현존재는 이러한 궁극목적으로부터 자기를 향해 도래한다. 현존재가 내던져진 자로서 심정성 속에서 자기 자신에게 개시되는 도식은 내던져져 있음이 직면하는 그것(Wovor) 또는 내맡겨지는 '거기'(Woran)이다. 이것은 기재의 지평적 구조를 형성한다. 현존재는, 내던져진 자로서 자기 자신에 내맡겨진 채 자기 자신을 궁극목적으로 하여 실존하면서 '존재자들에 몰입해 있는' 방식으로 동시에 현전화하고 있다. 현재의 지평적 도식은 위하여(Um-zu)에 의해 규정되어 있다.

장래, 기재 및 현재의 세 지평적 도식의 통일은 시간성의 탈자적 통일에 근거한다. 장래의 지평에서는 항상 현존재가 실현해야 할 존재가능성이 기투되어 있고, 기재의 지평에서는 '이미 있음'이 개시되어 있으며, 현재의 지평에서는 고려되는 존재자들이 발견되어 있다. 세 탈자태가 가지고 있는 세 도식의 지평적 통일이 이와 같이 '궁극 목적'과 이를 실현하기 위한 '위하여'와의 근원적 연관을 가능하게 한다. 요컨대, 시간성의 탈자적 통일의 지평적 틀을 근거로 해서 현존재에게는 세계가 개시되는 것이며 이러한 세계는 현존재와의 긴밀한 통일 속에 존재하는 것이다. 세계는 눈앞에 존재하지도 않고 도구적으로 존재하지도 않으며 시간성 속에서 시숙한다. 세계는 세 탈자태의 '탈-자'와 함께 존재하며 현존재가 실존하지 않는다면 어떤 세계도 존재하지 않는다.

세계는 탈자적 시간성의 지평적 통일에 근거하고 있기 때문에 초월적인 성격을 갖는다. 즉 세계는 존재자들에 근거하는 것이 아니라 존재자들이 나타나는 것을 가능하게 한다. 세계 내부적 존재자가 세계 안에서 나타날 수 있기 위해서는 그 세계는 이미 탈자적으로 개시되어 있지 않으면 안 되는 것이다. 세계 내부적 존재자가 이미 개시되어 있는 세계 내에서 발견된다는 사실은 현존재가 마음대로 할 수 있는 것이 아니다. 현존재가 그때그때 무엇을, 어느 방향으로, 어느 만큼, 어떻게 발견하고 개시하느냐 하는 것만이——어디까지나 현존재의 내던져져 있음의 한계 내에서지만——현존재의 자유에 속하는 사항이다.

위와 같은 의미에서 세계는 어떤 객관이 현존재의 외부에 존재할 수 있는 것보다 어떤 의미에서는 훨씬 더 외부에 존재한다. 세계의 초월의 문제는 '주관이 어떻게 자기를 벗어나서 객관에 도달하게 되는가'라는 식으로 물어져서는 안 된다. 그런 식의 물음에서는 객관의 총체가 세계와 동일시되고 있다. 오히려 우리는 '존재자가 세계 내부적으로 나타나고 또 그렇게 나타나는 것으로서 객관화되는 것을 존재론적으로 가능하게 하는 것은 무엇인가?'라고 물어야 한다. 이러한 물음에 대해서 우리는 탈자적·지평적으로 정초된 '세계의 초월'을 제대로 파악할 경우에만 해답을 얻게 된다. 주관이 실존하는 현존재로서 존재론적으로 파악되고 이러한 현존재의 존재가 시간성에 근거한다면 '세계는 주관적이다'라고 말하지 않을 수 없다. 그러나 그때 이러한 주관적 세계는 시간적·초월적 세계로서 모든 가능한 객관보다 더 객관적으로, 다시 말해서 객관들이 그렇게 객관적으로 나타나는 것을 가능하게 하는 것으로서 존재한다.

§70. 현존재적 공간성의 시간성

공간성도 역시 시간성과 마찬가지로 현존재의 근본 규정성을 형성하고 있다. 따라서 지금까지의 실존론적·시간적 분석은 현존재의 공간성에 이르러 한계에 부딪히는 것 같다.

현존재의 존재방식들은 존재론적으로는 오직 시간성을 근거로 해서 가능하다. 그렇다면 현존재의 특수한 공간성도 시간성에 근거하지 않으면 안 된다. 그러나 이러한 공간성이 실존론적으로 시간성에 의해서만 가능하다는 것을 입증하는 것은, 공간을 시간으로부터 연역하든가 그것을 순수한 시간으로 해소하는 것일 수는 없다. 현존재의 공간성이 존재론적 정초라는 의미에서 시간성에 의해 포괄된다 하더라도, 이것은——아래에서 밝혀질 연관에서 보듯이——칸트가 말하는 '공간에 대한 시간의 우위'와도 다르다.

칸트는 '공간' 안에 존재하는 물리적인 사물에 대한 경험적 표상이 심리적 현상으로서 '시간 안에서' 나타나며 이와 함께 물리적인 사물이 간접적으로 시간 안에서 출현한다고 말하고 있다. 그러나 공간에 대한 칸트의 이러한 해석은 공간에 대한 실존론적·존재론적 해석이 아니다. 그것은 경험적인 표상들이 심리적인 눈앞의 존재자로서 시간 안에서 잇달아 나타나는 것을 확인하는 것에 지나지 않는다.

실존론적·분석적으로 물어져야 할 것은 현존재적인 공간성을 가능하게 하는 시간적 조건이지만, 그러한 현존재적 공간성은 세계 내부적 공간의 기초가 되고 있다. 이러한 사실을 분석하기에 앞서서 우리는 1편에서 행해졌던 현존재의 공간성에 대한 분석을 상기해야 한다. 현존재는 '현사실적으로 퇴락한 상태로 실존한다'는 의미에서 마음씀으로서만 공간적으로 존재할 수 있다. 현존재는 실로 다른 존재자들과 마찬가지로 공간을 차지하고 있다. 그러나 그는 그 경우 결코 육체가 채우고 있는 공간의 한 부분 속에 눈앞의 사물처럼 존재하는 것은 아니다.

현존재는 실존하면서 항상 이미 어떤 활동 공간을 자신에게 열고 있다(einräumen). 현존재는 자신이 있는 자리(Platz)를, 자신이 연 공간으로부터 자신이 차지하고 있는 자리로 복귀하는 방식으로 규정한다. 이렇게 현존재가 있는 자리는 자신이 이미 기투한 주위세계의 공간에서 정해지기 때문에, 현존재는 항상 자신이 있어야 할 적절한 자리를 찾게 되며 그러한 적절한 자리에 있지 않는 사람에 대해서는 왜 그 자리에 있는지를 물을 수도 있다. 현존재의 공간성은 전통철학에서처럼 인간이 정신 외에 육체를 가짐으로써 불가피하게 갖게 되는 '불완전성'이라고 해석되어서도 안 된다. 현존재는 도리어 정신적인 존재이기 때문에 그리고 오직 그 때문에만, 연장을 갖는 물리적 사물에게는 불가능한 방식으로 공간적으로 존재할 수 있다.

그런데 1편에서 본 것처럼 현존재는 '방향을 엶'과 '거리-제거'에 의해 자신에게 공간을 연다. 현존재는 일차적으로 '자신에게 방향을 열면서' 방역(方域)과 같은 것을 발견하는 방식으로 공간을 연다. 방역이라는 표현으로 우리가 의미하는 것은 각각의 도구적 존재자들이 주위세계에서 자리할 영역, 즉 그것들이 귀속되어야 할 '어디로'이다. 도구를 발견하고 다루고 옮겨 놓고 치운다고 하는 모든 일에는 이미 방역이 발견되어 있다. 그렇게 도구들이 어떤 방역에 귀속되어 있다는 것은 용도와 본질적 관계를 맺고 있으며, 그것은 고려되는 도구들의 용도 연관에 입각해서 결정된다. 그런데 이러한 용도 연관은 개시된 세계의 지평에서만 이해될 수 있다. 이러한 세계지평에 의해서 도구들이 귀속되는 방역인 '어디로'라는 특수한 지평도 가능하게 된다.

이와 같이 현존재는 자신에게 공간을 열지만 이렇게 공간을 여는 것은 현존재의 시간성을 근거로 해서 가능하다. 현존재가 자신에게 방향을 열면서 방역을 발견하는 일은 도구적인 존재자들이 속하게 될 '여기로'와 '저기로'를 탈자적으로 '보유하면서 예기하는' 데 근거한다. 현존재가 자기에게 공간을 여는 것은, 방향을 열면서 방역을 예기하는 것이고 이것과 등근원적으로 도구적 존재자들과 눈앞의 사물들을 가까이하는 것(거리-제거)이다. 미리 발견된 방역에 입각해서 고려는 거리를 제거하면서 가장 가까운 것으로 되돌아온다(보유). 가까이하는 것 그리고 거리를 제거당한 세계 내부적 도구적 존재자들에서 거리를 짐작하고 측정하는 것은 현전화에 근거한다.

현존재는 시간성으로서 그 자체 탈자적·지평적으로 존재하기 때문에 이미 열려 있는 공간 안에 존재할 수 있다. 우리가 그때마다의 현사실적 처지나 상황에서 '여기'라고 말할 경우 그것은 눈앞에 존재하는 어떤 공간위치를 의미하지 않고 방향 엶과 거리-제거에 의해 열린 활동 공간, 즉 가장 가까이에서 고려되는 도구들 전체의 권역(圈域)을 의미한다.

현존재가 일에 몰두하면서 존재자들을 다루고 사용하는 것은 가까이함에 의해서 가능하게 되지만, 그렇게 '가까이함' 속에서 고지되는 것은 마음씀의 본질적 구조의 하나인 퇴락이다. 퇴락의 실존론적·시간적 구성의 특징은, 퇴락과 '현재적으로' 기저지어진 '가까이함'에서는 예기적 망각이 현재를 뒤쫓는다(nachspringen)는 것이다. 어떤 것을 그것이 점하고 있는 저기로부터 이쪽으로 가까이하면서 현전화할 경우, 그러한 현전화 작용은 '저기'를 망각하면서 자기 자신에 몰두하게 된다. 따라서 세계 내부적 존재자에 대한 관찰이 그러한 현전화에서 시작하게 되면, 우선 하나의 사물이 어떤 공간 일반 속에 무규정적으로 있는 것 같은 가상이 생기게 된다.

오직 탈자적·지평적 시간성을 근거로 해서만 현존재는 공간 안으로 진입할 수 있다. 세계는 공간 속에 눈앞의 존재자처럼 있는 것이 아니다. 오히려 공간은 세계 내에서만 발견된다. 현존재적 공간성의 탈자적 시간성이야말로 다름 아닌 '시간으로부터의 공간의 독립성'을 이해할 수 있게 하지만 역으로 '공간에 대한 현존재의 의존성'도 이해할 수 있게 한다. 이러한 의존성은 잘 알려진 현상, 즉 현존재의 자기 해석과 언어 일반이 공간적 표상들에 의해 광범위하게 지배되고 있다는 현상에서 명백하게 드러나 있다.

공간적인 것은 현존재의 자기 해석과 언어 일반에서 이렇게 우위를 점하고 있지만 이러한 우위의 근거는 공간이 갖는 어떤 특수한 힘에 있지 않고 현존재의 존재양식에 있다. 현존재는 우선 대부분의 경우 퇴락한 상태로 존재하기 때문에, 시간성은 현전화작용 속에서 자신을 상실하면서 자신을 자신이 고려하는 도구적 존재자로부터 이해한다. 그뿐 아니라 시간성은 현전화작용 속에서 고려되는 도구적 존재자에게서 나타나는 공간적 관계들로부터 일반적으로 이해된 것과 해석 가능한 것을 분절하기 위한 실마리를 이끌어 낸다.

§71. 현존재의 일상성의 시간적 의미

일상성이란 일차적으로는 평생 동안 현존재를 일관해서 지배하는 어떤 특정한 실존방식을 의미한다. 하이데거는 이제까지의 분석에서 자주 '우선 대부분의 경우'라는 표현을 사용하였다. '우선'은 현존재가 공공성이라는 상호성에서 존재하는 방식을 의미한다. '대부분의 경우'란 현존재가 '항상 반드시'는 아니지만 통상적으로 자신을 드러내 보이는 방식을 가리킨다.

일상적인 실존방식에는 습관 속에 안주하는 것이 속한다. 비록 습관이 부담스럽고 성가신 일을 강요한다 할지라도, 일상적 고려가 예기하는 '내일의 일'은 항상 '어제의 일'이다. 일상성은 현존재가 세상 사람을 자신이 본 받아야 할 '영웅'으로서 자각적으로 선택하지 않았을 때에도 현존재를 규정한다.

일상성은 현존재의 하나의 실존방식으로서 각각의 현존재에게 많든 적든 숙지되어 있지만, 빛바랜 무기분이라는 심정성을 통해 숙지되어 있다. 현존재에 대한 현사실적 해석에서 이러한 일상성은 존재적으로는 너무나 잘 알려져 있어서 우리의 주목을 끌지 못하지만, 이러한 일상성도 실존론적·존재론적으로는 수수께끼로 가득 차 있다.

하이데거는 자신이 지금까지 행한 현존재 분석은 어떤 처지와 상황 속에서의 현존재만을 분석했다고 보면서 그 결과 현존재가 계속되는 나날들 속에 '시간적으로' 펼쳐져 있다(erstreckt)는 사실을 경시한 것은 아닌가라는 의문을 제기하고 있다. 일상성의 단조로움과 습관, 어제처럼 오늘도 또 내일도, 대부분의 경우 등은 현존재가 시간적으로 펼쳐져 있다는 사실로 소급하지 않고는 이해될 수 없는 것이다.

아울러 실존하고 있는 현존재에게는 계속되는 나날 속에서 항상 시간을 계산하며 그러한 계산은 천문학에 의해서 계산된 달력에 따라서 행해진다는 사실도 속한다. 따라서 일상적 삶에서 고려되는 시간계산을 '현존재의 시간성'에 대한 해석에서 고려할 경우에야 비로소 우리는 일상성 자체의 존재론적 의미를 제대로 파악할 수 있다.

현존재가 일상성을 소멸시키지는 못한다 하더라도 지배할 수는 있는 것은 오직 순간(Augenblick)에 진입할 때뿐이다.

5장 시간성과 역사성

§72. 역사문제의 실존론적·존재론적 제시

하이데거는 2편에 들어와서 현존재의 존재인 마음씀의 의미를 시간성으로 드러내기 위해서 현존재의 '전체 존재'를 분석했다. 이러한 '전체 존재'를 분석하기 위해서는 '전체 존재' 자체가 먼저 개시되어 있어야만 한다. 하이데거는 이러한 '전체 존재'는 현존재가 각 개인으로 존재하는 이상 항상 그 개인의 죽음과 함께 주어진다고 보았다. 그런데 하이데거는 현존재의 역사성을 분석하는 지점에 와서 과연 현존재의 죽음과 함께 현존재의 전체 존재가 확보되는가라는 물음을 다시 제기한다. 하이데거 특유의 용어로 표현하자면, '현존재의 전체는 그의 본래적 전체 존재라는 점에서 실제로 실존론적 분석의 예지 속에 들어와 있는가'라고 그는 묻고 있는 것이다.

하이데거가 이렇게 묻는 이유는 현존재의 전체 존재를 확보해 주는 것으로 간주되었던 죽음은 현존재의 전체성을 경계 짓고 있는 하나의 끝에 불과하기 때문이다. 현존재의 전체성을 경계 짓고 있는 다른 한쪽의 끝은 시작, 즉 탄생이다. 탄생과 죽음 사이에 걸친 현존재의 존재야말로 우리가 찾고 있는 전체라고 해야 할 것이다. 이 점에서 하이데거는 지금까지의 현존재 분석은 일면적이었다고 말하고 있다. 현존재는 말하자면 앞을 향해서 실존할 뿐 기재적인 것은 모두 자기 뒤에 방치해 두는 그런 자로서만 주제화되었다. '시작을 향한 존재'(das Sein zum Anfang), 즉 탄생뿐 아니라 무엇보다도 탄생과 죽음 사이의 현존재의 펼쳐짐(Erstreckung)이 주목되지 못했다.

그런데 탄생과 죽음 사이의 생의 연관을 특징짓는 것보다 더 단순한 일은 없을 것 같다. 그러한 생의 연관은 보통 '시간 속에서 체험들이 잇달아 일어남'으로서 특징지어진다. 그러나 생의 연관에 대한 이러한 특징 지음을 규정하는 존재론적 선입견을 끝까지 추적하게 되면 기묘한 결과에 부딪히게 된다. 잇달아 일어나는 체험들에서는 '그때마다의 지금'이란 시점에 존재하는 체험만이 현실적으로 있다. 이에 반해 지나가 버렸거나 다가올 체험은 이미 현실적으로 존재하지 않거나 아직 현실적으로 존재하지 않는다. 현존재는 탄생과 죽음이라는 자기에게 부여된 두 한계 사이의 시간을 통과하는데, 이 경우 현존재는 항상 '지금'이란 시점에서만 현실적으로 있으므로 '일생 동안 자신에게 주어진 지금이라는 시점들'을 통과하는 셈이 된다. '현존재는 시간적으로 존재한다'고 말할 때 사람들은 보통 위와 같은 의미로 말한다.

그러나 지금이라는 시점에 존재하는 체험들의 끊임없는 변화에도 불구하고 현존재의 '자기'는 어떤 '자기동일성'(自己同一性)을 유지하고 있다. 이렇게 지속적으로 존재하는 것과 체험들의 변화 사이의 관계를 어떻게 규정해야 하는가에 대해서는 여러 의견이 존재한다. 따라서 지속하면서 변화하는 체험들의 연관이 갖는 존재 성격은 규정되지 않은 채로 남아 있다.

생의 연관을 위와 같은 방식으로 특징지을 때, 사람들은 시간 속에 존재하는 어떤 눈앞의 사물을 실마리로 삼고 있다. 이러한 통속적 현존재 해석은 그 자신의 한계 안에서는 나름대로 정당하고 유효하다. 그러나 그러한 통속적 현존재 해석을 실마리로 해서는 탄생과 죽음 사이의 현존재의 펼쳐짐에 대한 진정한 존재론적 분석은 수행될 수 없을 뿐 아니라 문제로서조차도 확정될 수 없다. 이러한 사실은 마음씀의 의미로서 밝혀졌던 시간성을 고려할 때 분명하게 드러난다.

현존재는 차례차례 연속적으로 다가와서 사라지는 체험들의 총합으로서 존재하는 것이 아니다. 아울러 체험들의 잇달아 일어남에 의해 점차적으로 어떤 테두리가 채워지는 것도 아니다. 왜냐하면 지금 현재의 체험만이 현실적으로 존재하고 테두리의 두 한계에 해당하는 탄생과 죽음이 각각 '이미 지나가 버린 것'과 '이제 다가올 것'으로서 현실적으로 존재하지 않는데 어떻게 테두리가 있을 수 있겠는가?

현존재는 생의 도정(途程)을 찰나적인 체험들로 비로소 채워가는 것이 아니라 자신의 고유한 존재가 처음부터 '펼쳐짐'으로서 구성되어 있는 방식으로 자기 자신을 펼친다. 현존재의 존재 속에는 이미 탄생 및 죽음과 관계되는 '사이'(Zwischen)가 존재한다. 따라서 현존재는 결코 지금이라는 한 시점에만 현실적으로 존재하거나 탄생과 죽음이라는 비현실적인 것에 의해 둘러싸여 있지도 않다.

현존재의 존재를 눈앞의 사물을 실마리로 하여 이해하지 않고 사태 그 자체에 부합되게 이해할 경우, 즉 실존론적으로 이해할 경우, 탄생이란 '더 이상 눈앞에 존재하지 않는다'는 의미에서 지나가 버린 것이 결코 아니며 죽음 역시 '아직은 눈앞에 존재하지 않지만 다가오는 미완의 것'도 아니다. 현사실적 현존재는 항상 그것에 탄생이 수반되는 식으로 실존하며, '죽음을 향한 존재'라는 의미에서 탄생하면서부터 이미 죽고 있다.

두 끝과 그 사이는 현존재가 현사실적으로 실존하는 동안에만 있으며, 그것들은 현존재의 존재인 마음씀을 근거로 하여 '존재한다'. 죽음 앞에서 도피하는 '죽음을 향한 존재' 내지 죽음으로 선구하는 '죽음을 향한 존재'와 내던져져 있음의 통일에서 탄생과 죽음은 서로 연관되어 있다. 마음씀으로서 현존재는 탄생과 죽음의 '사이'로 존재한다.

그러나 마음씀의 구조 전체성의 통일을 가능하게 하는 근거는 시간성이다. 따라서 생의 연관, 즉 현존재의 특수한 시간적 펼쳐짐과 동성(動性) 그리고 지속성의 존재론적 해명은 현존재의 시간적 구조의 지평에서부터 착수되어야만 한다. 실존의 동성은 눈앞의 사물이 갖는 동성과는 다르다. 실존의 동성은 현존재의 펼쳐짐에 의해서 규정된다. 펼쳐져 있으면서 자기를 펼침(das erstreckte Sicherstrecken)이라는 현존재의 특수한 동성을 하이데거는 현존재의 생기(生起, Geschehen)라고 부른다. '펼쳐져 있다'는 것은 현존재가 탄생과 함께 전통의 유산과 죽음에 던져져 있다는 것을 의미하며, '자신을 펼침'이라는 것은 현존재가 그러한 전통의 유산과 죽음에 대해서 태도를 취하면서 존재한다는 것을 의미한다. 따라서 현존재의 생의 연관에 대한 물음은 현존재의 생기에 대한 존재론적 문제이다. 이러한 생기의 구조와 그 구조의 실존론적·시간적 가능성의 조건들을 드러내는 것은, 역사성에 대한 존재론적 이해를 획득하는 것을 의미한다.

현존재의 생기에 속하는 특수한 동성(動性)과 지속성을 분석해가면, 우리의 탐구는 시간성을 현존재의 존재의미로서 드러내기 직전에 언급되었던 문제, 즉 '현존재는 누구인가'에 대한 대답으로서 규정한 바 있는 '자기 상주성'(Selbständigkeit)에 대한 물음으로 되돌아간다. '자기 상주성'은 현존재의 한 존재방식이며 시간성의 특수한 시숙에 근거한다. 생기를 분석하는 것과 함께 우리는 시숙이라는 현상을 주제적으로 탐구하는 것으로 이끌려진다.

역사성에 대한 물음이 우리를 이런 근원들을 향해서 차례로 소급해서 이끌 경우, 즉 역사성의 이해 → 현존재의 생기 → 현존재의 자기 상주성 → 시간성으로 이끌 경우, 이와 함께 역사라는 문제를 구명할 장소에 대해서도 이미 결정이 내려진 셈이다. 그러한 장소는 역사에 관한 학문으로서의 '역사학'에서 찾아져서는 안 된다. 설령 역사 문제에 대한 학문이론적인 취급양식이, 역사학적 이해의 인식론적 구명(짐멜)이나 역사학적 서술의 개념형성의 논리학(리케르트)만을 목표로 하지 않고 딜타이에서 보듯이 대상의 측면도 다루더라도, 학문이론적인 문제제기에서 역사는 원칙적으로 항상 학문의 객관으로서만 다루어지고 있다. 이 경우에는 역사학에 의해 주제화되는 것에 '선행하여' 그 '근저'에 놓여 있는 역사라는 근본현상은 회복할 길이 없이 폐기되고 만다.

역사가 어떻게 역사학의 가능한 대상이 될 수 있는가 하는 것은, 오직 역사적인 것의 존재양식인 역사성과 이것이 시간성에 근거하고 있음으로부터 통찰될 수 있다. 역사성 자체는 시간성으로부터 그리고 근원적으로는 본래적 시간성으로부터 밝혀져야 한다. 현존재의 역사성에 대한 분석이 제시하려고 하는 것은 현존재가 역사 속에 존재하기 때문에 시간적인 것이 아니라 반대로 시간적으로 존재하기 때문에 역사적으로 실존하고 또 실존할 수 있다는 것이다.

그런데 현존재는 '시간 내부적으로'(innerzeitig) 존재한다는 의미에서도 '시간적'이라고 불려야만 한다. 현존재는 자기에게 일어나는 일을 '시간 내부에서' 발생하는 것으로서 경험한다. 생명이 있든 없든 자연의 사건들도 '시간 내부에서' 나타난다. 이에 따라 현사실적 현존재는 시간을 계산하기 위해서 달력과 시계를 필요로 하고 또 사용한다. 따라서 사람들은 다음 장에서 개진되고 있는 시간 내부성에 대한 분석을 역사성과 시간성 사이의 연관을 구명하기 전에 수행해야 한다고 생각할는지 모른다. 그러나 시간 내부성이라는 의미의 시간에 의해서 역사적인 것을 통속적으로 해석하는 것이 갖는 외견상의 자명성과 독점성을 배제하기 위해서는, 먼저 역사성을 순수하게 현존재의 근원적 시간성으로부터 '연역해 내야만' 한다.

그런데 시간 내부성으로서의 시간도 현존재의 시간성에서 유래하는 한, 역사성과 시간 내부성은 등근원적이라는 것이 입증된다. 그러므로 역사의 시간적 성격에 대한 통속적 해석은 그 자신의 한계 안에서는 정당성을 가지고 있다.

따라서 역사성의 실존론적 문제에 대한 구체적인 분석은 아래와 같이 전개될 것이다. §73 역사의 통속적 이해와 현존재의 생기, §74 역사성의 근본구조, §75 현존재의 역사성과 세계-역사, §76 현존재의 역사성에서 비롯되는 역사학의 실존론적 근원, §77 이상의 역사성의 문제의 제시가 W. 딜타이의 연구 및 요르크(York) 백작의 이념에 대해서 갖는 연관.

§73. 역사에 대한 통속적 이해와 현존재의 생기

1. 역사의 통속적 이해

역사라는 말은 첫째로 흔히 '지나간 일'을 의미하는 것으로 쓰인다. 이러한 사실은 '이런저런 일은 이미 역사에 속한다'는 말에서 시사되고 있다. 이 경우 '지나갔다'는 말은 첫째로 '이미 눈앞에 존재하지 않는다' 또는 '아직 눈앞에 존재하기는 하지만 현재에 미치는 영향은 없다'는 사실을 의미한다. 물론 지나간 것으로서의 역사적인 것은 그와 반대되는 의미도 가지고 있다. 이러한 반대의미는 '사람들은 역사로부터 도피할 수가 없다'고 말할 때 드러난다. 이 경우 역사는 지나간 것이긴 하지만 오늘날에도 계속 영향을 미치고 있는 것을 의미한다. 어쨌든 지나간 것으로서의 역사적인 것은, '지금과 오늘이라는 시점에 현실적으로 존재한다'는 의미의 현재에 적극적으로 영향을 미치고 있거나 미치고 있지 않다는 사실을 실마리로 하여 이해되고 있다.

이 경우 과거는 또 하나의 주목할 만한 이중적 의미를 지니고 있다. 지나간 것은 돌이킬 수 없는 이전의 시대에 속한다. 즉 당시의 사건에 속한다. 그럼에도 불구하고 그것은 여전히 지금 눈앞에 존재할 수 있는바, 예컨대 그리스 신전의 유적과 같은 것이 그렇다. 이 경우 '과거의 일부'가 그 유적과 함께 여전히 '현재적으로 있는' 것이다.

둘째로 역사는 지나간 것이란 의미의 과거를 가리킨다기보다는 과거로부터 유래한 것이라는 사실을 가리킨다. '하나의 역사를 가지고 있는' 것은 생성과 연관된다. 이때 역사의 전개(展開)는 때로는 융성이라는 형태를 취하기도 하고 때로는 쇠망이라는 형태를 취하기도 하다. 그렇게 '역사를 가지고 있는' 것은 동시에 역사를 만들 수도 있다. 역사를 만드는 것은 신기원을 이루면서(epochemachend) 미래를 규정한다. 이 경우 역사는 과거, 현재 및 미래를 관통하는 사건연관 내지 영향연관을 의미한다. 이런 의미의 역사에서는 과거가 특별한 우위를 점하지 않는다.

셋째로 역사는 시간 내에서 일어나는 인간 및 인간집단 그리고 문화의 변천과 운명을 의미한다. 역사는 여기서는 어떤 일이 일어나는 방식을 가리키기보다는 인간 실존의 본질적 규정을 실마리로 하면서 정신과 문화를 통해 자연과 구별되는 존재자의 영역을 가리킨다.

넷째로 전승된 것이 역사학에 의해서 인식되었든 아니면 자명한 것으로 간주되면서 답습되고 있든 '전승된 것'이면 곧 '역사적인 것'으로 간주된다.

이상에서 열거한 네 가지 의미를 하나로 요약하면 다음과 같다. 즉 **역사란 시간 안에서 일어나는 현존재의 특수한 생기이다.** 그것은 '이미 지나

갔지만' 사람들 사이의 공동존재 속에서 '전승되면서' 계속 영향을 미치는 생기이다.

2. 역사적 존재로서의 현존재와 역사에서 과거가 갖는 우위

이 네 가지 의미 각각은 사건들의 주체로서의 인간과 관계를 맺고 있다는 점에서 서로 연관되어 있다. 그러한 사건들의 생기 성격은 어떻게 규정되어야 하는가? 현존재는 여러 사정들이나 사건들과 연루됨으로써 비로소 역사적인 존재가 되는가? 아니면 현존재의 존재는 원래부터 역사적 생기에 의해 구성되어 있고 따라서 현존재가 그 자체로 역사적인 존재이기 때문에, 여러 사정이나 사건 그리고 운명과 같은 것들이 존재론적으로 가능한 것인가? 시간 안에서 생기하는 현존재를 시간적으로 특징지을 때 왜 다름 아닌 과거가 우위를 갖는가?

하이데거는 역사에서 과거가 지닌 주목할 만한 우위를 보다 예리하게 파악함으로써 역사성의 근본구조에 대한 분석을 준비한다.

예컨대, 박물관에 보존된 고대유물이나 가구는 지나간 시대에 속하지만 여전히 현재 존재하고 있다. 그것들은 아직 사라지지 않았는데도 어떤 의미에서 역사적으로 존재하는가? 그것들이 역사적으로 존재하는 이유는 그것들이 단순히 역사학적 관심이나 유물 관리 또는 향토지의 대상으로 존재하기 때문인가?

그러한 도구가 역사학의 대상이 될 수 있는 것은 그것이 그 자체로 역사적으로 존재하기 때문이다. 과거의 가구류를 역사적인 것으로 만드는 것은 그것이 과거에 속한다는 점이다. 그것은 도구적인 존재자로서 과거의 세계 안에서 하나의 도구연관에 속해 있었으며 세계-내-존재인 그 당시의 현존재에 의해 사용되었던 것이다. 그 세계는 더 이상 존재하지 않는다. 그러나 그 세계에 일찍이 세계 내부적으로 존재했던 것은 아직도 눈앞에 존재한다. 어떤 특정한 세계에 속했던 도구로서 지금도 여전히 눈앞에 있는 존재자는 그럼에도 과거에 속할 수 있다.

그러나 어떤 세계가 '더 이상 존재하지 않는다'는 것은 무엇을 의미하는가? 세계는 세계-내-존재로서 현사실적으로 실존하는 현존재에게 개시되어 있는 방식으로만 존재한다. 그러므로 아직도 보관되어 있는 고대유물의 역사적 성격은 고대유물이 속하는 세계에 살고 있던 현존재의 '과거성'에 근거한다. 이 경우 우리가 과거라는 말의 의미를 단지 이미 지나가 버린 것으로 파악한다면, 지나간 현존재만 역사적이고 현재의 현존재는 역사적이 아닐 것이다. 그러나 현존재는 지나가 버린 것일 수는 없다. 이 경우 '지나갔다'는 것은 '지금은 더 이상 눈앞에 존재하지 않는다'는 의미나 '도구적으로 존재하지 않는다'는 의미에서 존재하지 않는 것을 의미하기 때문에, 현존재는 결코 지나간 것일 수 없는 것이다. 그 까닭은 현존재가 불멸의 존재라서가 아니라 본질적으로 눈앞의 사물처럼 있을 수 없고 실존하는 방식으로 존재하기 때문이다. 따라서 더 이상 실존하지 않는 현존재는 존재론적으로 볼 때 지나간 것이 아니라 기-재(既-在, da-gewesen)하는 것이다. 기재한다는 것은 그것이 과거의 것이지만 현존재의 현재 삶의 토대이자 현존재가 계승해야 할 유산으로서 존재한다는 것을 의미한다.

아직도 눈앞에 존재하는 고대의 유물이 과거적인 성격과 역사적인 성격을 갖는 근거는, 그것이 '기재적인' 현존재의 기재적 세계에 도구로 속하며 또한 이러한 세계로부터 유래한다는 데 있다. 이러한 '기재적' 현존재가 일차적으로 역사적인 것이다. 현존재는 현전화하는——장래적인 자로서, 즉 그의 시간성의 시숙에 있어서 기재적으로 존재한다. 그러나 이렇게 되면, 기재는 현재 및 장래와 함께 등근원적으로 시숙하는 데도 불구하고 왜 다름 아닌 '과거'가, 더 정확하게 말하면 기재가 역사적인 것을 규정하는 데 우위를 갖는가 하는 수수께끼가 더 첨예하게 부각된다.

일차적으로 역사적인 것은 현존재다. 이차적으로 역사적인 것은 세계 내부적인 존재자, 즉 가장 넓은 의미의 도구적 존재자뿐 아니라 주위 세계에 '역사적 지반'으로 있는 자연이다. 현존재가 아닌 존재자가 현존재의 세계에 귀속되어서 역사적 성격을 갖게 될 경우 **하이데거는 그것을 '세계-역사적인 것'(das Welt-geschichtliche)이라고 부른다.** 이른바 '세계사'라는 통속적 개념은 바로 이렇게 이차적으로 역사적인 것을 실마리로 하는 데서 유래한다. 그러나 '세계-역사적인 것'은 역사학적 객관화를 근거로 해서 비로소 역사적으로 되는 것이 아니라 세계 내부적으로 나타나면서 그 자체로 역사적으로 있는 존재자로서 역사적으로 되는 것이다.

원래는 과거에 만들어진 것이지만 아직도 존재하는 도구의 역사적 성격에 대한 분석과 함께, 역사적인 것에 대한 분석은 일차적으로 역사적인 것으로서의 현존재로까지 소급해야만 한다는 사실이 분명하게 되었다. 그리고 이와 함께 역사적인 것 일반이 갖는 시간성을 규정하는 일이 과연 눈앞의 사물들의 시간-내-존재를 실마리로 해도 되는지가 의심스럽게 되었다. 존재자가 더 먼 과거에 존재했다고 해서 더욱더 역사적으로 되는 것은 아닌 것이다.

역사적 주체의 주체성에는 어떤 의미에서 그리고 어떠한 존재론적 조건들을 근거로 해서 역사성이 본질적으로 속하는가?

§74. 역사성의 근본구조

현존재의 존재는 역사성에 의해서 구성되어 있기 때문에 현존재는 현사실적으로 자신의 역사를 가지고 있으며 또 가질 수 있다. 그런데 현존재의 존재는 마음씀으로서 규정되었다. 마음씀은 시간성에 근거한다. 따라서 우리는 이러한 시간성에서 실존을 역사적인 실존으로서 규정하는 하나의 생기를 찾아내야만 한다. 이와 함께 현존재의 역사성에 대한 해석은 근본적으로는 시간성을 보다 더욱 구체적으로 완성하는 것에 불과하다는 사실이 드러난다. 하이데거는 이러한 사실을 본래적인 실존방식인 죽음으로 선구하는 결의성에 대한 분석을 실마리로 하면서 분명히 하고 있다.

1. 본래적 실존의 그때마다의 현사실적 가능성들의 원천으로서의 유산 (Erbe)

결의성은 현존재의 고유한 책임 존재를 향해서 침묵 속에서 불안을 인수하는 기투로서 규정되었다. 이러한 결의성은 죽음으로 선구하는 결의성일 때 본래적인 것이 된다. 선구적 결의성에서 현존재는 죽음 앞으로 나아가서 자기 자신을 자기의 내던져져 있음에 있어서 전체적으로 인수하는 방식으로 자신의 고유한 존재가능성으로부터 자기를 이해한다. 고유한 현사실적인 존재가능성을 이렇게 결의하면서 인수한다는 것은 동시에 '순간'에서 열려지는 상황을 향해 결의하는 것을 의미한다.

현존재가 죽음으로 선구하면서 기투하는 자신의 고유한 가능성은 공상적이고 허구적인 가능성이어서는 안 되고 현존재가 몸을 던져서 구현하려고 하는 가능성이어야만 한다. 이 경우 현존재는 어떤 의미에서는 그러한 가능성에 사로잡혀야 하며 그러한 가능성에 내던져져 있어야만 한다. 이러한 가능성을 하이데거는 '현사실적인' 가능성이라고 말하고 있다. 그러면 이러한 현사실적인 가능성은 어떻게 해서 주어지는가?

현존재가 '무엇을 향해' 그때마다 현사실적으로 결의하는가에 대해서는 실존론적 분석은 원칙적으로 논할 수 없다. 그것은 현존재에 따라서 달라질 수밖에 없다. 그럼에도 불구하고 가능성들, 즉 그것들을 향해 현존재가 현실적으로 자신을 기투하는 그러한 가능성들은 도대체 어디에서 유래하는가에 대해서는 묻지 않을 수 없다. 실존의 능가할 수 없는 가능성인 죽음으로 선구하는 기투는 단지 결의성의 전체성과 본래성을 보증할 뿐이다. 그러나 현사실적으로 개시된 실존 가능성들은 죽음으로부터 이끌어내질 수는 없다. 더구나 죽음으로의 선구가 단순히 가능성에 대한 공상적인 사변(思辨)이 아니라 현존재가 몸을 바쳐서 구현하려고 하는 현사실적인 존재가능성을 향한 복귀를 의미한다고 하면 더더욱 그럴 수가 없다.

내던져진 존재로서의 현존재는 어떤 〈세계〉에 의존해 있으며 현사실적으로 다른 사람들과 함께 실존한다. 이와 함께 우선 대부분의 경우 현존재의 자기는 세상 사람 속에 상실되어 있다. 따라서 현존재는 평균적이고 공공적인 해석 속에서 통용되고 있는 여러 실존 가능성들로부터 자신을 이해하고 있다. 그리고 본래적인 실존적 이해는 이러한 전승되어 온 평균적이고 공공적인 해석으로부터 벗어나기는커녕 이러한 해석에서 출발하면서 이것에 대항하는 방식으로 자신의 가능성을 결의 속에서 포착한다. 다시 말해서 현존재는 결의성에 입각하여 그동안 전승되어 온 해석과 대결하면서 진정으로 자신이 구현해야 할 현사실적 가능성들을 개시한다. 이러한 현사실적 가능성들은 과거의 유산으로서 우리에게 전승되면서 창조적으로 구현될 것을 고대하고 있는 가능성들이다.

결의성 속에서 현존재는 내던져진 자기 자신으로 돌아오는바, 결의성은 본래적 실존의 그때마다의 현사실적 가능성들을 유산(Erbe)으로부터 개시한다. 유산은 결의성이 내던져져 있는 결의성으로서 과거로부터 넘겨받은 것이다. 따라서 결의성은 유산으로서 인수된 가능성들을 자신에게 전승한다는 사태를 포함하고 있다. 모든 '좋은 것'은 계승된 것이고

'좋음'이란 본래적 실존을 가능하게 하는 것이라면, 유산의 전승은 항상 결의성에 의해서 가능하게 된다.

2. 본래적 결의성에서 일어나는 근원적 생기로서의 운명

현존재가 본래적으로 결의하면 할수록, 다시 말해 현존재가 죽음으로의 선구와 함께 자신의 가장 고유하고 탁월한 가능성에 입각해서 자기를 분명하게 이해하면 할수록, 그가 자신의 현사실적 실존 가능성을 선택하면서 발견하는 것은 그만큼 더 분명하게 되고 비우연적인 것이 된다. 즉 죽음으로의 선구만이 모든 우연적이고 '잠정적인' 가능성을 몰아내면서 우리가 목숨을 바쳐도 아깝지 않은 가능성을 개시하는 것이다.

따라서 죽음을 향해 자유롭다는 것만이 현존재에게 단적으로 목표를 주고 실존을 그것의 유한성 속으로 밀어 넣는다. 이 경우의 유한성은 무한성과 대립된 의미에서 우리의 인간의 삶이 한정되어 있다는 것을 의미하지 않는다. 그것은 우리가 자신의 인생이 항상 죽음에 직면해 있다는 것을 염두에 두면서, 다시 말해서 죽음으로 선구하면서 진정한 현사실적 가능성, 즉 그것을 위해서 죽어도 아깝지 않을 현사실적 가능성을 위해서 자신을 던지는 것을 의미한다. 이렇게 파악된 실존의 유한성은 유쾌함, 경솔함, 태만 등의 한없이 다양한 세간적 가능성들로부터 현존재를 도로 잡아채서 그의 단순한 운명(die Einfachheit des Schicksals) 속으로 끌어넣는다.

이렇게 현존재가 그의 단순한 운명 안으로 이끌려진다는 것은 현존재의 삶이 정해진 숙명에 따라서 일어난다는 숙명론을 의미하지는 않는다. 하이데거는 자신이 운명이라는 말로 어떠한 사태를 염두에 두고 있는지를 구체적으로 보여 주지 않고 있다. 따라서 필자는 니체의 삶을 예로 하여 하이데거가 이 경우 염두에 두고 있는 사태를 설명하고자 한다.

니체는 '나는 운명이다'라고 말한 적이 있다. 이 경우 그는 자신의 삶 전체를 하나의 우연이 아니라 운명으로 이해하고 있다. 니체가 '나는 운 명이다'라고 말했을 때, 그는 자신의 삶은 단순히 먹고 자고 일하면서 호 기심에 쫓겨서 이런저런 것을 기웃거리다가 죽는 삶이 아니라 서양인들 이 그동안 망각한 현존재의 위대한 실존 가능성을 구현해야 한다는 소 명을 갖는 것으로서 이해했다는 것을 의미한다. 니체는 현존재가 구현할 수 있는 위대한 삶의 가능성이 그리스도교와 서양 형이상학에 의해서 망 각되었다고 생각했다. 따라서 니체는 그것들과 대결하면서 그리스인들 과 로마인들이 구현했던 삶의 가능성을 발굴하고 그것을 유산으로서 계 승하는 것이 자신에게 소명으로서 주어져 있다고 보았다.

니체의 삶은 이러한 소명의식과 함께 하나의 필연적이고 집중된 형 태를 갖게 되며 그는 이러한 소명과 관련된 것 외의 모든 것은 우연적인 것으로 배제하게 된다. 그리고 그는 온갖 질병을 비롯해서 탄생에서 죽 음에 이르기까지 자신이 겪어야만 했던 많은 불행들마저도 이러한 과제 를 구현하기 위해서 필연적으로 주어진 것으로 긍정하게 된다.

하이데거는 '운명'이란 '본래적 결의성에서 일어나는 현존재의 근원 적 생기'라고 말하고 있다. 이러한 생기 속에서 현존재는 죽음을 향해 자 신을 열면서, 과거로부터 계승된 것이지만 그럼에도 불구하고 자기가 선 택한 가능성을 자기 자신에게 전승한다. 현존재는 유산으로서 인수된 가 능성들을 자신에게 전승하는 결의성 속에서 운명적으로 실존하면서, 세 계-내-존재로서 자신이 겪었던 '다행스러운' 사정들이나 잔혹한 우연들 을 자신이 선택한 실존 가능성의 구현을 위해서 필연적으로 요구되는 것 으로서 흔쾌히 받아들인다. 따라서 운명은 현존재가 예기하지 않았던 여 러 사정들과 사건들로부터 생기는 것이 아니다. 결의하지 않은 자들도 자신의 가능성을 선택한 자 이상으로 이러한 사정들과 사건들에 부딪히지지만 그들은 운명을 '가질' 수는 없다.

3. 역사적 운명

그런데 운명을 지닌 현존재는 세계-내-존재로서 본질적으로 다른 사람들과의 공동존재 속에서 실존한다. **따라서 현존재의 생기는 공동생기이다. 하이데거는 공동체의 생기, 즉 민족의 생기를 역사적 운명(Geschick)이라고 부르고 있다.** 이러한 역사적 운명은 개개인들의 운명을 모아서 생기는 것이 아니다. 이는 현존재들 사이의 공동존재가 다수의 주관을 모아서 생기는 것이 아닌 것과 마찬가지다. 개개인의 운명은 동일한 세계 속의 공동존재에서 그리고 일정한 가능성들에 대한 결의성 속에서 미리부터 이미 인도되고 있다. 역사적 운명의 힘은 세대 간의 상호전달과 투쟁 속에서 자유롭게 전개된다. 현존재의 역사적 운명은 자기 '세대' 안에서 그리고 자기 '세대'와 함께 현존재의 완전하고 본래적인 생기를 형성한다.

여기서 하이데거가 말하려는 것을 바로 앞에서 살펴 본 니체의 삶을 다시 한번 예로 하여 분명히 하고자 한다. 니체는 자신의 삶을 하나의 운명이라고 했지만, 공동체 자체도 이러한 운명이 되어야 한다고 보았다. 니체는 유럽인들 전체가 기존의 왜곡된 삶의 가능성과 투쟁하면서 그리스·로마의 정신을 유산으로서 계승해야 한다고 본 것이다. 이 경우 유럽 공동체는 뿔뿔이 분산되어 있는 개인들의 집합체로 존재하지 않고, 하나의 소명 아래 그 모든 역경마저도 그러한 소명을 구현하기 위한 필연적인 계기로서 흔쾌하게 받아들이는 운명 공동체가 된다.

나중에 하이데거는 나치에 참여하게 되지만 이러한 참여를 역사적 운명이라는 개념을 가지고 정당화한다. 하이데거는 자신이 자신의 실존 가능성이라고 선택한 것이 공동체 차원에서도 구현되어야 할 가능성으로 보았던 것이다. 인간을 공동체와 무관한 단독자로 파악한다는 식의 비판이 하이데거에 대해서 종종 제기되곤 했다. 그러나 오히려 하이데거는 현존재의 공동존재성을 강조하고 있으며, 현존재가 자신의 고유한 가능성으로 선택한 가능성이 공동체 전체가 구현해야 할 가능성일 경우에만 그것은 현존재를 사로잡을 수 있는 현사실적 가능성이 될 수 있다고 보았다. 그리고 그 경우에만 현존재는 자신의 운명과 공동체의 운명을 동일시하면서 공동체를 위해서 자신을 던질 수도 있다고 보았다.

4. 역사성의 근거로서의 시간성

고유한 책임 존재를 향해 침묵 속에서 불안을 인수하기 때문에 한편으로는 '무력'하면서도(ohnmächtig) 다른 한편으로는 어떠한 역경도 기꺼이 받아들이는 기투의 '압도적인 힘'(Übermacht)으로서의 운명은 자신의 가능성의 존재론적 조건으로서 마음씀의 존재 구조인 시간성을 요구한다. 어떤 존재자의 존재 속에 죽음, 책임, 양심, 자유 및 유한성이 등근원적으로 함께 존재할 때만, 그 존재자는 운명의 양상으로 실존할 수 있다. 다시 말해서 '역사적으로' 존재할 수 있는 것이다.

자신의 존재에 있어서 본질적으로 장래적인 존재자, 즉 자신의 죽음을 향해서 자신을 열고 죽음에 직면하여 세상 사람으로서의 자기를 산산이 부서뜨리면서 자신을 자기의 현사실적(기재적) 가능성으로 되던질 수 있는 존재자만이, 다시 말해서 장래적이면서 등근원적으로 기재적으로 손재하는 존재자만이, 유산으로서 상속된 가능성을 자기 자신에게 전승하고 고유한 내던져져 있음을 인수하면서 '자신의 시대'에 대해서 순간적으로 존재할 수 있다. 본래적이면서 동시에 유한한 시간성만이 운명과 같은 것, 즉 본래적 역사성을 가능하게 하는 것이다.

5. 전승된 실존 가능성의 반복으로서의 결의성

결의성은 자신이 기투하는 가능성들의 유래에 대해서 반드시 분명하게 알아야 하는 것은 아니다. 그렇지만 현존재는 시간성으로 존재하기 때문에 자신이 구현해야 할 실존 가능성을 전승된 현존재 이해로부터 이끌어낼 수 있다. 이 경우 자신의 내던져져 있음으로 되돌아오면서 자기를 전승하는 결의성은 전승되어 온 실존 가능성의 반복이 된다. 반복은 분명하게 전승하는 것이다. 즉 기재적인 현존재의 가능성들로 되돌아가는 것이다.

기재적 실존 가능성의 본래적 반복은 달리 말해서 현존재가 자신을 위해서 자신이 본받아야 할 영웅을 선택한다는 것이다. 니체가 자신의 영웅으로 괴테나 나폴레옹을 선택한 것처럼, 현존재는 자신의 실존 가능성을 온전히 구현한 역사적 인물을 자신의 영웅으로 선택하면서 자신도 그러한 인물처럼 되려고 한다. 이렇게 자신의 영웅을 선택하는 것은 죽음으로 선구하는 결의성에 근거한다. 왜냐하면 선구적 결의성에서 비로소 현존재는 반복될 수 있는 것에 온몸으로 충성하면서 그것을 따르게 되기 때문이다. 선구적 결의성에서 현존재는 이렇게 반복될 수 있는 것을 향한 '추종과 충성'으로 자신을 해방시키는 선택을 하는 것이다. 현존재는 이렇게 자신이 경외하고 자신의 온몸을 던져서 구현해야 할 실존 가능성이 존재할 경우에만 자신의 삶을 하나의 통일된 유의미한 삶으로 실감할 수 있다.

그렇지만 어떤 기재적인 가능성을 반복해서 자기에게 전승한다는 것은, 그것을 단순히 한 번 더 현재 속에 실현하는 것을 목표하는 것은 아니다. 가능한 것을 반복한다는 것은 지나간 것을 도로 가져오는 것도 아니고 현재를 한물 간 것에 붙잡아 매는 것도 아니다. 반복은 결단을 내린 기투에서 비롯되기 때문에 기재적인 실존 가능성에 응답하는 것이다. 이렇게 결의 속에서 기재적 가능성에 응답하는 것은 동시에 '순간적인' 응답으로서, 오늘날 '과거'의 것으로 이해되면서 영향을 미치고 있는 것을 거부하는 것이기도 하다. 이는 오늘날 과거의 것으로 이해되면서 영향을 미치고 있는 것은 우리가 계승해야 할 유산으로서의 기재적인 가능성을 오히려 은폐하고 있는 경우가 많기 때문이다. 따라서 진정한 의미에서의 기재적인 가능성의 반복은 오늘날 세상 사람들이 과거의 가능성으로 이해하고 있는 것과의 투쟁을 통해서 이루어진다. 이런 의미에서 반복은 지나간 것에 자기를 내맡기는 것도 아니며 또한 과거를 폐기하고 진보만을 목표로 하지도 않는다. 이 양자는 본래적 실존과는 무관하다.

하이데거는 반복을 '자기를 내맡기는 결의성의 양상'이라고 특징짓는다. 이 양상에 의해서 현존재는 자각적으로 운명으로서 실존한다. 그러나 운명이 근원적 역사성을 구성한다면, 역사의 본질적 무게는 '지나간 것'에도, '오늘'에도, '오늘과 지나간 것의 연관'에도 있지 않고, 현존재의 장래에서 비롯되는 '실존의 본래적 생기'에 있게 된다. **역사는 현존재의 존재방식으로서 그 뿌리를 장래에 두고 있으므로, 죽음은 현존재의 고유하고 무연관적이며 가장 확실한 가능성인 죽음을 향해서 선구하는 실존을 그 실존의 현사실적 내던져져 있음을 향해 되던진다. 이와 함께 죽음은 기재가 역사적인 것 속에서 점하는 고유한 우위를 인정한다. 죽음을 향한 본래적 존재, 즉 시간성의 유한성이 현존재의 역사성의 은닉된 근거이다. 현존재는 반복하는 것에 의해서 비로소 역사적으로 되는 것이 아니라, 그가 시간적 현존재로서 역사적이기 때문에 자신의 역사 속에서 반복하면서 자신을 인수할 수 있는 것이다. 이를 위해서는 어떠한 역사학도 필요하지 않다.**

결의성 속에서 자기를 순간의 '현'(現)에 선구적으로 내맡기는 것(Das in der Entschlossenheit liegende vorlaufende Sichüberliefern an das Da des Augenblicks)을 하이데거는 운명이라고 부르고 있다. 다른 사람

들과 함께하는 현존재의 생기, 즉 공동생기라고 우리가 이해하는 역사적 운명도 이러한 운명에 근거하고 있다. 역사적 운명이 전승된 유산에 구속되어 있다는 것은 반복에서 명확하게 개시될 수 있다. 이렇게 해서 반복은 현존재에게 그의 고유한 역사를 비로소 밝혀 준다. 역사적 생기 자체와 그것에 속하는 개시성 또는 개시성을 자기 것으로 하는 것 등은 실존론적으로 현존재가 시간적 현존재로서 탈자적으로 개방되어 있다는 데 근거한다.

6. 비본래적 역사성에 대한 고찰의 필요성

선구적 결의성에 포함되어 있는 생기에 입각하여 역사성으로서 특징지어진 것을 하이데거는 현존재의 본래적 역사성이라 부르고 있다. 장래에 뿌리박고 있는 '전승'과 '반복'이라는 두 현상으로부터 분명하게 된 것은 본래적 역사의 생기에서 왜 기재가 우위를 갖는가 하는 것이다. 그러나 더욱더 수수께끼로 남는 것은 운명으로서의 이 생기가 탄생에서부터 죽음에 이르기까지의 현존재의 연관 전체를 어떤 방식으로 구성하는가 하는 점이다. 결의라고 하는 것은 잇달아 일어나는 연속적인 체험들에 속하는 하나의 개별적 체험에 불과한 것은 아닌가? 본래적 생기의 '연관'은 연속적인 결단들로 성립하는가? 생의 연관의 구성(Konstitution)을 묻는 이러한 물음에 대해서 그동안 충분히 만족스러운 대답이 주어지지 못했던 것은 우리가 그것을 파악할 때 보통 통속적인 존재이해에 입각하고 있기 때문이다.

　실존론적 분석이 이제까지 걸어 온 길을 돌이켜 볼 때 현존재의 존재론이 거듭해서 통속적 존재이해의 유혹에 사로잡힌다는 사실만큼 분명한 것은 없었다. 통속적인 존재이해의 유혹에 사로잡히지 않기 위해서, 우리는 탄생에서 죽음에 이르기까지의 현존재의 삶의 연관이 어떻게 구성되느냐라는 물음의 근원을 추적해야만 한다. 그러한 물음은 언뜻 보기에는 자명하게 제기될 수밖에 없는 물음처럼 보이지만, 하이데거는 그러한 물음은 현존재의 존재에 대한 왜곡된 존재론적인 선입견에서 비롯된다고 본다.

역사성이 현존재의 존재에 속한다면, 비본래적으로 실존하는 것도 역사적 성격을 가져야 한다. 그러나 현존재의 비본래적 역사성이 생의 연관에 대한 물음의 방향을 규정하고 본래적 역사성과 그것에 고유한 연관에 이르는 통로를 막는다. 따라서 역사의 존재론적 문제에 대한 분석이 충분해지려면, 우리는 현존재의 비본래적 역사성을 고찰해야 한다.

§75. 현존재의 역사성과 세계-역사

1. 현존재가 세계-역사적인 것으로부터 자신의 역사를 해석하는 경향의 원천으로서의 현존재의 퇴락

공공적 상호성 속에서 일상적 고려가 관계하는 것에는 도구나 제품만이 아니라 이런 것들과 함께 일어나는 일, 즉 업무, 기도(企圖), 사건, 재해 등도 있다. 〈세계〉란 현존재의 삶이 이루어지는 지반이자 무대이며 이러한 것으로서 현존재의 일상적 삶에 함께 속해 있다. 개별적 현존재의 삶이 성공적으로 수행되고 있는지 어떤지를 우리는 우선 고려되고 있는 것의 진행, 현황, 변화, 효용 등을 근거로 해서 계산한다.

현존재가 역사적인 존재라는 테제는 '세계-내-존재로서 실존하는 존재자가 역사적인 성격을 갖는다'는 것을 의미한다. 역사의 생기는 세계-내-존재의 생기이다. 현존재의 역사성은 본질적으로 세계의 역사성이고, 세계의 역사성은 탈자적·지평적 시간성을 근거로 하여 이 시간성의 시숙에 속한다. 현존재가 현사실적으로 실존하는 한, 그는 이미 세계 내부적으로 발견되는 존재자들과도 관계한다. 역사적 세계-내-존재의 실존과 함께 도구적 존재자와 눈앞의 사물들은 그때마다 이미 세계의 역사 속에 편입되어 있다. 우리는 앞에서 하이데거가 이런 존재자들을 세계-역사적인 것이라고 부르고 있다는 것을 보았다.

이 경우 세계-역사라는 표현이 가지고 있는 이중적인 의미에 주목할 필요가 있다. 그 표현은 첫째로 현존재와 통일을 이루고 있는 세계의 생기를 의미한다. 그러나 동시에 둘째로 그 표현은 현사실적으로 존재하는 세계와 함께 그때마다 세계 내부적 존재자가 발견되는 한, 도구적 존재자와 눈앞의 사물의 세계 내부적 생기를 가리킨다. 역사적 세계는 현사실적으로는 세계 내부적 존재자의 세계로서만 존재한다. 도구나 제품 그 자체에게 일어나는 것은 독자적인 운동 성격을 가지고 있지만 이러한 성격은 여전히 불명료한 채로 있다. 예를 들어 말하자면 우리가 다른 사람으로부터 '반지'를 선물로 받아서 손에 낄 경우 반지에게 단순히 장소 변화만 일어나고 있는 것은 아니다. 이러한 사실은 모든 세계-역사적 진행과 사건에도 해당되며 어떤 방식으로는 자연의 참사에도 해당된다.

현사실적 현존재는 고려되고 있는 존재자들에 몰입하면서 퇴락해 있기 때문에 그것은 자신의 역사를 우선 세계-역사적으로 이해한다. 나아가서 통속적 존재이해는 존재를 무차별적으로 눈앞의 존재로서 이해하기 때문에, 세계-역사적인 것의 존재도 다가오고 현존하고 소멸하는 눈앞의 사물이라는 의미로 경험하고 해석한다. 그리고 마지막으로 통속적 존재이해, 즉 눈앞의 존재를 존재 일반의 의미로 보는 존재이해를 단적으로 자명한 것으로 여기기 때문에, 세계-역사적인 것의 존재양식에 대한 물음이나 생기 일반의 운동 성격에 대한 물음은 쓸모없는 언어 해명에 불과한 것으로 간주한다.

비본래적으로 실존하는 일상적 현존재는 매일 일어나는 갖가지 일들에 마음이 분산되어 있다. 이러한 일상적 현존재는 고려가 미리부터 용의주도하게 예기하는 여러 기회와 정세가 '운명'이라는 결과를 낳는다고 생각한다. 일상적 현존재는 이와 같이 고려되는 것에 입각해서 자기의 역사를 계산한다. 그러나 이때 비본래적으로 실존하는 현존재는 자신의 일에 쫓기고 있기 때문에, 자기의 역사를 계산하기 위해 자기 자신으로 돌아오려면 일상적 업무에 빼앗겨 분산되었던 마음을 다시 모아들여야(zusammenholen) 한다. 따라서 비본래적 역사성의 이해지평에 설 때만, 일반적으로 주관의 체험들이자 눈앞의 체험들 사이의 연관으로 이해되는 현존재의 생의 연관에 대한 물음이 비로소 생기게 된다. 이러한 물음은 '자기의 비-상주성'의 본질을 형성하는 비결의성에 의해서 제기되는 것이다. 다시 말해서 매일매일의 일에 쫓겨서 마음이 지리멸렬하게 분산된 채로 사는 비본래적인 실존만이, 각각의 지금에서 일어나는 체험들이 어떻게 해서 하나의 통일된 연관을 가질 수 있는가라는 물음을 제기할 수 있는 것이다.

이상과 같이 '탄생과 죽음 사이의 체험들의 연쇄 통일'이라는 의미에서의 현존재의 생의 연관에 대한 물음이 비롯되는 근원이 제시되었다. 이러한 물음이 현존재의 비결의성에서 비롯된다는 사실은, 그러한 물음이 현존재의 생기의 전체성을 근원적으로 해석하기에는 부적절한 것이라는 사실을 보여 준다. 따라서 진정으로 문제가 되는 것은 이미 발생했거나 발생하고 있는 연속적인 체험들을 추후적으로 연관 짓는 통일성을 현존재기 무엇을 통해 획득하는가가 아니다. 오히려 우리가 문제 삼아야 하는 것은, 현존재가 분산된 다양한 체험들로부터 추후적으로 자신을 모아들여야 하고 그렇게 모으기 위해 포괄적인 통일성을 스스로 고안해 내야 할 만큼 자기를 상실하는 것은 어떤 존재양식에서인가 하는 것이다.

2. 본래적 역사성의 근원으로서의 본래적 시간성

'세상 사람'과 '세계-역사적인 것' 속으로의 자기 상실은 앞에서 이미 '죽음 앞에서의 도피'로서 드러났다. 이러한 '죽음앞에서의 도피'는 죽음을 향한 존재를 마음씀의 한 근본 규정성으로서 드러낸다. 선구적 결의성에 의해서 죽음을 향한 존재는 본래적 실존이 된다. 이러한 결의성의 생기, 즉 죽음으로 선구하면서 실존적인 가능성들의 유산을 자기에게 전승하는 반복이 본래적 역사성이라는 사실은 이미 앞에서 분명하게 되었다. 그렇다면 이러한 본래적 역사성은 자기 상실에서 벗어나 있기 때문에 그것에는 추후적인 연관지음을 필요로 하지 않는 근원적이고 전체적인 실존의 펼침이 포함되어 있는가?

일상의 잡다한 일들에 관심이 분산되어 있는 비본래적인 실존의 비상주성(Unständigkeit)에 대립되는 '자기'의 결의성은 그 자체로 '펼쳐진 상주성'이며, 이 상주성 속에서 현존재는 탄생과 죽음 및 양자의 사이(Zwischen)를 운명으로서 자기의 실존 속으로 끌어들여서 보유하는 방식으로 그때마다의 상황의 세계-역사적인 것을 향해 순간적으로 존재한다. 기재적인 가능성들을 운명적으로 반복하면서 현존재는 자기 이전에 이미 기재했던 것으로 자신을 직접적으로, 즉 시간적·탈자적으로 도로 보낸다. 이와 같이 현존재는 한편으로는 유산을 자기에게 전승하고 다른 한편으로는 죽음이라는 능가될 수 없는 가능성에 부딪혀 되돌아 오면서 탄생을 실존 속에 받아들인다.

결의성은 고유한 자기에 대한 실존의 성실성(誠實性, die Treue)을 구성한다. 이러한 성실성은 불안을 기꺼이 인수하는 결의성으로서 동시에, 자유로운 실존이 존중할 수 있는 유일한 권위인 반복될 수 있는 가능성들을 경외(敬畏)하는 것이다. 만일 결의성이라는 것이, 결의하는 '작용'이 '지속하는' 동안에만 체험으로서 실제적으로 있다고 간주된다면 그것은 존재론적으로 오해되는 것이다. 결의성 속에는 실존적 상주성이 있다. 이러한 상주성은 그 본질상 결의성에서 유래하는 모든 가능한 순간들을 이미 선취하고 있다.

운명으로서의 결의성은, 경우에 따라 상황이 요구하면 하나의 특정한 결의를 포기하는 자유이기도 하다. 그러나 이렇게 하나의 특정한 결의를 포기해도 실존의 상주성은 중단되는 것이 아니라 오히려 '순간적으로'(augenblicklich) 확증된다. 실존의 상주성은 순간들의 연결에 의해서 비로소 형성되는 것이 아니다. 오히려 이 순간들이 '장래적으로 기재하면서 반복한다'는 이미 펼쳐져 있는 시간성에서 비롯되는 것이다. 다시 말해서 현존재는 본래적으로 펼쳐져 있는 시간성 안에서 그때마다의 상황을 개현하면서 그 상황이 요구하는 바에 합당하게 행동하는 것이다.

이와 반대로, 비본래적 역사성에서는 운명의 근원적 펼쳐짐은 은폐되어 있다. 현존재는 세상 사람으로서의 자기로 존재할 때는 자기의 '오늘'을 무상하게, 즉 비상주적으로 현전화하며, 곧 닥쳐올 '새로운 것'을 기대하기 때문에 '낡은 것'은 곧장 잊어버리고 만다. 세상 사람으로서의 자기는 가능성들에 대해 맹목적이기 때문에 기재적인 것을 반복하지 못하고, 기재적 세계-역사적인 것 중에서 현실적으로 잔존해 있는 것들과 그것들에 관한 지식을 기억 속에 간직하고 있을 뿐이다. 그는 오늘의 현전화 속에 자기를 상실하고 '과거'를 '현재'로부터, 즉 '현재'의 세간적 해석으로부터 이해한다. 즉 현재에 유행하는 선입견에 따라 과거를 해석하고 평가한다.

이러한 사실을 예를 들어 설명하자면, 하이데거가 『존재와 시간』을 쓰던 당시에 유행하던 신간트학파나 신헤겔학파는 칸트나 헤겔의 관점에서 플라톤이나 아리스토텔레스를 해석하면서, 플라톤은 칸트에 의해서 그리고 아리스토텔레스는 헤겔에 의해서 극복되고 완성되었다고 평가했다. 그리고 오늘날 대부분의 사람들은 소크라테스 이전의 자연철학은 오늘날의 자연과학에 의해서 극복되었다고 평가한다. 그러나 하이데거는 이러한 모든 견해는 오늘날 유행하는 세간적인 해석에 입각하여 기재적인 것을 재단하는 것이라고 본다.

본래적 역사성의 시간성은 '죽음으로 선구하면서 반복하는 순간'으로서 '오늘'에 대해서 거리를 취하면서 세상 사람의 습관성으로부터 벗어나 있는 반면에, 비본래적인 역사적 실존은 자신이 제대로 이해할 수 없는 과거의 유물을 짊어지고 '현대적인 것'(das Moderne)을 쫓는다. 비본래적인 실존은 과거를 현재의 삶에 별 보탬이 되지 않는 유물 정도로만 생각할 뿐인 것이다. 이에 반해서 본래적 역사성은 역사를 '과거의 가능성의 회귀(回歸)'로서 이해하며, 과거의 가능성이 회귀할 수 있는 것은 결단을 내린 반복에서 실존이 운명적·순간적으로 그러한 가능성을 향해 개방되어 있을 때뿐이라는 사실을 안다.

§76. 현존재의 역사성에서 비롯되는 역사학의 실존론적 근원

모든 학문과 마찬가지로 역사학이 현존재의 한 존재양식으로서 현사실적으로 그때마다의 지배적 세계관에 의존한다는 사실은 말할 나위가 없다. 그러나 이러한 사실을 넘어서 우리는 '역사학의 근원이 현존재의 존재구조에 존재한다'는 것이 존재론적으로 어떻게 가능한가에 대해서 물어야만 한다.

1. 역사학의 근거로서의 현존재의 역사성

현존재의 존재가 원칙적으로 역사적이라면, 현존재가 수행하는 모든 학문은 분명히 이러한 역사적 생기에 구속되어 있다. 그렇지만 역사학은 독자적이고 특별한 방식으로 현존재의 역사성을 전제하고 있다. 다시 말해 역사에 관한 역사학적 개시는 현존재의 역사성에 뿌리박고 있다.

이와 관련하여 하이데거는 역사학의 개념을 오늘날의 역사학에서 추상해서 형성하거나 그것과 동일한 것으로 보아서는 안 된다고 말하고 있다. 왜냐하면 오늘날 행해지는 역사학이 역사학의 근원적 본래적 가능성을 구현하고 있다고는 볼 수 없기 때문이다. 역사학의 진정한 개념은 역사학의 실존론적 이념을 실마리로 할 경우에만 발견될 수 있다. 역사학의 실존론적 이념은, 역사학자가 자신의 연구태도와 저 실존론적 이념의 일치를 확증한다고 해서 더 큰 정당성을 갖게 되는 것이 아니다. 또한 그러한 이념은 역사학자가 그러한 일치를 부인한다고 해서 거짓이 되는 것도 아니다.

학문으로서의 역사학의 이념에는, 역사학이 역사적 존재자의 개시를 고유한 과제로 삼는다는 사실이 포함되어 있다. 모든 학문은 일차적으로 주제화에 의해 구성된다. 개시되어 있는 세계-내-존재로서의 현존재에게서 학문 이전에 숙지되어 있는 존재자들은 이러한 주제화를 통해 그것의 특수한 존재를 향해서 기투된다. 이러한 기투와 함께 존재자의 영역이 한정된다. 만일 우리가 현대사는 가능한가 하는 물음은 일단 도외시하면서 역사학의 과제를 과거를 개시하는 것으로 본다면, 역사를 역사학적으로 주제화하는 것은 이미 과거가 개시되어 있을 때만 가능하게 된다. 과거를 역사학적으로 재현하기 위한 사료가 충분히 갖추어져 있는가 어떤가 하는 것은 전적으로 도외시하더라도, 역사학적으로 과거로 거슬러 올라가기 위한 길이 이미 열려 있어야만 한다. 그런데 그런 길이 이미 열려 있는가 또 그러한 것이 어떻게 해서 가능한가 하는 것은 결코 명백하지 않다.

오직 현존재만이 근원적으로 역사적으로 존재하기 때문에, 역사학적 주제화가 연구의 가능한 대상으로서 앞서 제시하고 있는 것은 기재적 현존재라는 존재양식을 가지고 있지 않으면 안 된다. 세계-내-존재로서의 현사실적 현존재와 함께 세계-역사도 존재한다. 현존재가 더 이상 존재하지 않게 되면, 즉 기재적이 되면 그의 세계도 기재적인 것이 된다. 이러한 사실은, 그전에 세계 내부적 존재자였던 것이 사라지지 않고 기재적 세계에 속하는 것으로서 오늘날에도 역사학적으로 발견될 수 있다는 사실과 모순되지 않는다.

아직도 존재하는 유물, 기념비, 기록 등은 기재적 현존재를 구체적으로 개시하기 위해 이용될 수 있는 자료들이다. 이런 것들이 역사학적 자료가 될 수 있는 유일한 이유는, 그것들이 세계-역사적인 성격을 지니고 있기 때문이다. 그리고 그것들은 그것들의 세계 내부성에서 이해되고 있다는 것 때문에 비로소 역사학을 위한 자료가 된다. 과거의 세계는 보존되어 있는 세계사적 자료를 해석하는 것에 의해서 규정된다. 그런데 자료의 입수, 선별, 확보가 비로소 과거로 거슬러 올라가는 길을 여는 것이 아니다. 그것들은 기재적 현존재에 대한 역사적 존재, 즉 역사학자의 실존의 역사성을 이미 전제하고 있다. 이러한 역사학자의 실존의 역사성이 학문으로서의 역사학을 자료의 발굴과 같은 아주 사소한 '수공업적' 작업에 이르기까지 정초하는 것이다.

2. 역사학의 본래적 대상으로서의 현사실적으로 실존하는 기재적 가능성

이와 같이 역사학이 역사성에 뿌리박고 있다면, 무엇이 역사학의 본래적 대상인지도 그러한 사실로부터 규정되어야 한다. 역사학의 근원적 주제를 규정하는 것은, '본래적 역사성' 및 그것에 속하는 '기재적 현존재'의 개시, 즉 반복에 초점을 맞추어 수행되어야 한다. 이러한 반복은 '기재적 현존재'를 그것의 기재적인 본래적 가능성들로부터 이해한다. 따라서 역사학의 대상의 일차적 주제화는 기재적 현존재를 규정했던 가장 고유한 실존 가능성을 드러내는 것이다. 현사실적으로 본래적인 기재적인 현존재는 운명, 역사적 운명, 세계-역사를 현사실적으로 규정했던 실존적 가능성인 셈이다. 실존은 항상 현사실적으로 내던져 있는 자로서만 존재하기 때문에, 역사학이 세계-내-기재를 그것의 가능성들로부터 보다 더 구체적으로 이해하고 서술할 경우 그러한 가능성들이 역사에 대해서 갖는 조용한 힘(stille Kraft)을 그만큼 더 감명 깊게 개시하게 된다.

역사학이 본래적 역사성에 근거하면서 기재적 현존재를 그 가능성에 있어서 반복하면서 드러낼 경우, 그것은 '일회적인 것' 속에서 일반적인 것도 이미 드러내고 있는 셈이다. 신칸트학파인 리케르트가 제기하는 물음, 즉 역사학은 일회적이고 개성적인 사건들의 계열만을 대상으로 삼는가 혹은 '일반적인 법칙'도 대상으로 삼는가 하는 물음은 근본적으로 잘못 제기된 것이다. 역사학의 주제는 일회적인 사건만도 아니고 일회적인 것 위에 공허하게 부유하고 있는 일반적인 법칙도 아니며 현사실적으로 실존하는 기재적인 가능성이다. 이러한 가능성이 창백한 초시간적 범례로 오해되면 그것은 더 이상 반복될 수 없게 된다. 다시 말하면 역사학에 의해서 본래적으로 이해될 수 없게 된다.

오직 현사실적인 본래적 역사성만이 결단을 내린 운명으로서 기재적 역사를 개시할 수 있다. 그 경우에만 기재적인 가능성의 힘이 반복에 의해서 현사실적 실존 속으로 파고들어 올 수 있으며 실존의 장래성에 있어서 현사실적 실존 속으로 도래할 수 있다. 따라서 역사학은 비역사학적 현존재의 역사성처럼 '현재'나 오늘날의 '현실'에서부터 출발하면서 거기서부터 과거로 거슬러 올라가는 것이 결코 아니다. 역사학적 개시도 장래로부터 시숙하는 것이다. 수많은 사건들 중에서 어떤 것을 특별히 역사학의 대상으로 취사선

택하는 것은 역사적 현존재의 현사실적인 실존적 선택에서 이미 행해진다.

운명적 반복에 근거하는 과거의 역사학적 개시는 결코 '주관적인' 것이 아니다. 오히려 그러한 것만이 역사학의 객관성을 보증한다. 왜냐하면 어떤 학문의 객관성은 그것이 자신이 다루는 주제적 존재자를 그것의 존재의 근원성에 있어서 은폐하지 않고 개시하는지 아닌지에 의해서 일차적으로 규제되기 때문이다. 모든 학문들 중에서 특히 본래적인 역사학에서는 규준의 '보편타당성'이나 세상 사람과 그의 상식이 요구하는 '보편성'에 대한 요구는 진리의 가능한 척도가 될 수 없다.

역사학의 중심적 주제는 기재적 실존의 가능성이지만, 이러한 실존은 항상 세계-역사적으로 실존하기 때문에 역사학은 사실들에 입각할 것을 자신에게 요구할 수 있다. 따라서 역사학적인 연구는 도구, 제품, 문화, 정신, 사상 등의 역사를 대상으로 하면서 다방면으로 나뉘어 행해질 수 있다. 또한 역사는 전승을 통해서 성립되는 것이기 때문에 그것에 속하는 해석 속에 존재하며 이러한 해석 자체도 그 나름의 고유한 역사를 가지고 있기 때문에, 현존재는 이러한 해석이 전승되는 역사를 통해서만 기재에 접하게 된다. 구체적인 역사학적 연구가 그 본래적 주제에 대해 어떤 것은 보다 더 가깝고 어떤 것은 보다 먼 이유가 여기에 있다.

처음부터 한 시대의 '세계관'에 초점을 맞추면서 고찰하는 역사학자가 있지만, 그렇게 한다고 해서 그가 자신이 탐구하는 대상을 본래적으로 역사적으로 이해하고 있으며 단지 관조하는 방식으로 이해하는 것은 아니라는 사실이 입증되는 것은 아니다. 그 반면에 사료만을 편집하는 역사학자의 실존이 본래적 역사성에 의해 규정되어 있을 수 있다. 따라서 가장 멀리 떨어져 있고 가장 원시적인 문화에까지 역사학적 관심이 미칠 정도로 오늘날에는 역사학이 융성하고 있지만 그것만으로는 이 시대가 본래적 역사성을 구현하고 있다는 것이 입증되지 못한다. 더 나아가 하이데거는 본래적 역사성은 반드시 역사학을 필요로 하는 것은 아니며, 비역사학적 시대라고 해서 그 자체로 비역사적인 것은 아니라고 말하고 있다.

하이데거는 이와 관련하여 당시의 철학계에서 많은 논란이 되었던 역사주의의 문제에 대해서도 그것은 애초부터 잘못 설정된 문제라고 평하고 있다. 역사주의는 각 시대마다 각각 다른 세계관과 가치관이 있다고 보면서 일종의 상대주의에 빠지게 되는데, 이러한 상대주의를 어떻게 극복할 것인가라는 문제가 역사주의의 문제이다. 하이데거는 역사주의라는 문제가 대두하고 있다는 사실이야말로 역사학이 현존재를 그것의 본래적 역사성에서부터 소외시키고 있다는 것을 가장 잘 보여 주고 있다고 말하고 있다. 역사주의의 문제는 사람들이 역사를 객관적 관조의 대상으로 보기 때문에 생기는 문제이다. 즉 그것은 우리가 과거와 관계하는 일차적인 방식이 과거를 객관적인 입장에서 관조하는 것이 아니라 과거와 대결하면서 과거의 창조적 유산을 계승하는 것이라는 사실을 간과한 데서 비롯되는 것이다. 역사주의의 문제는 우리가 과거의 역사를 우리와 대화하는 상대로 보지 않고 객관적으로 고찰해야 할 대상으로 보는 데서 비롯되는 것이다.

3. 니체의 역사학 이념의 계승
: 기념비적이면서 호고적이고 비판적인 역사학

역사학이 현존재의 생에 유익하거나 유해할 수 있는 가능성은, 역사적인 것으로서의 생이 본래적 역사성을 택하고 있는지 아니면 비본래적 역사성을 택하고 있는지에 근거한다. 니체는 생에 대한 역사학의 공과(功過)에 대한 본질적인 사실들을 그의 『반시대적 고찰』(*Unzeitgemäße Betrachtungen*)

의 2부 「삶에 대한 역사학의 공과」에서 인상적으로 서술하고 있다.

니체는 그 글을 "아무튼 나는, 나의 행동력을 고양하거나 직접 생기를 불어넣지 않으면서도 단순히 나를 가르치려고만 하는 모든 것을 혐오한다"라는 괴테의 말과 함께 시작한다. 니체는 과거의 소소한 사실까지도 객관적으로 탐구해야 한다고 보는 당시의 실증주의적인 역사학은 "생기를 주지 못하는 가르침, 행동력을 시들게 하는 지식, 값비싼 인식 과잉과 사치"라고 평하면서 그러한 역사학은 괴테의 말처럼 혐오해야만 한다고 말하고 있다.

물론 그렇다고 해서 니체가 역사학이 불필요하다고 보는 것은 아니다. 다만 니체는 우리가 필요로 하는 역사학은 "지식의 정원에서 한가하게 빈둥거리는 응석받이가 필요로 하는 역사학"이 아니라 세계의 한가운데서 적극적으로 자신의 삶을 개척해 가는 자가 필요로 하는 역사학이라고 말하고 있다. 다시 말해서 우리는 삶과 행동을 위해서 역사학을 필요로 하는 것이지, 순수학문을 한다는 미명하에 생과 행동으로부터 도피하기 위해 역사학을 필요로 하는 것은 아니라는 것이다.

더 나아가 니체는 과거에 대한 지식이 과잉될 경우 우리는 그러한 기억의 무게에 눌려서 창조적인 힘을 상실하게 된다고 본다. 니체는 이와 관련하여 실증주의적인 역사학이 지배하던 자신의 시대를 역사학에 의해서 과거에 대한 기억이 무분별하게 증대되면서 삶이 과거의 기억에 의해서 질식당하고, 그리하여 창조적인 활력을 상실한 시대로 규정하고 있다. 이와 함께 니체는 역사학이 어떠한 방식으로 수행될 때 삶에 유익하고 해로운 것이 되는지를 분명히 밝히고 있다. 니체는 삶에 유익한 역할을 할 수 있는 역사학으로서 기념비적인 역사학과 호고(好古)적 역사학 그리고 비판적 역사학을 들고 있다.

기념비적 역사학은 과거의 역사에서 현재의 우리가 계승해야 할 '기넘비적인' 실존 가능성을 발견하려고 하는 역사학이다. 호고적 역사학은 현재를 혼돈과 무질서에 차 있는 것으로 보면서 과거의 역사를 현재보다도 훨씬 우월한 것으로 보면서 이상화하는 역사학이다. 비판적 역사학은 과거를 부정되어야 할 것으로 평가하면서 새로운 창조적인 변혁을 촉구하는 역사학이다. 하이데거는 니체가 이렇게 역사학이 나아갈 수 있는 세 가지 방향을 제시하고 있는 것을 높이 평가하면서도, 니체가 역사학이 삼중적인 것(Dreiheit)으로 존재하게 되는 필연성과 그것의 통일성의 근거를 명확하게 제시하고 있지는 않다고 말하고 있다.

하이데거에 따르면 역사학의 삼중성(三重性)은 현존재의 역사성에 근거하고 있다. 현존재는 결의성에 입각하여 본래적인 자기로 되돌아가면서 인간 실존의 기념비적 가능성들을 반복하는 방식으로 그것들에게 개방되어 있다. 그러한 역사성에서 비롯되는 역사학은 '기념비적'이다. 그러나 다른 한편으로 현존재는 기재적인 것으로서 자기의 내던져져 있음에 내맡겨져 있다. 따라서 가능한 것을 반복하면서 자기 것으로 한다는 것은 동시에 기재적 실존을 경외하면서 수호하는 것이기도 하다. 이런 의미에서 본래적 역사학은 기념비적이면서 동시에 '호고적'이다.

그런데 현존재는 장래와 기재의 통일 속에서 현재로서 시숙한다. 특히 순간으로서의 현재는 '오늘'을 본래적으로 개시한다. 그러나 본래적 역사학은 이 '오늘'을 현존재가 스스로 포착한 실존 가능성을 장래적으로 반복하면서 이해하는 것으로부터 해석하면서, '오늘'을 탈현전화한다(entgegen-wärtigen). 즉 그것은 '오늘'의 퇴락한 공공성으로부터 거리를 취하는 것이다. 따라서 기념비적·호고적 역사학은 본래적 역사학으로서 필연적으로 '현재'에 대한 비판이기도 하다.

본래적 역사성은 역사학이 취할 수 있는 세 가지 방식을 통일하는 근거다. 그러나 역사성은 시간성에 근거하기 때문에 본래적 역사학의 궁극적인 근거는 마음씀의 존재의미인 시간성이다. 현존재의 역사성에 입각해서 볼 때, 본래적 역사학은 현사실적으로 이 세 가지 가능성들의 구체적 통일이어야 한다는 사실이 분명하게 된다. 이런 의미에서 하이데거는 역사학을 그렇게 세 가지로 니체가 구분한 것은 우연한 것이 아니라고 말하면서, 『반시대적 고찰』의 모두(冒頭)를 보면 니체는 자신이 글로 표현한 것보다 더 많은 것을 이해하고 있었다고 말하고 있다.

역사학의 실존론적·역사적 근원에 대한 구체적 서술은 이 학문을 구성하고 있는 주제화를 분석하는 것에 의해서 수행된다. 역사학적 주제화의 주요 부분은 역사학적인 탐구의 전제가 되는 해석학적 상황을 형성하는 데 있지만, 이 해석학적 상황은 역사적으로 실존하는 현존재가 기재적인 현존재를 반복하면서 개시하기 위해 결의하는 것과 함께 열린다. 역사적 실존의 본래적 개시성, 즉 진리를 근거로 해서 역사학적 진리의 가능성과 구조가 개진되어야 하는 것이다. 역사학적 학문의 기초개념들은——그것들이 이 학문이 다루는 객관에 관한 것이든 탐구양식에 관한 것이든——실존개념들이기 때문에, 정신과학의 이론은 현존재의 역사성을 주제로 하는 실존론적 해석을 전제하고 있다. 이러한 역사성이야말로 딜타이가 파악하려고 했던 것이자 요르크 폰 바르텐부르크(Yorck von Wartenburg) 백작의 이념에 의해 한층 심도 있게 조명된 것이다.

§77. 이상의 역사성 문제의 제시와 W. 딜타이의 연구 및 요르크 백작의 이념과의 연관

§77에서 하이데거는 현존재의 역사성에 대한 자신의 분석이 딜타이의 작업을 계승 발전시키는 것임을 밝히고 있다. 다만 그는 딜타이가 자신이 지향하는 바에 충실하지 않았다고 보며, 딜타이의 작업이 갖는 결함

을 요르크 백작이 잘 드러내고 있다고 본다. 이런 의미에서 하이데거는 자신이 요르크 백작의 이념에 따라서 딜타이의 작업을 계승하고 있다고 말하고 있다. 다시 말해서 하이데거는 자신의 역사성 분석이 요르크 백작이 딜타이에게 보낸 편지들에서 제시하고 있는 여러 테제들을 철저하게 구체화하고 있는 것으로 보고 있는 것이다.

1. 딜타이에 대한 하이데거의 평가

하이데거는 우선 그 당시에 광범하게 유포되어 있던 딜타이에 대한 평가를 다음과 같이 정리하고 있다. 이러한 평가에 따르면 딜타이는 정신사, 특히 문예사의 섬세한 해석자로서 자연과학과 정신과학을 구별하려고 하면서 정신과학의 특수성을 밝히려고 하였지만 결국은 상대주의적 생철학으로 귀착되고 말았다는 것이다. 하이데거는 피상적으로 볼 때 이러한 평가는 옳지만 그것은 딜타이의 '실체'를 놓치고 말았다고 보고 있다. 그러한 평가는 오히려 딜타이의 '실체'를 밝혔다기보다는 은폐했다는 것이다.

하이데거는 일단 딜타이의 연구를 다음과 같이 세 가지로 구분하고 있다. 첫째로 정신과학의 이론 및 정신과학과 자연과학의 구별을 위한 연구, 둘째로 인간, 사회 및 국가에 관한 학문들의 역사에 대한 연구, 셋째로 인간이라는 전체적 사실을 기술하려는 심리학의 개척을 위한 연구가 그것이다.

딜타이의 연구활동에서는 학문이론, 학문사 및 해석학적·심리학적 연구라는 세 분야의 탐구가 끊임없이 서로 교차하고 있다. 이러한 연구들은 결국은 생을 생 자체로부터 철학적으로 이해하는 것이며 그리고 생 자체에 입각해서 이러한 이해를 위한 해석학적 기초를 확보하는 것을 목표하고 있다. 이 경우 생이란 현존재의 생이며, 이러한 생을 딜타이는 물질이나 생물로 환원시키거나 신으로부터 해석하려고 하지 않으며 또한 심리학이나 정신과학의 탐구들의 결과에 입각하여 해석하려고도 하지 않는다. 그는 생을 생이 자신에 대해서 갖는 직접적인 체험에 입각하여 이해하려고 한다.

따라서 딜타이의 작업은 심리학에 집중된다. 이러한 심리학은 심리적인 것에 대한 실증과학적인 연구를 개량하는 것이 아니라, 생을 그것의 역사적 발전연관과 작용연관 속에서 인간이 존재하는 방식으로서 이해하려고 하면서 동시에 그것을 정신과학의 토대로서 이해하려고 하는 것이었다. 즉 딜타이는 정신과학의 결과에 입각하여 생을 이해하려고 하지 않고 생을 생 자체로부터 이해하는 것이야말로 오히려 정신과학에 진정한 토대를 줄 수 있다고 보는 것이다. 딜타이의 해석학이란 생 자체에 대한 이러한 이해의 해명이다. 그러한 해석학은 파생적으로만 역사학의 방법론이 된다.

딜타이의 이러한 목표에도 불구하고 딜타이의 철학이 종종 정신과학의 논리학 내지 방법론의 성격을 띠게 된 것은, 딜타이가 동시대의 학문이론적인 논의들을 고려하면서 이러한 논의들을 실마리로 하여 자신의 연구를 수행했기 때문이다. 그러나 정신과학의 논리학은 그에게는 중심적인 것이 아니었다. 하이데거는, 딜타이의 고유한 철학적 관심이 무엇이었는지는 그가 친구인 요르크 백작과 나눈 편지에서 요르크 백작이 '우리의 공통적 관심은 역사성을 이해하는 것'이라고 시사하고 있다는 사실에서 분명하게 나타나고 있다고 말하고 있다. 하이데거는 요르크 백작의 편지에서 몇 구절을 인용하면서 요르크 백작의 중심적 이념을 분명히 제시하려고 하고 있다.

2. 요르크 백작의 통찰

하이데거는 요르크의 이념은 그가 딜타이의 심리학, 즉 정신과학에 근거를 부여하는 학문으로서의 분석적 심리학에 대해서 취하고 있는 입장에서 잘 드러나고 있다고 본다.

요르크는 우선 딜타이에게 '자연'이라는 존재자와 '역사'로 존재하는 존재자(현존재)의 상이한 범주적 구조를 적극적이면서도 근본적으로 밝혀내야 한다고 요구하고 있다. 요르크는 플라톤과 아리스토텔레스의 논리학처럼 근본적으로 학문들에 선행하면서 그것들을 이끄는 논리학이 필요하다고 보고 있는 것이다. 그런데 요르크에 따르면 딜타이의 연구는 존재적인 것(das Ontische)과 역사적인 것(das Historische) 사이의 유(類)적 차이를 강조하고 있지 않다.

요르크는 딜타이의 한림원(翰林院) 발표논문 「기술적(記述的) 분석적 심리학의 몇 가지 이념들」(1894)에 대하여 이렇게 쓰고 있다.

> 특히, 비교의 절차가 정신과학의 방법으로서 요구되고 있습니다. 이 점에서 나는 귀하와 의견을 달리합니다. ……비교란 언제나 미학적이며 늘 형태에 얽매여 있습니다. 빈델반트는 역사에 형태들을 귀속시키고 있습니다. 귀하의 유형(類型) 개념은 시종일관 내면적인 것입니다. 여기에서 문제되고 있는 것은 성격이지 형태가 아닙니다. 빈델반트에게는 역사는 형상(形象)들의 계열, 개별적 형태들, 즉 미학적 요구인 것입니다. 자연과학자들에게는 과학 이외에 일종의 인간적인 진정제(鎭靜劑)로서 남아 있는 것이라고는 미학적 향수(享受)밖에 없습니다. 그런데 귀하의 역사 개념은 여러 힘의 연결, 힘의 통일체라는 개념이어서, 형태라는 범주는 거기에서는 비유적으로 적용될 수밖에 없다고 생각합니다.

여기서 요르크는 정신과학의 방법으로서 딜타이가 주창하는 비교라는 방법이 역사를 힘의 통일체로 보는 딜타이의 역사개념에 적합하지 않을 뿐 아니라 정신과학에도 적합한 방법이 될 수 없다고 본다. 비교라는 것은 어디까지나 대상들 바깥에 서서 그것들을 비교하고 고찰하는 것이다. 그러한 비교라는 방법에 입각할 경우 연구는 어디까지나 미학적인 관조의 성격을 띠게 된다. 그러나 정신과학에서 어떤 대상을 이해한다는 것은 그것을 미학적인 관찰의 대상으로 삼는 것이 아니라 그것이 제시하는 삶의 가능성을 이해하고 그것에 대해서 일정한 태도를 취하는 것이다. 즉 정신과학은 어떤 대상이 우리의 본래적인 삶의 가능성이 될 수 있는지 없는지, 우리가 그것을 계승할 것인지, 계승할 경우에는 어떻게 계승할 것인지에 대해서 연구하는 것이다. 이러한 역사학의 이념은 하이데거가 앞에서 역사학은 기념비적이고 호고적이면서 비판적이어야 한다고 말하고 있는 데서도 분명하게 드러난다.

존재적인 것과 역사적인 것의 차이에 대한 확실한 본능에 입각해서 요르크가 인식한 것은, 전통적 역사 연구가 '물체적인 것'이나 '형태적인 것'을 겨냥하는 순전히 시각적 규정에 얼마나 강하게 집착해 있는가 하는 것이다.

랑케는 거대한 접안 렌즈입니다. 이 접안 렌즈에서는 사라져 버린 것은 현실이 될 수 없습니다. …… 역사의 소재를 정치적인 것에 국한시키는 것도 랑케의 전체적인 기질로부터 설명됩니다. 정치적인 것만이 극적인 것이기 때문입니다.

진정한 문헌학자란 역사를 골동품 상자라고 생각하는 자입니다. 손으로 만져 볼 수 없는 곳—그곳으로 인도하는 것은 생생한 심적 전이(心的 轉

移)뿐인데, 그들(역사학파 사람들)은 거기에 이르지 못합니다. 그들은 바로 가장 깊은 내면에서는 자연과학자이지만, 역사학에서는 실험이라는 것이 존재하지 않기 때문에 회의론자가 될 지경입니다. 예를 들면, 플라톤이 대(大)그리스(Großgriechenland)[이탈리아 남부에 있던 고대 그리스의 식민도시]나 시라쿠사에 몇 번이나 갔었는가 하는 따위의 자질구레한 일들에 대해 우리는 전혀 관여해서는 안 됩니다. 그러한 것들은 생명이 전혀 없는 것입니다. 내가 지금 비판적으로 훑어본 그런 외적 수법은 결국은 커다란 의문에 봉착하게 되고, 호메로스, 플라톤, 신약성서 등 위대한 실재에 대해서 수치스러운 것이 됩니다. 현실적으로 실재하는 모든 것이 물 자체로서 관찰된다면, 즉 체험되지 않는다면 그것들은 허깨비가 되고 맙니다.

단지 생을 장식하기만 하지 않고 참으로 살아 있는 모든 역사학은 비판입니다.

그러나 역사 지식의 가장 좋은 부분은 숨은 사료(die verborgenen Quellen)에 대한 지식입니다.

역사에서 장관을 이루고 현저하게 눈에 띄는 것은 주요한 것이 아닙니다. 본질적인 것은 일반적으로 눈에 띄지 않듯이 진수는 눈에 띄지 않습니다. '너희가 잠잠히 있으면 힘을 얻을 것이다'라고 하거니와, 이를 변형해서, '너희가 잠잠히 있으면 인지하게 될 것이다, 즉 이해하게 될 것이다'라는 말도 진실입니다.

따라서 나는 고요한 자기 대화 및 역사 정신과의 교감을 즐깁니다.

역사의 근본성격을 '잠재력'(Virtualität)이라고 본 요르크의 명료한 통찰은, 인간적 현존재 자체의 존재성격을 인식한 데서 얻어진 것이지 역사학의 대상에 대한 학문이론적인 고찰에 의해서 얻어진 것이 아니다.

심적·물적 소여의 총체는 있는 것(존재＝자연의 눈앞의 존재)이 아니라 사는 것이라고 하는 사실이 역사성의 발아점(發芽點)입니다. 추상적 자아에 향하지 않고 자신의 충만한 자아에 향하는 자기 성찰은 자신이 역사적으로 규정되어 있음을 알게 되는바, 그것은 물리학이 자신이 우주적으로 규정되어 있다고 인식하는 것과 같습니다. 우리는 자연인 것과 마찬가지로 역사인 것입니다…….

이렇게 모든 거짓된 '관계규정'과 '지반 없는' 상대주의를 꿰뚫어 본 요르크는 현존재의 역사성에 대한 통찰로부터 최후의 결론을 끌어 낸다.

그러나 다른 한편, 자기의식의 내면적 역사성의 경우에는 역사학으로부터 분리된 체계성이라는 것은 방법론상 적합하지 않습니다. 생리학이 물리학을 도외시할 수 없듯이 철학은——그것이 비판적일 때는 특히——역사성을 도외시할 수 없습니다.… 자신에게 관계한다는 것(Sichverhalten)과 역사성은 호흡과 기압 같아서——그리고——이것은 약간 역설처럼 들릴지 모르겠습니다만——철학을 비역사화한다는 것은, 나에게는 방법적 관점에서 볼 때 하나의 형이상학적 잔재라고 생각됩니다.

철학을 한다는 것은 사는 것이기 때문에,——놀라지 마십시오——내 견해에 따르면 '역사의 철학'이 있는 것입니다——누가 그것을 쓸 수 있다면!——확실히 지금까지 역사의 철학이라는 것은 포착되고 시도된 적이 없으며, 이러한 사태에 대한 반대를 귀하는 반론의 여지없이 천명했습니다. 이제까지의 문제 제기는 잘못된 것, 아니 불가능한 것이지만, 그것이 유일한 문제제기는 아닙니다. 그러기 때문에 역사적이지 않은 진정한 철학적 사유란 이제는 없습니다. 체계적 철학과 역사적 서술을 분리하는 것은 본질상 옳지 않습니다.

여기서 요르크는 철학은 우리의 삶과 분리될 수 없는 것으로 보고 있다. 따라서 그는 우리의 삶은 역사적인 것인 한, 철학도 역사적이지 않으면 안 된다고 말하고 있다.

하이데거는 딜타이와 마찬가지로 요르크도 존재적인 것(시각적인 것)과 대비하면서 역사적인 것과 생 자체를 파악하려고 시도했다고 본다. 하이데거는 그러한 사실은 요르크가 그런 탐구의 어려움이 어떤 것인가를 지적하는 곳에서 분명하게 나타난다고 말하고 있다.

[미학적·기계적 사고방식이] 직관의 배후로 소급하는 분석보다 더 용이하게 언어적 표현을 발견한다는 것은, 언어가 광범위하게 시각성에서 유래한다는 데서 설명될 수 있습니다. …… 이에 반해 생명성의 근저로 파고들어 가는 것은 통속적 서술을 거절합니다. 그래서 모든 술어(術語)는 평이하지 못하게 되고 상징적이게 되며 또 불가피한 것이 됩니다. 철학적 사유의 특수양식으로부터 그 언어적 표현의 특수성이 생깁니다.

역사성을 이해하려는 관심은 '존재적인 것과 역사적인 것 사이의 유적 차이'를 밝혀내려는 과제에 봉착한다. 그렇게 해서 생철학의 기본 목표가 확립되었다. 요르크가 역사적이 아닌 존재자를 단적으로 '존재적인 것'이라고 부른 것은 우연이 아니다. 그것은 전통적 존재론이 모든 철학적인 문제의식을 지속적으로 지배하고 있다는 사실을 반영하고 있을 뿐이다. 요르크는 존재의 의미를 눈앞의 존재와 동일시하는 전통적 존재론의 선입견을 그대로 받아들이면서 역사적인 것을 존재의 영역에서 배제하고 있는 것이다. 그러나 하이데거는 이는 존재의 의미를 극히 지나치게 협소한 것으로 파악한 것으로 보고 있다.

따라서 하이데거는 존재적인 것과 역사적인 것 사이의 차이라는 문제는, 존재 일반의 의미에 대한 물음이 기초존재론적으로 수행됨으로써 그러한 문제에 접근할 수 있는 실마리가 미리 확보되어 있을 때에만 제대로 다루어질 수 있다고 말하고 있다.

이상의 분석에서, §77의 도입부에서 하이데거가 한 말, 즉 '현존재의 예비적 실존론적·시간적 분석은 요르크 백작의 정신에 따라서 딜타이의 작업을 계승하려고 했다'는 말의 의미가 분명하게 되었다.

6장 시간성과 통속적 시간 개념의 근원으로서의 시간 내부성

§78. 앞에서 수행한 현존재의 시간적 분석의 불완전성

이 절에서는 6장에서 수행될 분석을 개략적으로 소개하고 있다.

시간성이 현존재의 존재를 구성한다는 사실을 입증하고 또한 시간성이 현존재의 존재를 어떻게 구성하는지를 밝히기 위해서 앞장에서 수행된 것은, 실존의 존재구조로서의 역사성은 근본적으로는 시간성이라는 사실을 드러내는 것이었다. 그러나 우리는 역사의 시간적 성격을 해석할 때 모든 생기는 '시간 내부에서' 일어난다는 사실을 고려하지 않았다. 일상적으로 우리는 모든 역사는 현실적으로 '시간 내부에서' 일어난다고 생각한다. 다시 말해서 일상적으로 우리는 시간을 '지금이라는 시점들의 연속'이라고 생각하면서 모든 사건은 이러한 연속선 중의 어느 한 점에서 일어난다고 생각하는 것이다.

그러나 역사싱에 내한 우리의 실존론적·시간적 분석은 시간에 대한 이러한 일상적인 이해를 고려하지 않았다. 실존론적 분석이 현존재를 바로 그것의 현사실성에 있어서 투명하게 드러내려면, 그것은 이러한 현사실적 '존재적·시간적' 역사해석도 충분히 고려해야만 한다. 역사뿐 아니라 자연의 경과도 시간에 의해 규정되는바, 존재자가 나타나는 장(場)인 시간을 분석하는 것은 더욱더 불가피하다.

그러나 역사와 자연에 관한 학문들에 시간요인(Zeitfaktor)이 나타난다는 사정보다 더 근본적인 것은, 현존재가 모든 학문적 연구 이전에 이미 시간을 고려하면서 시간에 맞추어 살고 있다는 현실이다. 그리고 이와 관련하여 다시 결정적인 것은, 시간규정을 위해 눈금을 매겨 놓은 시계와 같은 모든 측정도구의 사용에 앞서서 현존재가 '자신의 시간을' 헤아린다는 것이다. 다시 말해서 우리는 '어떤 일을 할 시간'이라든가 아니면 '그만둘 시간'이라는 식으로 시간을 헤아리는 것이다. 이 후자를 하이데거는 세계의 유의의성에 기초를 두고 있는 시간이라는 의미에서 세계시간(Weltzeit)이라고 부른다. 하이데거는 이것이 시계와 같은 것의 사용에 선행하면서 그것을 비로소 가능하게 한다고 본다.

이러한 세계시간은 현존재가 일상적인 생활세계에서 '시간을 헤아리는 태도'를 분석함으로써 해명되어야 한다. 현존재는 세계 속에서 살면서 어떤 일을 위한 시간을 갖기도 하고 갖지 않기도 한다. 그는 어떤 일에 시간을 쏟기도 하고 시간을 빼앗기려고 하지 않기도 한다. 실로 현존재는 시간성을 실존론적으로 이해하지 않고도 '시간을 헤아리고 있는' 것이다. 따라서 '존재자가 시간 속에 있다는 것은 무엇을 의미하는가'라는 물음을 다루기 전에 우선 이렇게 일상적인 생활세계에서 '시간을 헤아린다'는 현존재의 기본적 태도가 해명될 필요가 있다.

그런데 현존재의 모든 태도는 그의 존재의미인 시간성에 입각해서 해석되어야 하는바, '시간을 헤아린다'는 현존재의 태도도 현존재의 시간성에서부터 해명되어야 한다. 그런데 지금까지 이 책에서 행해진 시간성에 대한 분석은 그러한 해명을 제시하지 않았다는 점에서 시간성이란 현상의 모든 차원을 다 고려했다고는 할 수 없다. 따라서 그것은 불완전할뿐더러 원칙적으로 결함을 가지고 있었다. 이 때문에 시간성에 입각하여 '시간을 헤아린다'는 현상이 해명되어야 하고 이와 함께 시간성에 세계시간이 속한다는 것이 어떻게 가능하며 왜 그것이 불가피한가 하는 것이 해명되어야 한다. 그렇게 함으로써, 통속적으로 잘 알려져 있는 시간, 즉 '지금이라는 시점들의 연속'으로서의 시간이 해명되고, 이와 함께 그러한 시간 안에서 출현하는 존재자의 시간 내부성도 해명될 수 있다.

어떤 일에 자신의 시간을 쏟는 일상적 현존재는 우선 세계 내부적으로 만나는 도구적 존재자와 눈앞의 사물에 입각하여 시간을 알게 된다. 그렇게 경험되는 시간을 현존재는 가장 친숙한 존재이해, 즉 눈앞의 존재라는 지평 안에서 이해한다. 다시 말하면 그는 경험되는 시간 자체를 일종의 눈앞의 존재자로서 이해한다. 어떻게 그리고 왜 통속적 시간 개념이 형성되는가 하는 것은, 시간을 고려하는 현존재의 존재구조가 시간적으로 기초 지어져 있다는 사실에 의해서 해명될 필요가 있다. 통속적 시간 개념은 근원적 시간의 수평화(Nivellierung)에서 유래한다. 통속적 시간 개념의 이러한 근원을 입증하게 되면, 시간성을 근원적 시간이라고 본 이전의 해석은 정당화되는 것이다.

이상에서 하이데거는 시간을 크게 세 가지로 나누어 설명하고 있다는 사실을 알 수 있다. 그 하나는 근원적인 시간으로서 현존재의 존재의미인 시간성을 가리킨다. 다른 하나는 통속적 내지 파생적인 시간으로서 '지금이라는 시점들의 연속'으로서의 시간을 가리킨다. 그리고 다른 하나는 세계시간으로서 세계의 유의의성에 입각하여 해석된 시간이다. 세계시간은 '지금은 일할 시간'이라는 예에서 보이는 생활세계의 의미와 결부되어 있는 시간이다. 이에 반해서 통속적 시간은 그러한 생활세계적인 의미가 배제된 시간이다. 하이데거는 우선 세계시간의 생성을 현존재의 시간성에 입각하여 해명한 후, 통속적인 시간의 생성을 세계시간에 입각하여 해명하고 있다.

그런데 통속적 시간 개념에 대한 전통적인 해석은 시간에 주관적 성격을 부여해야 하는가 아니면 객관적 성격을 부여해야 하는가와 관련하여 동요하고 있다. 사람들이 시간을 그 자체로 존재하는 것으로서 파악하는 경우에도 시간은 주로 '영혼'에 귀속된다. 그리고 시간이 '의식과 같은' 성격을 갖는 경우에도 시간은 '객관적으로' 기능한다. 헤겔의 시간해석에서는 이 두 가능성은 지양(止揚)된다. 헤겔은 시간과 정신 사이의 연관을 규정하면서 그것에 입각해서 왜 역사로서의 정신이 '시간 속으로 떨어지는지'를 구명하려고 한다.

현존재의 시간성과 그 시간성에 세계시간이 속한다는 사실에 대해서 앞으로 행해질 해석은 결과적으로는 헤겔과 일치하는 듯이 보인다. 그러나 이제 행해질 시간분석은 근본적으로 이미 그 단초에 있어서 헤겔과 다르며 또한 그 목표에서, 즉 기초존재론을 지향한다는 점에서 그와 정반대의 방향을 향하고 있다. 따라서 시간과 정신의 관계에 대한 헤겔의 견해를 살펴보면서 여기서 행해지고 있는 시간분석과 비교해 보면, 현존재의 시간성, 세계시간, 통속적 시간 개념의 근원에 대한 실존론적·존재론적 해석을 간접적으로 분명하게 하면서 잠정적으로 마무리하는 데 도움이 될 것이다.

시간에 존재가 귀속되는가 그리고 어떻게 귀속되는가, 우리는 어떤 의미에서 그리고 왜 시간을 '존재한다'고 말하는가라는 물음은, 시간성 자체가 그 시숙의 전체에 있어서 존재이해라든가 존재자에 대한 언급을 가능하게 한다는 사실이 해명될 때 비로소 답해질 수 있다.

이 장은 다음과 같이 나뉜다. §79 현존재의 시간성과 시간에 대한 고려, §80 고려되는 시간과 시간 내부성, §81 시간 내부성과 통속적 시간 개념의 발생, §82 시간성, 현존재 및 세계시간의 실존론적·존재론적 연관을 시간과 정신의 관계에 대한 헤겔의 견해와 대조함, §83 현존재의 실존론적·시간적 분석과 존재 일반의 의미에 대한 기초존재론적 물음.

§79. 현존재의 시간성과 시간에 대한 고려

1. 비본래적인 실존에 의해서 고려되는 시간, 즉 세계시간이 갖는 세 가지 성격: '때를 정할 수 있음', '폭을 가짐', '공공적 성격'

현존재는 자신의 존재에 있어서 자신의 존재 자체를 문제 삼는 존재자로서 존재한다. 이러한 실존적 존재로서 현존재는 본질적으로 자기 자신을 앞질러서, 즉 자기 자신을 추후적으로 단순히 관찰하기 이전에 자기의 존재가능성을 향해 자신을 기투하고 있다. 이렇게 기투하면서 현존재는 또한 내던져진 자로서 존재자들에 의존하고 있다. 현존재는 이렇게 존재자들에 의존하고 그것들을 고려하면서 그것들에 빠져 있다.

　　아울러 그는 다른 사람들과 함께 존재하면서 세상 사람의 평균적 해석에 따라서 살고 있다. 이러한 해석은 말로 분절되고 언어로 언표된다. 세계-내-존재는 언제나 이미 '자신을' 언표한다. 세계 내부적인 존재자들에 몰입해 있는 존재로서의 현존재는 고려되는 것 자체를 언표하고 그것에 대해서 논의하면서도 끊임없이 자신을 언표한다.

　　이렇게 존재자를 둘러봄에 의해서 분별하는 고려는 '예기하면서-보유하고-현전화한다'는 시간성의 비본래적인 양상에 근거하고 있다. 그러한 고려는 계산하고 계획하며 예비하고 예방하는 것으로서, 음성으로 표현되든 안 되든 언제나 이미 다음과 같이 말하고 있다. '그때에는——그 일이 해결되어야 할 텐데, 그전에——그 일은 해결되었어야 했는데, 지금은——그 당시에 해결하지 못했던 일을 해결해야지.'

고려는 '그때'라는 말로는 예기하면서 '그 당시'라는 말로는 보유하고 그리고 '지금'이라는 말로는 현전화하면서 자기를 표명한다. '그때'라는 말에는 '지금은 아직 아님'이라는 말이 암암리에 포함되어 있다. 다시 말하면 '그때'라는 말에서는 예기가 '보유하는 현전화' 내지 [진정한 자기를] 망각하는 현전화' 속에서 언표되고 있다. '그 당시'라는 말에는 '지금은 이미 아님'이라는 말이 포함되어 있다. '그 당시'라는 말에는 보유가 '예기하는 현전화'로서 자신을 언표하고 있다. 그리고 '그때'와 '그 당시'는 다함께 '지금'과 관련해서 이해되고 있다. 다시 말하면 존재자들에 대한 일상적인 고려에서는 '현전화'가 특유의 무게를 가지고 있다.

물론 '현전화'는 언제나 '예기'와 '보유'의 통일 속에서 시숙한다. 고려가 가장 가까운 것으로서 예기하는 것은 '이제 곧'(sogleich)이라는 말에서 언급되며, 당장 입수된 것이나 놓쳐버린 것은 '방금'(soeben)이라는 말에서 언급된다. '그 당시'라는 말에서 자신을 언표하는 '보유'의 지평은 '이전'(Früher)이며 '그때'의 지평은 '이후'(Später)이고 '지금'의 지평은 '오늘'(Heute)이다.

(1) '때를 정할 수 있음'

그러나 '그때'는 모두 그 자체로는 '⋯⋯할 그때'이고, '그 당시'는 모두 '⋯⋯한 그 당시'이며, 모든 지금은 '⋯⋯하는 지금'이다. 이렇게 '지금', '그 당시' 및 '그때'가 '무엇을 해야 할 때'로서 정해지는 것을 하이데거는 '때를 정할 수 있음'(Datierbarkeit)이라고 부른다. 이때 '때를 정할 수 있음'이 달력상의 날짜를 고려해서 수행되는가 어떤가는 여기에서는 전혀 문제가 되지 않는다. 달력상의 날짜들이 제시되지 않고서도 '지금', '그때', '그 당시'는 다소간에 분명하게 '무엇을 해야 할 때'로서 정해져 있다. 때는 항상 무엇을 할 때이거나, 했던 때이며, 하고 있는 때이다. 구체적인 날짜가 제시되지 않고 있다고 해서 '때를 정할 수 있음'의 구조가 결여되어 있다거나 우연적인 것이라고 말할 수 없다.

그런데 이렇게 '때를 정할 수 있음'은 어디에 근거하고 있는가? 언뜻 보기에는 이보다 더 불필요한 물음은 없는 것 같다. '……하는 지금'으로 우리가 어떤 '시점'을 가리킨다는 것은 주지의 사실이다. '지금'은 시간이다. 이론의 여지없이, 우리는 '……하는 지금', '……할 그때', '……한 그 당시'가 〈시간〉과 연관되어 있다고 이해한다. 그런 것들이 〈시간〉 자체를 가리킨다는 사실, 그것이 어떻게 가능하며 또 이러한 〈시간〉은 무엇을 의미하는가 하는 이 모든 물음은, '지금'과 같은 것이 자연스럽게 이해되고 있다고 해서 개념적으로 해명되는 것은 아니다.

오히려 '지금', '그때', '그 당시' 따위를 우리가 당장 이해하고 자연스럽게 언표한다는 것이 과연 자명한 것인가라는 물음이 제기될 수 있다. 우리는 도대체 이 '……하는 지금'을 어디에서 발견하는가? 우리는 그것을 세계 내부적 존재자인 눈앞의 사물에서 발견했는가? 분명히 그렇지는 않다. 그러나 우리는 그것을 자각적으로 발견하지 않았음에도 그것을 마음대로 다루고 있으며, 비록 반드시 소리를 내어 말하지는 않더라도 그것을 끊임없이 사용하고 있다.

예를 들어 우리가 일상적으로 '춥다'고 말할 경우에도 그 말은 '내가 추위를 느끼는 지금'을 포함하고 있다. 왜 현존재는 고려되는 것을 언표할 때, 대부분의 경우는 분명히 언표하지 않더라도 '……하는 지금', '……할 그때', 그리고 '……한 그 당시'를 함께 말하는가? 이는 도구적 존재자를 고려하면서 그것에 대해 언급할 때 현존재는 자기를 함께 언표하기 때문이다. 다시 말하면 현존재는 도구적 존재자에 대해 말하면서 그러한 도구적 존재자를 사용하는 자기 자신을 함께 말하는 것이다. 이렇게 자신을 함께 해석하고 언급하는 것은 현전화에 근거하며, 그러한 현전화로서만 가능하다.

'예기하면서-보유하는 현전화'는 자신을 해석한다. 그것은 지금은 '자신이' 무엇을 해야 할 때라는 식으로 자신을 해석하는 것이다. 그리고 이것이 가능한 것은, '예기하면서-보유하는 현전화'가—그 자체로 탈자적으로 개방되어 있어서—그 자신에게 그때마다 이미 개시되어 있고, 이해하면서 말하는 해석에 의해서 분절될 수 있기 때문이다. 시간성은 개시성을 탈자적·지평적으로 구성하기 때문에, 근원적으로 개시성에서 이미 언제나 해석될 수 있으며 따라서 숙지되어 있는 것이다.

자기를 해석하는 '예기하면서-보유하는 현전화'를, 즉 '지금'에서 언급되면서 해석되는 것을 하이데거는 〈시간〉이라고 부른다. 시간은 현존재의 존재인 시간성으로도 이해될 수 있고, 그것에 근거한 '지금', '그때', '그 당시'를 의미할 수도 있는바, 이 후자를 하이데거는 시간에 격쇠를 쳐서 〈시간〉이라고 부르고 있으며 또한 세계시간이라고도 부르고 있다.

'지금', '그때', '그 당시'에 의해 해석된 것에는 본질적으로 '때를 정할 수 있음'의 구조가 속한다는 것은, 그렇게 해석된 것이 '자신을 해석하는 시간성'에서 유래한다는 사실에 대한 가장 기본적인 증거가 된다. '지금'을 말하면서 우리는 언제나 이미—반드시 분명하게 언표하지는 않더라도—'우리가 이런저런 것을 하는 때'를 이해한다. 이것은 '지금'이라는 것이 존재자의 현전화를 해석하기 때문이다. '······하는 지금' 속에는 현재의 탈자적 성격이 반영되어 있다. '지금', '그때', '그 당시'라는 '때를 정할 수 있음'은 시간성의 탈자적 구조의 반영이며, 따라서 '때를 정할 수 있음'은 언표되는 시간 자체에 본질적으로 속한다.

'지금', '그때', '그 당시'라고 해석하면서 언표하는 것은 가장 근원적인 시간진술(Zeitangabe)이다. 시간성의 탈자적 통일은 '때를 정할 수 있음'과 함께 비주제적으로 이해되고 있으며 따라서 그 자체로 분명하게 자각되지 않은 채로 이해되고 있다. 이러한 시간성의 탈자적 통일에서 현존재는 그 자신에게 이미 세계-내-존재로서 개시되어 있으며 이와 함께 세계 내부적 존재자를 발견하고 있다. 그러므로 해석된 시간도 현존재의 개시성 속에서 발견되는 존재자에 입각해서 그때마다 '때를 정할 수 있음'이라는 성격을 갖게 된다. 예컨대, '지금——문 두드리는 소리가 나는 때', '지금——책을 갖고 있지 않는 때' 등과 같이.

해석된 시간은 예기하고 보유하는 탈자적 시간성에서 비롯되기 때문에, '지금', '그때', '그 당시'에 속하는 지평들도 '……하는 오늘', '……할 이후', '……한 이전'이라는 '때를 정할 수 있음'의 성격을 갖게 된다.

(2) '폭을 가짐'

그런데 예기는 '그때'에서 자신을 이해하면서 해석하지만 또한 자신이 예기하는 것을 그것[자신이 예기하는 것]을 현전화하는 '지금'에 입각해서 이해하기 때문에, '그때'를 진술할 때 예기에는 '지금은 아직 아님'이 함축되어 있다. 즉 '예기작용'이 가 닿는 곳은 미래의 어느 시점이지만 그 작용이 행해지는 시점은 '지금'이고, 예기작용이 일어나는 이러한 시점에서 보면 예기작용이 가 닿는 미래 시점은 '지금은 아직 아님'이다. 그리고 이렇게 현전화하는 예기가 '그때까지'를 이해한다.

이러한 이해는 이 '그때까지'를 '그사이'(Dazwischen)로서 이해하거니와, 이 경우 '그사이'도 마찬가지로 '때를 정할 수 있음'의 성격을 가지고 있으며 그것은 '…하는 그동안'으로 표현된다. 고려는 '그동안' 자체를 그것을 구성하는 여러 국면들로 분절할 수 있다. 이 경우 이러한 국면들을 포괄하는 '그때까지'는 그것에 속하는 '몇 개의 그때부터-그때까지'에 의해 분할되지만, 후자는 맨 처음의 '그때까지'에 대한 예기 속에 처음부터 포함되어 있었던 것이다. 따라서 예기에서 '그동안'(während)은 어떤 폭(Spanne)을 갖는 것으로서 비주제적으로 이해된다.

　이와 함께 시간 진술에서 시간이 갖는 '때를 정할 수 있음'이라는 성격 이외의 또 다른 특성이 나타난다. 즉 '그동안'만이 폭을 갖는 것이 아니라, 지금, 그때, 저 때는 모두 '때를 정할 수 있음'이라는 구조와 함께 그때마다 변화하는 '폭'(Spannweite)을 지니고 있다. '지금'은 예를 들어 휴식 중이거나 식사 중의 '지금'이며, '그때'는 아침식사를 하는 중이거나 산에 올라가고 있는 중의 '그때'이다. 예기하면서-보유하고-현전화하는 고려는 이러저러하게 '시간을 자기에게 허용하면서(lassen sich Zeit)' 존재자들이나 일들을 고려하고 시간을 자신에게 진술하지만, 이는 시간을 특별히 계산하면서 규정하는 것 이전에 행해진다. 이때 시간은 주위세계에서 고려되는 존재자, 즉 심정적 이해에서 개시되어 있는 존재자나 일에 입각해서 정해진다. 예를 들어 '지금'이란 시간은 '식사 중인 지금'이라는 식으로 식사라는 일과 관련하여 정해지는 것이다.

⑶ 공공적 성격

현존재는 다른 사람들과의 공동존재 속에서 살며, 이와 함께 현존재의 시간진술도 공공적이고 평균적인 해석에 의해서 규정되어 있다. 일상적 공동존재 속에서 해석되고 언표되는 '……하는 지금', '……할 그때'는——비록 그것들이 일정한 정도로만 분명하게 규정되어 있더라도——서로 간에 이해되어 있다. 가장 가까운 공동존재에서는 여러 사람들이 각자 '지금'이라고 말할 수 있지만 이때 각자가 말한 '지금'은 이 일또는 저 일이 일어나는 '지금'이라는 식으로 각인각색으로 해석되면서도 서로 이해되고 있다.

　언표된 지금은 상호-세계-내-존재의 공공성 속에서 각자에 의해 말해진다. 즉 해석되고 언표된 그때그때의 현존재의 시간은 현존재의 탈자적 세계-내-존재로 인해서 이미 공공화되어 있다. 따라서 일상적 고려는 고려되는 〈세계〉에 입각하여 자신을 이해하는 한, 자신에게 허용하는 시간을 자신의 〈시간〉으로 아는 것이 아니라 사람들이 공적으로 이용하고 계산하는 시간으로 이해한다.

2. 자신을 위한 시간을 상실하는 것으로서의 비본래적 실존

현존재는 자신이 고려하는 것을 예기하면서 그것에 몰두하는 나머지 자신을 상실하게 되며 이와 함께 자신의 시간도 상실한다. 따라서 현존재는 일상적으로 항상 '나는 시간이 없다'(Ich habe keine Zeit)고 말한다. 목전의 일에 쫓겨서 현존재는 '지금은 이것을 하고, 지금은 저것을 하면서' 바쁘게 살지만 정작 자신의 전체적인 삶을 돌볼 시간을 갖지 못하기 때문에, 항상 '시간이 없다'고 말한다. 그리고 이렇게 자신의 전체적인 삶을 돌볼 시간을 갖지 못하고 항상 목전의 일들에 사로잡혀 있기 때문에, 현존재에게 주어진 시간은 항상 구멍 뚫린 공허한 시간이 되고 이와 함께 현존재의 삶은 전체성과 방향을 결여한 지리멸렬한 것이 된다. 이에 따라 우리는 자신이 '사용해 버린' 시간을 되돌아볼 때, 그 '하루'를 어떻게 지냈는지 연결하지 못하는 수가 더러 있다.

이렇게 구멍 뚫린 공허한 시간이 하나로 연결되지 않는 것(Unzusammen)은 비본래적인 시간성의 한 양상이다. 이러한 사실을 이해하기 위해서는 한편으로 우리는 시간을 '지금의 끊임없는 흐름'(Jetzt-Fluss)으로 보는 통속적인 시간관을 멀리해야 하며, 다른 한편으로는 현존재가 시간을 갖기도 하고 갖지 못하기도 하는 방식은 무엇보다도 현존재가 비본래적으로 실존하느냐 본래적으로 실존하느냐에 따라서 규정된다는 사실을 깨달아야 한다.

비본래적으로 실존하는 자가 끊임없이 자신의 시간을 상실하고 시간을 갖지 못하는 반면에, 본래적 실존은 결코 시간을 상실하지 않고 '시간을 항상 갖고 있다'. 왜냐하면 결의성의 시간성에서 현재는 순간이라는 성격을 가지고 있기 때문이다. 순간이 상황을 본래적으로 현전화할 때, 그러한 현전화가 주도적인 역할을 하는 것이 아니라 그것은 기재적 장래 속에 붙잡혀 있다. 순간이 기재적 장래 속에 붙잡혀 있다는 것은, 현존재가 지금 수행하는 일을 자신이 구현해야 할 본래적인 현사실적 가능성을 염두에 두면서 수행한다는 것을 의미한다.

이 경우 현존재는 탄생에서 죽음에 이르는 자신의 삶에게 통일적인 의미와 방향을 부여하는 현사실적인 실존 가능성에 따라서 살기 때문에 매 순간마다 삶의 전체성과 통일성을 구현하고 있으며 온전히 자신으로 살고 있다. 다시 말해서 순간적(augenblicklich) 실존은 자기의 본래적인 역사적 상주성(Ständigkeit)이라는 의미에서 '운명적으로 전체적으로 펼쳐져 있음'(schicksalhaft ganze Erstrecktheit)으로서 시숙한다. 이러한 시간적 실존은 상황이 실존에게 요구하는 것을 수행하기 위한 '자신의' 시간을 '부단히'(ständig) 가지고 있다.

§80. 고려되는 시간과 시간 내부성

1. 공공적 시간의 발생

§79에서 분석되었던 것은, 시간성에 근거하는 현존재가 어떤 식으로 시간을 고려하는가 그리고 이 시간이 어떤 식으로 공공화되는가 하는 것이었다. 그러나 이 경우 공공적 시간은 어떤 의미로 존재하는가 그리고 공공적 시간은 도대체 존재한다고 말할 수 있는가 하는 것은 아직 전적으

로 불명확한 채로 남아 있었다. 공공적 시간은 주관적인 것에 불과한가 아니면 객관적으로 실재하는 것인가? 이러한 문제에 답하기 전에, 우선 공공적 시간의 성격이 규정되어야만 한다.

현존재의 존재는 마음씀이다. 이 존재자는 내던져진 자로서 퇴락의 상태로 실존한다. 현존재는 자기의 현사실적 개시성과 함께 발견되는 존재자들에 내던져져 있는 채로 그것들에 의존하면서 자기의 존재가능성을 예기한다. 그러한 예기는 아직 시계가 발명되기 이전의 원시적 현존재에게는 하나의 특별한 용도를 갖는 태양을 염두에 두고 그것에 의존하는 방식으로 행해진다. 일상적으로 둘러보는 세계-내-존재는 존재자들과 관계할 수 있기 위해서 '존재자들을 우선 볼 수 있어야 하'며 다시 이것을 위해서 '밝음'(Helle)을 필요로 한다. 현존재에게는 세계가 개시되어 있는 것과 함께 자연이 발견되어 있다. 그리고 현존재는 낮과 밤의 교체에 내맡겨져 있다. 낮은 그 밝음을 가지고 현존재가 보는 것을 가능하게 하며 밤은 그러한 밝음을 탈취한다.

현존재는 '존재자들을 보는 것을 가능하게 하는 밝음'을 예기하고 자신의 매일매일의 일에 입각해서 자신을 이해하기 때문에, '날이 밝으면 그때는'이라고 말하는 방식으로 자신에게 부여된 시간을 규정한다. 고려되는 '그때'는 '볼 수 있음'을 가능하게 하는 '해가 떠오름'에 근거해서 규정된다. 해가 떠오를 '그때'는 '……할 시간이다'. 즉 현존재는 빛과 열을 제공하는 태양을 이용하여 때를 정한다. 이와 함께 가장 자연스러운 시간척도인 '하루'가 생긴다.

그리고 현존재의 시간성이 유한하기 때문에, 그가 사는 하루하루도 이미 계산되고 있다. '해가 있는 동안'이, 고려하는 예기로 하여금 고려해야 할 일의 '그때'를 미리 고려하면서 규정할 수 있게 한다. 즉 하루를 분할할 수 있게 한다. 이러한 분할은 '운행하는 태양'을 중심으로 수행된다.

일출과 마찬가지로 일몰과 정오는 태양이 점하는 특별한 자리들이다. 규칙적으로 반복되는 태양의 운행을 헤아리는 자는 세계 속에 내던져져 자신에게 부여된 시간을 규정하는 현존재이다.

빛과 열을 제공하는 태양과 그것이 하늘에서 점하는 특별한 자리들에 근거해서 수행되는 시간규정은 같은 하늘 아래 살고 있는 사람들에게는 누구에게나 일정한 한계 내에서 동일하게 수행될 수 있다. 현존재는 공동존재이기 때문에, 시간규정은 공적으로 모든 사람이 함께 사용할 수 있는 척도를 필요로 한다. 이 경우 시간규정은 시간을 계산하는 방식으로 행해진다. 시간측정은 따라서 시간을 측정하는 도구, 즉 시계를 필요로 한다.

존재자들에 내맡겨져 있는 비본래적 현존재의 시간성과 함께 이미 시계라고 하는 것, 즉 규칙적인 반복운동을 하면서 예기적 현전화에 의해서 파악될 수 있는 하나의 도구가 발견되어 있다. 따라서 시간성이야말로 시계가 존재하는 것을 가능하게 하는 근거이다. 시간성은 시계의 현사실적 필요성의 근거이며 아울러 그것의 발명을 가능하게 하는 근거이다. 왜냐하면 세계 내부적 존재자들이 발견되는 것과 함께 나타나는 태양의 운행을 '예기하면서-보유하는 현전화'만이 공공의 도구에 입각한 시간규정을 가능하게 하고 동시에 요구하기 때문이다.

자연의 시계는 시간성에 근거하는 현존재의 현사실적 내던져져 있음과 함께 이미 발견되며, 이러한 자연의 시계가 보다 사용이 편리한 인공적인 시계의 제작과 사용을 촉진하고 동시에 가능하게 한다. 이와 같이 인공적 시계는 자연의 시계에서 일차적으로 발견된 시간을 인공적으로 통용시키는 것이므로 자연의 시계를 표준으로 삼지 않으면 안 된다.

설령 시간에 대한 고려가, 앞에서 분석한 것처럼 주위세계의 사건들에 입각해서 규정된다고 하더라도 그것은 근본적으로는 언제나 이미 달력에 의해서 계산되고 규정된 시간의 지평에서 행해진다. 이러한 시간계산은 우연히 발생한 것이 아니라 마음씀으로서의 현존재의 근본구조로 인해서 필연적으로 발생한 것이다. 현존재는 본질적으로 존재자들에 내던져진 자로서 퇴락의 상태로 실존하기 때문에, 자기의 시간을 시간 계산의 방식으로 고려하면서 해석한다. 이러한 시간계산에서 시간의 〈본래적〉 공공화가 시숙한다. 즉 현존재가 존재자들에 내던져져서 그것들에 의존한다는 사실이 '공공적으로 시간이 주어져 있다'는 것의 근거이다.

공공적 시간의 근원이 현존재가 존재자들에 내던져져서 그것들에 의존한다는 사실을 입증하기 위해 우리는 먼저 고려의 시간성 속에서 해석되고 있는 시간을 분석해야 했다. 이러한 분석은 시간에 대한 고려의 본질이 때를 정할 때 수를 사용하는 데 있지 않다는 사실을 분명하게 하기 위해서도 필요한 것이었다. 시간계산에서 결정적인 것은 시간의 양화에 존재하는 것이 아니라 시간을 고려하는 현존재의 시간성에 존재한다.

공공적인 시간이야말로 세계 내부적인 도구적 존재자들과 눈앞의 사물들이 그 안에서 나타나는 바로 '그 시간'(die Zeit)이다. 이 때문에 우리는 현존재가 아닌 존재자들을 '시간 내부적' 존재자라고 부를 수 있다. 따라서 시간 내부성에 대한 해석을 통해서 우리는 공공적인 시간의 본질을 더욱더 근원적으로 통찰하게 되고, 그와 동시에 그 시간의 '존재'를 규정할 수도 있게 된다.

2. 세계시간으로서의 공공적 시간

시간계산과 시계 사용의 본질을 실존론적·존재론적으로 규정하기 전에, 우리는 우선 시간측정에서 고려되는 시간을 보다 더 충분히 분석해야만 한다. 시간측정이 고려되는 시간을 비로소 〈본래적으로〉 공공적인 것으로 만들기 때문에, 그렇게 측정하는 시간규정에서 시간적으로 규정된 것이 어떻게 '자신을 드러내는가'를 추적하면 공공적 시간의 본질이 분명하게 드러날 것이다.

고려하는 예기 속에서 해석되는 '그때'에 대한 시간규정에는 예를들면 '날이 밝을 그때는 하루 일을 시작할 시간이다'라는 의미가 포함되어 있다. 고려에 의해서 해석되는 시간은 항상 이미 '……하는 시간'으로서 이해되고 있다. '이러저러한 것을 할 지금'은 그러한 것으로서 '어떤일을 하기에' 적절한 시간이거나 부적절한 시간이다. 지금은——따라서해석되는 시간의 양상은 모두——'……하는 지금'일 뿐 아니라 동시에 적합성과 부적합성의 구조에 의해 규정되어 있으며, 따라서 해석되는 시간은 항상 '……을 하기에 적합한 때' 또는 '……을 하기에 적합하지 않은때'라는 성격을 가지고 있다.

따라서 고려의 '예기하면서-보유하는 현전화'는 시간을 '하기 위해'(용도)와 연관지어 이해하지만 '하기 위해'는 최종적으로는 현존재의 궁극 목적과 연관되어 있다. 공공화된 시간은 이 '하기 위해'라는 구조와 함께 우리가 앞에서 유의의성이라고 불렀던 구조를 드러내고 있다. **공공화된 시간은 '……을 하기 위한 시간'으로서 본질적으로 세계성격을 가지고 있다. 따라서 하이데거는 시간성의 시숙 속에서 공공화되는 시간을 세계시간이라 부르고 있다. 그것을 그렇게 부르는 이유는, 그 시간이 세계 내부적 존재자로서 우리 눈앞에 있기 때문이 아니라 실존론적·존재론적으로 해석된의미의 세계에 속하기 때문이다.** '하기 위해'라는 세계구조의 본질적 관계들이 세계성의 탈자적·지평적 구조에 근거하면서 '……을 할 그때'라는공공의 시간과 어떻게 연관되는가 하는 것이 아래에서 분석될 것이다.

비본래적인 실존에 의해서 고려되는 시간은 이제 비로소 구조적으로 충분하게 규정되었다. 고려되는 시간은 '……을 할 때'라는 식으로 때가 규정될 수 있으며 일정한 폭을 갖고(gespannt) 공공적이며 이러한 구조를 갖는 시간으로서 세계 자체에 속한다. 고려하면서 '자신에게 부여된 시간을 규정하는' 일상적인 삶에서 현존재는 일상적으로 언표되는 모든 '지금'을 위와 같은 구조를 갖는 것으로서 비주제적이고 비개념적인 방식으로라도 이해하고 있다.

3. 시간계산과 시계 사용의 발생

존재자들에 내던져져서 퇴락의 방식으로 실존하는 현존재에게는 '자연적 시계의 개시성'이 속하는데, 이러한 자연적 시계의 개시성에는 현사실적 현존재에 의해 항상 이미 수행되고 있는 '고려되는 시간의 공공화'가 포함되어 있다. 이러한 공공화는 시간계산의 방식이 개량되고, 사용되는 시계가 더욱 정교해지면서 더욱더 강화된다. 하이데거는 여기에서 시간계산과 시계 사용의 역사적 발전과정을 역사학적으로 서술할 필요는 없다고 본다. 오히려 하이데거는 우리가 여기서 물어야 할 것은 시간계산과 시계 사용이 형성되는 과정에서 현존재의 시간성의 시숙의 어떤 양상이 드러나는가라는 실존론적·존재론적 물음이라고 본다. 이러한 물음이 해명될 경우에야 비로소, 시간측정, 즉 '고려되는 시간'의 명확한 공공화가 현존재의 시간성에 근거하고 있다는 사실, 더 나아가 이러한 시간성의 특정한 시숙에 근거하고 있다는 사실이 보다 근원적으로 이해될 수 있다.

앞에서 자연적 시간계산을 분석할 때 기초로 삼았던 원시적 현존재와 이른바 〈진보한〉 현존재를 비교해 보면, 후자는 밤도 낮으로 만들 수 있는 능력을 가지고 있기 때문에 〈진보한〉 현존재에게는 낮이나 태양이 특별한 역할을 하지 않는다. 그는 시간을 확인하기 위해 태양과 그 위치를 확인할 필요가 없으며 시간측정을 위해 특별히 제작된 시계에서 직접

시간을 알 수 있다. '시계가 몇 시를 가리키는가'는 곧 '시간이 몇 시인가'와 같다. 그러나 자연의 시간에 사람들이 무관심하게 될 경우에도 시계는 자연의 시계를 표준으로 해서 조정되어야 하기 때문에, 시계라는 도구의 사용은 현존재의 시간성에 근거한다.

원시적 현존재라 하더라도 어떤 의미에서는 하늘에서 시간을 직접 읽는 것으로부터 이미 해방되어 있다고 볼 수 있는바, 이는 그가 하늘에서 태양의 위치를 확인하는 대신 자기 몸의 그림자를 잴 때에 그렇다. 이러한 현상은 우선 고대의 가장 단순한 '농민시계'라는 형식에서 나타난다. 누구에게나 늘 따라다니는 그림자에서 태양은 자리를 바꿔가면서 나타난다. 하루 종일 바뀌는 그림자의 길이를 우리는 언제든지 발로 재볼 수 있다. 비록 개인의 키와 보폭의 길이가 다르다 하더라도, 양자의 비율은 정확성의 어느 한계 안에서는 변하지 않는다. 따라서 가령 약속시간을 공공적으로 규정할 때 사람들은 이렇게 말한다. '그림자의 길이가 몇 발짝 정도일 때 거기서 만나자'라고. 이 경우에는 현존재 자신이 곧 시계의 역할을 하고 있다고 할 수 있다.

공공의 해시계의 경우 한 줄의 그림자가 태양의 운행과는 반대로 숫자판 위에서 움직이도록 만들어져 있지만 그것에 관해서는 상술할 필요가 없다. 그러나 왜 우리는 그림자가 숫자판 위에서 점하는 위치에 따라 시간이라는 것을 발견하는가? 그림자도 분할된 궤도도 시간 자체는 아니고 마찬가지로 그것의 공간적 상호관계도 시간 자체는 아니다. 그러면 우리가 해시계나 회중시계를 보면서 직접 읽어내는 시간은 도대체 어디에 있는가?

이러한 물음에 답하기 위해서 우리는 먼저 '시간을 읽는다'(Zeitablesung)는 것이 무엇을 의미하는지를 알아야 한다. 시계를 보고 시간을 읽는다는 것은 도구로서의 시계에서 일어나는 변화를 관찰하면서 시계바늘의 위치를 추적한다는 것을 의미하지 않는다. 시계를 사용해서 '몇 시인가'를 확인할 때, 우리는 명시적이든 아니든 다음과 같이 말한다. '지금은 몇 시이다', '지금은 ……을 할 시간이다', 또는 '……까지는 아직 시간이 있다'. '시계를 본다'는 것은 '자신에게 시간을 낸다'에 근거하며 그것에 의해 이끌려지는 것이다.

가장 기본적인 시간계산의 경우에서 이미 드러났던 것이 여기에서 보다 분명하게 되었다. 시계를 보고 시간을 읽을 때 우리는 '지금은 …… 을 할 때'라고 말하는 것이다. 이러한 사실을 사람들이 의식하지 못하는 것은 그것은 너무나 자명한 사실이어서 그것에 주목할 필요가 없기 때문이다. 더구나 그 경우 '지금'이, '때를 정할 수 있음', 폭을 가짐, 공공성, 세계성이라는 그것의 완전한 구조적 실상에서 이미 항상 이해되고 해석되어 있다는 것을 사람들은 의식하지 못한다.

'지금은 ……을 할 때'라고 말하는 것'은 '보유적 예기'와의 통일 속에서 시숙하는 현전화를 말하면서 구체화하는 것이다. 시계 사용에서 행해지는 '시간규정'은 시계라는 눈앞의 존재자를 두드러지게 현전화하는 것이다. 그러나 그러한 시간규정은 시계라는 눈앞의 존재자와 단순히 관계를 맺는 것이 아니다. 물론 그러한 관계맺음은 측정한다는 성격을 가지며, 따라서 그것은 '지금은 몇 시'라는 식으로 어떤 수치를 직접적으로 읽어 낸다. 그런데 이렇게 수치를 말할 때 우리는 이미 측정의 척도가 측정되어야 할 길이 속에 포함되어 있다는 사실을 이해하고 있다. 다시 말하면 측정의 척도가 측정되는 길이 속에 몇 번이나 존재하는가가 규정되어 있다. 따라서 시간측정은 측정의 척도를 측정되는 길이 속에서 현전화하는 것에 의해서 가능하게 된다.

측정의 척도라는 이념 속에 있는 불변성이란, 그것이 언제든지 누구에게나 항상 눈앞에 있지 않으면 안 된다는 것을 의미한다. 이렇게 시간을 측

정하면서 시간을 규정할 때는 항상 눈앞에 존재하는 측정의 척도를 현전화하는 것이 특별한 우위를 갖기 때문에, 시계를 보고 측정하면서 시간을 읽는 것도 강조된 의미에서 '지금'이라는 말로 언표된다. 그러한 시간측정에서 시간의 공공화가 이루어지고, 이러한 공공화에 따라 시간은 언제든지 누구에게나 '지금, 지금, 지금'으로서 나타난다. 이렇게 보편적으로 시계에서 파악될 수 있는 시간은 일종의 눈앞에 존재하는 다양한 지금이라는 시점들(eine vorhandene Jetztmannigfaltigkiet)처럼 발견된다.

현사실적 세계-내-존재의 시간성은 근원적으로 공간의 개시를 가능하게 하고 또한 공간적 현존재는 발견된 '저기'에 입각해서 현존재의 '여기'를 지시하고 있기 때문에, 현존재의 시간성에서 고려되는 시간은 '때를 정할 수 있음'과 관련하여 현존재의 한 장소와 결합되어 있다. '때를 정할 수 있음'이 공간적·장소적인 것과 결부될 경우 이러한 공간적·장소적인 것은 척도로서 누구에게나 구속력을 갖는 것일 수 있다. 물론 이 경우 처음부터 시간이 어떤 장소와 결부되는 것이 아니라 오히려 시간성이야말로 '때를 정할 수 있음'이 공간적·장소적인 것과 결부되는 것을 가능하게 하는 조건이다. 시간이 연계되고 결부되는 〈공간〉은 오직 시간을 고려하는 시간성을 근거로 해서 나타나게 되는 것이다. 그리고 시계와 시간계산은 현존재의 시간성에 기초를 두고 있으며 시간성은 또한 현존재를 역사적 존재자로서 구성하고 있기 때문에, 시계 사용과 모든 시계는 그 자체로 역사적인 성격을 갖게 된다.

시간측정에서 공공화되는 시간은 공간적 척도관계에 의거해서 규정되지만, 그렇다고 해서 공공의 시간이 공간이 되는 것은 결코 아니다. 마찬가지로, 시간측정에서 실존론적·존재론적으로 본질적인 점도, 규정되는 시간이 공간적인 길이와 공간적 사물의 장소변화에 의거해서 수적으로 규정된다는 점에서 찾아져서는 안 된다. 존재론적으로 결정적인 것은 그러한 측정을 가능하게 하는 특수한 현전화에 있다. 이러한 특수한 현전화란 사람들이 시간을 측정할 때 시간을 계산하는 데 열중하는 나머지 측정되는 것, 즉 고려되는 일 자체는 잊어버리고 그 결과 길이와 수 이외에는 아무것도 보지 못하게 되는 현전화 방식을 가리킨다.

시간을 고려하는 현존재가 시간을 가능한 한 적게 잃으려고 할수록 시간은 더 귀중하게 되기 때문에 시계도 그만큼 더 편리하고 정교해져야만 한다. 시간이 더 정확하게 계산되어야 할 뿐 아니라, 시간규정도 가능한 한 시간이 걸리지 않아야 하겠지만 동시에 다른 사람들의 시간규정과도 일치해야 한다.

시간측정은 시간을 현저하게 공공화하므로, 우리가 흔히 시간 자체와 동일시하는 통속적 시간은 시간측정에서 발견된다. 존재자들에 대한 고려에서는 각각의 존재자에 '제각기의' 시간이 할당된다. 각각의 존재자는 자신의 시간을 갖는다. 모든 세계 내부적 존재자가 시간을 가질 수 있는 까닭은, 오직 그것들이 일반적으로 〈시간 안에〉 있기 때문이다. 세계 내부적 존재자가 〈그 안에서〉 나타나는 시간을 하이데거는 세계시간이라고 불렀다. 세계시간은 그것이 귀속되는 시간성의 탈자적·존재론적 구조를 근거로 해서 세계와 마찬가지로 동일한 초월의 성격을 가지고 있다. 세계의 개시성과 함께 세계시간이 공공화하기 때문에, 세계 내부적 존재자에 몰입해서 시간적으로 고려하는 모든 존재는 이 세계 내부적 존재자를 〈시간 안에서〉 나타나는 존재자로서 이해한다.

4. 〈시간〉은 주관적인 것인가, 객관적인 것인가?

만일 '객관적'이라는 것이 세계 내부적으로 만나는 존재자가 '그 자체로 눈앞에 있는 것'을 의미한다면, 그 안에서 존재자들이 운동하고 정지하는 〈시간〉은 '객관적'인 것이 아니다. 마찬가지로 '주관적'이라는 것이 어떤 주관 안에 존재하는 것이라면 시간은 '주관적'인 것도 아니다.

세계시간은 모든 가능한 객관보다도 더 객관적인 것이다. 왜냐하면 세계시간은 세계 내부적 존재자가 나타나는 것을 가능하게 하는 조건으로서 세계의 개시성과 함께 항상 이미 탈자적·지평적으로 '객관화되기' 때문이다. 칸트는 공간은 외부감각의 형식인 반면에, 시간은 내부감각의 형식이라고 보면서 그것이 심리적인 것을 통해서 발견된다고 보았다. 그러나 칸트의 견해와는 반대로 세계시간은 심리적인 것에서와 마찬가지로 물리적인 것에서도 직접적으로 눈에 띄는 것이지, 심리적인 것을 통하는 우회로에서 비로소 발견되는 것은 아니다. 당장은 시간은 바로 하늘에서 나타난다. 하늘은 사람들이 자연스럽게 시간을 발견하는 곳이다.

그러나 세계시간은 또한 모든 가능한 주관보다도 더 주관적인 것이다. 왜냐하면 세계시간은 마음씀으로서의 현존재의 존재를 가능하게 하기 때문이다. 시간은 주관 안에도 객관 안에도, 아니 안에도 밖에도 있지 않으며 모든 주관성과 객관성보다 '훨씬 이전'에 존재한다. 왜냐하면 시간은 이러한 '훨씬 이전'을 가능하게 하는 조건 자체이기 때문이다.

시간은 도대체 〈존재〉를 갖고 있는가? 만일 아니라면 시간은 하나의 환영(幻影)인가 아니면 모든 가능한 존재자보다 '더 존재하는' 것인가? 이러한 물음에 대한 연구는 진리와 존재의 연관에 대한 잠정적 구명(究明)에서 이미 마주쳤던 것과 동일한 '한계'에 부딪힌다. 이런 물음들이 아래에서 어떻게 대답되든 또는 어떻게 새삼 근원적으로 제기되든, 당장 중요한 것은 시간성이 탈자적·지평적 시간성으로서 '세계시간'이라는 것을 시숙시키고 이러한 세계시간은 도구적 존재자들과 눈앞의 사물들의 시간 내부성을 구성한다는 사실을 이해하는 것이다. 그러나 그렇게 되면, 이런 존재자들은 엄밀한 의미에서 시간 내부적일(innerzeitig) 뿐

'시간적'(zeitlich)이라고는 결코 불릴 수 없다. 시간성을 자신의 존재의미로 갖는 현존재만이 '시간적으로' 존재하며, 다른 존재자들은 현존재가 시숙시킨 세계시간의 내부에 존재하는 것이다. 그러한 존재자는 실재적으로 출현하고 발생하고 소멸한다 하더라도 또는 '관념적으로' 존립한다 하더라도 '비시간적'으로 존재하는 것이다.

따라서 세계시간이 시간성의 시숙에 속한다면, 세계시간은 '주관적인 관념과 같은 것'으로 파악될 수도 없고 또한 '객관적인 사물과 같은 것'으로도 파악될 수도 없다. 이 두 오류를 피하기 위해서 필요한 것은, 일상적 현존재가 상식적인 시간이해로부터 어떻게 시간을 개념적으로 파악하고 있는지 그리고 이러한 시간 개념과 그것의 지배가 시간을 근원적 시간인 시간성으로 이해할 수 있는 가능성을 얼마나 막고 있는지를 이해할 때뿐이다.

이제 하이데거는 상식적인 시간이해, 즉 시간을 지금이라는 시점들의 연속으로 보는 통속적인 시간이해의 생성을 고찰하려고 한다. 이러한 고찰은 시간내부성에서 출발해야만 한다. 왜냐하면 일상적인 고려는 〈시간 속에서〉 출현하는 세계 내부적 존재자에게서 〈시간〉을 발견하기 때문이다.

§81. 시간 내부성과 통속적 시간 개념의 발생

1. '지금이라는 시점들의 연속'으로서의 시간, 즉 통속적 시간의 발생
　: 시간성과 세계시간의 수평화

일상적인 고려에게 시간은 우선 어떻게 드러나는가? 존재자들을 고려하면서 도구로 사용하는 교섭에서 시간이 명시적으로 접근될 수 있는 것은 어떤 교섭에서인가? 사람들이 명시적으로 시간과 관계하는 태도는 시계 사용이다.

시계 사용의 실존론적·시간적 의미는 움직이는 시계바늘을 현전화하는 데 있다. 지금은 몇 시라고 말하는 식으로 바늘의 위치를 현전화하면서 따라가는 것은 바늘이 지나가는 양을 세는 것이다. 이러한 현전화는 예기적 보유의 탈자적 통일에서 시숙한다. 지금은 몇 시라고 말하면서 우리는 과거의 시점인 그 당시와 미래의 시점인 그때를 이미 염두에 두고 있다. 즉 우리는 '지금'을 말하면서 '이전'의 지평, 즉 '지금은 이미 아님'의 지평과 '이후'의 지평, 즉 '지금은 아직 아님'의 지평을 향해 열려 있다. 다시 말해서 우리는 움직이는 시계바늘을 현전화하면서 '그 당시'를 보유하고 '그때'를 예기한다.

그러면 시계 사용의 지평에서 드러나는 시간의 정의는 어떻게 되는가? 시간이란, 움직이는 바늘을 현전화하고 세면서 따라가는 가운데 드러나는 세어진 것이다. 따라서 현전화는 이전과 이후에 따라 지평적으로 열려 있는 보유와 예기의 탈자적 통일에서 시숙한다. 이것은 그러나 시간에 대해 아리스토텔레스가 내린 정의, 즉 "시간이란 이전과 이후의 지평에서 만나는 운동에서 세어진 것"이라는 정의의 실존론적·존재론적 해석 이외에 다른 것이 아니다.

이러한 정의는 처음 보기에는 낯설게 느껴질지도 모르지만, 아리스토텔레스가 그러한 정의를 이끌어 낸 실존론적·존재론적 지평이 분명하다면 그러한 정의는 '자명한' 것이고 제대로 내려진 것이다. 시간은 그렇게 자명한 것이기 때문에 시간의 근원은 아리스토텔레스에게는 문제가 되고 있지 않다. 그의 시간해석은 오히려 〈자연스러운〉 존재이해의 방향을 따라서 움직이고 있다.

시간 개념에 대한 후세의 논의는 모두 원칙적으로 아리스토텔레스의 정의를 따르고 있다. 다시 말해, 후세의 논의들은 시간이 둘러보는 고려에서 어떻게 드러나는가를 묻는 방식으로 시간을 주제화한다. 시간은 세어진 것, 즉 움직이는 바늘(또는 그림자)의 현전화에 의해서 '언표된 것', 주제적이 아니더라도 '사념된 것'이다. 움직이는 시계바늘을 그 움직임에서 현전화할 때 우리는 그것이 '지금은 여기에' 그리고 '지금은 저기에' 있다는 식으로 말하게 된다. 그렇게 세어진 것은 지금이라는 시점들이다. 이 지금이라는 시점들이 각각의 지금에서 '이미 지금이 아니다……' 또 '아직 지금은 아니다'로 나타난다. 이런 방식으로 시계 사용에서 '보이는' 세계시간을 우리는 '지금이라는 시점들의 연속으로서의 시간'이라 부른다.

일상적인 고려가 '보다 자연스럽게' 시간을 고려할수록, 그러한 고려는 언표된 시간 자체에 몰입하지 않고 그때마다 자신의 시간을 가지고 있는 고려되는 일에 자기를 상실하고 있다. 고려가 시간을 규정하고 진술하는 일이 더 자연스러울수록, 즉 주제적으로 시간 자체에 향하는 일이 적을수록, 고려되는 일에 몰입해서 '현전화하면서-퇴락하는 존재'는 소리를 내든 내지 않든 '지금', '그때', '그 당시'를 더욱 빈번하게 말한다. 이렇게 해서 통속적 시간이 해에게는 시간은 부단히 눈앞에 존재하면서 동시에 지나가고 다가오는 '지금이라는 시점들의 연속'으로 드러난다. 시간은 하나의 잇달아 일어남으로서, 지금의 '흐름'으로서, '시간의 경과'로서 이해되는 것이다.

고려된 세계시간에 대한 이러한 〈자연스러운〉 해석 혹은 통속적인 해석에는 무엇이 포함되어 있는가? 이에 대한 대답은, 세계시간의 완전한 본질구조로 돌아가서 이것을 통속적 시간이해가 알고 있는 것과 비교할 때 얻어진다. 고려되는 세계시간의 첫번째 본질계기는 '때를 정할 수 있음'이라는 사실이 밝혀졌다. '때를 정할 수 있음'은 시간성의 탈자적 구조에 근거한다. '지금'은 본질상 '……하는 지금'이다. 즉 고려에서 이해된 지금은 항상 '……을 하기에 적합한 지금'이거나 '……을 하기에 적합하지 않은 지금'

이다. 따라서 지금의 구조에는 유의의성으로서의 세계가 속해 있으며 바로 그 때문에 우리는 고려되는 시간을 세계시간이라고 불렀다.

그러나 시간을 지금의 연속으로 보는 통속적 해석에는 '때를 정할 수 있음'도 유의의성도 결여되어 있다. 통속적 시간해석처럼 시간을 '순수한 잇달아 일어남'이라고 규정하게 되면 이 두 구조는 은폐되고 만다. 지금의 '때를 정할 수 있음'과 유의의성은 시간성에 근거하는바, 시간성의 탈자적·지평적 구조는 위와 같은 은폐를 통해 수평화(Nivellierung)되고 만다.

2. 통속적 시간이해를 규정하는 존재이해
: 존재를 '눈앞의 존재'와 동일시하는 이해

통속적 시간이해가 이렇게 세계시간을 수평화해서 은폐하는 것은 우연이 아니다. 우연이기는커녕, 일상적 시간해석은 오직 고려하는 상식적 분별에만 머물러 있고 상식적 분별의 지평에서 나타나는 것만을 이해하기 때문에 일상적 시간해석에서는 '때를 정할 수 있음'과 유의의성은 간과될 수밖에 없다.

고려하는 시간측정에서 세어진 것은 '지금'이다. 이 '지금'은 존재자들을 고려할 때 그것들과 함께 이해되고 있다. 그런데 이러한 시간고려가 이렇게 존재자들과 함께 이해된 시간 자체만 주목하게 되면, 그러한 시간고려는 지금이라는 시점들을 존재를 눈앞의 존재와 동일시하는 존재이해의 지평에서 보게 된다. 이에 따라서 지금이라는 시점들은 일정한 방식으로 존재자와 함께 눈앞에 존재하는 것으로 나타난다. 다시 말하면 존재자가 나타나면서 그것과 함께 지금도 나타나는 것이다. '지금이라는 시점들'이 사물처럼 눈앞에 있다고 분명히 말해지지는 않더라도, 그것들은 존재론적으로는 눈앞의 존재라는 존재 이념의 지평 속에서 '보이게 된다'.

3. 시간은 무한하다는 테제의 발생

지금이라는 시점들의 연속은 눈앞에 존재하는 것으로서 받아들여지고 있다. 왜냐하면 지금이라는 시점들의 연속 자체가 〈시간〉 속으로 들어가기 때문이다. 우리는 각각의 지금 '안에' 지금이 있고, 각각의 지금 '안에서' 지금은 또한 이미 사라진다고 말한다. 각각의 지금 '안에서' 그때그때 다른 지금이 다가오면서 사라진다 하더라도 각각의 지금에서 지금은 지금이고, 더 나아가 항상 '자기동일적'(自己同一的)인 것으로서 현존하고 있는 지금이다. '지금'은 이렇게 '변이하면서 자기동일적인 것'으로서 나타난다. 따라서 플라톤은 지금이라는 시점들의 연속으로서의 시간에 주시하면서 시간을 '영원의 모상(模像)'이라고 불렀다.

지금이라는 시점들의 연속에는 중단도 없고 간극도 없다. 우리가 그러한 연속을 아무리 분할하더라도 지금은 여전히 지금이다. 사람들은 시간의 항존성을 '분해될 수 없는 눈앞의 존재자'라는 지평에서 이해한다. 이 경우 세계시간이 갖는 특수한 구조, 즉 탈자적으로 기초 지어진 '때를 정할 수 있음'과 '어떤 일을 하는 동안'을 의미하는 시간의 폭은 은폐된 채로 있을 수밖에 없다. 시간의 '폭'은, 시간 고려에서 공공화된 시간성의 탈자적 통일의 지평적 펼쳐 있음으로부터 이해되지 않게 되며 단순히 양적인 성격을 갖는 것으로 이해될 뿐이다.

그러나 아무리 찰나적 지금이라 하더라도 각각의 지금은 항상 '이미 지나가 버린 지금'이기도 하다는 것은 각각의 지금이 거기에서 유래하는 '더 이전의 지금'에서부터, 즉 시간성의 탈자적 펼쳐져 있음에서부터 파악되지 않으면 안 된다는 것을 의미한다. 이렇게 거슬러 올라가다 보면 시간은 무한한 것으로 여겨지게 된다. 통속적 시간해석의 주요한 테제는 시간은 무한하다는 것이다. 이러한 테제는, 통속적 시간해석에서 세계시간의 수평화가 행해지고 있으며 시간성 일반이 은폐되고 있다는 사실을 극명하게 드러내고 있다. 시간이 중단 없는 지금의 연속으로서 주어질 경우, 그러한 연속 자체에는 원칙적으로 '처음'도 '끝'도 결코 발견될 수 없다. 모든 최후의 '지금'은 '이미 지금이 아님', 즉 과거의 의미에서의 시간이다. 또한 모든 최초의 '지금'은 '아직 지금이 아님', 즉 미래의 의미에서의 시간이다. 따라서 시간은 두 방면을 향해 무한하게 펼쳐져 있다.

4. 시간의 유한성에 대한 망각으로서의 통속적 시간해석

세계시간의 수평화와 시간성의 은폐는 궁극적으로 어디에 근거하는가? 그것은 현존재의 존재로서의 마음씀 자체에 근거한다. 현존재는 우선 대부분의 경우 존재자들에 내던져져서 그것들에 의존하고 몰두하면서 자기를 상실하고 있다. 그러나 이러한 자기 상실에서 고지되는 사실은, 현존재가 선구적 결의성으로서 특징지어진 자기의 본래적 실존에 직면해서 그러한 본래적 실존을 은폐하면서 그것 앞에서 도피한다는 것이다. 현존재는 존재자들에 몰입하면서 죽음, 다시 말해 세계-내-존재의 종말로부터 등을 돌린다. '죽음으로부터 등을 돌리는 것'은 종말을 향한 탈자적·장래적 존재의 비본래적인 양상이다. 퇴락해 있는 일상적 현존재의 비본래적 시간성은 현존재의 유한성으로부터 그렇게 등을 돌리기 때문에 본래적 장래성과 시간성 일반을 오인하지 않을 수 없다.

그뿐 아니라 현존재의 삶에 대한 통속적인 이해는 '세상 사람'에 의해 인도되기 때문에, 공공적 시간은 '무한하다'는 자기 망각적 표상이 견고해질 수 있다. 이는 세상 사람은 결코 죽지 않기 때문이다. 죽음이란 항상 '각각의 나의' 죽음이고 오직 선구적 결의성에서만 본래적으로 이해되기 때문에 세상 사람은 죽을 수가 없다. 세상 사람은 결코 죽지도 않으며 종말을 향한 존재를 오해하고 있지만 그럼에도 불구하고 죽음으로부터의 도피에 하나의 특징적인 해석을 부여하고 있다. 즉 세상 사람은 종말까지는 '아직도 여전히 시간이 있다'고 보는 것이다.

이러한 통속적인 이해에서는 시간의 유한성이란 이해되지 않고 있으며 오히려 반대로 일상적 고려는 '여전히 다가오고 계속해서 진행되는 시간'을 될 수 있는 대로 많이 낚아채려고 한다. 시간은 공공적으로는 각자가 취하고 또한 취할 수 있는 사물과 같은 것이 된다. 지금이라는 시점들의 연속으로서의 수평화된 시간은 일상적 공동존재 속에서 존재하는 현존재 각자의 시간성에서 유래하지만, 고려하는 현존재는 지금이라는 시점들의 연속으로서의 수평화된 시간이 이러한 유래를 갖는다는 사실을 전혀 알지 못한다. 그러한 지금이라는 시점들의 연속으로서의 수평화된 시간은 한 인간이 태어나기 전에도 이미 있었던 것과 마찬가지로 그가 죽은 뒤에도 계속 진행된다. 세상 사람이 아는 것은 오직 이 공공적 시간, 즉 수평화되어 모든 사람의 것이면서 누구의 것도 아닌 시간뿐이다.

5. 시간의 사라짐이라는 현상의 발생

그러나 현존재가 죽음으로부터 도피하더라도 죽음은 그를 쫓기에 현존재가 죽음에 직면하지 않을 수 없는 것과 마찬가지로, 그저 경과할 뿐 무해해 보이는 지금이라는 시점들의 무한한 연속도 하나의 수수께끼로서 나타나게 된다. 왜 우리는 시간이 '사라진다'고만 말하지 '시간이 발생한다'고는 말하지 않는가? 시간이 사라진다고 말할 때, 현존재는 자신이 인정하는 것보다 더 많이 시간에 대해서 이해하고 있는 셈이다.

'시간이 사라진다'는 말은 '시간은 붙잡힐 수 없다'는 경험을 표현한다. 그리고 이러한 경험은 '시간을 붙잡으려 하는 것'을 근거로 해서만 가능하다. 우리는 시간을 왜 붙잡으려고 하는가? 이는 은연 중에 우리가 우리에게 주어진 시간이 유한하다는 사실을 알고 있기 때문이 아닌가? 우리는 우리에게 주어진 시간이 덧없이 흘러가고 언젠가는 죽음에 직면하게 될 것이라고 예기하기 때문에 시간을 붙잡으려고 한다.

현존재는 '자기를 앞지른다'는 점에서 장래적이기 때문에, 현존재는 죽음으로부터 도피하면서도 은연중 죽음을 의식하면서 지금이라는 시점들의 연속을 '미끄러지면서-사라지는 것'으로, 다시 말해 덧없이 흘러가는 것으로 예기하지 않을 수 없다. 따라서 '시간이 사라진다'는 말에는 현존재의 시간성의 유한한 장래성이 공공적인 방식으로 반영되어 있다. 그리고 '시간이 사라진다'는 말에서조차 죽음은 은폐된 채로 있기 때문에 시간은 '그 자체로' '사라지는 것'으로 나타나는 것이다.

그러나 그 자체로 지나가는 순수한 지금이라는 시점들의 연속에서도 모든 수평화와 은폐를 꿰뚫고 근원적 시간이 드러나 있다. 통속적 해석은 시간의 흐름을 '거꾸로 흐를 수 없는' 잇달아 일어남으로 규정하고 있다. 왜 시간은 거꾸로 흐를 수 없는가? 이러한 불가역성(不可逆性)의 근거는 공공적 시간이 시간성에서 유래한다는 데 있다. 즉 현존재는 일차적으로 장래적으로 존재하기 때문에 탈자적으로 자신의 종말을 향해 '가며' 따라서 그 자신 이미 종말에 와 '있는' 것이다.

6. 통속적 시간이해와 근원적 시간으로서의 시간성

시간을 무한하고 사라지며 거꾸로 흐를 수 없는 지금이라는 시점들의 연속으로 보는 통속적인 규정은 퇴락한 현존재의 시간성에서 비롯된다. 통속적 시간표상은 그 나름의 권리를 가지고 있다. 그것은 현존재의 일상적 존재양식에, 다시 말해서 우선 대부분의 경우 지배하는 존재이해에 속한다. 이와 함께 우선 대부분의 경우 역사도 공공적으로는 시간 내부적 생기로서 이해되고 있다.

그러나 이런 통속적 시간해석이 자신만이 '참된' 시간 개념을 제공할 수 있다고 주장한다면, 그것은 그것이 주장할 수 있는 권리마저도 잃고 만다. 오히려 오직 현존재의 시간성과 그 시숙을 근거로 해서만 어떻게 해서 세계시간과 통속적 시간이 현존재의 시간성에 속하는지를 이해할 수 있다. 현존재의 시간성에 근거하여 세계시간의 완전한 구조를 해석하고 이러한 세계시간에서 통속적 시간이 어떻게 파생되는지를 해명할 경우에만, 비로소 통속적 시간 개념에 의한 은폐를 통찰하면서 시간성의 탈자적·지평적 틀의 수평화를 꿰뚫어볼 수 있는 실마리가 주어진다. 이에 반해 통속적 시간이해의 지평에서는 시간성은 이해될 수 없다.

지금이라는 시점들의 연속으로서의 시간은 시간성에 근거해 있을 뿐 아니라 현존재의 비본래적 시간성에서 비로소 시숙하는 것이기 때문에 우리는 시간성을 '근원적 시간'이라고 부를 수 있다. 탈자적·지평적 시간성은 일차적으로 장래에서부터 시숙한다. 반대로 통속적 시간이해는 시간의 근본현상을 지금이라는 시점에서 찾는다. 이 지금은 사실 그 완전한 구조에 있어서는 절단된 단순한 지금이고 사람들이 '현재'라고 부르는 지금이다. 이러한 사실에서 끌어 낼 수 있는 것은, '이 지금'으로부터 본래적 시간성에 속하는 순간이라는 탈자적·지평적 현상을 해명하거나 도출하는 것은 원칙적으로 불가능하다는 것이다.

이에 상응하여, '탈자적으로 이해된 장래', '어떤 일을 할 시간인 유의의한 그때'(세계시간), 그리고 '아직 오지는 않았으나 이제 오고 있는 단순한 지금이라는 의미의 미래'라는 통속적 개념, 이 삼자는 서로 합치하지 않는다. 마찬가지로, '탈자적 기재', '어떤 일을 했던 시간인 유의의한 저 때', 그리고 '지나간 단순한 지금이라는 의미의 과거'라는 개념, 이 삼자도 서로 합치하지 않는다.

통속적 시간경험은 우선 대부분의 경우 지금이라는 시점들의 연속으로서의 시간밖에 알지 못한다 하더라도, 동시에 언제나 시간과 영혼 또는 정신 사이의 특별한 관계를 인정하고 있다. 이는 철학적 물음이 분명하게 주관에 입각하지 않았을 때에도 그랬다. 이에 대해서는 두 개의 증거를 제시하면 충분할 것이다. 아리스토텔레스는 이렇게 말하고 있다.

만일 마음 이외에, 즉 모든 마음속에 있는 이성 이외에 세는 것을 본성으로 갖는 것이 아무것도 존재하지 않는다면, 다시 말해서 마음이 없다면 시간은 존재하지 않을 것이다.(『자연학』*Physica*)

아우구스티누스는 이렇게 말하고 있다.

이런 이유로 나에게는 시간은 연장 이외의 다른 것이 아니라고 생각됩니다. 그러나 그것이 무엇의 연장인지 나는 모릅니다. 하지만 그것이 마음의 연장이 아니라고 한다면 이상할 것입니다.(『고백록』*Confessiones*)

이렇게 보면 현존재를 시간성으로서 해석하는 것도 원칙적으로는 통속적 시간 개념에서 완전히 간과되고 있는 것은 아니다. 그리고 헤겔은 이미 통속적으로 이해된 시간과 정신과의 관련을 밝히려고 시도했다. 이에 반해 칸트에게서는 시간은 주관적인 것으로 파악되고는 있지만 '나는 생각한다'와 결합되지 않은 채 이것과 병립한 채로 있다. 시간과 정신 사이의 연관에 대한 헤겔의 명확한 정초는, 현존재의 존재의미를 시간성으로 보고 세계시간이 시간성에서 비롯되는 것으로 보는 이상의 분석을 간접적으로 명료하게 하는 데 적합하다.

§82. 시간성, 현존재 및 세계시간의 실존론적·존재론적 연관을 시간과 정신 사이의 관계에 대한 헤겔의 견해와 구별함

헤겔에 따르면 역사는 본질적으로 정신의 역사이면서 동시에 '시간 속에서' 진행된다. 그러므로 '역사의 전개는 시간 속으로 떨어지는 것'이다. 그러나 헤겔은 정신의 시간 내부성을 하나의 사실로서 제시하는 데 만족하지 않고, 정신이 '전적으로 비감성적이면서 감성적인' 시간 속으로 떨어질 가능성을 이해하려고 시도한다. 시간은 정신을 어떤 의미에서는 수용할 수 있어야 한다. 그리고 정신은 그것대로 시간 및 시간의 본질과 유사하지 않으면 안 된다. 그러므로 헤겔의 시간관과 관련해서는 다음 두 가지 물음에 대해서 논구할 필요가 있다. 첫째로, 헤겔은 시간의 본질을 어떻게 규정하고 있는가? 둘째로, 정신으로 하여금 시간 속으로 떨어질 수 있게 하는 그 정신의 본질에는 무엇이 속하는가? 이 두 가지 물음에 대해서 답할 수 있게 된다면, 이제까지 현존재를 시간성으로서 해석해 온 것을 헤겔의 견해와 대비하면서 분명히 할 수 있다. 이러한 분석은 헤겔을 비판하는 것을 의도하지 않는다. 지금까지 설명한 시간성의 이념을 헤겔의 시간 개념과 대조하는 것은 당연하다. 그 까닭은 무엇보다도, 헤겔의 시간 개념이 통속적 시간이해의 가장 극단적인 개념 형태를 표현하고 있으면서도 거의 주목받지 못하고 있기 때문이다.

a 헤겔의 시간 개념

철학사에서 통속적 시간이해를 주제적으로 상론하고 있는 최초의 해석은 아리스토텔레스의 자연학 내지 자연 존재론의 맥락에서 발견된다. 아리스토텔레스에게서 시간은 장소 및 운동과 연관되어 있다. 헤겔은 이러한 전승에 충실하게 『철학적 과학들의 엔치클로패디』(*Enzyklopädie der philosophischen Wissenschaften*)의 2부, 즉 '자연철학'이라는 표제를 달고 있는 곳에서 시간을 분석하고 있다. '자연철학'의 1편은 역학(力學)을 논하고 있으며 거기서 공간과 시간은 추상적인 상호 외재(抽象的 相互外在)적인 것으로서 파악되고 있다.

　헤겔이 비록 공간과 시간을 병치하고 있지만, 그는 공간뿐 아니라 시간'도' 그렇다는 식으로 양자를 '외면적으로 상호 병치시키고 있는 것'만은 아니다. 공간뿐 아니라 시간'도'의 이 '도'를 헤겔의 철학은 극복하려 한다. 공간으로부터 시간으로 '이행'할 때 공간 자체가 그렇게 이행하는 것이다. 이러한 의미에서 헤겔은 시간이 공간의 진리라고 말하고 있다.

　공간은 자연의 자기-밖에-있음(Außersichsein), 즉 자연이 아직 자신의 본질인 정신으로 귀환하지 못한 상태의 무매개적 무차별성(vermittlungslose Gleichgültigkeit)이다. 다시 말해서 공간은 서로 구별될 수 있는 다수의 추상적인 점(點)들로 구성되어 있지만, 그렇다고 해서 이러한 점들에 의해서 비로소 공간이 성립하는 것은 아니고 이러한 점들 자체가 이미 공간적인 성격을 갖고 있다. 공간을 구별하는 점들은 그것들이 구별하는 공간의 성격을 스스로 가지고 있다. 따라서 공간은 이러한 점들에 의해 중단되지 않으며 또한 그 점들을 잇는 방식으로 점들에 의해 성립되지도 않는다. 공간은 서로 구별 가능한 점들에 의해 구별되지만 자신은 구별되지 않는 무차별적인 것으로서 존재한다. 그러나 점은 일반적으로 공간 안에서 어떤 것을 구별하기 때문에 공간의 부정이지만 그 자신 이미 공간이므로 어디까지나 공간 안에 있다. 이런 의미에서 공간은 다양한 점들의 무차별적 상호 외재이다.

　그러나 공간은 점이 아니고 점성(點性)이다. 헤겔이 공간의 진리를 시간으로 사유하는 것은 바로 이러한 사실에 근거한다. 공간이 표상되면, 즉 공간이 그것을 구별하는 점들의 무차별적 존립에서 무매개적으로 직관되면, 공간을 부정하는 점들은 단적으로 주어진다. 그러나 이러한 표상작용은 공간을 아직 그 존재에 있어서 파악하고 있지 않다. 공간을 그것의 존재에서 파악하는 것은 정립과 반정립을 통과하면서 이것들을 지양(止揚)하면서 종합하는 사유에서만 가능하다. 공간은 그것을 부정하는 점들이 무차별하게 존립하는 데 그치지 않고 지양될 때, 즉 부정될 때에야 비로소 사유되고 그 존재에 있어서 파악되는 것이다. 이러한 부정의 부정(즉 '점성으로서의 부정'의 부정)에서 점은 대자적(對自的, für-sich)으로, 즉 다른 것들에 대해서 자신을 주장하는 것으로서 정립되고 그렇게 해서 존립의 무차별성에서 빠져나오게 된다.

다른 점들에 대해서 자신을 주장하는 것으로서의 점은 이 점이나 저 점과 구별되며, '이미 이 점'도 아니고 '아직 저 점'도 아니다. 대자적 자기 정립과 함께 점은 자기가 그 안에 존재하는 잇달아 있음을, 즉 이제 부정된 부정의 영역인 자기의 존재영역을 정립한다. '무차별성으로서의 점성'의 지양은 공간의 마비된 정지 속에 '더 이상 머물러 있지 않음'을 의미한다. 각각의 점은 모든 다른 점에 대해서 자신을 내세운다. '점성으로서의 부정'의 부정이 헤겔에 따르면 시간이다.

이러한 논구에서 명시할 만한 의미가 있다고 한다면 그것은 다음과 같은 것이다. 각각의 점은 '지금-여기', '지금-여기'라는 식으로 자신을 정립한다. 각각의 점이 이렇게 자신을 내세우는 식으로 정립되면 '지금-점'인 것이다. 그러므로 점은 시간 안에 현실성을 갖는다. 점으로 하여금 '그때마다의 점'으로서 자신을 내세우는 식으로 정립할 수 있게 하는 것은 그때마다의 '지금'이다. 따라서 점성으로서의 공간에 대한 순수사유가 '그때마다의 지금' 및 지금의 자기-밖에-있음(Außersichsein)을 사유하기 때문에, 공간은 시간이다. 그러면 시간 자체는 어떻게 규정되는가?

시간은 '자기-밖에-있음'의 부정적 통일로서 동시에 단적으로 추상적인 것, 즉 관념적인 것이다. 시간은, '있으면서 있지 않고, 있지 않으면서 있는' 존재, 즉 존재와 비존재를 통일한 직관된 생성이다. 시간은 단적으로 찰나적이고 직접적으로 자기를 지양하는 구별들이 외적인 구별들로서, 그러나 자기 자신에게 외적인 구별들로서 규정되어 있는 것이다. 시간은 이런 해석에서는 '직관된 생성'으로서 노정된다.

헤겔에 따르면, 생성은 '존재에서 무로' 또는 '무에서 존재로'의 이행을 의미한다. 생성은 발생이기도 하고 소멸이기도 하다. 존재가 이행하기도 하고 비존재가 이행하기도 한다. 시간의 관점에서 이것은 무엇을 의미하는가? 시간의 존재는 '지금'이다. 그러나 어떤 '지금'도 '이미 존재하지 않거나' '아직 존재하지 않는' 한, 지금은 비존재라고도 파악될 수 있다. 시간은 직관된 생성이다. 다시 말하면 시간은 사유되는 것이 아니라 지금이라는 시점들의 연속에서 단적으로 나타나는 이행이다. 시간의 본질이 '직관된' 생성으로 규정될 경우 이와 함께 표명되고 있는 것은, 시간은 일차적으로 지금을 근거로 해서 이해된다는 것, 그것도 순수한 직관의 눈에 발견될 수 있는 방식으로 그렇게 이해되고 있다는 것이다.

이상에서 보듯이 헤겔의 시간해석은 전적으로 통속적 시간이해의 방향에서 움직이고 있다. 헤겔은 '지금'에 입각해서 시간을 특징짓고 있는 것이다. 헤겔의 시간해석이 전제하고 있는 것은, 이러한 '지금'이 그것의 완전한 구조에 있어서 은폐되고 수평화된 채로 있기 때문에 그 결과 '지금'이 관념적인 것일지라도 일종의 눈앞의 존재자로서 직관될 수 있다는 것이다. 헤겔이 시간을 '직관된 생성'이라고 부를 때 그러한 시간에서는 발생도 소멸도 우위를 점하지 않는다. 그럼에도 불구하고 그는 종종 시간을 소모(消耗)의 추상(Abstraktion des Verzehrens)으로서 특징짓고 있으며, 이와 함께 통속적인 시간경험과 시간해석을 그 극한에 이르기까지 밀고 나가고 있다.

다른 한편 헤겔은 일상적 시간경험에서 소모와 소멸에게 정당하게 인정될 수 있는 우위를 자신의 본래적 시간정의에서는 인정하지 않고 있는데, 이는 그의 입장에서는 충분히 일관된 것이었다. 왜냐하면 헤겔은 자신이 자명한 것으로서 간주했던 사실, 즉 '점'이 '자신을 다른 점들에 대해서 내세우는 식으로, 다시 말해서 대자적으로 정립'할 때 '지금'이 출현한다는 사실을 변증법적으로 정초할 수 없는 것과 마찬가지로 저 우위도 변증법적으로 정초할 수 없기 때문이다. 따라서 헤겔은 시간을 생성으로서 특징지을 때도 이러한 생성을 시간의 '흐름'이라는 표상도 초월하는 추상적 의미로 이해하고 있다. 따라서 헤겔식의 시간관에 대한 가장 적합한 표현은 시간을 부정의 부정, 즉 점성의 부정으로 규정하는 데 있다. 이런 규정에서 지금이라는 시점들의 연속은 가장 극단적 의미로 형식화되고 수평화된다. 오직 이런 형식적·변증법적 시간 개념에 입각하는 것에 의해서만 헤겔은 시간과 정신 간의 연관을 산출해 낼 수 있다.

헤겔의 시간관에서 수평화된 '지금'이 우위를 갖는다는 사실로부터 명확해지는 것은, 시간에 관한 헤겔적 개념규정도 통속적 시간이해와 전통적 시간 개념의 성향을 따르고 있다는 것이다. 이것은, 헤겔의 시간 개념조차도 직접 아리스토텔레스의 『자연학』에서 비롯된 것임을 보여 준다. 헤겔이 교수자격 취득논문을 집필하던 시기에 구상된 『예나 논리학』(*Jeneser Logik*, G. 라쏜 판, 1923 참조)에는 『엔치클로페디』에 들어 있는 시간분석의 모든 본질적인 부분이 이미 형성되어 있다. 시간에 관한 장(202쪽 이하)은 대충만 보더라도 아리스토텔레스의 시간론의 요약임이 드러난다. 헤겔은 『예나 논리학』에서 벌써 자기의 시간관을 자연철학의 테두리 안에서 전개하고 있는데, 그 자연철학의 1부는 '태양계'라는 명칭을 표제로 달고 있다. 에테르 및 운동의 개념규정과 관련해서 헤겔은 시간 개념을 논구한다. 공간의 분석은 여기서는 아직 뒤에 배치되어 있다.

'공간은 시간이다'라는 헤겔의 테제를 베르그송의 견해와 비교해 볼 때 그것들은 정초하는 방식이 아주 상이함에도 불구하고 결과에서는 일치한다. 베르그송은 헤겔과는 반대로 '시간(temps)은 공간이다'라고 말할 뿐이다. 베르그송의 시간관도 분명히 아리스토텔레스의 시간론에 대한 하나의 해석에서 생겨난 것이다. 시간과 지속의 문제를 다루고 있는 베르그송의 『의식에 직접적으로 주어진 것들에 관한 시론』과 '아리스토텔레스는 장소에 관해 무엇을 생각하고 있는가'라는 표제를 가진 한 논문이 동시에 발표된 것은 우연이 아니다. 아리스토텔레스가 시간을 '운동의 수'(ἀριθμὸς κῑνήσεως)라고 규정한 것을 실마리로 하여, 베르그송은 시간을 분석하는 것에 앞서 수를 분석하고 있다. 베르그송에 따르면 공간으로서의 시간은 양적 연속이다. 이러한 시간 개념과 정반대로, 지속은 질적 연속으로서 기술되고 있다. 그러나 하이데거는 존재물음을 목표로 하기 때문에, 여기서는 베르그송의 시간 개념을 비롯한 현대의 시간관들과의 비판적 대결을 수행할 수는 없다고 말하고 있다.

b 시간과 정신의 연관에 대한 헤겔의 해석

헤겔은 정신이 자기실현과 함께 '부정의 부정'이라고 규정된 시간 속으로 떨어진다고 말하고 있지만 그 경우 정신은 어떻게 이해되고 있는가? 정신의 본질은 개념이다. 개념이라는 것으로 헤겔이 이해하고 있는 것은, 사유된 것의 형식으로서의 유(類)라는 직관된 일반자가 아니라 자기를 사유하는 사유 자체의 형식이다. 즉 자기를 비-아(非-我)의 파악으로서 개념화하는 것이다. 비-아의 파악이 일종의 구별을 나타내고 있는 한, 이렇게 구별하는 것을 파악하는 것으로서의 순수개념 속에는 구별을 구별한다는 것이 포함되어 있다. 따라서 헤겔은 정신의 본질을 형식적·명제적으로 '부정의 부정'으로서 규정한다. 이러한 절대적 부정성은, 데카르트가 의식의 본질을 파악하는 명제 '나는 내가 사물을 사유한다는 것을 사유한다'(cogito me cogitare rem)를 논리적으로 형식화한 해석이다.

따라서 개념이란, 자신을 개념적으로 파악하는 자기가 개념적으로 파악되어 있음(das sich begreifende Begriffenheit des Selbst)이다. 자기는 그렇게 개념적으로 파악된 것으로서 본래적으로 존재한다. 즉 그것은 자유롭다. 자아는 개념으로서 존재(Dasein)에 도달한 순수한 개념 자체이다. 자아는 자기를 자기에게 연관 짓는 순수한 통일인 것이지만, 이러한 통일은 직접적인 통일이 아니라 자아가 모든 규정성과 내용을 사상하고 자기 자신과의 무제한적인 동일성이라는 자유 속으로 귀환한 통일이다. 따라서 자아는 '보편성'이지만 동시에 직접적으로 '개별성'이다.

이러한 부정의 부정은 정신의 '절대적 불안정성'이자 동시에 정신의 '자기 계시'이다. 역사 속에서 자기를 실현해 가는 정신의 진보는 '배제의 원리'를 자신 안에 가지고 있다. 그러나 이 배제는 배제되는 것을 정신으로부터 분리하는 것이 아니라 그것을 극복한다. 극복하면서 동시에 견뎌내는 자기 해방은 정신의 자유를 특징짓는다. 그러므로 진보는 양적 증대만을 의미하지 않고 본질적으로 질적인 진보이며 정신의 질의 진보이다. 진보는 자각된 진보이고 자신을 인식하는 것을 목표로 하는 진보이다. 정신의 '진보'의 모든 걸음에서 정신은 자신의 목적에 적대적인 장애(障碍)가 되는 자기 자신을 극복하지 않으면 안 된다. 정신의 발전의 목표는 "자신의 고유한 개념에 도달하는 것"이다. 발전 자체는 "자기 자신에 대한 가혹하고 무한한 투쟁"이다.

자신을 개념적으로 파악해 나가는 정신의 발전의 불안정은 부정의 부정이기 때문에, 자기를 실현하면서 직접적인 '부정의 부정'으로서의 시간 속에 떨어지는 것은 정신에게는 적합한 일이다.

> 왜냐하면 시간은 눈앞에 존재하며(da ist) 따라서 공허한 직관으로서 의
> 식에 표상되는 개념 자체이기 때문이다. 그러므로 정신은 필연적으로 시
> 간 속에서 나타나고, 또 정신이 자신의 순수개념을 포착하지 않는 동안
> 은, 즉 시간을 말살하지 않는 동안은 시간 속에서 나타난다. 시간은 자기
> 에 의해 포착되지 않은 외적이고 직관된 순수한 자기, 즉 직관되었을 뿐
> 인 개념이다.(헤겔, 『정신현상학』*Phänomenologie des Geistes*)

이와 같이 정신은 필연적으로 자신의 본질에 따라 시간 속에서 나타
난다.

> 그러므로 세계사는 일반적으로 시간 내에서의 정신의 해석이다. 그것은
> 이념이 공간 속에서는 자연으로서 해석되는 것과 같다.(헤겔, 『역사 속의
> 이성』*Die Vernunft in der Geschichte*)

정신의 발전의 운동에 속하는 배제작용은 자신 안에 '비존재에 대한
관계'를 감추고 있다. 그것은 자신을 내세우는 '지금'으로부터 이해된 시
간이다. 시간은 '추상적' 부정성이다. '직관된 생성'으로서의 시간은 직
접적으로 발견될 수 있는 구별된 자기 구별이며 눈앞에 존재하는 개념이
다. 눈앞에 존재하는 것으로서의, 따라서 정신의 외적인 것으로서의 시간
은 개념에 대해 아무런 힘이 없으며 도리어 개념이 시간의 힘이다.

헤겔은 정신의 역사적 실현이 시간 속에서 일어날 수 있다는 사실을
보여 주기 위해서 정신과 시간이 '부정의 부정'이라는 형식적 구조 면에
서 동일하다는 것을 논거로 삼고 있다. '정신과 시간'은 형식적·존재론적

이고 형식적·명제적인 가장 공허한 추상에 의해 외화되는바, 이러한 추상은 양자를 서로 근친성을 갖는 것으로 만든다. 그러나 헤겔에게서 시간은 단적으로 '수평화된 세계시간'의 의미에서 파악되고 있고 이에 따라서 그 유래가 완전히 은폐된 채로 있기 때문에, 그것은 눈앞의 존재자로서 정신과 단적으로 대립해 있다. 그렇기 때문에 정신이 시간 속으로 떨어지지 않으면 안 된다. 더욱이 '시간 속으로 떨어진다'든가, 시간을 지배하고 본래적으로는 시간 밖에 '존재하는' 정신이 시간 안에서 '실현된다'는 것이 존재론적으로 무엇을 의미하는지는 여전히 불분명한 채로 남아 있다. 헤겔은 수평화된 시간의 근원을 해명하지 않은 것과 마찬가지로, '부정의 부정'으로서의 정신의 본질구조가 근원적 시간성을 근거로하는 것은 아닌지에 대해서 전혀 음미하지 않고 있는 것이다.

헤겔의 '구성'의 원동력은 정신의 '구체화'(Konkretion)를 파악하려는 노력과 투쟁에 있다. 이것은 그의 『정신현상학』의 마지막 장에 있는 다음과 같은 명제가 보여 주고 있다.

그러므로 시간은 그 자신 아직 완성되지 않은 정신의 운명이자 필연성으로서 나타난다. 이 필연성이란, 의식에서 자기의식이 갖는 몫을 풍부하게 하고, 자체적 존재의 직접성——실체가 의식 속에서 존재하는 형식——을 움직이게 하는 필연성이고, 혹은 역으로, 자체적 존재를 내면적인 것이라고 간주한다면, 처음에는 내면적이었던 것을 실현하고 또 밖으로 드러내려는 필연성, 다시 말하면 처음에는 내면적이었던 것에게 그 자신의 확실성으로 돌아갈 것을 요구하는 필연성이다.

이와 반대로, 현존재에 대한 하이데거의 실존론적 분석은 현사실적으로 내던져져 있는 실존 자체를 '구체화하는' 데서부터 시작하면서, 시간성을 실존을 근원적으로 가능하게 하는 것으로서 드러냈다. 정신은 시간 속으로 떨어지지 않고 처음부터 시간성의 근원적 시숙으로서 실존한다. 이러한 시간성은 세계시간을 시숙시키며 이 세계시간의 지평 안에서야 비로소 '역사'는 시간 내부적 생기로서 나타날 수 있다. '정신'이 시간 속으로 떨어지는 것이 아니라, 현사실적 실존이 퇴락하는 자로서 근원적·본래적 시간성'으로부터' 존재자들에게로 '떨어지면서' 퇴락하는 것이다. 그러나 이렇게 떨어지는 것 자체도 시간성에 속하는 시숙의 한 양상에 의해, 즉 비본래적 양상에 의해 가능하게 된다.

§83. 현존재의 실존론적·시간적 분석과 존재 일반의 의미에 대한 기초존재론적 물음

지금까지 하이데거는 현사실적 현존재의 '근원적 전체'를 본래적 또는 비본래적으로 실존하는 가능성들과 관련해서 그 근거로부터 해석했다. 현존재의 존재인 마음씀의 존재의미로서의 시간성이 그러한 근거라는 사실이 드러났다.

지금까지 수행된 현존재 분석은 존재물음 일반을 위한 준비일 뿐이다. 그런데 현존재 분석, 즉 현존재의 존재구조에 대한 분석은 그것대로 존재 일반의 이념에서 발하는 빛을 먼저 필요로 한다. 현존재의 존재와 현존재가 아닌 존재자들의 존재(예컨대 실재성)의 차이는 분명히 드러났지만 그것은 존재론적 문제성의 출발일 뿐 철학은 결코 거기에 안주할 수 없다. 고대의 존재론이 눈앞의 사물들을 실마리로 하여 작업하면서 의식을 물화(物化, Verdinglichung)할 위험이 있다는 사실을 사람들은 일찍부터 알고 있었다. 그러나 이 경우 물화란 무엇을 의미하는가? 그것은 어디에서 비롯되는가? 왜 존재는 곧바로 '우선' 눈앞의 사물에 입각해서 파악되고 더 가까이 있는 도구적 존재자에 입각해서 파악되지는 않는가? 왜 이러한 물화는 그렇게 끈질기게 지배하는가? 이러한 물음들에 대한 답변은 존재 일반의 이념이 분명하게 될 경우에만 주어질 수 있다.

존재 일반의 '이념'의 근원과 가능성은 물음과 답변을 위한 확고한 지평을 결여한 채 단순히 형식적이고 논리적 '추상'에 의지하는 것에 의해서는 탐구될 수 없다. 중요한 것은 존재론적 기초물음을 구명하기 위한 하나의 길을 찾고 그 길을 걷는 것이다. 그 길이 유일한 길인가 또는 도대체 올바른 길인가 아닌가 하는 것은 그 길을 걷고 난 후에야 비로소 결정될 수 있다. 존재에 대한 해석을 둘러싼 투쟁은 해결될 수 없는바, 이는 그러한 투쟁은 아직 한 번도 불붙어 본 일이 없기 때문이다. 이러한 투쟁을 불붙이기 위해서도 어떤 준비가 필요하다. 이 탐구는 이러한 준비를 위한 도상에 있다.

존재라는 것은 존재이해에서 개시되어 있다. 그리고 이러한 존재이해는 이해로서 실존하는 현존재에 속해 있다. 존재가 비개념적인 방식으로라도 선행적으로 개시되어 있기 때문에, 실존하는 세계-내-존재로서의 현존재는 세계 내부적으로 만나는 존재자에 대해서뿐 아니라 실존하는 자기 자신에 대해서도 태도를 취할 수 있다.

존재를 개시하면서 이해한다는 것은 현존재에게는 도대체 어떻게 가능한가? 이러한 물음은 존재를 이해하는 현존재의 근원적 존재구조인 시간성으로 소급하는 것에 의해서 답해질 수 있는가? 현존재의 전체성의 실존론적·존재론적 구조는 시간성에 근거한다. 탈자적 시간성 자신의 근원적 시숙방식이 존재 일반의 탈자적 기투를 가능하게 한다. 따라서 시간성으로부터 존재의 의미에 이르는 하나의 길이 존재하며, 시간은 현존재가 존재를 이해하는 지평으로서 밝혀진다.

찾아보기